2021

盘点成就　探索问题　预测未来

# 广东教育改革发展研究报告

广东省教育研究院　组编

广东高等教育出版社
Guangdong Higher Education Press
广州

# 抢抓机遇　提高质量
# 加快建设教育强省

（代总序）

景李虎*

2020年，在省委、省政府的正确领导下，省教育厅党组以习近平新时代中国特色社会主义思想为指导，全面贯彻党的十九大和十九届二中、三中、四中、五中全会精神，全面贯彻党的教育方针，落实立德树人根本任务，围绕落实“1+1+9”工作部署，委厅上下团结一心、迎难而上，统筹抓好疫情防控和教育改革发展，全力确保校园安全稳定，教育公平日益彰显，教育质量不断提升，收官之年各项目标任务如期完成，为“十三五”全省教育改革发展画上圆满句号。

## 一、2020年主要工作情况

1. 党的全面领导和党的建设进一步加强，把立德树人贯穿人才培养全过程。落实“第一议题”制度，厅党组全年“第一议题”学习115次，理论学习中心组学习20期；全省高校党委理论学习中心组学习或专题学习2 544次，“第一议题”学习9 194次，确保学深悟透习近平新时代中国特色社会主义思想。在全国首次分类明确高校党建工作责任和省、市、县三级管理责任，党建体系更加健全。建立公办高校对口帮扶民办高校党建工作机制、民办高校和中小学校党建重点任务常态化调度通报机制，举办高校领导干部暑期读书班、高校学习论坛，实施“百千万”党组织书记培训工程，党建质量持续提升。加强党风廉政建设，深化政治巡察，落实全面

* 作者简介：景李虎，中共广东省委教育工委书记，广东省教育厅党组书记、厅长。

从严治党“三清单”，营造风清气正的干事创业氛围。学校思想政治工作全方位强化，“三全育人”体制机制建设试点工作扎实推进，高校专兼结合思政课教师师生比达 1：330、专职辅导员师生比达 1：193。

2. 筑牢学校疫情防控坚固防线，教育教学各项工作平稳有序高效。制定并指导各地各学校落实“四精准”“六分”“一独立”“三全”“五管”校园疫情防控措施，充分发挥返校专班综合协调作用，坚持每天编印简报督促工作落实。平稳开展线上教育，高度关注学生心理健康，保障 3.6 万所学校、2 600 万名师生顺利开学，无校园聚集性疫情。圆满完成高考招生录取工作，积极应对考试时间推迟后我省气候炎热的情况，推动首次实现高考、中考考场空调全覆盖，新安装空调近 7 万台。高考招生春、夏两季共录取 72.12 万人，比 2019 年增加 2.93 万人，各批次、各科类招生任务顺利完成，圆满实现平安高考目标，考生、院校、社会满意度进一步提升。

3. 大湾区教育合作发展和深圳教育先行先试稳步推进。出台《推进粤港澳大湾区高等教育合作发展规划》。香港科技大学、香港城市大学、香港公开大学等来粤办学顺利推进。推动新机制高起点筹建大湾区大学、中山科技大学。落实保障粤港澳学生同等接受学前教育、义务教育、高中阶段教育的权利，9 万港澳中小学生在粤就读。港澳台居民在粤就读子女与广东居民同等条件报名参加普通高考。打造系列交流活动品牌，推动港澳台年轻一代进一步互动交流。教育部、广东省共同推进深圳创建国家职业教育高地城市。天津大学佐治亚理工深圳学院正式获批。

4. 抢抓机遇推进 11 所新建高校（校区）建设，2021 年实现地级市以上本科高校（校区）、高职院校全覆盖。广东省教育厅会同有关地市大力推进新建高校（校区）建设，11 所新建高校（校区）取得阶段性重要进展。“校本部＋新校区”办学模式成效显著，助推“新校区”高起点、高标准、高水平办学，落实对口帮扶机制，推动受扶高校（校区）加快建设、稳妥起步。2021 年，广东省将有 11 所高校（校区）建成并招生，其中 9 所落户粤东西北地区，填补了部分地市没有本科高校（校区）或没有高职院校的空白，实现地级市以上本科高校（校区）、高职院校全覆盖，将进一步扩大高等教育人才培养规模，为区域经济社会发展提供有力支撑，促进珠江三角洲和粤东西北地区协调发展，加快构建“一核一带一区”区域发展新格局。

5. 基础教育优质学位供给不断扩大，增加学前教育公办学位 112 万个，顺利实现“5080”普惠目标。学前教育普惠健康发展，100% 完成小区配套幼儿园和无证幼儿园治理，累计增加公办学位 112.52 万个，公办园在园幼儿占比 51%，公办和普惠性民办幼儿园在园幼儿占比 86%，“5080”普惠目标顺利完成。全面消除 66 人以上超大班额，义务教育阶段学校 56 人以上大班额控制在 1% 以下；加强控辍保学，建档立卡贫困家庭辍学学生实现动态清零，预计九年义务教育巩固率达到 95% 以上；深化招生入学改革，全面落实民办学校与公办学校同步招生政策要求，规范民办学校招生行为。推进高中阶段教育普及攻坚，全面实施新课程、新教材，完善学生综合素质评价。健全生均经费保障制度，学前教育生均公用经费最低标准由每生每年 300 元提高到 400 元，公办普通高中生均公用经费最低标准由每生每年 500 元提高到 1 000 元。残疾儿童少年义务教育入学率达 98%。推进中小学幼儿园集团化办学。提升教育信息化水平，中小学宽带接入率达到 98% 以上、出口带宽达到 100 M 以上，拥有多媒体教室的中小学比例达到 100%。建设 17 个粤东西北地区互联网环境下基础教育教学改革实验区，推进 516 个信息化中心学校和 241 个融合创新示范培育推广项目建设，实施国家课程数字教材规模化应用全覆盖工程，有效推进信息技术与教育教学融合创新。

6. 扩容提质加快推进，职业教育规模继续保持全国第一。高质量完成高职扩招任务，扩招 16 万人、完成率达 197%。省职教城一期工程和二期先行项目完工，进驻 10 所院校，在校生约 8 万人。大力推进“粤菜师傅”“广东技工”“南粤家政”三大工程，其中，“粤菜制作”“粤点制作”标准列入国家职业技能等级证书目录。深化产教融合、校企合作，校企合作企业 4 万余家；76% 的高职院校开展现代学徒制试点，全国试点单位 38 家，位居全国第一。加强内涵建设，推进高职“创新强校工程”和中职布局结构调整，推进省属职业院校集团化办学。立项建设 89 所省级高水平中职学校和 185 个省级高职高水平专业群；1 + X 证书制度试点规模 17 万人，位居全国前列。全国职业院校教师教学能力大赛参赛作品 100% 获奖，一、二等奖获奖数连续三年全国第一。

7. 高等教育实现普及化。加强高校规划建设，扩大高等教育招生规模，高等教育毛入学率预计达 52%，实现高等教育普及化。全省 9 所独立学院完成（或即将完成）转设，数量全国第一。深入实施高等教育“冲一流、补短板、强特色”提升计划，105 个学科入围 ESI 排名前 1%，比 2019 年同期增加 28 个，增量全国第一。高校创新平台建设水平和创新能力进一步提升，新增粤港澳联合实验室、教育部协同创新中心等省级以上创新平台 33 家，高校牵头获国家三大科技奖 8 项，占全省以第一完成单位获奖总数的 80%。广州医科大学钟南山院士为抗击新冠肺炎疫情科研攻关做出杰出贡献，荣获“共和国勋章”。深化一流本科专业和一流本科课程建设，增设 117 个本科专业，超半数为理工科和医学专业，有效服务产业集群发展。推进产教融合协同育人，37 所本科高校建设 134 个产业学院，数量居全国第一，我省成为参与教育部首批现代产业学院论证的两个省份之一。

8. 教师队伍素质能力不断提升。建立完善师德建设长效机制，严肃处理师德违规行为。深化教师发展支持体系建设，149 所市、县级教师发展中心全部获批。深入实施乡村教师支持计划，落实农村从教“上岗退费”政策，公费定向培养粤东西北地区中小学教师 3 400 人，实施“银龄讲学计划”，178 名退休教师到农村支教，落实“三区”人才支持计划教师专项计划，省级派出支教教师 800 人次，培训 8.8 万名骨干教师、校（园）长。全面落实中小学教师工资收入水平“两个不低于或高于”要求。建立健全新时代基础教育教研体系，打造高素质教研队伍。深化教师管理制度改革，中小学教师“县管校聘”全面推进，四部门联合出台《关于进一步挖潜创新加强中小学教职工管理实施办法》，143 所高校完成教师职称制度改革文件备案，实施中等职业学校教师职称制度改革。

9. 改革创新，用心用情用力解决好人民群众关心关切的热点难点问题。做好高校毕业生稳就业工作，想方设法拓展 16.7 万个政策性岗位，总体就业率达 95%。实现第六届中国国际“互联网 +”大学生创新创业大赛办赛精彩、参赛出彩，我省获奖总数居全国第一，国务院副总理孙春兰莅临现场并给予充分肯定。圆满完成大学生征兵任务。推进解决广东石油化工学院等 5 所省市共建高校办学体制问题。打好收官之年教育脱贫攻坚战，深入推进乡村振兴战略教育行动计划、一流高职院校结对帮扶计划；统筹各方保障建档立卡学生顺利参加线上教育；学生资助体系不断完善，受助学生 309 万人次。校园安全文明水平不断提升，“厕所革命”成效显著，2 787 所学校厕所完成提升改建，完成率达 164%；学校食堂“互联网 + 明厨亮灶”实现 100% 全覆盖；教育法治体系进一步完善，推动出台《广东省学校安全条例》；全国第五届学生“学宪法　讲宪法”系列活动决赛中取得优异成绩。加强合作办学统筹管理，出台《广东省合作办学工作指引（试行）》。

## 二、2021 年工作重点

以习近平新时代中国特色社会主义思想为指导，全面贯彻党的十九大和十九届二中、三中、四中、五中全会精神，贯彻落实习近平总书记关于教育的重要论述和全国教育大会精神，深入学习贯彻习近平总书记出席深圳经济特区建立40 周年庆祝大会和视察广东重要讲话指示精神，按照省委、省政府工作部署，全面贯彻党的教育方针，落实立德树人根本任务，加快建设教育强省，为“十四五”开好局、起好步，为广东在全面建设社会主义现代化国家新征程中走在全国前列、创造新的辉煌做出新的更大贡献，以优异的成绩庆祝中国共产党成立 100 周年。重点做好以下工作：

1．加强党的领导和党的建设，落实立德树人根本任务。落实党的全面领导，统筹教育优先发展。以“高校学习论坛”和党务骨干培训示范班等为载体，推进习近平新时代中国特色社会主义思想入脑入心。慎终如始抓好校园疫情防控，维护校园安全稳定。驰而不息正风肃纪反腐，高质量开展授权巡察工作。深化学校思政课一体化建设，全面提高思想政治工作质量。全面加强学校体育、美育和劳动教育工作。

2．积极建设粤港澳大湾区国际教育示范区，支持深圳教育体制机制改革先行先试。落实《推进粤港澳大湾区高等教育合作发展规划》，重点推进香港科技大学（广州）建设，加快推进大湾区大学、中山科技大学、粤港澳大湾区教师教育学院建设，统筹推进香港城市大学、香港公开大学、香港理工大学、澳门科技大学等到大湾区内地办学。大力吸引高水平科研学术团队、一流师资、优秀国际学生和港澳台学生来粤工作学习，稳步扩大招收港澳台学生规模。落实教育领域鼓励和支持港澳居民到内地发展的便利措施。深化教师交流合作，深入推进粤港澳姊妹学校（园）缔结计划。积极参与“一带一路”沿线国家教育合作，鼓励有条件的院校到境外办学。支持深圳大学、南方科技大学建设一流大学、一流学科，支持高起点高标准筹建深圳理工大学、深圳海洋大学、深圳创新创意设计学院等高校，教育部、广东省共同推进深圳创建国家职业教育高地城市。

3．开展全口径组团式帮扶，加快新建高校（校区）建设，提升粤东西北地区教育发展水平。创新教育结对帮扶机制，充分发挥珠江三角洲地区和高等学校的优势，建立全口径组团式结对支持、协同推进的帮扶机制，促进粤东西北地区基础教育教师队伍能力素质、教学质量、办学水平、学校管理、党建团建队建水平全面提升。加强统筹协调，加大政策支持，全力促成 11 所新建高校（校区）顺利招生、平稳开局，高水平起步、高质量发展，为粤东西北地区经济社会高质量发展注入新动能。

4. 深化教育领域综合改革。贯彻落实《深化新时代教育评价改革总体方案》，建立教育评价改革负面清单、工作任务清单，加快建立科学的、符合时代要求的教育评价制度和机制，扭转“五唯”评价倾向。贯彻落实深化新时代教育督导体制机制改革意见，强化督导评估，压实地方政府发展教育主体责任。稳步推进新高考等系列考试招生制度改革，完善考试评价工作体系。科学研判、做实做细全省教育发展“十四五”规划。

5. 推进基础教育高质量发展。办好省政府民生实事，提升普惠性幼儿园办学条件和保教质量，巩固“5080”攻坚工程成果，普惠性幼儿园生均经费最低标准由每生每年 400 元提高至 500 元，培育 135 项学前教育“新课程”科学保教示范项目。增加义务教育公办学位供给，全面加强乡村小规模学校和乡镇寄宿制学校建设。实施薄弱普通高中办学水平提升工程，推动特色学校建设。推进学区化和集团化办学，扩大优质教育资源覆盖面，进一步缩小区域、城乡、校际基础教育发展差距。

6. 以“扩容、提质、强服务”为主线，推动职业教育提质培优、增值赋能。加快省职教城二期、三期建设。完成国家下达的高职扩招任务。加强 14 所国家“双高”校建设，建设一批省级高水平中职学校。围绕对接构建“一核一带一区”区域发展新格局和“双十产业集群”，建设高水平专业。深化产教融合，加强校企合作协同育人，推进职业教育集团办学，加大示范职业教育集团建设力度。深入推进 1 + X 证书制度试点。统筹推进“粤菜师傅”“广东技工”“南粤家政”工程，实施推广“粤菜制作”“粤点制作”职业技能等级标准，研制“家庭服务”“家政服务运营”职业技能等级标准。加快构建服务全民终身学习的教育体系。

7. 大力提升高等教育内涵发展水平。实施新一轮“冲一流、补短板、强特色”提升计划，新增若干所高校纳入国家“双一流”建设，新增一批博士、硕士学位授予权高校。聚焦国家和我省战略需求开展有组织的科研活动，开展跨区域、跨领域协同创新，支持相关高校建设重大科技基础设施、国家重点实验室等重大科技创新平台。深入建设本科一流专业和一流课程，深化“新师范”“新工科”“新医科”“新文科”“新农科”建设。全面深化研究生教育综合改革，有效统筹科技和产业资源推进科教融合、产教融合培养研究生。进一步做好高校毕业生就业工作。

8. 加强教育系统人才队伍建设。加强师德师风建设，健全教育、宣传、考核、监督、奖惩相结合的师德建设长效机制，全方位提升教师队伍建设水平。出台基础教育、职业教育、高等教育、民办教育专业人才队伍建设规划。加强高校人才队伍建设，建立完善党管人才工作机制，深入推进人才发展体制机制改革。探索建立顶尖人才遴选机制，完善人才激励机制。加强教研员队伍建设。

9. 加快推进教育治理体系和治理能力现代化。落实《学习贯彻中央全面依法治国工作会议实施方案》，统筹推进习近平法治思想学习宣传、研究阐释和贯彻实施。将2021年确定为教育系统“法治建设年”，强化学校章程建设，全面推进依法行政、依法治教、依法治校。研制教育系统“八五”普法规划，切实提高青少年学生普法教育的针对性和实效性。支持和规范民办教育健康发展，推进落实民办学校规范达标计划和品牌提升计划，继续推进独立学院转设，规范校外培训机构。

# 目录 Contents

## 各级各类教育研究

## 个案研究

广东教育改革发展
研究报告

2021

# 各级各类教育研究

# 广东省幼儿园保教质量评估现状的调查研究

○广东省幼儿园科学保教质量评估政策研究项目组

**摘　要：**本研究以广东省参与过幼儿园保教质量相关评估的幼儿园领导和教师为调查对象，借助问卷法和访谈法，从对幼儿园保教质量评估的认识、评估的实践操作、评估过程中的困难以及希望等三个方面对我省幼儿园保教质量评估的现状进行研究。调查结果显示，以评促建的教育质量观已基本建立，但在评估实践中还有一定的偏颇；园领导对幼儿园保教质量相关评估的程序、方式与方法满意度不高；评估内容“高大全”，但结构性质量的比重大；评估指标被指责不合理、不科学，可操作性不强；园领导和教师普遍支持将幼儿发展结果纳入保教质量评估指标体系。

**关键词：**幼儿园　保教质量　评估现状

世界各国都将质量评价作为提升学前教育质量的重要手段，认为质量评价可以为学前教育事业的发展提供事实依据和理论基础，如何科学地进行学前教育质量评价成为世界各国普遍关注的话题。2018 年 11 月，中共中央、国务院印发《关于学前教育深化改革规范发展的若干意见》（中发〔2018〕39 号）明确指出：国家制定幼儿园保教质量评估指南，要求各省（自治区、直辖市）完善幼儿园质量评估标准，健全分级分类评估体系。由此可见，构建我省科学的幼儿园保教质量评估体系势在必行。

调查了解我省幼儿园保教质量评估的现状，挖掘隐藏在评估现象背后的原因，剖析现行的保教质量评估过程中存在的主要问题并提出相应的对策，为后续构建我省幼儿园保教质量评估体系提供实践支撑。

## 一、概念界定及分类

### （一）幼儿园教育质量

国外早期研究托幼机构教育质量的学者主要有克莱尔（D. Cryer）、A. Grisay和 L. Mahlck 等，他们分别从内涵、构成要素等视角进行研究。美国学者克莱尔从儿童发展的角度指出，“幼儿园教育质量”就是指“什么样的托幼机构对儿童而言是最好的”。A. Grisay 和 L. Mahlck 指出，教育质量应该从投入（早期教育所提供的人和物的资源质量）、过程（教育教学实践过程的质量）和产出结果（儿童发展的质量）三个方面考虑。

国内对幼儿园教育质量的研究大致从开始强调对儿童发展的重要性，到注重对幼儿园教育质量构成要素的研究，再到对评价主体的关注。在国外研究的基础上，国内采用的术语多以“早期教育质量”“托幼机构教育质量”为主。下面从儿童发展、构成要素、思考维度和价值主体等视角对我国有代表性学者的观点进行梳理（见表 1）。

表 1　我国学者对儿童发展、构成要素、思考维度和价值主体的观点梳理

| 研究视角 | 研究者（年份） | 术语 | 界定或解释 |
| --- | --- | --- | --- |
| 儿童发展 | 刘霞（2003） | 托幼机构教育质量 | 托幼机构教育活动是否满足幼儿身心健康发展的需要及其满足幼儿身心健康发展需要的程度 |
| 构成要素 | 周欣（2003） | 托幼机构教育质量 | 从结构性质量和过程性质量来阐释 |
| 构成要素 | 刘霞（2004） | 托幼机构教育质量 | 条件质量、过程质量和结果质量 |
| 思考维度 | 苏贵民、徐宇（2010） | 早期教育质量 | 早期教育质量必须考虑三个维度，即人们对早期教育质量的主客观态度，影响质量的决定性因素以及质量的评价方法 |
| 不同主体 | 李克建、胡碧颖（2012） | 幼儿园教育质量 | 指幼儿园的保育和教育对不同主体（幼儿、家长、教师、社区等）需求的满足程度 |

本研究借鉴李克建和胡碧颖等人的观点，即幼儿园保教质量就是幼儿园对不同主体（幼儿、家长、教师、社区等）需求的满足程度的总和。包括结构性质量、过程性质量和结果质量。

### （二）幼儿园保教质量评价

在英语中，评价（evaluate）一词由词“value”加上词头“e”和动词性词尾“ate”组成，其中“value”意为价值，词头“e”的意义等于“out”，即引出。评价即引出和阐释价值或进行价值判断。教育评价是在事实判断基础上的价值判断，它注重对教育现象的客观描述、解释和判断。幼儿园保教质量评价主要有三层内涵：一是对幼儿园保育和教育活动的一种评价；二是在观察分析的基础上对保教质量的现状进行价值判断；三是探索幼儿园保教活动的增值途径。在本调查研究中“幼儿园保教质量评价”是指：针对幼儿园中的硬件设施、环境、保育、课程计划与实施、集体教学、游戏活动、指导与互动以及对家长和教师的支持等方面，由评价主体根据自身的观念和知识等进行价值判断的过程。

## 二、研究设计

### （一）样本采集

本研究采用随机抽样的方式，在广东省幼儿园园长微信群和广东省幼儿园质量评估业务交流群中向幼儿园领导发放问卷，共回收 332 份，全部为有效问卷。样本涵盖了我省珠三角、粤东、粤西和粤北四大区域。同时，本研究在 2020 年 4—6 月面向 10 位参与过幼儿园评估并获得称号的幼儿园园长和教师，通过电话和面对面的形式进行深度访谈，获得了较为翔实的评估过程性数据。本研究中没有设计幼儿教师的问卷，为了补充教师方面的数据，在深度访谈环节中收集了 5 位教师关于幼儿园保教质量评估方面的信息。

### （二）工具

1．“幼儿园保教质量评估现状调查问卷”。本研究采用自编“幼儿园保教质量评估现状调查问卷”，问卷分为两大部分。第一部分是基本信息，包含 8 道题目（包括 2 道填空题，6 道选择题），获取幼儿园领导自身特征变量信息。第二部分是问卷项目，包括“对我省幼儿园保教质量相关评估的认识”“幼儿园保教质量相关评估的实践操作”“幼儿园保教质量相关评估中的困难与希望”三个板块，全卷一共 18 道题目，包括单选题和多选题，获取园领导对幼儿园保教质量评估的认识以及我省幼儿园保教质量评估的现实状况。问卷经过多次试用和修改，已经比较完善。

2. “幼儿园保教质量评价”开放式访谈提纲。设计访谈提纲的目的主要有两个：一是在问卷回收之后，了解问卷数据背后隐藏的评估现象；二是借助访谈还原评估实践，较深层次地收集保教质量相关评估的过程性信息。访谈共有 5 道题目，主要包括评估动机、评估感受、评估内容、评估标准与评估效果等五部分。

### （三）数据处理与分析

研究人员将回收的 332 份问卷结果数据和 10 位园长与教师关于我省保教质量评估过程中的访谈信息进行编码与录入（访谈的信息部分参照扎根理论的资料编码方法）、核查与清理，为后续的各项研究分析奠定基础。数据处理和分析采用了 Excel、SPSS 和 Access 等软件。

## 三、研究结果

### （一）样本的分布情况及园领导的基本信息

1. 样本的分布情况。本研究样本容量为 332 份，基本涵盖我省的大部分区域，其中包括珠江三角洲地区广州市、佛山市、深圳市、珠海市、惠州市、江门市、东莞市、中山市；粤东地区揭阳市、汕头市和潮州市；粤西地区湛江市、茂名市和云浮市；粤北地区清远市、韶关市以及粤东北地区梅州市等。

2. 园领导基本信息。本次调查的园领导群体中，男性领导有 2 名，女性领导有 330 名，女性领导占比为 99.40%。大部分园领导的年龄在 36 ~ 55 岁之间，占总人数的 70.18%，属于中青年；园领导教龄普遍较长，其中 15 ~40 年教龄的共 181 人，超过了总人数的一半（54.52%）；超过半数（60.54%）的园领导在公办幼儿园；将近一半（41.57%）的园领导具有事业编制；园领导普遍（87.95%）能够获得外出培训或进修的机会，每年培训的次数基本上在 5 次以内，占比 84.95%，每年累计培训的天数在 7 天以内的占大多数（80.06%）；从学历来看，园领导学历基本处于大专及以上（93.98%），中专（中师）及以下的仅占 6.02%；所学专业以学前教育专业为主的占 56.93%；有 53.10% 的园长通过函授等途径获取了本科及以上的最高学历。

**（二）以评促建的教育质量观已基本建立，但在评价实践中还有一定偏颇**

1. 园领导普遍认为有必要进行幼儿园保教质量评估，并会支持评估工作。幼儿园保教质量评估是目前幼儿园的一项重要工作，它不仅决定着幼儿园教育工作的导向，更是对幼儿园日常工作的一种监测。园领导和教师参与幼儿园保教质量评估工作的目的直接影响着评估的实施和效果。通过问卷调查，园领导对幼儿园保教质量评估工作必要性的认识都很高，并且认为会支持评估工作，具体数据见图1、图2。

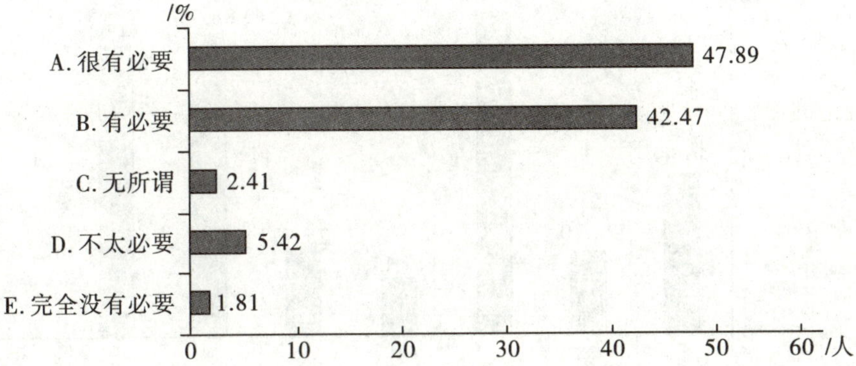


**图1　园领导对幼儿园保教质量评估必要性的认识**

由图1可以看出，有90.36%的园领导都意识到幼儿园保教质量评估的重要性，少数（9.64%）的园领导认为保教质量评价没有太大的必要性。

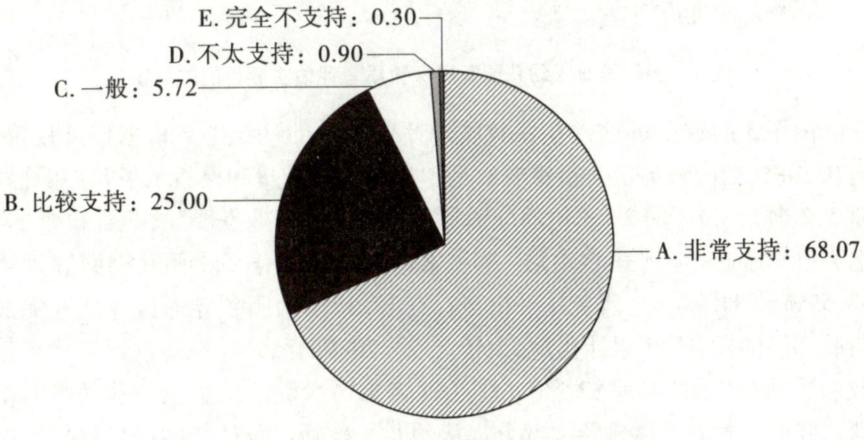


**图2　园领导对幼儿园保教质量相关评估的支持程度**

由图 2 可以看出，有 93.07% 的园领导都会支持幼儿园保教质量相关评估工作，有 5.72% 的园领导支持程度为一般，0.90% 的园领导表示不太支持，只有极少数（0.30%）的园领导表示完全不支持。

2. 以评促建的教育质量观已基本形成。评估的目的影响着评估的导向和评估的质量。通过问卷调查发现，不同幼儿园对于开展保教质量评估的主要目的是不一样的，园领导对于幼儿园开展保教质量评估的主要目的的认识见图 3。

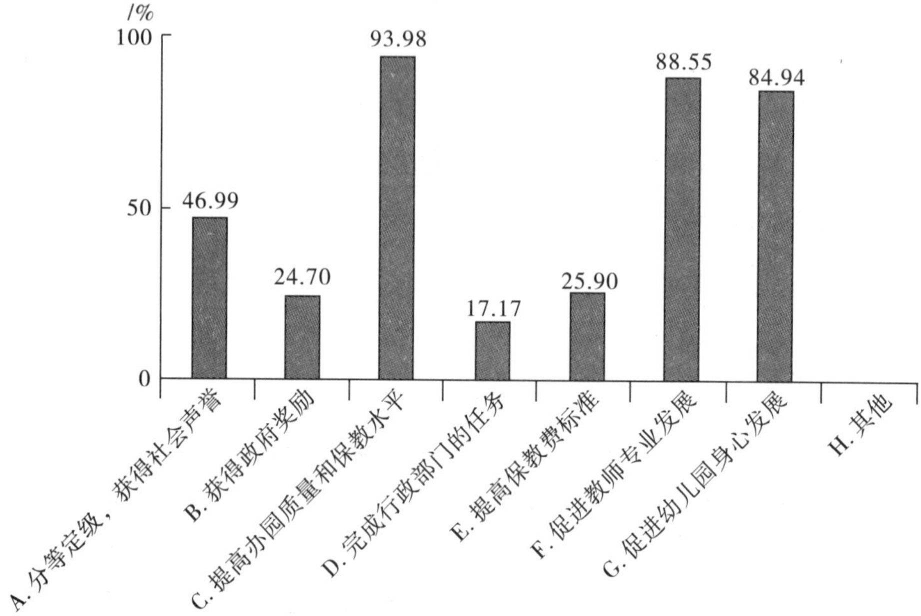


**图 3　园领导对于幼儿园开展保教质量评估主要目的的认识**

由图 3 的数据可见，在保教质量评估目的的认识上，依据累计权重，有 93.98% 的园领导认为最重要的是“提高办园质量和保教水平”（累计权重 312 名），位于第 2、3 位的分别是“促进教师专业发展”（累计权重 294 名）和“促进幼儿身心发展”（累计权重 282 名），所占比例分别为 88.55% 和 84.94%，两者几乎相当。有 17.17% 的园领导通过评估“完成行政部门的任务”（累计权重 57 名），24.70% 的园领导想通过评估“获得政府奖励”（累计权重 82 名），但后两者都占少数。结合园长和教师的访谈，我们了解到，园领导大部分都从幼儿、教师以及幼儿园的发展作为保教质量评估的主要目的，以保教质量评估来推动教师的成长，以至班级及整个幼儿园教育质量水平的提高，从而通过幼儿园质量的提升和教师队伍的建设来促进幼儿的全面和谐发展。可见，随着教育质量评价发展的不断深入，越来越多的园领导认识到评价的促进作用，以评促建的教育质量观已基本形成。

3. “大干快上”的参评态度，无暇对幼儿园优质内涵进行深度思考。虽然园领导普遍认可保教质量评估促进发展的价值，但通过对园领导和教师的深度访谈，有园长谈到从幼儿园决定参加评估，到学习评估标准，将标准内容融入幼儿园的工作计划，并将工作内容落实，到撰写评估报告、准备梳理各类书面材料、最后到临检，整个过程基本需要一年的时间。在这短短的一年时间内，幼儿园既要保证正常的工作开展，又要准备大量的评估工作，因此多数幼儿园都会采用“大干快上”的参评态度。同时园长们又承认“优质”不是看“有没有评优”，而是看随着时间和历史沉淀下来的幼儿园文化和教师的素质，这样一种对“质量”的认识与其创评过程中“大干快上”行动形成了一对矛盾。另外，从幼儿园园长和教师提到评估的情绪体验中可以看出，迎评的过程属于“全民应战”“大干一场”，非常“辛苦”，以至于幼儿园领导和教师无暇对幼儿园优质内涵进行深度思考，这也恰恰反映了幼儿园评估实践过程中出现了质量的偏差。

**（三）对幼儿园保教质量相关评估的程序、方式与方法满意度不是很高**

幼儿园保教质量评估的程序、方式与方法直接影响着评估的实践操作和效果。通过问卷调查和深度访谈发现，园领导对保教质量评估方式与方法的认识与现行评估实践中的操作方法不一致；他们对幼儿园保教质量评估程序的满意度不是很高；花费大量的时间准备评估资料，导致了本末倒置的后果。主要体现如下。

1. 对保教质量评估方法与途径的认识与现行评估实践中的操作不一致。通过问卷调查，园领导对幼儿园保教质量评估方法和途径的认识见图4。

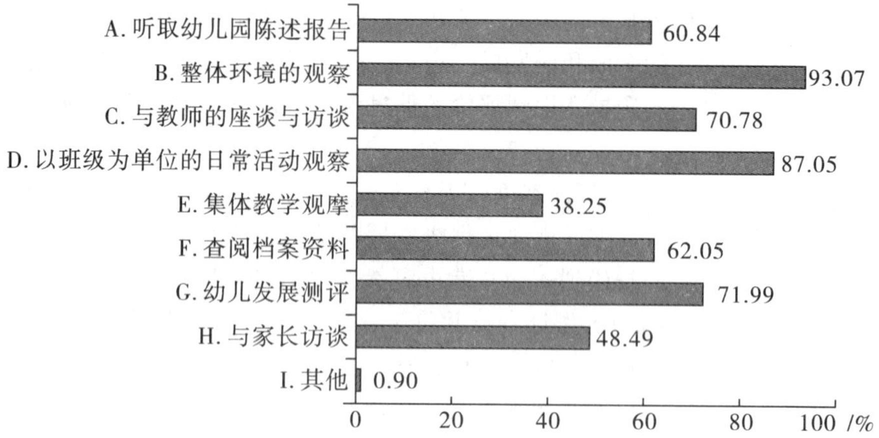


图 4　园领导对幼儿园保教质量评估方法和途径的认识

由图 4 的数据可见，在评估的具体方法和途径上，有 93.07% 的园领导认为最重要的首先是“整体环境的观察”（累计权重 309 名），其次是“以班级为单位的日常活动观察”（累计权重 289 名），占参与人数的 87.05%；再次是“幼儿发展测评”（累计权重 239 名），占参与人数的 71.99%；而园领导对“查阅档案资料”并不十分认可，占参与人数的 62.05%。而通过对教师的访谈了解到，我省现行的保教质量相关评估，最主要的方法则是“查阅档案资料”“幼儿发展测评”和“集体教学观摩”，可见，园领导认可的幼儿园保教质量评估的方法、途径与现行评估实践中的操作不一致。

2. 对我省幼儿园保教质量评估体系和程序的认可程度不高。通过问卷调查，园领导对我省幼儿园保教质量相关评估体系和程序的满意程度见图 5、图 6。

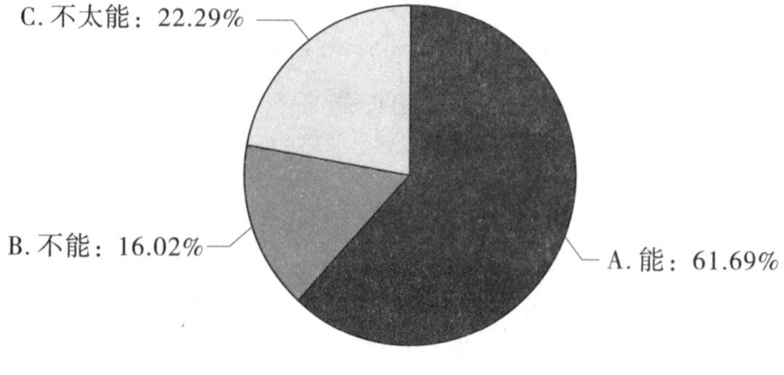


图 5　园领导对我省幼儿园保教质量评估体系的认可程度

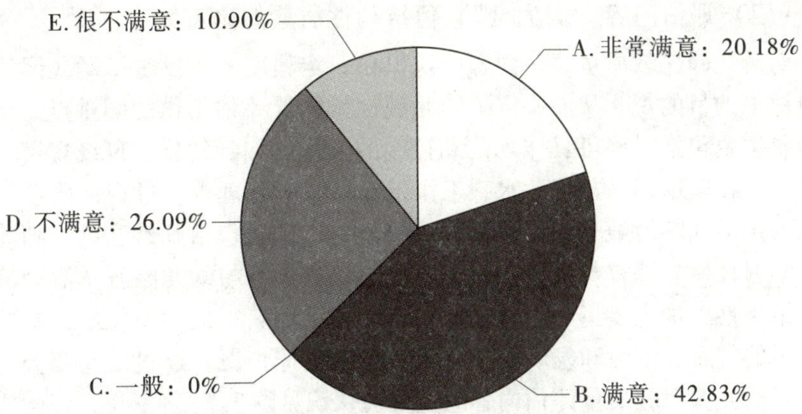


**图6　园领导对幼儿园保教质量评估程序的满意程度**

园领导对我省幼儿园保教质量评估体系的认可程度由图5的数据可见，有61.69%园领导表示认可的态度，但仍有38.31%的领导表示不太能可或不能。在对幼儿园保教质量评估程序的满意程度方面，有20.18%的园领导表示“非常满意”，42.83%持“满意”的态度，26.09%持“不满意”的态度，还有10.90%持“很不满意”的态度。可见，园领导对我省幼儿园保教质量评估体系和程序的认可程度不是很高。

3. 花费大量的时间准备评估资料，导致出现了本末倒置的结果。结合园长和教师的访谈了解到，园领导对于保教质量评估程序和方法不满意的原因主要在于过度重视档案资料，不论是从评估的主体还是从参评幼儿园的角度都导致出现了本末倒置的结果。这由于一方面，参评的幼儿园为了在短时间内达到评估的要求，需要花费大量的时间和精力“应付”资料，“为资料而资料”“上网下”“做资料”等现象严重，这样“思考儿童发展和教育教学方面的时间就相对少了”，也阻碍了幼儿园保教质量的提高。另一方面，按规定三组评估专家要在有限的评估时间内花费大半的时间去查阅资料（而这些资料的可信度又难以保证），而不是将大部分时间和精力花费在现场考察上，同样也是本末倒置。

分析可知，在评估过程中幼儿园将工作的重点放在“资料准备”上，一方面是由评估标准的内容将考察的关键点放在资料的准备上所导致，另一方面是由评估程序中将一半的考察时间放在对资料的查阅上所致，而且两者是相互呼应的，共同导致了这样的结果。

### （四）评估内容“高大全”，但结构性质量的比重大

对幼儿园保教质量评估内容的认识在一定程度上也反映了幼儿园教育质量评估的目的观，从而决定了幼儿园保教质量评估工作的侧重点。结构性质量主要包括一些可具体规范和控制的变量，如师幼比、班级规模、教师资格、在职培训、员工薪水、工作条件、园所管理等。过程性质量是与儿童的生活和学习经验有更直接联系的变量，主要包括师幼互动、师幼行为、学习环境、课程与活动、安全与健康、家长参与幼儿园教学活动等方面。结果性质量主要指儿童通过幼儿园保教活动获得的增值发展，主要考察儿童的健康、学习和发展状况以及在园的适应情况。通过问卷调查，园领导对幼儿园保教质量评估内容的重要性认识见图 7。

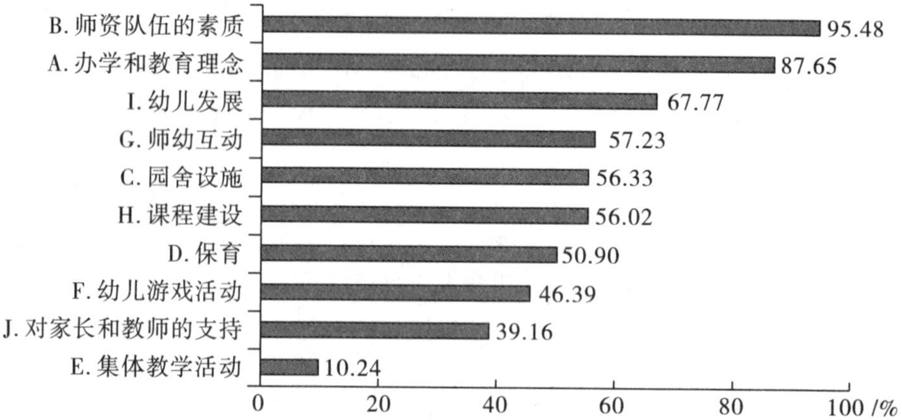


**图 7　园领导对幼儿园保教质量评估内容的认识（按照重要性排序）**

由图 7 的统计数据可见，园领导认为保教质量评估最重要的内容依次是：“师资队伍的素质”“办学和教育理念”“幼儿发展”“师幼互动”“园舍设施”“课程建设”“保育”“幼儿游戏活动”“对家长和教师的支持”“集体教学活动”。排在前 5 项的内容主要指向了过程性的质量，可见园领导在评估的内容上更关注过程性质量。

在深度访谈中，园长反馈我省现行的幼儿园保教质量评估的内容（见表 2）共设 2 个一级指标、12 个二级指标。办园条件评估指标涉及经费、场地园舍、教育玩具设备设施、规模、教职工配备等 5 项，幼儿园管理评估指标包括办学方向及依法治教、队伍建设、卫生保健工作、教育工作、社区工作、示范性和后勤管理工作等 7 项，评估内容覆盖范围广，但主要是结构性的质量，对过程性的质量关注较少。

表 2　我省现行的幼儿园保教质量评估指标体系（部分）

| 一级指标 | 分值/分 | 占比/% | 二级指标 | 分值/分 |
|---|---|---|---|---|
| 办园条件 | 150 | 30 | 经费 | 20 |
| | | | 场地园舍 | 63 |
| | | | 教育玩具设备设施 | 25 |
| | | | 规模 | 10 |
| | | | 教职工配备 | 32 |
| 幼儿园管理 | 350 | 70 | 办学方向及依法治教 | 35 |
| | | | 队伍建设 | 69 |
| | | | 卫生保健工作 | 100 |
| | | | 教育工作 | 96 |
| | | | 社区工作 | 20 |
| | | | 示范性 | 10 |
| | | | 后勤管理工作 | 20 |

## （五）评估指标被指责不合理、不科学，可操作性不强

1. 评估指标被指责不合理，操作性不强。通过问卷调查，园领导对现行的幼儿园保教质量相关评估指标的认识见图 8。

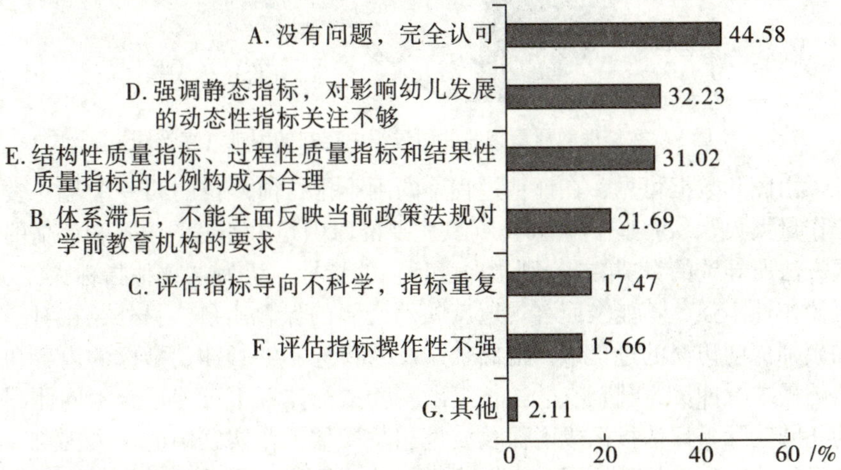


图 8　园领导对现行的幼儿园保教质量相关评估指标的认识

由图 8 的问卷数据可见，只有 44. 58% 的园领导认为评估指标“没有问题，完全认可”；有 32. 23% 的园所认为现行评估标准“强调静态指标，对影响幼儿发展的动态性指标关注不够”；有 31. 02% 的园领导认为现行指标中“结构性质量指标、过程性质量指标和结果性质量指标的比例构成欠合理性”；有 21. 69% 的园领导指责现行的指标“体系滞后，不能全面反映当前政策法规对学前教育机构的要求”；还有 17. 47% 的园领导认为“评估指标导向不科学，指标重复”；有 15. 66% 的园领导认为“评估指标操作性不强”。同时结合园长和教师的访谈了解到，现行保教质量相关评估指标往往只是学前教育政策文本中教育条款的简单复述，未能结合幼儿园教育实际进行具体化，没有把教育原则转化为可观察的具体的教育行为，缺乏具体的观察指标。由于指标内容相对抽象而容易导致看起来言之无物，进行评价时可操作性不强。

2. 保教质量评估过程中存在的困难近半指向评估指标。对园领导进行了关于“保教质量相关评估过程中存在的困难”的问卷调查结果见图 9。

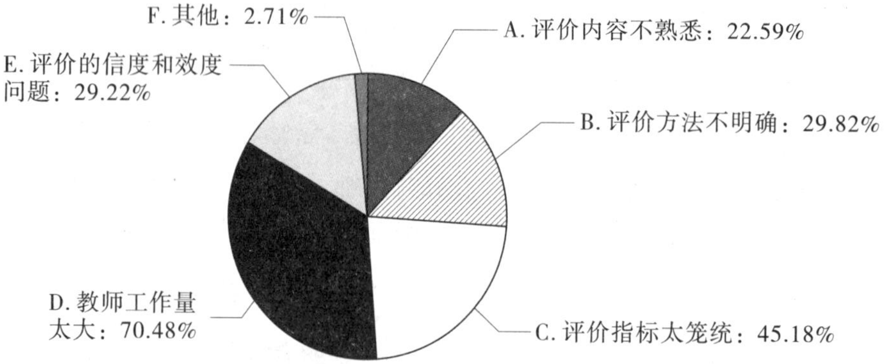


**图 9　实施保教质量相关评估过程中存在的困难（多选题）**

由图 9 数据可见，在评估过程中的困难排在前两位的第一个是“教师工作量太大”，占到了 70. 48%（其主要的原因是由评估的内容和评估的方式方法所导致的）。第二个则指向了评估的指标，认为“评估指标太笼统”可操作性不强，不能全面客观地反映幼儿园的保教质量。另外，在对园长和教师深度访谈的过程中，他们普遍反映指标不够具体、指标的内容和社会的需求有冲突，甚至有的园长提出一套指标体系不可能适合不同体制的幼儿园实际。评估指标成了保教质量相关评估工作实践中的一大困难，影响了评估工作的效果。因此，在建构保教质量评估体系时重新审视指标体系显得尤为重要。

### （六）园领导普遍支持将幼儿发展结果纳入保教质量评估指标体系

关于幼儿发展结果是否应纳入幼儿园保教质量评估的指标体系，问卷调查的结果见图 10。

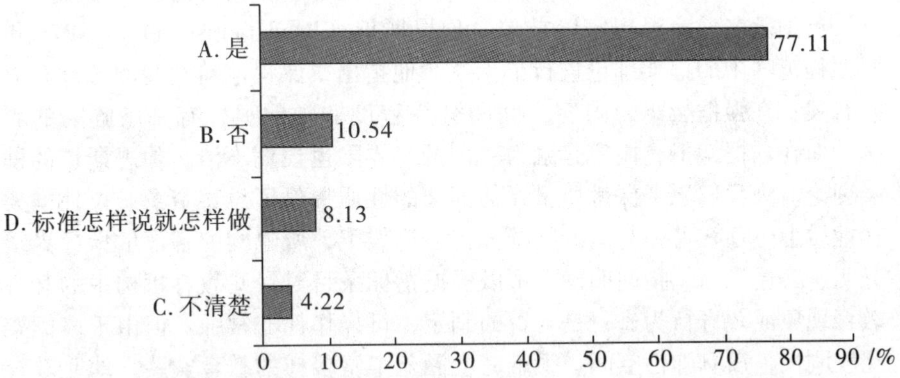


图 10　对幼儿发展结果是否应该纳入幼儿园保教质量评估指标体系的看法

由图 10 的数据可见，有 77. 11% 的园领导认为应该纳入，10. 54% 的园领导认为无须纳入。这说明，将幼儿发展结果纳入幼儿园保教质量评估的指标体系已得到大多数园领导的支持。

另外，将幼儿发展结果纳入幼儿园保教质量评估的指标体系也面临诸多挑战。从幼儿园的根本目的是促进幼儿发展的角度来看，将幼儿发展结果纳入保教质量评估指标体系是顺理成章的，但是要制定出科学的幼儿发展指标也面临诸多挑战。一方面，影响幼儿发展的变量错综复杂，包括家庭环境、社会环境、幼儿自身的机体成熟都影响幼儿的发展，幼儿的发展结果并不能完全归因于幼儿园的保教工作，这给评价指标的制定带来一定的困难。另一方面，目前我国还没有一套权威的幼儿发展评价量表，幼儿发展状况难以科学衡量，如果将其作为优质园的评估标准还会导致“幼儿园有可能因生源的整体背景，而在评估中处于不利或优势地位”。

## 四、幼儿园保教质量评估体系的思考

### （一）评估指标体系框架的性质：在强弱框架之间寻求平衡

幼儿园保教质量评估框架是由一系列评估标准，按照一定的逻辑层次关系所构成的一套体系架构，它勾勒出了人们所认可的，甚至是理想中的学前教育图景。

构建评估指标体系，在实践操作的层面面临着一个基本的困境，就是在我们架构指标框架之初，必须考虑如何将去情境化的、抽象的指标条目涵盖复杂的、丰富多样的学前教育机构的教育实践状况。这个困境在理论上就指向了评估框架性质的强与弱的问题，也是我们必须慎重思考的一个问题。

英国著名教育思想家巴兹尔·伯恩斯坦（Basil Bernstein）在 1973 年对课程范畴中的框架理论进行了论述。他指出，课程范畴之间的分离和界限有关，在强框架下，内容之间的分界程度非常明显，有一条鲜明的界线。而在弱框架下，内容是融为一体的，界限也模糊不清。伯恩斯坦的框架理论恰为我们思考保教质量评估框架的性质提供了思想资源，评估框架在性质上也存在着强与弱的问题。在强框架下，所建构的各评估指标界限分明、表述清晰、指向明确，可以根据指标条目对幼儿教育机构中的某一教育现象或教育行为进行是与否的判定，可操作性非常强。但由于该框架比较刚性，没有弹性空间，很难完全涵盖丰富多样的教育实践，幼儿教育机构也处于被动的地位。弱框架下保教质量评估指标则刚好相反，所建构的各指标条目界限模糊，对教育实践中的教育行为或教育现象的认定具有一定的弹性空间，比较适合教育实践的复杂性和丰富性。但是由于其过于笼统，对评估主体的专业素质和评估经验的要求都比较高，也容易影响评估结果的客观性。因此，为了保持评估指标的科学性与教育实践的丰富多样性之间的张力，我们必须寻求强框架与弱框架之间的平衡。

德国的《儿童日托机构的教育质量：国家标准集》在评估标准框架的强弱性质上给我们提供了可借鉴的经验。该标准集由三部分组成，第一部分是学前教育的三个基本的原则，第二部分是把学前教育工作划分为 20 个质量评估领域；第三部分是每个领域的下面设有 6 个着眼点，制订成具体的条目。在评估的过程中，评估主体一方面可以根据具体的条目来判定教育实践的质量水平，另一方面，当具体的条目不适应教育实际时，则允许回到教育的基本原则上去。这样既可以保证幼儿保教质量发展不偏离教育的基本原则，又为幼儿教育机构创造性的教育实践提供一定的空间。

因此我们认为，一方面，改进提升的方向除了要在具体的评估标准条目上做进一步的细化工作，形成更具可观察的行为指标；另一方面，更要在评估标准的整体架构上，考虑框架的强与弱之间的平衡，把握好教育原则与可观察行为指标之间的张力，实现评估过程中统一的质量判定与幼儿园自主创新的有机结合。

## （二）评估内容重心转移：凸显过程性质量的比重

保教质量的内涵可以分为结构性质量、过程性质量和结果性质量三个基本组成部分。一是结构性质量，主要包括一些可具体和可控制的变量，如师幼比、班级规模、教师资格、在职培训、员工薪水、工作条件、园所管理等。二是过程性质量，是与幼儿的生活和学习经验有直接联系的变量，主要包括师幼互动、师幼行为、学习环境、课程与活动、安全与健康、家长参与幼儿园教学活动等方面。三是结果性质量，主要指幼儿通过幼儿园保教活动获得的增值发展，主要考察幼儿的健康、语言、社会、科学、艺术等方面的发展状况。

比较研究显示，师幼互动、学习环境、课程、家园合作等过程性指标比其他诸如教师受教育程度、班级规模、班级硬件设施、师幼比等结构性指标更能严格而有效促进幼儿多方面的发展（Bridget K. Hamre，2013）。另外，我国颁布的《幼儿园教育指导纲要（试行）》提出关注幼儿的学习变化与成长过程，要求静态评价转为动态评价。《3－6岁儿童学习与发展指南》通过在目标下具有关键意义的“典型表现”作为观察评价的参考，并且以游戏、生活中的实例呈现幼儿的学习与发展水平，也是过程性的。可见，过程性指标是影响幼儿园整体教育质量的核心。

除了对过程性质量的重视外，另一个趋势是各国对结构质量的过程性评估的关注。比如澳大利亚的学前教育质量标准体系，“班级的硬件实施”这一质量领域，本属结构性质量，但在评估的过程中要跟其具体的使用情况联系起来进行评估。由此可以看出，结构性质量的评估要跟具体的教育活动过程结合在一起才具有意义，才能促进幼儿的发展。因此，“无论是室内还是户外的空间设计或组织，都能使每一个孩子获得有质量的经验”“资源、材料及设备的数量足够并且能做到安排合理，有利于教育活动的开展”。

随着业界对学前教育质量过程性意识的增强，加强过程性评估的重要性开始被关注。因此，我省保教质量评估指标的内容应凸显过程性质量的比重。

## （三）评估方法需调整：以“观察法”为重，“资料查阅”作为补充

我省目前保教质量的相关评估方法主要放在了资料的核查上面，评估程序上更是将一天考察的时间一半用于对档案资料的查阅上，因而导致幼儿园将大量迎评的精力花费在“整理资料”之上，而无暇思考保教质量的

提升，这种本末倒置的做法严重影响了评估的效果和应有的价值。在访谈中当问到幼儿园工作人员在创评过程中的感受时，不少园长和教师都以激动的口吻说，评估的过程非常辛苦，就像是“打仗”一样，认为评估使其“掉一层皮”“压力大”。另外问卷调查和深度访谈的数据也同样显示，幼儿园管理者对于评估的程序与方法的满意度并不高，他们建议不要像评估定级那样的搞一堆资料，专家也看不完，很多实实在在的东西其实都在日常的细微之处显现。他们认为说得再好，材料做得再精美都不如幼儿发展好、教师专业成长好、幼儿园内气氛温馨有爱来得重要。他们更希望以保教质量评估替代等级评估，评估过程少一点形式主义，少一点干扰正常的保教秩序，让园长和教师把有限的精力专注于研究怎样做好保教工作，而不是资料越多越好。

出现这种工作重点的偏差主要是因为评估程序和方法将重点放在对“资料”的关注上，如果是为了促进日常工作的改进，则评估的重点不应只是看资料，重点应该落在对师生互动过程的关注上。如果需要保留过程性的资料，这部分资料应该是最精华的，而且需要考虑教师的工作负荷，档案文件资料在评估标准中所占的比例也应减少。同时评估程序也应该适当改进，更多地使用观察法等利于对师幼互动过程进行考察的现场考察方式，使参评幼儿园重视扎实改进与幼儿发展直接相关的工作。可以考虑调整评估工作的重心，不仅增加与幼儿发展直接相关工作的分值，且应改变原有的评估方式，使观察评估与随机抽样评估相结合。

**（四）评估体系建构的方式：征求相关利益主体的价值诉求和实践智慧**

幼儿教育的根本目的是促进幼儿的发展，而幼儿是社会的人，幼儿的发展牵涉到了很多利益主体，比如家长、教师、园长、政府管理人员等。这些不同的利益主体都从各自的角度对学前教育的发展进行理解和评判，反映出他们对学前教育的价值诉求和实践智慧，这也为幼儿园保教质量评估体系的构建奠定了社会文化的基础。因此，不同利益主体的价值诉求和实践智慧也是我们在架构保教质量评估体系的时候需要考虑的问题。

在访谈的过程中，有园长和教师都谈到在保教质量相关评估中班额的标准和社会需求之间存在着冲突。保教质量相关评估指标中对班额的要求非常苛刻，通常一票否决，而随着二胎政策的不断推进，优质幼儿园的规模满足不了家长的需求，使幼儿园的发展存在两难的境地。在这方面，对美国和德国的幼儿教育质量评估体系的建构方式已进行了有益的探索，为我们提供了可借鉴的经验。比如美国在制定早期教育机构质量认证标准的时候就广泛地征求了相关利益主体的建议。认证委员会在前期研究的基础上，先让早期教育专家草拟质量标准，然后将标准刊登在较有影响力的杂志上，广泛征求相关利益主体的意见，认证委员会根据反馈的意见和建议进行标准的修订和完善，然后再将修订稿递交全国公开听证会听取意见后，进一步调整完善。接着选择实践机构进行标准的试用检验，进行标准的检测完善，最后发布在权威网站上，接受公众评论。

虽然早期教育专家的观点具有权威性、专业性和理论性，他们是构建保教质量评估体系的重要智囊团，但教育实践中教师、园长、家长等利益主体对保教质量评估体系的理解和看法，也同样充满了实践的智慧。因此，非常有必要加强不同利益主体之间的对话，以获得对保教质量的全面深刻的理解。

**参考文献**


[1] 汤慧丽. 基于儿童视角的幼儿园教育活动评价 [J]. 课程教育研究（新教师教学），2016 (35)：50-51.

[2] 胡惠闵，郭良菁. 幼儿园教育评价 [M]. 上海：华东师范大学出版社，2009：206.

[3] 达尔伯格，莫斯，彭斯. 超越早期教育保育质量：后现代视角 [M]. 朱家雄，等译. 上海：华东师范大学出版社，2006：117.

[4] 蔡敏. 论教育评价的主体多元化 [J]. 教育研究与实验，2003 (1)：21-25.

[5] 陈学群. 浅谈园长专业引领对幼儿园教师成长的影响力 [J]. 早期教育（教科研版），2012 (3)：36-38.

[6] 大宫勇雄. 提高幼儿教育质量 [M]. 李季湄，译. 上海：华东师范大学出版社，2009.

[7] 虞永平. 过程意识与学前教育质量 [J]. 幼儿教育（教师版），2015 (1)：4-6.

[8] 格里芬. 儿童工作中的全纳、平等和多样性 [M]. 张凤，译. 南京：南京师范大学出版社，2011：3.

[9] 李克建，胡碧颖. 国际视野中的托幼机构教育质量评价：兼论我国托幼机构教育质量评价观的重构 [J]. 比较教育研究，2012 (7)：15-20.

[10] 刘霞. 托幼机构教育质量：概念与构成 [J]. 现代教育论丛，2004 (4)：11-15，10.

[11] 霍力岩. 学前教育评价 [M]. 北京：北京师范大学出版社，2000.

[12] 韩春红. 上海市二级幼儿园师幼互动质量研究 [D]. 上海：华东师范大学，2015.

[13] 刘焱. 试论托幼机构教育质量评价的几个问题 [J]. 学前教育研究，1998 (3)：14-17.

［14］刘占兰．提高幼儿园教育质量的有效策略［M］．北京：北京师范大学出版社，2013.
［15］刘占兰．专业的园长是保障幼儿园质量的关键：谈《幼儿园园长专业标准》与园长角色的转变［J］．幼儿教育：教育教学，2015（4）：6－8.
［16］刘景容．广东省一级幼儿园评估的分析（2012—2013 年）［J］．上海教育评估研究，2015（2）：70－74.
［17］尹冰心．不同主体的幼儿园教育质量观念及质量评价调查研究［D］．金华：浙江师范大学，2016.
［18］李召存．对学前教育质量评估框架建构的思考［J］．中国教育学刊，2015（10）：17－21.

（执笔人：徐艳贞，刘景容；审稿人：詹斌）

# 广东省幼儿园 STEM 教育现状调查研究*

○广东省教育研究院基础教育研究室

**摘　要**：近年来，STEM 教育在国内逐渐兴起，并进入学前教育领域。调查显示，STEM 教育在学前阶段已经开始或正在路上，但幼儿园对 STEM 教育的理解仍停留在概念层面，幼儿园实施 STEM 教育的条件还有待完善。问题的存在主要在于政府支持力度不够，政策体系未建立；缺乏专业指导，教育成果不明显。未来幼儿园 STEM 教育发展有赖于政府部门给予一定条件保障，教科研机构担负专业指导使命，幼儿园要深化理论学习和实践沉淀。

**关键词**：幼儿园　STEM　现状

## 一、调查研究缘起

STEM 教育是 20 世纪 80 年代起源于美国的跨学科整合教育，是美国政府为解决 STEM 领域人才紧缺实施的自上而下的教育变革的产物，是科学（Science）、技术（Technology）、工程（Engineering）和数学（Mathematics）四个领域的有机整合。1986 年，美国发布了《本科的科学、数学和工程教育》（Undergraduate Science，Mathematics and Engineering Education）报告，标志着 STEM 教育的诞生，该报告倡议政府和各类机构投入资源促进科学、

* 本文系广东省社会发展科技协同创刊体系建设项目“广东省科技协同创刊中心”（项目编号：2019B110210001）阶段性成果之一。

数学、工程领域的教育发展并明确其指导性建议。① 自此，STEM 教育从高等教育领域不断延伸至学前教育领域，其产生的教育影响得到了国际的高度关注，一些发达国家纷纷加入 STEM 教育队伍，中国 STEM 教育近几年也得到了较快的发展。2015 年，教育部关于教育信息化的文件中就提出要探索 STEM 教育模式，2018 年中国教科院发布了《中国 STEM 教育 2029 行动计划》，可以说是国家推动 STEM 教育实施的重要举措。随着 STEM 教育在国内的逐渐兴起，众多幼儿园也加入了 STEM 教育的探索队伍中，STEM 教育的研讨、培训、项目中幼儿园的身影越来越多。但是，关于 STEM 教育如何实施，各地并没有政府层面的操作指南，对于师资水平亟待提升的幼儿园而言，STEM 教育的独自探索目前是什么状态，一线教师对 STEM 教育的了解到什么程度，幼儿园如何开展 STEM 教育成为本次调查研究的目标和内容。

## 二、调查研究基本情况

本调查研究采用问卷调查的方式开展，以广东省幼儿园为调查样本，共收到有效问卷 570 份，覆盖 10 个地市。参与调查的幼儿园既有公办园也有民办园，既有城市园也有农村园，同时涉及不同等级的幼儿园（见图 1）。

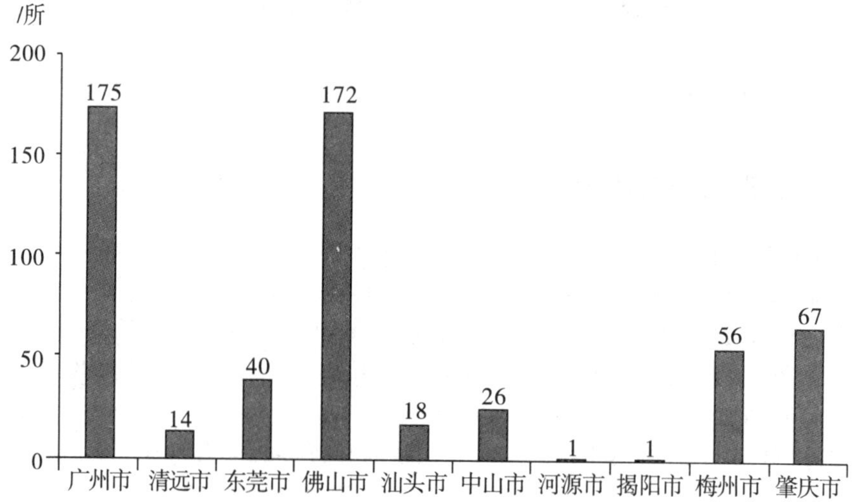


（a）

① 杨晓萍，杨柳玉．超越功利主义：学前儿童 STEM 教育的知识论反思［J］．学前教育研究，2020（6）：31－40．

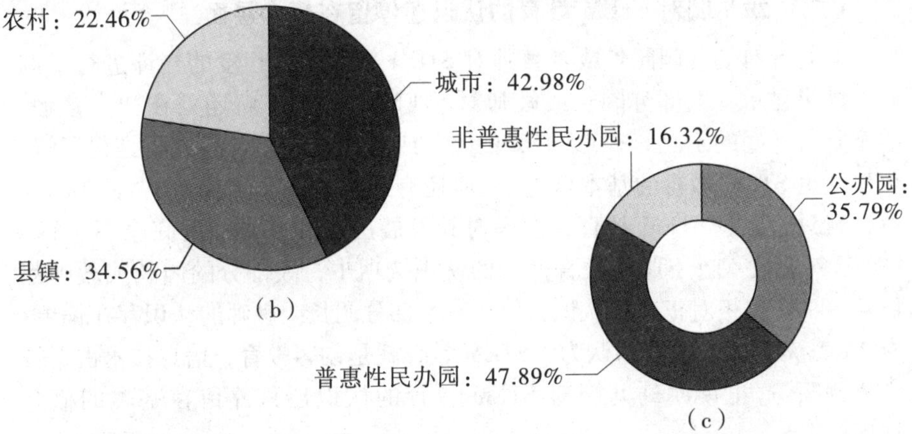


**图 1　问卷调查对象分布图**

## 三、调查研究结果

目前，广东省已有一部分幼儿园在尝试开展 STEM 教育，既有幼儿园根据本园实际独自探索，也有引进外来已经相对成熟的课程体系。一部分未开展 STEM 教育的幼儿园也表达了开展 STEM 教育的意愿。在接受问卷调查的园长或者教师中，大部分没有接受过 STEM 教育培训或参加过 STEM 教育研讨活动，对 STEM 教育有初步了解，但是缺乏深入解析，并还存在一些认识上的误区。在幼儿园开展 STEM 教育中，大家普遍认为最大的障碍就是教育资源不足以支撑 STEM 教育实践。

### （一）STEM 教育在学前阶段已经开始或正在路上

问卷调查结果显示，有 18.60% 的幼儿园已经在开展 STEM 教育实践，但是多处于刚开始探索阶段，占比达到 51.89%，开展有一年以上的幼儿园比例为 33.96%。没有开展的 81.40% 的幼儿园中，有 63.36% 表达了有意愿开展 STEM 教育（见表 1）。

**表 1　STEM 教育在幼儿园的开展情况**

| 开展 STEM 教育的幼儿园情况 | 是 | 否 |
|---|---|---|
| 已经开展 STEM 教育的幼儿园数/所 | 106（18.60%） | 464（81.40%） |
| 有意愿开展 STEM 教育的幼儿园数/所 | 294（63.36%） | 170（36.64%） |

### （二）幼儿园对 STEM 教育的认识还停留在概念层面

问卷针对幼儿园园长或者教师对 STEM 教育了解程度的自评进行了调查，结果显示，大部分园长或教师对 STEM 教育的了解还处在初步接触，甚至有所耳闻的阶段。有 49.47% 的园长或者教师认为自己“不是很了解，仅仅知道 STEM 教育的基本概念”，而还有 30% 的园长或教师“非常不了解，就只听说过 STEM 教育，但是对其发展历程和基本情况完全不了解”（见图 2）。在关于 STEM 教育概念的认识选项中，大部分的园长或教师都能对 STEM 有相对正确的认识，但还有小部分园长或教师的认识存在偏差，有 24.21% 的园长或教师认为“STEM 教育就是创客教育，信息技术占据较大比例”，这也说明幼儿园对 STEM 教育的认识还只停留在基本的概念层面。

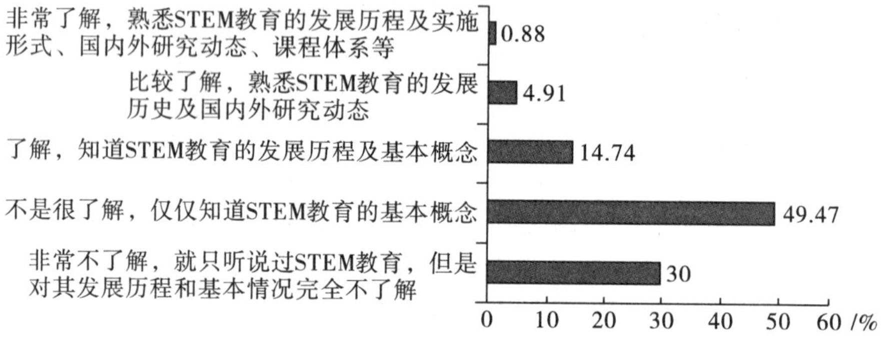


图 2　幼儿园对 STEM 教育的了解程度

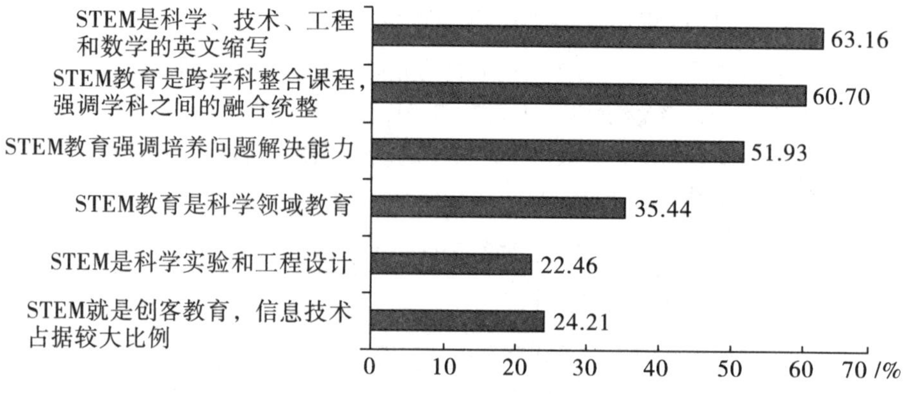


图 3　幼儿园对 STEM 教育概念的认识

## （三）幼儿园实施 STEM 教育的条件有待进一步完善

总体而言，STEM 教育是近年来才进入我国的学前教育领域，调查中一半以上的幼儿园属于刚开始探索阶段，但是也有很少一部分幼儿园已经有 5 年以上的 STEM 教育经验，而且有 30 所幼儿园表示有 STEM 教育专科教师，成为推进 STEM 教育的有利条件。但是教育发展的两大重要因素——教师和资源成为幼儿园 STEM 教育发展的最大难题。一是教师缺乏关于 STEM 教育的系统性培训，参与问卷调查的园长或教师中，74.74% 的参与者没有参加过 STEM 教育培训，在其幼儿园中教师是否参加过相关培训，选择“否”的比例高达 71.23%。即使有 21.05% 的幼儿园教师参加过培训，也都是“零散地听过相关专家的 STEM 教育讲座”（见图 4）。二是 STEM 教育课程还未成体系。目前幼儿园开展 STEM 教育以自主探索课程为主，有 62.26% 的幼儿园选择“自主研究探索”，37.74% 的幼儿园选择“引进”“购买”或者“委托相关单位或机构帮忙开发”服务。其中，购买的服务有课程体系，也有单纯的教具等。既有购买境外的 STEM 教育课程资源，也有国内相关教育研究团队的成果，还有教育机构的课程体系或者借鉴相对成熟的幼儿园的课程（见图 5）。STEM 教育课程未成体系还表现在开展形式上，有 32.98% 的幼儿园“只是开展一些科学小活动”，这从严格意义上还不能完全界定为 STEM 教育。而真正以主题活动或问题解决方式实施 STEM 教育的幼儿园仅占 31.40%（见图 6）。

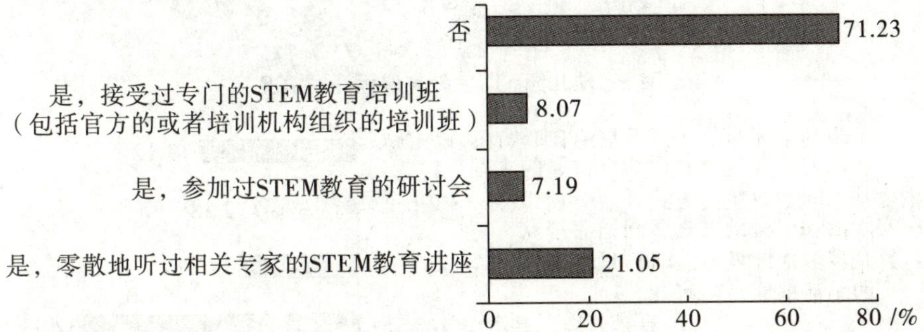


(a)

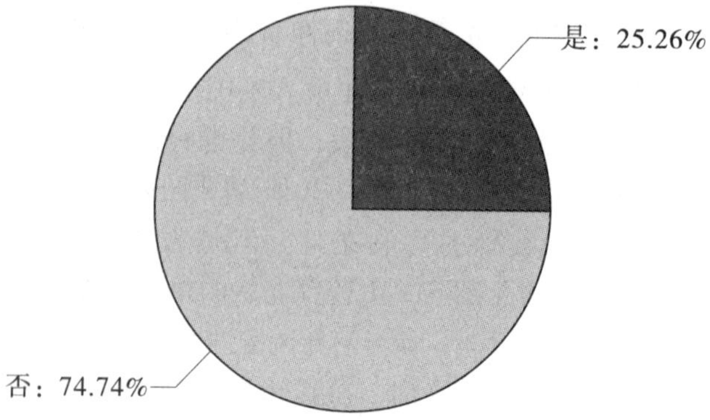


(b)

图 4　调查对象和其幼儿园教师参加 STEM 教育培训情况

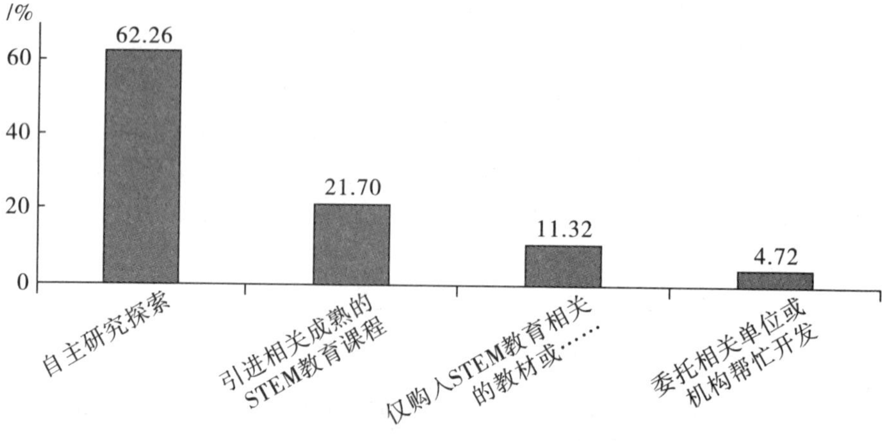


图 5　幼儿园 STEM 教育课程开发情况

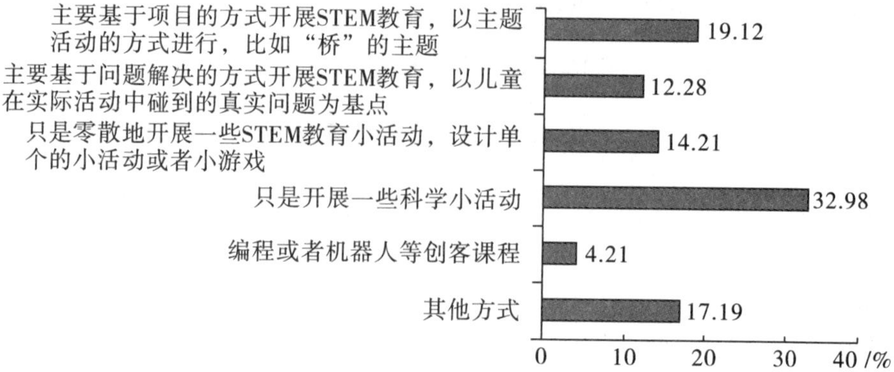


图 6　幼儿园 STEM 教育开展形式

## 四、结论分析

近年来，随着STEM教育在中小学领域的不断兴起，幼儿园也在逐渐引进和探索学前STEM教育体系。但是由于政策支持力度不够，缺乏一定的专业引导，幼儿园STEM教育仍处于初步探索、成果未现的阶段。

### （一）政府支持力度不够，政策支持体系有待建立

STEM教育在美国是一项政府自上而下推行的从高等教育到早期教育领域的教育模式，在我国STEM教育除了在教育信息化文件中简单提及以外，在其他的教育政策文件，尤其是学前教育政策中鲜少出现。2020年省教育厅开展的学前教育“新课程”科学保教示范项目中，将STEM教育作为其中的一个专题供有条件的幼儿园申报，可以算是政府部门对幼儿园STEM教育的重要支持措施了。但是绝大部分实施STEM教育的幼儿园都是根据本园实际和兴趣而做出的发展选择，自主引进这种新的教育模式，不带有任务性质，同时也没有更多的政府支持。有63.86%的幼儿园反映自己所属的教育行政部门没有关于STEM教育的相关政策或者行动，即使有相关行动，也主要是教研部门组织的研讨活动等。这种缺乏政府支持的STEM教育探索，给予了幼儿园课程建设的自主权和宽松的环境，同时也会缺少对幼儿园STEM教育课程的管理，STEM教育课程市场化特征明显，部分幼儿园直接在境外或者国内各教育机构买进STEM教育产品，这些产品质量参差不齐，得不到权威部门把关。

### （二）缺乏专业指导，教育成果不明显

幼儿园STEM教育以幼儿园自主探究为主，缺乏专业团队的指导和引领，21.70%的幼儿园引进了已经成熟的STEM教育课程，4.72%的幼儿园委托了相关单位帮忙开发STEM教育课程，呈现一种课程模仿的状态。还有大部分幼儿园是自主开发，STEM教育实施的程度取决于幼儿园对STEM教育的理解程度，而从园长或教师关于STEM教育的理解选项来看，幼儿园对STEM的理解仍处于概念阶段，没有深入到教育的实质层面，难以在实践上有较大的突破。且70%以上的教师没有接受过STEM教育培训，即使接受过培训的小部分教师，也都仅是参与了某次或某些研讨活动，缺乏对STEM教育的系统性了解。培训效果不明显，虽然有15.97%的教师认为培训效果明显，能基本掌握STEM教育在幼儿园的开展方式，但也有

45.83%的教师认为培训效果一般，对 STEM 教育只是初步了解。所以，目前幼儿园 STEM 教育仍在起步阶段，成果并不明显。

## 五、措施建议

STEM 教育经过 30 多年的教育实践证明在培养儿童的问题解决能力、科学素养、创新能力等方面具有一定的作用，有研究者认为，STEM 教育作为跨学科的整合课程与幼儿园课程体系具有家族相似关系①，在幼儿园开展 STEM 教育具有天然的优势。但仅凭幼儿园之力探索出优质的 STEM 教育路径存在一定的难度，需要得到相关力量的支持和指导。

### （一）政府部门给予幼儿园 STEM 教育一定的条件保障

政府部门是学前教育的管理者，学前教育政策的制定者，把控和引导着学前教育发展方向。一是健全学前教育教研员队伍。幼儿园 STEM 教育的落脚点在儿童，开展 STEM 教育首先要懂学前教育，懂得学龄前儿童的身心发展规律，所以具有学前教育专业的教研员对一个地区幼儿园的发展有较好的指导作用，同时也能成为 STEM 教育领域人才与学前教育领域的连接纽带，帮助 STEM 教育理论转化为适合幼儿园开展的教育实践。二是形成正确的舆论导向。有 37.72% 的幼儿园认为开展 STEM 教育很大的阻碍是教师的教育理念和家长的观念跟不上，政府部门关于 STEM 教育的支持与解读，能产生较好的宣传效果，将社会的教育观念逐渐导向科学的道路上来。

### （二）教科研机构担负起专业指导的使命

幼儿园教师队伍存在学历层次整体水平偏低的情况，本科以上学历占比较少，教师的理论水平相对有限，在幼儿园教师的职前培养中缺乏相应的 STEM 教育知识及素养的培养，严重阻碍了幼儿园探索 STEM 教育的水平。教科研机构应该充分发挥其（包括高校）的专业优势，提高幼儿园教师 STEM 教育实施能力，提升幼儿园 STEM 教育水平。一是强化理论指引，教科研机构与幼儿园形成 STEM 教育实践共同体，加强对幼儿园的理论指导，结合幼儿园实际帮助建立合适的 STEM 教育课程体系。二是深化教师

---

① 王琳，李艳，姜友斌. 早期 STEM 教育与我国学前教育中的家族相似活动比较[J]. 学前教育研究，2020（7）：73-84.

培训，高校建立职前职后一体化学前 STEM 教师培训体系①，将 STEM 教育体系作为专题列入教师培养体系。其他教科研机构通过主题教研及科研课题的方式，加强对幼儿园教师 STEM 教育能力的培养。

**（三）幼儿园深化理论学习和实践沉淀**

STEM 教育的跨学科整合特征完全符合当前幼儿园教育的特征，其科学特色为幼儿园科学领域教育带来了很好的模式借鉴，因此受到了幼儿园的热力追捧。但是部分幼儿园在还未真正掌握 STEM 教育要义的情况下盲目开展实践，不仅不能为课程增光添彩，还有可能给原有的教育增加负担。幼儿园应该对 STEM 教育理论进行系统性学习，深入了解 STEM 教育的理念和内容，结合学前教育及儿童的特征，将 STEM 教育内容转化为学前 STEM 教育，不能盲目照搬国外课程模式，在不断的实践探索中沉淀成果，实现 STEM 教育本土化、园本化。

（执笔人：杨慧敏；审稿人：姚轶洁）

① 王素月，罗生全，黎聚才. 学前 STREAM 教育在中国：现状、问题及建议[J]. 教育与教学研究，2019，33（8）：78－88.

# 推进基础教育集团化办学 促进基础教育高质量发展

## ——广东省基础教育集团化办学研究报告

○广东省教育研究院“基础教育集团化办学研究”项目组

**摘　要：** 为了解广东基础教育集团化办学整体问题及现状，寻求可供借鉴的经验及启示，本文对省内外基础教育集团化办学现状与成效、经验与问题进行梳理和总结。目前基础教育集团化办学，大致有名校加薄弱学校、名校加新建学校、名校加民办学校的三种模式，制度设计、权力划分、资源共享是集团治理的三个基本维度，并分别对应紧密型、托管型、复合型三种管理类型。集团化办学有四点成功经验值得借鉴，一是建章立制；二是建设高素质队伍；三是明确权责、关系；四是做大做强做优集团母体。基础教育集团化办学存在规模扩张与质量提升、大规模与低效率、学校同质化与特色化、办学不规范等矛盾和问题。据此，本研究提出进一步明确增加优质教育资源供给、扩大优质教育资源覆盖面的集团化办学目的和方向，抓住队伍建设这一关键，突出以课堂教学改革、资源共建共享为重点等建议。

**关键词：** 基础教育　集团化办学　高质量发展

20 世纪 90 年代以来，随着经济社会发展转型和民办教育快速发展，民办教育集团这种新的办学模式逐渐孕育成长。在推动教育公平、提高教育质量的政策导向和人民群众对优质教育迫切需求下，基础教育集团从 2010 年以来逐步兴起，成为促进基础教育优质均衡发展的重要举措。2016 年，国务院《关于统筹推进县域内城乡义务教育一体化改革发展的若干意见》明确提出“实施学区化集团化办学”。2017 年，中共中央办公厅、国务院办公厅印发的《关于深化教育体制机制改革的意见》明确提出“探索集团化办学，采取委托管理、强校带弱校、学校联盟、九年一贯制等灵活多样的办学形式”。

在全国各地积极探索基础教育集团化办学的同时，广东多地也积极探索多形式、多样态、多机制的基础教育集团化办学改革方案，开展丰富多样、异彩纷呈的基础教育集团化办学实践。为统筹深化基础教育集团化办学改革，优化基础教育集团化办学模式，广东省教育厅等四部门于2020年联合出台《关于推进中小学幼儿园集团化办学的指导意见》，明确统筹推进区域集团化办学和跨区域集团化办学，实现优质教育资源利用效益最大化，到2022年在全省培育创建不少于100个优质基础教育集团。

探索推进基础教育集团化办学，目的是实现优质基础教育资源共建共享，以名校为核心由多所不同学校组合成教育共同体，更好实现教育公平和教育高质量发展。作为一种新生的办学模式改革，广东的基础教育集团化办学整体现状如何？有哪些值得总结的经验及案例？有哪些需要反思和改进的地方？带着这些问题，广东省教育研究院成立专题项目组对省内外的基础教育集团化办学现状、成效、经验与问题做了比较全面的梳理和总结，以期更好地为广东深入推进基础教育集团化办学、促进基础教育高质量发展提供参考和借鉴。

## 一、基本情况

### （一）有关省市基础教育集团化办学基本情况

1. 北京。目前北京共有158个教育集团、410余所集团学校，25%的中小学已加入集团，共建共享集团优质教育资源。除了名校牵头组建的教育集团，北京还推行在地域内共享优质教育资源的学区制，目前有130个学区覆盖1 000余所学校。北京通过集团办学使得教育形式更灵活，突破传统的“6+3+3”（小学6年和初中、高中各3年）模式，在某阶段表现非常突出的学生可以按“5+3+4”“6+2+4”等模式进行一体化培养，满足不同学生的多样成长和发展需求。

2. 上海。上海集团化办学，主要有集团化、学区化两种形态。目前上海共有集团140个，覆盖720所学校；学区55个，覆盖416所学校。“集团化”办学形态主要是在同一区内或跨区组建办学联合体，通过一所或几所强校领头，带动发展相对薄弱的学校或新建的学校快速提升。学校间有强弱之分，地理位置有可能相隔甚远，通过加强师资流动、共享优质课程等举措，使集团内相对薄弱的学校和新建的学校可以加快拥有优质教育资源，从而拥有较快发展成优质学校的可能。“学区化”办学形态主要是按照地理位置相对就近原则，联合距离相邻的几所相同或不同学段的学校一起发展。学校间没有强弱之分，通过共享师资培育、共建优秀课程和学校之间、学校与社区之间协同创新，不断生成新的优质教育资源。在推进集团化办学策略方面，上海以区为单位，着力创建紧密型学区、集团，通过促进组织更紧密、师资安排更紧密、教科研更紧密、评价更紧密，激发每个学区和集团合作共进的创新活力，实现管理、师资、课程、文化等互通互融，提高每一所学校的办学效益，整体提升基础教育优质均衡发展水平。

3. 浙江杭州。杭州推广集团化办学比较早，杭州市政府早在 2004 年 9 月就推进集团化办学，其中上城区到 2012 年已建立 23 个教育集团，全区优质义务教育覆盖率达到 80%。到 2019 年，杭州市已成立 51 个教育集团，有 191 所中小学实施“名校集团化”战略，城区的义务教育阶段优质学校达到 80%。

4. 湖北。湖北近年来积极推进基础教育集团化办学，其中武汉市至 2019 年共计成立“名校集团”12 个；荆州市建立名校教育集团主要采取两种模式：一种是对口帮扶，一种是刚性联盟。

### （二）广东各地教育集团化办学基本情况

据不完全统计，截至 2020 年，广东共有基础教育集团 288 个，除了省属教育集团 2 个（华南师范大学附中教育集团、省实教育集团）、高校附设教育集团 2 个（广东第二师范学院实验教育集团、广东外语外贸大学教育集团），其他教育集团主要分布在广州、深圳、珠海、汕头、佛山、韶关、梅州、惠州、东莞、中山、江门、湛江、茂名、肇庆、清远、潮州、揭阳等 17 个地级以上市。以下对省实教育集团和广州、深圳、佛山、惠州、东莞、肇庆等市的教育集团略作阐述。

1. 省实教育集团。省实教育集团以广东实验中学为核心校创建成立，2004 年开始启动集团化办学并创办第一所分校广东实验中学附属天河学校。目前，省实教育集团已经形成“1 + 9”的办学格局，即 1 所核心校、9 所分校。各分校中，有 5 所民办校、4 所公办校；有独立的初中学校、高中学校，也有 6 年制完全中学，还有 12 年一贯制学校。省实教育集团属于紧密型模式，通过派出管理团队，输出管理模式、学校文化、办学经验、精品课程、特色活动，共同培养师资队伍，共同开展教育教学研究和教育教学改革，完成从“合”到“融”的升级。省实教育集团充分利用核心校优质教育资源，推广核心校成功办学经验，同时，尊重各分校已有基础、地域特色、校本文化和发展道路，凸显广东实验中学教育集团的整体性优势，形成在国内具有引领性、创新性和示范性的基础教育集团化发展模式。

2. 广州。2017 年 12 月，广州市成立广东广雅中学、执信中学、广州市第二中学、广东实验中学首批 4 个市属基础教育集团；2018 年 5 月，成立第二批市属基础教育集团，包括广铁一中学、广州市第六中学、广州大学附属中学教育集团；2019 年 4 月，成立第三批市属基础教育集团，包括广州外国语学校教育集团、广州协和教育集团、广州幼师学前教育集团。至此，全市共有 10 个市属基础教育集团，约 10% 的中小学生纳入集团，每个区至少有 1 个市属集团在当地办学，实现市属优质教育资源集团化办学全覆盖。同时，广州各区也以区属龙头学校为核心或区政府牵手省、市级名校的形式，纷纷成立区一级教育集团。到 2020 年，全市共有 86 个基础教育集团，市属优质教育资源实现全市 11 区全覆盖。

3. 深圳。早在 2003 年，广东省首个以公办学校为主体、多形式多层次办学且具有法人资格的教育集团——深圳市蛇口育才教育集团就已成立，从此开创国内公办名校集团化办学先河。此后，各办学集团相继崛起，截至 2020 年 10 月，深圳市共有各类基础教育集团 31 个，其中包括 26 个中小学教育集团和 5 个幼教集团。

4. 佛山。佛山市于 2016 年提出通过“名校牵头、集约办学，整体联动、共同提升”办学模式，达到“理念共享、资源共享、方法共享、利益共享、共生共长、共同发展”。佛山市尚未对集团化办学出台规范性文件，各区甚至各镇街在实践中有学区、片、共同体、联盟等不同办学形式的探索。目前有共同体 9 个，教育联盟 1 个，教育集团 37 个。

5. 惠州。2017 年，惠州市印发《惠州市统筹推进县域内城乡义务教育一体化改革发展实施方案》，启动基础教育集团化办学。2018 年，成立首个紧密型教育集团——惠州一中教育集团。目前，惠州市共建成 18 个教育集团，覆盖中小学 80 所，占全市中小学数的 9.63%。其中有 9 个以强带弱（“名校或强校 + 弱校”）集团、6 个以强带弱兼以公带民（强校 + 弱校 + 民办）集团、2 个以城带乡（城校 + 乡校）集团、1 个以老带新（老校 + 新校）集团。

6. 东莞。2018 年 5 月，东莞市印发《东莞市推进中小学校集团化办学实施方案》，采取“名校 + 分校”“名校 + 新校”“名校 + 弱校”“名校+民校”等形式，统筹推进园区、镇（街道）开展跨区域集团化办学，探索集团内教师岗位、编制和行政职数灵活使用机制，建立集团绩效评价和激励机制，实现办学机制创新和学生培养模式创新，快速扩充优质教育资源，满足老百姓在家门口享受优质教育的需求。同时，东莞市财政设立 1.2 亿元专项资金，园区、镇（街道）相应设立配套资金，支持集团化办学工作。2018 年 6 月，首批 6 个教育集团包括东莞中学教育集团、松山湖中心小学教育集团等举行签约仪式。目前，全市共组建 40 个教育集团，教育集团覆盖 28 个园区、镇（街道），覆盖率达 85%。东莞市中小学集团化办学推动了教育集团成员学校办学水平整体提升，促进了干部教师交流成长，推动了优质教育资源共建共享，激发了学校办学活力，各集团内成员学校主动发展，形成“校校精彩、活力四射”的局面，薄弱学校和新办学校质量快速提升，“家门口的好学校”越来越多，逐渐形成集团化办学“东莞模式”。

7. 肇庆。肇庆市通过学校自主组合、行政主导组合等多种模式，积极探索集团化办学与学区化协同办学，在市域内形成了“一校多区”、名校带弱校合作办学、教育联盟、“中心校+分教点”四种基本模式。目前已经形成肇庆中学教育集团、肇庆鼎新教育联盟、肇庆市第十六小学教育集团、肇庆市奥威斯教育集团等 10 个教育集团。

## 二、办学形式、管理及运行模式

### （一）办学形式

从全国及广东情况来看，基础教育集团化办学模式大致可以概括为三类。一是名校加薄弱学校。以传统的优质学校、名校为龙头，将区域内部分薄弱学校转为龙头校的分校区，完全交由其管理，实现以优补差、以优带潜的目的。二是名校加新建学校。通过新建学校与品牌学校深度融合，借助品牌学校成熟的教育教学资源，借助教师交流培训、课程资源共享、学生联合培养、质量统一监控等方式，推动新建学校跨越发展。三是名校加民办学校。通过名校与民办学校之间的合作，运用名校品牌效应、科学管理和优良师资，帮助民办学校提升办学水平和教育质量，同时促进办学体制改革，吸引更多社会资金进入教育领域。

上述三种集团化办学模式的共同特点，是通过组织重构和资源重组，输出名校的办学理念、管理方式、优秀文化和优良师资，带动薄弱学校、新建学校或民办学校共同发展，在较短时期内提高办学水平和社会声誉。

### （二）管理及运行模式

制度设计、权力划分、资源共享是基础教育集团治理方式的三个基本维度。从这三个维度来划分，基础教育集团管理体制机制主要有三种类型。一是紧密型。集团内一个法人主体、一套领导班子，集团内人、财、物、事均由龙头学校统筹调配、统一管理，实行“条块并举、一体管理”模式，在发展方向、办学特色、办学目标、课程设置等方面，由集团统一规划、分步实施；人事、财务、校产、教学活动等，由集团一体化管理，明确各板块及各校区管理责任，条块结合，齐抓共管。二是托管型。将成员学校委托给龙头学校管理，集团内各学校法人不变，同时存在多个独立法人。集团内学校以契约为纽带，根据成员学校需求和协议明确各方责、权、利。龙头学校向成员学校委派管理团队和骨干教师团队，就成员学校协议托管的事项进行管理，通过输出品牌、管理、资源等整体提升成员学校办学水平。三是复合型。根据办学需要，结合学校自身教育资源发展状况，采取灵活组建形式，教育集团内部同时存在紧密型、托管型等多种形式统称为复合型合作关系。如有的集团内各分校区保持现有行政隶属关系不变，核心校委派执行校长；集团内各成员学校保留现有法人资格，独立行使法人权利；各分校区和成员校均加挂集团校区或成员校牌子。有的集团在保持学校法人管理独立性的基础上，成立由核心校校长任理事长，分校区执行校长、各成员学校校长任理事的集团理事会，对集团发展进行决策、统筹、协调，同时建立集团内外学校申请加入或退出机制。

## 三、主要成效、经验与问题

### （一）主要成效

基础教育集团化办学在促进区域基础教育优质均衡发展、缩小校际差距、缓解“择校热”等方面起到了积极作用。一是发挥了集团化办学的规模效应，有利于有效提升教育社会声誉。通过“名校＋薄弱学校”“名校＋新校”“名校＋民校”集团化办学策略，集团内部实现管理制度、文化、师资队伍、课程等共建共享，校际间优势互补，拓宽了学校发展视野，推动了优质教育资源成倍增长。二是强化了优质教育资源辐射力度，有利于区域教育优质均衡发展。通过集团化办学，各地不断扩大优质教育资源辐射面，较好改善了校际办学水平不均衡现象，主要表现在三个方面：一是通过将新学校纳入教育集团化办学，新学校一成立便得到名校优质教育资源输出，成长速度大大加快，成长周期也相应缩短；通过集团化办学形式改善薄弱学校的办学状况，使优质教育资源得以有效辐射，有利于薄弱学校教育质量和办学水平的提升；通过集团内部资源有效整合，学校运营效率和治理水平得到提高，实现优质教育资源合理分配和有效利用。二是提高了办学效能，有利于各成员学校集约办学。集团内各成员学校通过集团统一品牌、统一管理模式、统一宣传招生，形成协同效应；各学校的设施设备、活动场所、图书资料、技术平台等在集团统筹下实现一定范围的共建共享，而集团则以品牌推介、活动推广、国际交流、信息共享、教师培训等支持条件优化资源配置，为各学校提供教育质量、办学水平保障服务。三是实现了集团各学校、各学段有效衔接，有利于整体教育质量提升。不少教育集团采取九年一贯制办学，集团内部统一规划办学目标、办学理念、办学特色、学校文化，实现了小学、初中、高中不同学段教育教学无缝衔接。在集团化办学环境里，可以将学生在小学、初中、高中阶段课程与教学进行整体规划，并探索各个学段教育有效衔接，有助于课程与教学改革一致、连贯实施，有利于学校办学特色和优势持续发展，从而实现“大教育”协同效应。

### （二）主要经验

总结基础教育集团化办学的成功案例，有四个方面经验值得汲取、丰富和发展。一是建章立制，加强集团内部统合管理、资源共享，统筹安排、优势互补，统一规范、依法治校，确保最大限度发挥集团化办学优势。二是配备高素质专业化创新型总校校长和分校校长，并配足配强各分校副校长与管理团队，确保实现集团高水平办学、高质量发展。三是厘清总校和分校权责，妥善处理“放、管、服”关系，确保充分调动各分校干事创业的积极性、主动性和创造性。四是做大做强做优集团母体，增强名校品牌示范引领和辐射带动作用，确保带领各成员学校实现优质教育资源倍增。

### （三）主要问题

基础教育集团化办学在实践过程中主要存在四个方面问题，需要引起高度重视。一是规模扩张与质量提升的矛盾。由于集团化办学行为是“利己”行为，地方政府容易跟风，片面、简单追求优质教育资源覆盖率，积极推行“以一带多”。集团规模快速扩张容易导致优质教育资源受损，产生优质学校品牌稀释风险以及薄弱学校“被提升”的虚假现象，从而带来

“均而不优”的问题，导致集团办学效益衰减和平庸化。二是大规模与低效率的矛盾。任何一个组织都有既定的结构。组织层级与组织规模大小成正比，组织规模越大，需要的组织层级就越多，这是可能导致集团管理效率低下的重要原因。政府主导下的集团化办学，在政府与学校的委托管理关系之外，又增加了一层总校与分校之间的委托管理关系，如何界定这种新增加的委托管理关系下的三方权责边界，还没有明确可直接借鉴的制度规定，容易引起集团学校内部抗拒、冲突、摩擦，从而产生内耗。三是学校同质化与特色化的矛盾。每所学校的历史传统、发展定位、办学理念、文化特色、管理体制等不同，每所学校都是独具特色的。如果仅仅是将名校办学经验进行简单复制，必然导致办学风格千篇一律、校园文化雷同等问题。四是可能存在办学不规范问题。有的集团化办学以高中为龙头，容易接受下位学校违规输送优质生源。这种不规范的办学现象可能导致优质教育资源垄断，挤压其他非集团化办学的学校的提升空间，同时也会造成新的择校现象，在一定程度上影响人民群众对政府教育工作的满意度。

## 四、政策建议

### （一）把握目的，明确方向

推进基础教育集团化办学，要准确把握目的，确立集团化办学正确的价值观、教育观和办学观。集团化办学的目的，主要是推进基础教育内涵发展、质量提高，增加优质教育资源供给、扩大优质教育资源覆盖面，办人民满意的教育，为全体学生提供更加公平、更高质量的教育。

### （二）找准路径，有效实践

推进基础教育集团化办学，要学习借鉴集团化办学成功案例的先进办学理念、科学管理模式、高效教学改革、优秀团队建设等经验，充分发挥先进经验和典型的示范引领、辐射带动作用。在具体实践中，一要科学因地、因校制宜，尊重学校办学传统、特色和意愿，不搞“拉郎配”，实行“一校一策”，精准设计准入条件、合作模式、办学规模、质量保障。二要科学采取多形式、多类型集团化办学模式，包括与知名高校、科研院所合作办学，创新办学模式、培养模式。三要科学把握集团化办学规模与速度之间的关系，在确保提升教育质量和办学水平的前提下，合理把控集团化办学规模，恰当掌握集团扩展进度，确保每一所学校实现“保值增值”。四是科学建立集团化办学进出机制，对集团内所有成员学校要有激励和约束要求，也可以对集团内成长较快、质量水平持续提升、有较强辐射带动能力的成员学校赋予新的职责使命，即让其脱离母体、独立引领其他非集团成员学校组建新的集团。

**（三）提供政策，精准指引**

1. 分区域分类别施策。一是加强基础教育集团化办学的顶层设计，有序推进。各地要基于实际出台有针对性、可操作性的集团化办学指导意见，加强集团化办学整体规划与设点布局。二是采取自主组合、行政主导组合等多种方式，鼓励优质品牌学校在同一区域或跨区域组建办学联合体，带动发展相对薄弱学校、农村学校、新建学校，充分尊重各成员学校的主观能动性。三是推动建立集团章程、制定集团规划、创新集团管理机制、加强集团师资流动、共建共享集团优质课程，使成员学校逐步成长为新的优质学校，不断增加优质教育资源总量。

2. 优化集团治理模式。一是加强基础教育集团化办学统筹能力建设。探索集团理事会领导下的校长负责制或总校长负责制。建立健全保障集团化办学运行的集团章程、理事会制度、项目责任制、联体评价制等规章制度，充分发挥党组织的方向引领、思想保证、精神动力作用。二是创新基础教育集团化办学运行机制。合理配置集团校长的权力和责任，推进集团内部决策、协调、执行、监督一体化运行。对实施集团化办学的学校进行人事制度改革，探索更加灵活的用人制度，优化职称结构，优化干部教师薪酬制度，激发集团化办学活力，充分调动成员学校和广大教师参与集团化办学的积极性、能动性。三是构建集团内部相互之间、集团与外部利益主体之间协调机制。集团龙头学校和成员学校的学生、教师、家长，集团与教育行政部门、其他相关社会成员，都是集团化办学的相关利益主体，各个利益主体诉求各不相同，需要建立信息共享平台，及时沟通协调，消除矛盾冲突，共同为实现集团化办学目标而努力。

3. 创新绩效考核与评价。建立基础教育集团化办学发展性考核评价制度，科学制定专项考核评价指标，从学生发展、教师发展、学校发展、社会认可、发展潜能等层面，对集团内部治理和运行、优质资源共建共享、教师队伍建设、办学水平提升、社会影响等全方位开展发展性绩效评估和监测考核，重点考察优质资源增量与校际差距缩小情况以及每所学校持续发展、学生进步、教师成长情况。

**（四）抓住关键，突出重点**

基础教育集团化办学要抓住领导团队建设、教师队伍建设、组织文化变革、整体质量提升等关键问题，聚焦使集团内学校同步优质、均衡发展的方式方法，丰富集团化办学的质量内涵，牢牢抓住课程建设、课堂教学改革这两项重点，切实做强管理经验辐射、课程资源共建、优质师资流动、教育科研互通、校舍场地设施和仪器设备共建共享、教育质量监控等核心办学环节，使各关键问题、重点工作、核心环节不断向着高质量的方向发展。

（执笔人：汤贞敏，黄志红，朱利霞，余奇，牟博宸，万小羽；审稿人：汤贞敏）

# 以课题研究引领教师专业发展的实践探索

## ——以小学数学专项课题研究为例

○广东省教育研究院"小学数学专项课题研究"项目组

**摘　要：**教师专业水平直接影响着教育质量的高低，影响着教育改革的成败，更影响着学生未来的发展，课题研究是提升教师专业水平的重要途径。文章以广东省教育研究院小学数学专项课题研究为例，首先，阐述了课题研究对教师专业发展的价值。其次，总结了以课题研究引领教师专业发展的四个策略：一是以评代培，保护教师参与课题研究的积极性；二是专家引领，助推教师教育科研能力的提升；三是搭建平台，促进研究经验和成果的交流；四是共同成长，在合作中体验课题研究的乐趣。最后，从区域和个人两个层面呈现两个典型案例。

**关键词：**课题研究　教师研究　教师专业发展　小学数学

百年大计，教育为本；教育大计，教师为本。提升教师专业化水平是世界各国的共同追求，也是我国教育改革的重点目标。新时代，我国基础教育高质量发展需要加快造就一支政治素质过硬、业务能力精湛、育人水平高超的高素质专业化教师队伍，需要深化教师专业化的理论研究与实践探索。教师专业化，一方面是指教师群体外在专业地位的提升，另一方面是指教师个体内在专业素养的提高，这两个方面相辅相成。① 本文侧重探讨的是后者，即教师个体的专业发展，包括职业道德、专业理念、专业知识、专业能力、专业情意等诸方面的持续发展过程。教师专业发展途径是

① 教育部师范教育司. 教师专业化的理论与实践［M］. 北京：人民教育出版社，2003：46－47.

多样化的，从活动主体看，主要有教师教育机构举办的教师专业发展活动、学校本位的教师专业发展活动、大学与学校合作的教师专业发展活动，以及教师自主开展的专业发展活动。从活动形式看，主要有听专家报告、参加课例观摩、听评课等教研活动、承担公开课展示、开展课题研究、叙写教育自传等。其中课题研究是引领教师专业发展的重要途径，对教师专业素养的整体提升具有推动作用。在小学数学教育领域，课题研究越来越受到小学数学教师的重视，形成了比较丰富的成果，但也存在着一些不容忽视的问题，主要表现为：教师主动参与课题的意识还不够强，存在着"被动参与"的现象；课题研究与日常教学联系不够紧密，存在着科研与日常教学"两张皮"的现象；教师研究素养不适应课题研究要求，存在着研究方法不够科学、研究过程不够规范等现象；教师做课题主要是为了完成任务，存在着在课题研究中体验积极情感不足的现象。这些问题弱化了课题研究在提升教师专业发展中的作用，亟待解决。为此，广东省教育研究院（以下简称"省教研院"）在小学数学专项课题管理方面进行了积极探索，形成了以课题研究引领教师专业发展的实践策略和典型案例。

## 一、课题研究对教师专业发展的价值体现

教师自主地参与课题研究是提高其专业素养的有效途径。通过课题研究，可以提升并丰富教师的专业知识，发展教育教学能力，深化个人教学思想，最终享受幸福的教育人生。

### （一）有助于丰富教师的专业知识

专业知识是教师专业发展的基础。研究表明，专家的出色表现在于拥有大量特定专业领域的知识以及这些知识的高度组织化与结构化，专家教师同样需要专门化知识作为支撑。① 美国霍姆斯小组撰写的《明日之教师》《明日之学校》《明日之教育学院》三份报告，均强调教师知识对于学生学习的重要性；在我国，"要给学生一杯水，教师要有一桶水"的比喻老少皆知，我国于2012年公布的中小学、幼儿园教师专业标准中将专业知识作

① 李琼．教师专业发展的知识基础：教学专长研究［M］．北京：北京师范大学出版社，2009：1.

为教师最重要的专业素养之一。[①] 对于教师从事教学专业需要哪些类别的知识，研究者从不同的角度提出了不同的观点，例如美国舒尔曼（L. S. Shulman）认为教师的知识结构至少包括七类：内容知识，普通教育学知识，课程知识，学科教学知识，学生及其特点的知识，教育情境的知识，有关教育宗旨、目的、价值和它们的哲学与历史背景的知识。[②] 虽然研究者对教师优质教学所需要的知识类型没有达成共识，但对于专业知识在教师专业发展中的基础地位已毋庸置疑。

课题研究是对教育教学实践中存在的问题进行系统探究的过程，在这个过程中，教师不仅能够积累科研方面的知识，更重要的，可以在研究中不断学习、实践，把一般的教育教学“理论知识”与教师个人的“实践知识”加以融合，用以解决教育教学中的问题，从而丰富和更新自身的专业知识，完善自身的专业知识结构。例如深圳市龙华区小学数学教研员吴贞旺老师主持的“小学数学学业评价试题编制改革实践研究”课题，他带着课题组成员对学业评价、考试命题、如何提高学生考试成绩等进行实践研究。在研究中，课题组成员不但更新了教育评价理念，同时也对学科专业知识有了更加深刻的理解，促进了自身专业知识的发展。

### （二）有助于提高教师的专业能力

专业能力是教师专业发展的关键。专业能力是个体将所学的知识、技能和态度在特定的活动或情境中进行类化迁移与整合所形成的能完成一定任务的能力。教师的专业能力一般包括教育教学设计能力、教育教学组织与实施能力、激励与评价能力、沟通与合作能力。[③] 一名优秀的教师需要具备过硬的专业能力，以便快速适应新时代教育的变革，更好地服务于教育事业。特别是在信息社会和人工智能时代，教育的环境在变，教育的对象在变，教育的目标在变，教师的专业能力也需要做出相应的变化与发展。

教师的专业能力需要在长期的不断学习、研究、实践、反思中提升，

---

①③ 中华人民共和国教育部《教育部关于印发〈幼儿园教师专业标准（试行）〉〈小学教师专业标准（试行）〉和〈中学教师专业标准（试行）〉的通知》（教师〔2012〕1号）[Z].

② LEE S S. Knowledge and teaching: foundations of the new reform [J]. Harvard Educational Review, 1987, 57 (1): 1-22.

而课题研究正是这样一个不断将理论学习与教学实践相融合、相促进的过程。通过课题研究，教师需要主动收集、分析相关信息，以提升自身的教学敏感性；需要致力于终身学习中，以丰富自身的学识；需要对自身的教学实践进行批判性反思，以增加自身判断的准确性；需要征求他人的建议，以改进自身的实践；需要对教育教学中的现实需要与问题进行探索研究，以提升自身的问题意识和科研能力。①

课题研究中的教师，是一个理论学习者，也是一个实践研究者，在不断的学习、研究、实践、反思中提升专业能力。例如广州市黄埔区教师发展中心陈莉老师主持的“以课例研究为载体构建小学数学区域联片教研模式的实践探索”课题。该课题组织全区骨干教师开展教学改革与创新实践，让一批教师脱颖而出；广东顺德德胜学校（小学部）王宏伟老师主持的“指向深度学习的小学数学单元教学实践研究”课题，以课题研究为抓手，带领全校数学教师开展主题教研，参与高层次研究，拓宽教师的视野，并在落实学科核心素养、指向深度学习的策略，如何重构教材、实现学科内课程整合等方面带来新的思考，促进教师理论与实践的整理提升。

**（三）有助于提升教师的专业思想**

专业思想是教师专业发展的灵魂。教师的专业发展最终表现为教师有鲜明的个人教学风格，独特的教学理念。教师专业思想是个人的教育思想、个性特征、教育方法等在教育教学过程中创新的、和谐的结合和经常性的表现，是个人教学艺术趋于稳定和成熟状态的标志。专业思想的形成过程对于促进教师专业发展，推动教育教学改革具有重大意义。

通过课题研究，教师提炼自己的成功经验并升华为一般的规律，在借鉴别人经验的基础上推陈出新。富有课题研究经验的教师能够用科研的眼光审视自己在教育教学中遇到的各种问题，并不断探索解决这些问题的途径和方法，力求在探索性的实践中有所发现、有所创造，在创新、创造中逐渐形成自己独特的教学理念和风格。教师通过不断追求创新的教育理想、持续研究和实践教育教学方法，逐步形成自己教学风格的过程其实就是教师专业成长的有效路径。在省教研院小学数学专项课题第一批主持人中，江门市小学数学教研员丁玉华老师、韶关市浈江区小学数学教研员邓

① 鲍银霞. 实践者研究的特征、价值和发展要求［J］. 课程教学研究，2017（7）：16－22.

莹源老师等，就是通过不断开展课题研究，在教学实践中逐渐形成个人教学风格和教学理念，成为我省小学数学教育界中知名的骨干教师。

### （四）有助于教师获得职业幸福感

专业情意是教师专业发展的“润滑剂”和“加速器”。教师专业发展过程所体验到的愉悦的心理体验和感受，是推进其在专业上不断发展、持续提升的不竭动力。苏霍姆林斯基曾说：“如果你想让教师的劳动能够给教师带来乐趣，使每天上课不至于变成一种单调乏味的义务，那你就应当引导你的教师走上研究这条幸福之路上来。”对于教师来说，职业幸福感非常重要，不但关乎教师个人是否感受到幸福和愉悦，更影响着学生的人生幸福；只有当教师时刻感受到职业带来的幸福，学生才会真真切切感受到幸福。教师职业幸福感主要体现为获得社会、学校、同行、家长、学生的尊重与认可，个人自身的价值能得到充分的体现，身心感受到愉悦。

课题研究是教师自我实现的需要，也是获得职业幸福感的重要途径。多数教师通过开展课题研究，使得个人专业得到发展。在做课题时，一方面可以通过研究解决教育教学存在的问题，提升个人的专业品质，获得教科研方面的满足感，另一方面可以改进教育教学方法、教学成绩、教师个人知名度等都得到提升，得到学生、家长、同行、领导的认可，他们从教学工作中获得乐趣，实现自身价值。当教师以研究的心态对待工作，追求在工作中研究、在研究中工作的时候，那么，教师就走上了追求职业幸福的道路。课题研究能够激发教师参与其中的成就感，使教师逐步成长为科研型教师、学者型教师。例如中山市小学数学教研员刘燕老师是我省知名的小学数学教育专家，有非常多的教育教学成果，但是她仍然积极参加省级专项课题研究，她深刻感受到教育科研对自身生活的意义，对课题研究投入精力，从中体会研究带来的快乐和幸福。

## 二、以课题研究引领教师专业发展的实践策略

为了解决教师参与课题研究的意识不强、能力不足、效果不实、情感体验不够积极等问题，我们在小学数学专项课题管理方面探索了四个实践策略，旨在更好地发挥课题研究对教师专业发展的引领作用。

### （一）以评代培，保护教师参与课题研究的积极性

基层教师在日常教育教学中会产生一些困惑和问题，有些教师会不了了之，但有些教师则会对这些困惑和问题进行系统的研究，并在这个基础

上形成研究课题。由于基层教师科研素养不足，对课题的选题、申报、研究和成果提炼等方面能力还比较欠缺，导致他们申报课题时往往不能通过立项，久而久之磨灭了教师参与课题研究的积极性，对课题研究也产生了畏惧的心理。为了提高教师的积极性和研究意识，小学数学专项课题管理本着“鼓励参与，共同提升”的原则，在课题立项申报评审过程中，聘请专家团队对每一项申报的课题都进行认真的评审论证。对于符合立项条件的建议立项；对于有研究价值但申报书撰写存在着一些不足的课题，我们将专家提出的修改意见反馈给主持人，给予修改的机会，省、市、区教研员联合对这些教师进行“手把手”的指导。例如在2021年省小学数学专项课题申报中，惠州市博罗县湖镇中心小学黄雪清老师的课题原为“关于注重数学建模，挖掘数学‘模’力——小学数学建模教学策略的研究”，专家评审发现，研究有价值，但课题题目表述不当，文献综述做得比较简单，课题研究思路也有待进一步具体化。经过专家意见反馈和教研员的指导，课题组把题目修改为“小学数学教学渗透模型思想的策略研究”，申报书的内容做了相应的修改，最终通过了立项。对于不能立项的课题，我们把其存在的问题及时反馈给申报者，让他们知道问题所在，为今后再申报课题积累经验和方法。在课题立项评审的过程中，充分发挥评审专家和各级教研员的引领作用，通过以评代培的方式，保护教师参与课题研究的积极性，引导教师们通过研究实现“以研带学、以研促教、以研促发展”的目的。

**（二）专家引领，助推教师教育科研能力的提升**

基层教师开展课题研究，在选题、研究方法的使用、研究成果的提炼与表述等方面往往遇到一些“痛点”，需要专家的引领与指导。在课题选题方面，我们指导小学数学教师结合教学实践中遇到的问题确立课题，避免科研和教学“两张皮”的现象，例如“大观念视角下小学数学基本口算大单元整体教学的实践研究”“利用错题资源提升小学中年级学生数学解题能力的行动研究”“思维导图在小学数学单元复习中的实践研究”“建构小学数学综合与实践活动评价体系的实践研究”“以‘玩数学’为载体促进乡村学校小学生课堂参与的实践研究”“基于核心素养的小学数学作业设计与优化研究”“欠发达地区小学数学学习方式状况调查研究——以罗定市为例”等课题，都是在实践中生长出来的。在开题阶段，组织专家进行论证，帮助课题组将研究思路具体化、完善研究方案，为顺利实施提供保障。在研究过程中，指导课题组围绕着研究目标扎实开展研究活动。在研究成果提炼与表述方面，我们开展《如何将实践探索成果化》的讲座，对课题组进行指导。例如汕头市在小学数学专项课题指导方面下了“狠”功夫。2020 年汕头市通过省教研院小学数学专项课题立项的共有 3 项课题，2020 年 6 月 19 日，举行了集中开题认证会，邀请了省、市、区三级教研专家参加开题论证。通过论证，各课题组对如何进一步开展研究有了更明晰的操作路径和努力方向。汕头市小学数学教研员吴燕娜老师将 3 项课题研究纳入到日常教研管理工作中，经常到各课题组开展指导工作，深入课堂听课，与实验教师交流，及时对课题研究提出建议，使课题研究更加扎实有效。在专家指导中，教师的科研能力得到很大的提升，例如汕头市金平区私立广厦学校林清老师在做课题研究中，个人教育科研能力得到迅速提升，成为当地骨干教师，还多次代表市参加优质课比赛，多篇教育教学论文在市、省评比中获奖。汕头市金平区私立广厦学校李慧璇老师主持的课题“在小学数学教学中培养学生自主学习能力的实践研究”，让全校数学科组的教师动起来，通过使用《生本学材》开展实验研究，同时组织课堂教学比赛、磨课教研等活动，形成了浓厚的教研氛围，教师课堂教学能力得到迅速提升。

**（三）搭建平台，促进研究经验和成果的交流**

为提高教师教育教学与课题研究水平，培育高质量教学成果和科研成果，促进课题组之间的学习与交流，我们为专项课题研究搭建了不同类型、不同层次的互动交流平台，通过展示研究成果，分享研究经验、收获和体会。第一类平台是课题研究简报。为了加强课题组之间的交流，我们建立了课题研究简报制度，每个月编辑一期“课题研究简报”，简报包括研究快讯、研究进展、研究成果、研究心声、他乡之石等栏目。每一期简报都有主编和副主编，并且由 2 个课题组负责编辑整理当月各课题组的研究材料。为了进一步提升教师的专业能力，每一期还安排了三位课题主持人对简报的内容进行点评，通过点评既可以引导教师积极思考，也可以促进点评者自身专业水平的提升。在简报的编辑、点评中，每个课题组都参与其中，边做边学，以做促研。第二类平台是全省小学数学研讨活动。例如佛山市小学数学教研员钱运涛老师主持的小学数学“非线性”教学研究成果，曾在我省小学数学优秀成果交流活动中进行交流。第三类平台是“小学数学论文写作”微信公众号。通过微信公众号，不定期发布我省小学数学优秀教学成果，例如推介专著，展示研究报告、论文、教学课例等。这三类平台为课题组提供了研究经验交流的平台、研究成果展示的平台，营造出浓厚的研究氛围，可以为教师开展课题研究提供驱动力，既提高了教师参与课题研究的积极性、主动性、创造性，又提升了课题研究的整体水平。

### （四）合作共进，在课题研究中体验成长的乐趣

“独行快，众行远。”小学数学专项课题研究要取得更大的成效，需要联合起来形成“研究共同体”，这就需要一个合作机制。在课题研究管理中，我们以编辑研究简报为载体，把50个课题组组建成为一个研究、学习的省级课题研究共同体，而这50个课题根据选题内容的不同，又归类分成若干个研究小组，每个课题组又由若干名教师组成。这些研究共同体有共同的关注点，共同致力于解决一些问题；他们在这一共同研究的过程中、追求的领域中持续不断地相互作用，从而发展自己的知识和专长。通过构建教师研究学习共同体，能够很好地打破教师间孤立与封闭的壁垒，实现研究资源、方法、成果的共享，参与课题研究的教师在研究中共同成长。我们重视发挥团队的合作研究精神，集众人的智慧，让大家在相互交流中学习，取长补短，优势互补，让大家都有收获，共同成长。在研究共同体中，通过不同课题组之间合作、教师与专业研究者之间合作等，在共同体互动中产生激励力量，实现资源共享，确保教师走上“自我提升”与“共同成长”相结合的专业成长之路。

## 三、以课题研究引领教师专业发展的典型案例

在以课题研究引领教师专业发展方面，我省小学数学教师进行了积极探索，形成了丰富的案例。在此，从区域和教师个人两个层面撷取两个典型案例予以分析。

### （一）区域推进课题研究引领教师专业发展的案例

韶关市武江区现有小学数学教师380多名，其中教龄在10年以下的教师占全区小学数学教师总人数的45.67%，教龄在20年以上的教师约占40.16%，年龄结构呈现双峰分布，年长教师和年轻教师处于峰值，中层骨干教师缺口明显。青年教师上进心强，有自觉提高教科研能力、促进专业成长的需求，但专业知识结构失衡，教科研能力较弱；年长教师经验丰富，然而教育观念固化，自我提升以及参与教育科研的意愿不强，甚至出现职业倦怠。针对这些问题，武江区教师发展中心小学数学科确定了“以问题为导向、以课题研究为载体、促进教师专业发展”的整体思路，努力

构建“以区域课题研究为载体引领教师专业发展”的教师专业发展模式，以促进教师在专业思想、专业知识、专业能力、专业情感更上一个台阶。

1. 构建区域课题研究体系及课题实施机制。该区构建了区域课题研究体系及课题研究实施的三级联动机制（见图 1 和图 2）。在总课题的统领下，通过子课题、实验基地以及实验教师的辐射，引领全区教师在教学理念、教学方式、评价体系、教学组织等方面的变革，促进教师专业成长。

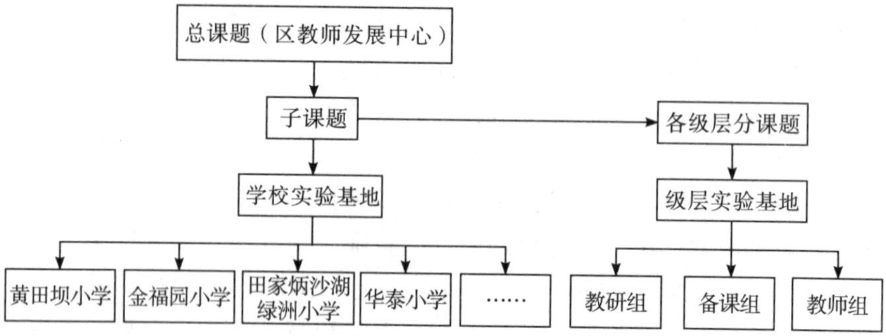


**图 1　区域课题研究体**

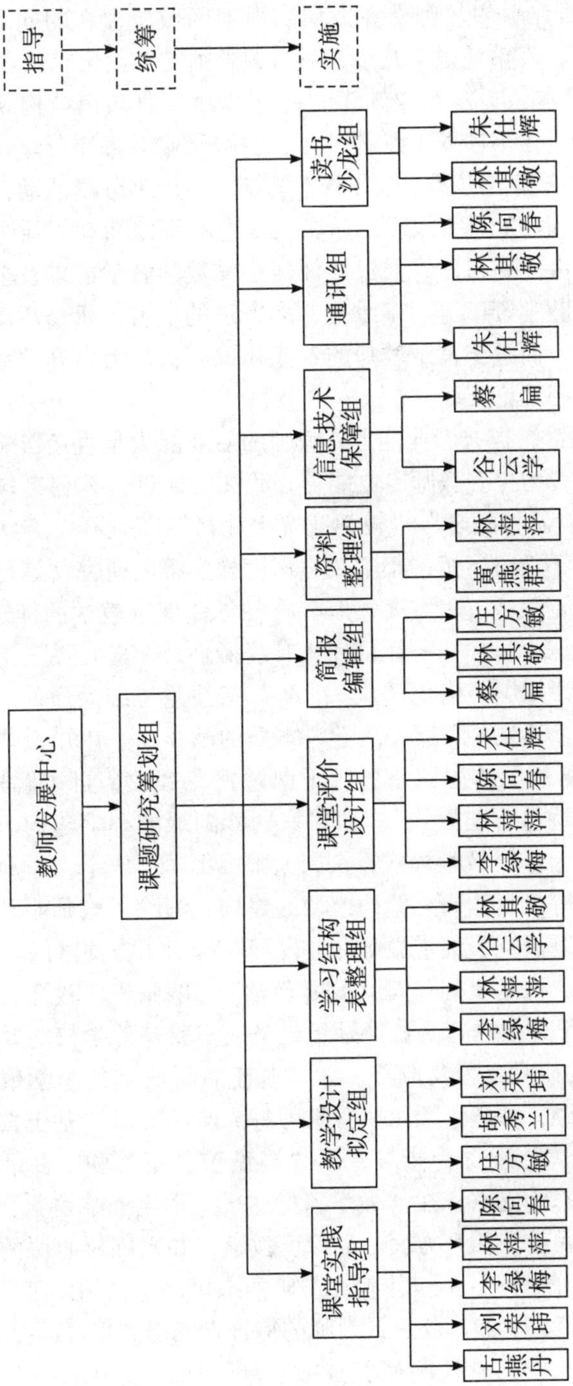


图2 区域课题研究实施三级联动机制

2. 以课题研究引领教师专业发展。根据区域所存在的问题，该区借助课题研究之力，着重从以下几个方面引领教师走专业化成长之路。

（1）立足根本，丰富专业知识。针对教师专业知识结构缺衡这一问题，武江区开展了读书沙龙、专题讲座、主题研修、每周分享等活动。如每学期两期的“阅读，约读，约向核心素养”的读书分享活动；通过“专家引领 + 校本教研 + 自主研修”，开展三级主题研修活动；结合课题研究主题和进度，举办专题讲座；通过武江区小学数学教学群以及公众号，每周推送数学教育教学资讯等。多维度、多渠道的学习、研修活动，不仅拓宽了教师的视野，而且丰富了教师的专业知识储备，为提升教育教学质量提供了完善科学的理论支撑。

（2）把握关键，提升专业能力。教师的专业能力是直接影响教师专业发展的主要因素。为提升教师专业能力，武江区通过“构建区域母体研究结构模型”“教、研相融合”“教学竞赛大比拼”等途径，夯实教师的专业能力。如“基于教材研读的小学数学深度教学策略研究”课题，他们构建了“高站位、宽关联、多维度、聚本质”母体课堂教学的样态：“高站位”指整体把握课程目标——让目标具有统摄性；“宽关联”指紧密知识的横纵联系——让知识结构化；“多维度”指注重思维品质的提升——让思维“自能化”“聚本质”指关注学科本质的凸显——让知识“既丰富又骨感”。在总课题的总体思路下，各子课题百花齐放，自主解构与建构，并形成自己的“特色研究模式”。如田家炳沙湖绿洲小学建构了深度教学视域下的“四环七步”教学模式；东岗太阳城小学形成了“学科育人价值下的生态课堂”等。母体研究结构模型的建构，消除了教师心理的畏难情绪，为“通过课题研究，促进教师专业发展”开启了方便之门。

为解决教师“课题研究”与“日常教学”“两张皮”现象，在区域课题研究总体布局下，要求每一位课题组成员或实验基地学校均要“带题上课”，展示自己的研究过程及成果。如“基于教材研读的小学数学深度教学策略研究”课题，课题组要求实验教师每节课都要以“基于教材研读的小学数学深度教学”理念为指导，以“高站位、宽关联、多维度、聚本质”课堂教学样态为支点，在“教学目标达成、学生思维培养、学科本质凸显、学科纵横联系”四个方面凸显深度教学，并提炼核心课的深度教学策略。“教、研相融合”，不仅使教育科研常态化、平民化，而且通过日常的不断思考、探索、实践、反思，教师的综合素养得到很好的提升。

教学竞赛大比拼，是检验研究成效、展示研究成果的一个很好的途径。为引领教师践行教育改革理念及教育科研成果，促进理论与实践的有效融合，我们开展了形式多样的教学竞赛活动，如现场备课评比、优质课评选、优秀教学资源征集、优秀教学论文评选等。各类教学竞赛的开展，使教育改革理念在教师中形成了“理解于心、外显于行，提质增效”的良好教育教学生态，很好地实现了以赛促学、以赛促研、以赛促提升的目的。

（3）注重引导，培养专业情感。专业情感，是教师专业成长的有力助推器。为培养教师的专业情感，在课题研究过程中，武江区着力通过“树立典型”“骨干示范”“建立奖励机制”等方式，让教师体验参与课题研究的优越感与成就感，从而提升职业幸福感。例如：他们将教育科研经费纳入财政和绩效预算，并按绩效发放规定列支经费，用于教科研经费资助，鼓励教育科研成果的推广应用；为参与教育科研的教师提供外出学习、培训、考察的机会；在评优评先以及职称晋升中，有课题研究项目，并且成果显著的，优先考虑，让教师切切实实感受到做课题研究带来的价值，从而更加坚定走科研的道路。

（4）注重提炼，形成教育思想。为使课题实验教师有新的突破，武江区鼓励教师要善于将鲜活的实践经验进行总结、提炼，逐渐形成自己独特的风格和教育主张，并围绕自己的教育主张继续进行新的研究和反思，不断促进自己的专业发展。如该区小学数学特级教师、田家炳沙湖绿洲小学刘艳校长，在课题实验中，形成了基于“四环七步”教学模式的“互动课堂”主张，并在全区小学数学教学中推广应用，从而促进了课堂效率的提高。同时，也引领着一大批教师朝着专业化的道路上积极前进。

3. 课题研究成效。教而不研则浅，研而不教则空。区域课题研究，有效促进了区域教育内涵发展和教师专业化成长，并取得了一定的成效。

（1）营造了浓厚的科研范围。小学数学区域课题研究的开展，为帮助教师更新教学理念、优化课堂结构、转变教学方式、提升教学效率提供了一套可共享、可借鉴、可操作的教学策略和方法指引。教师的科研意识和研究能力得以增强，形成了“校校有课题，科组有项目，人人有成果”的研究格局，教师的专业化发展得到了催化。

（2）科研课题数量与质量逐年增加。2015 年至今，共有 70 项小学数学科研课题在区级以上立项（结题）。田家炳沙湖绿洲小学刘艳校长的“低年段学生数学语言训练的有效策略研究”“基于智慧课堂环境下的小学数学核心素养教学研究”分别被列为 2018、2020 年度省规划课题；区教师发展中心胡秀兰老师的“基于教材研读的小学数学深度教学策略研究”被列为 2020 年度省教育研究重点课题。

（3）培养了一支优秀的小学数学教师队伍。近 5 年来，武江区青年教师参加市级以上优质课评比（含录像课）、说课比赛及教学技能大赛共获奖 64 人次，其中国家级奖项 1 人次，省级奖项 29 人次，市级奖项 34 人次。至和汤邓淑芬纪念学校谭美芳老师的课例“测量——课桌有多长”获 2017 年“一师一优课”部级奖，东岗小学谢悦彬老师获广东省首届小学数学技能大赛二等奖（第七名），黄田坝小学的林文辉老师获 2016 年省说课比赛二等奖，田家炳小学郭笑伶老师的课例“四边形分类”获 2019 年广东省录像课评比一等奖；红星小学邓娟老师被评为 2017 年度广东省特级教师；东岗太阳城小学的庄方敏老师被评为第二批广东省中小学信息技术教育学科带头人。一大批骨干教师的成长，为区、市小学数学教育教学的发展起到了积极的引领和促进作用。

在取得成绩的同时，武江区也在反思实践中遇到的问题，他们说：“我们也清楚地知道，我们还存在着许多不足；部分教师的畏难情绪仍然存在，想做研究，但又怕研究，在‘想’与‘怕’之间，最终选择了‘怕’；‘教育科研’与‘日常教学’‘两张皮’的现象仍有存在；职业认同感在部分教师，特别是年长教师较低；教育思想的凝练仍需要一段较长的时间。我们将继续借力区域课题研究，推动教研一体化，引领武江区教师朝着专业化的方向继续努力。”

### （二）教师个人参与课题研究促进专业发展的案例

肇庆市端州区教师发展中心李伟聪老师从教 22 年，他的体会是自己从一个普普通通的一线教师到教研员，离不开专业能力的提升，而这提升得益于不断进行教育科研。李老师认为，对于教师而言，“教而不研则浅，研而不教则空”，教育科研在教育教学和教师成长中有很重要的作用。如果把教师的职业生涯比作列车，教育科研就是给自己专业发展这列普通列车加上“助推器”。李老师说：“在学校当一线教师的时候虽然自己也积极参与学校的一些课题研究，甚至自己主持一些校级、区级课题。那时候只是朦胧地产生了课题研究的意识，把课题研究只是当作‘完成任务’去做，根本没有考虑过课题研究能给自己专业能力带来怎样的提升，更别说自己有想到要成为名师、专家的想法。在做课题的时候，自己只是摸着石头过河，没有专业的人指导，也不注重科研方法，研究往往停留在一些表面上的东西，形成的成果质量不高，对自己的课堂教育教学没有带来变化。曾试过有机会参评市级名教师，因为没有高质量的课题研究被刷下来，几次市级比赛都不能出线，我开始感觉到自己专业能力的不足。15 年过去了，我从一名教师成为端州区的小学数学教研员，我希望带领我区的小学数学教师有更好的专业发展，也希望通过课题研究推动教研、课改工作。那时候虽然有了一定的课题研究经验，在区内也开展过几个课题的研究，取得了一些成效，但是几个课题在参加省级教育教学成果评比的时候都无缘获奖，自己后来也在反思原因。最后我发现虽然工作有目标，也有理想，课题也做了，但是缺乏专家指导，自己对课题研究的方法还是有缺陷，导致研究成果质量不高。那时候我就在想如何提升自己的教育科研能力。”

为了提升自己的专业能力，提高教育教学质量，做好教研工作，无论在哪个岗位上，李老师都坚定地选择了做课题研究。他树立“问题即课题”“教学即研究”“成长即成果”的意识，把被动参与课题研究变为自己主动提升自我需要的学习方式，通过各类的培训，认识知名的专家、名师，把他们变成自己的目标和偶像，在专业发展上有了更高的要求和定位。

李老师让课题研究成为课堂教学改革和专业知识提升的载体。他说：“通过课题研究，我开展课堂教学模式的研究提高教学质量，通过课题研究，我需要阅读大量文献，借鉴别人的经验，自己不断尝试实践，这是我完善专业知识的过程。多年的课题研究，使我在教育教学理论和实践上得到丰富的积累，也为我之后专业成长奠定坚实的基础。在做小学数学‘335’导学模式的实践与研究中，对教育教学观念、小学阶段教材知识联系、教学评价等都在不断提升自己，特别是在申报省教学成果奖的过程中，在专家指导下，有效地提升了我教育科研成果提炼的能力，从那一刻起感觉自己在课题研究方面才刚刚入门。”在做课题研究中，李老师不知不觉把个人教学风格和教学思想融入其中，在数学教学方面形成了“追寻数学本质，为数学思维而教”的教学主张，秉持“巧问导思，把握本质”教学理念，构建了“有趣、有味、有效、有用、有深度、有广度、有温度”的“七有”数学思维课堂。

李老师把课题研究当作提升专业能力的法宝。教师专业能力的提升离不开实践、反思，做课题需要研究者通过“实践—反思—实践”的过程，其实对提升教育教学能力是有极大的帮助的。在研究省级课题“小学数学单元整体教学的实践研究”中，李老师打破以往传统教学一课时一教学的方式，重新审视思考知识之间的结构，通过磨课、实践，对单元整体教学进行深入的研究，在这个过程中自己的教育教学、教研科研能力得到了很好的提升。

李老师把课题研究的过程当作是享受、快乐的过程。课题研究的过程是艰辛的，通常他完成一个课题又开一个新课题，有老师问他：你不累?李老师说："说老实话，我是'累并快乐着'，我把做课题研究的过程当作一种磨炼自己的过程，我不感到辛苦，在课题取得预期成效后，自己感到无比的愉悦和快乐。"

22 年里，李老师参与或主持的区级及以上的教育科研课题超过 20 项，其中主持省级课题 7 项，在做教育科研的过程中，转化为一系列教育科研成果，获得省级教学成果奖二等奖 2 项、省教育创新成果奖 5 项、市级教育成果奖 7 项。做课题研究给他带来的不仅是荣誉和业绩，更多是让他在专业发展的道路上走得更远。他获得的成绩如下：2010 年，被评为端州区首批教学能手；2012 年被评为肇庆市第十批专业技术拔尖人才、肇庆市第三批基础教育学科带头人、南粤优秀教师；2013 年入选肇庆市名师培养对象；2014 年被评为端州区首批名教师；2017 年被评为端州区优秀人才；2018 年被评为端州区紧缺人才。从 2013 年担任教研员以来，指导了曾枢礼等教师参加全国小学数学录像课比赛获得一等奖；指导了钟惠芳等教师参加省小学数学青年教师优质课比赛获得一等奖；指导了胡蝶等 4 位教师参加省小学数学青年教师说课比赛获得一、二等奖；指导了伍颖思等两位老师参加省教师技能比赛获得一、二等奖。李老师说："这些累累的硕果离不开教育科研给我带来的'推动力'，正是因为有了专业底气，才能引领区内教师专业发展。"他希望在未来继续通过课题研究，研究教改前沿的热点、难点问题，不断提升能力，带领一批教师在专业发展的道路上奔跑，形成一批有价值的教学成果为一线教师服务，让大家在研究中成长，在研究中获得快乐。

（执笔人：李伟聪，胡秀兰，鲍银霞；审稿人：曾令鹏）

# 小学生英语素养表现性评价研究报告

○广东省教育研究院教学教材研究室

**摘　要：**为了推进基础教育课程改革，实现广东省小学英语教学的高质量和高水准，探索科学合理、切实可行的评价方法，笔者对广东小学英语学业评价进行了较深入的研究。本文通过对广东小学英语学业评价的现状分析，以《义务教育英语课程标准（2011 年版）》对小学生英语学业评价的建议和《普通高中英语课程标准（2017 年版）》提出的英语学科核心素养为理论依据，进行了小学生英语素养表现性评价的探究，制定了小学生英语素养评价体系，设计了表现性评价和水平性评价相结合，既关注结果，又关注过程的评价方法，帮助教师明晰“如何评价”和回答师生完成这一学业评价该如何操作的问题，并对小学生英语素养评价体系的实效性做了论证。

**关键词：**小学英语　表现性评价　评价体系

## 一、研究背景

我国当前正在进行新一轮基础教育课程改革，评价改革是这次课程改革的重要内容之一，也是课程改革顺利进行的重要保障。2011 年教育部制定颁布的《义务教育英语课程标准（2011 年版）》明确指出：“评价要服务教学、反馈教学、促进教学”，“小学英语教学评价应以课程标准和平时的教学内容为依据，以激励学生的学习兴趣和自信为主要目的，采用符合学生认知水平、具有多样性和可选择性的评价形式。小学阶段的评价应以形成性为主，重点评价学生平时参与各种教学活动的表现”。① 可见，新课程改革要求建立有利于学生发展、教师提高和课程改进的发展性评价体系。而目前国内小学英语学业评价研究仍然缺乏，现行的小学英语学业考试制度与全面推进素质教育的要求还不相适应，关注学生发展的形成性评价大多停留在口头而没有实质行动，更没有从区域课程管理的层面实施评价的多元化。小学生英语素养表现性评价的研究，就是在这一时代背景下提出的。

## 二、广东省小学生英语素养评价现状调查与分析

### （一）调查对象与形式

根据研究和本职工作的需要，笔者对广东省各地历年来使用的小学英语评价体系和测试题目进行较深入的研究；开展问卷调查与分析、课例研讨和学业评价专题沙龙；利用调研的时间和各地市、县（区）教研员、学校英语教师及学生就小学生英语素养评价的问题进行面对面的访谈；通过多种形式对省内小学生英语素养评价现状进行调查与归因分析，并对如何改进广东小学生英语素养评价进行认真的思考。

### （二）调查结果与分析

调查发现，相当一部分教师的评价观念仍然落后，认识上没能与时俱进；另外一部分教师虽然在理念上有所感悟，也由于操作上的繁杂问题而流于形式，未能真正做到教师的评价有效地促进学生的英语学习，甚至在课程改革的浪潮中，走入了学业评价的误区。

误区 1：发展性评价是即兴的、随意的、无原则的。很多教师把发展性评价当作是一种生活化的、有趣的活动，他们设计各种评价手册、评价表以及别出心裁的评价方式，费尽心思制造着各种“称号”。这些丰富多彩的评价活动确实在一定程度上激发了学生参与评价和主动发展的热情。但是，缺乏相对稳定、客观的标准。还有一些教师认为，“促进学生发展”就是“哄孩子高兴”，于是走入了一味表扬肯定的误区。无原则的评价没有起到激励与促进学生发展的作用。

误区 2：评价与学生的发展相对脱节。目前，评价者将评价活动与学

① 中华人民共和国教育部．义务教育英语课程标准（2011 年版）［S］．北京：北京师范大学出版社，2012.

生发展相融合的意识逐渐增强，但在具体实施过程中，评价活动与学生的发展还缺乏实质的互动与沟通。典型的表现有：一是教师的日常评价行为与评价方案脱节。很多学校制定了详细、完整甚至近乎烦琐的评价方案，但这些评价方案往往只在所谓的评价活动中才能用得上，而教师对于学生教学交往过程中学生的一言一行、一颦一笑等即时性行为，往往缺乏评价。二是学科教学与学生发展目标相对脱节。由于在具体学科教学过程中缺乏体系化、具体化的评价指导，教师往往注意了学科的认知目标而忽略了学生的总体发展目标。

误区3：发展性评价是质性的而不是量化的。在实施等级评价的过程中，有些学校“谈分色变”，为了避免使用分数，将学生学业评价和综合素质评价都使用等级表示。实际上，量化评价与质性评价的区别不在于评价结果是否以分数呈现，而是要看评价过程是否贯穿了量化或质性的思想。

误区4：发展性评价是多种评价方式、评价主体的简单相加。发展性评价实施后，调动了学生、教师、家长甚至所在社区人员的积极性。教师们评价方法由传统的纸笔测验到描述性评语、档案袋评价、口试等多种方式，评价思想上注意了过程性评价与终结性评价相结合。但是，也有部分学校和教师每一具体评价活动都要使用所有的方法、调动所有的主体，在实践中忽略了重要的一点：每一种评价方法都有其适用范围。多元评价不是评价方法的简单堆砌，而是多种评价方法在互相取长补短的前提下，根据评价内容和目的进行的有机结合。

**（三）对调查结果的反思**

我们要评什么？这是我们要反思的一个重要问题。我们看到，小学英语教师受纸笔的测验影响比较深。或者说，我们把评价等同于考试。在我们的课堂教学中，教师往往会有“评价的手段就是一种教学策略而已”的概念。在这种概念下，评价的内容显然就只能是知识和技能，即学生掌握了多少语言知识，获得了多少语言技能。但事实上，在基础教育课程改革目标重新规定以后，对课程的结构、课程的功能都进行了重新变革。例如，课程功能由原来关注基本知识和技能转变为重视基础知识和技能，同时关注获得基础知识和技能的过程、方法，还关注学生的情感态度及价值观的发展。所以，评价的内容也会随着课程目标或者功能发生巨大的变化。我们不仅要评价学生获得了多少语言知识，同时还要知道学生获得这些知识的过程和方法是什么，还要知道学生是在热爱英语的基础上学英语，还是在教师和父母的痛斥下学英语。这就是我们在评价学生获得知识和技能的同时，还要关注知识和技能获得的过程和方法，还要关注学生在学科学习中的情感态度和价值观的变化，这是我们确定评价内容的一个依据。立德树人育人任务下测试与评价模式应该遵循以下走向。

（1）评价应该以学生的综合语言能力发展为目标；学生在各类评价活动中应该是积极参与者、合作者的主体地位。

（2）教学与评价（考试）的关系应是在共同的教育教学目标下协调一致、互为促进的教学行为。

（3）评价的内涵应该得到极大扩充，评价不等于考试，考试只是评价的手段之一。同时，完整的学校教育评价体系包括对学生的阶段成绩和发展状态的评价，也包括对教师的教学行为、自身素质等方面的评价，还包括对学校教育、教学项目等办学情况的评估与评价。

（4）评价的重点不再简单地重笔头考试、重结果。可以引入表现性评价的理念与方法，使教学评价的手段和方法得到极大的丰富和扩展；使对学生学习过程的全面性、自主性监控和调整成为可能。表现性评价的使用得当将有利于学生反思和调控自己的学习进程，形成适合于自己的学习风格和学习策略，对他们的长远发展有益。

无论是学业能力还是学业发展均属于心理科学研究的主要内容，而学业能力和学生发展离不开学生的学习、教师的教学和学校的教育。多年来，我国学业成就评价受西方经典评价范式和传统科举考试的影响，学生学业评价注重量化和以竞争选拔为目的的考试，使学生学业成就评价失去了本有的功能。从西方经典教育评价范式看，在科学主义的倡导下，延续近百年的教育评价理念和技术存在着一定的误区，要想使考试能够发挥对学生学业评价的积极作用，我们必须走出经典评价的误区，改革传统考试，在现代认知心理学和心理发展理论的指导下，充分研究学术认知生成特点和成长规律的基础上，根据课程标准来确定学业评价指标，构建评价体系，开发评价工具。

所以，从教研人员的职责出发，一方面，我们要更新我省小学英语教师的新课程理念，使教师的观念跟上新课程的步伐；另一方面，我们要制定出符合广东实际情况的小学生英语素养评价体系，探讨出可操作性强的评价方法，保证各种评价方法的科学性，同时提高教师运用各种评价方法的能力，使评价既容易操作又具备有效性。

## 三、小学生英语素养评价体系的构建

### （一）构建小学生英语素养评价体系的理论依据

《义务教育英语课程标准（2011 年版）》指出："科学的评价体系是实现课程目标的重要保障。英语课程的评价应根据本标准规定的课程目标与要求，采用科学、合理的评价方式和方法，对教学的过程和结果加以及时、有效地监控，以起到对教学的积极导向作用。"① 课程标准倡导发展性评价观，突出评价促进学生发展的教育功能，要求建构一套与素质教育相适应的学生评价体系。中共中央、国务院于 2020 年 10 月 13 日印发的《深化新时代教育评价改革总方案》中提出的教育评价改革目标之一是：经过 5 至 10 年的努力，促进学生全面发展的评价办法更加多元，到 2035 年，基本形成富有时代特征、彰显中国特色、体现世界水平的教育评价体系；在改革学生评价方面提出"完善过程性考核与结果性考核有机结合的学业考评制度"的要求。

新课程倡导用发展的眼光评价学生，发展性教学评价是一种重在过程的，重视评价对象主体性的，以促进评价对象发展为根本目的的教学评价。它的基本内涵表现为：评价的根本目的在于促进评价对象的发展；体现新的教育观念和世界教学评价发展的趋势；评价内容综合化；评价方式多样化；评价主体多元化；关注发展过程，评价的重点不再简单地重笔头考试、重结果。②

根据以上的理论依据和政策精神，我们对小学生英语素养评定的项目分类定位为语言能力、学习能力、思维品质和文化意识。根据这些项目的评价可操作性，我们设计了评价的方法（模式）为表现性评价和水平性评价相结合，既关注结果，又关注学习过程。

### （二）小学生英语素养评价体系的具体方案

1. 小学生英语素养评价体系表。评价体系由表现性评价和水平性评价两部分组成，其中表现性评价包括形成性评价和展示性评价（见表 1）。

---

① 中华人民共和国教育部．义务教育英语课程标准（2011 年版）［S］．北京：北京师范大学出版社，2012.

② 朱慕菊．走进新课程：与课程实施者对话［M］．北京：北京师范大学出版社，2002：148 - 149.

表 1　小学生英语素养评价体系表

<table>
<tr><td rowspan="6">学期（学年）评价</td><td rowspan="5">表现性评价</td><td>形成性评价</td><td colspan="3">形成性评价是关注学生学习过程的评价，根据学生在学习过程中表现的情感、态度、学习能力、学业发展状况等进行评价</td></tr>
<tr><td rowspan="4">展示性评价</td><td rowspan="2">书面类（直接呈现）</td><td>必展内容</td><td>根据英语学科学习过程中形成书面的、可以直接呈现的成果，确定内容进行评价</td></tr>
<tr><td>自选内容</td><td>学生提供自己认为可以直接展示的成果</td></tr>
<tr><td rowspan="2">非书面类（现场展示）</td><td>必展内容</td><td>根据英语学科特点，采用听力测试、口头表述、实际交际、现场表演等形式进行评价</td></tr>
<tr><td>自选内容</td><td>学生根据自己的个性、特长申报项目，现场表演</td></tr>
<tr><td>水平性评价</td><td colspan="4">水平性评价是根据课程标准要求，组织学生英语水平笔试，可根据教学要求选择开卷、闭卷、开闭卷结合等不同形式进行评价</td></tr>
</table>

2. 评价的内容与方法。

（1）建立学生成长记录档案。主要内容有：学生素质发展报告书，自己最满意的习作、日记，最典型的活动杰作，检测卷及其他作品。

（2）即时性评价。评价者（教师、学生、家长）对学生学习、活动中的表现进行即时评价。通过观察、访谈等形式，评价者在课堂上、活动时、生活中及时了解学生的学习情况，做出积极反馈，实施书面的或口头的评价，给学生以鼓舞、指导、调整。这一评价次数、时间等因人而异，不求整齐划一。评价的内容包括：学习兴趣、参与学习的主动性、积极性，学习中提出问题、解决问题的策略与能力，思维的品质、创造性、独特性、灵活性，想象的丰富性，独立思考与合作交流，良好的学习习惯，等等。

（3）展示性评价。展示性评价可以以各种板报、作品（业）展览、竞赛、评比等形式安排在学习的某一阶段，也可以以期末检测为形式安排在学期末进行。

（4）水平性评价。水平性评价是根据学科课程标准的要求组织的学科水平性笔试。英语学科既要进行书面检测，又要进行实践检测。每学期末接受水平性评价检测，学校在每学期中途还可以进行一次调研性水平检测。

（5）对学生的综合性评价。形成性评价结果以“综合性、激励性的评语+等级”的形式呈现。其中学生平时的英语学科作业评价采用“双等级”制（一方面评价作业的正确性，另一方面评价学生完成作业的态度，如书写等）+激励性批语进行，提倡教师多进行面批与个别性指导。

3. 评价的原则与建议。

（1）评价的原则。①以学生的发展为本，既关注学习的结果，又关注学习的过程。②评价内容的多维化，从学生英语学科核心素养的四个维度进行综合评价。③评价主体的多元化，教师、学生、家长、社会评价相结合。④评价方式的多样化，定量与定性评价相结合，书面检测与实践展示相结合，形成性评价与终结性评价相结合，更加重视过程评价。

（2）评价建议。①教师在实施小学生英语素养评价体系时要时刻关注评价对学生学习和教师教学的反馈作用，即：评价是否促进了学生英语学习自主性的发展和自信心的建立；是否反映了学生的英语学习成就；是否反映了学生英语学习中的问题或不足。教师要根据评价的反馈信息及时调整教学计划和教学方法。进行评价时还应考虑评价活动占课堂教学时间的比例，要注意评价的实际效果，要避免使用过于繁琐的评价程序，占用过多的教学时间进行评价，不能为评价而评价。②教师还应该认识到，一个简单的分数，若作为反馈信息的质量是不高的，只有除这个分数或等级之外，再加上适当的描述性的评语和该分数反映的具体学科核心素养目标的发展水平，才能真正发挥评价的反馈功能。

## 四、小学生英语素养评价体系的实施

### （一）实施总体情况

首先通过新课程评价理念的全员培训，教师在观念上首先更新理念，从传统的评价弊端和对新课程理念下的评价误区中走出来。另外根据制定的《小学生英语素养评价新体系》，对实验区进行试验实施。

以2019学年某区三年级期末测试为例，测试内容除了听力测试、口语测试和纸笔读写测试，还以问卷的形式，对测试反映出的学生成绩进行了学业成就归因分析。在调查问卷的设计过程中，系统分析了影响小学生英语学习的诸多因素，从不同侧面采用不同问题加以探查，力求挖掘影响小学生英语学习的主要因素，揭示不同因素之间的关系，对该区小学生的英语学业成就进行了归因分析。评价力求关注学习过程，关注学生的语言能力、思维品质、学习能力和文化品格的综合发展。

### （二）实施结果讨论

1. 在“以评促学”的理念下，表现性评价关注学生的学习过程、学习态度，弱化了“分数 = 能力”的观念，较为受学校、教师、学生的欢迎。

2. 评价全面考虑特定学生群体的需要及在未来社会中的社会角色和发展方向，学生个性、全面、和谐、可持续的发展是评价的最根本的目的。

3. 在学校评价工作中科学、系统、常规化地使用表现性评价，以及把校本表现性评价的结果纳入考试中的操作机制，会更系统、科学、有效地评价各个学段的教育教学质量。

4. 实施表现性评价的方式除了传统的纸笔考试和口试外，还可进行课堂评价、课后作业、课外能力展示和档案袋评价等多种评价活动。

5. 实施表现性评价容易产生怀疑，相对于仅仅教师的评价，运用教师评价、小组互评、个人自评三结合，更客观、更科学。另外，校本评价作为促进学校改进和发展的重要手段之一，应充分发挥评价的自主性、个性化、全面性、发展性的特点，让家长、学生、教师都参与其中，这样能更好地反映学校的整体情况。

6. 虽然引入学生的表现性评价指标，但参与、思维、态度、品行等的评价很多时候都是凭教师的主观意志决定的，特别容易受期末成绩的影响，而让教师失之偏颇。要改变实施该评价体系过程中发现的这种尴尬，关键是要改变升学的模式，改变上级对学校的评价方式，把校本表现性评价的结果纳入大规模公开考试中的操作机制，将带来学生评价领域实质性的进展。

### （三）实施成效分析

通过调查研究、理论学习、评价指标、评价体系的构建与实施，对传统量化评价方式进行了继承和发展。在“以评促学”的理念下，新制定的小学生英语素养评价体系关注学生的学习过程、学习态度，弱化了“分数 = 能力”的观念，更适合于评价学习兴趣、态度、策略、合作精神等不易量化的品质。该体系先在一部分实验地市、县（区）和学校试行，实验地市、县（区）和学校采用了以表现性评价与水平性评价相结合的评价体系，在小学生英语素养评价改革方面有了以下几个方面较显著的成效。

1．评价改革对教师的评价观带来新启示。第一，语言与情感态度有着千丝万缕的联系。在小学英语学习中，情感态度的影响更是不容忽视。积极向上的情感、活泼开朗的个性有助于学生积极参加语言学习活动，获得更多的学习机会；强烈的学习动机、浓厚的学习兴趣和大胆实践的精神有利于学生提高学习效果；坚强的意志和较强的自信心有助于学生克服外语学习中遇到的困难。相反，消极的情感态度则会影响语言学习。儿童有巨大的情感能量，只有在儿童积极、主动地获得成功的情感体验中，才能更好地学习、实践、探索。我们对学生进行评价时不仅要看他是否掌握了英语语言知识，更要注意学生的情感和心理体验，关注学生的学习态度。第二，课堂教学不仅要重视基础知识、基本技能，更要重视学生良好的学习习惯、思维品质和学习方法的培养。第三，教师在课堂上要多一双评价学生学习过程的慧眼，在作业设计方面增加展示性和实践性的活动设计与评价，立足过程，促进发展，投入更多的时间精力关注学生的动态发展，给予记录和客观评价，并不断观察学生学习过程中各种动向、问题，及时做出教学调整；同时根据课程需要对纸笔测试做出相应的改进，单元命题的重点不放在知识点的简单记忆和重现上，不再孤立地对基本技能进行测试，不再仅仅考察记忆和简单理解，重点从语言的综合运用能力上对学生深度的理解能力、分析能力、应用能力、创造能力进行综合评价。

2．发展了学生的关键能力和必备品格。英语教学中教师实施灵活多样的评价工具，创设各种不同的学习情境，多样化的教学形式，能激发学生的学习兴趣，使学生逐渐认识到学习英语的意义，并积极投入到英语的学习当中。同时，通过切实有效的评价形式、评价标准、评价语言、评价频率，激发学生探索英语的兴趣，保护学生学习英语的自尊心及树立他们运用英语的自信心，有效地提高了学生的英语素养。同时，通过小学生英语素养评价体系的建立，使学生既有“听英语”的乐趣，又有“说英语”的欲望，更有“写英语”的能力，更加初步培养起评价同伴学习情况的能力。

3．建立了学生的课程学习档案，如平时测验、疑难问题及解答、学生的优秀作业、成果、学生与他人合作的过程性资料、参与和课程学习相关的竞赛和活动情况、在学习中存在的问题、困难以及希望得到哪些帮助、自我评价和他人评价的结果、学生提出的问题建议、得到的奖励、课堂出勤率等，这个档案的建立由教师和学生共同完成，尤其发挥了学生个人的主动性。这样既锻炼学生能力，又从纵向关注学生的发展过程。学生一步一步地收集检查他们在每一个领域取得进步和结果的时候，也在主动地建构知识、解决问题，并对自己的进步做出积极的反思与评价，使得学生成为评价的主人，促进学生对自己的发展负责，从而更好地发挥评价的教育意义。

## 五、对本研究的实效性论证

在实施过程中，我们发现本研究构建的《小学生英语素养评价新体系》能对学生在语言能力、文化品格、思维品质和学习能力等方面的实际情况进行有效的评价，能在表现性、过程性、综合性、激励性方面对学生的能力进行较全面、客观的评价。此评价体系能较积极地调动学生进行各项语言学习活动的热情，不断尝试成功的喜悦，增强学习英语的自信心，并且让学生在语言体验和实践中通过自我评价、同伴评价和教师评价客观地认识到自己的不足，从而在后续的语言学习中有针对性地进行锻炼。运用该评价体系，教师对学生英语学业的评价与以前我们所熟悉的单纯考试、检测有很大程度的不同，特别是对学生而言，因为评价的目的不是考察学生，看学生能得到多少分数，知识掌握到什么程度，而是让学生通过评价，体验到进步与成功的愉悦，让学生有机会来展示自己能用英语做什么事情，促进学生综合语言应用能力的提高和综合素质的全面发展。

本研究结果实现了以下三个突破，从而产生了较深远的意义。

### （一）促进了学生的长远发展

我们所有的教育活动，包括评价活动都是为了学生的发展。这不是一个技术层面的操作问题，而首先是基本认识、基本观念的问题。我们注重对学生综合素质的考察，强调评价指标的多元化，促进学生的全面发展；我们的评价保护了学生的自尊心和自信心，体现尊重与爱护，关注个体的处境与需要；我们的评价突出发展、变化的过程，关注学生的主观能动性，激发积极主动的态度；鼓励学生积极、主动对自己的学习情况进行评价与反思；确立以学生为本的评价模式，通过评价，学生了解自己所处的发展状态，体验进步与成功，从而产生进步的动力；这是评价中的一个重要原则——激励性原则。

### （二）促使了评价与教学的协调统一

通过本研究，我省小学英语教师认识到：评价和教学的根本目的都是为了学生的成长与发展。教师们更加认识到评价，特别是日常教学中的发展性评价应与教学融为一体，应有利于促进教学；有利于学生的成长；有利于教师教学能力的提高；有利于学校整体教育水平的发展。

### （三）体现了表现性评价与水平性评价的结合与平衡

新课程的评价改革主要目标是实现评价的多元性、多样性与可选择性，让评价体现人文关怀，全面评价学生的发展与进步。本研究一方面引入表现性评价机制与方法，另一方面改革终结性评价的指导思想，评价重点与方式，操作模式，教师根据语言教学目标、学生语言发展程度、认知能力和评价的目标采用恰当的方式，在教学中注意表现性评价与水平性评价的恰当组合，互相补充，综合运用。

## 六、结语

开展基于学科核心素养发展的小学生英语素养评价研究是深化英语新课程改革的需要，是立德树人的需要，是英语课程价值发挥的需要，是教师专业发展的需要。我们通过“小学生英语素养表现性评价研究”，通过评价体系的构建与实施，引领广东小学英语教师进一步关注与思考、研究与探索英语课程该教什么、怎么教、教到什么程度、如何评价等问题。可以肯定地说，本研究较好地帮助教师明晰“如何评价”和师生完成这一学业评价标准该如何操作的问题，使教师更好地将新课程理念转化为实践行为，实现教—学—评的一致性。

（执笔人：王琳珊；审稿人：曾令鹏）

# 城乡接合部（新发展城区）区域美术“研训一体”教研模式探究报告

## ——以广州市黄埔区中小学美术教研团队建设为例

○广州市黄埔区教育研究院

**摘　要：**城乡接合部（新发展城区）区域美术教研发展具有其独特性，黄埔区中小学美术教研团队创新教研模式，实施组建教研团队架构为基点；以“1+3”同课异构教学、“中华经典美术作品鉴赏同课异构”“百花齐放片区教研”等多种模式探究为路径；以集中通识培训、教师专业技能培训、美术专业研究社团培训为支撑；教师成长为导向的研训一体教研模式，推动育人模式的转变，促进城乡接合部（新发展城区）区域美术教育均衡发展。

**关键词：**研训一体　教学研究　专业技能发展　团队建设

## 一、前言

2020 年，中共中央办公厅、国务院办公厅印发《关于全面加强和改进新时代学校美育工作的意见》中要求：全面提高美育教师思想政治素质、教学素质、育人能力和职业道德水平；中共中央、国务院印发《深化新时代教育评价改革总体方案》中则提出：改革教师评价，推进践行教书育人使命。在国家教育大背景下提出问题：如何提高城乡接合部（新发展城区）区域美术教研质量？下面以广州市黄埔区美术教研为例进行分析。

广州市黄埔区自 2015 年合区，由原黄埔（大沙地等区域）的老城区、原萝岗（萝峰等区域）的城乡接合部、原九龙（镇龙等区域）的中新广州知识城等几片新城区合并，形成三个不同发展状态的城区。近几年，黄埔区紧紧抓住粤港澳大湾区建设发展的机遇，坚持引育并举，促进教育优质均衡发展。截至2020年9月，近50所新学校相继开办、新教师不断增加。据统计，2015年9月至2020年9月，全区新入职美术教师大约87人，区域教师队伍不断壮大。但许多新入职教师缺少有经验的老教师传帮带，甚至有的学校只有一名美术教师，存在“单枪匹马”“孤军作战”的现状，新教师在课堂教学中缺乏有经验的“师傅”带领，对提升课堂教学能力的需求迫切，对美术专业学习交流促进的需求迫切，对提高专业能力发展的需求迫切。

## 二、方法及成效

作为教师专业发展的“土壤”，以问题为中心，以课例为载体，针对不同层次、不同岗位的教师的实际需求，积极优化创新“研训一体”模式。加强教研团队建设、构建区域学习型组织，以教育实践为研究对象，以专业发展为培训重心，打造“研训相辅”的教研模式，促进美育团队核心队伍建设、教学水平提升、教学改革探索、教育科研创新等工作开展，提升内涵发展，构建区域研修共同体。2018年，笔者承担广州市黄埔区中小学美术教研工作以来，着力在城乡接合部（新发展城区）——广州市黄埔区区域中开展美术教研活动的探讨，通过组建教研团队架构，尝试以“研训一体”区域教研模式开展美育团队建设，以教育实践教学研究、专业发展培训相结合，发挥团队力量达到提高美育团队核心质量，以教师与教学、教师与专业得到进一步发展和提升为目标，取得实实在在的效果，形成了具有地方特色的研训一体化教研模式。

### （一）“骨干先行，联片教研”，激发教研团队新活力

所谓教研团队架构，是以研究能力为中心，以教研项目为统领，以共同科研为内容，以解决教育教学中存在的共性与个性问题为教研目标，以积极投身黄埔区美育建设的美术教师为基石，以点及面，引领教研新局面。组建广州市黄埔区中小学美术教研会，由骨干教师团队组成，设立会长、副会长、秘书处及多名理事构成理事会，在此基础上组建“教学研究、课程资源开发部”“培训交流、特色发展部”“专业发展、社团建设部”“学科竞赛、美术高考部”“中心组”等五个部门（见图1）。

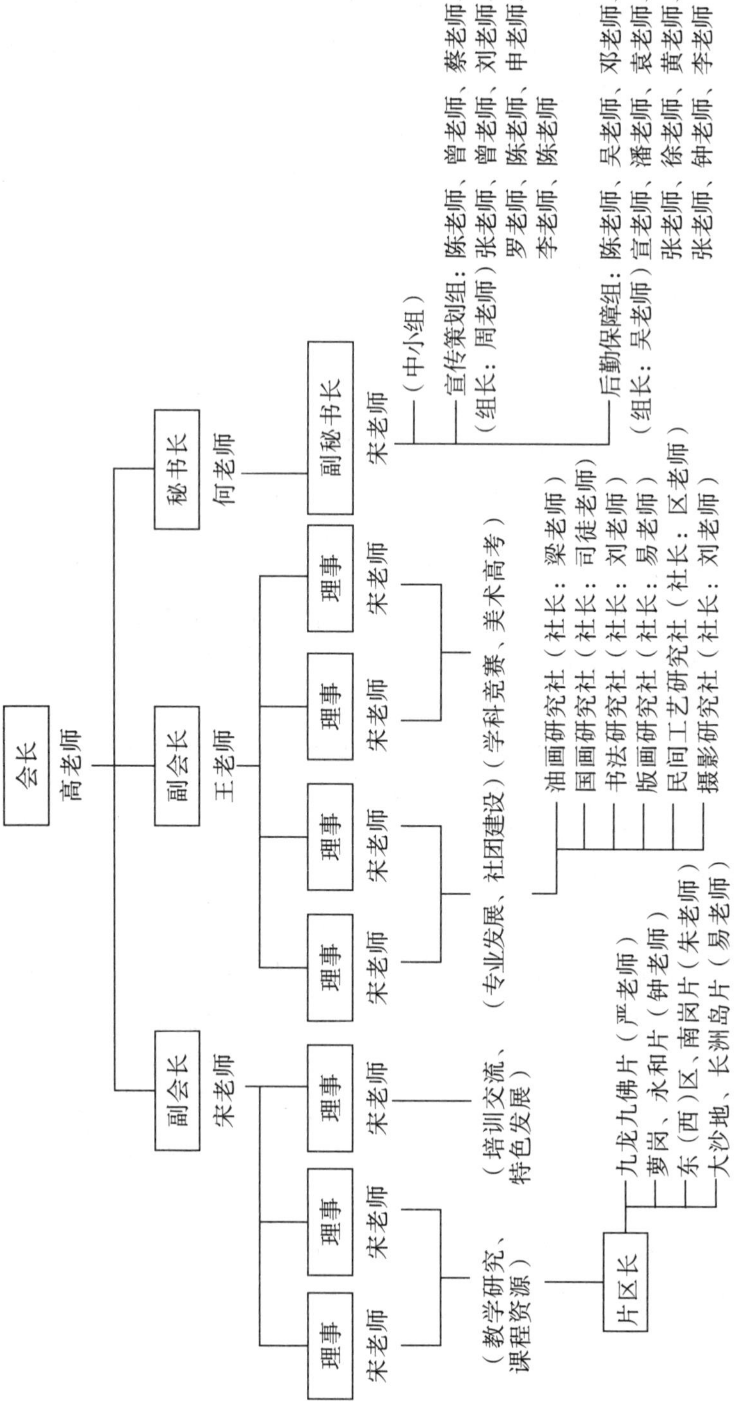


**图1　广州市黄埔区中小学美术教研会组织架构图**

1. 积极组建教学发展团队，加速优质研修共享。针对黄埔区区域面积广、教师数量多等特点，结合地理优势，设置了包括九龙、九佛片区，萝岗、永和片区，东（西）区、南岗片区和大沙地、长洲岛片区四个教研片区。由教研会会长——广州市特级教师牵头，以四片区教学骨干为主力，组成教学"导师"团队，并采取补短板、促协同、共分享等多层次教学研究的方式，以抓课题、重研讨、勇实践为内容，多层次教学研究改观区域中个体学校、个体教师在美术教育教学发展中相对困阻的现状，为中小学的美育团队持续发展奠定基础。

2. 积极组建资源整合专业发展团队，促进素质均衡发展。

（1）组建专业社团。在对教师团队专业知识的更新及专业能力的提升培训时，改变培训模式，尝试将培训与教师兴趣发展相结合，黄埔区教研会成立了油画、国画、书法、版画、民间工艺、摄影六项专业研究社团，鼓励教师结合自身兴趣爱好，在相对开放的教研活动情境中促进多种专业发展培训方式同步实施，为教师搭建专业成长的平台，打造专业素质均衡发展的美育团队。

（2）组建其他资源整合。携手高校资源力量，以发展学科竞赛、美术高考为契机，打造高品质、高质量培训活动，以此促进区域美育团队核心竞争力，优化团队成员的能力结构和整体素质，增强团队凝聚力和影响力。

3. 积极组建中、高考研究团队。中、高考是美术教学中的一个重要环节。围绕新中、高考政策；美术中、高考题型；如何备考等问题组建中、高考研究团队，聚集全区带中、高考出成绩的骨干教师力量，将中、高考考点和考试要求的解读纳入研究团队研训范畴，以帮助区域美术教师领悟中、高考精神，掌握动态、熟悉领域、破解难题、实现突破。

**（二）积极组建保障中心组团队，护航美育研修动能**

建立有效的保障中心组团队运行管理机制，有利于调动团队成员的积极性，促进团队成员间的合作，促进教研项目的顺利开展。作为一个城乡接合部（新发展城区）区域美术教研团队，其团队建设离不开有效的保障中心组，在教学教研、宣传报道、后勤保障等方面相互配合，使团队在完成工作的方式、进程等方面形成一种内在的运行管理机制。

### （三）以研为基，探索教学研究新路径

随着新课程改革的不断深入，黄埔区教研深扎一线，以中小学教师为主体，以课堂教学为主要研究对象，以提升教师专业水平为研究目标，开展区域性有序有效的教研活动。积极明确活动目的，科学规划活动内容，有效提升活动质量，黄埔区美术教研会一直在进行积极探索，并进行了系列性的有效实践，勾勒出具有黄埔特色的新路径。

1. 青蓝相长，探索实践“1＋3”同课异构教学模式。黄埔区中小学美术课改系列研究之“骨干带新秀”同课异构比赛活动，活动形式为一位骨干教师及三位新秀教师分别执教同一课题课例，在展示新秀教师现场同台竞技风采的同时，展现骨干教师的风范。在多年的实践中，我们对于同课异构的“异”包含了以下方面的理解：一是教师的教学素养和教学风格不同；二是教学内容处理、教学方法选择、教学环节设计不同；三是学生的学情不同。

经统计，2018 年 4 月至 2020 年 12 月期间，黄埔区已成功举办了“1＋3”同课异构教学比赛活动五场，共有 1 000 人次参与此活动，分别有 7 名骨干教师和 21 名新教师执教课例，具体见表 1。

**表 1　2018 年 4 月至 2020 年 12 月黄埔区“1＋3”同课异构教学比赛一览表**

| 时间 | 骨干教师 | 新秀教师 | 课题 | 教材版本 |
| --- | --- | --- | --- | --- |
| 2018 年 4 月 | 高旦（萝峰小学） | 黄子扬（南湾小学）、吴国斌（怡园小学）、何颖妍（何棠下小学） | “奇思妙想” | 岭南版 |
| 2018 年 5 月 | 陈晓宁（怡园小学） | 潘雪芳（石化小学）、郭葳（东荟花园小学）、潘素妍（九龙第三小学） | “字的联想” | 江苏版 |
| 2018 年 11 月 | 宋莉（香雪小学） | 钟炜然（玉泉学校）、黄嘉雯（广州市开发区第二小学）、蔡中昱（凤凰湖小学） | “猜猜我是谁” | 人美版 |

续上表

| 时间 | 骨干教师 | 新秀教师 | 课题 | 教材版本 |
| --- | --- | --- | --- | --- |
| 2019 年 5 月 | 易凤玲（港湾小学） | 黄宇窈（开元学校）、张东俊（科峻小学）、陈秋任（玉鸣小学） | “大鱼和小鱼” | 岭南版 |
| 2019 年 10 月 | 吴慧（东荟花园小学） | 郑格曼（横沙小学）、陈洁莹（凤凰湖小学）、黄晓玲（开元学校） | “我的自画像册” | 岭南版 |
| 2020 年 10 月 | 刘丹丹（东区小学） | 陈宝莹（怡园小学）、刘馨（开元学校）、马咏怡（东荟花园小学） | “人物与环境” | 人美版 |
| 2020 年 12 月 | 吴国斌（怡园小学） | 茹春梅（开元学校）、曾思思（玉树小学）、罗颖岚（怡瑞小学） | “像什么呢” | 苏少版 |

自活动举办以来，以新教师为代表的潘雪芳、陈秋任老师以及骨干教师宋莉老师在实验中获得成长，分别在广州电视课堂执教课例、跨省市新课改中华经典鉴赏实验课活动展现风采，得到专家认可和广泛好评。

2. 植根中华优秀传统文化，探索实践中华经典美术作品鉴赏同课异构教学模式。在国家和地方不断加强中华优秀传统文化教育的大趋势下，黄埔区美育团队实践探索传统文化教育新模式，在 2019 年举办了两场跨区域、跨学段的“新课改”同课异构教学实验活动，来自四川省泸州市名教师、广州市直属中学骨干教师、黄埔区骨干教师共 8 名优秀教师执教课例具体见表 2。

**表 2　黄埔区中小学美术“新课改”同课异构教学实验活动**

| 时间 | 课题 | 主讲人 | 类型 |
| --- | --- | --- | --- |
| 2019 年 4 月 | “韩熙载夜宴图” | 李科、张科、何楚如、张琪 | 绘画 |
| 2019 年 12 月 | “长信宫灯” | 黎珊珊、潘雪芳、周航、陈敏 | 工艺美术 |

该教研项目的研究立足中华传统文化，同时突破传统的时空框架，依托多种教学资源，要求教师具有较强的教学整合能力。一是教学内容的整合能力。将一件艺术作品作为课堂的主题进行教学，要善于将教学内容与作品背景、美术通识、赏析手法相结合，为有效教学创造条件。二是教学创新能力。不同于传统课堂教学，此教研项目的研究不仅为教师的教学创新提供了平台，而且对教师的教学研究提出了更高、更新的要求。

3. 百花齐放，探索实践片区教研模式。为解决城乡接合部（新发展城区）区域学校分散、教研力量薄弱、教师参与教研活动少等问题，继续深化课程改革，拓宽教研渠道，优化教研资源，加强片区区域学校之间的交流与合作，缩小城乡教育差距，促进区域内美育均衡发展，提高全区美育教学质量。黄埔美育推行以分片组合为单位进行教研活动的方式，根据本地区的实际，从区域特点出发，开展了富有实效的课例研讨、主题分享、参观交流等活动。两年来，共计开展了课例研讨 18 节，主题分享 5 次，参观交流 3 次。教研会动内容形式多样，参与面广，时间、空间相对自由，教研效果显著。具体见表 3。

表 3　黄埔美育课例研讨

| 时间 | 片区 | 主讲人 | 课题 | 类型 |
|---|---|---|---|---|
| 2018 年 | 大沙地、长洲岛片区 | 陈宝莹 | “走近传统戏曲人物” | 课例研讨 |
| | 东（西）区、南岗片区 | 区炽明 | “开放在我手中的花” | |
| | 九龙片区 | 姚亚雯 | “我爱我家” | |
| | 永和片区 | 陈捍卫 | “漂亮的挂盘” | |
| | 萝岗片区 | 高旦等 11 位教师 | “我最喜爱的艺术家或艺术作品” | 主题分享 |
| | 永和片区 | 胡一民 | “人文视野下的美术欣赏” | |
| | 九龙片区 | 片区教师 | 参观畅想画主题展 | 参观交流 |

**续上表**

| 时间 | 片区 | 主讲人 | 课题 | 类型 |
|---|---|---|---|---|
| 2019 年 | 大沙地、长洲岛片区 | 黎珊珊 | “艺术博物馆里的瑰宝——青铜器” | 课例研讨 |
| | 萝岗片区 | 杨惠景 | “夏日的凉风” | |
| | | 阮丹丹 | “剪团花，巧装饰” | |
| | | 李文通 | “重叠消融——黑白纹样” | |
| | 大沙地、长洲岛片区 | 朱慧 | “点的魅力” | |
| | 九龙片区 | 蔡中昱 | “民族娃娃” | |
| | | 陈思敏 | | |
| | | 涂好婵 | | |
| | 萝岗、永和片区 | 叶小凤 | “彩墨鱼” | |
| | | 陈秋任 | “大花瓶” | |
| | 九龙片区 | 彭春丽 | “炊具与餐具” | |
| | | 吴哲威 | “陶艺” | |
| | 东（西）区、南岗片区 | 刘丹丹 | “我心中的太阳” | |
| | 萝岗片区 | 刘庆文等5位教师 | “我最喜爱的艺术家” | 主题分享 |
| | 大沙地、长洲岛片区 | 潘雪芳等7位教师 | “独树一帜的艺术流派” | |
| | 永和片区 | 陈捍卫 | 古希腊神话故事绘画作品欣赏 | |
| | | 张科 | | |
| | | 刘妙娟 | | |
| | 九龙片区 | 片区教师 | 参观镇龙中学“陶泥”课程 | 参观交流 |
| | 九龙片区 | 片区教师 | 参观凤凰湖小学美术场室 | |
| 2020 年 | 东（西）区、南岗片区 | 秦健敏 | “夏日的凉风” | 课例研讨 |
| | 九龙片区 | 吴兰珍 | “书籍封面设计” | |
| | | 温炯新 | “我们的调色盘” | |

以研为基，探索基于并高于美术知识与技能教学的站位，通过多角度、全方位的课堂交流、实践体验和观念分享，立足于关注更大、更高层面文化传承。以课例为活动单元，通过专业引领、分享互助、实践反思的有机结合，有目的、有过程、有方法地分析和解决黄埔区美术团队在教育教学中的实际问题。构建实践性、互动式、专业化的研修环境，促进黄埔美育团队职业能力的整体提升。

**（四）以训为本，促进专业技能新提升**

在研训培养中，结合区域发展现状，紧紧围绕课程改革，以教科研为先导，素质教育为核心，专业提升为突破口，从教师角度出发，选择教师实际需要的培训内容，做好做实“立德、强教、实研”的研训过程，扎扎实实开展各项培训，以培训促进教研工作的深入，发挥区域研训作用，提高研训管理水平，促进区域教师专业技能新提升。

1. 探索实践专业理论通识培训。课程改革的实施，通过组织区域全体教师参加通识培训，在培训中开阔视野、增长见识，在交流学习中移植优秀教师的成功教学经验。据统计，2018 年 9 月至 2020 年 9 月期间，黄埔区美术教研以通识培训为主题的教研活动共计 6 次，场均与会人员达 200 人，其中理论学习 1 次，分享交流 2 次，课例研讨 2 次，主题讲座 1 次。具体见表 4。

**表 4　2018 年 9 月至 2020 年 9 月期间黄埔区美术教研通识培训教研活动**

| 时间 | 主题 | 主讲人 | 内容 | 类型 |
| --- | --- | --- | --- | --- |
| 2018 年 9 月 | “核心素养下的区本美术课堂教学改革”专题讲座 | 钟国荣 | 传达《黄埔区教育局关于大力推进中华传统文化教育的意见》文件精神；征集拟实施的“传统文化”主题培训实施方案意见 | 理论学习 |
| 2018 年 10 月 | 艺术作品欣赏 | 李科 | “人人都是艺术家——波普艺术” | 分享交流 |
| | | 黄美婷 | “一幅世界名画的 60 个细节” | |
| 2019 年 8 月 | “中国壁画古寺考察”主题分享 | 钟柳珍 | “千年 · 一瞬间” | 分享交流 |
| | | 王恩华 | “探寻山西佛教寺庙与壁画” | |
| | | 吴慧 | “考察之旅所思所感” | |

续上表

| 时间 | 主题 | 主讲人 | 内容 | 类型 |
|---|---|---|---|---|
| 2019年11月 | 核心素养下的高校与中小学美育创新课程教学交流研讨活动 | （番禺）吴天瑶 | “京剧妆面中的性格” | 课例研讨 |
| | | （黄埔）王恩华 | “民间民俗文化中的傩面艺术——以恩施傩文化和潮汕英歌艺术为例” | |
| 2019年11月 | 黄埔、从化两区联动 | （黄埔）臧明 | “中国传统民居的复兴” | 课例研讨 |
| | | （从化）廖镜波 | “传神写照——后人摹顾恺之《洛神赋图》赏析” | |
| 2020年9月 | “做一名合格美术教师”主题讲座 | 钟国荣<br>宋莉 | 1.（钟国荣）教师教学比赛（微课）课例欣赏及讲评；<br>2.（宋莉）“美术课，我是这样做的……”主题讲座 | 主题讲座 |

从政策解读到艺术赏析，再到教学实践，丰富多样的专业理论通识培训，有效地提升了黄埔美育团队的理论素养，为团队的教育教学活动厘清了思路，奠定了坚实的基础，成效显著。

2. 树立文化自信，探索实践教师专业技能培训模式。专业技能培训对于美术教师的专业成长至关重要。从美术专业素养出发，为美术教师搭建各项专业技能培训平台，为其扎根专业实践、提升专业素养。据统计，2018年1月至2021年1月期间，黄埔区组织专业技能培训10次，参训人员达1 000人次。其中，以“书法书写”技能培训为重要突破口，提升区域教师书法专业技能水平，培训成效显著。具体见表5。

表5　2018年1月至2021年1月黄埔区组织专业技能培训一览表

| 时间 | 主题 | 地点 |
|---|---|---|
| 2018年1月 | 黄埔区中小学美术学科书法书写技能培训（赵书） | 肇庆学院 |
| 2018年4月 | “书法主题”考察学习活动 | 广州市第五中学 |

续上表

| 时间 | 主题 | 地点 |
| --- | --- | --- |
| 2018 年 11 月 | 广州市第八十六中学第四届学生艺术展活动 | 黄埔图书馆 |
| | 罗开源“分享美的旋律”专题讲座 | |
| 2018 年 12 月 | 携手广州美术学院版画系开展插画主题培训 | 沧联小学 |
| 2019 年 1 月 | 黄埔区中小学美术学科书法书写技能培训（篆书） | 肇庆学院 |
| 2019 年 7 月 | 意与古会——2019 年广东省“翰墨薪传”工程第一期中小学教师篆刻培训（黄埔班） | 广州市第八十六中学 |
| 2020 年 1 月 | 黄埔区中小学美术学科书法书写技能培训（隶书） | 肇庆学院 |
| 2020 年 7 月 | 《晋唐书风》黄埔区中小学美术教师书法培训活动 | 广州市第八十六中学 |
| 2021 年 1 月 | 黄埔区中小学美术学科书法书写技能培训（魏碑） | 肇庆学院 |

3. 探索实践专业研究社团模式。以传承传统文化、研究绘画技法、开拓艺术表现为出发点，探索成立油画、国画、书法、版画、民间工艺及摄影六个不同方向、不同领域的专业研究社团，在各专业研究业社团建设中鼓励教师发展个人美术专业，以满足教师个性化专业发展的需要，为教师搭建专业发展平台（见表 6）。使教师成员吸取专业研究社团营养的精华，去其糟粕，使自己的个人艺术素养得以提升。

表 6　2018 年 10 月至 2020 年 5 月黄埔区组织的专业社团

| 时间 | 社团 | 主题 | 地点 |
| --- | --- | --- | --- |
| 2018 年 10 月 | 民间工艺专业社 | 社团成员植物蓝染（蓝靛）、型糊染学习和体验活动 | 沧联小学 |
| 2018 年 11 月 | 民间工艺专业社 | 社团成员彩色植物染（槐花米、苏木、茶叶等）学习和体验活动 | 沧联小学 |
| 2018 年 11 月 | 摄影专业社 | 山田采风 | 从化区吕田镇桂峰山 |

续上表

| 时间 | 社团 | 主题 | 地点 |
|---|---|---|---|
| 2019 年 3 月 | 版画专业社 | 成员孟庆丹老师分享留学四年意大利期间的版画作品和见闻；社长引领木刻版画的制作体验 | 北师大实验学校 |
| 2019 年 5 月 | 油画专业社 | 成立中国瓜洲艺术研究院，为黄埔区乃至广州市的油画爱好者提供了写生、交流的场地空间 | 增城区瓜岭村 |
| 2019 年 12 月 | 版画专业社 | 邀请专家张清林老师开展“我的业余木刻版画记录”主题讲座，木刻版画“年画主题”体验 | 广州市执信中学琶洲实验学校 |
| 2020 年 4 月 | 油画专业社 | 广州美术学院朱松青教授到瓜岭村做油画写生示范及交流活动 | 增城区瓜岭村 |
| 2020 年 5 月 | 油画专业社 | 社员梁运秋老师入选广州市美术家协会油画艺委会成员，并参与了广州市美术家协会油画提名展 | 增城区瓜岭村 |

**（五）“研训共同体”，推动教研体系新动力**

“研训共同体”是一项系统工程，在践行、深化的过程中，黄埔美育团队建设案例从实际需求出发制定培训方案，将“教学研究”与“教师培训”有效连接，注重各环节的信息采集和科学分析，随时检视培训内容、培训形式、培训者的工作效能、被培训者的学习状态，通过规范化的操作提高基础教育学校的育人功能、教师的专业水平，最终形成可推广的成果（见图 2）。

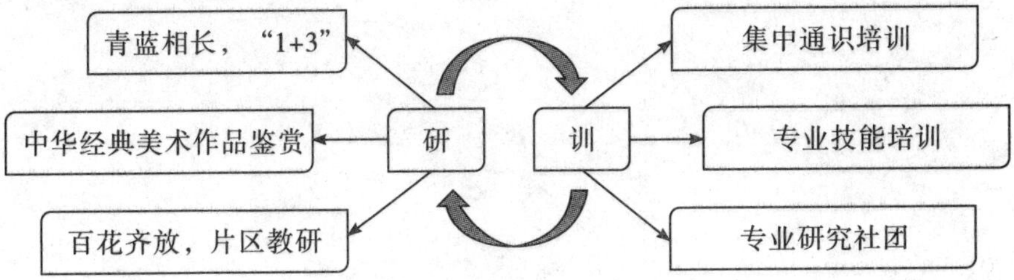


图 2　“研训共同体”培训方案

“研”以问题解决为指向，重在解决教学过程中存在的实际问题或教师在教学过程中遇到的疑难问题。“训”以教师专业发展为指向，是根据教育发展的需要，遵循教师成长规律，有目的、有计划、有组织地引导受训教师提高专业素养的培训活动。黄埔美育团队建设案例尝试将“研”和“训”有机整合，即“研”中有“训”，“训”中有“研”，注重教师教育经验的总结和提升，注重教师专业兴趣的培养及专业能力的发展，在解决教师教育教学实践问题的同时，提高教师提出问题、分析问题和解决问题的能力。

黄埔区美术教研模式坚持以教师发展为本，满足城乡每一位教师的自身发展需要，将专业技能培养与提高教师业务水平相结合，促进教师的专业技能全面提高。研与训的形式采用集中与适时、分类与分层、主项与兼项相结合，做到以研为基，研训互动，促进教师向专业化方向发展，提高区域美术教师的专业技能，营造了良好的研训氛围，使城乡接合部（新发展城区）区域美术步入了教育教学改革的新方向。

（执笔人：钟国荣，何楚如，宋莉；审稿人：曾令鹏）

# 基于地理实践力培养的高中地理研学旅行教学的实践研究

○广东省教育研究院教学教材研究室

**摘　要：**本文通过文献研究和实践研究，将地理实践力和研学旅行相结合，依据研学旅行的特点和高中地理课程标准、高中地理教材内容，立足乡土地理、放眼中国，立足学生的全面发展，基于地理实践力的培养，对高中地理研学教学设计进行研究。用大量的真实研学设计案例对研学主题、研学目标、研学内容与线路、研学准备、教学过程、教学问题、成果展示与评价进行了深入阐述。以不同地区为例，进行了高中地理研学旅行教学设计。

**关键词：**地理实践力　研学旅行　教学设计　实践研究

2013年2月2日，国务院办公厅印发了《国民旅游休闲纲要（2013—2020年）》（国办发〔2013〕10号），纲要中提出“逐步推行中小学生研学旅行”的设想；2014年8月21日发布的《关于促进旅游业改革发展的若干意见》（国发〔2014〕31号）中首次明确了“研学旅行”要纳入中小学生日常教育范畴；2016年12月，教育部等11部门联合印发了《关于推进中小学生研学旅行的意见》（教基一〔2016〕8号），提出要将研学旅行纳入中小学教育教学计划，明确了“研学旅行”的育人目标。2018年8月30日，广东省教育厅等12部门发布《关于推进中小学生研学旅行的实施意见》，推进全省中小学生研学旅行工作。可见，国家、省对研学旅行日益重视。

2018年1月，《普通高中地理课程标准（2017年版）》正式颁布，在基本理念方面提出“创新培育地理学科核心素养的学习方式”，要求“根据学生地理学科核心素养形成过程的特点，科学设计地理教学过程，引导学生通过自主、合作、探究等学习方式，在自然、社会等真实情境中开展丰富多样的地理实践活动……”。因此，研学旅行是落实地理核心素养的重要行动。

随着新课标的研制和颁布，高考评价改革也由之前的“知识立意”“能力立意”升级到“素养立意”。以“素养立意”为主的高考命题特点是将教材模型化的原理规律转化为真实情境化的实际问题，考查学生现场灵活运用地理知识解决问题的再学习能力，即对学生地理核心素养的考查。尤其重视学生对情境素材的信息获取和分析能力的考查，将地理实践力素养落实到高考试题之中。

## 一、基本概念

### （一）研学旅行的概念

研学旅行是由教育部门和学校有计划地组织安排，通过集体旅行、集体食宿方式开展的研究型学习和旅行体验相结合的校外教育活动。学校根据区域特色、学生年龄特点和各学科教学内容需要，以学习和践行为主要内容，组织学生走出校园，走进自然，走进生活去尝试、体悟。研学旅行不只是一种生活旅行，更是一种新颖的学习方式。

### （二）研学旅行教学的概念

教学的本质是一种探究活动，是教师指导、学生自主地学习间接知识、体验实践过程的学习行为。因此，研学旅行教学应该是教师结合学科知识设计研学旅行教学内容，指导学生在集体旅行中通过实地考察、实验、调查等形式，在真实情境中亲身体验、感悟，从而自主、合作、探究完成教学内容的学习过程。

### （三）地理实践力的概念

地理实践力指人们在考察、实验和调查等地理实践活动中所具备的意志品质和行动能力。研学旅行更有助于培养和形成这种品质和能力。考察、实验、调查等是地理学重要的研究方法，也是地理课程重要的学习方式。“地理实践力”素养有助于提升人们的行动意识和行动能力，更好地在真实情境中观察和感悟地理环境及其与人类活动的关系，增强社会责任感。

在本文的研究中，地理实践力概念取自《普通高中地理课程标准（2020 年修订版）》，结合地理课程标准中对地理实践力的阐述，本文研究的地理实践力主要包括地理读图、用图和绘图能力，地理观察与测量能力，地理调查与考察能力，地理实验能力，地理问题分析与决策能力和地理信息技术运用能力等六个部分 。

**（四）地理实践力与研学旅行教学**

研学旅行是校内课堂的校外延伸，是在自然、社会等真实情境中开展地理教学，也是一种教学行为。因此，与传统课堂教学一样，地理研学旅行教学实施之前，也要有相应的教学设计。地理实践力的培养则渗透在研学旅行教学设计中，在本文的研究中，“三必须”的研学旅行教学设计渗透地理实践力培养，即研学活动的目标设计必须源于地理实践力，研学活动的内容设计必须凸显地理实践力，研学活动的评价实施必须基于地理实践力（见图1）。

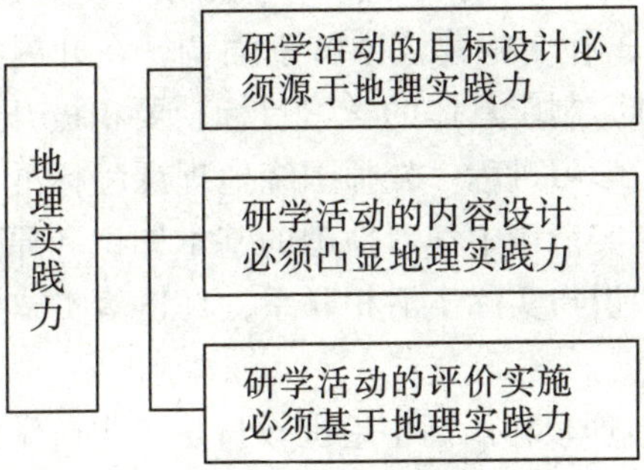


**图1　地理实践力**

## 二、高中地理研学旅行教学环节的设计

研学旅行也是一种教学行为，是校内课堂的校外延伸，是在自然、社会等真实情境中开展地理教学。因此，与传统课堂教学一样，地理研学旅行教学实施之前，也要有相应的教学设计。两者教学设计的基本环节有相同点也有不同点。

传统课堂教学与研学旅行教学的相同点是：①师生教与学的双边活动；②以高中地理课程内容展开教学；③带着问题去探究学习。

最大差别是实施教学的场域明显不同，课堂教学是固定空间，研学旅行要切换场景。

另外还包括教学时长、内容、资源、方式等其他不同。

参考这些相同点与不同点，本研究确定的基于地理实践力的高中地理研学旅行教学设计的基本环节见图2。

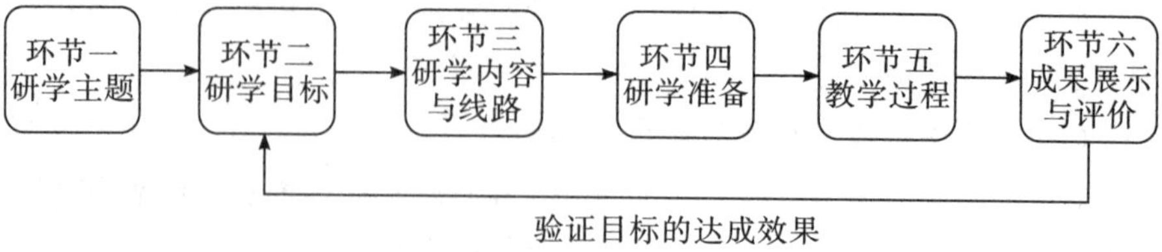


图 2　高中地理研学旅行教学设计的基本环节

### （一）高中地理研学旅行教学主题的设计

1. 高中地理研学旅行教学主题的设计依据。

（1）立足高中地理课程标准。在新颁布的普通高中地理课程标准中，多次提到“地理实践学习活动”“野外考察”“收集数据”“搜集信息”“开展社会调查”等。在实施建议中特别强调，在开展实践活动时，要紧密结合地理课程标准，制定具体的学习目标；要积极开展实践活动，让学生在真实情境中体验学习过程。教师围绕地理课程标准和课程内容开展研学旅行，有利于在真实情境中学习地理的基本知识和原理，并进行有效的知识迁移，将课本知识与实际生活相联系，真正落实“学习对生活有用的地理知识”这一理念 。

（2）立足高中地理教材。高中地理教材是确定研学旅行主题的直接依据，研学旅行的开展要立足于高中地理教材，根据教学进度和教学内容，安排研学旅行活动。可以选择在学习新课程之前进行，目的在于让学生先有一个感性的认知，为课堂上系统的学习做知识上的准备；也可以选择在一类地理知识或原理的理论学习之后组织研学，目的在于深化理论知识的学习，将书本知识应用于实际生活，为后续知识的迁移做铺垫。总之，研学旅行的开展不是单纯的玩乐，它具有一定的教育性，是课堂教学的延伸，要完成一定的研学目标和研学任务。

（3）立足乡土，放眼中国。研学旅行主要是引导学生走出教室、走出校园，深入自然和社会，将地理知识活学活用，增强学生的社会责任感、乡土情怀、创新精神和实践能力。立足于乡土地理，有利于学生将理论知识的学习应用于家乡的建设，或用家乡的生产生活实际来验证地理原理类知识，感受人地的协调发展，有利于培养学生的家国情怀和社会责任感。放眼中国，有利于学生认识中国的不同区域，培养学生对不同文化的包容精神，增进学生对不同区域特征的认识和对不同文化的尊重。立足乡土，放眼中国，研学旅行更是落实了“国家、地方、学校三级课程管理”的理念。

（4）立足学生的全面发展。学生是学习活动的主体，立足学生的全面发展正是素质教育的终极目标。学生不仅仅要掌握最基本的地理课本知识，更要弄清地理原理，提升地理学科核心素养，增强社会责任感和家国情怀。研学旅行可以将德智体美劳等教育有机结合，在活动中提升学生的综合素质，使学生学会认知、学会思考、学会行动，成为具有创新精神和实践能力的社会型人才。

2．高中地理研学旅行主题设计案例。依据研学旅行的特点和高中地理课程标准、高中地理教材内容，立足乡土地理、放眼中国，立足学生的全面发展，本研究主要设计了如下高中地理研学旅行的主题（见表1）。在本文的研究中，高中地理课程内容取自《普通高中地理课程标准（2020年修订版）》。

**表1　高中地理研学旅行的主题**

| 主题 | 区域 | 聚焦地理课程内容 |
|---|---|---|
| 访冰川遗迹，观庐山奇观——庐山研学 | 江西庐山 | 选择性必修课程自然地理基础地貌 |
| 顺德山水——顺德顺峰山公园研学设计 | 广东顺德 | 必修课程地理1植被、土壤、水文 |
| 探秘西樵山“火山地貌与石器文化” | 广东南海 | 必修课程地理1火山地貌 |
| 魅力海陵岛，探碧海“红树” | 广东阳江 | 必修课程地理1植被，选修课程海洋地理 |
| 探秘北回归线上的明珠——汕头南澳岛 | 广东汕头 | 必修课程地理1植被，选修课程海洋地理，选择性必修课程自然地理基础大气 |
| 英德“喀斯特地貌与红茶文化” | 广东英德 | 必修课程地理1地貌，必修课程地理2农业 |
| “色如渥丹，灿若明霞”丹霞山研学 | 广东韶关 | 必修课程地理1地貌 |
| “四会学农”主题式地理研学旅行 | 广东江门 | 必修课程地理2农业 |
| 从科学视角探秘湛江 | 广东湛江 | 必修课程地理1火山地貌、海水的盐度，必修课程地理2农业 |
| 龙门石窟的“前世今生” | 河南洛阳 | 选择性必修课程自然地理基础地貌、水文，选修课程旅游地理 |

## （二）高中地理研学旅行教学目标的设计

研学旅行教学目标即为什么研学的问题。结合地理实践力培养、高中地理教学和研学旅行，从三个维度进行设计。分别是知识应用、实践力培养（地理观察、测量、调查、实验、设计、工具使用等）和价值观体现（见表2、表3）。

**表2　教学目标设计示例1**

| 观红树林，探白石街——珠海市淇澳岛研学之旅（研学目标部分） | |
|---|---|
| 教学目标 | 目标维度 |
| 学会运用地质作用原理规律和地理环境的整体性原理解决现实问题 | 知识应用 |
| 培养学生使用地理工具和绘制地图的实践能力 | 实践力培养 |
| 感悟红树林湿地和村落历史文化的自然与人居和谐之美 | 价值观体现 |

**表3　教学目标设计示例2**

| “问道丹霞”研学旅行教学设计（研学目标部分） | |
|---|---|
| 教学目标 | 目标维度 |
| 能根据地图以及所学知识说出丹霞山的地理位置、气候、地形特征等地理信息，培养学生的区域认知 | 知识应用 |
| 通过不同研学点的考察学习，研习丹霞山的自然地理事物和人文地理事物：<br>①能根据导师的讲解，认识丹霞山的形成过程；<br>②通过观察阳元石与阳元山的形态，推测其形成的动力及原因；<br>③通过对晒布崖的考察，认识丹霞山“顶平、坡陡、麓缓”的特征；<br>④通过远观和近身体验，感受通泰桥的成因。<br>通过丹霞山山麓植物种类及植物分布特征的调查，探究植物的生长与地理环境的关系。<br>通过对工作人员的访谈，从旅游开发、旅游管理、生态保护等方面了解景区开发情况。<br>通过以上的实践和考察，培养学生学会运用综合思维看待问题，在实践中培养地理实践力 | 实践力培养 |
| 通过考察丹霞山的地理环境及旅游发展状况，体悟人类活动与自然地理环境的相互作用、相互影响，从而树立正确的人地协调观 | 价值观体现 |

### （三）高中地理研学旅行教学内容与线路设计

研学内容与线路设计即研学什么的问题。设计前需要指导教师对研学点提前踩点，设计好“点、线”结合的具体线路。设计时最好用地图展示，需包含时间、地点和研学内容。

### （四）高中地理研学旅行教学研前准备的设计

为保障研学旅行教学顺利实施，需要做一些前期工作，主要包括知识储备、教学条件和注意事项。

示例一：2019年第二届广东省中学生地理研学旅行成果交流展示活动教学设计（研前准备部分）（见表4）。

**表4　淇澳岛研学旅行成果交流展示活动教学设计**

| | | |
|---|---|---|
| 研前准备 | 知识储备 | ①地图相关知识，下载淇澳岛区域图备用；②“外力作用与地貌”和“植被与自然环境”的相关知识 |
| | 教学条件 | ①每小组携带指南针、卷尺、绘图纸等工具设备；②与淇澳红树林保护区管理机构沟通，派工作人员协助；③选择晴朗少风天气登岛 |
| | 注意事项 | ①禁止触碰和采摘红树林内有毒的海芒果；②不要伤害保护区内的小动物；③不要太靠近海边，注意安全；④与村民交流要礼貌，严禁破坏白石街旅游点的文物古迹 |

示例二：魅力海陵岛，探碧海“红树”——海陵岛研学旅行教学设计（研前准备部分）（见表5）。

**表5　海陵岛研学旅行教学设计**

| | | |
|---|---|---|
| 研前准备 | 知识储备 | ①掌握海岸地貌的类型与特征，“海岸生态系统的整体性”等相关原理性知识；<br>②了解晾晒海盐需要的自然条件；<br>③能够判断地图中的方向，并根据图中信息确定方位；<br>④能够熟练使用潮汐、形色、六只脚等手机应用软件 |

续上表

| | | |
|---|---|---|
| 研前准备 | 教学条件 | ①海陵岛湿地公园教学条件十分优越，设有广东海陵岛红树林国家湿地公园宣教馆，周二至周日 9：00—17：00 免费对外开放，且有会议室。<br>②景区收费及营业时间十分合理：景区营业时间夏秋 7：30—18：30。未满 18 岁凭学生证门票 15 元。<br>③景区设有观景平台，适合教师现场集中对学生进行指导。在落潮期，学生可以走在栈道下观察海洋涨落在栈道支柱留下的生物痕迹，且近距离接触红树林和海洋生物 |
| | 注意事项 | ①从湿地重建区到老鼠山有木质栈道连接，提醒学生禁止在涨潮期翻越。在落潮期间，海岸滩涂完全露出，可提醒学生走下栈道近距离观察红树林植被，以及滩涂鱼、招潮蟹等海洋生物。<br>②学生在采挖生物时，不要对生态造成影响，与当地渔民友好相处。<br>③老鼠山西北方向有大量的山体碎石，以及牡蛎礁石，提醒学生在老鼠山活动时不要下去玩耍，防止跌倒划伤。<br>④在老鼠山正东方向，海风大且风化岩石较多，海浪作用明显，海滩无过渡性，落差大，水位深，不可以下水。只可以在安全范围内观察岩石海岸地貌 |

### （五）高中地理研学旅行教学过程的设计

研学旅行教学过程以“研学点”场景切换为主线，每个“研学点”设计的具体要素需包括学生活动、教师指导和设计意图。

示例：英德市“喀斯特地貌与红茶文化”研学旅行教学设计（教学过程部分）（见表6）。

**表 6　英德市“喀斯特地貌与红茶文化”研学旅行教学设计**

| 教学环节 | 学生活动 | 教师指导 | 设计意图 |
|---|---|---|---|
| 研学点 1：<br>英德宝晶宫<br>第一天上午<br>10：30—11：00 | ①拍照收集溶洞内的景观图，在白纸上素描溶洞内各类岩石的形态，辨识石笋、石钟乳、石柱及石幔等喀斯特地貌的岩石形态；<br>②制作石灰岩溶解的小实验，测量溶洞内外的温度，分析溶洞对小气候形成的影响；<br>③运用思维导图分析宝晶宫（喀斯特地貌）的形成过程；<br>④分析石笋年轮与古气候研究的关系 | ①指导学生认识石灰岩并了解石灰岩的易溶解特性；<br>②总结分析宝晶宫（喀斯特溶洞）的形成过程；<br>③引导学生辨析石笋、石钟乳、石柱及石幔的区别；<br>④举例讲解石笋对古气候研究的意义 | 培养学生从整体的角度，全面、系统、动态地分析和认识地理环境的思维方式和能力 |
| 研学点 2：<br>英德红旗茶厂<br>第一天上午<br>11：00—12：00 | ①体验采茶、制茶的过程；<br>②分析探究英德红茶产业驰名的原因；<br>③使用酸碱试纸测试土壤酸度，探究土壤、地形和水文条件对英德茶树品质的影响；<br>④讨论英德红茶产业可持续发展的策略 | ①引导学生有序体验采茶和制茶过程；<br>②引导学生分小组交流英德红茶产业发展的自然地理因素、历史文化因素和社会经济因素；<br>③示范测试土壤酸碱度的正确方法 | 锻炼学生的综合实践能力，通过测试土壤酸碱度，综合分析地理环境与人类活动的互动关系，在体验中培育人地协调观 |

续上表

| 教学环节 | 学生活动 | 教师指导 | 设计意图 |
|---|---|---|---|
| 研学点 3：<br>仙桥地下河<br>第一天下午<br>14：30—17：00 | ①乘船参观地下河，观察河流两侧地貌特征，探究地下河的形成与演化；<br>②使用罗盘，记录河流流向，观察不同河段特征；<br>③使用水质监测盒，测地下河的水质级别 | ①向学生介绍地下河，类比溶洞，分析其形成原理；<br>②指导正确使用地质罗盘、水质监测盒的方法；<br>③由于环境特殊，时刻关注学生人身安全 | 通过观察，提高学生感知地下河形态和发展趋势的能力。通过使用罗盘和水质测试盒，引导学生学会运用地理工具的能力 |
| 研学点 4：<br>英西峰林<br>第二天上午<br>8：30—11：30 | ①徒步英西峰林，沿途素描峰林、溶蚀盆地、石芽等喀斯特地貌形态；<br>②运用思维导图，描述喀斯特峰林的形成演化过程；<br>③观察峰林周围的植被覆盖情况，探究喀斯特地貌对地区石漠化的影响，提出治理措施 | ①示范峰林、溶蚀盆地、石芽等喀斯特地貌形态的简笔画；<br>②回顾溶洞形成原理，引导学生迁移原理分析峰林形成的过程，并预测未来发展形态；<br>③引导学生计算植被覆盖度，分析喀斯特地貌对地区石漠化的影响，提出治理措施 | 培养知识迁移能力，引导学生用时空发展的视角看待自然万物的发展。在户外探索中锻炼活力和应变力、培养坚韧不拔的品格、卓越的思考能力和严谨的科学研究能力 |

## （六）高中地理研学旅行教学问题的设计

本研究高中地理研学旅行教学问题的设计基于具身认知理论，在具身认知理论的指导下，结合研学旅行教学的要求，高中地理研学旅行教学的问题设计应遵循以下基本原则。

1. 问题设计具有情境性。如 2019 年第二届广东省中学生地理研学旅行成果交流展示活动问题设计：请在保护区内选择你最喜欢的红树科植物作为该保护区的形象大使，并为其设计表情包，说明选择的理由并展示你设计的表情包。

这样的问题依托现实情境设计，而且有趣味性，学生很乐意身临其境探究。其答案不能通过网络查询得到，而需要学生亲身考察淇澳岛，调查岛上有哪些红树科植物，了解它们的根、茎、叶、花等有什么特点，分析其生长习性与自然地理环境有什么联系等，才能够完美完成“设计表情包”的研学任务。

2. 问题设计凸显体验性。

**表7　利用具身认知理论设计研学旅行问题**

| 调用的身体感官 | 设问使用的行为动词 | 问题设计举例 | |
|---|---|---|---|
| | | 研学点 | 研学问题 |
| 眼（视觉） | 观看、观测、参观、观察、辨识、找出、寻找等 | 佛山市西樵山天湖 | 观测天湖的形态，辨识其周围岩石特点，寻找西樵山由火山形成的证据 |
| 耳（听觉）、鼻（嗅觉）、舌（味觉） | 聆听、听讲、闻闻、尝尝、舔舔等 | 河源市东江上游万绿湖 | 在万绿湖入水口和出水口取水样，用鼻子闻闻和舌头微舔，粗略判断水质差异，回校后将水样送至实验室进行水质检测，验证自己的判断结果 |
| 手（触觉） | 触摸、采集、记录、写出、测量、绘制、设计、制作等 | 珠海市淇澳岛白石街 | 测量抗英遗址中炮口的朝向；绘制白石街主要旅游点分布示意图，写出三处你最想推荐的景点 |
| 口（语言） | 描述、说出、访谈、说明、分析、汇报、答辩等 | 中山市翠亨村 | 不同时期的岭南民居内部布局各有特点，请说出至少三处民居内部的布局特点，并分析自然环境以及社会发展对民居内部特点产生的影响 |

具身认知理论强调身体是参与认知的基础，注重人用身体参与认知，将人的身体感官置于环境中，亲身体验、接受和运用知识和技能。研学旅行教学是研究性学习和旅行体验相结合的实践教学活动，要求学生在“做中学”，面对自然与社会的真实情境，进行体验学习。因而，在设计高中地理研学旅行教学的问题时，需要使用一些凸显体验性、感知性、实操性的行为动词，充分调动学生的多维感官去现场获取相关信息来解决问题，

充分体验和深刻感悟真实而复杂的地理事象，从而完成实践研学任务（见表7）。

3. 问题设计体现探究性。

**表8　海陵岛研学旅行教学设计**

| 魅力海陵岛，探碧海“红树”——海陵岛研学旅行教学设计（问题设计节选） | |
|---|---|
| 研学地点3：落潮期沿海栈道，海岸滩涂 | ①观察栈道支柱上牡蛎等海洋生物留下的生活痕迹，推断海水高潮位的最低水深；<br>②采挖海洋生物，收集整理牡蛎、花甲、招潮蟹、滩涂鱼等海洋生物，在海岸滩涂的分布位置，总结挖采海洋生物的一般规律；<br>③辨别所处海岸的性质和类型，推断其形成的依据；<br>④观察人工培育的红树林幼苗特殊的栽培方式，解释其原因 |

具身认知理论认为学习不是单纯地接受空洞抽象的理论知识，而是学习者在环境中不断地探究具体的事象，利用身体感知并调用知识思考，逐步形成解决实际问题的思维方法。所以，研学旅行教学的问题设计要促进课堂学习与研学探究的融合，不能停留在肤浅的操作层面，必须以综合思维引导设问，促使学生在真实情境中运用理论性地理知识去发现问题、分析问题、解决问题，从而实现深度学习。研学问题的设计还要有开放性，不追求任务结果和呈现方式的一致，而是注重培养学生思维的深度和广度，思考解决同一问题的不同路径和表现方法（见表8）。

具身认知理论下研学问题设计原则的提出，有助于提高高中地理研学旅行教学问题的设计质量。本研究结合研学旅行的问题设计实践，对具身认知理论下研学旅行教学的问题设计方法进行了一定的探索与尝试。

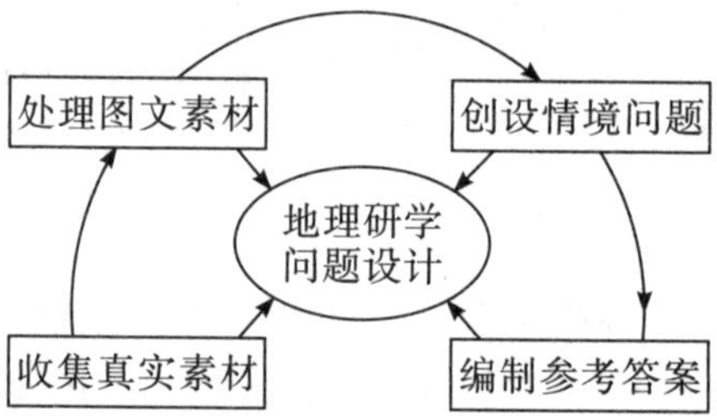


**图3　地理研学问题设计方法**

地理研学问题设计方法可分为以下四步（见图3）。

第一步，研学旅行教学指导教师到选定的研学基地现场踩点，发现与学科知识契合度比较高的、有趣味性和探究性的事物，通过访谈、拍照、记录等形式收集相关的真实素材，为问题设计做好准备。

第二步，从研学地点返回后，通过网上或资料查询，对现场收集的原始素材进行补充和验证，并根据设问需求对图形、文字加工处理，删减无效信息，形成言简意赅、适合学生阅读的情境素材。

第三步，基于真实情境，运用突出身体感官体验学习的行为动词，创设符合学生认知水平的、培养思维能力的探究性现实问题。

第四步，根据现场考察和调查所得，运用学科知识原理编写研学问题的答案和评价标准。答案只是参考，并不唯一，鼓励学生创新性研学成果展示。

**（七）高中地理研学旅行教学评价设计**

1. 表现性评价的特点。表现性评价（performance assessment）是通过完成一些实际的任务，诱导出学生的真实表现，以此评价学生掌握和运用知识和能力的方法。表现性评价的形式可以有多种，主要有反应题、书面报告、作文、演说、操作、实验、资料收集、作品展示等。与传统测验相比，表现性评价具有如下特点。

(1) 它是对学习的直接测量。表现性评价通过学生在切实地“做（完成）”一些任务时的行为或表现来进行评价，如在即兴编故事中，教师当场就可以根据学生的行为表现对学生的口头反应能力做出评价。

(2) 评价本身既是测验又是学习活动。表现性评价中，学生要在真实或接近真实的环境中解决问题、完成任务，要进行直接的尝试、思考，测验的过程也是学生巩固学习和主动学习的过程。

(3) 既测量结果又评价过程。表现性评价区别于传统测验的另一特点就是它既能对学习结果做出评价，也能对学习过程进行评价。

(4) 体现多重评估功能。表现性任务一般较复杂，学生在真实的或模拟的情境中完成任务时，总会不同程度地涉及问题的解决，这就需要学生深入理解和积极思考，因此，表现性任务可以较好地评价学生的高级智力技能。另外，实际设计的表现性任务中，很多都要求学生以小组为单位或通过与他人的交流完成，这也要求学生具备一定的沟通与合作技能，因此，表现性评价也可以用来评价学生的社会技能，如合作能力、沟通能力、分享等。

(5) 存在一定的主观评估。表现性任务一般很少有唯一正确或最佳的答案，而且往往有多种行为表现或问题解决方案可以被评定为优秀。这就需要依靠评价者的经验和智慧来进行评判，所以评估的主观性是表现性评价的一个特点，同时也是不足。

2. 高中地理研学旅行专题表现性评价量规。为尽量减少表现性评价主观性的影响，本研究就高中地理研学旅行教学内容设计了评价量规（见表9）。在设计评价量规时，考虑了表现性评价包含的评价主题，如“地图绘制”；评价内容，如地图三要素；程度描述，如完全没有、只有部分、全部齐全；评价标准，如全部齐全量化为3分等。

表9 实践报告评价量规

| 项目 | 1分 | 2分 | 3分 |
| --- | --- | --- | --- |
| 方案讨论完成时间 | 90～120分钟 | 60～90分钟 | 60分钟以内 |
| 设计方案 | 无方案 | 有方案，但不够细致 | 方案较细致，有设计图，有说明 |
| 小组分工与合作 | 无明确的人员分工 | 有分工，但执行较混乱 | 分工明确，执行有效率 |
| 项目的验证 | 无法解决问题 | 解决部分问题 | 解决全部问题 |
| PPT制作和美观程度 | 制作较粗糙，不美观 | 制作水平一般，考虑了美观设计 | 制作良好，较美观 |
| 展示汇报时间 | 11～12分钟 | 9～10分钟 | 8分钟以内 |
| 总结展示 | 一人上台汇报，表述不完整 | 一人或两人上台汇报，表述较完整，表达能力强 | 所有组员共同汇报，能详细说明过程，表达能力较强 |

如果一份评价量规是有效的，就可以实现学生的自评与互评，在一定程度上有利于学生的自学，客观上缓解了班级人数多、教师评价客观性和准确性不太确切的问题。表现性评价量规有利于评价学生的高级思维能力、评价标准便于操作、明确学生努力方向、便于学生自我评价，减少教师评价不足；便于沟通分享，有利于父母参与评价。

3. 高中地理研学旅行任务单的表现性评价量规。与研学旅行教学内容评价量规比较，该评价量规考虑了评价主体、权重设置、评语建议等（见表10）。

**表 10　高中地理研学旅行任务单评价量规**

英德市“喀斯特地貌与红茶文化”研学成果评价量表研学旅行成果评价表

| 评价小组： | | 评价老师： | | 评价得分 | | | | |
|---|---|---|---|---|---|---|---|---|
| | | | | 师 1 | 师 2 | 师 3 | 均分 | 总分 |
| 研学任务单（100 分） | 知识点任务 | | 回答的逻辑和思路清晰，有推导的过程和精准的概括 | | | | | |
| | 观测任务 | | 观测数据准确、描述清晰，对观测结果的推断有理有据 | | | | | |
| | 绘图任务 | | 绘制的素描图/地图能正确反映地理事物的空间位置关系，特征显著、格式规范、内容丰富且美观 | | | | | |
| 研学报告（100 分） | 文字报告（70 分） | 研究思路（15 分） | 有严谨、科学、清晰的研究思路，能结合研学实践和已学知识，选择研学地点典型且有价值的地理问题进行研究，研究主题明确 | | | | | |
| | | 研究过程和结果（45 分） | 能以图表形式展示收集的第一手材料，通过论证分析形成考察成果/社会调查结果/实验结果，内容和形式丰富且有创新之处，论证客观求实、有理有据，并能理论联系实际，提出自己的观点和建议，实践意义强 | | | | | |
| | | 规范性（10 分） | 报告具备条理性和规范性 | | | | | |

续上表

<table>
<tr><td colspan="4" rowspan="2">评价小组：　　　　评价老师：</td><td colspan="5">评价得分</td></tr>
<tr><td>师 1</td><td>师 2</td><td>师 3</td><td>均分</td><td>总分</td></tr>
<tr><td rowspan="2">研学报告（100 分）</td><td rowspan="2">汇报展示（30 分）</td><td>汇报形式（15 分）</td><td>能采用 PPT、视频等多种展示和汇报形式，制作美观，内容丰富</td><td></td><td></td><td></td><td></td><td rowspan="2"></td></tr>
<tr><td>表达交流（15 分）</td><td>对研学成果有科学、清楚流利的表达，展示时仪容仪表端正，逻辑清晰，对评委的提问能从容对答，有理有据</td><td></td><td></td><td></td><td></td></tr>
<tr><td>小组自评</td><td colspan="8"></td></tr>
<tr><td>教师评语</td><td colspan="8"></td></tr>
</table>

## 三、高中地理研学旅行教学设计案例

### （一）龙门石窟的“前世今生”

该案例荣获 2020 年全国研学设计大赛特等奖。设计教师：广东顺德德胜学校郭艳，指导教师：顺德区教育发展中心吴俊和。

【研学主题】探究龙门石窟的“前世今生”。

【研学目标】

（1）通过对龙门山地质构造的观察及其形成过程的推断，对伊河左岸堆积地貌的观察及其形成过程的推断，增强学生的地理观察能力，提升学生应用地理知识解决生活实际问题的能力。

（2）通过对龙门山岩石类型的鉴定操作，帮助学生掌握野外判断石灰岩的方法，提升学生地理实验的实践能力。

（3）通过对伊河流速的测量，帮助学生掌握野外测量河流流速的方法，提升学生地理测量能力。

（4）通过对龙门石窟及附近区域地图的绘制，提升学生的地理观察、绘图及设计能力。

（5）通过对龙门石窟旅游开发中存在的问题调查与分析，提升学生地理调查及地理问题分析能力，激发学生内心关注人与自然和谐共处的情感。

【研学线路】

龙门石窟的研学线路见图4。

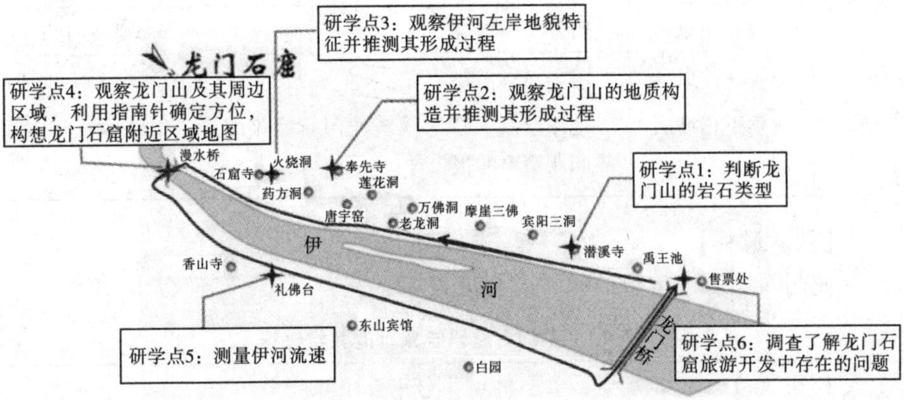


**图4　龙门石窟研学线路**

【研前准备】

**知识准备**

（1）选修旅游地理相关知识。

（2）上网了解浮标法测流速的具体操作方法。

（3）地图相关知识，下载龙门石窟景区图备用。

（4）高中地理必修1“地壳物质组成与循环”相关知识。

（5）高中地理必修1“内、外力作用与地表形态”相关知识。

**学具准备**

（1）常规学具：黑色签字笔、笔记本、写字垫板。

（2）测量学具：指南针、布卷尺、时间计量工具。

（3）绘图学具：铅笔、彩铅、直尺、橡皮、绘图纸。

（4）实验学具：稀盐酸。

**注意事项**

（1）浮标法测量流速时注意安全，不要离河岸太近。

（2）岩石类型判断实验注意使用稀盐酸的操作规范，若不慎接触到皮肤，马上用清水冲洗。

（3）石窟景区台阶较多，上下台阶注意安全。

【时间安排】

龙门石窟研学旅行的时间安排见表 11。

**表 11　龙门石窟研学旅行时间安排**

| 序号 | 研学场域 | 研学内容 | 研学时长 |
| --- | --- | --- | --- |
| 1 | 龙门石窟景区 | 野外研学内容 | 0.5 天（上午） |
| 2 | 研学下榻酒店 | 室内研学内容<br>地图绘制 + 撰写缓解龙门石窟旅游产品问题策略的报告 | 0.5 天（下午） |

【教学过程】

龙门石窟研学旅行的教学过程见表 12。

**表 12　龙门石窟研学旅行的教学过程**

| 序号 | 研学地点 | 师生活动 | 设计意图 |
| --- | --- | --- | --- |
| 1 | 潜溪寺前空地 | ［学生活动］操作岩石类型实验，将实验现象记录到研学手册，并写出推断的龙门山岩石类型。<br>［教师活动］指导学生操作实验，引导学生分析实验原理，提供相关知识拓展。<br>［知识拓展］石灰岩的主要成分是碳酸钙，一般在野外工作中，都是使用稀盐酸滴在岩石上面，冒泡的一般就是石灰岩或者白云岩、白云质灰岩。<br>石灰岩的形成过程漫长，主要是在浅海环境中沉积形成的。地壳运动活跃时，海平面升降相对频繁，石灰岩随着地壳上升隆起，裸露到地表。<br>［参考结论］石灰岩，实验现象：稀盐酸接触到岩石时会冒泡 | 帮助学生掌握野外判断石灰岩的方法，提升学生地理实验的实践能力 |

**续上表**

| 序号 | 研学地点 | 师生活动 | 设计意图 |
|---|---|---|---|
| 2 | 奉先寺前空地 | ［学生活动］观察龙门山，推断其地质构造，并拍摄能证明自己推断结论的照片留证；研学小组讨论龙门山形成过程，将最终讨论结果写到研学手册上。<br>［教师活动］学生讨论过程中，观察并倾听各小组讨论内容，对讨论推进有困难时及时提供帮助。<br>［知识拓展］分析某种地貌形成过程，要从整体到局部再到整体，重点观察分析以下要点：<br>（1）分析图中地质构造特征；<br>（2）判定岩石类型；<br>（3）推测岩层形成环境，主要包含以下几点：①地层中含有海洋生物化石，说明地层形成时是海洋环境。沉积岩层中有煤、石油，反映出该岩层形成时暖湿的气候环境，曾经有过森林或其他丰富的有机物质来源。石灰岩反映出温暖的浅海环境。②若地层出现倾斜甚至颠倒，说明地层形成后，地壳水平运动使岩层发生褶皱。若出现断层，说明相应岩层形成后，发生了强烈的地壳运动，甚至出现过地震。<br>［参考结论］龙门山地质构造：断层；形成过程：早期该地为海洋，海洋中的珊瑚遗体不断沉积，固结成石灰岩，后地壳运动，该处地壳上升，形成龙门山，地壳上升过程中，岩体断裂错位，形成断层（见图5）<br><br>**图5　奉先寺前空地** | 增强学生的地理观察能力，提升学生应用地理知识解决生活实际问题的能力；了解和思考龙门石窟的“前世” |

**续上表**

| 序号 | 研学地点 | 师生活动 | 设计意图 |
|---|---|---|---|
| 3 | 火烧洞前空地 | ［学生活动］观察伊河左岸地表特征，并拍摄能够表达特征的照片；利用布卷尺测量并记录不同朝代河岸的宽度；研学小组讨论其形成过程，并记录到研学手册上。<br>［教师活动］指导学生观察伊河左岸，引导学生结合河流流向、地转偏向力、河谷地貌形成、河流沉积地貌知识分析其形成过程。<br>［参考结论］河流下切侵蚀形成河谷，伊河自南向北流，西岸为左岸，由于北半球地转偏向力影响向右，右岸侵蚀，左岸堆积，日积月累，河岸逐渐堆积并形成一定距离，所以目前我们观察到伊河左岸，从河岸到龙门山山脚不同朝代用不同材料铺设的河岸，越靠近伊河，形成时间离现代越近；越靠近山脚，形成时间离现代越远 | 增强学生的地理观察能力，提升学生应用地理知识解决生活实际问题的能力；了解和思考龙门石窟的“前世” |
| 4 | 漫水桥 | ［学生活动］使用指南针（见图6）确定方位；望北向伊河，观察龙门山及对面香山区域；构想该区域地图绘制。<br>［教师活动］指导使用罗盘，并指导学生地图绘制方法。<br>［知识拓展］指南针使用：把指南针平放，周围不要有磁场干扰。待指针摆动停止后，看指针，有汉字南、北就利用汉字判断；如果标有 N 和 S，N 是北，S 是南。<br>指南针主要组成部分是一根装在轴上的磁针，磁针在天然磁场的作用下可以自由转动并保持在磁子午线的切线方向上，磁针的北极指向北磁极，利用这一性能可以辨别方向。常用于航海、大地测量、旅行及军事等方面。物理上指示方向的指南针的发明有三类部件，分别是司南、罗盘和磁针，均属于中国的发明。<br>手绘地图的方法：<br>①绘制轮廓。用铅笔浅勾基本地形。填色。调整好铅笔轮廓，然后用墨笔勾边。如果画的是彩色地图，挑选合适的底色来填充不同的地理事物。<br><br>**图6　指南针**<br>②画出地理要素。地图三要素包含比例尺、图例、指向标。比例尺用来说明地图上的单位长度（英寸/厘米）和实际距离（英里/公里）之间的对应关系。在图上绘出罗盘图样以指示地图方向。写图名。图名写到地图上方正中间位置。标注地名。标上地点，方便读者知道自己看到了什么。<br>③“互联网+”时代，我们也可以借用软件和电子地图进行绘制，这样省去了实地测量的步骤。<br>［参考结论］漫水桥靠石窟景区一侧为北 | 帮助学生学会使用指南针，提升学生的地理观察、绘图及设计能力 |

**续上表**

<table>
<tr><th>序号</th><th>研学地点</th><th>师生活动</th><th>设计意图</th></tr>
<tr><td>5</td><td>礼佛台</td><td>［学生活动］小组合作测量伊河流速并记录到研学手册上。<br>［教师活动］指导学生测量，传授测量方法。<br>［知识拓展］浮标法是一种粗略测量流速的简易方法。测量时，取一段较规则、长度不小于 10 m 的平直河段，取一漂浮物，放入流动河水上游的中央，在无外力（如风、漂浮物阻塞等）的影响下，使漂浮物流经被测距离，记录流过时间。重复数次，取平均值
<table>
<tr><th>测量点</th><th>第一次</th><th>第二次</th><th>第三次</th><th>第四次</th><th>第五次</th><th>平均值</th></tr>
<tr><td>1</td><td></td><td></td><td></td><td></td><td></td><td></td></tr>
<tr><td>2</td><td></td><td></td><td></td><td></td><td></td><td></td></tr>
<tr><td>3</td><td></td><td></td><td></td><td></td><td></td><td></td></tr>
<tr><td>4</td><td></td><td></td><td></td><td></td><td></td><td></td></tr>
</table></td><td>帮助学生掌握野外测量河流流速的方法，提升学生地理测量的能力</td></tr>
<tr><td>6</td><td>龙门石窟游客服务中心</td><td>［学生活动］调查龙门石窟旅游产品目前存在的问题并记录在研学手册上。<br>［教师活动］指导学生设计调查问题。<br>［知识拓展］洛阳龙门石窟旅游开发存在的问题设计方向：是否存在大量商业性活动，如商贩过多，景区超负荷接待等？大小佛像保护是否完好？岩石风化是否采取了有效措施？是否存在过度开发，如“水上龙门”项目、“夜游龙门”项目等？营销方式是否有创新？</td><td>提升学生地理调查及地理问题分析能力，激发学生人与自然和谐共处的情感。思考龙门石窟的“今生”</td></tr>
</table>

【成果展示】

龙门石窟研学旅行的成果展示见表 13。

**表 13 龙门石窟研学旅行的成果展示**

| 序号 | 成果形式 | 操作流程 | 时间安排 |
| --- | --- | --- | --- |
| 1 | 摄影展 | 班级评选，每班每小组投票选 1 位同学，年级统一制作展板，全校展示 | 研学返校后的第二个周五至第三个周六，方便家长接送学生时欣赏 |
| 2 | 研学手册展 | | |
| 3 | 最美地图展 | 每班每小组制作一份地图交到年级，年级评选十佳地图，制作展板，全校展示，其他按比例评一等奖和二等奖 | |
| 4 | 研学分享会暨缓解龙门石窟旅游问题策略报告 | 先班内分享，投票确定到年级分享的小组。年级根据评委给分，再对分享会的小组按比例给予特等奖、一等奖和二等奖 | 研学返校后第二个周日晚上 |
| 所有成果展示活动均采写新闻，在学校公众号发布 | | | |

【研学评价】

龙门石窟研学旅行评价见表 14、表 15。

**表 14 地图绘制评价量规**

| 项目 | 1 分 | 2 分 | 3 分 |
| --- | --- | --- | --- |
| 完成时间 | 90 ~ 120 分钟 | 60 ~ 90 分钟 | 60 分钟以内 |
| 小组分工与合作 | 无明确的人员分工 | 有分工，但执行较混乱 | 分工明确，执行有效率 |
| 绘制工艺和美观程度 | 绘制较粗糙，不美观 | 绘制水平一般，考虑了美观设计 | 绘制工艺良好，较美观 |
| 地图三要素 | 完全没有 | 只有部分 | 全部齐全 |
| 图名 | 没有 | 有 | 有且工整 |

**表 15 实践报告评价量规**

| 项目 | 1 分 | 2 分 | 3 分 |
| --- | --- | --- | --- |
| 方案讨论完成时间 | 90 ~ 120 分钟 | 60 ~ 90 分钟 | 60 分钟以内 |

续上表

| 项目 | 1分 | 2分 | 3分 |
| --- | --- | --- | --- |
| 设计方案 | 无方案 | 有方案，但不够细致 | 方案较细致，有设计图，有说明 |
| 小组分工与合作 | 无明确的人员分工 | 有分工，但执行较混乱 | 分工明确，执行有效率 |
| 项目的验证 | 无法解决问题 | 解决部分问题 | 解决全部问题 |
| PPT制作和美观程度 | 制作较粗糙，不美观 | 制作水平一般，考虑了美观设计 | 制作良好，较美观 |
| 展示汇报时间 | 11～12分钟 | 9～10分钟 | 8分钟以内 |
| 总结展示 | 一人上台汇报，表述不完整 | 一人或两人上台汇报，表述较完整，表达能力强 | 所有组员共同汇报，能详细说明过程，表达能力较强 |

## 四、主要结论

中小学生研学旅行是在深化课程改革和旅游业迅猛发展的大背景下提出的，本文在总结研学旅行相关理论及其研究进展的基础上，结合地理学科核心素养，提出了基于地理实践力培养的高中地理研学旅行教学的实践研究课题。通过实地考察与开展研学，探索出基于地理实践力培养的高中地理研学旅行教学设计方案，并设计了基于地理实践力的高中地理研学旅行教学评价方案。具体研究结论如下。

第一，高中地理研学旅行教学设计主要通过三个方面落实地理实践力的培养，包括研学活动的目标设计必须源于地理实践力，研学活动的内容设计必须凸显地理实践力，研学活动的评价实施必须基于地理实践力。

第二，高中地理研学旅行教学主题的选取应立足高中地理课程标准，立足高中地理教材，立足乡土、放眼中国和立足学生的全面发展，并根据此原则对已设计的高中地理教材中适于开展研学旅行的主题进行了列举。

第三，基于地理实践力培养的高中地理研学旅行教学设计应包含以下几个环节：研学主题、研学目标、研学内容与线路、研学准备、教学过程、教学问题、成果展示与评价。本研究报告用大量的真实设计对各环节的具体研究进行了展开陈述。

第四，设计了基于地理实践力培养的高中研学旅行教学表现性评价方案，包括研学旅行教学内容专项和基于研学旅行任务单的表现性评价方案。

本研究的创新点之一在于改变以教材为本、室内课堂为空间的教学模式，依托本地区或其他地区的室外地理教学资源，探究高中地理国家课程内容与校本课程的深度融合，初步形成以培养学生地理实践力为目的的情境探究式“户外体验课堂”教学，以激发学生的学习兴趣和创新思维能力。

创新点之二是要形成基于培养学生地理实践力的表现性评价量化表，包括评价方法、评价内容和评价标准等。该评价方式具有可操作性强的特点，比较适合于评定学生应用知识、整合学科内容，以及决策、交流、合作等能力，是一种适合评价学生地理实践力水平的方法。

## 五、研究不足与展望

### （一）研究不足

地理教育视角下研学旅行的研究是一个较新的课题，本文是基于地理实践力的研学旅行教学设计。由于研究时间有限，本文在一些内容的研究上还缺乏一定深度，具体表现在以下两个方面。

第一，部分研学旅行教学设计仅停留在以教师为研学主体的运用研究上，没有进行实际的以学生为研学主体的运用研究，提升地理实践力的有效性还有待于在地理教学实践中进一步验证。

第二，设计的表现性评价量表部分细节还不够科学。如地图绘制评价量规中，没有绘制地图三要素的评价标准都是 1 分。这些细节，还有待后续具体运用后不断改进。

### （二）展望

本文研究的主要是基于地理实践力的高中研学旅行教学设计的实践，在研学旅行教学的开发与设计上，由于完全创新，时间成本较高；在实施上，专业性很强。我们期待未来能借助各级各类研学旅行基地，设计更有实践意义的研学教学设计。这样能极大降低教师研学设计的时间成本和提升研学设计的专业水平，更有利于培养学生的地理实践力。

**参考文献**


[1] 刘海燕，彭先桃．具身认知理论视域中的智慧课堂［J］．教育导刊，2019（7）：67－71．

[2] 韦志榕．与老师们谈谈地理核心素养［J］．地理教育，2016（4）：4－6．

[3] 黄思源．具身认知理论对课堂教学的启示［J］．教育评论，2019（9）：157－160．

[4] 李恒威，盛晓明．认知的具身化［J］．科学学研究，2006（2）：184－190．

[5] 段玉山，袁书琪，郭锋涛，等．研学旅行课程标准（一）：前言、课程性质与定位、课程基本理念、课程目标［J］．地理教学，2019（5）：4－7．

[6] 中华人民共和国教育部．普通高中地理课程标准（2017 年版）［S］．北京：人民教育出版社，2018．

[7] 刘继玲．研学旅行中体验式学习评价标准开发与应用［J］．中小学教师培训，2018（9）：42－45．


（执笔人：施美彬，吴俊和，郭艳，庄楚金，杜淑丹，孙利秋，赵汝倩；审稿人：曾令鹏）

# 广东省中学化学教师专业发展状况调研报告

○广东省教育研究院教学教材研究室

**摘　要：**为充分了解广东省中学化学教师专业发展现状、需求，探寻化学教师专业发展与教研工作的有效策略，对全省5 388名中学化学教师展开了问卷调查，对30余位化学教师展开访谈，并召开座谈会、进行参与式观察课堂10余次，分析了广东省中学化学教师的基本信息、专业情意与状态、专业知识与能力、专业发展与需求。结果发现，教龄、专业发展状态对教师专业能力与发展需求有显著影响，学校办学性质和类型对教师专业发展路径与需求有部分影响。最后总结出广东省中学化学教师专业发展的七个特征。基于国内外教师专业发展的理论研究基础，提出了四点应对建议：调动主观能动性、优化发展环境、构建课程体系、完善评价与考核机制。

**关键词：**教师专业发展　中学化学　调研　广东省

课程改革成败的关键在教师，“教师专业发展”已成为当今国际教育改革的关键词。在国际科学教育大变革、教育信息化时代加速到来、我国新高考模式深入实施、新课程改革全面推行的背景下，中学化学教师的职业认同、教学理念、教学评能力正面临新挑战。为全面了解当下广东省中学化学教师工作现状、能力倾向和发展需求，探寻中学化学教师专业发展与教研工作的有效策略，助力中学化学教学质量的提升，特开展广东省中学化学教师专业发展调研工作。

## 一、调研方法及过程

1. 调研方法。本次调研主要采用文献研究法、调查法和观察法。文献研究主要针对期刊文献、政策文本中有关教师专业发展的综述分析；调查包括德尔菲专家调查、问卷调查和访谈调查（个别访谈、多人座谈）；观察主要包括参与教师的课堂以及对教研活动进行参与式观察。

2. 调研过程。第一，文献分析。调研组收集有关教师专业发展的学术文献，如教师专业发展的内涵、阶段、影响因素、发展路径[1-3]，并分类整理、归纳提炼观点，初步明确教师专业发展的概念界定，形成文献综述。第二，政策文本分析。收集国家和省两级政府自2000年以来关于教师专业发展的文件标准，如教育部2012年印发的《中学教师专业标准》[4]。第三，调查问卷分析[5]。收集2000年以来各类教师专业发展问卷，如北京师范大学教师教育研究中心研制的“澳门教师专业发展调查问卷”[6]，并分析调查问卷设计的结构与要素。第四，德尔菲专家调查。选取若干名中学化学教师、化学教研员、大学教授实施三轮德尔菲法专家调查，调查中学化学教师的本职工作、应具备的能力与素养、专业发展的方向等，每一轮调查结果作为下一轮调查问卷的资料；三轮德尔菲专家调查期间，完全依据专家意见进行实证分析，不加入研究小组的观点[7]。第五，构建中学化学教师专业发展的总体框架。经过反复讨论，达成共识，形成中学化学教师专业发展的基本框架和要素。第六，三轮试测与正式施测。采用“问卷星”，对全省初高中化学教师发放和收集问卷。第七，访谈与观察。基于客观题调查问卷呈现的数据信息，个别访谈30余位各类别初、高中化学教师，召开3次座谈会，进行参与式观察课堂10余次，将访谈和观察中的相关信息整合之后，对客观题问卷调查信息进行补充与佐证。

## 二、调查内容及样本

1. 调查内容。本调查将教师专业发展界定为三个方面：专业情意与状态、专业知识与能力（教学设计、教学实施、教学评价）、专业发展（专业发展意识、专业发展途径、专业发展需求）。调查问卷由两部分组成：第一部分收集调查对象的基本信息，包括8个项目；第二部分调查教师专业发展状况，包括31个项目（见表1）。

**表 1　2020 年广东省中学化学教师专业发展的调查内容**

| 类别 | 项目 | 子项目 | 具体描述 |
|---|---|---|---|
| 专业情意与状态 | 专业情意与精神 | 职业认同 | 我为自己是一名中学化学教师而感到自豪 |
| | | 学科价值 | 我在工作中有意识地树立化学学科的地位和强化其应用价值 |
| | | 职业认知 | 实施新课程、新高考（中考）政策后，我所在学校的化学教师需求量变化 |
| | 专业状态 | 现状评估 | 我目前所处的工作状态 |
| 专业知识与能力 | 教学设计 | 设计资源 | 我理解人教版新教材章节结构与编写意图 |
| | | | 我对于其他版本教材的了解情况 |
| | | | 我所做的教学设计主要来源于…… |
| | | 情境创设 | 我能够创设引发学习兴趣或深度思考的教学情境、问题串 |
| | 教学实施 | 教学理念 | 我能够营造深度思考、积极对话的课堂氛围 |
| | | | 我经常尝试探索与优化小组合作学习 |
| | | 教学组织 | 我最擅长设计的学习活动是…… |
| | | 教学手段 | 我能够熟练地运用多媒体进行教学 |
| | | 实验教学 | 我对教材上规定的学生实验的落实情况 |
| | | | 我对教材上建议演示实验完成的情况 |
| | | | 我是否尝试过对教材实验进行创新设计或探索 |
| | | | 我尝试过将数字化手持技术实验引入教学 |
| | 教学评价 | 评价观念 | 我进行教学评价的困难主要有…… |
| | | | 我评价学生化学学习状况的考虑因素主要是…… |
| | | 评价方式 | 我给学生布置的主要作业类型 |

续上表

| 类别 | 项目 | 子项目 | 具体描述 |
|---|---|---|---|
| 专业发展 | 专业发展意识 | 发展需求 | 我希望有更多的交流学习机会提升自我专业水平 |
| | | | 我关注教师专业发展的原因是…… |
| | 专业发展途径 | 反思习惯 | 我平时的教学反思情况 |
| | | | 如果我平时进行教学反思，经常是…… |
| | | 发展方式 | 我所在学校进行校本教研活动的情况怎样 |
| | | | 我主持课题的情况 |
| | | | 下面几种专业提升方式，我做得最多的是…… |
| | | | 我积极参加新教材培训 |
| | 专业发展需求 | 培训内容 | 我对2017年版普通高中课程标准最熟悉的关键词是…… |
| | | | 我切实研究过哪种新课程理念或方向 |
| | | | 我当前个人发展所面临的最大困难是…… |
| | | | 为了提高教学水平，我最需要的培训内容是…… |

2. 样本选取。本次调查对象是广东省23 634名初、高中化学教师①，从21个地级以上市选取样本。样本来源于两种途径：一是正式途径，通过全省地市、区（县）教研员转发的“问卷星”调查问卷，覆盖全省所有的地市与区（县），共收到有效问卷5 388份，约占总调查对象的22.80%；

① 根据广东省教育信息平台2019年初报表数据，广东省中学化学教师23 634人，占全省中学教师的5.37%。包括初中化学教师12 230人（51.75%），其中男教师6 041（49.40%）人、女教师6 189（50.60%）人，研究生毕业507人（4.15%），本科毕业10 760人（87.98%）；高中化学教师11 404人（48.25%），其中男教师5 251人（46.05%）、女教师6 153人（53.95%），研究生毕业1 770人（15.52%），本科毕业9 582人（84.02%）。从地区分布来看，全省各市中学化学教师人数占比由高到低分别为：广州（9.17%）、深圳（8.18%）、茂名（7.74%）、湛江（7.44%）、揭阳（7.34%）、汕头（6.52%）、佛山（5.50%）、东莞（5.35%）、梅州（5.07%）、惠州（5.06%）、河源（3.94%）、清远（3.60%）、肇庆（3.59%）、江门（3.72%）、汕尾（3.05%）、韶关（2.92%）、潮州（2.71%）、阳江（2.51%）、中山（2.56%）、云浮（2.37%）、珠海（1.65%）。

二是非正式途径，组织 6 个调研小组，分别对 30 余位各类别初、高中化学教师进行访谈。

## 三、数据及访谈分析

1. 调查样本基本情况。根据研究需要，我们对被调查教师的基本情况进行分类（见表 2）。

表 2　调查样本基本情况

| 项目 | 子项目 | 所占比例 |
| --- | --- | --- |
| 性别 | 男性 | 43.34% |
| | 女性 | 56.66% |
| 所在学校的办学性质 | 公办学校 | 89.74% |
| | 民办学校 | 9.95% |
| | 其他 | 0.31% |
| 所在学校的办学类型 | 省属学校 | 1.91% |
| | 市属学校 | 20.21% |
| | 县属或区属学校 | 55.23% |
| | 镇属学校 | 20.94% |
| | 其他 | 1.71% |
| 任教年级 | 初三 | 48.16% |
| | 高一 | 17.80% |
| | 高二 | 15.27% |
| | 高三 | 17.67% |
| | 其他 | 1.10% |
| 教龄 | 3 年以下 | 7.13% |
| | 4～5 年 | 5.92% |
| | 6～10 年 | 16.50% |
| | 11～15 年 | 19.95% |
| | 16～25 年 | 33.43% |
| | 25 年以上 | 17.07% |

续上表

| 项目 | 子项目 | 所占比例 |
| --- | --- | --- |
| 职称 | 中学二级 | 24.54% |
| | 中学一级 | 45.38% |
| | 中学副高级 | 21.88% |
| | 中学正高级 | 0.30% |
| | 其他 | 7.90% |
| 学历 | 博士研究生 | 0.30% |
| | 硕士研究生 | 9.91% |
| | 本科 | 87.01% |
| | 大专 | 2.65% |
| | 其他 | 0.13% |

从调查所得数据看，本次调查样本中各类教师群体分布总体上符合广东省中学化学各类别教师实际人数的分布情况，说明样本具有广泛性与代表性。从办学类型来看，从省属、市属、区属到镇属，男教师比例逐渐上升，女教师比例逐渐下降。从全省镇属学校化学教师的学历来看，高中教师硕士研究生占比7.3%，低于全省平均值15.52%；初中教师硕士研究生占比2.4%，低于全省平均值4.15%。从职称来看，全省镇属学校中学副高级占17.10%，低于全省平均值21.99%。从办学性质来看，公办学校化学男教师的比例高于民办学校，而女教师的比例低于民办学校；公办学校3年以下和4~5年教龄教师的比例显著低于民办学校，但16年以上教龄教师的比例显著高于民办学校。

2. 专业情意与状态。

(1) 职业认同及现状。对于职业认同和学科价值，83.48%的化学教师"为自己是一名中学化学教师而感到自豪"，96.81%的教师认同自己"在工作中有意识地树立化学学科的地位和强化其应用价值"。不同教龄教师在上述两项无明显区别，公办与民办学校教师也无明显区别。从办学类型分析，省属学校教师自豪感最强，其次是镇属学校。在树立学科地位方面，从省属、市属、区属到镇属，选择"非常同意"的比例越来越低。

对于职业认知，访谈中听到不少反面的声音，"在目前'3+1+2'新高考模式下，因为赋分制的原因，选学化学的学生越来越少，感觉化学的地位越来越低"，"我们学校已经减少化学课时，高二化学反应原理的课时降为 3 节，原来都是 4 ~ 5 节”，“担心失业”，“我作为一名化学教师，尽管知道化学学科对人类社会发展非常重要，也努力让学生学到有价值的化学知识，但已经不敢鼓励学生选学化学，主要怕优秀学生在高考中拿不到好的赋分”，“对化学教学的未来和我国化学科学感到担忧”，“希望专家能早日意识到这个问题”。访谈中得知，某地级市在“3 + 文综/理综”时选择化学的考生有 6 万多人，现在已减少为 2 万多人。

联系“实施新课程、新高考（中考）政策后，您所在学校的化学教师需求量变化”数据，认为“化学教师紧缺”的占 19.95%，“和原来差不多”的占 39.94%，“化学教师略富余”的占 25.82%，“化学教师较多富余，课时不满”的占 14.29%。从办学类型来分析，镇属学校选择“化学教师紧缺”的比例显著高于其他三类。据了解，“化学教师富余”主要出现在原来理科具有明显优势的学校，现在化学教师需求量下降，年轻化学教师课时量不足。为了应对这种变化，有的学校采取了小班化教学的策略，使教师的课时量不至于明显下降，既保证教学质量，又不至于影响教师评职称。

（2）专业发展状态。对于教师的四类专业发展状态，“能够自如开展教学工作，且有研究和改进的习惯”（以下简称“研究型”）的教师占 38.44%，“能够独立开展教学工作，正在努力提高水平”（以下简称“独立型”）的教师占 36.71%，“能够熟练开展教学工作，但没有方法和动力继续进步”（以下简称“熟手停滞型”）的教师占 19.10%，“正在努力熟悉、适应化学教学工作”（以下简称“适应型”）的教师占 5.75%。按教龄分析，不同教龄教师的专业发展状态呈现不同特点（见图 1）。

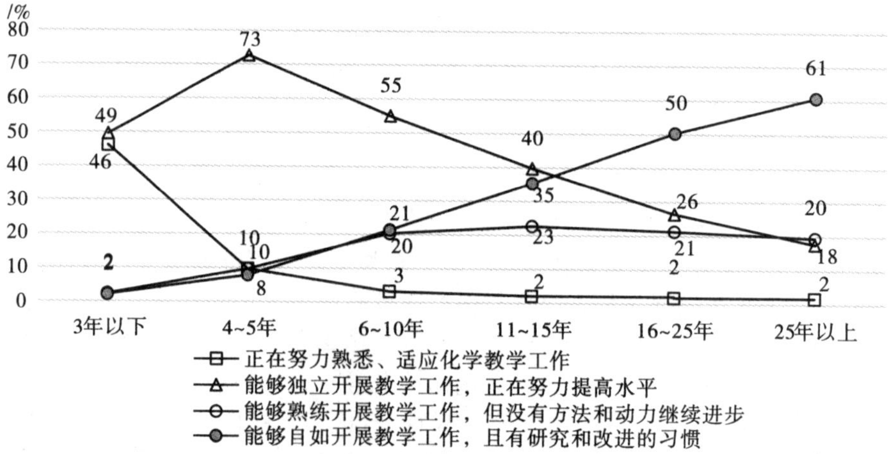


**图 1　不同教龄教师的专业发展状态**

从中不难发现，研究型教师比例随着教龄的增长越来越高，教龄4~5年教师中独立型比例最高，教龄6~10年教师中独立型比例也高，但熟手停滞型教师比例已经上升到20%，教龄11年之后的熟手停滞型教师比例均在20%左右。为什么熟手停滞型教师比例呈现上述特征，访谈部分教龄超过15年教师时听到，“我身边没有研究学习的氛围”，“我几十年来一直按部就班地教书，从来没有做过课题研究，现在从头开始也很难”，“我也想继续学习研究，但没有人逼我，也没动力”。显然，这类教师陷入了职业发展的“高原期”“倦怠期”，比例这样大的一个群体，其专业发展应该受到重视。另外，还可以看到，教龄超过10年的三类教师，居然还有2%的适应型教师。而这些教师适应的内容，主要包括“新课程的挑战”“新教材的变化”“与青少年学生的沟通”“自己的活力与激情下降”。

从办学性质看，公办学校熟手停滞型与研究型的教师多于民办学校；从办学类型分析，从省属、市属、区属到镇属，独立型、熟手停滞型教师的比例越来越高，适应型、研究型教师的比例越来越低。

3. 专业知识与能力。

（1）教学设计。设计三个问题调查教学设计的来源，对于人教版教材，91.48%的教师认为自己理解新教材章节结构与编写意图，各年级数据无差异。对于其他版本教材，21.17%的教师经常翻阅、对比，借鉴问题情境的创设、活动的设计等；28.99%的教师时常翻阅，便于了解新课标对知识点要求的变化；43.48%的教师偶尔需要，作为资料查阅。对于广东省中学化学教师所做的教学设计，主要参考网络课件资源、已有资源（自有、教辅及科组资源等）、高考题目或同步练习和其他版本教材，只有少数教师基于问题或课题研究进行改进，极少数教师搜索研究期刊文献进行改进（见图2）。

从办学类型看，从省属、市属、区属到镇属，教师以“已有资源”“网络课件资源”作为教学设计主要参考资料的比例越来越高，而选择“高考题目或同步练习”“期刊文献”的比例越来越低。访谈中听到：“查阅文献，一般上公开课才会进行，平时上课主要按常规进行”，“常看专业书籍或中学化学教育类杂志有用，但经常被琐事耽误”，“我很想学习新的学科进展，但总有惰性”，“不学习、不做课题研究，短时间内也不会对教学产生不良影响”，“其实真的需要学习，否则知识更新那么快，有时讲错了都不知道”。从中可以发现，教师自主学习的资源不够丰富、意识不够强。同时，也反映科组资源共享、优质的网络资源、同步练习对课堂教学质量的影响非常大，如果加强这方面的研究与改进，相当于帮助教师间接学习。

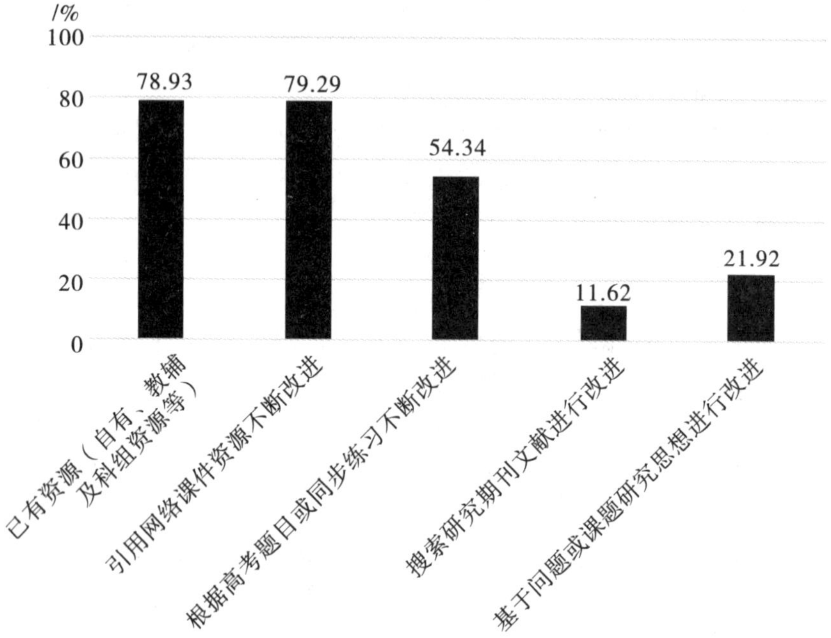


**图 2　教师进行教学设计的资料来源**

对于教学设计的质量，92.58%的教师认为自己能够创设引发学习兴趣或深度思考的教学情境、问题串。

（2）教学实施。

①教学理念和教学组织。对于课堂教学的理念和组织，91.18%的教师认为自己能够营造深度思考、积极对话的课堂氛围，82.60%的教师认为自己经常尝试探索与优化小组合作学习。从办学类型看，从省属、市属、区属到镇属，教师对自身教学组织的认同度逐渐下降。数据表明，教师普遍对自身的教学组织能力与课堂教学实施比较满意。

从教师最擅长设计的学习活动来看，“学生独立思考与小组讨论交流结合”的活动占比34.58%，“学生独立思考然后一起回答”的活动占比26.66%，极少进行学生活动或作品展示，即教师进行学习方式变革的概率不大。

随着教师工作状态的提升，擅长组织“学生独立思考与小组讨论交流结合”活动的教师比例基本呈现增加的趋势，且研究型教师选择的比例最高；而擅长组织“学生听讲、练习”的比例也随之呈现逐渐减少的趋势；其中，熟手停滞型教师擅长组织的学习活动在上述变化趋势中表现较为反常，其擅长组织“学生听讲、练习”“学生独立思考然后一起回答”“学生独立思考与小组讨论交流结合”的学习活动概率大致相当，且占比较高(见图3)。从办学性质看，公办学校“学生听讲、练习”的比例高于民办学校，“教师引导、学生讲课讲题”“学生活动或作品展示”的比例稍低于民办学校。从办学类型看，从省属、市属、区属到镇属，“学生听讲、练习”的比例逐渐升高，“学生独立思考、小组讨论”的比例逐渐下降。

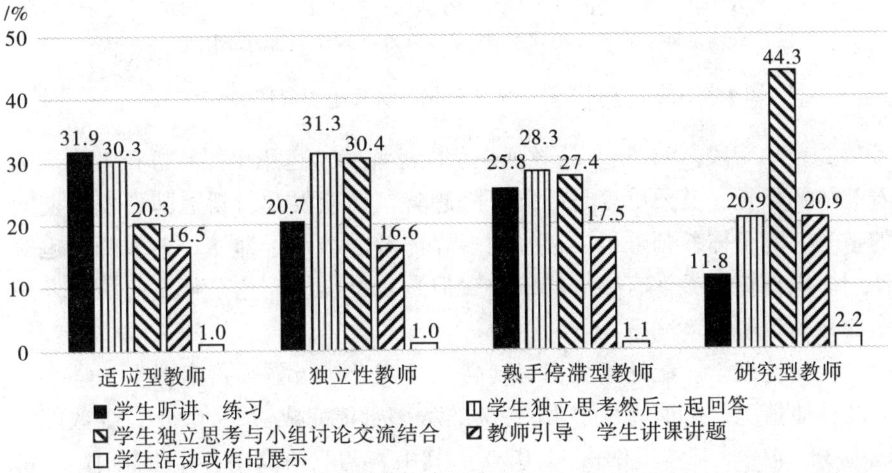


**图3　不同工作状态教师最擅长设计的学习活动**

对于“经常尝试探索与优化小组合作学习”活动，持“非常同意”观点的教师中，研究型教师占比最高，熟手停滞型教师占比最低；且熟手停滞型教师持“无所谓”“不同意”观点的在四类工作状态的教师中占比最高，这真实地呈现此类教师的实际教学状态（见图4）。“教了几十年的书，没有啥创新，我感到很厌倦，对自己的能力很不满意。”处于职业“高原期”的教师，需要行动去改变惰性。

访谈中发现，有些教师并不真正理解深度学习的内涵，也不了解深度学习的课堂包含设计与实施两个层面。不少教师在公开课时会采取小组合作学习的模式，但是有的只是形式上分了小组，真实的学习过程中，教师常常没有给小组合作、思考与交流的时间，最后代表小组汇报的依然是学得最好的同学。公开课如此，再随机观察教师们的常规课，形式上的小组合作也不易见到。进行深度访谈，有的教师也说不清怎样组织有效的小组合作，没有研究过小组合作的理论与实践模式。深度教学、小组合作、创设真实的问题情境，看似容易，实践却难，需要教师的用心设计与实施策略。

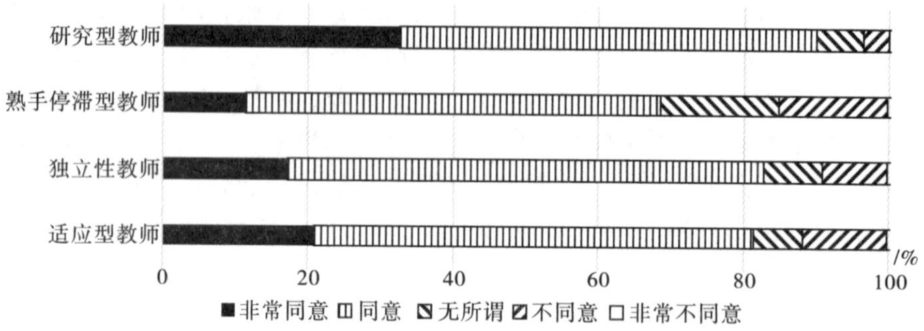


**图 4　不同工作状态教师尝试探索与优化小组合作学习的情况**

②教学手段。94.36% 的教师表示能够熟练地运用多媒体进行教学。随着教龄的延长，其熟练度呈缓慢下降趋势。访谈发现，新冠肺炎疫情期间的教学，对全体教师进行了很好的多媒体教学培训，即使是老教师，也对使用多媒体辅助教学有很大的信心。但是，多媒体究竟是什么？访谈发现多数教师理解并不完整。

③实验教学。统计了从初三到高三这四个年级教师落实课本上学生实验的整体情况，都能完成占 15.97%，大多数能完成占 39.02%，少数能完成占 33.94%，基本不做占 11.07%。其中，初三与高中各年级相比，“都能完成”“大多数能完成”数据稍高 6% 左右，且从初三到高三，课本实验的落实比例呈现略微下降趋势。

按照教龄来分析，教龄低于 15 年的教师对于落实学生实验都维持着较低的比例（约 11%）；教龄超过 15 年的教师，其实验落实的比例逐渐增加到 21%。总体看来，教龄相对较长的教师会更加深刻地意识到实验教学的价值，也因此更加重视学生实验的开展。

此外，将高一年级单独针对课本必做实验进行调查统计，数据与整体情况相比并未出现明显差别。也就是说，2017 年版新课标专门提出必修 9 个必做实验，对于广东省新课程实验教学基本没有太大的改变，教师们面对新课程的实验教学，仍然沿袭之前的教学惯性，开设学生实验的比例很低。当然，也可能在调查的时候，全省高一化学教学进度还没有到学生实验的点，该问题有待后续继续调查分析。若将高一年级和其他年级处于不同发展阶段的教师落实课本实验的情况进行比较，可以发现：在其他年级

（除高一外）教师中，研究型教师落实实验的情况最好，特别是“都能完成”的情况（见图5）；而高一年级的教师中，“都能完成”占比最高的是适应型教师（见图6），此类教师中，5年以下教龄的约占70%，这就表明年轻教师学习、理解、落实新课标的意愿和行动较强，更容易接受改变和创新。

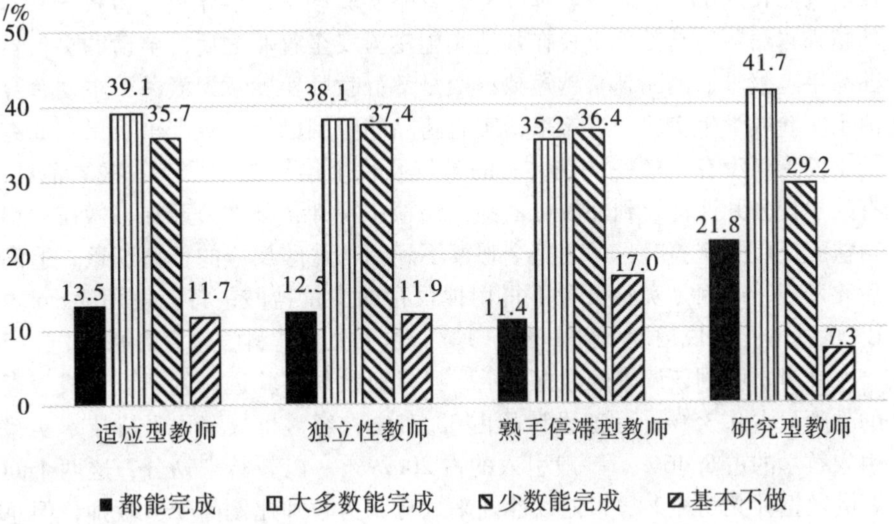


图5　其他年级（除高一外）不同发展状态教师落实教材实验情况

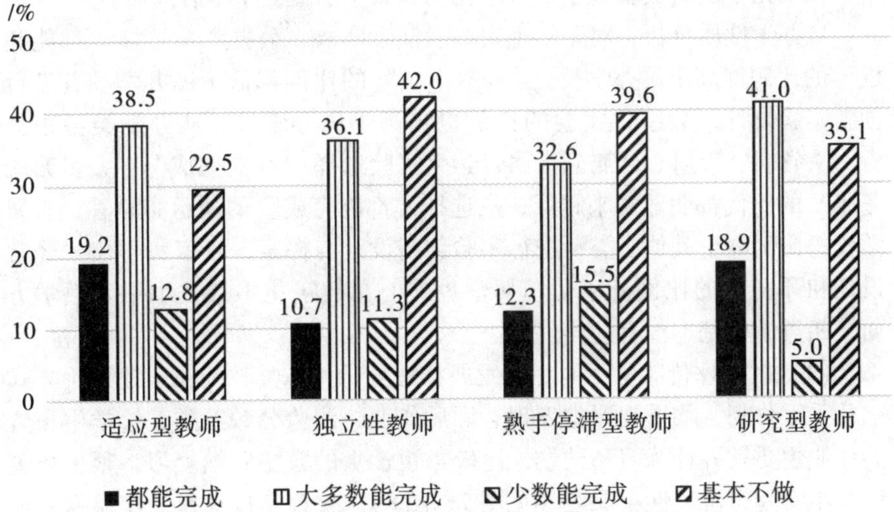


图6　高一年级不同发展状态教师落实教材实验情况

课本上演示实验的落实情况并不乐观，“总体都完成”的占 26.15%，“完成大部分”的占 49.31%，“完成少部分”的占 18.50%，“完成极少或没做”的占 6.04%。以教龄来分析，10 年以下的教师都完成比例约为 18.00%，11 年以上的逐渐上升到 40.00%。访谈中发现，落实实验教学比例不高，主要原因有四个方面：一是学校专职实验员短缺；二是部分学校仪器药品长期不足，导致教师经常性忽略实验教学，也导致实验教学基本功越来越弱；三是部分学校在各地实施实验安全管制之后，申请购买仪器药品手续繁难，药品越来越短缺；四是部分教师实验意识淡薄，主动舍弃演示实验或学生实验。近年来，实验药品的管制已经导致严重后果，如有的学校十年没有见过一块钠，有的学校几百个集气瓶却只有一盏酒精灯，有的学校公开课都要到外校借药品。访谈中得知，某次公开课，做镁、铝与盐酸反应的实验时，学生完全观察不到铝与盐酸反应的任何现象，追溯后才发现，原因是实验员舍不得用掉仅存的少量盐酸，将应使用 $3\ \text{mol}\cdot\text{L}^{-1}$ 的盐酸配制成浓度不到 $1\ \text{mol}\cdot\text{L}^{-1}$，这明显违背科学教育的原则。

针对实验创新调查的数据显示，经常对教材实验进行创新设计或探索的教师只占 9.35%，一般设计的占 33.37%，经常将数字化手持技术实验引入教学的占 8.46%，一般引入的占 20.29%。以教龄来划分，这两个问题的数据并无明显差异，但以性别来划分，男教师比例高于女教师，但总体水平都很低。在多个省份已经将数字化实验引入常规教学的情况下，广东省中学化学创新实验教学、数字化实验教学明显处于落后局面。

从办学性质分析，对于学生实验、演示实验，公办学校选择“都能完成”的比例都高于民办学校，“基本不做”的比例都低于民办学校，进行创新实验设计、数字化实验的比例也稍高于民办学校。从办学类型来分析，从省属、市属、区属到镇属，学生实验选择“都能完成”“大多数能完成”的比例都明显越来越低；从选择“都能完成”的演示实验看，省属学校的比例高于其他三类；进行实验创新设计与探索，省市属学校“经常设计和开发”的比例高于区镇属学校。但在数字化手持技术引入教学方面，四类学校基本没有差异。

（3）教学评价。从不同专业发展状态分析，各类教师在学业评价方式上几乎无分别，均重视课堂表现、课后作业、测验分数三类，给学生布置的作业主要是各种练习和试卷，比较重视学生的自主归纳复习，很少布置课外小实验、研究性小课题（见图 7、图 8）。公办学校选择“实验探究或研究性学习能力”“学生自我的评价”的比例高于民办学校，选择“课后作业”“测验分数”的比例低于民办学校。

总体而言，各类教师在教学评价理念与方式方面差别不大。稍有分别的是研究型教师在评价中更多地考虑了实验探究和研究性学习的能力、学生自我评价，更多地关注学生自主归纳复习能力的培养，而适应型、熟手停滞型教师较少关注这两方面。

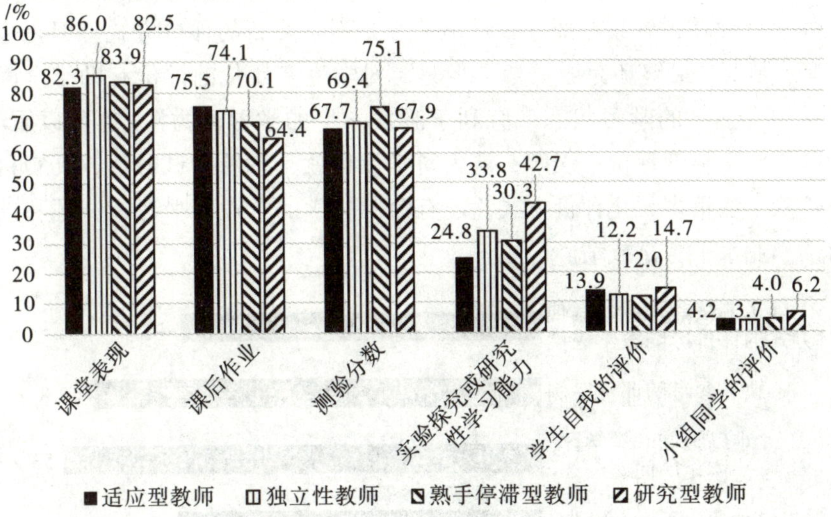


图 7　不同发展状态教师评价学生化学学习状况的主要考虑因素

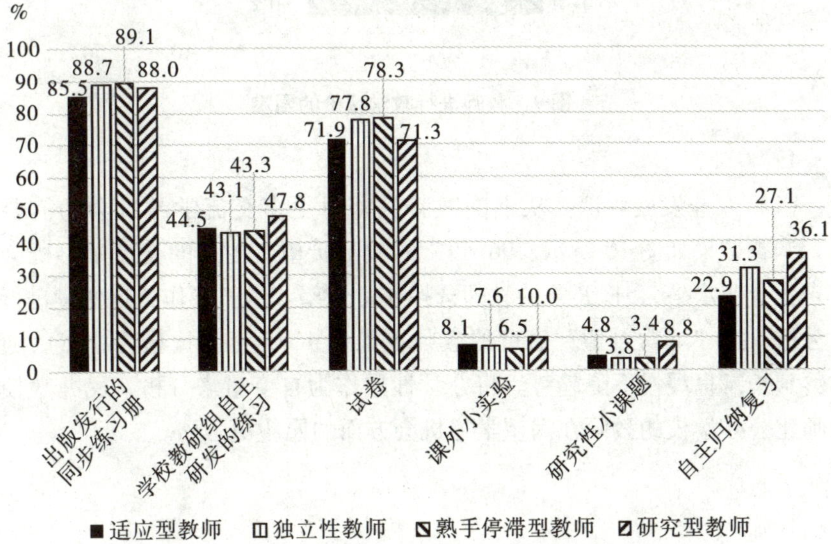


图 8　不同发展状态教师给学生布置作业的主要类型

调查教师进行教学评价的困难（见图9），教师自身的观念问题（“除了测试和作业，其他方式的评价影响教学进度”）占比约 40.2%，其他均为缺乏科学评价的知识与能力。除了评价的方式，还有学业评价的知识与方法。访谈中发现，中学教师对于评价改革始终持有怀疑的态度，因为坚信中考、高考指挥棒的强大威力，不相信其他多元化的评价真能够影响学生的学业发展，导致有部分教师不关心、不学习新的评价方式。但是也有教师提到，“最终还是看分数，但是，对学生多元化的评价有助于全面地分析评价学生的学习状态，有利于激发学生的学习动力”。也可以看到，教师们对于科学评价有误解，认为科学评价就是不看考试分数，其实科学评价除了注重多元化评价方式，还有命制科学的学业水平考试试题和准确解读学业水平考试成绩。

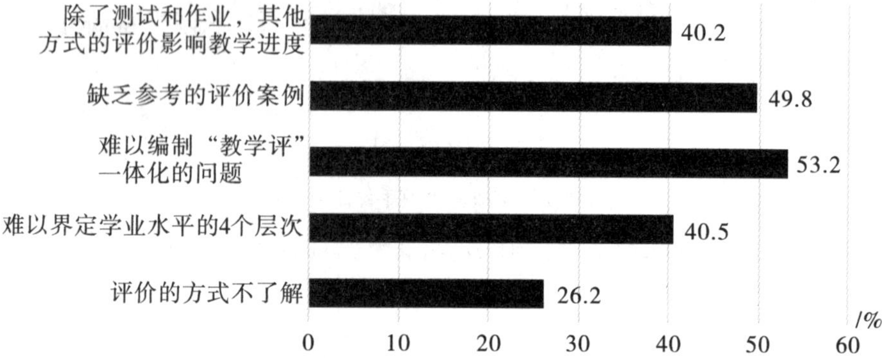


**图9　教师进行教学评价的困难**

4. 专业发展。

（1）专业发展意识。从不同教龄教师对更多交流学习机会的需要来看，调查结果如图 10 所示。96.49% 的教师希望有更多的交流学习机会提升自我专业水平，51.06% 的教师选择非常希望。以教龄作为自变量进行交叉分析，持“非常希望”态度的教师在工作 4 ~5 年占比最高，然后随着教龄延长，呈缓慢下降趋势。将办学性质作为自变量来分析，民办学校的教师比公办学校的教师在渴望学习机会方面的愿望更强烈。

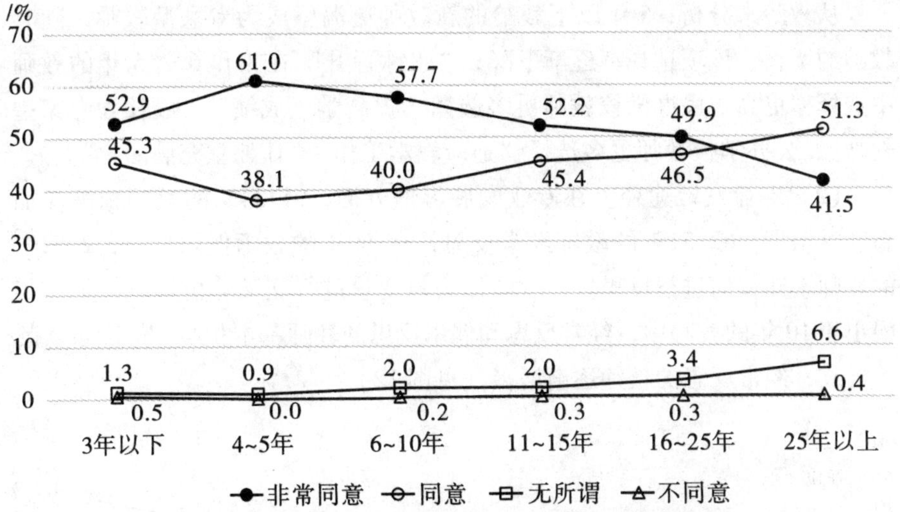


**图 10　不同教龄教师对更多交流学习机会的需要**

对于关注教师专业发展的原因，主要表现在五个方面（见图 11）。多数教师关注专业发展是为了“让课堂更有活力”“提高学生成绩”，而“职称晋升”“成长为专家型教师”并不是主要目的。访谈中还听到“学生爱学化学、能学好化学甚至愿意将来从事化学相关工作，这是化学教师最大的幸福”，“上好化学课，是化学教师的本职工作”等反馈。

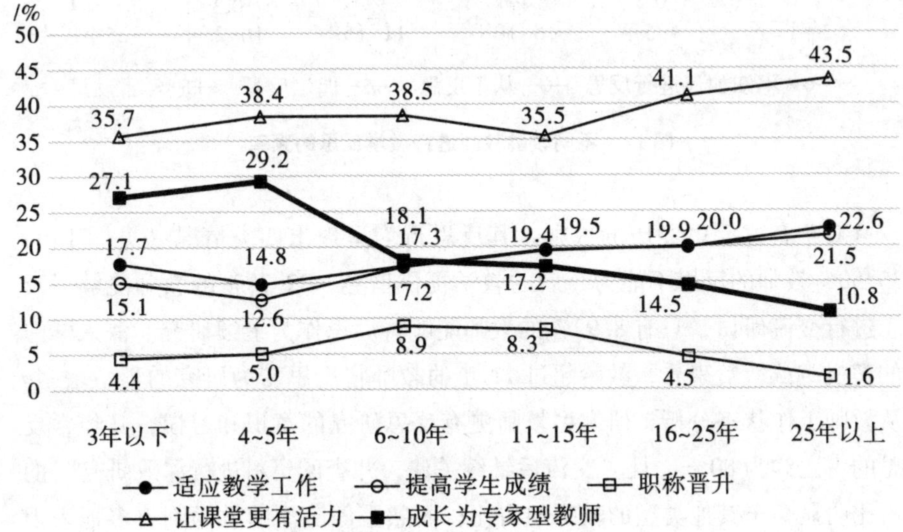


**图 11　不同教龄教师关注教师专业发展的原因**

从教龄来分析，5 年以下教龄的新教师更渴望成为专家型教师，随着教龄的增长，该项选择率逐渐下降；“职称晋升”在工作 6 ~ 15 年的教师中选择率更高。民办学校教师更多选择“提高学生成绩”“成长为专家型教师”，公办学校教师更多选择“适应教学工作”“让课堂充满活力”。

（2）专业发展途径。在专业发展习惯方面，95.34% 的教师积极参加新教材培训，62.51% 的教师经常反思，34.60% 的教师偶尔反思，2.62% 的教师不知如何进行反思。以教龄作为自变量进行交叉分析发现，工作年限小于 10 年的教师中，经常反思和偶尔反思的教师基本相当，但随着教龄的延长，经常反思的教师逐渐增多（见图 12）。

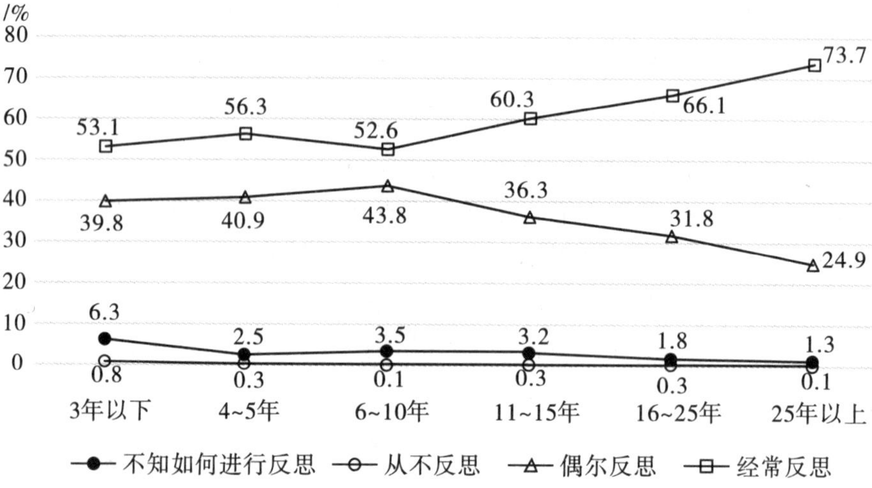


**图 12　不同教龄教师进行教学反思的频率**

对于有过反思经历的教师，其反思行为呈现出四类情况（见图 13）：35.50% 教师的反思不能为今后的教学提供借鉴，22.76% 的教师能够对反思进行交流研讨，只有 8.92% 的教师能够将反思作为继续研究、深入学习的契机。从教龄来看，教龄超过 11 年的教师将反思变为研究的稍微增多。从教师工作状态分析，研究型教师更有反思研究的意识和习惯，其经常反思的占比约为 80%，且“交流后继续关注，并查阅资料进行深入研究”的占比明显高于其他类型的教师的占比；而熟手停滞型的教师则更多地表现为“心里反思一下，没时间进行总结”，占比约为 50%。

将办学性质作为自变量来分析，公办学校的教师在反思频率上与民办学校相当，但进行深度反思的教师比率稍高于民办学校，民办学校有更多的教师不知如何进行反思。从办学类型来分析，省属学校教师“经常反思”的比例最高，其次是镇属学校。而对于做深度反思的情况，从省属、市属、区属到镇属，选择“交流后继续关注，并查阅资料进行深入研究”的比例逐渐降低。

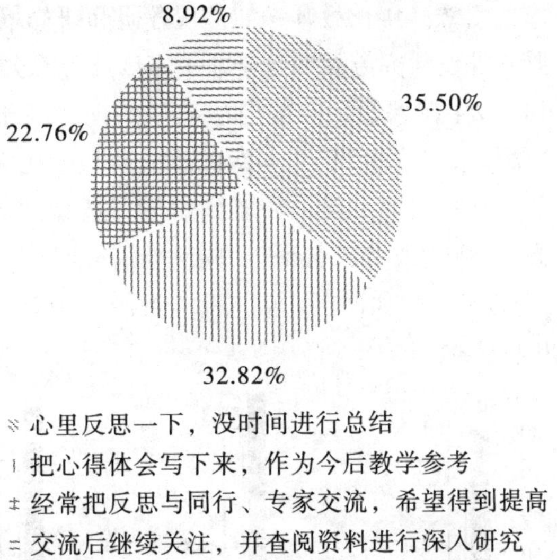


**图 13　教师进行教学反思的具体情况**

针对主持课题进行调查，能够申报主持各级课题研究的教师共达到41.91%，数据显示，有部分教师即使申报了课题，但仍然没有进行深入的规范的研究。公办学校教师在主持各级课题上的比例都高于民办教师，而不同办学类型的学校在这方面没有差异。访谈中提到“我是因为职称评审的需要被迫参与了课题，但其实我并不知道如何做研究”，“作为课题主持人，其实压力很大，都是我一个人在做，其他成员其实没有做什么，所以没有团队的力量，实质性的成果不多”，“我的课题主持人很专业也很负责任，他教会了我很多研究的方法，也逼我写了论文”。对专家型教师进行访谈时得知，几乎所有人都在课题研究中学会了研究方法、进行了实质性的反思，专业能力和研究能力都得到了提升。由此可见，课题研究对教师专业成长很有帮助，但很多教师并不掌握课题研究的规范方法。

对于教师专业提升的方式，选择自我发展最常用的方式依次是“同事、同行之间的相互交流、研讨与合作”和“对自己的教学行为不断反思、提炼”，其次是“阅读教学方面的书籍或杂志”和“参加校外各级各类常规教研活动”，可以发现教师专业发展的方式带有很强的自我能动性。而以工作状态来分析（见图 14），发现四种类型的教师在同行交流、自我反思、阅读、脱产进修方面的差异并不大，但年轻教师更依赖于师傅或专家的引领；年长教师参加常规教研和研修培训收益更多；有研究习惯的教师在课题研究方面明显受益更多。此外，公办学校选择“同事之间交流研讨”“主持课题”“培训活动”的比例高于民办学校，选择“自我反思”“师傅或专家引领”“各级教研活动”的比例低于民办学校。从办学类型分析，从省属、市属、区属到镇属，选择“各级教研活动”的比例越来越高，“师傅或专家引领”“阅读书籍或期刊”的比例越来越低。

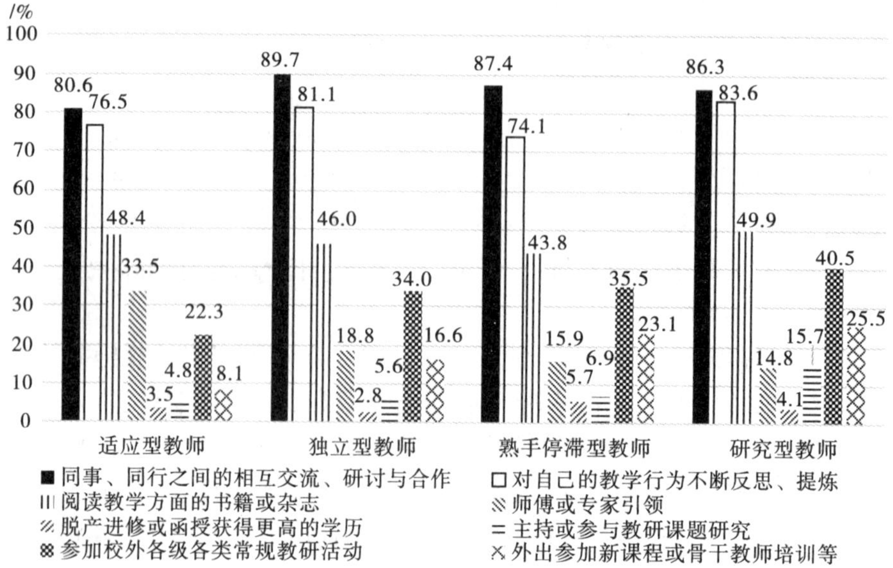


**图 14　不同发展状态教师的专业提升方式**

对于学校校本教研活动情况，42.2% 的教师选择“经常开展，效果不错”，48.63% 的教师选择“有开展过，但也只是形式上的”，9.17% 的教师选择“没有开展校本教研”或“没听说过”，反映出大多数学校校本教研的开展次数不够、质量不高。公办学校开展校本教研的频次高于民办学校、效果好于民办学校；从省属、市属、区属到镇属，选择“经常开展，效果不错”的比例明显越来越低。

（3）专业发展需求。针对 8 项与教师日常工作和专业发展相关的项目进行调查（见图 15），发现教师最需要的培训内容，排名在前的依次为“课堂教学设计方法”“化学实验教学与创新”“化学专业知识提升”“课堂教学组织与实施”，不同教龄教师的主要需求都集中在这四个方面（见

图 16)。可见，教师们选择的都是最贴近课堂教学本质的问题。但是总体而言，8 项内容都有一定的需求，因此，有针对性地开设全方位的培训，才能满足教师的提升需求。

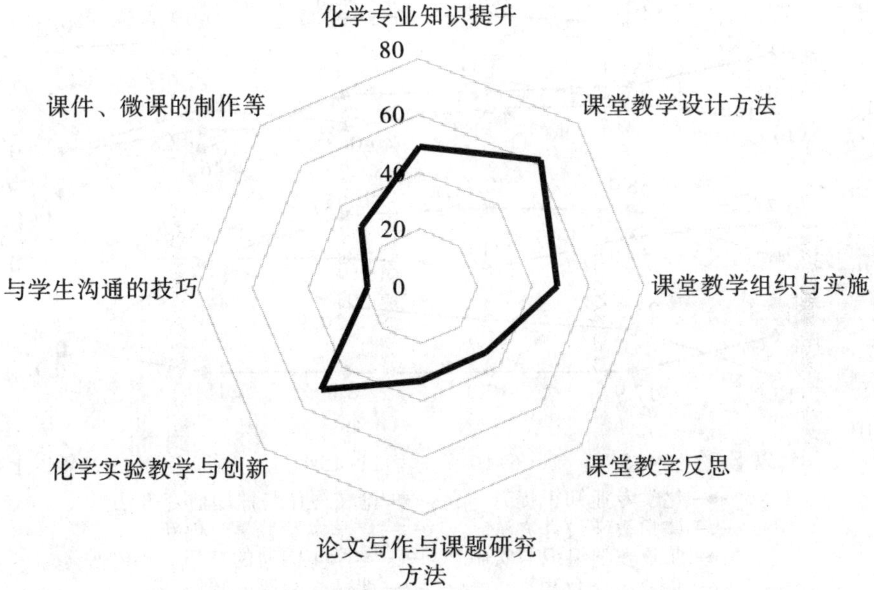


**图 15　教师最需要的培训内容统计**

另外，对于教龄超过 15 年的教师，各类需求随着教龄增长逐渐下降，但“课件、微课的制作等”“与学生沟通的技巧”的培训需求是上升的(见图 16)。公办学校选择“课堂教学反思”“课件、微课的制作等”的比例高于民办学校，选择“论文写作与课题研究方法”“化学实验教学与创新”的比例低于民办学校。从办学类型来分析，从省属、市属、区属到镇属，选择“课件、微课的制作等”的比例越来越高，“课堂教学反思”“论文写作与课题研究方法”的比例越来越低。

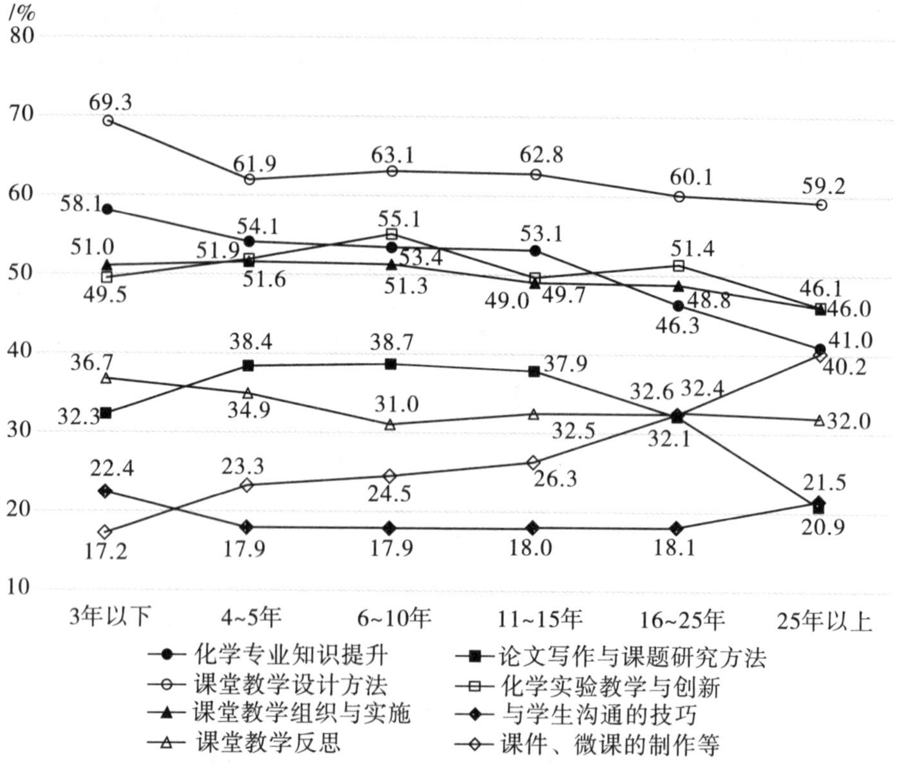


**图 16　不同教龄教师最需要的培训内容统计**

关于教师当前个人发展所面临的最大困难（见图 17），调查结果依次为“缺少专家引领与鼓励”“工作忙碌，无暇长远考虑”“教师团体学习氛围不够，个体缺乏自主发展意识”及“学校对教师的评价过于看重成绩”，处于各教龄段的教师的困难都主要集中在这 5 个方面。可见，教学与教研环境因素对于教师专业发展很重要。

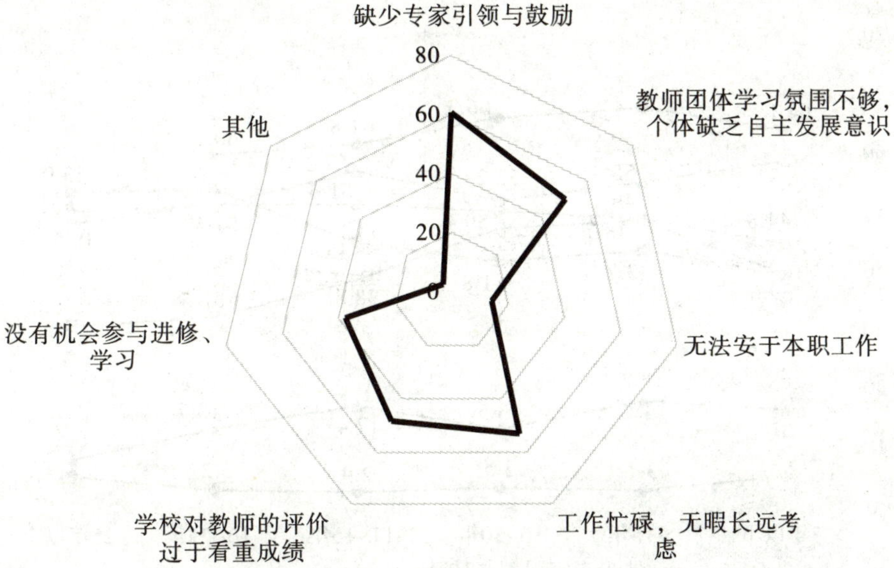


**图 17　教师当前个人发展所面临的最大困难**

其中，教龄 10 年以下的教师选择“缺少专家引领与鼓励”的比例都很高，教龄 3 年以下、4 ~ 5 年、11 ~ 15 年的教师选择“工作忙碌，无暇长远考虑”的比例也很高（见图 18）。公办学校选择“教师团体学习氛围不够，个体缺乏自主发展意识”的比例高于民办学校，选择“缺少专家引领与鼓励”“工作忙碌，无暇长远考虑”的比例低于民办学校。从办学类型来分析，从省属、市属、区属到镇属，选择“教师团体学习氛围不够，个体缺乏自主发展意识”的比例越来越高，选择“学校对教师的评价过于看重成绩”的比例逐渐升高，区属最高，镇属有所下降；选择“工作忙碌，无暇长远考虑”“没有机会参与进修、学习”的比例越来越低。

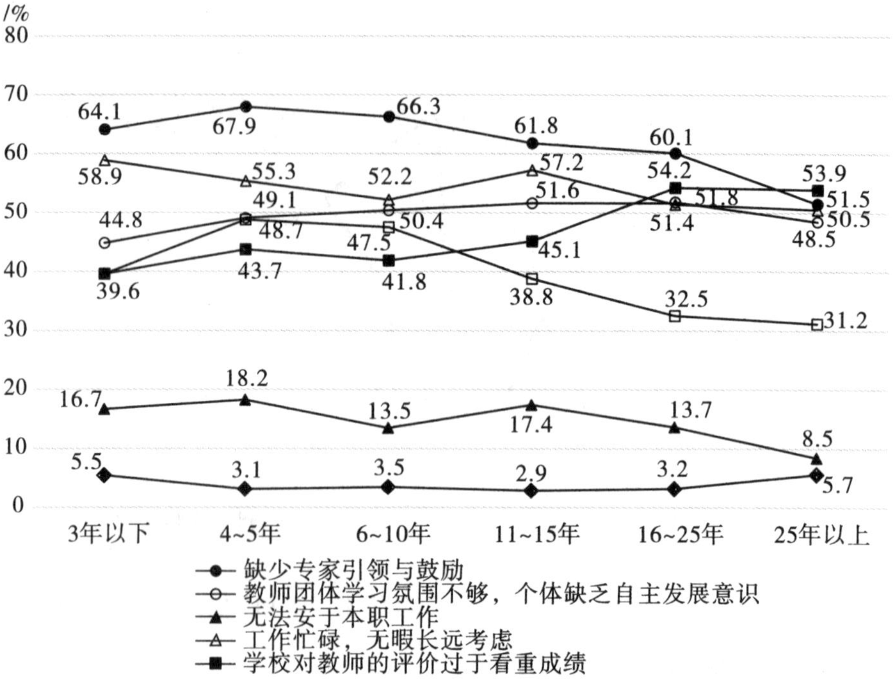


图 18 不同教龄教师当前个人发展所面临的最大困难

另外，对于新课程理念的掌握程度，教师最熟悉《普通高中化学课程标准（2017 年版）》的关键词依次是“核心素养”“学业水平考试”，最不熟悉的是“大单元大概念”“学业质量标准”。多数教师没有提及的概念是“大单元大概念”“教学评一体化”。这反映了新课程理念中的重要问题还没有深入广东省化学教师的内心，在后续培训中要加大这方面的研修力度。以年级因素来分析，高中各年级教师对于“核心素养”“教学评一体化”的熟悉度和研究深度，均比初三教师更高，但在实验教学与创新方面的研究、对学业水平考试的熟悉度却低于初三教师。

## 四、广东省中学化学教师专业发展现状特征

从上述各类数据可以发现，广东省中学化学教师专业发展呈现如下现状特征。

1. 发展意愿强烈，渴望学习提升。大多数教师有专业发展的愿望，渴望有不断学习的机会，愿意参加培训与教研活动。

2. 发展动力不足，考核机制欠缺。大多数教师没有经常反思，也缺

乏将反思与现实教学相对照、不断研究改进的习惯。没有相应的考核机制的驱动和监督，教师反思改进变得似乎可有可无，特别是处于发展高原期的教师，没有职业竞争的危机，也没有职称晋升的愿望，在各方面的学习需求都比较低。

3. 学习资源单一，专业提升困难。多数教师的专业发展资源集中在已有教学设计、同步练习题和网络资源，较少涉及专业书籍、杂志，导致学科知识落伍、实验创新不足、课程理念更新不及时，缺乏上升到学科发展层面的引领。

4. 发展途径不足，缺乏引领互助。大多数教师的专业发展主要靠自身完成，如反思、与同行交流、阅读，这样的现实导致教师的发展缺乏专家和团队的支持，难以实现群体性的成长与发展。

5. 发展机制不足，环境影响乏力。调查也发现教师参加校外各级各类常规教研活动、新课程或骨干研修班、师傅或专家引领、课题研究这几类外部途径，对自身专业的提升也有很大帮助，但多数教师并不能将这些外部环境充分利用或者主动利用。

6. 发展方向不明，缺乏课程建构。调查中发现，教龄、教师专业发展状态对其工作能力、发展需求都有较明显的影响，各类教师甚至每位教师都有不同于旁人的发展优势与不足，但是多数教师对自己的专业发展方向不明确，也缺乏专业立体的必修、选修课程供教师们学习提升。而对于现有的网络公需、选修课程，多数教师表示对自身的教学提升帮助不大。

7. 区域发展不均，平衡共享不足。公办学校教师在骨干教师培训、主持课题方面的机会多于民办学校教师。民办学校教师低龄化，对专家引领的渴望更加强烈，更加依赖网络教学资源。公办学校省市属教师更易觉得忙碌、没有机会学习进修。区属、镇属学校的校本教研氛围弱于省属、市属学校。

## 五、中学化学教师专业发展的理论基础及建议

1. 理论基础。

（1）教师专业发展阶段理论。卡茨（Katz）提出教师的专业发展可能经历求生存阶段（survival）、巩固阶段（consolidation）、更新阶段（renewal）和成熟阶段（maturity）四个阶段[8]。司德菲（Steffy）将教师的发展划分为预备生涯阶段、专家生涯阶段、退缩生涯阶段、更新生涯阶段和退出生涯阶段5个阶段[8]。Ro Aitken 和 Judith Harford 研究结果发现，

处于不同发展阶段的教师的需求是不同的，而校本入职课程可以有效满足这些教师多样化的专业学习需求[9]。傅树京认为，与教师职后培训相联系的教师专业发展阶段可分为适应、探索、建立、成熟、平和五个阶段，每个阶段都有其特殊性[10]。因此，教师培训要根据教师专业不同阶段的特点确定培训目的、要求和内容，使其具有阶段性特点，同时，教师培训必须贯穿其专业的始终。Cynthia M. Compton 发现“有机会与其他教师联系、获得对自己课堂工作结果进行反思的支持”是所有发展阶段的教师都需要的两项活动[11]。李剑提出，熟手型教师会面临一个职业倦怠阶段，这便是“教师职业高原现象”[12]。“高原期”是专业发展过程中一段相对平寂、止步不前的时期，能否突破高原期是熟手型教师专业发展的关键。程妍涛、顾荣芳总结了 21 世纪以来国内外教师专业发展阶段研究给我国的启示：①加大对教师职前培养阶段研究的关注度；②进一步关注教师自主发展，帮助教师自我实现；③制订具有层次性的教师专业标准体系，提高其应用价值；④关注不同文化背景下的教师专业发展[13]。

（2）教师专业发展因素理论。格伦迪和鲁宾孙提出教师专业发展有两个推动力：一是来自系统的推动力，包括学校和社会等因素的影响；二是个体自身的推动力，受到教师生涯发展阶段和生活经验的影响[14]。凯尔克特曼（Kelchtermans）认为，虽然教师专业发展是一个高度个体化的学习过程，但它不是在真空中发生的，而是个体教师与情境交互作用的结果。这种情境可以从空间和时间两个维度来考虑[15]。当代美国成人教育学家诺尔斯提出了“成人学习的基本预设”：①教师有清晰的自我导向的学习倾向与能力；②教师拥有丰富的经验；③教师的学习准备度与其社会（教师）角色的发展任务相关；④教师学习的取向不是学科中心而是问题中心，强调学以致用；⑤教师拥有认知需求。强调相互尊重和合作，突出相互协商、相互计划、相互诊断、相互评价的机制[16]。可见，影响教师专业发展的因素十分复杂，包括教师自身的专业知识能力、个人和专业经历、情感和心理因素、学校环境等。

（3）教师专业发展途径理论。哈格里夫斯（Hargreaves）和富兰（Fullan）指出，教师发展可以从知识与技能的发展、自我理解和生态改变三个方面来理解[17]。埃文斯（Evans）提出教师发展最基本的是态度和功能上的发展[18]。钟启泉提出，教师的专业发展是教师健全人格和教师实践性智慧的成长过程[19]，具有如下特点：①专业发展含义的多面性：专业发展过程是教师经验与环境持续互动的过程；②专业发展方式的多元化：存在不同的学习方式与过程，包括参与研修训练、行动研究等均有其意义与价值；③专业发展囊括认知技能与情意改变；④专业发展发生在人际网络及情境之中，它总是基于学校的具体情境。

2. 中学化学教师专业发展的建议。

（1）调动主观能动性。理论和调研实际情况都表明教师的主观能动性是教师个人专业发展最大的驱动力，可以通过如下两方面来调动教师专业成长的内驱力。①建立以师为本的教师专业发展档案。学校或区（县）应开发平台帮助每位教师建立继续教育与专业发展档案，根据学校层级、教师教龄职称，规定在一段周期内，每位教师要参加哪些层次的教研活动、主持或参与一项何种层次的课题、参加多少培训活动、开设一门选修课程、展示几节研讨课、阅读几本专业相关书籍等，并提交相应的教学反思、阅读笔记，让教师能够整体把握自身专业发展的路径架构。②引导个人发展规划。将教师专业发展档案与教师个人的专业发展规划相结合，引导教师根据发展路径架构提出合理的个人发展规划，鼓励教师提出需要研修的课程，选择学习自己需要的网络课程、选择意愿学习的专家型教师和意愿帮扶的年轻教师、选择阅读书目等。

（2）优化发展环境。理论研究表明，教师专业发展的环境对于教师群体的发展具有关键作用。本调查研究发现，课题研究和校本教研对于专家型教师的专业成长具有重要作用，主要表现为有助于加强自我反思、学习提升、专家引领、同伴互助，其实是营造了浓厚的专业发展氛围。①注重加强课题研究。选题聚焦于深化课堂教学改革所遇到的瓶颈或卡脖子问题，如怎样才能提高课堂教学效率，培养适应终身发展和社会发展需要的正确价值观念、必备品格和关键能力，怎样探索并实施基于情境、问题导向的互动式、启发式、探究式、体验式等课堂教学样态，如何开展验证性实验和探究性实验教学，怎样提高作业设计质量，如何实现信息技术与教育教学的融合等。珠三角、粤东西北地区或者城市与乡村地区的教学情况有何不同，也应进行有针对性的研究。基于课堂教学改革的课题研究能直接提高课堂教学质量，增强教师的职业幸福感、学习研究能力。②完善省市县校四级教研工作体系的高效运作机制。充分发挥教研机构在推进区域课程教学改革、教学诊断与改进、课程教学资源建设、培育推广优秀教学成果等方面的重要作用，省市教研机构要加强业务整体规划、统筹指导并形成定制，以便下级教研机构提早计划、一线教师提早准备，形成自上而下的教研习惯动作，就能逐渐积累、出成效；市、县级教研机构的重点在于紧密联系教育教学一线实际开展研究，指导学校和教师加强校本教研，改进教育教学工作，形成在课程目标引领下的备、教、学、评一体化的教学格局；学校的重点在于健全校本教研制度，开展经常性教研活动，充分发挥教研组、备课组在研究学生学习、改进教学方法、优化作业设计、解决教学问题、指导家庭教育等方面的作用。这样，所有学校的所有教师就纳入了四级教研体系，每位教师都有机会为自身发展寻找方向和机会。

（3）构建课程体系。目前，针对化学学科教师专业发展，还没有特别成熟规范的课程体系，这不利于教师群体的成长。教师发展的课程应注重理论与行动相结合、研讨与展示相结合、学习与反思相结合，并加强不同类别教师的不同专业需求，因此，教师课程体系必然是理论与实践并行、必修与选修并行。针对不同专业发展状态的教师，其课程要有不同的侧重。①新手教师加强课堂驱动的学习。新手教师的主要精力都放在每节课上，其学习目标就是上好课，因此，可以针对典型课型、典型主题，组织观摩、对照、反思、试课、展示、总结。课程中可以设置相关模块，如“骨干教师成长之路”“优质教学案例研讨与实践”“课堂的组织与实施”等。②熟手教师加强课题驱动的学习。熟手教师已经能独当一面，可以自如地主导自己的教学，在教学设计与组织方面相对熟练，但是还不够精深，没有形成自身对教学的深刻理解，没有形成独特的教学风格。因此，需要调动学习的热情、对成长的期待，通过课题研究提升教学元认知能力、加强研究反思与教学改进能力，着力增强教学设计的整体性、系统化，不断提高基于新课程标准的教学水平、基于核心素养的科学测评水平。课程中可以设置相关模块，如“专家型教师成长之路”“教学问题的发现与改进”“教学论文的选题与写作”“化学实验创新探索”“试题的命制与评价”等。③专家型教师加强课程驱动的学习。专家型教师已形成自身稳定的高效的教学风格，并在业界有一定的影响力，因此其水平的提升关乎整个化学教学界的水平层次，这类教师的理论水平、实践水平都应得到加强与提升。在调查中发现，专家型教师善于发现与改进教学中存在的问题，但是在新课程理念的掌握、对于各种评价方式的研究与实践、实验创新设计等方面相比其他教师并无优势。因此，对于专家型教师要加强整个新课程理念、课程设计实施与评价方面的学习，可以设置相关模块，如“教育名家成长之路”“新课程理念的解读与实践”“基于核心素养的‘教、学、评’一体化实践”“化学选修课程的建构与开设”“信息技术与化学教学深度融合”等，这样才能起到示范引领作用。

(4) 完善考核与奖励机制。教师是一个很容易产生职业倦怠的行业，如果没有完善的考核与奖励机制，很容易使年轻教师感觉发展无望，中年教师感觉没有进步的空间与动力，因此，整个教研体系要建立系统的考核奖励机制。除了学校自身的表彰、奖励机制，教师发展体系的名师培养与选拔机制，省市县校四级教研机构也应努力做好各种保障机制。一是以赛促教的机制，通过课堂教学基本功大赛、实验创新能力大赛、命题比赛、论文比赛等鼓励教师积极修炼各项基本功，争取脱颖而出；二是交流分享机制，各级教研机构要大力加强优秀案例、优质资源的遴选、交流展示，使好的做法、用心的教师得到鼓励与展示，使广大教师得到学习身边榜样的机会。

教师的专业发展是一个系统工程，必须集合学校、教研、师训、教育管理等多部门的合力，也需教师自身能动力的充分发挥，才能造就一批批的名教师、骨干教师，既助力于基础教育教学质量的提升，又助力于教师和学生共同幸福成长。

**参考文献**

[1] 叶澜. 新世纪教师专业素养初探 [J]. 教育研究与实验，1998 (1)：41－46.

[2] 林崇德，申继亮，辛涛. 教师素质论纲 [M]. 北京：华艺出版社，1999：30.

[3] 张华军，朱旭东. 论教师专业精神的内涵 [J]. 教师教育研究，2012，24 (3)：1－10.

[4] 教育部关于印发《幼儿园教师专业标准（试行)》《小学教师专业标准（试行)》和《中学教师专业标准（试行)》的通知，教育部文件（教师〔2012〕1号)，2012.

[5] 陈京军，刘成伟，王霞. 中小学教师专业发展问卷的编制 [J]. 教育测量与评价，2014 (8)：4－8.

[6] 朱旭东，李琼. 澳门教师专业发展与规划研究 [M]. 北京：北京师范大学出版社，2011.

[7] 王碧梅，胡卫平. 科学教师教学能力结构模型建构：基于德尔菲专家咨询法的调查分析 [J]. 教师教育研究，2016 (6)：65－74.

[8] 肖丽萍. 国内外教师专业发展研究述评 [J]. 中国教育学刊，2002 (5)：57－60.

[9] Ro AITKEN R，HARFORD J. Induction needs of a group of teachers at different career stages in a school in the republic of Ireland：challenges and expectations [J]. Teaching and teacher education，2011，27 (2)：350－356.

[10] 傅树京. 构建与教师专业发展阶段相适应的培训模式 [J]. 教育理论与实践，2003 (6)：39－43.

[11] COMPTON C M. What teachers want [EB/OL]. http://www.nsdc.org,august 2010, Vol.31:4.
[12] 李剑. 不同职业生涯阶段教师的专业发展 [J]. 教育理论与实践, 2009 (9): 36-37.
[13] 程妍涛, 顾荣芳. 21 世纪以来国内外教师专业发展阶段研究述评 [J]. 教育导刊, 2017 (11, 上半月): 17-22.
[14] GRUNDY S, ROBINSON J. Teacher professional development: themes and trends in the recent Australian experience [M] //DAY C, SACHS J. International handbook on the continuing professional development of teachers. Maidenhead: Open University Press, 2004: 146-166.
[15] KELCHTERMANS G. CPD for professional renewal: moving beyond knowledge for practice [M] //DAY C, SACHS J. International handbook on the continuing professional development of teachers. Maidenhead: Open University Press, 2004: 217-237.
[16] 胡梦鲸. 成人教育学理论与实践 [M]. 北京: 人民教育出版社, 2001: 34.
[17] SPECK M, KNIPE C. Why can't we get it right? Professional development in our schools [M]. Thousand Oaks, Calif: Corwin Press, 2001.
[18] EVANS L. What is teacher development? [J]. Oxford Review of Education, 2002, 28 (1): 123-137.
[19] 钟启泉. "教师专业化"的误区及其批判 [J]. 教育发展研究, 2003 (4): 119-123.

[参与研究人员(排名不分先后):程俊,雷范军,申燕,林波,李永成,谢泽雄,温庆伟,林宇,詹金全,董宪建,卢名远,刘玉强,肖永刚,卢盛云,陈炜,王季常,戴光宏,李自可,李南萍,吴运来,王怀文,黄远,司徒华,张立云,何兆铭,邱惠芬,崔雪芹,荣容,谢本龙,马夏君,林进太,沈联东,李林燊,张华,盛蔚燕

执笔人单位:

程　俊:广东省教育研究院

雷范军:佛山市高明区教师发展中心

申　燕:深圳市盐田区教育科学研究院

马夏君:广东实验中学

林进太:深圳实验学校

审稿人:曾令鹏]

# 疫情期广东省中小学生居家线上学习调查报告

○广东省教育研究院教学教材研究室项目组

**摘　要**：2020年新冠肺炎疫情期间，项目组对广东省中小学生居家线上学习情况调查发现：学生每天线上学习时长存在显著的年级和区域差异；学生对线上学习的满意度普遍较高；大部分学生对教师讲授和指导的依赖性较强，并且未形成线上自主学习的习惯，自主发现问题、分析问题和解决问题的能力还有待大力加强；大部分学生线上学习的效能感较弱。智能时代背景下，教育部门和学校应积极探索和优化在线教学，加强培养学生的自主学习习惯和能力，提升学生在线学习的效能感，重构新型的师生关系。

**关键词**：疫情期　中小学生　线上学习

2020年是极不平凡的一年，新冠肺炎疫情发生后，为贯彻落实教育部关于在疫情期间“停课不停学”的要求，在广东省教育厅的指导下，全省中小学迅速有序组织开展线上教学。为了解各地学生居家线上学习的时长、方式、效果和问题，以便及时总结经验，指导中小学改进线上教学工作，指引家长辅导子女线上学习，广东省教育研究院教学教材研究室于2020年2月22日起采用自编问卷，通过“问卷星”对广东省21个地市中小学生的居家线上学习情况进行随机问卷调查。截至2月24日，共回收答卷745 482份，使用SPSS进行统计分析，具体报告如下。

## 一、广东省中小学生居家线上学习调查概况

### （一）调查样本地区和年段分布

本次调查样本总量为 745 482 人，总体来看，样本的地区分布和年段分布合理。其中：珠三角地区 355 800 人，占比 47.7%；粤东西北地区 389 682 人，占比 52.3%。年段分布见表 1。

表 1　调查样本年段分布表

| 年段 | 样本人数/人 | 占比/% |
|---|---|---|
| 小学 1～2 年级 | 200 001 | 26.8 |
| 小学 3～4 年级 | 191 100 | 25.6 |
| 小学 5～6 年级 | 181 783 | 24.4 |
| 初中 | 143 060 | 19.2 |
| 高中 | 29 538 | 4.0 |

### （二）线上学习时长

调查数据显示，广东省中小学生每天线上学习总时长在 2 小时以内的约占 49.1%，3 小时以内的约占 65.6%，4 小时以上的约占 20.8%，详见图 1。

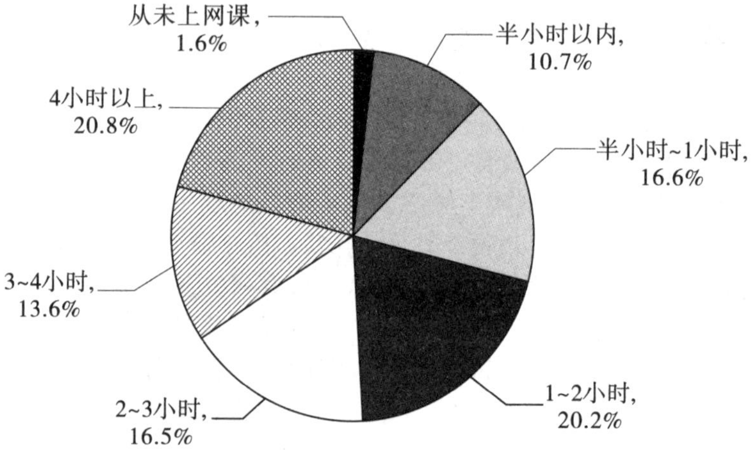


图 1　每天线上学习总时长

**（三）线上学习习惯和方式**

1. 对家长的依赖程度。超过一半的学生能自觉上网学习，但仍有32.4%的学生需要家长督促上网学习。43.7%的学生能独自上网学习，19.7%的学生需要家长陪同上网学习，详见图2。

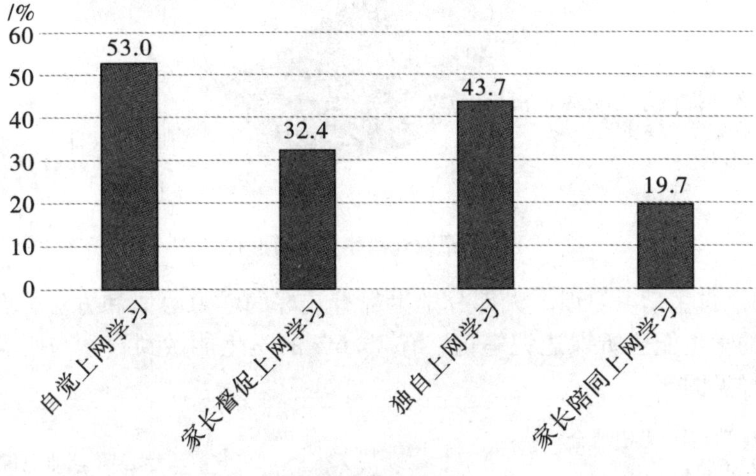


**图2　线上学习自觉性**

2. 对教师的依赖程度。接近半数的学生表示，教师每节线上课讲课适宜时长应在20～30分钟，详见图3。

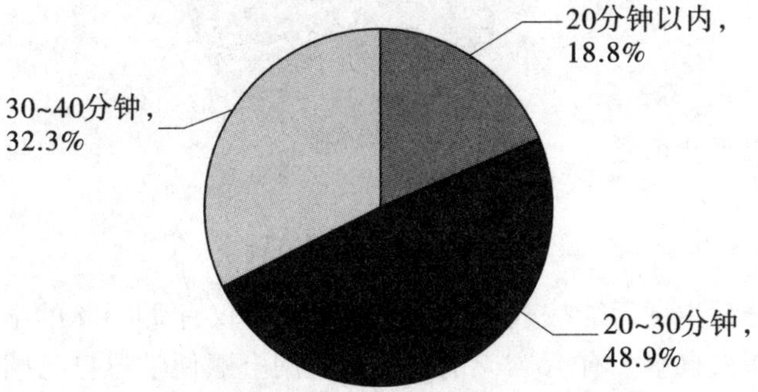


**图3　期望教师授课时长**

大部分学生喜欢教师讲授，其中最喜欢“老师全面讲课＋在线答疑”的学生约占33.9%，详见图4。

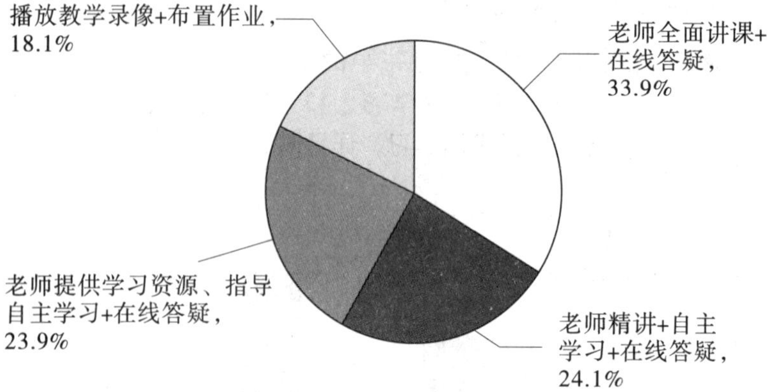


**图 4　最喜欢的线上学习形式**

3. 自主学习习惯。大部分学生都有较好的学习习惯和方法，有接近一半的学生能边听课边记笔记，有 23.6% 的学生能做到自学与听课相结合，详见图 5。

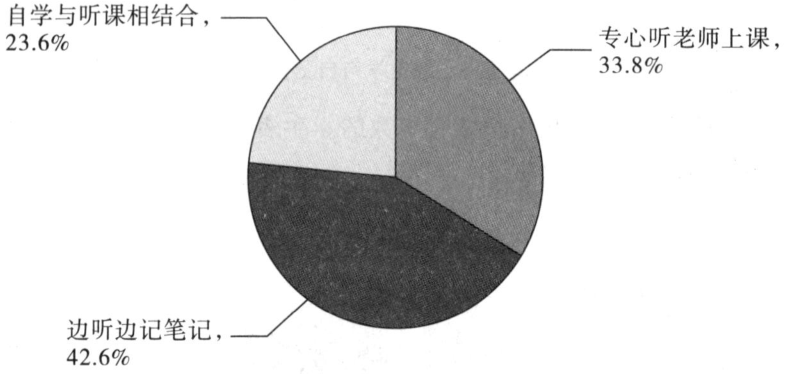


**图 5　课内学习方法**

大部分学生课后能按教师要求做作业，但仅有 24.4% 的学生能整理不懂的问题深入自学，有 16.4% 的学生会在网上顺便学习自己感兴趣的其他知识，详见图 6。

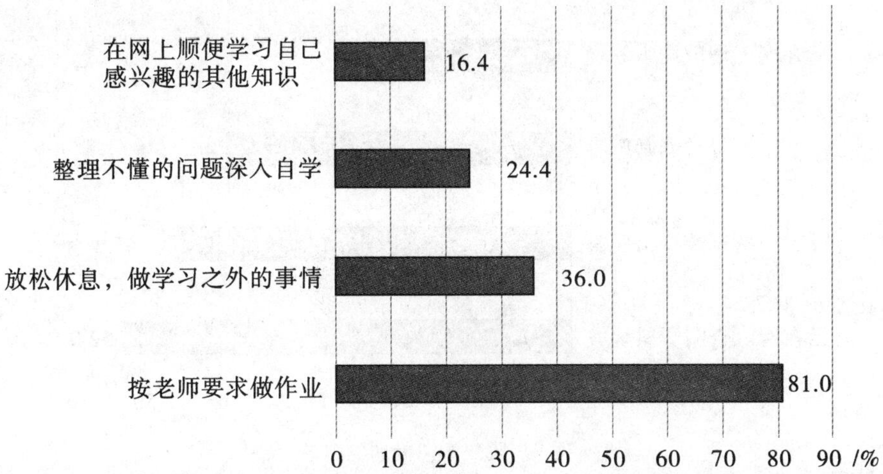


图6　课后学习方法

4. 自主学习方法。在发现学习问题的途径方面，只有 34. 3% 的学生能自主发现问题，接近六成的学生会在与家人讨论时发现问题，有 35. 5% 的学生会在听老师讲课时发现问题。

在解决学习问题的途径方面，超过一半的学生能自己在网上查阅资料解答，有 45. 3% 的学生会请家长帮忙解答，有 40. 2% 的学生会在网上寻求老师解答，详见图 7、图 8。

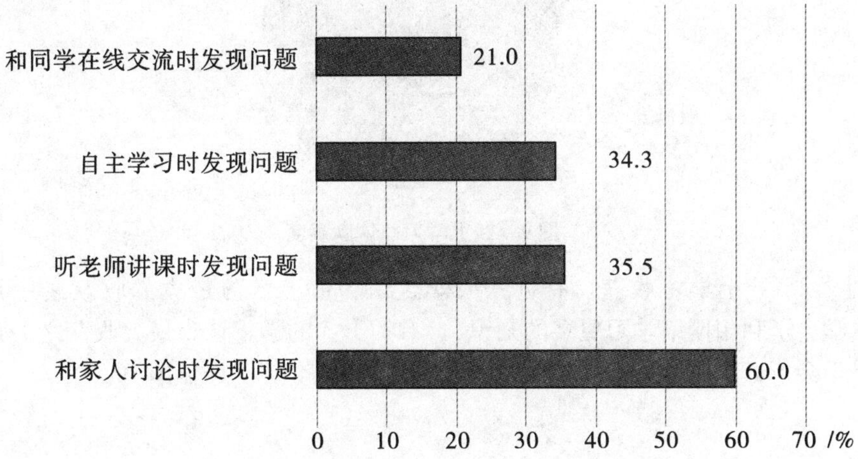


图7　发现学习问题的方法

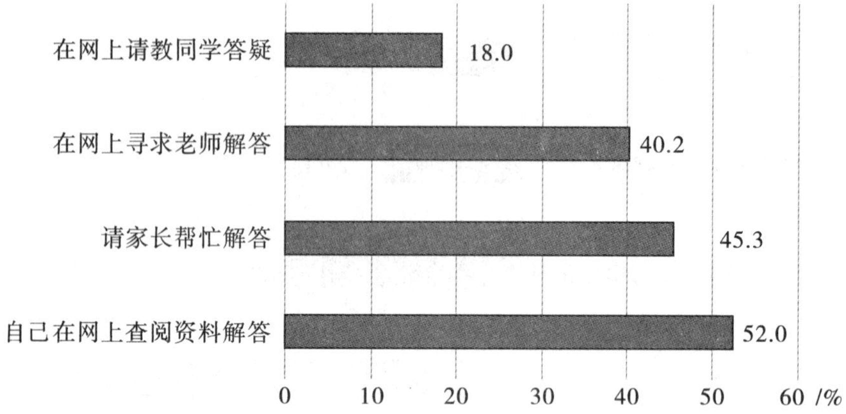


图 8　解决学习问题的方法

**（四）线上学习效能感**

1. 线上学习满意度。大部分学生线上学习的总体感受为“满意”，其中“非常满意”的占 26. 1%，详见图 9。

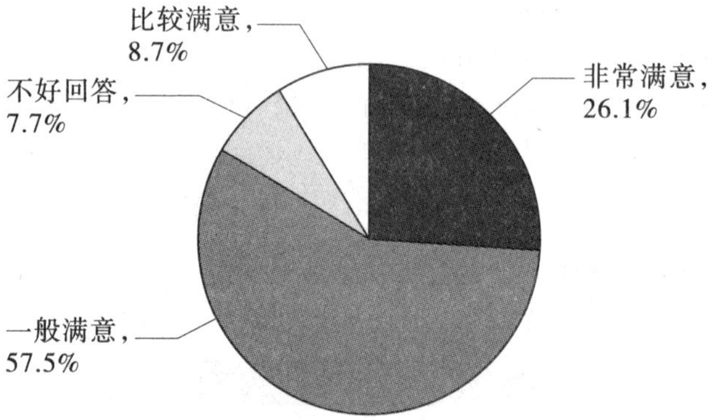


图 9　线上学习总体满意度

2. 线上学习收获。有近六成学生认为线上学习最大的收获之一是“学会了利用网络学习更多的知识”，有约 1/3 的学生认为最大收获之一是“学会了运用网络技术”或“学会了自主规划学习”，详见图 10。

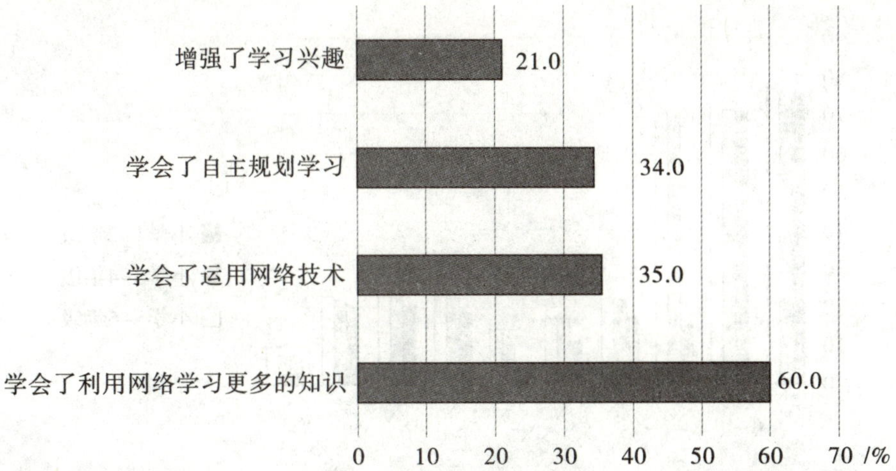


图 10　线上学习最大的收获

3. 线上学习效果。与现场课相比，有 75.0% 的学生认为上网课效果较差，详见图 11。

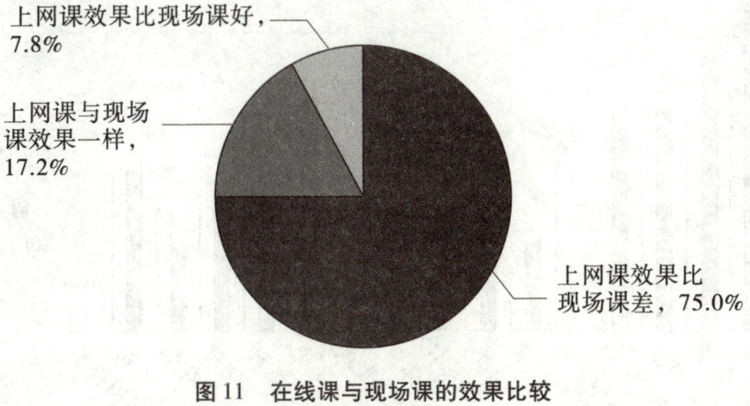


图 11　在线课与现场课的效果比较

各年段学生都比较一致地认为，语文、数学、英语这三科的线上学习效果最好，详见图 12、图 13。

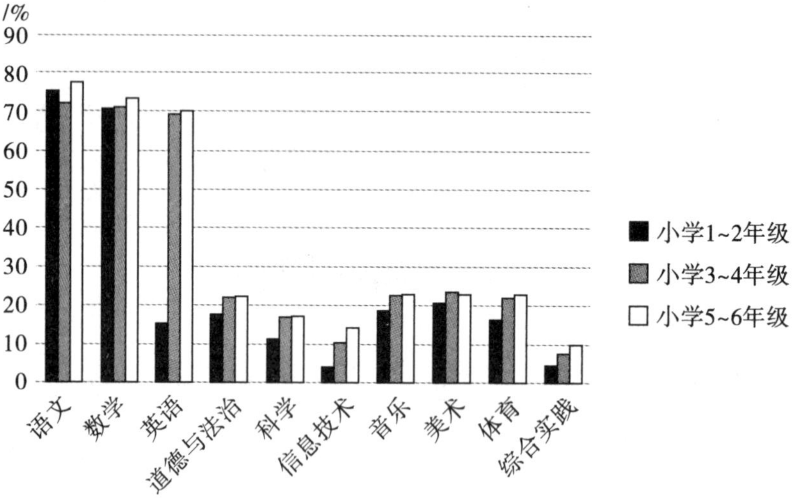


**图 12　小学线上学习各科效果**

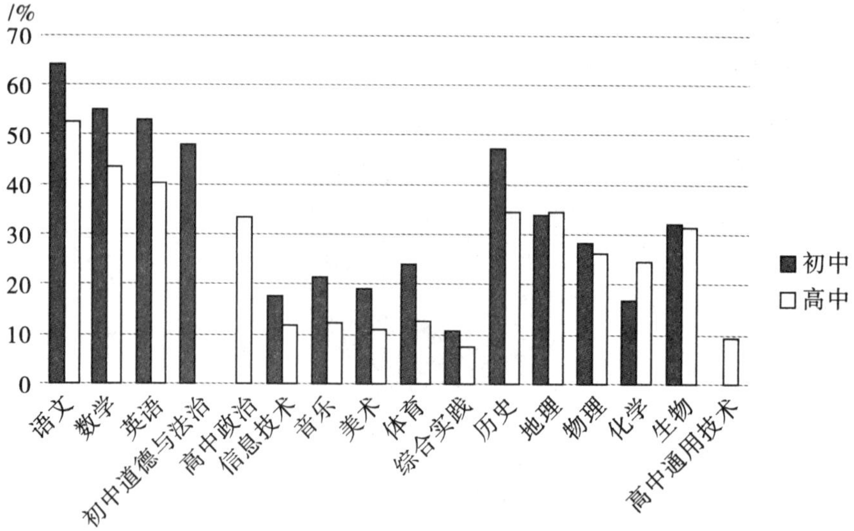


**图 13　中学线上学习各科效果**

有近六成的学生认为返校后应该针对线上学习内容的重难点问题精讲一遍，有 38.0% 的学生认为需要“全部重新讲一遍”，详见图 14。

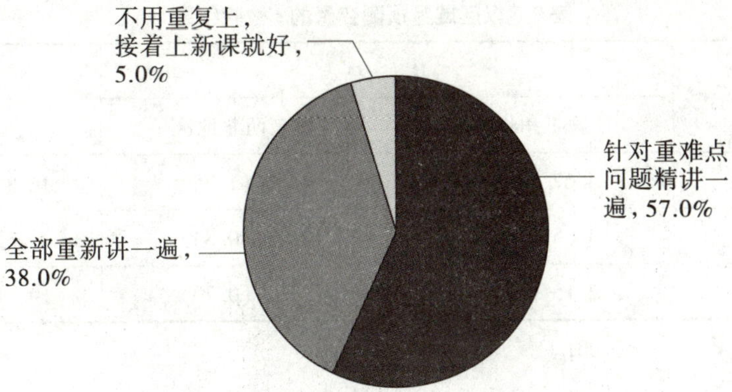


图 14　在线课与返学后内容的衔接需求

4. 线上学习问题。关于线上学习存在的问题，排在首位的是“对身体伤害很大（眼睛疲劳、脖颈疼痛等)”，约有 66. 7% 的学生认为这是最大的问题之一；然后依次是“很多问题不能得到面对面的解答”“没有面对面学习那样专注、深入”“很难管住自己，容易开小差”，详见图 15。

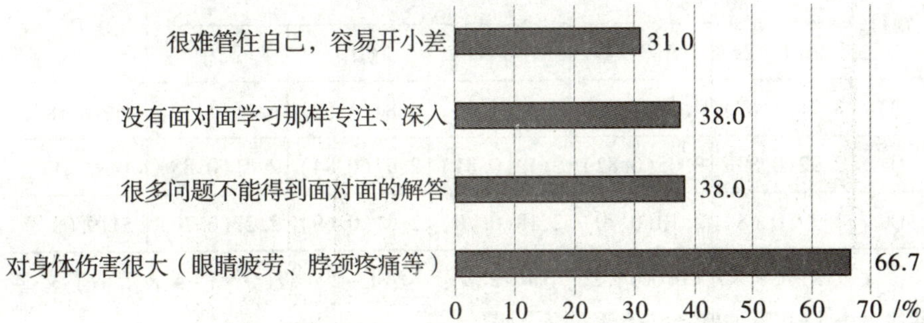


图 15　线上学习的问题

## 二、线上学习的区域和学段差异

### （一）线上学习时长等方面存在显著的区域与学段差异

1. 区域间差异检验。独立样本 $t$ 检验结果显示，珠三角地区与粤东西北地区学生在每天线上学习总时长（第 3 题，以下简称 Q3）、对线上学习的总体满意度（第 4 题，以下简称 Q4）以及对每节线上课期望的教师授课时长（第 9 题，以下简称 Q9）上均存在显著差异，且珠三角地区学生均高于粤东西北地区学生（见表 2）。

**表 2　以区域为预测变量的 $t$ 检验结果**

| 题目 | $M$（$SD$） | | $t$ |
|---|---|---|---|
| | 珠三角地区 | 粤东西北地区 | |
| Q3 | 4.67（1.66） | 4.60（1.75） | 16.33*** |
| Q4 | 3.05（0.82） | 2.97（0.84） | 43.62*** |
| Q9 | 2.15（0.70） | 2.12（0.70） | 19.11*** |

注：＊＊＊$P<0.001$。

2. 学段间差异检验。采用单因素方差检验，小学 1～2 年级、小学 3～4 年级、小学 5～6 年级、初中、高中学生在每天线上学习总时长、对线上课的总体满意度以及对每节线上课期望的教师授课时长上均存在显著差异，结果见表 3。

**表 3　以学段为预测变量的单因素方差检验结果**

| 题目 | $M$（$SD$） | | | | | $F$ |
|---|---|---|---|---|---|---|
| | 小 1～2 | 小 3～4 | 小 5～6 | 初中 | 高中 | |
| Q3 | 3.91(1.47) | 4.29(1.59) | 4.54(1.60) | 5.84(1.52) | 6.45(1.10) | 46670.18*** |
| Q4 | 2.92(0.83) | 3.05(0.82) | 3.12(0.81) | 2.97(0.84) | 2.81(0.85) | 1967.41*** |
| Q9 | 1.99(0.68) | 2.10(0.70) | 2.18(0.70) | 2.31(0.69) | 2.27(0.70) | 5119.08*** |

注：1. ＊＊＊$P<0.001$；2. 小 1～2 表示小学 1～2 年级，小 3～4 表示小学 3～4 年级，小 5～6 表示小学 5～6 年级（下同）。

对于各题的事后分析结果表明：中小学生疫情期间每天线上学习总时长随年级增长而增多；线上学习满意度从高到低的学段依次为小学 5～6 年级、小学 3～4 年级、初中、小学 1～2 年级、高中；初中学生对每节线上课期望的教师讲授时长最长，高中次之，小学 1～2 年级学生最短。

## （二）线上学习方式等方面存在较显著的区域与学段差异

以最喜欢的线上学习形式（第 8 题，以下简称 Q8）、课内学习方法（第 11 题，以下简称 Q11）、线上课与返学后内容的衔接需求（第 14 题，以下简称 Q14）、线上课与现场课的效果认识（第 16 题，以下简称 Q16）为结果变量，采用卡方检验比较区域间与学段间的差异，结果如下。

1. 最喜欢的线上学习形式。

（1）区域间差异检验。本研究任一期望频数均大于5，可用卡方检验，结果显示，$\chi^2=714.73$，$P<0.001$，表明不同区域学生喜欢的线上学习形式存在不同（见表4）。

**表4　区域间的卡方检验结果（Q8）**

| 地区 | 选项 | | | |
|---|---|---|---|---|
| | A | B | C | D |
| 珠三角地区 | 124 052<br>（16.6） | 60 444<br>（-23.3） | 87 459<br>（9.9） | 83 845<br>（-7.4） |
| 粤东西北地区 | 128 774<br>（-16.6） | 74 294<br>（23.3） | 91 948<br>（-9.9） | 94 666<br>（7.4） |

注：1. A. 老师全面讲课+在线答疑；B. 播放教学录像+布置作业；C. 老师精讲+自主学习+在线答疑；D. 老师提供学习资源、指导自主学习+在线答疑。2. 括号外数字为观测频数，括号内数字为调整后的标化残差（下同）。

通过对比，发现珠三角地区与粤东西北地区学生在最喜欢的线上学习形式上存在差异，珠三角地区学生更倾向于“老师全面讲课+在线答疑”和“老师精讲+自主学习+在线答疑”两种形式，特别是“老师全面讲课+在线答疑”；粤东西北地区学生更倾向于“播放教学录像+布置作业”和“老师提供学习资源、指导自主学习+在线答疑”，其中“播放教学录像+布置作业”更受欢迎。

（2）学段间差异检验。本研究任一期望频数均大于5，可用卡方检验，结果显示，$\chi^2=12\ 084.56$，$P<0.001$，表明不同学段学生喜欢的线上学习形式存在不同（见表5）。

**表5　学段间的卡方检验结果（Q8）**

| 学段 | 选项 | | | |
|---|---|---|---|---|
| | A | B | C | D |
| 小1~2 | 70 731<br>（16.0） | 45 825<br>（65.7） | 41 294<br>（-41.8） | 42 151<br>（-35.2） |
| 小3~4 | 66 180<br>（7.7） | 37 875<br>（23.0） | 42 671<br>（-20.6） | 44 374<br>（-8.6） |

续上表

| 学段 | 选项 | | | |
|---|---|---|---|---|
| | A | B | C | D |
| 小 5 ~6 | 60 884<br>( -4.4) | 30 143<br>( -19.0) | 44 751<br>(6.3) | 46 005<br>(15.6) |
| 初中 | 46 246<br>( -14.1) | 17 437<br>( -64.4) | 40 516<br>(41.9) | 38 861<br>(31.7) |
| 高中 | 8 785<br>( -15.5) | 3 458<br>( -29.0) | 10 175<br>(42.6) | 7 120<br>(0.7) |

注：A. 老师全面讲课 + 在线答疑；B. 播放教学录像 + 布置作业；C. 老师精讲 + 自主学习 + 在线答疑；D. 老师提供学习资源、指导自主学习 + 在线答疑。

通过对比，发现不同学段学生在最喜欢的线上学习形式上存在差异，小学 1 ~4 年级学生更倾向于“老师全面讲课 + 在线答疑”“播放教学录像 + 布置作业”两种形式，尤其是“播放教学录像 + 布置作业”这一形式；小学 5 ~6 年级、初中学生更倾向于“老师精讲 + 自主学习 + 在线答疑”“老师提供学习资源、指导自主学习 + 在线答疑”两种形式，小学5 ~6 年级学生尤其倾向于“老师提供学习资源、指导自主学习 + 在线答疑”，初中学生尤其倾向于“老师精讲 + 自主学习 + 在线答疑”；高中学生更倾向于“老师精讲 + 自主学习 + 在线答疑”这一形式。

2. 课内学习方法。

（1）区域间差异检验。本研究任一期望频数均大于 5，可用卡方检验，结果显示，$\chi^2 = 241.09$，$P < 0.001$，表明不同区域学生线上课的课内学习方法存在不同（见表 6）。

**表 6　区域间的卡方检验结果（Q11）**

| 地区 | 选项 | | |
|---|---|---|---|
| | A | B | C |
| 珠三角地区 | 122 544<br>(11.0) | 151 831<br>(1.9) | 81 425<br>( -14.4) |
| 粤东西北地区 | 129 524<br>( -11.0) | 165 435<br>( -1.9) | 94 723<br>(14.4) |

注：A. 专心听老师上课；B. 边听边记笔记；C. 自学与听课相结合。

通过对比，发现珠三角地区与粤东西北地区学生在线上课的课内学习方法上存在差异，珠三角地区学生更倾向于“专心听老师上课”，而粤东西北地区学生更倾向于“自学与听课相结合”。

（2）学段间差异检验。本研究任一期望频数均大于5，可用卡方检验，结果显示，$\chi^2=31\ 900.47$，$P<0.001$，表明不同学段学生线上课的课内学习方法存在不同（见表7）。

**表7　学段间的卡方检验结果（Q11）**

| 学段 | 选项 | | |
|---|---|---|---|
| | A | B | C |
| 小1~2 | 91 757<br>（133.3） | 58 728<br>（−139.5） | 49 516<br>（13.9） |
| 小3~4 | 69 143<br>（25.4） | 81 460<br>（0.7） | 40 497<br>（−29.1） |
| 小5~6 | 51 736<br>（−55.5） | 91 025<br>（74.5） | 39 022<br>（−25.0） |
| 初中 | 32 731<br>（−97.2） | 72 799<br>（70.9） | 37 530<br>（25.8） |
| 高中 | 6 701<br>（−41.2） | 13 254<br>（8.2） | 9 583<br>（36.4） |

注：A. 专心听老师上课；B. 边听边记笔记；C. 自学与听课相结合。

通过对比，发现不同学段学生在线上课的课内学习方式上存在差异，小学1~2年级学生更倾向于“专心听老师上课”“自学与听课相结合”这两种方式，并且尤其倾向于“专心听老师上课”；小学3~4年级学生更倾向于“专心听老师上课”；小学5~6年级学生更倾向于“边听边记笔记”；初中学生和高中学生都倾向于“边听边记笔记”“自学与听课相结合”，其中，初中学生尤其倾向于“边听边记笔记”，高中学生更倾向于“自学与听课相结合”。

3. 线上课与返校后内容的衔接需求。

（1）区域间差异检验。本研究任一期望频数均大于5，可用卡方检验，结果显示，$\chi^2=1\ 333.76$，$P<0.001$，表明不同区域学生在线上课与返校后内容的衔接需求上存在不同（见表8）。

表 8　区域间的卡方检验结果（Q14）

| 地区 | 选项 | | |
|---|---|---|---|
| | A | B | C |
| 珠三角地区 | 128 061<br>（-36.5） | 209 742<br>（32.3） | 17 997<br>（8.1） |
| 粤东西北地区 | 156 268<br>（36.5） | 215 278<br>（-32.3） | 18 136<br>（-8.1） |

注：A. 全部重新讲一遍；B. 针对重难点问题精讲一遍；C. 不用重复上，接着上新课就好。

通过对比，发现珠三角地区与粤东西北地区学生在线上课与返校后内容的衔接需求上存在差异，珠三角地区学生更倾向于“针对重难点问题精讲一遍”和“不用重复上，接着上新课就好”，尤其是“针对重难点问题精讲一遍”；粤东西北地区学生更倾向于“全部重新讲一遍”。

（2）学段间差异检验。本研究任一期望频数均大于 5，可用卡方检验，结果显示，$\chi^2=38\ 024.74$，$P<0.001$，表明不同学段学生在线上课与返校后内容的衔接需求上存在不同（见表 9）。

表 9　学段间的卡方检验结果（Q14）

| 学段 | 选项 | | |
|---|---|---|---|
| | A | B | C |
| 小 1～2 | 102 343<br>（140.3） | 90 049<br>（-126.6） | 7 609<br>（-25.4） |
| 小 3～4 | 82 268<br>（51.2） | 98 513<br>（-55.9） | 10 319<br>（13.1） |
| 小 5～6 | 61 937<br>（-41.1） | 110 876<br>（39.4） | 8 970<br>（2.0） |
| 初中 | 32 935<br>（-131.0） | 102 543<br>（124.6） | 7 582<br>（8.9） |
| 高中 | 4 846<br>（-78.5） | 23 039<br>（74.3） | 1 653<br>（6.1） |

注：A. 全部重新讲一遍；B. 针对重难点问题精讲一遍；C. 不用重复上，接着上新课就好。

通过对比，发现不同学段学生在对线上课与返校后内容的衔接需求上存在差异，小学1~4年级学生更倾向于“全部重新讲一遍”；小学5~6年级学生倾向于“针对重难点问题精讲一遍”；初中、高中学生倾向于“针对重难点问题精讲一遍”和“不用重复上，接着上新课就好”，尤其是前者。

4. 线上课与现场课的效果认识。

（1）区域间差异检验。本研究任一期望频数均大于5，可用卡方检验，结果显示，$\chi^2=53.63$，$P<0.001$，表明不同区域学生对线上课和现场课的效果认识存在不同（见表10）。

**表10　区域间的卡方检验结果（Q16）**

| 地区 | 选项 | | |
|---|---|---|---|
| | A | B | C |
| 珠三角地区 | 29 122<br>（12.1） | 263 430<br>（−18.5） | 63 248<br>（12.7） |
| 粤东西北地区 | 28 968<br>（−12.1） | 295 770<br>（18.5） | 64 944<br>（−12.7） |

注：A. 上网课效果比现场课好；B. 上网课效果比现场课差；C. 上网课与现场课效果一样。

通过对比，发现珠三角地区与粤东西北地区学生在对线上课和现场课的效果认识上存在差异，珠三角地区学生更倾向于“上网课效果比现场课好”和“上网课与现场课效果一样”，特别是“上网课与现场课效果一样”，而粤东西北地区学生更倾向于“上网课效果比现场课差”。

（2）学段间差异检验。本研究任一期望频数均大于5，可用卡方检验，结果显示，$\chi^2=8\ 518.81$，$P<0.001$，表明不同学段学生对线上课和现场课的效果认识存在不同（见表11）。

**表11　学段间的卡方检验结果（Q16）**

| 学段 | 选项 | | |
|---|---|---|---|
| | A | B | C |
| 小1~2 | 11 069<br>（−44.0） | 164 204<br>（85.6） | 24 728<br>（−66.9） |

续上表

| 学段 | 选项 | | |
|---|---|---|---|
| | A | B | C |
| 小 3 ~4 | 14 973<br>(0.8) | 139 363<br>( -24.4) | 36 764<br>(27.4) |
| 小 5 ~6 | 15 340<br>(11.8) | 129 444<br>( -43.1) | 36 999<br>(41.0) |
| 初中 | 13 319<br>(23.8) | 104 628<br>( -18.2) | 25 113<br>(4.0) |
| 高中 | 3 389<br>(24.1) | 21 561<br>( -8.2) | 4 588<br>( -7.7) |

注：A. 上网课效果比现场课好；B. 上网课效果比现场课差；C. 上网课与现场课效果一样。

通过对比，发现不同学段学生对线上课和现场课的效果认识存在差异，小学 1 ~2 年级学生倾向于认为“上网课效果比现场课差”；小学 3 ~4 年级学生倾向于认为“上网课与现场课效果一样”；小学 5 ~6 年级、初中学生倾向于认为“上网课效果比现场课好”和“上网课与现场课效果一样”，其中小学 5 ~6 年级学生尤其倾向于后者，初中学生尤其倾向于前者；高中学生倾向于认为“上网课效果比现场课好”。

## 三、结论与建议

### （一）注意监测并适当控制线上学习时长

居家学习期间，广东省有接近一半学生每天线上学习时长在 2 小时以内，接近 2/3 的学生在 3 小时以内，线上学习时长尚算合理。但需要引起注意的是，仍有 1/3 的学生每天线上学习时长超过 3 小时，小学 3 年级以上的学生普遍超过 2 小时，初中以上的学生普遍超过 3 小时。而且，珠三角地区的学生每天线上学习时长显著高于粤东西北地区的学生；2/3 的学生表示线上学习最大的问题是“对身体伤害很大（眼睛疲劳、脖颈疼痛等）”。

居家学习期间，线上学习是中小学生的主要学习途径，返校后，线上线下相结合的学习也将成为常态。因此，各地教育行政部门应适当监测和控制学校和教师疫情防控期间的在线教学时长以及布置给学生的在线作业时长，防止个别学校利用线上学习之便不合理地延伸学生的学习时长，同时也要向家长和学生做好卫生健康宣传工作，保证学生的用眼卫生和身体健康，其中珠三角地区尤其需要严格监控在线教学和作业时长。

**（二）积极探索和优化在线教学**

广东省中小学生对线上学习的满意度普遍较高，说明学校和教师在疫情防控期间都能积极适应形势需要，主动探索在线教学模式，取得了较好的效果。但相比而言，珠三角地区学生的满意度显著高于粤东西北地区学生。因此，粤东西北地区的在线教学需进一步加大力气探索改进。同时，在线教学的设计和实施还存在一些共性问题，需要全省中小学校和教师共同探索和优化。

1. 探索适合年段特点的在线教学方式。数据显示，高中学生的线上学习满意度最低，小学 1 ~ 2 年级和初中学生的满意度也较低，说明这三个年段的在线教学方式需重点探索和改进。小学低年段应减少知识讲授的时间，适当增加线下探究、线上活动和交流等内容，保持学生的长时间注意；中学阶段应加大线上线下实践、探究、讨论、反思、练习等内容，提高在线教学的有效性。

2. 探索符合学科特性的在线教学模式。各年段学生都比较一致地认为，语文、数学、英语三科的线上学习效果最好，而科学、综合实践、信息技术、通用技术等科目效果最低，这组数据表明居家学习期间有部分学校可能没有开齐开足必修课程，同时也反映出学生较易适应上述三个科目从线下到线上教学形式的转变，而其他科目的适应性则相对较差一些。在线上线下混合学习趋势下，学校和教师要主动适应，根据学科特性来积极探索和优化在线教学的设计，形成具有学科特色、科学有效的在线教学模式。

**（三）加强培养学生的自主学习习惯和能力**

广东省中小学生线上学习期间，自主学习的能力得到一定程度的提高。数据显示，超过一半的学生能自觉上网学习，有近六成学生认为线上学习最大的收获之一是“学会了利用网络学习更多的知识”，有 1/3 的学生认为最大收获之一是“学会了自主规划学习”。

数据也显示，有 1/3 的学生需要家长督促上网学习；大部分学生喜欢教师讲授，其中超过 1/3 的学生喜欢教师全面讲授；仅有不足 1/4 的学生能做到自学与听课相结合，能整理不懂的问题深入自学的学生也不足1/4；有1/3的学生是在听教师讲课时发现问题的，有四成学生需要在网上寻求教师解答疑难；有不少学生认为线上学习最大的问题是“没有面对面学习那样专注、深入”“很难管住自己，容易开小差”。这说明广东省大部分中小学生对教师讲授和指导的依赖性较强，大部分学生线上自主学习的习惯尚未形成，自主发现问题、分析问题和解决问题的能力还有待大力加强。

其中，珠三角地区学生与粤东西北地区学生相比，珠三角地区学生更希望教师在线上课中的讲授时间长一些，更倾向于“老师全面讲课 + 在线答疑”“专心听老师上课”；而粤东西北地区学生更希望教师在线上课中的讲授时间短一些，更倾向于“播放教学录像 + 布置作业”“自学与听课相结合”。由此可见，珠三角地区学生对教师讲授的依赖性相对较强。

小学1～4年级学生更倾向于“播放教学录像”，小学5～6年级学生更倾向于“老师提供学习资源、指导自主学习”，而初中、高中学生倾向于“老师精讲”；而且，初中学生期望的教师线上课讲授时间最长，高中学生期望的时间也较长，这说明广东省中学生在线上学习中对教师的依赖程度仍然较高，不能迅速适应线上的自主学习，需要引起重视。

综上所述，学校和家庭要借助线上学习契机，积极探索培养学生自主学习习惯和能力的途径，尤其是珠三角地区和中学阶段的教师和家庭，要有意识地放手让学生自主探索发现问题、自主解决问题，帮助学生尽快适应线上线下混合学习的趋势。

### （四）着力提升学生线上学习的效能感

数据表明，大部分学生认为“上网课效果比现场课差”，近六成学生认为返校后应该针对线上学习内容的重难点问题精讲一遍，认为需要全部重新讲一遍的学生接近四成，这说明广东省大部分学生线上学习的效能感较弱。

其中，珠三角地区学生更倾向于认为“上网课与现场课效果一样”，对于线上学习内容倾向于返校后教师“针对重难点问题精讲一遍”，而粤东西北地区学生则更倾向于认为“上网课效果比现场课差”，对于线上学习内容倾向于返校后教师“全部重新讲一遍”。可见，珠三角地区学生线上学习的效能感相对较强。

小学1～2年级学生倾向于认为“上网课效果比现场课差”，小学3～6年级学生更倾向于认为“上网课与现场课效果一样”，小学1～4年级学生对于线上学习内容更倾向于返校后教师“全部重新讲一遍”，小学5～6年级学生更倾向于“针对重难点问题精讲一遍”；初中、高中学生更倾向于认为“上网课效果比现场课好”“针对重难点问题精讲一遍”。这表明广东省中小学生线上学习的效能感随年龄的增长而增强，小学低年段学生尤其需要给予更多的帮助和关注。

综上所述，建议学校和教师通过以学定教、以评促教、以赛激学的方式，增强在线教学的针对性，增强学生线上学习的信心，提升其线上学习的效能感。

**（五）线上学习需重构新型师生关系**

在线上学习中，学生往往是独自面对电子设备，缺少现场上课的师生交流、生生交流，对学习会造成不同程度的影响。大部分学生认为，线上课与现场课最大的区别是“现场课得到老师指导更多，上网课得到老师指导有限”；有近六成学生在与家人讨论时发现问题，有五成学生请家长帮助解答疑难问题，约两成学生在与同学交流时发现问题、解决问题；超过一半的学生能自己在网上查阅资料解答线上学习遇到的问题。

由此可见，线上学习中教师的指导确实有限，学生既是学者也是教者，家长既是导师也是同伴，线上学习中的师生关系发生了重大变化。充分发挥学生自学、同伴互助、家长共助的主动性和积极性，重构线上学习的新型师生关系，对培养学生在线学习的自主性、提升在线学习的有效性具有重大意义。

2020 年 5 月，中小学陆续返学复课，暂时结束居家线上学习。但目前疫情防控形势依然严峻，且智能时代推动学习方式变革，线上线下混合学习必将成主流学习方式，在线学习研究具有迫切价值和深远意义。本研究为师生更好更快适应在线教学提供了依据，未来将进一步深入研究如何培养中小学生线上自主学习的习惯和能力，为开展线上线下混合教学提供更有力的支撑。

（执笔人：钟守权，梁惠燕；审稿人：曾令鹏）

# 指向科学思维提升的中学物理闯关教学模式的构建与实施

○广东省教育研究院教学教材研究室、广州市执信中学琶洲实验学校

**摘　要：**为适应新时代对中学物理教学深化育人关键环节、切实提高育人水平的要求，针对当前中学物理教学存在思维挑战度不高、思维训练不足，从而导致学生思维能力不强的问题，笔者及所在的项目组基于系列课题的支撑，从 2013 年开始进行本教学模式的探索，建构了中学物理闯关教学总模式，解决了中学物理教学中课程设计思维挑战度不高的问题，构建了以实验为基础的“课前”“课中”“课后”闯关小模式，解决了课程设计思维训练不足的问题；经过实践和评价工具检验，学生的思维能力普遍得到提高。

**关键词：**中学物理　闯关教学模式　思维能力　核心素养

## 一、问题的提出

长期以来，我国传统的中学物理教学依附于理论教学，服务于考试，实验的教学功能没有得到充分体现，学生创新能力和实践能力的培养比较缺失，以实验为中心的物理教学环境没有真正建立起来，降低了学生学习的积极性和主动性。具体表现为课程设计思维挑战度不高、教学过程中学生思维训练不足、学生思维能力不强三个问题。

为适应新时代对中学物理教学深化育人关键环节，切实提高育人水平的要求，针对这三个问题，项目组基于系列课题的支撑，2013 年开始进行教学模式探索，制定研究方案，2015 年建构了中学物理闯关教学模式，确定实施方案并开发评价工具。

## 二、研究过程与方法

2007 年至今，中学物理闯关实验教学模式建构与实践已经走过了 13 年。研究经历了前期研究、项目推进、普及应用三个阶段。

### （一）前期研究（2007—2013 年）

以 2007 年本成果主持人撰写教育硕士学位论文为契机，对课题“初中物理演示实验教学的改进研究”进行系统研究。这一时期，主要进行实验资源开发，改进创新系列教具，取得丰硕的成果，为后续研究打下坚实的基础。这一阶段代表成果有：创新实验获市级以上奖项 24 项，省一等奖 1 项，市一等奖以上 7 项；在国家级刊物《中学物理教学参考》等发表《新课程理念下进行中学物理演示实验创新的实例研究》等论文。

### （二）项目推进（2013—2015 年）

在前期研究中发现，单纯的实验资源开发并不能高效推进教学发展，要想真正提高教学质量，更重要的是研究如何使用实验资源。于是项目组在进行实验资源开发研究的同时，2013 年开始对基于实验的教学模式进行探索，制定研究方案。经过两年的研究，2015 年初步构建了中学物理闯关教学模式，确定实施方案，并开发了针对该模式的评价工具。

采用典型示范、评价激励、教具展示、教学创新、撰写论文等方法，推广成果辐射和影响，实现课堂教学的改变。采取行动研究的方法，以系列项目为依托，构建中学物理闯关教学模式，以大学、教研部门、中学为协作共同体，做到改、创、用同步进行。通过推广应用，实现模式创新，使中学物理教学走上了良性发展的轨道。

### （三）普及应用（2015 年至今）

在初步实践探索该模式之后，本成果主持人采用了组建研究团队、开展各种课型公开课和专题讲座、撰写专题研究论文等方法，进一步验证与优化该模式，完善了课前、课中和课后闯关小模式，统整升华研究成果。重新遴选出精品实验 87 件、全新开发创新实验 156 件，在广东省中学物理和小学科学实验操作与创新技能竞赛获一等奖和创新奖；在核心刊物《物理教师》等发表《指向高阶思维的高中物理实验闯关教学策略探索——以必修 1“力的分解”一课为例》《运用四味物理课堂提升初中学生物理素养》等 44 篇论文，其中《运用实验闯关策略促进学生思维进阶——以高中物理“弹力”一课为例》等论文被《中学物理》转载；共获各类奖 20

项；开发中国大学慕课“中学物理教学设计”课程；在全国物理年会、各级各类教研或教师培训、师范生实习或见习中，在省内外及港澳地区以公开课、实验展示和专题讲座的形式进行推广。

## 三、成果的主要内容

### （一）建构了中学物理闯关教学模式

中学物理闯关实验教学模式：依据具身认知理论，以学习进阶理论为指导，结合游戏闯关理念，以实验为基础，以任务为关卡，设计闯关，闯关过程分为外显的流程闯关和内隐的思维闯关。流程上包含课前、课中、课后三大任务为关卡的大闯关，其中各个大闯关环节又包含若干小任务为关卡的小闯关；内容上覆盖了课前的实验资源开发遴选，课中的绪论课、核心概念和规律课、分组实验课、复习课以及课后的作业评价，通过比赛闯关、自主闯关、合作闯关和对比闯关等方式，达到落实物理核心素养的目的，推动了中学物理教育教学改革（见图 1）。

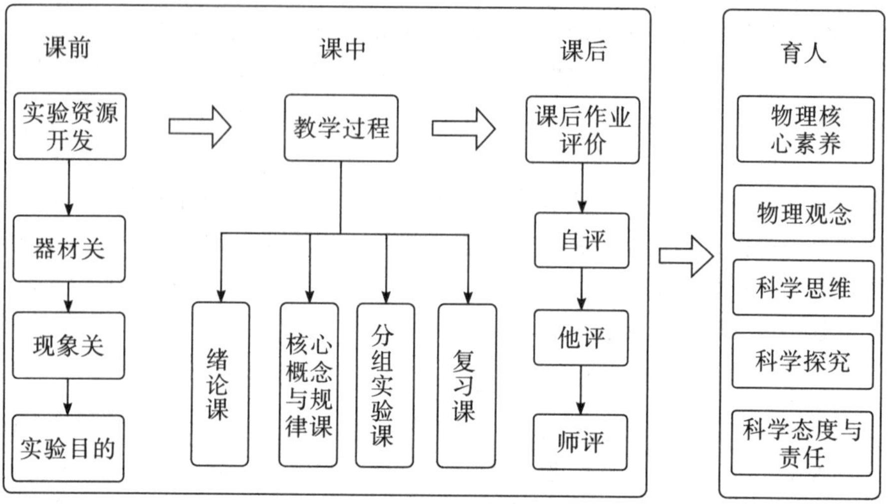


**图 1　中学物理闯关型教学大模式**

并针对物理闯关型教学大模式开发了评价工具（见表 1）。

表1　中学物理闯关教学模式总评价表

| 任课教师 | | 任课班级 | | 备课时间 | |
|---|---|---|---|---|---|
| 课题 | | | | | |
| 指标 | 评价标准 | | 总分/分 | 自评 | 他评 |
| 课前 | 器材选择符合绿色理念 | | 10 | | |
| | 实验现象符合具身认识理论 | | 10 | | |
| | 实验目的有助于物理核心素养培养 | | 10 | | |
| 课中 | 绪论课体验物理核心素养、人文素养与物理学习方法 | | 10 | | |
| | 核心概念与规律课通过“思维”，达到思维进阶 | | 10 | | |
| | 分组实验课有助于学生科学探究、动手能力、归纳总结、创新意识的培养 | | 10 | | |
| | 复习课完善学生认知结构，形成物理观念 | | 10 | | |
| 课后 | 学生整理数据，得出初步结论能力 | | 10 | | |
| | 学生与他人交流讨论的意识 | | 10 | | |
| | 学生分析实验结论，发现物理规律的能力 | | 10 | | |
| 反思 | | | | | |

## （二）建构了“课前”实验资源开发遴选闯关小模式

“课前”实验资源开发遴选闯关小模式指用闯关方式对教材原始实验和原有创新实验进行系统筛选，选出合适的实验或重新改进创新实验，用于中学物理实验教学。它的起点是教材原始实验，闯关环节包含实验器材关、实验现象关和实验目的三关（见图2）。

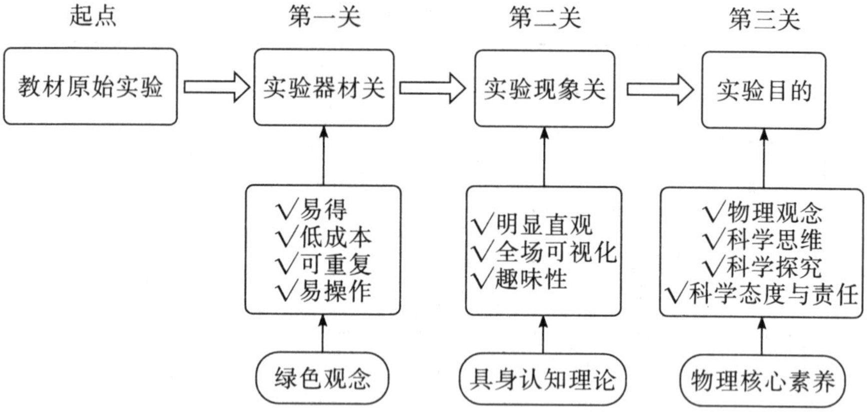


**图 2 “课前”实验资源开发遴选闯关小模式**

1. 实验器材关。在绿色理念下选择符合易得、低成本、可重复和易操作要求的实验器材。

2. 实验现象关。具身认知理论认为生理体验与心理状态之间有着强烈的联系，如人在开心的时候会微笑，而如果微笑，人也会趋向于变得更开心。为了让学生更好地学习物理并喜欢物理，实验现象关在具身认知理论指导下，选择明显直观、全场可视化和趣味性强的实验。

3. 实验目的。选择针对核心概念和规律开展的实验，体现了科学探究、科学思维和科学态度与责任，能让物理核心素养落地生根。

并针对“课前”实验资源开发遴选闯关小模式开发了评价工具（见表 2）。

**表 2 “课前”实验资源开发遴选闯关小模式评价表**

| 任课教师 | | 任课班级 | | 备课时间 | |
|---|---|---|---|---|---|
| 课题 | | | | | |
| 指标 | 评价标准 | | 总分/分 | 自评 | 他评 |
| 教学目标 | 符合物理课程标准和学生实际情况 | | 5 | | |
| | 达成度高，兼顾学生共同基础与差异发展 | | 5 | | |
| 教学内容 | 注重知识结构化，容量恰当，梯度合理 | | 5 | | |
| | 突出教学重点，有效突破难点，排除疑点 | | 5 | | |

续上表

| 指标 | 评价标准 | 总分/分 | 自评 | 他评 |
|---|---|---|---|---|
| 实验器材关 | 实验材料简单易得 | 5 | | |
| | 实验器材低成本 | 5 | | |
| | 实验装置可重复使用 | 10 | | |
| | 实验操作难度低 | 5 | | |
| 实验现象关 | 实验现象直观明显，便于观察 | 5 | | |
| | 实验全场可视化，符合课堂教学要求 | 10 | | |
| | 实验趣味性强，提高学生实验兴趣 | 5 | | |
| 实验目的 | 学习相关物理知识与规律，培养学生物理观念 | 5 | | |
| | 通过实验设计，培养学生科学思维 | 10 | | |
| | 通过实验过程，培养学生科学探究能力 | 10 | | |
| | 选择实验，培养学生科学态度与责任 | 10 | | |

### （三）建构了四种课型“课中”闯关小模式

“课中”实验闯关小模式指以学习进阶理论进行统领规划，以核心概念为主线，以实验为基础设计闯关。一般以一节课教学内容的小模块为“大 BOSS”，小关是以具有思维进阶的闯关问题链，运用比赛闯关、自主闯关、合作闯关和对比闯关等方式，在进阶问题链引导下逐级闯关，思维在闯关中逐级向高阶思维进阶。

针对中学物理常态课型，在学习进阶理论指导下，从流程和思维两方面设置了多重关卡，解决了课中实验不足的问题，用实验闯关的方式系列化构建了促进学习思维进阶发展的绪论课、核心概念和规律课、分组实验课和复习课四大课型的“课中”闯关小模式。

1. 绪论课闯关小模式。常规的绪论课以讲述为主，辅以视频和图片，部分有少量实验。绪论课闯关小模式是指在学习进阶理论指导下，以实验为根基，通过闯关游戏，以知识板块之间的推进和思维上的挑战两条线进行闯关，最终达到提升学生科学思维、落实核心素养培养的目标。

以初中绪论课“科学之旅”为例，通过四个实验大闯关游戏，一步步带领学生走进力、热、光、电、声的物理世界（见图 3）。通过低压沸腾、热机、海市蜃楼和电吉他实验的各种小闯关，让学生感受物理世界的真、善、美，并体验怎样学习物理，有助于学生科学思维提升的培养。

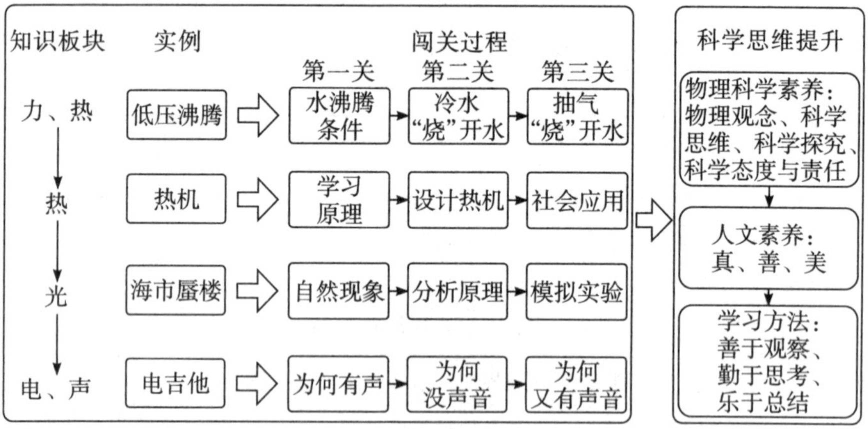


**图 3　绪论课闯关小模式**

（1）低压沸腾实验闯关流程详见图 4。

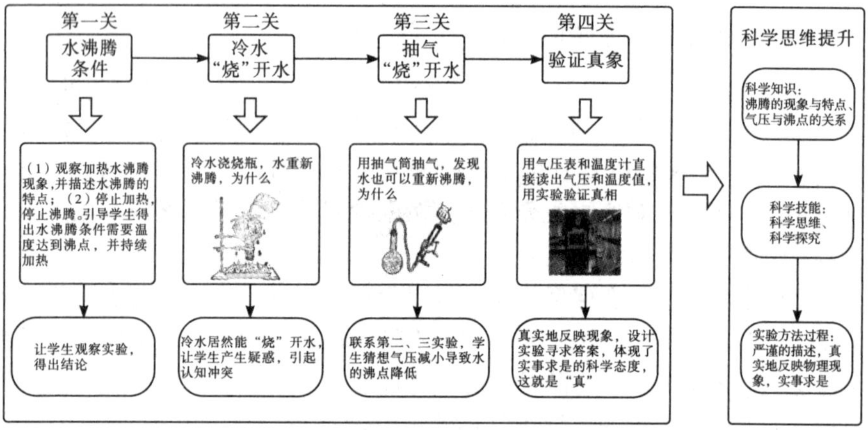


**图 4　低压沸腾实验闯关流程图**

仔细观察实验现象，通过细致的、严谨的描述，真实地反映观察到的现象。学生产生疑惑时，引导设计实验去寻求答案，并用真实的实验验证，体现严谨、实事求是的科学态度，这就是“真”。其中低压沸腾实验获广州市中学生实验技能大赛二等奖，论文《低压沸腾实验演示仪的制作》在《中学物理教学参考》（北大核心期刊）发表。

（2）热机实验闯关流程详见图5。

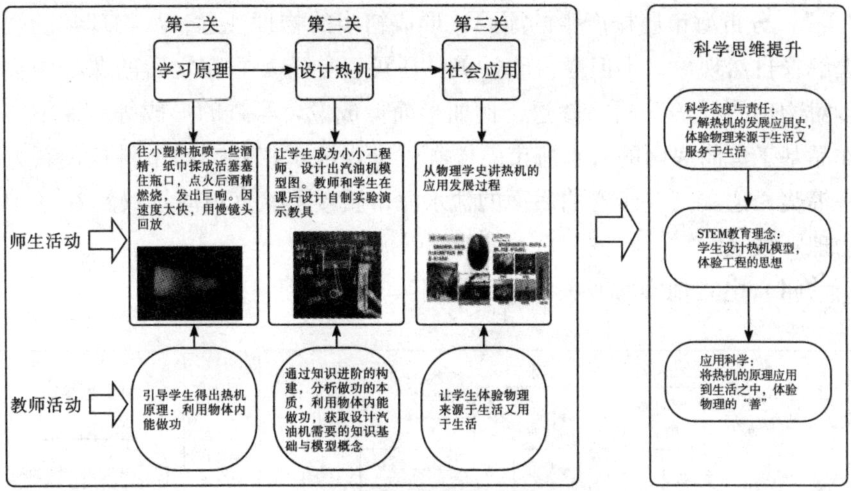


**图5　热机实验闯关流程图**

用实验演示热机原理，将STEM教学理念融合进物理课堂，让学生成为小小工程师，设计热机模型，并引导学生在课后做出演示实验作品；用物理学史讲解热机的应用发展过程，让学生体验物理来源于生活又服务于生活，体验物理的“善”。其中热机原理演示仪器获广州市中学物理教师实验操作与创新竞赛二等奖，论文《自制低成本汽油机工作原理实验演示仪改进创新及教学应用》在《物理教师》（北大核心期刊）发表。

（3）海市蜃楼实验闯关流程详见图6。

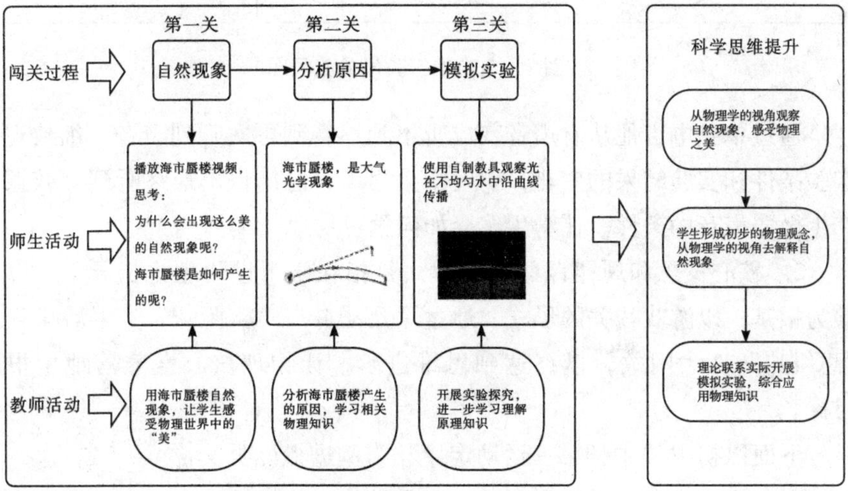


**图6　海市蜃楼实验闯关流程图**

从物理学的视角观察海市蜃楼等自然现象，让学生感受物理世界的“美”，分析海市蜃楼产生的原因，形成初步的物理观念，从物理学的视角去解释自然现象，不但懂得欣赏美，还可以创造美。在之后的课程中会逐步对物理的“美”进行渗透，例如平面像成像、彩虹的形成等。课中实验作品基于弯曲底面的盐水海市蜃楼实验直观演示仪获广州市科技创新大赛一等奖，论文《基于弯曲底面的盐水海市蜃楼实验直观演示仪》在《中学物理》发表。

（4）电吉他实验闯关流程详见图7。

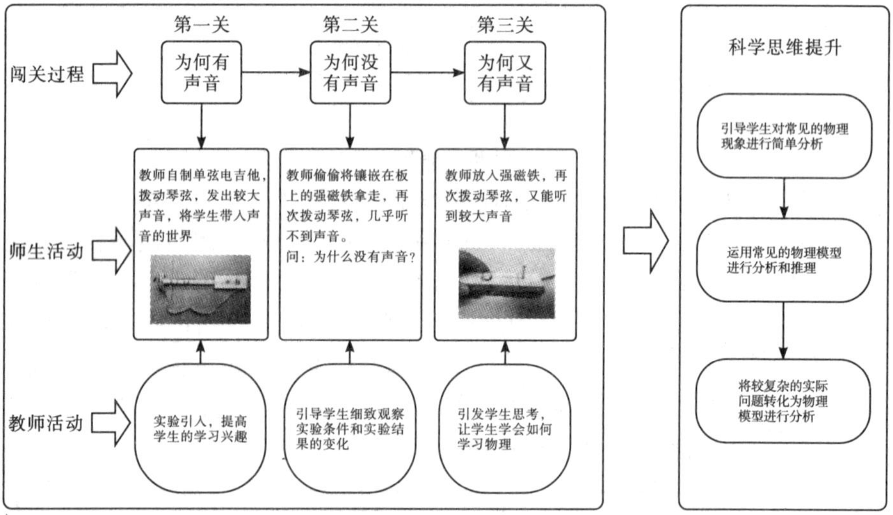


**图7　电吉他实验闯关流程图**

通过单弦电吉他从有声音变成听不到声音到再次听到声音，细致观察实验条件和实验结果的变化，引发学生思考，总结得出最终听到琴弦振动产生微弱声音的条件，让学生体会如何学习物理。

2. 核心概念和规律课闯关小模式是指在学习进阶理论指导下，以实验为根基，以游戏闯关的形式，通过“历史味”“实验味”“生活味”和“思维味”四大闯关，最终达到思维进阶，让物理核心素养落地生根的目标。

下面以初中“牛顿第一运动定律”为例进行说明。

引入闯关指在教学过程中引入物理学史，给知识注入生命，让学生体验从亚里士多德（错误概念）—伽利略（概念内核）—笛卡儿（概念补充）—牛顿（概念完善）的过程。让学生学会像科学家那样去思考、研究，重做科学家做过的实验，从科学家的思维活动中得到许多启发，有意识或无意识地模仿、学习，从而慢慢提高自己的思维能力和创新能力。引入物理学史，有助于学生对知识的理解和深入，培养正确的科学态度和严谨的科学精神。

探究闯关：引导学生回归实验的题目，让学生明确实验最初的目的；设计循序渐进的系列问题串，引导学生回归实验方案的设计与过程，学会灵活运用控制变量法、转换法，培养学生发散思维和创新思维；动手实验，让学生亲历“再发现”的学习过程，从而激发内驱力，理解和内化知识；教师引导学生重温物理学史，结合实验过程进行小结，再次体会科学家的思维过程和研究方法。

应用闯关：从生活情境中引入物理，缩小学生与问题之间的距离，通过学生列举学校、家庭和社会中的惯性实例，让学生体验生活处处有物理。用汽车突然加速或减速的典型例子引出问题（物理应用生活化），并用追问引起学生思考，让学生从经验中产生矛盾、引发认知冲突，激发探求新知的渴望，最后在教师的引导下学会利用惯性知识分析生活中物理现象的思路和方法，返璞归真，培养学生应用物理思维和方法解决生活实际问题的习惯和能力（见图8）。

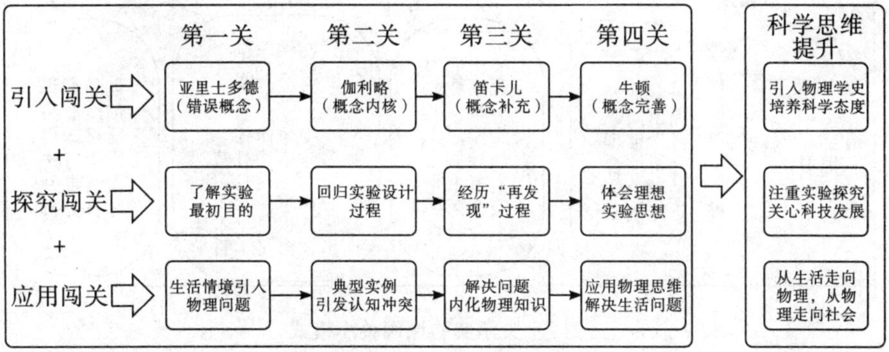


**图8　核心概念和规律课闯关小模式**

有“味道”的课才能展现课堂的生命活力，项目组提出中学物理核心概念和规律课教学应有“四味”。不同课例中“味道”有所不同，针对课中有的“味”浓有的“味”淡，“四味”顺序可进行适当调整，但还是希望一节课中“四味”齐全。在《物理教学》期刊中发表相关论文《运用“四味”物理课堂提升初中学生物理素养》，并且是封面推荐文章。

3. 分组实验课闯关小模式。项目组成员在中学物理闯关型实验教学的实践中不断探索、创新，以学习进阶理论进行统领规划，将闯关模式应用在分组实验教学中，分组实验课的其中一个模块为大闯关（任务），分为大闯关一（设计实验）、大闯关二（学生实验）、大闯关三（总结提升）、大闯关四（创新实验），以具有思维进阶的问题链为小闯关（问题），分为小闯关 1（问题 1）、小闯关 2（问题 1）、小闯关 3（问题 1）……运用比赛闯关、自主闯关、合作闯关、对比闯关，学生思维在逐级闯关中得到逐级进阶，物理核心素养得到不断发展。

总闯关的路径如图 9 所示：（根据实验目的）→设计实验（大闯关一）→学生实验（大闯关二）→总结提升（大闯关三）→创新实验（大闯关四）。

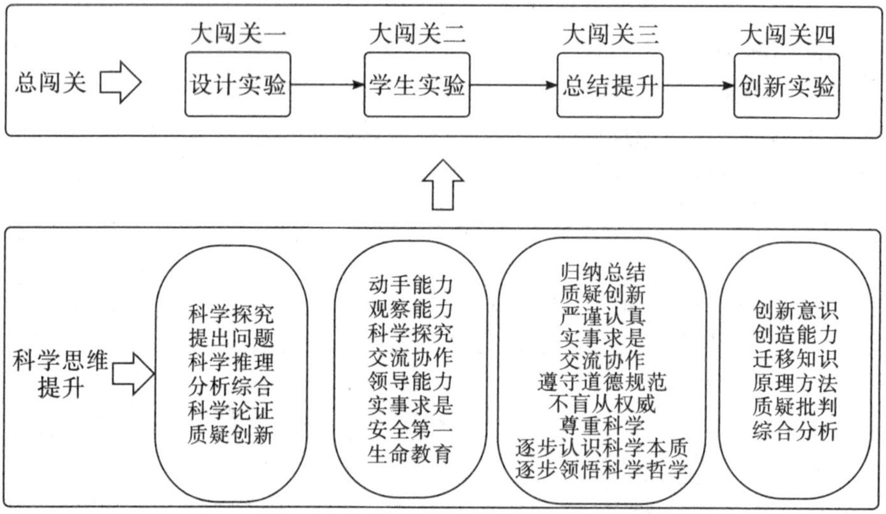


**图 9　分组实验课闯关小模式**

下面以学生分组实验“探究弹簧的弹力与弹簧伸长量的关系”一课为例，阐述闯关型分组实验课的闯关流程及核心素养落实情况。

大闯关一如图 10 所示。

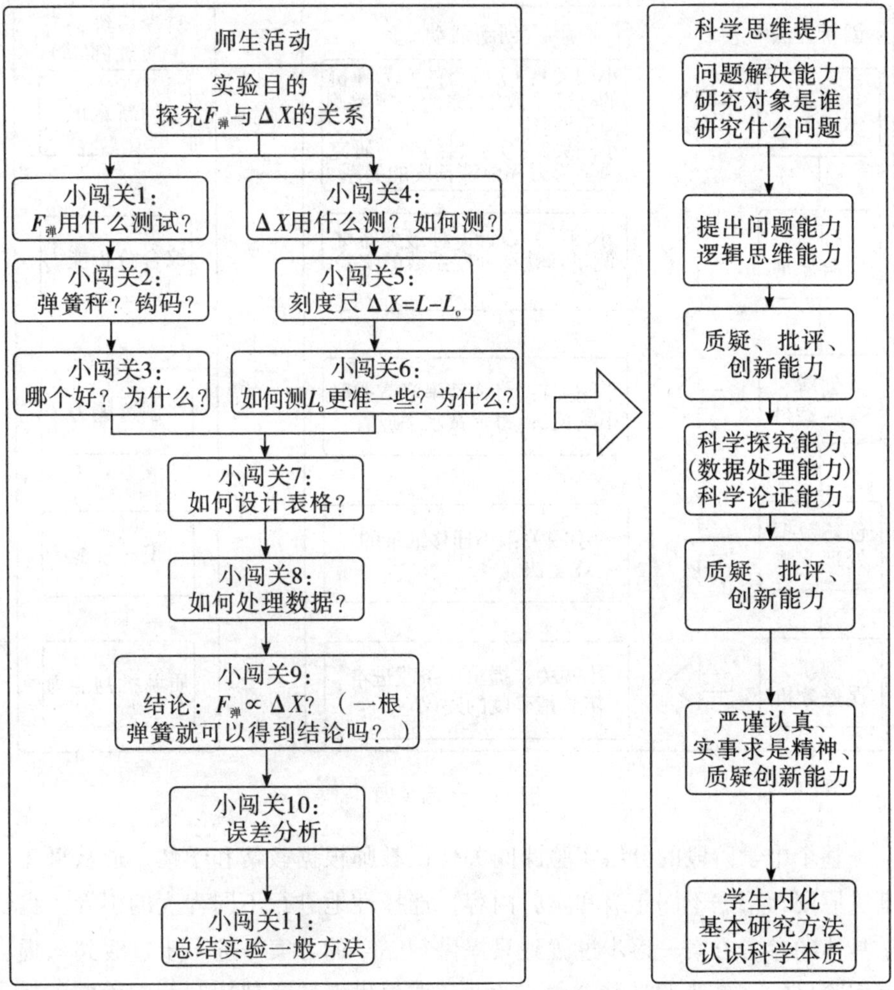


**图 10　大闯关一**

大闯关二：学生根据设计的实验方案，团结协作、克服实际问题，进行实验。

大闯关三：组内根据实验所得数据，归纳结论—误差分析—讨论实验结论是否可靠、严谨—探讨实验结论的适用范围，组间讨论交流—师生共同总结提升研究问题的一般思路和方法，逐步认识科学本质，逐步领悟科学哲学。

大闯关四如图 11 所示。

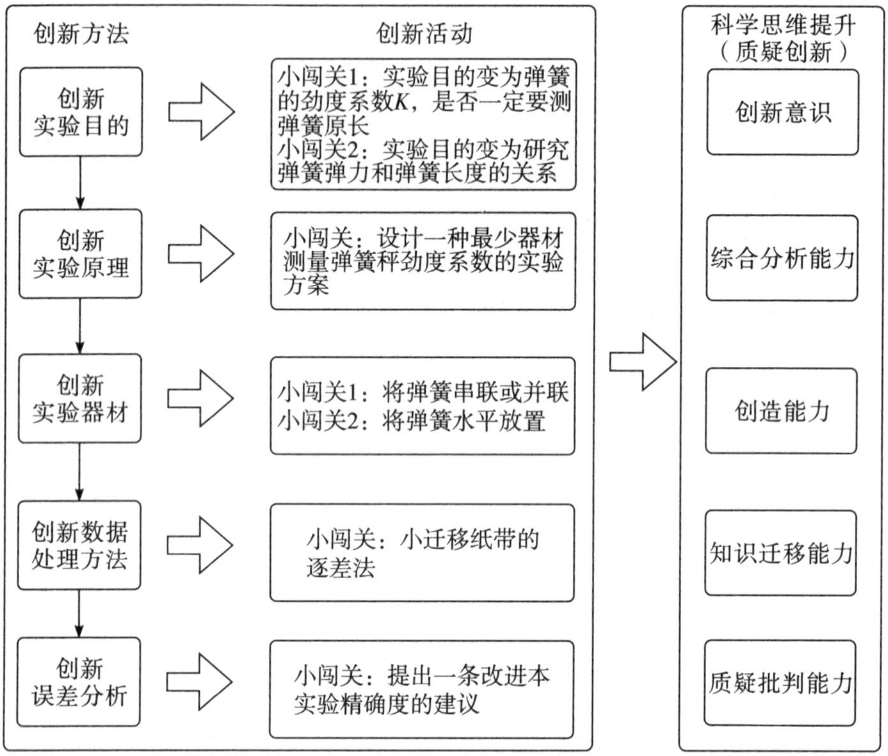


**图 11　大闯关四**

整个中学阶段的分组实验课闯关建议教师根据教情和学情，遵从循序渐进原则，根据不同年级和实验内容，选择性地进行不同程度的引导：提供具体的参考方案—逐步过渡到只提供约一半的方案—进一步过渡到只提供实验目的（若为验证性分组实验，还要提供实验原理）和关键内容，让学生完成整个实验过程—更进一步过渡到只提供实验目的，让学生多种方案实施并对比优缺点—课内或课外进一步创新实验。学生在整个中学阶段的实验教学中，其物理观念、科学思维、科学探究、科学态度与态度的素养水平逐级进阶发展。相关论文《运用实验闯关策略促进学生思维进阶——以高中物理"弹力"一课为例》被中国人民大学《复印报刊资料》部分转载，课例在 2020 年广东省普通高中物理新课程改革研讨暨成果交流展示活动中进行推广。

4. 复习课闯关小模式。项目组成员在中学物理闯关型教学模式的实践中不断探索、创新，以学习进阶理论进行统领规划，将闯关模式应用在复习课教学中。以复习课中的一个模块为大闯关（任务），分为大闯关一（知识框架整合）、大闯关二（基础应用）、大闯关三（提升应用）、大闯关四（创新应用），以具有思维进阶的问题链为小闯关（问题），分为小闯关1（问题1）、小闯关2（问题1）、小闯关3（问题1）……运用比赛闯关、自主闯关、合作闯关、对比闯关等方式，学生思维在逐级闯关中逐级进阶、发展。

下面以“平抛运动”一课为例，阐述复习课的闯关流程及科学思维提升情况。复习课总闯关的路径如图12所示：大闯关一（知识框架整合）→大闯关二（基础应用）→大闯关三（提升应用）→大闯关四（创新应用）。

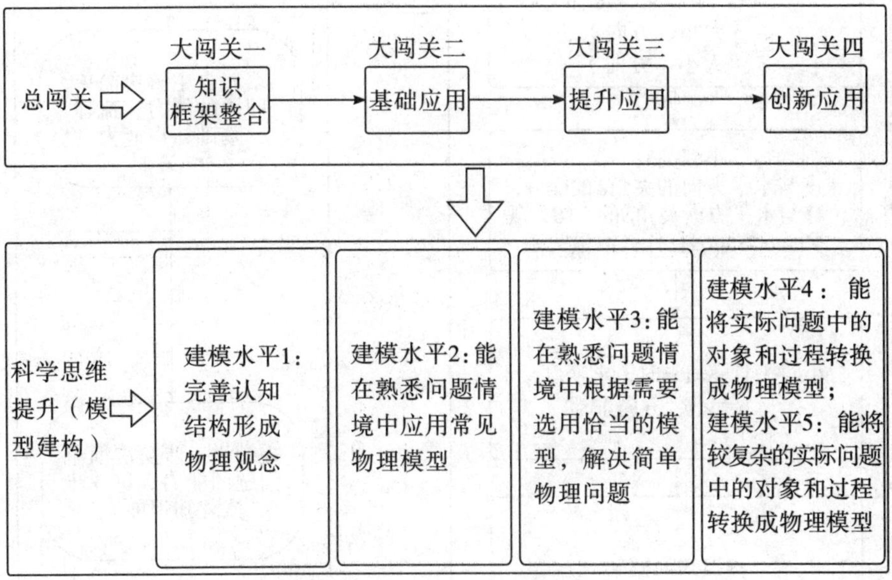


**图12　复习课总闯关的路径**

其中大闯关一（知识框架整合）即通过学生实验（或演示实验）整合知识框架，不断完善认知结构，逐步形成物理观念（见图13）。

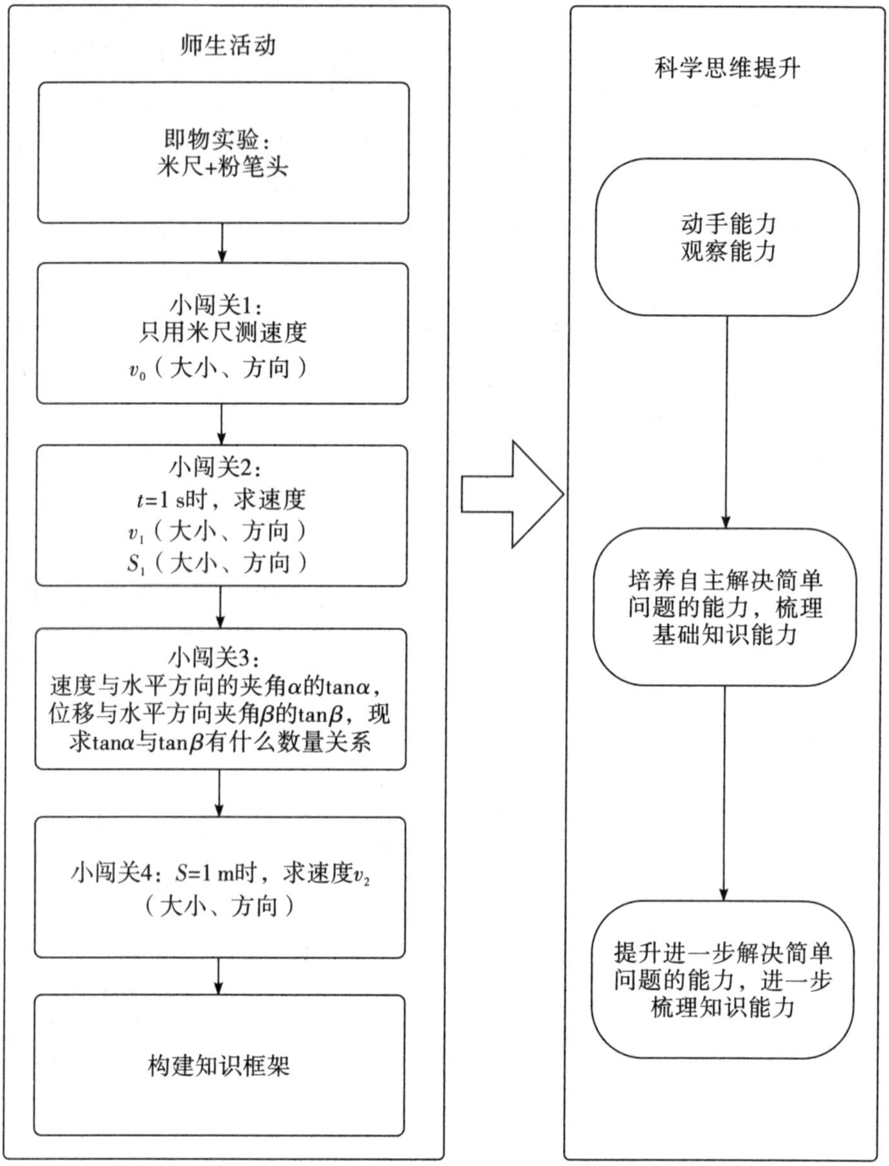


**图 13　知识框架整合闯关**

大闯关二至大闯关四：物理观念（相互联系的物理知识）在问题解决中循序渐进地应用：基础应用—提升应用—创新应用，学生问题解决的能力逐级进阶发展，学生物理核心素养的水平逐步提升（见图 14）。

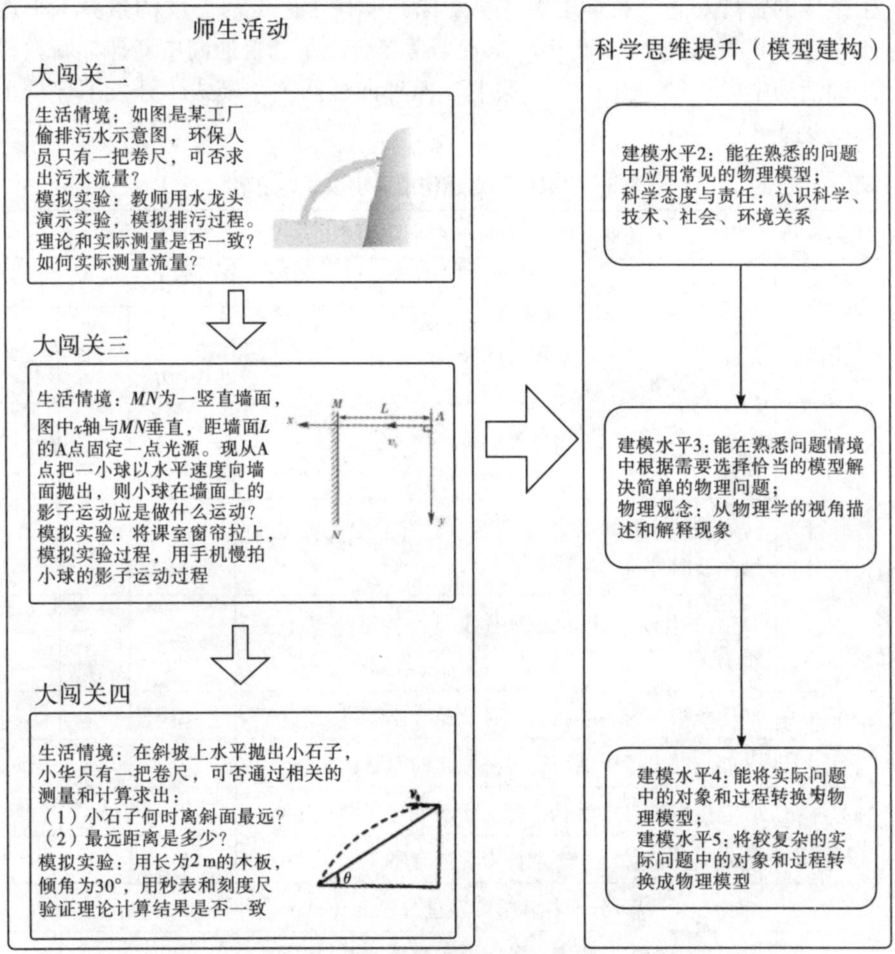


**图 14　物理应用闯关模式**

整个中学阶段的分组实验课闯关建议教师根据教情和学情，遵从循序渐进原则。针对起始年级、基础较薄弱学生，选取模型化、较简单的问题，通过简单的实验引入，更利于学生领悟方法、掌握知识、完善认知结构，教师的引导作用可以多一些。闯关过程设计循序渐进：师生共同得出规范的解答示范—逐步过渡到提供戴帽子的半情境化的问题—进一步过渡到提供情境与内容融合的半情境化问题—更进一步过渡到情境化问题，让学生提供多种方案解决问题，并对比优劣。在整个中学阶段的复习课教学过程中，学生的建模水平层次逐级进阶，问题解决能力逐步进阶发展，学生整体的物理观念、科学思维、科学探究、科学态度与态度的素养水平逐步发展。相关课例在 2020 年广东省高考综合改革和普通高中新课标新教材培训活动中做推广，并针对“课中”四种课型闯关小模式，开发了评价工具（见表 3）。

表 3 “课中”各课型闯关小模式评价表

| 任课教师 | | 任课班级 | | 听课时间 | |
|---|---|---|---|---|---|
| 课题 | | 课型 | | | |
| 指标 | 评价标准 | 总分/分（100 分） | 自评 | 他评 | |
| 教师行为（20 分） | 准备充分，思路清晰，创设情境，发挥主导作用 | 10 | | | |
| | 有较强组织能力、应变能力，对学生个体进行恰当及时评价 | 5 | | | |
| | 语言生动、准确，板书规范，教态亲切有感染力 | 5 | | | |
| 学生行为（20 分） | 能积极参与教学活动，有效地合作学习 | 10 | | | |
| | 能主动思考质疑，提出有意义的问题和见解 | 10 | | | |
| 课堂文化（15 分） | 学生思维自由活跃，师生互动平等和谐 | 10 | | | |
| | 师生关系融洽，学生行为规范有序 | 5 | | | |
| 以下分四种教学课型进行评价（只选一种） | | | | | |
| 绪论课（45 分） | 引导学生观察物理现象，感受物理世界的“美” | 10 | | | |
| | 引发学生思考，指导学生学会学习物理的方法 | 10 | | | |
| | 让学生从物理学史的角度知道物理来源于生活又服务于生活 | 10 | | | |
| | 培养学生实事求是的科学态度 | 15 | | | |
| 核心概念和规律课（45 分） | 让学生体验概念规律建立的过程，理解物理学的本质 | 20 | | | |
| | 引导学生内化概念规律，形成分析客观世界的物理视角 | 25 | | | |

续上表

| 指标 | 评价标准 | 总分/分（100 分） | 自评 | 他评 |
|---|---|---|---|---|
| 分组实验课（45 分） | 能突出学生主体性，让学生有良好的过程性体验 | 20 | | |
| | 培养学生问题、证明、解释、交流等要素的科学探究能力 | 25 | | |
| 复习课（45 分） | 引导学生进行自我重构、完善物理知识体系 | 20 | | |
| | 整合物理教材和参考书，提升学生思维的深度和广度 | 25 | | |

**（四）建构了中学物理教学“课后”作业闯关小模式**

学习评价是以学生发展为本，基于物理学科核心素养的评价。围绕物理学科核心素养的具体要求，创设真实而有价值的问题情境，采用主体多元、方法多样的评价方式，客观全面地了解学生学习物理核心素养的发展状况。教师根据课程阶段性、层次性的特点，以及学生个体差异等设计有效的评价任务。为此，我们建构了课后作业评价实验闯关小模式（见图15），并开发课后作业闯关评价工具，找出存在的问题，明确发展方向，及时有效地反馈评价结果，促进学生全面而有个性地发展。

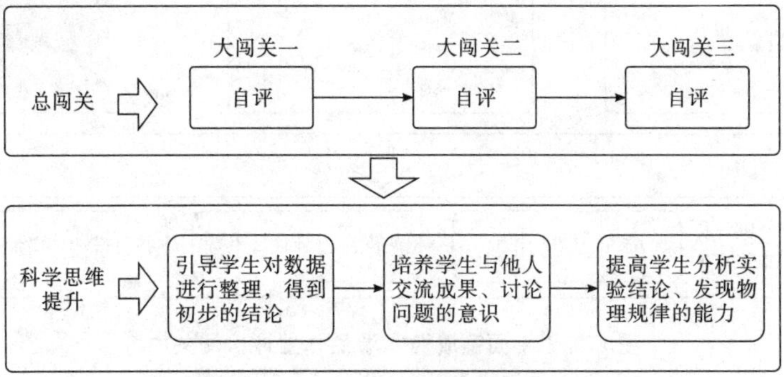


图 15　课后作业评价闯关流程

课后评价环节主要包括小结、应用和拓展三部分，分为常规作业、实验题以及创客作品三种作业类型，以达到提升学生科学思维的教学目标。具体如图 16 所示。

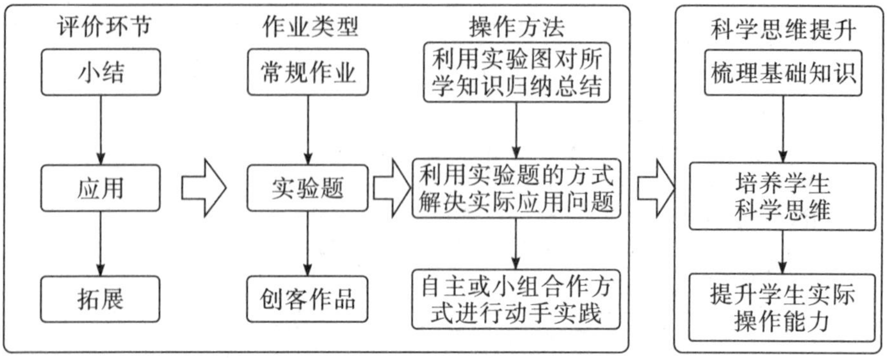


**图 16　“课后”作业评价闯关环节**

以“平面镜成像”为例，利用实验图对平面镜成像原理等基础知识进行归纳梳理（见图 17）；以设计实验题的方式解决实际应用问题，培养学生科学思维；再通过自主或合作学习方式，让学生做潜望镜或万花筒等创客作品，提高学生实际动手操作能力。

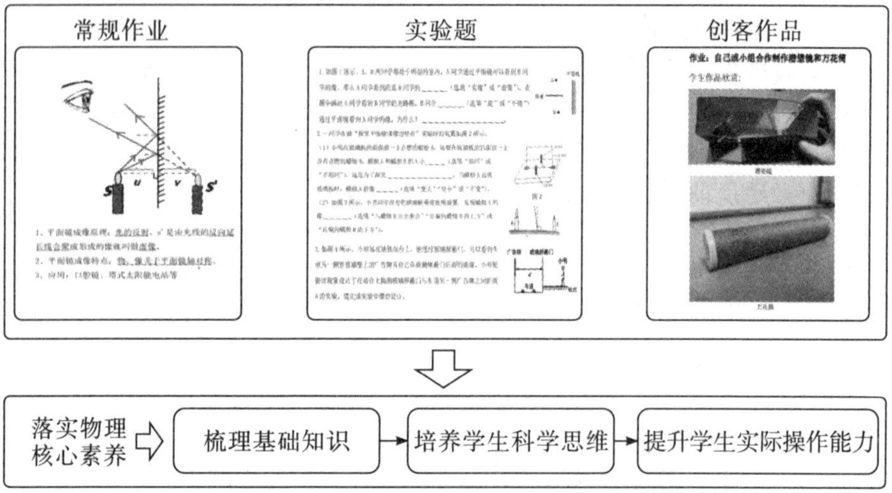


**图 17　“平面镜成像”课后作业评价闯关内容**

开发“课后”作业闯关评价工具，根据课程标准中关于学生物理核心素养培养水平划分，结合学生认知发展规律和心理发展规律，对学生课后作业闯关教学效果进行水平划分（见表 4）。

表4 “课后”作业闯关小模式评价表

| 水平 | 思维层级 | 能力层次 | 总分/分(100分) | 自评 | 他评 | 师评 |
|---|---|---|---|---|---|---|
| 水平1(15分) | 记忆 | 1. 观察实验现象 | 5 | | | |
| | | 2. 能联系原理相关的物理知识 | 5 | | | |
| | | 3. 经过实验探究的过程，记住基本的物理概念和规律 | 5 | | | |
| 水平2(15分) | 理解 | 1. 根据指引完成整个实验操作的过程 | 5 | | | |
| | | 2. 理解实验相关的物理规律 | 5 | | | |
| | | 3. 掌握基本的物理实验设计过程和方法 | 5 | | | |
| 水平3(15分) | 应用 | 1. 独自或小组合作方式基本完成实验探究 | 5 | | | |
| | | 2. 能够在理解的基础上，将实验相关的物理规律应用到习题的解答当中 | 5 | | | |
| | | 3. 将物理规律应用于实际问题 | 5 | | | |
| 水平4(25分) | 分析与评价 | 1. 独立完成整个实验的探究，能够结合实验相关的物理规律，对实验现象进行分析 | 5 | | | |
| | | 2. 在理解实验原理的基础上，能够对他人的作品进行分析和评价 | 10 | | | |
| | | 3. 能对他人作品给出有建设性的改进方案 | 10 | | | |
| 水平5(30分) | 创造 | 1. 能够在掌握实验原理的基础上联系相关知识 | 10 | | | |
| | | 2. 应用所学物理规律进行实验思路改进 | 10 | | | |
| | | 3. 能制订实验探究方案，制作创客作品 | 10 | | | |

## 四、成果的创新之处

1．模式创新。创建了中学物理闯关型教学模式，该模式由中学物理闯关型教学大模式和“课前”“课中”“课后”三个环节闯关小模式组成。每个环节的小闯关都由促进学生思维进阶发展的问题链组成，以外显的流程推进和内隐的思维进阶两条闯关路径，通过三个环节的小闯关，完成大闯关。其中，通过教师精心设关、学生逐级闯关，以达到师生思维发展的双进阶，具有理论创新价值。

2．策略创新。物理是以实验为基础的学科，实验教学有助于学生学习兴趣的提高和思维能力的培养，以促进落实物理核心素养。因此，本研究建立以实验为中心的物理实验教学环境，以实验为抓手，通过课前实验资源遴选和开发闯关、“课中”实验闯关、“课后”作业评价闯关，达到提高学生学习兴趣、强化学生思维训练的目的，具有实践创新价值。

3．评价创新。针对教学过程中的各个环节，开发评价工具，以了解教学效果以及该模式的应用效果。项目组在开发常规的“课中”评价基础上，创新开发了“课前”实验资源遴选评价工具、基于实验的“课后”作业评价工具和用于教学反思的整个教学流程的评价工具。对师生的思维训练效果进行检验，具有推广价值。

## 五、应用效果与反思

### （一）应用效果

项目组 2013 年前主要是进行演示实验资源的开发研究，取得了丰硕的成果，为后续研究打下坚实基础，2015 年提出了基于实验的中学物理闯关型教学模式概念。

1．根据课前实验资源开发遴选闯关小模式，在已有实验资源库中，筛选出精品实验 65 件；2018 年以来，全新开发创新实验器材 56 件（见图 18、图 19），其中双变水透镜获 2019 年广东省中学物理和小学科学实验操作与创新技能竞赛一等奖和创新奖（见图 20）。撰写实验改进论文，共发表 19 篇，其中在核心期刊发表 10 篇。

作品外观　　　电阻丝上面裹上纸巾　　　煤油冒烟的效果

**图 18　焦耳定律演示仪**

图 19　热机原理演示仪

图 20　“双变水透镜”获广东省一等奖和创新奖

2. 根据四种课型“课中”闯关小模式，进行区级以上各种课型研讨课或示范课 35 节，其中省级公开课 17 节，进一步验证与优化该模式。

3. 中学教师和教研员自制教具能力、教学能力和教学研究能力显著提高。其中 1 人从一线教师成长为省教研员，1 人成为教育部“中小学教师国家级培训计划”入库专家，3 人受聘为华南师范大学和广州大学硕士生导师，9 人成为广东省名教师工作室培养对象、市名教师或名校长培养对象和省市区骨干教师或名师等。

4. 中学生和师范生科技创新能力得到训练和培养，教学创新、自制教具和教学研究能力显著提高，获奖共 15 人次。

5. 项目成果在国内推广和应用，效果显著。

（1）共发表论文 66 篇，其中，核心期刊发表 25 篇，《中学物理教与学》（中国人民大学《复印报刊资料》）7 篇；获各类奖共 73 项。

（2）开发了中国大学慕课“中学物理教学设计”等全国省市课程 4 项（见图 21）。

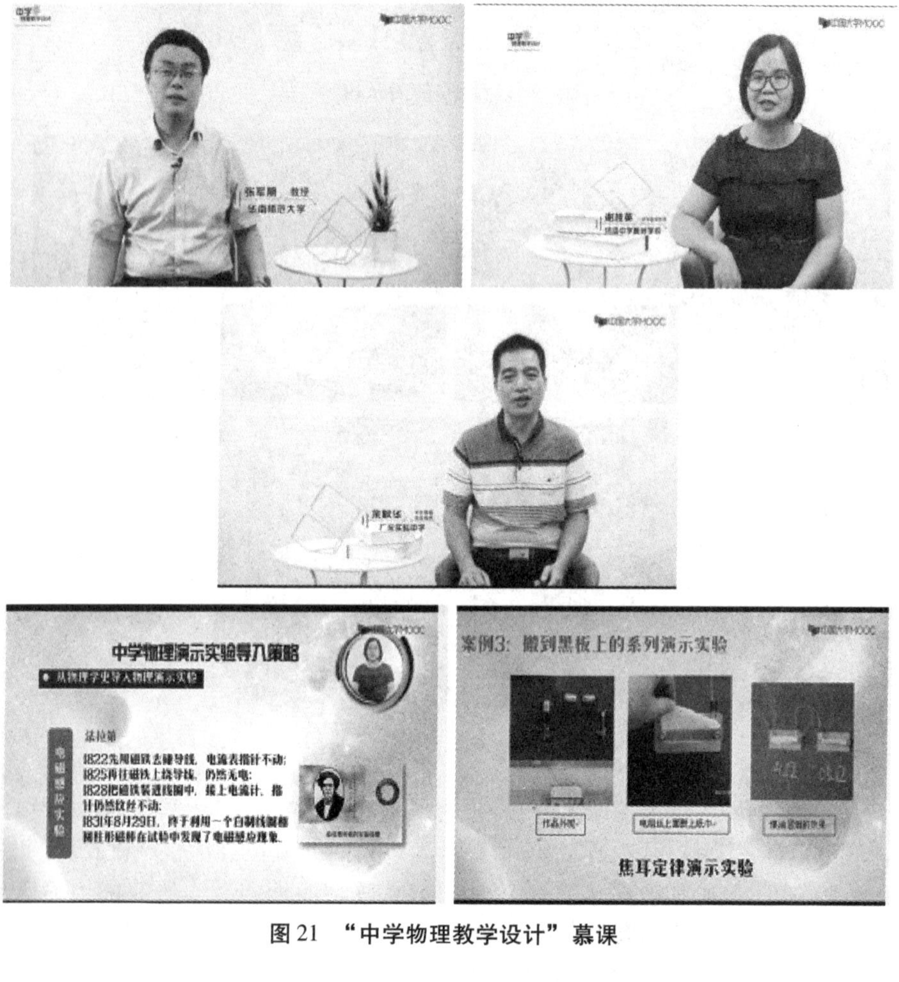


图 21 “中学物理教学设计”慕课

（3）利用“扶贫高州革命老区小学科技创新教育”项目，将成果向革命老区推广。

（4）在全国物理年会、各级各类教研或教师培训，师范生实习或见习中，在省内外及港澳地区以公开课（115 人次）、实验展示和专题讲座

（87 人次）的形式，在近 300 个单位、45 万人中交流推广。

**（二）反思与建议**

1. 通过多年坚持不懈的探索实践，基于实验的中学物理闯关型教学模式已经产生良好的教学效果，为更多的一线物理教师教学提供了可操作的依据。

2. 我们取得了丰硕的成果，但作为一线教师，教学任务繁重，课题研究周期过短，很多想法还来不及实现，如初中实验教学专著还未完成等。我们将进行反思和总结，并一如既往地进行研究，在物理教学改革的路上继续前行。

3. 建议一线教师的课题研究选择不要一味追求高大上，要选择自己熟悉的教学领域，将教学与课题研究有效结合在一起，课题组成员要对研究进行总结，撰写研究论文，争取在国家级刊物，尤其是核心刊物发表，并将成果应用于教学，教、学、研相长，这种课题方式值得一线教师借鉴。

研究中，我们付出了辛勤的汗水，珍惜每一个教学案例、每一件实验创新作品，将会以更大的热情、更强的信心，继续探索实验教学问题，为深化物理课程改革，提升学生实践能力和创新精神，实现中国梦，做出贡献！

（执笔人：余耿华，谢桂英，许桂清，曾令鹏，张军朋，黄培杰；审稿人：曾令鹏）

# 广东省高中语文新课程新教材培训和实施调研报告

○广东省教育研究院教学教材研究室

**摘　要**：针对广东省高中语文新课程新教材培训和实施现状进行调查与分析，调查结果表明：一是城乡教师队伍差距不大。二是培训和实施情况的地区差距不大。三是新课程培训和新教材实施存在的问题，城乡间呈现相通性和一致性。主要问题有：一是培训未做到全覆盖，培训次数不足，培训机会少，培训形式单一，培训方法不够创新，培训内容缺乏实效，培训需求得不到满足，培训效果不理想。二是实施层面遇到来自教师自身和外部的突出问题多，自身问题包括思想观念难以转变、新旧理念的冲突、对新课程理念学习不足、专业知识储备不足等；外部问题包括学生素质、水平问题，新教材所需的各类软硬件、教学资源、学习资源配备等问题。三是城乡差距和地区差距仍然存在。针对以上情况，调研组提出五方面对策建议：一是新课程新教材培训要做到"部门、区域、对象、内容"四个"全覆盖"。二是新课程新教材培训要加量加"料"，创新形式，突出实效。三是新课程新教材培训要做到校际、城乡、地区、全省、全国多方联动，资源共享。四是健全和完善教师培训制度，加大培训和实施的保障力度。五是加快城乡一体化，共建新课程改革和谐发展之路。

**关键词**：新课程新教材　培训　实施　高中语文　城乡　调查研究

## 一、调研背景

广东省从 2020 年秋季学期高一年级实施新课程、使用新教材，引起了社会各界的不同反响，学校、家长、社会都在密切关注着课堂的变化。为充分了解省内不同地区新课程新教材的培训和实施情况，并能有针对性地指出问题、研究对策、提供经验，2020 年 11 月，由各地市高中语文教研员共同参与的调研团队进行了广泛的线上问卷调查，并重点调查了广东省农村高中在组织高中新课程改革的实施、培训等方面的具体情况。

## 二、研究方法

### （一）问卷设计

本研究采用问卷调查的方式进行。问卷共有 29 题，其中选择题 28 项（18 项单选题，10 项多选题），主观题 1 项。问卷主要包括教师情况、学校情况、培训情况、对新课程新教材实施的看法、困难与帮助、意见与建议等方面内容。

### （二）调研对象

调研对象覆盖全省 21 个地市 122 个县市区高中语文教师。据统计，一共有 6 843 位教师参与了调查，其中城区教师 5 072 人，农村教师 1 771人。

调研组主要开展了城乡之间大数据的全面比对，重点进行了珠三角和粤东西北地区之间的数据对比，还做了进一步抽样调查。

抽样样本共 2 681 人，分别来自：珠三角的深圳宝安区/城区、深圳龙岗区/城区，东莞/农村、东莞/城区，中山/农村、中山/城区；粤东的汕头金平区/城区、汕头朝阳区/农村、汕头潮阳区/城市，潮州潮安县/农村、潮州潮安县/城区、潮州饶平县/农村，揭阳普宁市/农村、揭阳普宁市/城区、揭阳揭东县/农村、揭阳揭东县/城区，汕尾城区/城区、汕尾陆河县/农村；粤西的阳江江城区/城区、阳春市/城区，湛江赤坎区/城区、吴川/农村、吴川/城区；粤北的韶关仁化县/城区、韶关武江区/城区，梅州梅江区/城区、梅州五华县/农村、梅州五华县/城区，清远清城区/城区、清远英德市/城区、清远清新县/城区，河源源城区/城区、河源龙川县/城区。

这些地区参与调研的教师人数较多，基本能达到该地区高中教师总数的 50%，参照价值较大。经过比对，我们发现抽查数据与整体数据基本一致，说明本次调研问卷具有较好的效度和信度（见表 1）。

表 1　部分样本县（市、区）参与调查人数

| 市（县、区） | 农村/人 | 城区/人 | 小计/人 |
|---|---|---|---|
| 深圳宝安区 | 22 | 136 | 158 |
| 深圳龙岗区 | 13 | 120 | 133 |
| 佛山南海区 | 44 | 60 | 104 |
| 佛山顺德区 | 119 | 131 | 250 |
| 东莞市 | 151 | 243 | 394 |
| 中山市 | 111 | 158 | 269 |
| 汕头潮阳区 | 75 | 53 | 128 |
| 潮州饶平县 | 50 | 15 | 65 |
| 潮州潮安县 | 99 | 33 | 132 |
| 揭阳普宁市 | 60 | 67 | 127 |
| 揭阳揭东县 | 84 | 47 | 131 |
| 汕尾陆河县 | 39 | 28 | 67 |
| 阳江江城区 | 0 | 69 | 69 |
| 阳江阳春市 | 2 | 128 | 130 |
| 湛江赤坎区 | 0 | 81 | 81 |
| 湛江吴川市 | 50 | 85 | 135 |
| 湛江徐闻县 | 8 | 87 | 95 |
| 清远清城区 | 11 | 72 | 83 |
| 清远英德市 | 31 | 89 | 120 |
| 梅州兴宁市 | 52 | 83 | 135 |
| 梅州梅江区 | 1 | 88 | 89 |
| 梅州五华县 | 84 | 75 | 159 |

## 三、广东省高中语文新课程新教材培训和实施现状分析

### （一）教师的基本情况

从性别看，无论农村还是城市都是女教师居多。女教师在农村占比 69.57%，在城市占比 72.18%，说明高中语文学科教育中女性教师群体是主要力量。

从年龄看，无论农村还是城区，45 岁及以下的教师占比接近 80%，51 岁以上占比 11% 左右。35 岁以下占比最高，农村占 34.83%，城市占 30.43%。其中粤西农村比例最高，接近 50.00%；粤北农村的比例最低，为 25.93%（见表 2）。

**表 2　各地区教师年龄状况**

| 城乡/地区 | 35 岁及以下/% | 36～40 岁/% | 41～45 岁/% | 46～50 岁/% | 51 岁及以上/% | 小计/人 |
|---|---|---|---|---|---|---|
| 农村/珠三角 | 31.21 | 20.10 | 17.97 | 13.07 | 17.65 | 612 |
| 农村/粤东 | 35.86 | 28.66 | 18.61 | 9.68 | 7.20 | 806 |
| 农村/粤西 | 49.21 | 23.56 | 15.71 | 7.33 | 4.19 | 191 |
| 农村/粤北 | 25.93 | 27.78 | 19.75 | 13.58 | 12.96 | 162 |
| 城区/珠三角 | 33.91 | 24.28 | 15.18 | 12.54 | 14.09 | 1 746 |
| 城区/粤东 | 27.69 | 30.14 | 18.71 | 13.55 | 9.91 | 1 181 |
| 城区/粤西 | 34.80 | 29.25 | 13.32 | 10.46 | 12.09 | 1 224 |
| 城区/粤北 | 18.68 | 32.14 | 18.35 | 16.40 | 14.44 | 921 |

从教龄来看，无论农村还是城区，工作 11～20 年的比例比较高，占 40% 左右。31 年或以上教龄的占比大部分区域不超过 10%。6 年以下教龄的比例差距较大，占比较低的为粤北/城区和粤东/农村，占比不到 10%；占比较高的为珠三角/农村和珠三角/城区，均超过 20%，而其他区域占比大体在 10%。教龄不足 10 年的占比，依然是粤北地区最低，珠三角最高（见表 3）。这在某种程度上反映了大学师范专业毕业生的主要就业流向为珠三角。而面对新的一轮课程改革，青年教师或许在教学经验上不如中老年教师，但面对新事物的适应能力反而会强一些，这一批新力军的成长，对珠三角的新课程新教材的研究推广或许是有利因素。

**表 3　各地区教师教龄状况**

| 城乡/地区 | 6 年或以下/% | 7～10 年/% | 11～15 年/% | 16～20 年/% | 21～25 年/% | 26～30 年/% | 31 年或以上/% |
|---|---|---|---|---|---|---|---|
| 农村/珠三角 | 21.57 | 8.17 | 13.56 | 18.95 | 13.73 | 12.09 | 11.93 |
| 农村/粤东 | 9.06 | 20.10 | 27.42 | 16.63 | 14.14 | 7.44 | 5.21 |

续上表

| 城乡/地区 | 6 年或以下/% | 7~10 年/% | 11~15 年/% | 16~20 年/% | 21~25 年/% | 26~30 年/% | 31 年或以上/% |
|---|---|---|---|---|---|---|---|
| 农村/粤西 | 17.28 | 25.13 | 24.08 | 13.61 | 13.61 | 3.14 | 3.14 |
| 农村/粤北 | 11.73 | 10.49 | 20.99 | 19.14 | 18.52 | 9.26 | 9.88 |
| 城区/珠三角 | 23.08 | 9.51 | 19.24 | 15.98 | 11.74 | 9.62 | 10.83 |
| 城区/粤东 | 11.60 | 10.84 | 24.13 | 20.24 | 15.33 | 10.75 | 7.11 |
| 城区/粤西 | 11.76 | 19.77 | 25 | 15.44 | 10.29 | 8.58 | 9.15 |
| 城区/粤北 | 7.38 | 7.82 | 24.97 | 19.44 | 14.44 | 14.88 | 11.07 |

从教师学历来看，城乡本科学历的占比超过九成，农村高中教师学历以本科为主，约占总人数的91.47%；硕士研究生城区占比高于农村7个百分点，整个珠三角地区则是粤东西北地区的4倍。从以上数据可以明显看出：近年来，城乡差距在缩小，农村高中教师学历水平普遍有大幅度提高，全省教师的专业水平得到了整体提升，但学历不达标的高中教师依然存在，硕士研究生学历的教师为数不多。同时，地区差异较大，珠三角硕士研究生的占比远高于其他区域（见表4）。

表4　各地区教师学历状况

| 城乡/地区 | 专科以下/% | 专科/% | 本科/% | 硕士研究生/% | 博士研究生/% |
|---|---|---|---|---|---|
| 农村/珠三角 | 0.16 | 0.33 | 83.33 | 16.18 | 0 |
| 农村/粤东 | 0 | 1.36 | 96.53 | 2.11 | 0 |
| 农村/粤西 | 0 | 2.09 | 93.72 | 4.19 | 0 |
| 农村/粤北 | 0 | 1.85 | 94.44 | 3.70 | 0 |
| 城区/珠三角 | 0.06 | 0.11 | 72.11 | 27.49 | 0.23 |
| 城区/粤东 | 0 | 0.68 | 93.14 | 6.18 | 0 |
| 城区/粤西 | 0 | 0.25 | 92.08 | 7.68 | 0 |
| 城区/粤北 | 0 | 0.54 | 91.31 | 8.14 | 0 |

从教师职称结构来看，无论农村还是城区，中级以上占75%有余，城区副高比例比农村高6个百分点。从地域分布来看，粤北城区副高占比最高，然后依次为珠三角、粤东、粤西城区、粤北农村。初级教师粤西农村占比明显高于其他地区。通过调查我们发现：高中教师有高级职称的约占

21.56%，高级职称教师相对匮乏；正高级教师农村仅占比0.11%，城区也仅占0.49%，实属凤毛麟角（见表5）。具有中级职称的教师最多，这些教师有一定的教育教学经验，渴望通过自身的努力获得更高的职称。因此，这些教师通过理念更新，伴随课堂改革提升自身素质的需求空间更大。同时粤西农村初级教师占比如此之高，也需要有所关注，究竟是教师成长的内驱力不足还是学校的关注引导不够，需要后续跟进调研。

**表5　各地区教师职称状况**

| 城乡/地区 | 未定级/% | 初级/% | 中级/% | 副高级/% | 正高级/% |
|---|---|---|---|---|---|
| 农村/珠三角 | 13.07 | 10.78 | 47.71 | 28.10 | 0.33 |
| 农村/粤东 | 3.23 | 17.12 | 59.93 | 19.73 | 0 |
| 农村/粤西 | 1.57 | 40.84 | 48.69 | 8.90 | 0 |
| 农村/粤北 | 7.41 | 15.43 | 56.79 | 20.37 | 0 |
| 城区/珠三角 | 11.80 | 12.49 | 46.28 | 28.87 | 0.57 |
| 城区/粤东 | 5.59 | 14.56 | 53.09 | 26.25 | 0.51 |
| 城区/粤西 | 2.86 | 20.75 | 51.06 | 24.84 | 0.49 |
| 城区/粤北 | 3.04 | 8.90 | 54.94 | 32.79 | 0.33 |

农村和城区县（市、区）名教师、名师工作室主持人或骨干教师比例相近，农村占11.04%，城区占12.54%，88.00%左右是普通教师。粤北的名教师、名师工作室主持人或骨干教师占比略高于其他地区，粤西农村最低，其次是珠三角农村（见表6）。

**表6　各地区教师身份状况**

| 城乡/地区 | 是（名教师、名师工作室主持人或骨干教师）/% | 不是（名教师、名师工作室主持人或骨干教师）/% |
|---|---|---|
| 农村/珠三角 | 9.80 | 90.20 |
| 农村/粤东 | 12.28 | 87.72 |
| 农村/粤西 | 6.81 | 93.19 |
| 农村/粤北 | 13.58 | 86.42 |
| 城区/珠三角 | 12.43 | 87.57 |
| 城区/粤东 | 12.21 | 87.79 |
| 城区/粤西 | 12.17 | 87.83 |
| 城区/粤北 | 13.57 | 86.43 |

### （二）教师参与培训情况

1. 培训类型、次数、地点和组织单位。

（1）从培训次数来看。近三年来，参加新课程培训次数，城乡差距不大，参加 1～3 次的占六七成。值得重视的是，三年内没有参加过新课程新教材培训的，不论城区还是农村都有 10% 左右。粤西城区和粤北农村占比最高，其次是粤西农村、珠三角农村和粤东城区。而三年内未参加过新课程之外的专业培训的教师占比更高，达 20% 左右，粤西农村更接近 30%（见表 7、表 8）。由此可以看到，新课程新教材培训的“全员覆盖”目标尚未达成，部分教师缺乏培训的机会，对新课程新教材的实施推进知之甚少，此现象需引起重视。

表 7　近三年参加新课程培训次数

| 城乡/地区 | 0 次/% | 1 次/% | 2 次/% | 3 次/% | 4 次/% | 5 次/% | 6 次以上/% |
|---|---|---|---|---|---|---|---|
| 农村/珠三角 | 10. 13 | 26. 47 | 19. 77 | 23. 04 | 4. 25 | 3. 43 | 12. 91 |
| 农村/粤东 | 9. 55 | 29. 53 | 20. 10 | 21. 09 | 5. 96 | 3. 47 | 10. 30 |
| 农村/粤西 | 10. 47 | 27. 75 | 23. 04 | 19. 90 | 7. 33 | 3. 14 | 8. 38 |
| 农村/粤北 | 11. 11 | 17. 90 | 22. 84 | 27. 16 | 8. 02 | 4. 94 | 8. 02 |
| 城区/珠三角 | 8. 42 | 22. 39 | 21. 19 | 23. 65 | 5. 67 | 4. 01 | 14. 66 |
| 城区/粤东 | 10. 08 | 27. 27 | 19. 81 | 23. 45 | 5. 84 | 3. 73 | 9. 82 |
| 城区/粤西 | 11. 03 | 27. 94 | 23. 94 | 21. 90 | 5. 56 | 3. 27 | 6. 37 |
| 城区/粤北 | 4. 34 | 22. 69 | 24. 86 | 25. 95 | 6. 62 | 4. 45 | 11. 07 |

表 8　近三年内参加新课程培训之外的专业培训次数

| 城乡/地区 | 0 次/% | 1～3 次/% | 4～6 次/% | 7～9 次/% | 10 次以上/% |
|---|---|---|---|---|---|
| 农村/珠三角 | 20. 10 | 57. 84 | 15. 03 | 3. 27 | 3. 76 |
| 农村/粤东 | 25. 43 | 59. 06 | 10. 79 | 2. 36 | 2. 36 |
| 农村/粤西 | 28. 27 | 60. 73 | 8. 38 | 1. 57 | 1. 05 |
| 农村/粤北 | 20. 37 | 62. 35 | 14. 81 | 2. 47 | 0 |
| 城区/珠三角 | 17. 12 | 60. 82 | 14. 60 | 2. 98 | 4. 47 |
| 城区/粤东 | 23. 62 | 59. 19 | 13. 04 | 2. 03 | 2. 12 |
| 城区/粤西 | 24. 43 | 64. 22 | 8. 42 | 1. 55 | 1. 39 |
| 城区/粤北 | 18. 13 | 65. 80 | 10. 75 | 2. 82 | 2. 50 |

（2）从培训地点和组织单位来看。粤东西北及珠三角地区趋同，培训地点六七成在本地区，三四成在校内。培训的组织单位也基本相同，本市教研部门的占三成以上，其次为学校、本县（区）教研部门。本地区教师继续教育部门、本省教研部门、国家教研部门占比均不到一成。粤西和珠三角地区区级以上培训稍多一些；粤西城区比农村还少。从城乡角度看，参加外市和外省培训的城区比农村比例略高5个百分点。从地域来看，珠三角和粤北外出培训的比例高于其他地区（见表9、表10）。

**表9　近一年内参加的新课程新教材培训的地点**

| 城乡/地区 | 没有/% | 校内/% | 本地区/% | 外市/% | 外省/% |
|---|---|---|---|---|---|
| 农村/珠三角 | 13.89 | 41.67 | 65.52 | 7.68 | 3.10 |
| 农村/粤东 | 11.66 | 38.09 | 68.98 | 3.60 | 2.11 |
| 农村/粤西 | 13.61 | 40.31 | 64.40 | 4.19 | 1.05 |
| 农村/粤北 | 12.96 | 33.33 | 68.52 | 6.17 | 6.17 |
| 城区/珠三角 | 9.74 | 40.49 | 70.79 | 8.36 | 4.98 |
| 城区/粤东 | 11.60 | 42.76 | 62.40 | 6.60 | 3.56 |
| 城区/粤西 | 14.71 | 42.89 | 57.52 | 7.35 | 2.78 |
| 城区/粤北 | 6.95 | 42.56 | 71.12 | 11.07 | 6.08 |

**表10　近一年内参加的新课程新教材培训的组织单位**

| 城乡/地区 | 没有/% | 学校（单位）/% | 本县(区)教研部门/% | 本市教研部门/% | 本地区教师继续教育部门/% | 本省教研部门/% | 国家教研部门/% | 其他/% |
|---|---|---|---|---|---|---|---|---|
| 农村/珠三角 | 11.27 | 19.28 | 12.91 | 37.91 | 7.19 | 3.76 | 7.19 | 0.49 |
| 农村/粤东 | 9.43 | 19.35 | 20.22 | 31.27 | 5.71 | 5.58 | 7.20 | 1.24 |
| 农村/粤西 | 12.57 | 19.37 | 20.94 | 25.65 | 6.28 | 7.33 | 5.76 | 2.09 |
| 农村/粤北 | 11.11 | 14.81 | 18.52 | 40.74 | 4.94 | 3.09 | 5.56 | 1.23 |
| 城区/珠三角 | 8.42 | 17.07 | 14.32 | 41.18 | 7.10 | 3.78 | 7.39 | 0.74 |
| 城区/粤东 | 9.23 | 23.29 | 14.82 | 29.97 | 5.93 | 7.79 | 7.79 | 1.19 |
| 城区/粤西 | 11.93 | 27.94 | 14.30 | 27.29 | 6.13 | 5.56 | 5.39 | 1.47 |
| 城区/粤北 | 5.97 | 18.13 | 11.94 | 49.19 | 5.32 | 5.43 | 3.80 | 0.22 |

2. 新课程新教材培训方式及有效性分析。

（1）在培训方式上，城乡差别不大。其一是学习平台基本无差别。各地教师参与新课程新教材培训的学习平台40%左右是线上线下混合式，35%左右是线上。其二是开班形式基本无差别。50%左右是大会集中培训，大会、小班混合式和其他方式各占15%左右。其三是学习形式也基本差别不大。各地皆以“理论讲座”为主，大多超70%。参与过“教学研讨”的教师大多有40%，只有粤西城乡和粤北农村比例稍低一点，占30%左右。而参与过“专题小组研修”“工作坊研修”这类较新型的学习形式的教师均不多，一般在10%左右。其中粤东城乡比例均最高，珠三角农村和粤西城乡占比最低。综合而言，教师已参加的培训以理论学习为主，实操示范较少，形式比较单一（见表11、表12）。

**表11　新课程新教材培训的学习平台**

| 城乡/地区 | 没有/% | 线上/% | 线下/% | 线上线下混合/% |
|---|---|---|---|---|
| 农村/珠三角 | 9.97 | 34.31 | 8.99 | 46.73 |
| 农村/粤东 | 8.68 | 34.99 | 13.28 | 43.05 |
| 农村/粤西 | 10.99 | 44.50 | 7.85 | 36.65 |
| 农村/粤北 | 11.73 | 31.48 | 9.88 | 46.91 |
| 城区/珠三角 | 8.30 | 33.85 | 10.14 | 47.71 |
| 城区/粤东 | 8.47 | 37.93 | 9.65 | 43.95 |
| 城区/粤西 | 9.97 | 37.58 | 12.75 | 39.71 |
| 城区/粤北 | 6.95 | 30.18 | 13.14 | 50.49 |

**表12　新课程新教材培训的学习形式（多选题）**

| 城乡/地区 | 没有/% | 理论讲座/% | 实操指导讲座/% | 教学研讨（如观课研课）/% | 专题小组研修/% | 工作坊研修/% | 其他/% |
|---|---|---|---|---|---|---|---|
| 农村/珠三角 | 11.76 | 74.02 | 23.53 | 41.01 | 12.09 | 6.86 | 4.08 |
| 农村/粤东 | 8.81 | 75.31 | 17.49 | 40.07 | 14.39 | 10.79 | 5.09 |
| 农村/粤西 | 13.09 | 66.49 | 23.04 | 32.98 | 6.81 | 6.28 | 7.85 |

**续上表**

| 城乡/地区 | 没有/% | 理论讲座/% | 实操指导讲座/% | 教学研讨（如观课研课）/% | 专题小组研修/% | 工作坊研修/% | 其他/% |
| --- | --- | --- | --- | --- | --- | --- | --- |
| 农村/粤北 | 14.81 | 70.37 | 21.60 | 33.95 | 12.96 | 8.64 | 3.70 |
| 城区/珠三角 | 9.45 | 72.16 | 26.17 | 46.74 | 13.40 | 8.36 | 3.26 |
| 城区/粤东 | 10.58 | 73.33 | 21.76 | 40.47 | 13.46 | 11.85 | 5.42 |
| 城区/粤西 | 12.91 | 74.75 | 18.30 | 28.84 | 8.74 | 4.90 | 4.82 |
| 城区/粤北 | 8.03 | 79.26 | 23.45 | 42.24 | 12.81 | 7.82 | 3.15 |

（2）培训成效分析。各地区教师都认为最有效的新课程培训平台是线上线下混合式学习，这与疫情期间国家普及线上学习方式的大背景有较大关系。农村线上学习比城区比例稍高。普遍来看，教师认为线下学习有效度比例高出线上学习 2～10 个百分点不等。可见，教师认为更有收获的培训模式还是本地区的线下集中培训，这一方面说明线下集中培训作为教师培训的一种主要形式，已经被教师普遍接受认可。这种培训方式在引领教师的专业成长上起到了积极推动作用。另一方面也可看出，大多数教师仍习惯于传统的培训模式，对线上培训等新的模式略显不适应（见表 13）。

**表 13　有效学习平台的调查（多选题）**

| 城乡/地区 | 线上学习/% | 线下学习/% | 线上线下混合式学习/% | 其他/% |
| --- | --- | --- | --- | --- |
| 农村/珠三角 | 26.63 | 26.14 | 77.78 | 3.76 |
| 农村/粤东 | 26.67 | 28.41 | 77.92 | 4.59 |
| 农村/粤西 | 26.70 | 32.98 | 79.06 | 6.28 |
| 农村/粤北 | 25.31 | 30.86 | 75.93 | 6.17 |
| 城区/珠三角 | 23.94 | 27.49 | 78.58 | 3.09 |
| 城区/粤东 | 22.27 | 26.16 | 77.90 | 3.22 |
| 城区/粤西 | 21.57 | 32.35 | 79.25 | 2.61 |
| 城区/粤北 | 19.54 | 29.75 | 80.02 | 2.17 |

通过调查分析我们发现，“外出参观交流”“到先进地区（学校）跟岗学习”“一线名师到校指导”是教师最愿意、最欢迎的三种培训模式，城乡比例基本一致。其中“外出参观交流”占比高达60%左右；“名师送教到校”，则粤西和粤北的需求比例稍大一点。广大教师普遍认为“听专家的实操指导讲座”“教学观摩研讨”是比较有效的培训方式。其中，“强校强区帮扶”认同度普遍低于20%，估计由于这种培训方式还未能普及，教师对此欠缺了解和直观体验。而粤西农村34.55%、粤北城乡接近30%的认同度，则应该与该地区获得政策性帮扶的资源较多有一定关系。而“小组专题研修”“工作坊研修”这类较新型的培训方式的认同度不算高，与教师普遍未体验过这类培训方式有一定关系。值得一提的是，“小组专题研修”的认同度普遍超过30%，“工作坊研修”的认同度普遍超过20%，与参与度相比，均高出10～20个百分点。这说明教师对新型而有效的学习方式还是接受和欢迎的（见表12、表14、表15）。

**表14　比较有效的新课程培训方式（问题1）（多选题）**

| 城乡/地区 | 在本单位自学 | 在本单位小组学习/% | 在本单位与校外专业人员交流/% | 外出参观交流/% | 到先进地区(学校)跟岗学习/% | 专家到校指导/% | 教研员到校指导/% | 一线名师到校指导/% | 名师送教到校/% | 教研员送教到校/% | 强校强区帮扶学习/% | 其他/% |
|---|---|---|---|---|---|---|---|---|---|---|---|---|
| 农村/珠三角 | 25.98 | 27.78 | 34.64 | 57.03 | 45.42 | 36.76 | 32.35 | 44.61 | 38.24 | 25.98 | 19.61 | 2.29 |
| 农村/粤东 | 18.24 | 30.77 | 36.10 | 55.58 | 47.39 | 35.24 | 28.78 | 44.17 | 39.08 | 18.61 | 20.10 | 3.10 |
| 农村/粤西 | 19.90 | 25.65 | 37.17 | 67.54 | 58.64 | 43.46 | 34.55 | 48.69 | 46.07 | 24.61 | 34.55 | 3.14 |
| 农村/粤北 | 16.05 | 24.07 | 30.86 | 58.64 | 51.23 | 41.36 | 34.57 | 51.23 | 42.59 | 22.22 | 29.63 | 3.09 |
| 城区/珠三角 | 20.45 | 24.97 | 35.97 | 61.91 | 50.74 | 39.46 | 34.08 | 45.82 | 37.63 | 23.94 | 17.01 | 1.95 |
| 城区/粤东 | 18.88 | 26.25 | 32.51 | 59.02 | 52.33 | 38.27 | 26.67 | 47.08 | 39.71 | 19.39 | 21.17 | 2.71 |
| 城区/粤西 | 17.48 | 21.24 | 33.91 | 62.58 | 56.21 | 39.13 | 27.78 | 49.84 | 41.75 | 17.73 | 26.06 | 1.80 |
| 城区/粤北 | 14.33 | 20.74 | 34.74 | 62.32 | 60.80 | 42.45 | 26.93 | 51.57 | 48.10 | 17.92 | 29.75 | 0.98 |

表15 比较有效的新课程培训方式（问题2）（多选题）

| 城乡/地区 | 阅读相关书籍/% | 听专家的理论讲座/% | 听专家的实操指导讲座/% | 教学观摩研讨/% | 小组专题研修/% | 工作坊研修/% | 其他/% |
|---|---|---|---|---|---|---|---|
| 农村/珠三角 | 54.08 | 42.65 | 61.27 | 78.10 | 30.72 | 23.86 | 1.63 |
| 农村/粤东 | 47.77 | 40.32 | 61.66 | 80.15 | 29.78 | 18.49 | 3.23 |
| 农村/粤西 | 55.50 | 52.88 | 68.06 | 81.15 | 38.22 | 31.94 | 2.62 |
| 农村/粤北 | 52.47 | 48.15 | 58.02 | 76.54 | 32.10 | 20.37 | 1.85 |
| 城区/珠三角 | 54.75 | 43.93 | 63.69 | 79.27 | 32.59 | 23.94 | 1.55 |
| 城区/粤东 | 50.38 | 41.57 | 62.32 | 79.76 | 31.50 | 21.93 | 2.29 |
| 城区/粤西 | 50.25 | 44.93 | 66.67 | 81.21 | 33.82 | 28.10 | 1.63 |
| 城区/粤北 | 46.25 | 44.19 | 64.82 | 83.39 | 29.53 | 21.72 | 1.63 |

以上调查情况充分说明，教师普遍认识到有效的培训学习方式是其专业成长的必备条件。一所学校一个地区如果忽视教师培训这一环节，那么该学校、地区的教师资源就会成为一潭死水。同时也告诉我们，在今后教师培训工作中必须以学校和教师发展的需要为工作方向，想基层所想，急教师所急，一切从实际出发。

**（三）新教材实施情况**

1．教师普遍认为使用新教材对教学、教研带来了全方位的显著影响。其中“改变教学观念”约占八成，“转变教学方式”约占七成，“明晰教学重点和难点”“丰富教学资源”“提升教学能力”占比均在五成以上。认为无显著影响的占2%左右。珠三角地区与粤东西北地区相比，没有明显差异（见表16）。

表 16　使用新教材对教学或教研的影响（多选题）

| 城乡/地区 | 明晰教学重点和难点/% | 丰富教学资源/% | 改变教学观念/% | 转变教学方式/% | 提升教学能力/% | 其他/% | 无显著影响（请补充说明）/% |
|---|---|---|---|---|---|---|---|
| 农村/珠三角 | 55. 39 | 59. 15 | 77. 45 | 71. 57 | 56. 86 | 5. 56 | 4. 08 |
| 城区/珠三角 | 54. 41 | 58. 71 | 76. 63 | 71. 02 | 55. 90 | 4. 07 | 2. 69 |
| 农村/粤东 | 56. 45 | 61. 04 | 76. 80 | 72. 83 | 62. 53 | 5. 83 | 1. 61 |
| 城区/粤东 | 53. 26 | 61. 22 | 77. 39 | 73. 07 | 61. 39 | 4. 66 | 2. 62 |
| 农村/粤西 | 55. 50 | 56. 02 | 78. 01 | 74. 87 | 59. 69 | 5. 76 | 2. 62 |
| 城区/粤西 | 54. 41 | 59. 64 | 79. 25 | 72. 22 | 58. 66 | 5. 07 | 2. 21 |
| 农村/粤北 | 53. 70 | 61. 11 | 76. 54 | 75. 93 | 67. 28 | 6. 79 | 1. 85 |
| 城区/粤北 | 53. 96 | 60. 80 | 82. 63 | 77. 09 | 64. 17 | 2. 82 | 1. 41 |

教师对新课程新教材实施的态度是认同的，不认同的占比极低，不到1%。选择最多的是“认同，勇于实施但觉得有一定难度”，粤东 34. 81%、粤西 35. 53%、粤北 36. 62%。相比较而言，在“感觉有一点难度”“感觉实施有困难、有犹豫”方面，粤东西北地区选择的比例高于珠三角地区（见表 17）。

表 17　对新课程新教材实施的看法（多选题）

| 城乡/地区 | 认同，乐于实施且善于实施 | 认同，积极实施且比较善于实施 | 认同，勇于实施但觉得有一定难度 | 比较认同，愿意实施也懂得实施 | 比较认同，能实施但感觉有一点难度 | 比较认同，感觉实施有困难，有犹豫 | 不认同，但可以尝试 | 不认同，也不愿尝试 | 其他 |
|---|---|---|---|---|---|---|---|---|---|
| 珠三角/农村 | 23. 86 | 17. 16 | 31. 54 | 6. 05 | 13. 73 | 4. 25 | 1. 63 | 0. 33 | 1. 47 |
| 珠三角/城区 | 22. 97 | 16. 95 | 31. 62 | 5. 67 | 15. 12 | 4. 47 | 1. 83 | 0. 11 | 1. 26 |
| 粤东/农村 | 18. 36 | 15. 88 | 34. 74 | 6. 08 | 17. 12 | 5. 58 | 0. 74 | 0 | 1. 49 |
| 粤东/城区 | 19. 64 | 15. 41 | 34. 89 | 5. 17 | 17. 02 | 5. 93 | 1. 10 | 0 | 0. 85 |
| 粤西/农村 | 17. 80 | 12. 57 | 38. 22 | 2. 09 | 20. 42 | 5. 76 | 1. 57 | 0. 52 | 1. 05 |
| 粤西/城区 | 21. 65 | 13. 73 | 32. 84 | 5. 15 | 19. 28 | 4. 41 | 1. 39 | 0. 25 | 1. 31 |
| 粤北/农村 | 15. 43 | 14. 20 | 38. 27 | 1. 23 | 19. 75 | 7. 41 | 1. 23 | 0. 62 | 1. 85 |
| 粤北/城区 | 20. 63 | 15. 64 | 34. 96 | 4. 67 | 16. 72 | 5. 65 | 1. 41 | 0. 11 | 0. 22 |

2. 新课程新教材实施过程中，教师面临的自身困难主要集中在“对新教材把握不够到位”“旧的教学经验与新的教学理念有冲突”“对新课程理念学习不足”“专业知识储备不足”四个方面。其中粤东、粤北地区最大的困难是“旧的教学经验与新的教学理念有冲突”，占 56.02% 和 56.12%；粤西地区的最大困难是“对新教材把握不够到位”，占 62.25%。珠三角地区各选项的比例比粤东西北地区略低。由此可以看到，珠三角地区对新课程新教材的实施情况相对较好，这与教师自身的专业素养以及持续有效的培训活动相关。同时，也提醒我们，在日后的培训活动安排上，需要对粤东西北地区有所倾斜（见表18）。

**表18　新课程新教材实施过程中，自身面临的主要困难（多选题）**

| 城乡/地区 | 思想观念难以转变/% | 学历学力限制/% | 专业知识储备不足/% | 旧的教学经验与新的教学理念有冲突/% | 对新课程理念学习不足/% | 对新教材把握不够到位/% | 其他/% |
|---|---|---|---|---|---|---|---|
| 珠三角/农村 | 28.76 | 9.48 | 33.33 | 46.57 | 46.24 | 56.86 | 9.15 |
| 珠三角/城区 | 24.28 | 8.48 | 35.34 | 47.08 | 46.85 | 56.64 | 9.28 |
| 粤东/农村 | 28.78 | 9.55 | 33.50 | 58.19 | 48.01 | 56.20 | 7.94 |
| 粤东/城区 | 27.27 | 9.40 | 36.07 | 53.85 | 45.30 | 53.68 | 9.06 |
| 粤西/农村 | 30.37 | 11.52 | 37.70 | 51.83 | 53.93 | 63.87 | 8.38 |
| 粤西/城区 | 29.90 | 9.23 | 39.38 | 49.84 | 55.88 | 60.62 | 6.86 |
| 粤北/农村 | 37.04 | 13.58 | 31.48 | 52.85 | 51.23 | 52.09 | 11.73 |
| 粤北/城区 | 30.51 | 9.55 | 40.07 | 59.39 | 51.03 | 58.52 | 5.86 |

主要的外部困难中，粤东西北三个地区的选择没有显著差异，最突出的困难是“学生素质、水平问题”，占比都超过七成，珠三角接近七成。其次为“本地区（本校）缺乏配备新教材所需的各类软硬件、教学资源、学习资源”，粤东 41.49%、粤西 43.40%、粤北 42.58%。珠三角选此项的比例为 34.28%。两项数据都是粤东西北地区高于珠三角，农村高于城区（见表19）。

**表 19　新课程新教材实施过程中，面临的主要外部困难（多选题）**

| 城乡/地区 | 学生素质、水平问题/% | 家长观念、态度问题/% | 本地区（本校）不够重视新课程新教材培训/% | 本地区（本校）新课程新教材培训方式不适合/% | 本地区（本校）新课程新教材培训滞后/% | 本地区（本校）学习、教研氛围不浓/% | 本地区（本校）学科教师之间的合作交流不够/% | 本地区（本校）缺乏配备新教材所需的各类软硬件、教学资源、学习资源/% | 本地区（本校）缺乏适合的交流互动平台/% | 上级教研部门不够支持/% | 其他/% |
|---|---|---|---|---|---|---|---|---|---|---|---|
| 珠三角/农村 | 69.44 | 26.47 | 19.93 | 14.54 | 20.92 | 16.67 | 16.83 | 33.33 | 20.59 | 3.76 | 7.84 |
| 珠三角/城区 | 66.90 | 21.08 | 18.61 | 13.46 | 15.58 | 19.59 | 20.22 | 35.22 | 20.50 | 4.30 | 8.59 |
| 粤东/农村 | 86.23 | 32.01 | 20.97 | 17.37 | 22.83 | 21.59 | 16.87 | 41.32 | 21.22 | 5.46 | 3.60 |
| 粤东/城区 | 77.82 | 25.91 | 21.00 | 14.14 | 21.42 | 18.80 | 17.78 | 41.66 | 22.52 | 6.60 | 5.59 |
| 粤西/农村 | 79.58 | 31.94 | 38.22 | 19.37 | 32.98 | 30.37 | 30.89 | 42.93 | 26.18 | 11.52 | 5.24 |
| 粤西/城区 | 71.08 | 24.10 | 27.61 | 17.65 | 28.68 | 26.47 | 23.61 | 43.87 | 27.78 | 8.91 | 5.15 |
| 粤北/农村 | 81.48 | 33.33 | 24.69 | 18.52 | 29.01 | 25.93 | 28.40 | 40.74 | 20.99 | 8.02 | 6.17 |
| 粤北/城区 | 76.87 | 24.76 | 25.41 | 16.29 | 29.21 | 24.21 | 20.30 | 44.41 | 25.41 | 8.25 | 3.37 |

在新课程新教材实施过程中，教师比较需要的帮助包括多方面，各个选项都有较高的占比，按比例由高到低依次为“大单元教学的整合设计与实施”“学习任务群的任务驱动”“真实学习情境的创设”“学科核心素养的培养”“教学资源、学习支架的开发”“教学评一体化的整体设计”“学业水平质量标准的理解与运用”（见表20）。

**表20　在新课程新教材实施中需要的帮助（多选题）**

| 城乡/地区 | 学科核心素养的培养/% | 学习任务群的任务驱动/% | 真实学习情境的创设/% | 大单元教学的整合设计与实施/% | 教学评一体化的整体设计/% | 学业水平质量标准的理解与运用/% | 教学资源、学习支架的开发/% | 其他/% |
|---|---|---|---|---|---|---|---|---|
| 珠三角/农村 | 50.49 | 61.93 | 55.23 | 60.29 | 43.63 | 31.54 | 42.16 | 3.43 |
| 珠三角/城区 | 46.91 | 59.11 | 55.67 | 64.83 | 45.99 | 29.55 | 41.70 | 3.38 |
| 粤东/农村 | 53.47 | 55.71 | 54.34 | 52.23 | 38.46 | 30.15 | 45.41 | 3.10 |
| 粤东/城区 | 46.66 | 56.22 | 53.77 | 61.22 | 43.10 | 28.79 | 42.34 | 3.30 |
| 粤西/农村 | 65.45 | 61.78 | 52.88 | 58.12 | 49.21 | 40.84 | 49.21 | 4.71 |
| 粤西/城区 | 51.96 | 60.05 | 58.33 | 60.38 | 47.22 | 32.68 | 45.51 | 2.61 |
| 粤北/农村 | 59.26 | 63.58 | 54.94 | 59.26 | 43.21 | 30.86 | 38.89 | 3.70 |
| 粤北/城区 | 49.19 | 63.19 | 56.46 | 66.67 | 48.86 | 31.70 | 46.15 | 2.17 |

## 四、广东省高中语文新课程新教材培训和实施存在的问题

### （一）从参与调查的教师群体来看

总体来说，参与调查的教师在性别、年龄、教龄、职称、学历、身份等各项数据上城乡差距不大，但部分数据存在较大差距，部分地区存在较大差别。

1. 中青年教师占比高，其中粤北地区中青年教师占比最低。教龄不足10年的占比，也是粤北地区最低，珠三角地区最高。中青年教师是新课程新教材培训和实施的主力军。他们的综合素质的优劣，直接关系和影响着全省高中教学质量的高低。因此应采取多种措施，通过多种方式和途径全面促进中青年教师，特别是青年教师尽快成长、快速提升、早日成熟，加强对新教师的跟踪培训和中年教师的“高原期”培训，这应当是当前和

今后一个时期内农村高中乃至全省高中教师培训的重中之重。

2. 本科学历教师占比高，研究生学历占比低，其中硕士研究生城区占比高于农村 7 个百分点，整个珠三角地区则是粤东西北地区的 4 倍。因此，大力提倡教师专业成长，切实强化教师学科理论修养，整体促进专业水平提升，仍是今后高中教师培训的关注点。而在培训对象上，优先关注粤东西北地区的青年教师，在培训人员分配上可以对粤东西北地区适当倾斜，通过培训整体提升粤东西北青年教师的专业素养，这应该是今后高中教师培训工作的关键点之一。

3. 副高及以上职称教师占比低，其中粤西地区最低；名教师、名师工作室主持人或骨干教师占比低，其中粤西农村最低。一般来说，能获得骨干教师以上的荣誉地位，获取培训机会、学习机会也相对增大，我们的培训既要做到全覆盖，让普通教师也能公平获取更多的机会，也要给名师们创造新的提升空间，鼓励他们发挥更大的引领带头作用。

**（二）从培训实施情况来看**

1. 新课程新教材培训范围不够广，次数不够多，容量不够大，质量不够高，力度不够强；城乡之间、地区之间有差别。粤东西北大部分地区近年来都开展了新课程新教材的培训，培训的普及率及次数略高于“三新”培训之外的专业培训，表明各地区对于实施新课程新教材培训相对重视。但值得关注的是，近三年有超过一成的教师没有参加过新课程新教材培训。农村教师没有参与培训的比例普遍比城区高，粤北农村和粤西整个地区的零参与比例最高。粤东部分县区没有参加过培训的比例超过 20%。各地区教师即使参加过培训的，次数也不多，近三年来参加 3 次或以上培训的教师不到一半，未能达到国家“全员培训”的要求。

2. 新课程新教材培训实效性不强，难以满足教师实际需求。其一，重理论轻实践的培训形式未能满足新形势下的教师培训需求。现有培训未能从学校实际、教师现状出发，对教师的实际需求了解不够。从统计数据来看，教师已参加的培训的形式主要是理论讲座，而教师认为最有效的是实践操作。粤东西北地区教师参加新课程新教材培训的形式主要是理论讲座，占 7 成，而在教师认为比较有效的新课程培训形式中，理论讲座排在第 5 至第 6 位，占 30% ~40%。教师认为比较有效的培训形式排首位的是“教学观摩研讨（公开课）”，约占 80%，在已参加的培训中，此类培训形式占 30% ~40%。教师认为比较有效的培训形式排第 2 位的是“听专家的实操指导讲座”，占 60% ~70%，而在已参加的培训中，“专家的实操指导讲座”只占10%～20%。长期以来，教师培训的形式主要是专家的理论讲座，培训内容重理论轻实践，理论结合实际少，参与体验式少，教学观摩研讨少。再加上广东地区2020年9月刚开始使用新教材，在实操方面还没有成熟的经验，致使现有的培训解读理论的多，实操示范的少，不能满足教师日益增长的需求。其二，培训内容未能紧扣教师亟待解决的实践层面的难点、热点。在新课程新教材实施过程中，教师普遍反映需要多方面的实质性的帮助，按比例由高到低依次为“大单元教学的整合设计与实施”“学习任务群的任务驱动”“真实学习情境的创设”“学科核心素养的培养”“教学资源、学习支架的开发”“教学评一体化的整体设计”“学业水平质量标准的理解与运用”。一线教师的实施求助点几乎涵盖了新课程新教材实施的所有环节，每一个点都急需富有实效性的培训指导，都需要有大量优秀案例的参考学习。而现有的新课程培训内容，大多还限于理论知识、宏观概念的解读，缺乏实操案例的学习，缺乏与新课程新教材实施直接对接的内容，对新课程实施难点的针对性、实操性指导更少。这些情况都在倒逼着广东省新课程新教材培训的革新。

3. 新课程新教材培训方式未能与时俱进，培训体系有待健全。各地新课程新教材培训大多停留在单一、传统的方式上，未能与时俱进。其一，培训方式较单调，以大会集中、理论讲座为主。我们在调查中发现，最受教师欢迎的最有效的是“外出参观交流、到先进地区（学校）跟岗学习、一线名师到校指导”这三种培训模式，特别是粤东西北地区的教师对这方面的期待度、渴望度很高。而实际上，教师大都难以获得这类“走出去”的机会，而“一线名师到校指导”的“请进来”机会也很少，粤东西北地区的“走出去”“请进来”机会则更少。其二，未能与时俱进，引进先进而有实效的培训方式。像“小组专题研修”“工作坊研修”等这类相对新型的培训方式，在调查中显示，也是教师比较欢迎的。但由于八成以上的教师都未体验过，无从了解这类培训方式的实效，自然制约了教师的认知和接受度。比如线上学习，它能对线下学习起良好的补充功能，在2020年疫情期间，发挥了超出预想的作用。教师对线上学习的接受度，在国家大力推动下，有了一定改观，但仍有一些地区无法普及线上学习，无法借助线上培训的东风让教师的学习更上层楼。许多学校的教师培训工作仍在低层次、低效度之中徘徊，在很大程度上制约了教师整体素质的提高。其三，培训组织单位主体较单一，培训体系有待健全。从统计数据来看，教师参加的新课程新教材培训的组织单位主要为本市教研部门和学校，本地区教师继续教育部门、本省教研部门、国家教研部门占比不到一成。在粤东西北地区，教师继续教育中心每学年都组织学科专业培训，但形式基本为线上培训，培训的针对性、指导性不够强，不能满足教师的需求，容易让部分教师产生“被培训”的消极想法。相对而言，国家教研部门、省教研部门组织的培训规格和质量更高，地区继续教育中心的培训职能更强，如何实现培训单位之间的联动，协同发力，扩大培训覆盖面，提高培训质量，有待解决。

4. 教师培训保障机制还不完善。缺乏培训评估、激励机制，教师参与培训的动力不足。保障力度不足，培训经费难以落实，导致多数教师外出参加省、市培训机会少。许多学校以“会影响校内教学”为由拒送教师外出学习，农村学校更是普遍存在选送培训不到位的现象。

**（三）从新课程新教材实施情况来看**

1. 新课程新教材实施受困于教师自身内部的问题。其一，教师主观认知态度存在问题。高中教师对新课程新教材实施虽然绝大多数持认同、比较认同态度，但乐于、善于积极实施的不够五成，超五成教师认为实施有一定困难。而“改变教学观念”和“转变教学方式”对于大多数教师来说，目前还是外在的冲击和要求，还未内化为自身的教学理念和能力。其二，在新课程新教材的实施过程中，教师自身面临的主要困难很多，其中最突出的是“旧的教学经验与新的教学理念有冲突”“对新课程理念学习不足”“对新教材把握不够到位”。旧的教学经验是长时间积累起来的，已经成为教师教学的习惯，其影响不是短时间内能消除的。同理，新的理念和教学方式的形成也需要一个过程，在由旧到新的过渡时期，教师面临的困扰和压力都会很大。自身知识能力适应不了新课程改革的需要也是基层教师需要面对的矛盾。随着新课程改革和新教材的实施，对教师的能力要求越来越高。不少已参加过培训的教师对新课程理念的理解还只停留于概念上，普遍缺乏实践能力。“45 岁教师的瓶颈现象”凸显出来，在前所未有的压力和挑战面前，本应成为新课程新教材实施的骨干力量的 45 岁以上教师，反而更容易产生畏缩不前的思想情绪。其三，“专家型”“科研型”教师相对匮乏。由于缺少专家引领和专业指导，多数教师对新课程新教材的理念要求感到不知所措。例如在实施新课程中，教师对如何发挥学生的学习主体作用，如何把握学习任务群的驱动，如何创设真实学习情境，对大单元教学如何整合设计、如何实施，如何确立专业发展方向等问题都感到十分困惑，以至于许多教师主观上想有所为，而客观上却表现为无所为，教与学都无明显变化。

因此，培训工作如何在帮助教师更新知识结构、提升能力水平的基础上，体现人文关怀，消除思想困扰，把培训真正做到教师的心坎上，这是需要着重解决的问题。

2. 教师在实施新课程新教材过程中，还受困于外部的问题。其一，最突出的外部困难是"学生素质、水平问题"。这个问题的选择比例占七成，远高于其他方面。学生本是新课程新教材的学习主体，教师要以学生为中心开展教学活动，但在实际操作中，学生的素质成了最大困难。这种矛盾表明：教师在教学实施过程中，未明确学生的学习主体地位，还需进一步加强理论学习和认识提升。同时也表明在新课程新教材培训中，还未能做到以人为本。这个"人"包括教师，也包括学生。理论讲座和实操指导往往不够接地气，脱离了一线教学的实际。目前，教师看到的为数不多的教学设计和课堂实录，往往基于高素质高水平的学生，不适用于大部分学生。再加上高中生学业繁重，各科的学习压力之下，语文往往是学生分配时间较少的科目，很多设计虽然好，但在实际教学中难以开展。其二，缺乏充足、有效的培训资源和实施所需的教学资源。超过四成的教师选择"本地区（本校）缺乏配备新教材所需的各类软硬件、教学资源、学习资源"为第二突出的外部困难。新课程新教材实施带来的新概念新方法，对一线教师来说，几乎是全新的挑战，无论是学习资源还是教学资源，一线教师都感觉非常欠缺，迫切需要学习指导。但当前培训资源和教学资源的储备根本满足不了一线教师的实际需要。如何开发和建设适应新课程新教材培训和实施需求的资源库的问题，成为当务之急。

## 五、广东省高中语文新课程新教材培训和实施的对策建议

### （一）新课程新教材培训要做到四个"全覆盖"

1. 培训部门实现全覆盖。新教材新课程的实施，需要学校、市区、省、国家各级部门制定培训计划方案，上下联动，完善培训机制，确保培训常态化。

2. 培训区域实现全覆盖。不论是农村还是城区，都要保证培训的机会。对某些地区甚至需要特别倾斜，如粤西城区、粤西农村、粤北农村。

3. 培训对象实现全覆盖。不论性别、年龄、年级、职称，所有在职语文教师都要参加常态化学习，确保培训全员化。

4. 培训内容实现全覆盖。从新课程、高考评价体系的理论学习，到

学习任务群、大单元整合式教学设计、教学评一体化设计等实施策略，都要纳入学习培训内容，形成系统化培训。这既是教学观念转变的需要，也是专业水平提升的需要。

**（二）新课程新教材培训要做到多方联动，资源共享**

新课程新教材实施，一线教师最需要的是资源，最缺的也是资源。要解决这个问题，建议做好以下几方面。

1. 力争学校、教育教研部门和社会各级联动，共建资源平台，营造良好教育生态环境。着重设立专项建设项目，提升资源设备软硬件；加强家校沟通，利用社区资源等各种社会力量，营造良好的教育生态环境。

2. 引进和推送全国各地先进区域、先进单位的先进成果，建立全国先进资源库；建立全国范围的专家库。定期向全省推送顶层设计、教研成果、优秀课例、教学设计、教研资料等完备丰富、操作性强、可视性强的优秀资源。创造机会邀请全国各地专家、名师开展讲座、授课、指导、送教、帮扶振兴活动。

3. 挖掘本地地域标杆，建立本土案例资源库；着力培养本土教师，充分发挥本土专家、名师辐射作用，尤其是市区、学校的名师骨干的示范作用。定期组织教学研讨、同课异构、设计评比等着眼实际、问题驱动的教研活动，引领示范，急教师所急，分享提升。

4. 因地制宜，联动开发系统化教学资源，共建共享。校、区、市、省，城区和农村，各层各级，都联动起来；从单元设计、助读资料、学习支架开发，到课堂教学、作业布置、考试评价等，每一课段、每一单元、每一学期、每一学段，构建系统的新课程新教材教学资源库。

5. 融入信息技术，线上线下整合。微课制作，空中课堂，利用信息技术融入学科，拓宽教学路径，开发可视化教学资源，促进教学改革。要重视加大对农村学校的信息技术支持，帮助农村学校借助先进信息技术来缩小城乡差距。

**（三）新课程新教材培训要加量加“料”，创新形式，突出实效**

广东省高中语文新课程新教材实施刚刚起步，任重道远，绝不是一两次简单化培训能奏效的，必须要加量加“料”。

1. 增加培训机会。当前培训远未满足教师实际需要，校本培训、外出培训都需要加强，基于培训效果，尤其要创造外出培训机会。

2. 做到伴随式培训。与实践结合，才能让培训落到实处。新课程实施，课堂教学是抓手。广东省培训应以新教材为载体，突出课堂教学指导，开展与教学同步的长期伴随式培训。

3. 丰富培训方式。纯理论学习解决不了实际教学问题，尽可能多地创造跟岗交流的机会，大力加强教学观摩研讨、专家实操指导理论讲座和观看经典展示课例等体现实践性的培训活动。

4. 借助信息技术，拉近时空距离。现场培训学习固然可以保证面对面分享交流，利用信息技术，搭建空中课堂，线上、线下融合是最便捷的方式，应该成为一种学习常态。

5. 搭建自学平台，自觉学习培训。从外打破是压力，从内打破是生命。自学使人终身进步，学习先进经验、案例，阅读书籍，更新观念，勇于实践，勤于反思，这就是成长进步的路径。新课程新教材实施中教师的培训工作，仅仅依靠外界条件的各种培训，不能解决教师自身根本性的问题，更重要的是靠教师自己积极主动地学习，投身于教学改革的实施中，努力提高教育教学水平，才可适应新课程新教材教学需要。

6. 将难题转化为课题，借助科研项目，任务驱动，教研相长。关注在调研过程中呈现的问题难点，将实施难题化作科研课题，重点攻坚，以任务带动教学，促进教学改革。比如“学生素质、水平问题”成为教师实施新课程新教材的一个难题，将之转化成课题，成为攻坚目标，在科研路上，在做项目的过程中，促进教师认识的转变、行为的转化。

**（四）健全和完善教师培训制度，加大培训和实施的保障力度**

1. 完善和健全新课程新教材培训评价激励机制。强化校长对新课程培训、学校课改实施的责任意识。校长要真正成为学校课改第一责任人，在新课程新教材的培训和实施上有作为、有担当。校长要直接领导学校课改工作，将课改工作目标的实现作为校长年度报告（考核）的重要内容。要通过舆论引导、环境营造、榜样激励，着力于养育全体教师的激情，在学校创设一种为转变教学行为而奋力拼搏的激情文化。

学校和上级教研部门根据新课程新教材的实施目标和原则，要求按照“先培训后上岗，不培训不上岗”的原则，增强教师对实施新课程新教材的认同感，务必让教师彻底改变教学观念和转变教学方式，并提升教师的教学能力。学校要从本校教师现状出发，有针对性地制定出教师培训长远规划，教师也要结合自身特点认真制定出切实可行的专业成长计划。

完善对学校和上级教研部门的新课程新教材培训评价机制。各校要以校本培训为主要形式，因地制宜，充分利用学校现有教育资源，创造性地开展教师培训工作。各地区教研部门积极组织和开展本区新课程新教材培训，还要深入学校一线，积极指导校本培训。上级主管部门加强对学校和教研部门的培训工作的管理和评估。

2. 加强教师教学保障，切实减轻教师负担，缓解压力，鼓励并引导教学观念和教学行为的转变。教师在日常的教育教学工作中任务重，压力大，其中以从事高中教育教学的教师为最。涉及设计教学过程、组织引导课堂学习、批改作业、课外辅导和学习检测甚至班主任工作等内容，同时，还面临着教育教学评价。学生成绩的高低，学生进入优质高校人数等，都是评价教师教育教学水平的重要指标。可见，在不减轻教师现有负担的前提下，让教师在较短的时间内，完成由教育教学新理念和学科专业知识的重组到教育教学行为的转变，实在有点困难。

课程改革初期，保护教师的热情和积极性是非常重要的，只有教师全身心地投入，才能真正实现课程改革的成功。因此，政府和教育行政部门以及教研部门要为教师提供一定的政策、机制和物质条件上的支持，努力为教师创造宽松的发展空间，减轻教师的工作负担和思想负担，使教师更轻松、更积极地投身新课程的实验。

3. 完善培训经费的保障机制，加大教育经费投入，保证培训经费的落实。以省市县各级各类培训为依托，促使教师参加多种渠道培训，增加教师学习机会：一方面增加培训的次数，一方面确保教师培训机会的均等性，让培训真正做到普及每个教师，惠及每个教师，从而不断提升专业水平。还要注意加大对农村教师的政策帮扶力度。

4. 完善学科“领头羊”培养制度。通过扎实有效地开展“学科带头人评选”“教育名师工程”等多种形式活动，引导和促进广大教师向“专家型”教师、“科研型”教师、“名师型”教师发展。

### （五）加快城乡一体化，共建新课程改革和谐发展之路

针对当前部分地区学校特别是农村中学教师发展不够均衡的现状，分析薄弱的原因，寻找应对措施。首先，这些学校既要有克服困难的信心，又要有创新的胆识。在办学条件、培训条件相对落后的情况下，坚定不移地通过推进新课程改革来开拓教师的教学能力，提升教师的专业素质。其次，整合城区中学最优的教学资源，组织一批科研骨干教师，开展对口支教、送教下乡、送课到校活动。学校可根据本校的实际情况在学校间开展专题研讨、行动研究、同课异构、课例研究、沙龙交流、会诊探讨等，提升教师新课程理论水平和新教材使用的实践能力。最后，让薄弱地区教师

特别是农村中学教师定期到先进城区、优质高中跟岗学习，一起参加教科研活动，实现优质教育资源共享。总而言之，薄弱学校必须树立新“强师”观，注重借助和优化培训力量，主动打造一支观念新、理论强、水平高的教师队伍，才能在新课程改革中站稳脚跟。

习近平总书记说，改革之路从无坦途。唯其艰难，才更显勇毅；唯其笃行，才弥足珍贵。广东省新课程新教材培训和实施工作处于起步阶段，不可避免会由于经验不足而产生问题，但我们有理由相信，有各级领导的高度重视，有全社会的关注和支持，有主管部门的科学管理，有教研机构的专业引领，有全省广大教师的共同努力，我们的教师队伍整体素质一定能得到提高，全省高中语文教师新课程新教材培训和实施工作一定能走向预定轨道，实现新一轮超越。

（执笔人：吴晓军，何雪梅，王晓敏，罗雪花，王军，谢植宣，叶水根，梁修红；审稿人：曾令鹏）

# 促进深度学习的高中英语课堂教学策略*

○广东省教育研究院教学教材研究室

**摘　要**：目前高中英语课堂还存在着“碎片化与机械训练”的浅层学习活动，不少教师依然更重视独白式与灌输式教学，促进深度学习的高中英语课堂教学有助于改进高中英语教学。教师通过涵养自身对于英语教学的信念、热情与信心，激励与唤醒学生对于英语学习的积极情感，包括兴趣、信心与主动学习意识等，引导学生进行英语语言知识的建构、主题意义的探究、批判创造能力的发展和对语言内容及形式美的体验与审美活动。教师可通过三大策略实施促进深度学习的高中英语课堂教学，即确立学生主体地位，夯实英语深度学习基础；提高课堂教学设计能力，推进英语深度学习过程；优化课堂教学关键环节，增强英语深度学习效果。

**关键词**：深度学习　高中英语　课堂教学

## 一、问题的提出

促进学生深度学习的教学引起了广大学者和一线教师的关注和探究，有学者针对当前基础教育课堂中存在的“形式化、浅表化、碎片化、机械训练”等问题，提出并阐述深度学习是信息时代教学变革的必然选择和诉

* 基金项目：广东省教育科学规划课题“深度学习高中英语课堂教学的研究”（课题立项号：2020YQJK596）。

求，是符合学习科学基本原理的，是基于核心素养教学改进的重要手段。①目前高中英语课堂还存在着“碎片化与机械训练”的浅层学习活动，不少学生英语学习的方式依然是“死记硬背”，学习结果依然存在着“哑巴英语”和“高分低能”的现象；不少教师依然更重视独白式教学与灌输式教学，而较少组织自主、合作与探究的英语学习活动，以促进学生高阶思维和学习能力的发展。促进深度学习的高中英语课堂教学有助于改进高中英语教学。

## 二、促进深度学习的高中英语课堂教学特征

深度学习强调基于高阶思维发展的理解性学习，不仅需要学生积极主动的参与，还需要教师通过确立高阶思维发展的教学目标、整合意义联结的学习内容、创设促进深度学习的真实情境、选择持续关注的评价方式进行积极引导。② 高中学生的大脑机能随着身体的发育日趋成熟，他们的思想日益活跃，情感日益深刻与细腻。由于生活实践的增长，高中学生的知识经验日渐丰富，他们的思维日益敏捷、灵活、开放和创新，认知水平、思维能力得到迅速发展。作为一门语言学科，英语学科具有多重的育人价值，能从不同角度促进学生的全面发展，包括认知能力的发展、情感态度的培育和价值观的培育。英语不仅是交流的工具，也是思维的工具，与英语国家文化关系密切，学生学习英语的过程是其接触其他文化、形成跨文化理解意识能力与国际理解的重要途径，也是发展思维能力的重要过程。③

深度学习提倡“主动性、批判性的有意义学习”④，学校教育中的深度学习是教学中的学生学习，而不是一般学习者的自学，必须有教师的引导和帮助。⑤ 显然，促进深度学习的高中英语课堂教学是教师引领学生深度学习发生的过程，应具有独特的内涵与特征。本研究依据深度学习和语言

---

① 郑葳，刘月霞. 深度学习：基于核心素养的教学改进［J］. 教育研究，2018，39（11）：56－60.

② 安富海. 促进深度学习的课堂教学策略研究［J］. 课程·教材·教法，2014，34（11）：57－62.

③ 程晓堂，赵思奇. 英语学科核心素养的实质内涵［J］. 课程·教材·教法，2016，36（5）：79－86.

④ 张浩，吴秀娟. 深度学习的内涵及认知理论基础探析［J］. 中国电化教育，2012（10）：7－11，21.

⑤ 郭华. 深度学习及其意义［J］. 课程·教材·教法，2016，36（11）：25－32.

学习理念的内在逻辑相关性，提出促进深度学习的高中英语课堂教学活动运行框架，如图 1 所示。

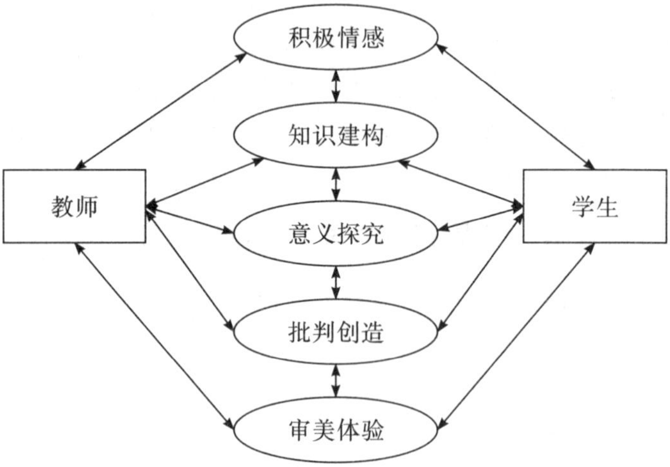


**图 1　促进深度学习的高中英语课堂教学活动运行图**

由图 1 可见，促进深度学习的高中英语课堂教学是多维立体的发生，具有横向贯通、上下联动的系统特点，而不是单向的、直线的简单流动。首先，高中英语课堂教学开始于教师对于深度学习的积极情感，包括对于英语教学的信念、热情与信心，激发与唤醒学生积极情感是促进深度学习的高中英语课堂教学发生的前提条件与内在推力。学生英语深度学习的发生起源于他们对于英语学习的积极情感，包括兴趣、信心与主动学习意识等，因为深度学习“始于强烈的学习兴趣、学习动机和正确的学习态度等积极的情感投入”①。可以说，没有主动、积极的学习，就不可能有深度学习的发生。其次，语言知识建构奠定学生英语深度学习的基础。语言知识是由“言语实例和抽象图式构成的网络体系，外语教学的目标就是要让学习者掌握并学会使用各级各类构式，基于语言的使用特征实现从实例构式向图式构式的推进”②。所以引领学生建构语言知识既是认知发展需求，也是语言学习要求，可以减少学生陷于碎片化语言知识的学习中不能自拔，

① 张浩，吴秀娟，王静. 深度学习的目标与评价体系构建［J］. 中国电化教育，2014（7）：51－55.

② 林正军，张宇. 基于体验语言观的外语教学探索［J］. 外语教学与研究，2020（2）：261－272.

从而提高英语学习的效率。再次，意义探究是学生实现英语深度学习的核心环节。学生对于英语学习语篇、内容的理解与主题意义的思考既是学生深度学习的重要内容，也是实现英语深度学习的重要途径。很明显，如果教师依然执着于以教师为中心的语言知识传递，学生获得的很可能只是一堆孤立的、碎片的词汇、语法和句型知识。如果教师能大胆创设有意义的探究活动，那么学生进行主题引领下的意义探究将成为可能。另外，批判创造与审美体验活动体现学生英语深度学习的本质特征。英语学习离不开语言的理解，但更不能缺少语言表达、审美与体验。批判创造强调的是学生在批判性、创造性的语言学习中促进思维能力的培养，尤其是高阶思维的发展，审美体验更注重学生通过语言美的感受、体验，包括语言形式、内容与情感等带来的语言学习人文美感。

总之，促进深度学习的高中英语课堂教学中，教师通过涵养自身对于英语教学的积极情感，包括信念、热情与信心，激发与唤醒学生对于英语学习的积极情感，包括兴趣、信心与学习意义认识等，引导学生进行英语语言知识的建构、主题意义的探究、批判创造能力的发展和对语言内容及形式美的体验与审美活动等。

## 三、促进深度学习的高中英语课堂教学策略

英语作为一门外语，对高中学生的语言能力、文化意识、思维品质和学习能力的发展具有独特的意义。教师是引领学生进行深度学习的关键人物。高中英语课堂教学可以通过确立学生主体地位、提高课堂教学设计能力、优化课堂教学实施关键环节等激发和推进深度学习的发生、发展与达成，让英语教学充满生机、活力与智慧，让高中学生喜爱英语、善学英语，让英语学习助力其成长、成才与成人。

### （一）确立学生主体地位，夯实英语深度学习基础

促进深度学习的高中英语课堂教学逻辑起点为学生英语学习。深度学习需要学生树立学习主人翁的意识，所以学生主体地位的确立是实现英语深度学习的基础。教师应在确立学生主体地位的过程中，激发、引领和促进学生形成深度学习意识，开展深度学习活动。学生主体地位的确立首先体现在英语学习活动的设计。英语深度学习活动的设计应以单元整体、主题引领的学习活动为教学线索，引导学生进行语言感受、理解与表达。其次体现在情境化教学的设计与实施。情境对于外语学习具有重要的意义，有意义的情境能呈现英语学习内容的本质，是促进学生深度学习之源泉，

也是学生进行语言形式学习、内容深度理解和思维拓展加深的有机环境。教师应创设有意义的情境，依托多种题材和类型的语篇，实施情境化教学，鼓励学生开展真正的自主、合作和探究式学习。再次体现在教师要采取教、学、评一体化的深度学习评价方式。教师要充分认识到课堂教学活动首先是学，然后才是教，教是为学服务的，学生是教学活动的主体，教和评是为了促进学生主动学习，推动学生的英语学习实现语言、思维与文化相融合的深度探究。主体地位的确立为学生英语深度学习提供了学习环境、物质条件与思想保障，使教师关注、引领与促进学生深度学习成为可能。

### （二）提高课堂教学设计能力，推进英语深度学习过程

促进深度学习的高中英语课堂教学设计，首先体现在整体教学设计理念的运用，如强调英语课程工具性与人文性融合统一的性质。教师应在义务教育的基础上，帮助学生进一步学习和运用英语基础知识和基本技能，能在发展语言能力和学习能力的过程中，发展思维方式、思维品质和跨文化交流能力，为学生学习其他学科知识、汲取世界文化精华、传播中华文化创造良好的条件，为学生继续学习和职业发展提供更多机会。① 如突出课堂教学目标的多维性，要重视学生英语学习多维目标的达成；如积极学习情感的形成、语言知识的结构化建构、主题意义的深入理解、思维品质的高阶发展、英语语言美的体验等。

其次体现在课堂设计具体要素的选择与确立。如教学内容处理的多元性思考，教师既要强化整合课程内容六要素的意识，高度重视六要素的内涵解读及其带来的课堂设计变化，又要深入探究主题意义，研读语篇，把握教学核心内容，挖掘语篇承载的核心素养发展联结点。如教学方法与手段的采取，教师要着重研究主题为引领、单元为推动、语篇为基础资源带来的对于学生自主、合作与探究学习能力的具体要求，同时要重视多模态教学环境所要求的教学方法、手段等。

再次体现在英语教师教学行为的改进。第一，教师可设计有思维层次的活动与问题促进学生思考。如探究式活动的开展、开放式问题的运用，启发式提问的组织，以激发学生思维的批判性、创造性。第二，教师要持开放的态度，示范自己对异质思维与异域文化的热情，引领学生进行深度

---

① 梅德明，王蔷．普通高中英语课程标准（2017 年版）解读［M］．北京：高等教育出版社，2018：13.

学习。第三，教师可利用信息技术与英语学习的融合促进学生解决真实问题的能力。以信息化、人工智能为主要标志的当下，教育融合了人、机器和人际混合的教学环境。语言学家认为，目前我们既生活在多模态的碎片化时代，同时也生活在多模态的整合时代，急需提升信息判断选择的能力，提升单位时间处理信息的能力、接收和结构化不同思维的能力。① 这些能力是深度学习能力的具体表现，即面对真实情境解决问题的能力。

**（三）优化课堂教学关键环节，增强英语深度学习效果**

当下高中英语教学存在着过于追求考试分数，过于重视语言知识的记忆与操练，过于重视纸笔测试能力的达成等现象。促进深度学习的高中英语课堂教学的推进需要教师具备“深度学习”意识，即促进学生深度学习的意识；需要教师优化课堂教学关键环节，如教学组织形式的创新、教学方式的变革、教学手段的利用和作业设计的优化等，确保和优化学生英语深度学习效果。

1. 创新教学组织形式，提供深度学习土壤。教学组织形式是课堂教学的内在要求的外在表现形态。普通高中学生的英语学习应是以单元、主题及语篇为基本载体的整体学习。“最好的学习就是整体学习。除了情感的参与，还需要有整体的知识网络，不能碎片化。碎片化学习只能积累一些无效记忆。……它也不能激活其他知识。……有效的记忆和理解总是在一个整体的知识框架里头，它可以诱导别的知识，别的知识也可以诱导它。”② 一方面，教师可组织英语学科内的整体教学，如单元整体教学，主题教学，六要素整合的听说、阅读、写作、语法等专题课程，促使学生进行英语语言内部的深度探究。另一方面，跨学科学习是整体教学的一种形式。教师可组织跨学科综合性英语教学。如组织学生进行英语语言与自然科学、人文科学课程的结合，加深学生用英语语言表达自己与他人、与社会、与自然的互动，还可以组织学生进行语言学习与课题研究、项目设计、研究性学习等综合性学习，加强学生的整合、融通与创新思维培养。组织学生进行整体学习可从内容上加深英语语言教学内容的深度，拓展英语语言教学的视野，从形式上联通学科内、学科外、学科间的各种知识网络，为学生深度学习提供环境、资源与情境。

---

① 胡壮麟. 多模态的碎片化时代［J］. 外语研究，2018，35（5）：1－6.

② 冯嘉慧. 深度学习的内涵与策略：访俄亥俄州立大学包雷教授［J］. 全球教育展望，2017（9）：3－12.

2. 变革教学方式，提供英语深度学习动力。教师要改变碎片化的、脱离语境教授知识点的教学方式，突出以主题为引领、以语篇为依托、以活动为途径的整合性教学方式。深度学习理念主张整合、关联和主题学习，体验式教学、项目式教学、信息技术与学科融合探究是促进学生英语学习积极情感生成、知识主动建构、意义深度探究、思维高阶发展和审美体验的有益尝试。正如学者所说，基于深度学习的教学设计与实施应反映具体学科的本质与学生学习的特征，体现课堂变革的本质。① 体验式英语教学强调教师引领学生在基于情境、问题导向的语言深度学习过程中，形成语言意识和语感，发展语言运用能力，培养文化意识，发展思维品质及学习策略。如可以组织学生的语言交际、情感体验、观点表达、观念形成等意义探究、审美体验活动。项目式教学即组织学生以个人自主、小组合作、团队探究的方式围绕某个项目进行深度学习。推进信息技术与英语课程教学融合，是变革英语教学方式的重要途径。要根据学生的学习环境、学习特点、学习内容、学习手段等，促使传统教学媒体和现代信息技术媒体为学生英语语言学习与发展服务。要发挥现代教育技术对教与学的支持和服务功能，引导学生开展主动的、个性化的英语深度学习活动。

3. 设计活动型作业，提升英语深度学习质量。作业是培养学生自主、合作与探究能力的重要途径，也是保证教育教学质量的重要环节。深度学习要求学习者在学习过程中批判性地看待知识和问题，并开展自我反思活动，并能够在已有知识经验的基础上建构新的知识意义，进而迁移应用到真实的、具体的情境中。② 当下在应试教育思想的影响下，“考什么教师就教什么、考什么学生就学什么”的现象依然较为严重，不少英语教师从高一至高三布置的主要作业内容是高考题型的强化训练。诚然，题型强化训练对于发展学生逻辑性思维有一定作用，但这种一味追求纸笔练习量的做法不仅消磨了学生对于学习内容与形式丰富性的好奇热爱之心，更让学生在日复一日的刷题中窄化了思维内容、弱化了思维能力、简化了思维方式，在应试功利化的被动学习中越走越远。活动型作业将作业当作课堂活动的一部分或者单独的学习活动，可以促进英语学习的深度运行。

---

① 马云鹏. 深度学习视域下的课堂变革［J］. 全球教育展望，2018，47（10）：52－63.

② 张浩，吴秀娟. 深度学习的内涵及认知理论基础探析［J］. 中国电化教育，2012（10）：7－11，21.

活动型作业的设计可遵循以下三个步骤：第一，设计有主题意义探究的作业。主题意义探究可从单元和语篇两个层面进行，避免布置过于强调知识零散记忆、反复操练的作业，要设计充分调动学生在语境中发展抽象思维、批判性与创造性思维及审美能力的作业。第二，设计有真实情境为依托、有具体活动指引的作业，避免布置远离学生生活经验、旨在占据学生时间的笔头操练作业，增加作业的情境性、探究性与实践性。第三，设计针对不同对象的分层、分类英语作业。作业的布置可以基于学生的英语学习需求、学习基础、学习特点和学习目的等。总之，以促进学生深度学习为核心，设计有系统规划、目标清晰、形式丰富的活动型英语作业。

综上所述，深度学习高中英语课堂教学始终基于学生立场，尊重高中英语学科教学本质，围绕高中英语课程具体目标，围绕课堂教学理念的更新、设计能力的提高、实施过程的优化等，最终促进深度学习的发生。

## 四、结束语

深度学习是教师引导的学生学习；深度学习的内容是具有挑战性的人类已有认识成果；深度学习是学生感知觉、思维、情感、意志、价值观全面参与、全身心投入的活动；深度学习的目的指向具体的、社会的人的全面发展，是形成学生核心素养的基本途径。① 促进深度学习的高中英语课堂教学响应当下英语课程核心价值追求，以实现英语课程育人功能为目的，从学生需求、学习需求出发，主张通过激发学生的学习兴趣、动机与积极情感，激发学生语言学习参与感，促进学生全方位感受、体验、理解和表达英语，促进学生在新型学习生态环境中开展语言学习的知识建构、意义探究、批评创造与审美体验等活动，促进学生英语深度学习，最终促进学生正确价值观念、必备品格和关键能力的发展。

（执笔人：罗永华；审稿人：曾令鹏）

① 郭华. 深度学习及其意义［J］. 课程·教材·教法，2016，36（11）：25－32.

# 基于大数据的区域教育教学评价与质量监测研究报告

## ——以珠海市普通高中教育质量监测为例*

○广东省教育研究院教育评估室、基础教育质量监测室

**摘　要：** 中共中央、国务院印发的《深化新时代教育评价改革总体方案》提出"改革学校评价，推进落实立德树人根本任务"，在普通高中阶段主要评价学生全面发展的培养情况。广东省教育研究院项目组以前期研发的"广东省普通高中教育质量监测标准（试用版）"为基础，开展"基于大数据的区域教育教学评价与质量监测研究"，结合广东省教育研究院和珠海市教育局共同推进的珠海教育"提质创优建高地"战略合作，于2019—2020年在珠海市16所普通高中开展教育质量监测实践，是区域普通高中教育质量监测领域的一次创新探索。

**关键词：** 大数据　教育教学评价　质量监测　普通高中

2015年，广东省教育研究院主持的广东省基础教育课程体系建设研究项目"普通高中教育质量标准体系与评价公告制度研究"，历时近两年的深入探索，研制了"广东省普通高中教育质量监测标准（试用版）"，同时开发了配套的监测工具和监测系统原型，在省内3个地市7所高中学校进行了前期试测，研究成果形成专著《广东省普通高中教育质量标准体系与监测评价》。

2019年，为加快推进广东省基础教育教学与信息化的融合创新，推动

* 本文是2019年广东省基础教育信息化融合创新示范培育推广项目"基于大数据的区域教育教学评价与质量监测"的阶段性研究成果。

信息技术环境下的课程与教学改革，提高教育教学质量和教育治理现代化水平，广东省教育厅开展“广东省基础教育信息化融合创新示范培育推广项目”。广东省教育研究院教育评估室经申报成功立项“基于大数据的区域教育教学评价与质量监测”项目，项目以前期研发的“广东省普通高中教育质量监测标准（试用版）”为基础开展区域监测实践研究。同时，结合广东省教育研究院和珠海市教育局共同推进的珠海教育“提质创优建高地”战略合作，广东省教育研究院项目组和珠海市教育局商定于2019—2020学年在珠海市16所普通高中开展教育质量监测。

## 一、项目研究目标

普通高中阶段教育质量的提升直接关系到国民教育质量、高等教育质量和终身教育质量。普通高中教育质量标准与监测评估、评估结果公告等是深化教育改革、提高教育质量亟待攻克的重点与难点问题。中共中央、国务院印发的《深化新时代教育评价改革总体方案》提出“改革学校评价，推进落实立德树人根本任务”，在普通高中阶段主要评价学生全面发展的培养情况；“改革学生评价，促进德智体美劳全面发展”。目前，国家层面暂未开展普通高中阶段的教育质量监测，构建区域普通高中教育质量监测标准，研发相应的监测工具和信息化系统，为参测学校教育教学改进和区域普通高中教育质量评价提供科学依据。

1. 探索基于大数据的区域普通高中教育教学多元评价。项目研究通过采集接近全样本、多样化的学生发展和学校办学过程数据，对区域普通高中教育教学情况进行诊断，探索普通高中教育质量的过程评价、增值评价和综合评价，积极发挥监测评价的诊断、导向、激励、改进等关键作用，切实扭转单纯以学生高考成绩和高考升学率评价普通高中教育质量的倾向。

2. 为区域教育管理和学校教育教学改进提供决策参考。项目研究通过学校和区域监测数据的深度分析，结合学校提供的有关质性材料，以全方位、多元化的评价方式呈现学校的教育教学现状，使教育行政部门能了解所辖各普通高中整体教学质量情况和校间差异，为教育政策制定和学校教育改进提供决策参考，助力区域普通高中优质、特色、多样化发展。

## 二、项目实施过程

本项目由广东省教育研究院教育评估室、基础教育质量监测室研究人员组成核心研究团队，华南师范大学心理学院、基础教育培训与研究院有关专家作为顾问指导，委托技术公司开发监测系统，在具体实施方面由珠海市教育局督导室牵头对接、珠海市教育研究院参与。本项目以广东省教育研究院前期研发的“广东省普通高中教育质量监测标准（试用版）”为理论基础，经过对配套监测工具的改进和新版监测系统的搭建，在珠海市16所普通高中分两批开展监测实施。项目研究分如下四个主要阶段。

### （一）监测工具改进（2019 年 6—8 月）

本项目的理论基础“广东省普通高中教育质量监测标准（试用版）”分为学生发展水平与发展基础因素两大模块，共 8 个一级指标，26 个二级指标，82 个监测点（见表 1）。前期研发的监测工具分为三类：一是系列调查问卷，二是学科测验卷，三是学校质性材料采集表单。

**表 1　广东省普通高中教育质量监测标准（试用版）**

| 监测模块 | 一级指标 | 二级指标 | 监测点 |
| --- | --- | --- | --- |
| 学生发展水平 | 一、品行发展水平 | 1. 理想信念 | 爱国情感、社会责任、集体意识、人生理想 |
| | | 2. 人格品质 | 自尊自信、自律自强、尊重他人、正派公道 |
| | | 3. 公民素养 | 珍爱生命、遵纪守法、诚实守信、团结友善 |
| | | 4. 行为习惯 | 文明礼貌、勤俭节约、热爱劳动、爱护环境 |
| | 二、学业发展水平 | 5. 学业成绩状况 | 学业水平考试成绩、学业增值度、有效学科均衡度 |
| | | 6. 自主学习能力 | 学习自主性、学习自信心、学习方法与习惯 |
| | | 7. 学习品质基础 | 学科兴趣、学科特长 |

**续上表**

| 监测模块 | 一级指标 | 二级指标 | 监测点 |
| --- | --- | --- | --- |
| 学生发展水平 | 三、身心发展水平 | 8. 身体形态机能 | 身体质量指数、身体生理机能水平、身体素质（爆发力、柔韧度、耐力、速度、力量） |
| | | 9. 健康生活方式 | 健康知识、健康行为、心理调适 |
| | | 10. 运动习惯及技能掌握 | 学业完成、运动参与、运动机能 |
| | | 11. 审美修养情趣 | 艺术课程、艺术参与、审美情趣 |
| | 四、实践创新潜能 | 12. 动手实验能力 | 实验技能、实验考查、创新能力 |
| | | 13. 自主合作探究 | 自主发展、合作精神、探究能力 |
| | | 14. 社会服务实践 | 社会实践、社会服务、职业准备 |
| | | 15. 信息素养 | 信息意识、信息能力、信息道德 |
| 发展基础因素 | 五、学校管理水平 | 16. 发展规划与治校理念 | 治校理念、发展规划、依法治校 |
| | | 17. 管理队伍与制度建设 | 领导班子建设、管理队伍建设、制度建设 |
| | | 18. 学校文化 | 校园环境、校园文化、“三风”建设 |
| | 六、学校教学实施 | 19. 校长教育领导力 | 教育理念、课程研发与课程结构、教学改革与创新、评价机制与方法 |
| | | 20. 教师课程实施的执行力 | 课程资源二次开发、课程实施 |
| | | 21. 学生发展影响力 | 生涯规划、职业指导、心理健康、精神面貌 |
| | 七、教师素质结构 | 22. 师资结构比例 | 学历结构、岗位设置偏离度 |
| | | 23. 教师专业化发展 | 专业发展规划、专业发展机制、专业发展成效 |

续上表

| 监测模块 | 一级指标 | 二级指标 | 监测点 |
|---|---|---|---|
| 发展基础因素 | 八、基础办学条件 | 24. 经费保障与使用绩效 | 经费保障、经费管理及使用绩效 |
| | | 25. 校园建设与设备设施提供 | 校园建设与设备设施配置、设备管理和使用绩效 |
| | | 26. 信息化建设与运用 | 信息化基础设施配备与信息化管理、信息化教学 |

项目组依据指标体系与监测标准，对原监测工具进行了调整和完善。在三类监测工具中，调查问卷包括高三学生、教师、管理干部、校长、家长问卷 5 类，其中教师分为高三年级教师和其他教师。学校质性材料采集表单为本项目的特色监测工具，需要由学校提供已有的文档材料和统计数据，包括学校章程和管理规定、教师队伍情况、学生发展成就、学校特色活动等相关材料。

**（二）监测系统搭建（2019 年 7—8 月）**

项目组在充分研讨监测系统需求的基础上，委托技术公司搭建了“基于大数据的区域教育教学评价与质量监测”——区域普通高中教育质量监测系统，并进行了系统的使用调试。系统收录监测指标体系对应的调查问卷，参测学校有关调查主体在线填答调查问卷实现监测数据在线收集，并在系统管理后台完成数据的整理和结果导出。

**（三）监测项目实施（2019 年 9 月—2020 年 12 月）**

1. 首轮 2 所学校监测试点研究。2019 年 9 月，项目组首先在珠海市第三中学、珠海市第一中学平沙校区 2 所普通高中开展首批监测试点。2 所学校校长、34 名管理干部、266 名教师、1 108 名高三学生参加监测项目问卷调查。项目组对 2 所学校的监测数据进行深入分析后，分别撰写 2 所学校的监测报告，于 2019 年 12 月 13 日以一对一的方式对学校进行监测结果反馈与数据解读。

2. 第二批 14 所普通高中监测实施。在前 2 所学校监测试点的良好效果基础上，项目组与珠海市教育局共同商定将监测项目向其他 14 所市属普通高中推广。2019 年 12 月至 2020 年 1 月，项目组分三批对 14 所普通高中进行监测数据采集，各参测学校校长、230 多名管理干部、近 2 000 名教师和 8 000 余名高三学生参加。同时，为全面了解学校情况，验证数据分析发现的问题并寻找可能的成因，项目组于 2020 年 9 月赴参测学校进行实地调研，与学校校长、管理干部和教师代表进行访谈，随机抽取 1 ~ 2 节课随堂听课，参观学校校园建设并随机与学生交流，通过调研确认学校的有关情况，收集相关意见建议。

项目组通过对监测数据结果和报告内容框架的多轮分析研讨，完成《珠海市普通高中教育质量监测报告（2019—2020 学年）》和后续 14 所参测学校的监测报告。在监测报告撰写过程中，项目组邀请珠海市教育研究院新入职教研员参与，培养和锻炼了一支教育评估监测的专业队伍。

项目组分别于 2020 年 12 月 2 日、2021 年 1 月 18 日与珠海市教育局共同举办 2019—2020 学年珠海市普通高中教育质量监测市级和学校结果反馈活动。项目组从监测项目背景、全市总体结果、监测发现的亮点和特色、存在问题与建议四个方面做了市级监测结果的详细解读，为参测普通高中进行一对一结果反馈。珠海市教育局有关负责人和参测学校认为监测结果能全面、客观地反映珠海市普通高中基本办学情况和学生发展水平，同时也发现了一些市级和学校层面在行政管理、队伍建设、教学实施等方面的现状和问题，报告提出的建议对学校和区域教育管理、教学改进提供了非常有价值的参考。

**（四）监测结果应用（2021 年 1 月起）**

项目组后续将与珠海市教育局共同推进监测结果应用。一是以课题引领教改研究，探索设立广东省教育研究院“普通高中教育质量监测结果改进”专项课题，由参加监测的 16 所普通高中基于监测发现的有关问题，选择学校亟须解决的方面作为研究方向，通过课题研究的方式促进学校教育教学改进。二是以监测为抓手促进课程建设、教研工作的全面推进，继续深化广东省教育研究院和珠海市教育局“提质创优建高地”战略合作，基于目前普通高中新课程新教材和新高考模式的实施，有针对性地协同推进珠海基础教育“五育”并举课程体系建设，加强德育、美育、体育、生涯规划、劳动教育、综合实践等方面的课程建设，积极推进普通高中各学科教研工作，推动新课程、新课标、新高考、新教材在珠海顺利落地。

## 三、项目研究成果

### （一）区域普通高中教育质量系列监测工具

项目组优化改进了区域普通高中教育质量监测的学生问卷、教师问卷、管理干部问卷、校长问卷、学科测验卷和学校质性材料采集表单。

1. 系列调查问卷。

（1）学生问卷。学生问卷监测对象为高三学生，题目覆盖指标体系中学生发展水平模块中的 13 个二级指标（其中“学业成绩状况”“身体形态机能”数据另外采集），以及发展基础因素模块中的二级指标“学生发展影响力”，共设计 244 道题。

（2）教师问卷。教师问卷的填写对象分为两类：高三教师和高一、高二教师。根据发展基础因素模块中 11 个二级指标，共设计 101 道试题供全体教师作答。另外，高三教师问卷题目还包括学生发展水平的绝大部分监测点的调查，以与学生评价进行对照分析，共设计 113 道题，故高三教师问卷共 214 道试题。

（3）管理干部问卷。根据发展基础因素模块中 11 个二级指标，共设计 99 道题，由除校长之外的校级干部和中层干部作答。

（4）校长问卷。根据发展基础因素模块中 11 个二级指标，共设计 83 道题，由学校正校长作答。

2. 学科测验卷。在现阶段的监测中，学生学业发展水平涉及的学科测验卷工具主要由参测区域提供，所需数据为参测区域普通高中高三学生中考试卷和各学科成绩，以及由各参测区域确定的高三学生某次区域统考的测试卷和测验成绩（如全市模拟考试或期末考试）。监测数据分析时，主要以学生的中考数据为“入口”数据，以高三统考数据为“出口”数据，将数据统一进行标准正态化处理，使用增值评价模型计算学生的学业增值情况。

在本次珠海市普通高中教育质量监测实施中，学科测验卷工具使用珠海市教育局研制的 2019—2020 学年珠海市高三年级第一次模拟考试（以下简称“市一模”）学科试卷和参测高三学生当年中考学科试卷。在进行学业增值度分析时，数据统计对象为调查问卷作答有效、市一模成绩和当年中考成绩齐全的高三学生。实际计算中，学生的高三市一模成绩和中考成绩进行标准正态化后，采用珠海市教研中心研制的“基于标准正态化的二十层回归分析”方法，以学生中考成绩为基础计算市一模各学科成绩的预估值，以市一模的实际成绩与高三预估成绩之差呈现学生的学业增值度。

3. 质性材料采集表单。质性材料采集表单包括三部分内容：一是学生发展水平材料信息表，二是发展基础因素材料信息表，三是反映学校办学思想、优势特色、教师水平、学生发展结果的各类文本型佐证材料。通过质性材料采集表，补充了参测学校各方面的数据，这些富有个性化的特色材料，为全方位评价学校教育教学质量提供参考。

（1）学生发展水平材料信息表包括高三学生基本信息、高三学生身体形态机能情况统计表、高三学生获奖励情况、高中阶段开展社会实践活动情况。

（2）发展基础因素材料信息表包括管理队伍基本信息、教师队伍基本信息、校长教育教学管理研究等成果情况、高中各类社团活动开展情况、高中校本课程开设情况、高中教师科研成果情况、高中教师获得各种荣誉情况、学校岗位情况、学校教育经费收支情况。

（3）其他佐证材料包括学校发展历史简介、学校章程、学校发展规划、学校规章制度汇编、学校近一年的学年工作总结、常规校园文化活动（含德育活动）计划与总结、学校特色文化活动方案与总结、体现校长教育思想的讲话及相关论文著述、教师评价与学生评价相关制度文件、学生生涯发展指导实施方案、心理健康教育活动方案、依法治校自评报告等。

**（二）“基于大数据的区域教育教学评价与质量监测”——区域普通高中教育质量监测系统**

项目组与技术公司合作研发的“基于大数据的区域教育教学评价与质量监测”——区域普通高中教育质量监测系统，以搜集、整理和分析教育大数据为建设思路，以区域普通高中教育质量监测指标体系为基础，采集学校各参测主体的问卷调查内容和相关教育教学过程性数据，建立综合性的教育质量监测系统。系统目前仅对监测对象开放问卷数据采集，后续将进一步探索与学校综合素质评价、智慧校园系统、教务管理系统等多个系统进行数据对接，实现监测数据采集的自动化和实时分析。

**（三）市级和参测学校监测报告**

1. 市级报告框架内容。

（1）项目介绍：包括项目实施背景、理论框架、监测工具、监测对象、实施过程、数据分析六部分。

（2）主要监测结果：包括学生发展水平结果和发展基础因素结果两部分。学生发展水平部分呈现全市一级指标、二级指标的整体结果，以及同一指标不同学校类型的教师、学生评价结果；根据各学校数据汇总得出全市学生身体形态机能结果；按学校类别呈现各学科学业成绩平均值和增值度；学生发展一级、二级指标与学业成绩的整体关联情况。发展基础因素部分呈现全市一级指标、二级指标的整体结果，以及同一指标不同学校类型的校长、管理干部、教师评价结果。

（3）主要特色和亮点：围绕学生发展水平和发展基础因素一级、二级指标的整体表现，结合各学校上报的质性材料，互相印证、总结归纳出市级整体优势与特点。

（4）存在问题与建议：对学生发展水平和发展基础因素各级指标和监测点的数据进行挖掘，针对一些表现偏弱或存在突出问题的指标，结合学校上报质性材料和学校实地调研情况，提出存在的问题，并从学生发展指导、教师教学改进、学校办学条件改善、教育行政管理改革等方面提出市级层面和学校层面解决问题的建议。

2. 学校报告框架。

（1）项目介绍：包括项目实施背景、理论框架、监测工具。

（2）监测总体情况：全市和学校层面的参测情况、数据生成、等级划分、学业成绩和增值度计算方法、学校各监测对象整体情况（校长、管理干部、教师、高三学生）。

（3）学生发展水平监测结果：本校高三学生和教师在学生发展水平四个一级指标上的整体评价结果、学生评价的群体差异、本校师生评价与全市平均水平的对比；结合学校提供的质性材料，分别从品行发展水平、学业发展水平、身心发展水平和实践创新潜能四个方面深入分析，呈现二级指标本校的师生评价、本校师生评价与全市平均水平的对比，以及指标结果与学业表现的关联情况。

（4）发展基础因素监测结果：本校校长、管理干部和教师在发展基础因素一级、二级指标的整体评价结果，本校各评价主体结果与全市平均水平的对比；结合学校提供的质性材料，分别从学校管理水平、学校教学实施、教师素质结构、基础办学条件四个方面归纳提炼相关材料，全面呈现学校的办学水平和发展情况。

（5）总结与建议：从学生发展水平和发展基础因素两个方面总结学校

教育教学质量的整体情况，针对八个一级指标从二级指标和具体监测点挖掘表现偏弱或存在突出问题的数据进行总结，结合学校质性材料和实地调研情况，提出改进建议。

## 四、后续研究展望

1. 监测工具修订。目前，广东省已全面推进普通高中新课程新教材实施。根据《普通高中课程方案（2017年版2020年修订）》、《国务院办公厅关于新时代推进普通高中育人方式改革的指导意见》（国办发〔2019〕29号）、《广东省普通高中课程实施方案（2020年修订）》等文件的有关要求，项目组将继续对监测工具进行模块化修订，有针对性地修订和新增涉及普通高中课程体系建设、学生发展指导、选课走班教学组织、学校资源配置等方面的监测工具，进一步探索适合新课程要求的普通高中教育质量过程评价、增值评价和综合评价，形成适合广东省实际的普通高中教育质量监测的基本理论和实践经验。

2. 监测系统优化。项目组将与技术公司进一步深入研究，逐步改进监测数据收集、分析、呈现的方法，探索融合学校已有智慧校园系统、综合素质评价系统、教务系统等多平台，进行数据对接和实时采集，建立过程性动态信息收集方式，丰富数据类型，提高采集精细度，减少人工填报。同时结合监测数据分析的需求，向监测报告生成的自动化、标准化的方向不断推进，提高监测系统的智能化水平，减轻研究人员的工作量，缩短监测结果分析时间周期，提高监测结果应用的实效性。

（执笔人：耿丹青，张林静，万小羽，莫玉音，庞春敏，张朝晖；审稿人：许世红）

项目参与人员名单：

广东省教育研究院：许世红，耿丹青，张林静，万小羽，莫玉音，庞春敏，张朝晖

华南师范大学：张一平，郑海燕

珠海市教育局：陈静，黄玉平，齐思贤，颜穗芬，兰誉铮，刘晓霞，钟嘉月，李理，杨昌涛

拓维信息—海云天科技：阎燕妮，王时舟，周骏，杨琼，夏婷，尹珮

# 促进教师专业发展的《杨计明教研志》编纂与研究

○广东省教育研究院教学教材研究室

**摘　要：** 跨入 21 世纪，深耕教研二十年，潜心编研教研志。《杨计明教研志》围绕“研究、指导、服务”中学生物学教学陆续编纂而成。教研机构“研究、指导、服务”三大核心职能，教研聚焦“课题、课堂、课程”三课重点内容，以三大核心职能和三课重点内容来建构《杨计明教研志》三卷：课题研究卷、课堂教学卷、课程教研卷，编著成《杨计明教研志》“一志、三卷、五册”基本结构框架和重点内容体系：1.《创造性教学》；2.《问题导学法》；3.《生物学教与学（初中）》；4.《生物学教与学（高中）》；5.《生物教育研究》。《杨计明教研志》“一志、三卷、五册”的推广应用，有效促进了生物学教师专业发展。

**关键词：** 中学生物学　教师专业发展　杨计明　教研志　示范引领

《杨计明教研志》由广东高等教育出版社 2019 年 4 月出版，2020 年 9 月重印。

《杨计明教研志》作者杨计明，现任广东省教育研究院教学教材研究室教研员、正高级编审三级、国家级骨干教师、中学生物高级教师。历年兼任广东省基础教育学科教学指导委员会专家、广东省普通高中教学水平评估专家、华南师范大学教育硕士研究生兼职导师、韩山师范学院兼职教授、广东省生物科学普及协会副理事长、广东教育学会常务理事、中国教育学会生物学教学专业委员会常务理事、中国生物物理学会中学生物学教学分会常务理事、广东教育学会中学生物教学专业委员会理事长等。主要研究领域为基础教育生物课程、教材、教学、评价。从事生物教育研究

30 多年，主持荣获首届国家级教学成果奖二等奖和第八届广东省普通教育教学成果奖一等奖等。

## 一、《杨计明教研志》的编研背景

### （一）中国基础教育教研制度

我国基础教育教研制度极具中国特色，中国教研追根溯源始于晚清（刘月霞，2021）。

1949 年新中国成立以来，我国基础教育教研制度走过了 70 多年。

经过 70 多年的发展，我国逐步建立起了省（自治区、直辖市）、地级市、县（区、县级市）、校多级教研网络体系，承担起了系统开展教学研究、指导、服务和管理，提高中小学教育教学质量，为教育行政部门决策提供依据和参考的职责，并培育了一支既具有丰富教学经验，又具有指导教学、从事教育教学科研能力的教研员队伍，形成了具有中国特色的基础教育教学研究制度。

我国教研制度的中国特色在于教研机构既不是教育行政部门，又在教育行政部门领导下开展学校教育教学的研究，帮助、指导一线教师研究教学策略、改善教学方法、提高课堂教学质量。

在各级教研部门中，专职承担教研工作的教学研究员（教研员），承担着研究、指导、服务和管理的职能，是最贴近中小学教育教学实际、最了解中小学教育教学真实情况的教学研究者。他们一方面为教师服务，另一方面沟通教育行政部门与一线教师的联系，为教育行政部门提供信息和参考，教育行政部门的教育教学政策和方针经常通过教研员传达给广大一线教师。同时，教研员将最鲜活的课程改革信息、最先进的教育理论动态及时传递给一线教师，成为构架理论和实践的桥梁，教研员队伍的存在和建设尤为重要。

2017 年广东省教育研究院在北京师范大学举办广东省基础教育教研员能力提升高级研修班，杨计明有幸得以学习北京师范大学研究员梁威等著的《撬动中国基础教育的支点——中国特色教研制度发展研究》（教育科学出版社，2011），该书由中国教育学会原会长顾明远作序。梁威主持了全国教育科学“十一五”规划 2007 年度教育部重点课题“我国基础教育教学研究制度变革及教研员专业发展研究”，在众多教育史、教育志等书籍中，关于教研制度（包括教研机构、文件、人员等）的记录甚少，特别是从教育史角度全面进行研究的还很鲜见，该课题研究在占有大量文献资料的基础上，积累了丰富的一手资料，收集齐了我国 31 个省（自治区、直辖市）① 教研机构资料，这些资料不仅反映各地教研制度及教研员的情况，更重要的是有助于我们更好地认识和了解中国特色的教研制度在我国基础教育发展中的地位和作用。

梁威课题研究成果《撬动中国基础教育的支点——中国特色教研制度发展研究》“在 60 年中国特色教研制度的发展历程中，大致划分为以下 6 个时期：初创期（1949—1956）——从无到有；发展期（1957—1965）——逐步完善；挫折期（1966—1976）——陷入低谷；恢复期（1977—1984）——重整旗鼓；规范期（1985—1999）——壮大繁荣；完善期（2000—2009）——转型创新。并归纳出我国基础教育教研制度的发展特点：①我国教研制度的创立是为了适应当时我国中小学教育发展需求，并借鉴了苏联的经验，是在研究、指导解决我国中小学教育教学问题的过程中不断完善和发展起来的，是中国特色社会主义教学管理制度的重要组成部分；②我国教研制度是随着我国基础教育变革和中小学课程教材教学的不断发展而发展的，成为保证课程教材教学改革、提高教育教学质量和教师专业发展的核心支撑力量；③我国教研制度已形成了一套比较成熟、行之有效的省市县校多级教研体系，造就了一支教学经验丰富、学术造诣较深、管理指导能力较强的教研员队伍；④我国教研制度始终是应对基层学校教学工作需要的过程中建立与发展起来的，紧密地为中小学的课堂教学服务是我国教研制度的重要特征”。

改革开放初期，省级教研组织的机构设置主要有三种形式：一是单独设置，如上海市、天津市、江苏省、广东省、山东省、山西省等；二是隶属于教育学院，作为教育学院专职的研究管理部门，如北京市、东北三省等；三是与教育科学研究部门整合，如与教科院、教科所等合二为一，成为教科院或教科所职能的一部分，如四川省、安徽省等。虽然各地教研组织机构的设置形式不同，但其工作权威性都较高，是各地教育行政部门依托的主要业务力量，教研组织的职能定位主要是中小学课程、教材、教学、评价四大领域。跨入 21 世纪，教育部在《基础教育课程改革纲要（试行）》中将教研组织确定为课程改革的支撑力量，要求“各中小学教研机构要把基础教育课程改革作为中心工作，充分发挥教学研究、指导和服务等作用”。

---

① 我国香港、澳门、台湾省的资料未收集。

近年来，中国教研制度不断发展。2019 年，中共中央、国务院印发《关于深化教育教学改革全面提高义务教育质量的意见》指出“发挥教研支撑作用。加强和改进新时代教研工作，理顺教研管理体制，完善国家、省、市、县、校教研体系，有条件的地方应独立设置教研机构。明确教研员工作职责和专业标准，健全教研员准入、退出、考核激励和专业发展机制。建立专兼结合的教研队伍，省、市、县三级教研机构应配齐所有学科专职教研员。完善区域教研、校本教研、网络教研、综合教研制度，建立教研员乡村学校联系点制度。鼓励高等学校、科研机构等参与教育教学研究与改革工作”。教育部印发《关于加强和改进新时代基础教育教研工作的意见》（教基〔2019〕14 号）指明“教研工作是保障基础教育质量的重要支撑。长期以来，教研工作在推进课程改革、指导教学实践、促进教师发展、服务教育决策等方面，发挥了十分重要的作用”。

纵观中国特色基础教育教学研究制度，经过清末、民国和新中国成立以来一百多年的发展历程，特别是在新中国各个历史时期，各级教研组织及多级教研网络在基础教育建设和发展中都发挥了不可替代的作用。教研体系起到了管理和组织教学研究、支持和指导课堂教学、适应和推进课程改革、稳定和保障教学秩序的重要作用，教研组织成为推动我国基础教育教学发展的中坚力量，教研体系已经形成了成熟、有效的工作运行机制和管理模式，具有独特的教研工作范式，并逐步构建了开放、民主、和谐的教研文化。

**（二）作者中学生物教研历程**

在中国特色基础教育教研制度的大背景下，杨计明开启了其21 世纪中学生物教研之路。

1987 年杨计明从华南师范大学毕业直接分配到华南师范大学附属中学从事中学生物教学工作，1987 年至2004 年从事中学生物教学 17 年。

在华南师范大学附属中学从事中学生物教学工作的17 年，为杨计明在广东省教研员工作岗位从事中学生物教研工作打下了厚实的基础。在华南师范大学附属中学期间，杨计明从事初中生物教学、高中生物教学，开展生物科技活动，管理生物园，建设植物组织培养室，开展课题研究、高考生物教学、青少年科技创新大赛辅导、生物学奥林匹克竞赛辅导、“两跨”（跨太平洋绿色行动、教育部跨世纪园丁工程中小学骨干教师国家级培训）等工作。华南师范大学学习的学风、华南师范大学附属中学任教的教风、华东师范大学国家级培训的研风，这些曾经学习、工作、培训等机构的

"学风、教风、研风"三风对杨计明后来从事中学生物教研工作，聚焦"课题、课堂、课程"三课重点内容，落实"研究、指导、服务"三大核心职能，影响深远！

2004 年杨计明从华南师范大学附属中学调到广东省教育厅教育教学教研室、教材研究室从事中学生物教研工作，2011 年在广东省教育厅教育教学教研室、教材研究室等基础上组建广东省教育研究院，2004 年至 2021 年从事广东省中学生物教研 17 年。

杨计明策划、组织、主持广东省中学生物教研大事见表 1。

**表 1　教研大事年表**

| 年份 | 广东生物教研大事 |
| --- | --- |
| 2004 | 广东省成为首批进入普通高中新课程实验的四个省区之一<br>《普通高中生物课程标准（实验）》省级骨干培训<br>普通高中课程标准实验教科书配套教材《生物实验册（配人教版必修）》出版<br>广东省中学生物教学研讨会（2004 年广州） |
| 2005 | 广东省地方课程专题教育教材《青春期指导》出版<br>普通高中课程标准实验教科书配套教材《生物实验册（配人教版选修）》出版<br>《广东省普通高中新课程生物教学指导意见（2005 年版）》，高等教育出版社出版<br>《高中新课程生物优秀教学设计与案例》出版<br>广东省中学生物教学研讨会（2005 年韶关）<br>《广东省普通高中新课程生物评价指导（2005 年版）》，高等教育出版社出版 |
| 2006 | 《广东省普通高中生物模块教学与考核要求》出版<br>《普通高中新课程生物教学与评价指导》出版<br>广东省中学生物教学研讨会（2006 年云浮） |
| 2007 | 义务教育课程标准实验教科书配套教材《生物实验册（配北师大版）》出版<br>广东省基础教育新课程实验专题研修班（中学生物）<br>广东省中学生物教学研讨会（2007 年东莞）<br>广东省普通高中生物教学水平评估 |

续上表

| 年份 | 广东生物教研大事 |
| --- | --- |
| 2008 | 广东省地方课程专题教育教材《预防艾滋病教育》出版<br>义务教育课程标准实验教科书配套教材《生物实验册（配苏教版）》出版<br>广东省中学生物教学研讨会（2008 年惠州）<br>广东省普通高中生物教学水平评估<br>广东省普通高中新课程高考方案（2010 年版理科综合 300 分理化生各 100 分） |
| 2009 | 《中美基础教育生物课程教材比较研究》出版<br>《创造性教学》出版<br>《义务教育新课程生物教与学》出版<br>《普通高中新课程生物教与学》出版<br>广东省中学生物教学研讨会（2009 年佛山）<br>广东省普通高中生物教学水平评估 |
| 2010 | 广东省中学生物教学研讨会（2010 年韶关）<br>中国教育学会生物学教学专业委员会中南六省生物教学研讨会（2010 年中山）<br>广东省普通高中生物教学水平评估 |
| 2011 | 广东省教育研究院设立<br>广东省中学生物教学研讨会（2011 年深圳）<br>广东省普通高中生物教学水平评估 |
| 2012 | 《义务教育生物学课程标准（2011 年版）》省级骨干培训<br>义务教育教科书配套教材《生物实验册（配人教版、北师大版、苏教版）》出版<br>《广东省义务教育生物学教学指导意见（2012 年版）》，广东高等教育出版社出版<br>广东省普通高中生物教学指导意见（2012 年版）<br>广东省中学生物教学研讨会（2012 年珠海） |

续上表

| 年份 | 广东生物教研大事 |
|---|---|
| 2013 | 《义务教育生物学课程标准（2011 年版）》省级骨干培训<br>《广东教育改革发展研究报告》："广东省初中生物课程教材教学改革发展研究报告"发表<br>《广东教育改革发展研究报告》："广东省普通高中生物课程教材教学改革发展研究报告"发表<br>第八届广东省普通教育教学成果奖"生物教与学" |
| 2014 | 广东教育学会中学生物教学专业委员会成立<br>广东教育学会中学生物教学专业委员会第一次会员代表大会（2014 年广州）<br>《广东教育改革发展研究报告》："广东省中学生物课堂教学改革研究报告"发表<br>首届国家级教学成果奖"广东省中学生物新课程实施中优化课堂教学活动的研究与实践" |
| 2015 | 广东省中学生物教学研讨会（2015 年广州）<br>广东教育学会中学生物教学专业委员会学术年会（2015 年深圳）<br>《广东省中学生物教学成果精品 2015》出版 |
| 2016 | 建设广东特色基础教育课程教材体系研究项目成果《中学生物课程教材改革与发展研究》出版<br>广东省中学生物教学研讨会（2016 年广州）<br>广东教育学会中学生物教学专业委员会学术年会（2016 年清远）<br>《广东省中学生物教学成果精品 2016》出版 |
| 2017 | 广东省基础教育教研员培训研修（北师大、东北师大、华中师大、陕西师大）<br>首届广东省中小学青年教师教学能力大赛（初中生物学/高中生物）<br>广东省中学生物教学研讨会（2017 年广州）<br>广东教育学会中学生物教学专业委员会学术年会（2017 年东莞）<br>《广东省中学生物教学成果精品 2017》出版<br>《问题导学法》出版 |

续上表

| 年份 | 广东生物教研大事 |
| --- | --- |
| 2018 | 《普通高中生物学课程标准（2017 年版）》省级骨干培训<br>广东省基础教育教研员培训研修（北师大、东北师大、华中师大、华南师大）<br>《广东教育改革发展研究报告》："提高中学生物教学质量的探索与实践"发表<br>广东省中学生物教学研讨会（2018 年广州）<br>广东教育学会中学生物教学专业委员会学术年会（2018 年肇庆）<br>《广东省中学生物教学成果精品 2018》出版 |
| 2019 | 《杨计明教研志》丛书"一志三卷五册"出版<br>《普通高中生物学课程标准（2017 年版）》及高考新方案省级骨干培训<br>广东省基础教育教研员培训研修（北师大、华东师大、东北师大、华中师大）<br>第二届广东省中小学青年教师教学能力大赛（初中生物学/高中生物学）<br>广东教育学会中学生物教学专业委员会第二次会员代表大会（2019 年广州）<br>广东省中学生物教学研讨会（2019 年广州）<br>广东教育学会中学生物教学专业委员会学术年会（2019 年湛江）<br>《广东省中学生物教学成果精品 2019》出版 |
| 2020 | 《杨计明教研志》丛书"一志三卷五册"再版<br>《广东教育改革发展研究报告》："依托高水平教研促进教师专业发展提高中学生物学教学质量的研究与实践"发表<br>《普通高中生物学课程标准 2017 年版 2020 年修订》及高考新方案省级骨干培训<br>普通高中教科书配套教材《生物学实验册（配人教版必修）》出版<br>广东省教育研究院走进粤东西北教研帮扶活动（潮州）<br>广东省基础教育教研员培训研修（北京师范大学珠海分校、广州工商学院三水校区）<br>广东省中学生物教学研讨会（2020 年广州）<br>广东教育学会中学生物教学专业委员会学术年会（2020 年梅州）<br>《广东省中学生物教学成果精品 2020》出版 |

续上表

| 年份 | 广东生物教研大事 |
| --- | --- |
| 2021 | 《广东教育改革发展研究报告》："教学能力大赛促进教师专业发展的研究与实践"发表<br>《普通高中生物学课程标准 2017 年版 2020 年修订》及高考新方案省级骨干培训<br>普通高中教科书配套教材《生物学实验册（配人教版选择性必修）》出版<br>广东省普通高中生物学科教学指导意见（2021 年版）<br>广东省教育研究院走进粤东西北教研帮扶活动（梅州、茂名、韶关、清远、揭阳、云浮）<br>广东省基础教育生物学科教研基地建设（中山、佛山、韶关、湛江）启动<br>广东省基础教育教研员培训研修（北师大等）<br>第三届广东省中小学青年教师教学能力大赛（初中生物学/高中生物学）<br>广东省中学生物教学研讨会（2021 年阳江）<br>广东教育学会中学生物教学专业委员会学术年会暨中南六省研讨会（2021 年清远）<br>《中华优秀传统文化读物：中国楹联文化》出版<br>《中华优秀传统文化读物：诗词文化里的生物学》出版<br>《广东省中学生物教学成果精品 2021》出版 |

2017—2020 年广东省教育研究院分别在北京师范大学、华东师范大学、东北师范大学、华中师范大学、陕西师范大学等高等师范院校举办广东省基础教育教研员能力提升高级研修班，杨计明非常珍惜这几年教研员研修机会，并在此基础上将从教 30 多年来的生物学教学教研成果整理成代表性教研文集《杨计明教研志》"一志、三卷、五册"，扼要梳理其中学生物教研历程。

## 二、《杨计明教研志》的编纂研究

《杨计明教研志》"一志、三卷、五册"并非一蹴而就，而是深耕教研二十年，围绕"研究、指导、服务"中学生物教学陆续编纂而成。

图1 《杨计明教研志》“一志、三卷、五册”丛书封面

《创造性教学》《问题导学法》《生物教育研究》三册陆续由广东高等教育出版社于2009、2017、2019年出版；《义务教育新课程生物教与学》《普通高中新课程生物教与学》两册第1版由北京师范大学出版社于2009年出版，第2版转由广东高等教育出版社于2018年修订出版并改名为《生物学教与学（初中）》《生物学教与学（高中）》。《创造性教学》《问题导学法》《生物学教与学（初中）》《生物学教与学（高中）》四册是杨计明主持的2014年荣获首届国家级教学成果奖“广东省中学生物新课程实施中优化课堂教学活动的研究与实践”的核心成果，《生物教育研究》一册是杨计明从教30多年来整理生物学教学教研成果的代表性著作。

随着杨计明教研著作陆续在广东高等教育出版社出版，广东高等教育出版社建议其进一步整理修订出版个人系列文集，给了他莫大的鼓舞！同时他也深感责任重大！杨计明个人系列文集选题策划《杨计明教研志》“一志、三卷、五册”丛书得到广东高等教育出版社的大力支持。

教研机构“研究、指导、服务”三大核心职能，教研聚焦“课题、课堂、课程”三课重点内容，以三大核心职能和三课重点内容来建构《杨计明教研志》三卷：课题研究卷、课堂教学卷、课程教研卷，形成了《杨计明教研志》“一志、三卷、五册”基本结构框架和重点内容体系。

《杨计明教研志》“一志、三卷、五册”丛书组成如下：

**表 2 《杨计明教研志》“一志、三卷、五册”丛书**

| 一志 | 三卷 | 五册 |
|---|---|---|
| 《杨计明教研志》 | （一）课题研究卷 | 1.《创造性教学（第 2 版）》 |
| | | 2.《问题导学法（第 2 版）》 |
| | （二）课堂教学卷 | 3.《生物学教与学（初中）》 |
| | | 4.《生物学教与学（高中）》 |
| | （三）课程教研卷 | 5.《生物教育研究》 |

首先，编纂《杨计明教研志》“一志”。

“一志”重在记录教研“研究、指导、服务”三大核心职能，围绕核心内容整合成“一志”。

其次，编纂《杨计明教研志》“三卷”。

“三卷”贵在实录教研“课题、课堂、课程”三课重点内容，以此主线内容分为课题研究卷、课堂教学卷、课程教研卷共“三卷”。

再次，编纂《杨计明教研志》“五册”。

“五册”优化选录杨计明“策划、组织、主持”教研主要成果，编纂《杨计明教研志》“五册”简介分述如下：

### （一）杨计明教研志（课题研究卷）：创造性教学

《创造性教学》一书是杨计明主持教育部课程教材研究所重点课题“新基础教育高中生物教材创造性使用的研究”的课题研究成果。

本书简述了创造性教学的背景，提炼了创造性教学的内涵，积累了创造性教学的实例，探索了创造性使用教材的方法。本书成为杨计明主持荣获首届国家级教学成果奖“广东省中学生物新课程实施中优化课堂教学活动的研究与实践”的核心成果之一。

**（二）杨计明教研志（课题研究卷）：问题导学法**

《问题导学法》一书是杨计明主持广东省教育厅广东省中小学教学研究“十二五”规划课题“生物学‘问题导学法’教学研究”的课题研究成果。

本书简述了问题导学法的背景，提炼了问题导学法的内涵，积累了问题导学法的实例，首创了“系统优化”生物教学活动的理论框架，创建了“基于问题、师导生学”教学的实践模型，推广了问题导学法的应用。本书成为杨计明主持荣获首届国家级教学成果奖“广东省中学生物新课程实施中优化课堂教学活动的研究与实践”的核心成果之一。

**（三）杨计明教研志（课堂教学卷）：生物学教与学（初中）**

《生物学教与学（初中）》一书分六篇：课程要求、教学设计、教学过程、教学评价、教学反思、教学案例。在课程要求篇，纲领性地阐述了国家义务教育生物学课程目标要求、内容要求和实施建议；在教学设计、教学过程、教学评价、教学反思、教学案例五篇中，首先，对该部分进行了概述，然后，以广东省义务教育生物学课堂教学优秀成果为实例，并进行了评价和分析，最后，对该部分的发展趋势进行了展望。本书成为杨计明主持荣获首届国家级教学成果奖“广东省中学生物新课程实施中优化课堂教学活动的研究与实践”的核心成果之一。

**（四）杨计明教研志（课堂教学卷）：生物学教与学（高中）**

《生物学教与学（高中）》一书分七篇：课程要求、教学设计、教学过程、教学评价、教学反思、教学案例、教学科研。在课程要求篇，纲领性地阐述了国家普通高中生物学课程目标要求、内容要求和实施建议；在教学设计、教学过程、教学评价、教学反思、教学案例、教学科研六篇中，首先，对该部分进行了概述，然后，以广东省普通高中生物学课堂教学优秀成果为实例，并进行了评价和分析，最后，对该部分的发展趋势进行了展望。本书成为杨计明主持荣获首届国家级教学成果奖“广东省中学生物新课程实施中优化课堂教学活动的研究与实践”的核心成果之一。

**（五）杨计明教研志（课程教研卷）：生物教育研究**

《生物教育研究》一书分四篇：生物课程研究、生物教材研究、生物教学研究、生物评价研究。每篇分别精选了21世纪以来作者研究课题和研究成果的核心内容。杨计明通过30多年生物教育研究，逐渐形成了课程标准必是生物教育的核心和教材编写、教学与评价的依据，主流教材建议创造性使用，课堂教学优选“系统优化”理论框架和“基于问题、师导生学”实践模型的“问题导学法”，生物评价要以国家课程标准为依据参考广东省教学指导意见突出“科学性、实效性、创新性”等核心学术观点和生物教育思想；主持研究成果“广东省中学生物新课程实施中优化课堂教学活动的研究与实践”荣获首届国家级教学成果奖；创建了广东教育学会中学生物教学专业委员会学术团体，打造了《广东省中学生物教学成果精品》系列（广东音像教材出版社）学术品牌，建构了提高中学生物教学质量的“521 广东实践模式”，首创了生物学科高水平教研“中心法则”等。

## 三、《杨计明教研志》的示范引领

“中国经验：教研制度推进基础教育教学质量”专刊［《华东师范大学学报（教育科学版）》2021 年第 5 期］：教研是中国基础教育的独特经验和优良传统，是对中国几千年优秀“师道”文化的传承，是对教师专业发展规律的探索（刘月霞，2021）；教研里的“研”是保持教师专业长青不断更新的关键因素，教研是中国教育的宝藏，应该珍惜而且更上一层楼（程介明，2021）；教师专业发展是提高学校教育质量和学生学业成绩的关键因素，教师参与区域教研活动的程度对学生成绩有显著的正向影响（魏易等，2021）。

生物学教师专业发展与教学质量的相关性研究，SPSS 统计分析广东省中学生物学教学，针对教学因素与教学效果的相关性定量研究结果表明，生物学教师专业发展与教学质量极显著相关，加强生物学教学研究来促进教师专业发展是提高生物学教学质量的有效途径（杨计明，2012）。《杨计明教研志：生物教育研究》P166 生物学科首创高水平教研“中心法则”：

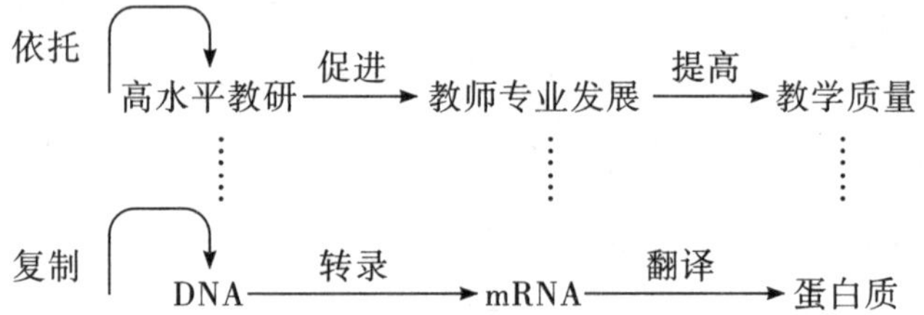


**图 2　教研“中心法则”**

《杨计明教研志》的理论概括和实践总结：总体上有助于生物教师把握生物教育的精髓，细节上有助于生物教师升华生物教学的灵魂，本套丛书适宜作为生物教师教学、师范学生学习、生物教育科研、继续教育培训等参考用书。

《杨计明教研志》的专业示范：学术贡献摘自《生物教与学》序言"在广东中学生物学教学的团队中，杨计明作为研究型教师和教研员的代表，带领着教研员和骨干教师们课前认真备课、课上积极探索、课后静心反思、以教育理论为指导、以行动研究为克服困难的途径，顺利完成了义务教育和高中生物学新课程的试验，取得了令人高兴的教学成果和教学经验。这本书是杨计明老师和他的团队成员在推进新课程中教学成果的展示，汇聚了他们对中学生物学新课程的理解和教学实践经验……重点聚焦在课堂教学实践的内容上，对帮助教师在面对新课程时逐步完成敢教、会教、善教的转变是很有帮助的"（《国家生物学课程标准》研制组组长和修订组组长、北京师范大学生命科学学院教授、生物学课程与教学论博士生导师刘恩山作序《生物教与学》）。

《杨计明教研志》的专业引领：广东省教育厅印发《普通高中生物学学科教学指导意见（2021 年版）》指出"广东省中学生物新课程实施中优化课堂教学活动的研究与实践"为首届国家级教学成果奖获奖成果（见《创新教育理论 引领教育实践：广东省 2014 年基础教育国家级教学成果奖暨广东省第八届普通教育教学成果奖集萃》P114 - 122，广东高等教育出版社，2015）。该成果首创了"系统优化"生物教学活动的理论框架，创建了"基于问题、师导生学"教学的实践模型，形成了优化教学理论与应用相结合的教学成果，取得了优化课堂融国家生物课程的广东教学经验，提炼了优化中学生物课堂教学活动的实践案例，优化了"探究性学习""问题导学法""创造性教学"多元教学方式。凝练教学成果的文字材料见《创造性教学（第 2 版）》《问题导学法（第 2 版）》《生物学教与学（初中）》《生物学教与学（高中）》《生物教育研究》（广东高等教育出版社，2019）"一志三卷五册"等出版图书，视频材料见《广东省中学生物教学成果精品（2015—2019）》系列（广东音像教材出版社，2020）等电子出版物，文字材料和视频材料均已经在广东省域范围免费赠阅发给教师，推广国家级教学成果，优化课堂教学。

《杨计明教研志》的推广应用：《杨计明教研志》"一志、三卷、五册"赠阅广东省中学生物教师，中学生物教师反馈《杨计明教研志》对课题研究、课堂教学、课程教研等多方面促进教师专业发展非常有示范引领和学术指导作用。

**参考文献**

[1] 梁威. 撬动中国基础教育的支点：中国特色教研制度发展研究 [M]. 北京：教育科学出版社，2011.
[2] 刘月霞. 中国教研的价值与使命 [J]. 基础教育论坛，2016 (26)：1.
[3] 杨计明. 创造性教学 [M]. 2 版. 广州：广东高等教育出版社，2019.
[4] 杨计明. 问题导学法 [M]. 2 版. 广州：广东高等教育出版社，2019.
[5] 杨计明. 生物学教与学（初中）[M]. 广州：广东高等教育出版社，2019.
[6] 杨计明. 生物学教与学（高中）[M]. 广州：广东高等教育出版社，2019.
[7] 杨计明. 生物教育研究 [M]. 广州：广东高等教育出版社，2019.
[8] 杨计明. 依托高水平教研促进教师专业发展、提高中学生物学教学质量的研究与实践 [M] //广东教育改革发展研究报告：2020. 广州：广东高等教育出版社，2020.
[9] 程介明. 教研：中国教育的宝藏 [J]. 华东师范大学学报（教育科学版），2021 (5)：11.
[10] 刘月霞. 追根溯源："教研"源于中国本土实践 [J]. 华东师范大学学报（教育科学版），2021 (5)：14.

（执笔人：杨计明；审稿人：曾令鹏）

# 教学能力大赛促进教师专业发展的研究与实践*

○广东省教育研究院教学教材研究室

**摘　要：**在广东省中小学青年教师教学能力大赛的背景下，论述了广东省初中生物学科和高中生物学科教学能力大赛促进教师专业发展的设计、实施、成效和改进。依据国家生物学课程标准来设计与实施教学能力大赛生物学科教学基本功和生物学实验课堂教学内容，教学能力大赛以“问题导学，高效课堂”为中心展示课堂教学来促进生物教师专业发展，优化教学过程，形成了良好的教研氛围，正确地引导生物教师钻研课堂教学，成效显著。

**关键词：**教学能力　教学基本功　试题命制　课例展示　专业发展

为提升广东省中小学（含幼儿园、中职学校、特殊教育学校，以下简称“中小学”）青年教师的专业水平和教学能力，广东省总工会和广东省教育厅联合举办广东省中小学青年教师教学能力大赛（以下简称“教学能力大赛”），教学能力大赛由广东省教育研究院和广东省教科文卫工会具体承办，分初赛、决赛和总决赛三个阶段。参赛青年教师为 40 岁以下满 3 年教龄的具备相应教师资格的在岗专任广东省中小学教师，教学能力大赛分设学前教育、小学教育、初中教育、普通高中教育、中等职业教育和特殊教育 6 个组别共计 51 个学科（专业）。

本研究主要论述广东省初中生物学科和高中生物学科的教学能力大赛促进教师专业发展的设计、实施、成效与改进。

* 本文在全国核心期刊《生物学通报》2020 年第 12 期上发表，引用时有修订。

## 一、教学能力大赛促进教师专业发展：设计

教学能力大赛的内容包括学科专业技能、教学通用技能，主要通过说课、课堂教学及演讲答辩等方式来展示。

### （一）设计目标

通过教学能力大赛提升广东省中学生物学青年教师的专业水平和教学能力。

### （二）设计理念

依据《义务教育生物学课程标准（2011 年版）》《普通高中生物学课程标准（2017 年版 2020 年修订）》和参考《广东省义务教育生物学教学指导意见（2012 年）》《广东省普通高中生物学教学指导意见（2021 年）》，主要从教学与评价维度来设计生物学科教学能力大赛内容。

### （三）设计方案

初赛：由广东省各地级以上市组织实施，广东省属中小学校由广东省教育研究院组织。

决赛：分为两个阶段。第一阶段比赛主要内容为各学科基本功展示，成绩前 10 名进入第二阶段；第二阶段比赛主要内容为 40 分钟的课堂教学。决赛成绩中，学科基本功展示占 50%，课堂教学占 50%。各组别各学科决赛成绩第一名进入总决赛。

总决赛：总决赛分为初中、高中组别分别进行。总决赛分为两个环节：第一环节为 8 分钟教育理念演讲与 5 分钟答辩；第二环节为 5 分钟教育教学即兴演讲。总决赛成绩中，教育理念演讲与答辩占 60%，即兴演讲占 40%。

通过初赛，由各地级以上市及广东省教育研究院按照各学科（专业）推荐不超过 1 名选手参加决赛。决赛和总决赛按百分制评分：选手每项目中的得分为本组别本学科（专业）所有评委给出的分数中去掉一个最高分和一个最低分后的平均分，项目最终得分为平均分与该项目权重的积。

## 二、教学能力大赛促进教师专业发展：实施

教学能力大赛两年一届，2017 年举办了首届，2019 年举办了第二届。

教学能力大赛其中学前教育组别由幼儿教育 1 个专业组成、小学教育组别由 10 个学科组成、初中教育组别由 14 个学科组成、普通高中教育组

别由15个学科组成、中等职业教育组别由10个学科（专业）组成、特殊教育组别由特殊教育1个专业组成，大赛共计51个学科（专业）。学前教育、小学教育、初中教育、普通高中教育、中等职业教育、特殊教育各学科（专业）决赛各评出一等奖4个，二等奖6个，三等奖12个。

各组别总决赛第一名获得者将按程序向省总工会申报授予广东省五一劳动奖章。教学竞赛开展过程中，活动覆盖面大、教师参与度高、工作成绩突出的单位颁发优秀组织奖若干。

**（一）初赛实施**

由广东省各地级以上市组织实施，广东省属中小学校由广东省教育研究院组织。

首届初赛由21个地市、顺德区和省直属各选出1位选手教师共23人参加决赛，第二届初赛由21个地市和省直属各选出1位选手教师共22人参加决赛。

**（二）决赛实施**

依照教学能力大赛促进教师专业发展的设计方案，生物学科决赛内容按第一阶段教学基本功（试题命制）和第二阶段课堂教学（课例展示）来组织实施。

1．首届决赛实施。

第一阶段：教学基本功展示。

（1）初中生物学。

**表1　初中生物学第一阶段试题命制**

| 比赛项目 | 比赛内容 | 评分标准 |
| --- | --- | --- |
| 命题（原创中考生物模拟试卷） | 教师依据《义务教育生物学课程标准（2011年版）》和参考《广东省初中生生物学科学业考试大纲（2017年）》自行命题并赛前命制 | 1．命题符合课标考纲的相关要求（30分）<br>2．试题原创并且没有科学性错误（50分）<br>3．达成生物学教学质量监测效果（10分）<br>4．命题说明及双向细目阐释独到（10分） |

（2）高中生物。

**表 2　高中生物第一阶段试题命制**

| 比赛项目 | 比赛内容 | 评分标准 |
| --- | --- | --- |
| 命题（原创高考生物模拟试卷） | 教师依据《普通高中生物课程标准（实验）》和参考《2017 年普通高等学校招生全国统一考试大纲的说明（理科·生物）》自行命题并赛前命制 | 1. 命题符合课标考纲的相关要求（30 分）<br>2. 试题原创并且没有科学性错误（50 分）<br>3. 达成生物学教学质量监测效果（10 分）<br>4. 命题说明及双向细目阐释独到（10 分） |

第二阶段：课堂教学展示（实验内容：光合作用）。

（1）初中生物学。

**表 3　初中生物学第二阶段课例展示**

| 比赛项目 | 比赛内容 | 评分标准 |
| --- | --- | --- |
| 说课（实验教学：含学生实验微课视频） | 教师依据《义务教育生物学课程标准（2011 年版）》和参考《广东省义务教育生物学教学指导意见（2012 年）》按实验内容赛前备课并现场展示 | 以“问题导学　高效课堂”为中心：<br>1. 科学性（40 分）<br>2. 实效性（50 分）<br>3. 创新性（10 分） |

（2）高中生物。

**表 4　高中生物第二阶段课例展示**

| 比赛项目 | 比赛内容 | 评分标准 |
| --- | --- | --- |
| 说课（实验教学：含学生实验微课视频） | 教师依据《普通高中生物课程标准（实验）》和参考《广东省普通高中生物教学指导意见（2012 年）》按实验内容赛前备课并现场展示 | 以“问题导学　高效课堂”为中心：<br>1. 科学性（40 分）<br>2. 实效性（50 分）<br>3. 创新性（10 分） |

2. 第二届决赛实施。

第一阶段：教学基本功展示。

（1）初中生物学教学评价中考模拟试题命制。

**表5 初中生物学第一阶段试题命制**

| 比赛项目 | 比赛内容 | 命题要求 |
|---|---|---|
| 试题命制 | 依据《义务教育生物学课程标准（2011年版）》，参考提供命题背景材料，命制2020年广东中考生物模拟试题（含试题、答案及评分标准、命题说明） | 封闭命制试题，只携带《义务教育生物学课程标准（2011年版）》；<br>禁带移动互联网手机及手提电脑等各种通信设备、教材等各种图书 |

（2）高中生物学教学评价高考模拟试题命制。

**表6 高中生物学第一阶段试题命制**

| 比赛项目 | 比赛内容 | 命题要求 |
|---|---|---|
| 试题命制 | 依据《普通高中生物学课程标准（2017年版）》，参考提供命题背景材料，命制2020年全国高考生物模拟试题（含试题、答案及评分标准、命题说明） | 封闭命制试题，只携带《普通高中生物学课程标准（2017年版）》；<br>禁带移动互联网手机及手提电脑等各种通信设备、教材等各种图书 |

第二阶段：课堂教学展示。

（1）初中生物学课堂教学学生实验课例展示。

**表7 初中生物学第二阶段课例展示**

| 比赛项目 | 比赛内容 | 评分标准 |
|---|---|---|
| 课例展示 | 依据《义务教育生物学课程标准（2011年版）》，参考《广东省义务教育生物学教学指导意见（2012年）》，自选各主题实验内容，提交录像40分钟学生实验课例3～5节，抽取1节课例展示15分钟 | 以“问题导学 高效课堂”为中心：<br>1. 科学性（40分）<br>2. 实效性（50分）<br>3. 创新性（10分）<br>交课例3节加0分、4节加2分、5节加5分 |

（2）高中生物学课堂教学学生实验课例展示。

表 8　高中生物学第二阶段课例展示

| 比赛项目 | 比赛内容 | 评分标准 |
| --- | --- | --- |
| 课例展示 | 依据《普通高中生物学课程标准（2017 年版）》，参考《广东省普通高中生物教学指导意见（2012 年）》，自选各模块实验内容，提交录像 40 分钟学生实验课例 3～5 节，抽取 1 节课例展示 15 分钟 | 以“问题导学　高效课堂”为中心：<br>1. 科学性（40 分）<br>2. 实效性（50 分）<br>3. 创新性（10 分）<br>交课例 3 节加 0 分、4 节加 2 分、5 节加 5 分 |

## （三）总决赛实施

总决赛实施分为两个环节：

第一环节为 8 分钟教育理念演讲与 5 分钟答辩。

第二环节为 5 分钟教育教学即兴演讲。从题库中抽取，现择第二届其中数道题如下：

“第一道题：有人说，随着互联网和科技的发展，学习的中心不再是学校了，学习的中心转移到每个人手里，转移到电脑和手机上。对此，请谈谈您的观点。”

“第六道题：有人说，知识就是力量，要重视积累；有人说，知识的力量不在于它的数量。对此，请谈谈您的观点。”

“第八道题：有人说，教育就是要帮助学生寻找适合自己的生存方式和生命价值。对此，请谈谈您的观点。”

“第某道题：有人说，……对此，请谈谈您的观点。”选手抽取其中一道题即兴演讲。

由于教学能力大赛封闭实施，故此大赛后邀请获奖教师在广东省中学生物教学研讨会和广东教育学会中学生物教学专业委员会学术年会上进行课例展示开放交流，如 2017 年首届初中生物学和高中生物学获一等奖生物教师受邀在广东教育学会中学生物教学专业委员会学术年会（2018 年）现场实施课例展示，这些精彩纷呈的优质课例包含教学设计与教学实录均选入《广东省中学生物教学成果精品 2018》电子出版物，并免费发放 500 套给广东省中学生物教师学习交流。

## 三、教学能力大赛促进教师专业发展：成效

广东省各学校、县（市、区）青年生物学教师几近全员参与，资深生物学教师积极指导青年教师，活动覆盖面大、教师参与度高、大赛成效突出。

### （一）强师成效

通过实施教学能力大赛，有效地引领青年教师教学基本功专业发展，搭建展示平台，培养教学骨干，提升了广东省中学生物学教师的整体素质。

### （二）教学成效

通过实施教学能力大赛，正确地引导广大教师钻研生物学课堂教学，创新教学方法，优化教学过程，奠定了广东省中学生物学课堂的坚实基础。

### （三）教研成效

通过实施教学能力大赛，正确地引导广大教师钻研生物学课程标准，更新课程理念，教研支撑教学，形成了广东省中学生物学教研的优良氛围。

## 四、教学能力大赛促进教师专业发展：改进

总结实施了两年一届教学能力大赛的经验成果，提出今后各届教学能力大赛的改进思路。

### （一）试题命制建议

首先，回顾两届教学能力大赛实施，决赛第一阶段注重学科基本功展示。

首届：开放性命制原创试卷（不提供任何背景素材）。

第二届：封闭性命制原创试题（提供包含科学性背景素材）。

然后，展望今后生物学科决赛第一阶段试题命制。

今后各届可考虑初中生物学和高中生物学分别以《义务教育生物学课程标准（2011 年版）》《普通高中生物学课程标准（2017 年版 2020 年修订）》为教学评价试题命制的依据，采取封闭性命制原创试题，一是可提供包含科学性、非科学、伪科学等复合型背景素材，让参赛教师从提供的复合型背景素材中提取科学性的有效背景素材进行试题命制；二是不提供

任何背景素材（自备全国核心期刊和全国优秀出版社图书），让参赛教师以指定的课标生物学大概念、重要概念等主干知识为依托，检测学生生物学学科核心素养来进行试题命制。

### （二）课例展示建议

首先，回顾两届教学能力大赛实施，决赛第二阶段注重课堂教学展示。

首届：指定光合作用内容 1 节学生实验。

第二届：在课堂教学的课例展示要求提交 3 节课例加 0 分、提交 4 节课例加 2 分、提交 5 节课例加 5 分的情况下，进入决赛的 22 位教师提交学生实验课例的情况统计如下：

**表 9　提交课例情况统计**

| 组别 | 提交 5 节课例人数 | 提交 4 节课例人数 | 提交 3 节课例人数 |
|---|---|---|---|
| 初中生物学 | 15 | 1 | 6 |
| 高中生物学 | 14 | 2 | 6 |

然后，展望今后生物学科决赛第二阶段课例展示。

今后各届可考虑初中生物学和高中生物学分别以《义务教育生物学课程标准（2011 年版）》《普通高中生物学课程标准（2017 年版 2020 年修订）》为课堂教学课例展示的依据，进一步加强生物学实验教学，开齐开好生物学实验课。

1. 初中生物学决赛。依据《义务教育生物学课程标准（2011 年版）》，可从下表包含 10 个一级主题的 10 个学生实验中选取至少 5 个一级主题的学生实验课例。

**表 10　初中生物学学生实验内容**

| 10 个一级主题 | 学生实验 |
|---|---|
| 1. 科学探究 | 探究影响鼠妇分布的环境因素 |
| 2. 生物体的结构层次 | 观察细胞的基本结构 |
| 3. 生物与环境 | 探究“酸雨”的危害 |
| 4. 生物圈中的绿色植物 | 探究光合作用的条件、原料和产物 |
| 5. 生物圈中的人 | 探究发生在口腔内的化学消化 |
| 6. 动物的运动和行为 | 探究蚂蚁的行为 |

续上表

| 10 个一级主题 | 学生实验 |
|---|---|
| 7. 生物的生殖、发育与遗传 | 观察家蚕的生殖与发育 |
| 8. 生物的多样性 | 认识校园内的植物并挂牌 |
| 9. 生物技术 | 练习制作面酱或酸奶等发酵食品 |
| 10. 健康地生活 | 探究酒精对水蚤心率的影响 |

2. 高中生物学决赛。依据《普通高中生物学课程标准（2017 年版 2020 年修订）》，可从下表包含 10 个大概念的 10 个学生实验中选取至少 5 个学生实验课例。

表 11 高中生物学学生实验内容

| 5 个必修和选择性必修模块 | 学生实验 |
|---|---|
| 必修 1 分子与细胞 | 检测生物组织中的还原糖、脂肪和蛋白质 |
| | 探究不同环境因素对光合作用的影响 |
| 必修 2 遗传与进化 | 制作 DNA 分子双螺旋结构模型 |
| | 探讨耐药菌的出现与抗生素滥用的关系 |
| 选择性必修 1 稳态与调节 | 比较清水、缓冲液、体液对 pH 变化的调节作用 |
| | 探究植物生长调节剂对扦插枝条生根的作用 |
| 选择性必修 2 生物与环境 | 探究培养液中某种酵母种群数量的动态变化 |
| | 设计并制作生态瓶 |
| 选择性必修 3 生物技术与工程 | 利用酵母菌、醋酸菌分别制作果酒和果醋 |
| | 利用聚合酶链式反应（PCR）扩增 DNA 片段并完成电泳鉴定 |

### （三）评价标准建议

教学能力大赛项目评价标准要突出科学性、实效性与创新性，评分要点建议见表 12。

表 12　生物学教学能力大赛项目评分标准

| 评审内容与权重 | 原创试题命制评分要点 | 实验课例展示评分要点 |
|---|---|---|
| 科学性（40%） | 科学思维逻辑严密，无科学性错误，创设情境与设问科学合理 | 科学探究过程清晰，科学活动为主，学生实验精彩视频不少于 10 分钟 |
| 实效性（50%） | 符合课标内容要求，指向核心素养，学业质量（教学质量）检测效果好 | 实验现象与结果清晰，数据可靠，实验结论合理可信 |
| 创新性（10%） | 试题要求原创，试题表述清晰规范 | 实验材料有创意，实验方法有优化 |

国家生物学课程标准是初中生物学和高中生物学教学和评价的依据，参考广东省义务教育生物学教学指导意见和广东省普通高中生物学教学指导意见，结合广东省初中生物学和高中生物学的教学实际，随着国家生物学课程标准的修订、广东省教学能力大赛的深入和教师专业素养的提升，教学能力大赛促进教师专业发展的设计与实施也应进一步改进与优化，以期取得更大的成效，提高中学生物学教学质量。

**参考文献**


[1] 中华人民共和国教育部. 义务教育生物学课程标准（2011 年版）[S]. 北京：北京师范大学出版社，2012.

[2] 中华人民共和国教育部. 普通高中生物学课程标准（2017 年版 2020 年修订）[S]. 北京：人民教育出版社，2020.

[3] 杨计明. 广东省中学生物教学成果精品 2018 [CD]. 广州：广东音像教材出版社，2019.

[4] 杨计明. 依托高水平教研促进教师专业发展、提高中学生物学教学质量的研究与实践 [M] //广东教育改革发展研究报告：2020. 广州：广东高等教育出版社，2020.

[5] 杨计明. 开展教学能力大赛　促进教师专业发展 [J]. 生物学通报，2020（12）：12－15.


（执笔人：杨计明，审稿人：曾令鹏）

# 数字时代公民数字素养及培育调查分析报告

## ——以广东省为例

○广东省教育研究院教育评估室*

**摘　要**：数字浪潮来临之际，拥抱数字技术、建设数字中国的进程进入加速发展期。随着数字技术向各领域渗透，劳动者越来越需要具有双重技能——数字技能和专业技能。项目组通过问卷调查、实地访谈、函件调研等多种方式，对广东公民数字素养及其培育现状做出较为全面的描绘，在此基础上，诊断出当前数字素养培育领域存在的主要问题，并给出相关改进建议。

**关键词**：数字时代　数字素养　数字素养培育

## 一、数字素养概念与本调查基础

当今世界处于数字浪潮来临之际，以人工智能、大数据、互联网、云计算、物联网、区块链等为代表的数字技术带来新一轮产业革命，拥抱数字技术、建设数字中国的进程，正进入加速发展期。数字化社会的到来，不仅改变着社会的各个领域，全方位重构了人们的生活空间，而且对劳动者和消费者提出了新要求，数字素养已成为21世纪公民的基本生存技能。

### （一）数字素养概念起源与发展

“数字素养”概念由以色列学者 Yoram Eshet-Alkalai 于 1994 年首次提出，他于 2004 年、2012 年对数字素养的结构加以完善，所提出的五种数

* 项目组成员：许世红（报告执笔人），席春玲，林君芬，张一平，陈勇平，王海涛，刘永东，邓华华，陈放，李英。

字素养（图片—图像素养、再创造素养、分支素养、信息素养、社会—情感素养）已融入人们的技能学习中 。由于数字素养与生俱来的综合性、动态性和开放性特征，20 多年来，虽然学者与社会各界对提高全民数字素养倍加重视，但对数字素养的定义、模型、框架、培养等研究并没有达成广泛共识。

### （二）本调查的理论基础

1. 两个主要理论依据。联合国教科文组织统计所（UNESCO - UIS）2017 年以欧盟的公民数字素养框架 2.0 版为初始参考，收集了亚洲、欧洲、美洲、非洲 47 个以英语为官方语言的国家、政府和企业正使用的 71 种数字素养相关框架，在全球范围广泛征求意见，经过 1 年多的研究，于 2018 年 6 月出版《指标 4.4.2 数字素养技能供参考的全球框架》（简称《数字素养全球框架》），用于测量全球青年和成人的数字素养技能。本项目组认为，UNESCO - UIS 的研究具有更大的包容性和普适性，因此决定充分借鉴 UNESCO - UIS 的《数字素养全球框架》，以此作为研究的主要理论依据。

另外，中国教育部于 2017 年颁布《普通高中信息技术课程标准》，明确提出要全面提升学生的信息素养，帮助学生成为数字化时代的合格中国公民，并界定高中信息技术学科核心素养包含信息意识、计算思维、数字化学习与创新、信息社会责任这四个核心要素。本项目组认为，我国的信息素养核心要素体现出数字素养研究的中国特色，因此将此作为研究的又一个主要理论依据。

2. 本调查的数字素养内涵。本研究采用 UNESCO - UIS 的界定，数字素养是“为了就业、体面工作和创业，通过数字技术安全适当地获得、管理、理解、整合、沟通、评估和创造信息的能力，它包括以各种方式提到的素养如计算机素养、ICT（信息通信技术）素养、信息素养和媒体素养。”

## 二、公民数字素养调查介绍

### （一）问卷设计

1. 问卷设计过程。一是借鉴 OECD（经济合作与发展组织）组织的 PISA（国际学生评估项目）学生问卷之“信息通信技术（ICT）熟悉度”调查经验，考察公民使用数字媒体和电子设备的相关情况。二是基于 UNESCO - UIS 发布的《数字素养全球框架》、教育部出版的《普通高中信息技术课程标准（2017年版）》，提炼表征公民数字素养的关键变量，构建数字素养测评的理论框架。三是通过分析已有的数字素养相关文献，得出数字素养表征变量的测量问题；通过专家访谈、被试访谈确定测量问题的适切性。四是通过预调查的方法，对测量问题的适用性和准确性进行调试，确定大规模定量调查使用的问卷。

2. 问卷内容简介。问卷涉及的内容包括：个人信息，数字媒体和电子设备的拥有与使用情况，在学习、工作、生活中运用数字技术进行互动、交流、分享、合作的情况，创造性地运用数字技术情况，数字技术运用的安全与保障意识，数字素养的培育期望，等等。三份问卷的内容结构如表1所示。

**表1　广东中学生/大学生/社会公众数字素养问卷结构**

| 板块 | 对应内容 |
|---|---|
| 1. 学习生活和工作背景 | 1.1 确保覆盖经济发达与相对落后的区域<br>1.2 确保覆盖城乡区域<br>1.3 年龄、性别、受教育程度、家庭经济状况、职业类别作为数据分析的分类依据 |
| 2. 对数字媒体和电子设备的使用情况 | 2.1 使用数字化硬件设备的概况<br>2.2 在线使用数字化设备的概况 |
| 3. 用数字技术进行工作学习、生活娱乐的情况 | 3.1 运用数字技术消费、娱乐的情况<br>3.2 运用数字技术社交、分享的情况<br>3.3 运用数字技术学习、工作的情况 |
| 4. 对信息与网络安全的评价与保护 | 4.1 网络安全、信息安全意识与能力<br>4.2 网络信息甄别能力 |
| 5. 用数字技术解决问题的情况 | 5.1 解决技术问题<br>5.2 发现需求和技术响应<br>5.3 创造性地使用数字技术<br>5.4 形成创新作品 |
| 6. 公民数字素养教育需求 | 6.1 数字技术的学习需求<br>6.2 个体学习数字技术的途径<br>6.3 公众数字素养提升的有效途径 |

### （二）数据收集与样本的人口统计学特征

本调查的数据收集主要采用问卷法、函询法和实地访谈。问卷法即运用统一设计的在线问卷向特定群体了解情况或征询意见，调查问卷的调查对象分为中学生、大学生、社会公众三大群体。函询法则采用函询大纲的方式向广东省人力资源和社会保障厅、广东省工业和信息化厅咨询公民数字素养的培育情况。项目组还到广东省教育厅开展了实地访谈。人口统计学特征主要包括性别、年龄、生活地区、家庭地理位置、教育水平、职业类别等指标。

1．中学生群体。采用分层整群抽样方式从珠三角、粤东、粤西、粤北共选取 20 所学校，每所学校起始年级选取 4～5 个班，共 4 858 名学生参加了在线问卷调查。对问卷数据进行筛选，剔除答卷时间不足 3 分钟、答题逻辑不通的问卷，有效作答问卷为 4 615 份，有效率 95%。由表 2 可知，本次填答中学生问卷的对象中，男生与女生的比例接近，初中学段与高中学段的人数分布较为合理，所在家庭的生活区域分布较为均衡，能够反映广东普通中学生数字素养的平均状况。

**表 2　中学生主要人口统计学变量的描述性统计**

单位:%

| 项目 | | 珠三角 | 粤东西北 | | | | 合计 |
|---|---|---|---|---|---|---|---|
| | | | 粤东 | 粤西 | 粤北 | 小计 | |
| 性别 | 男 | 24.5 | 13.1 | 3.2 | 5.3 | 21.6 | 46.1 |
| | 女 | 27.3 | 14.0 | 4.6 | 8.0 | 26.6 | 53.9 |
| 学段 | 初中 | 33.0 | 12.3 | 3.1 | 7.6 | 23.0 | 56.0 |
| | 普通高中 | 8.1 | 5.5 | 3.6 | 2.2 | 11.3 | 19.4 |
| | 中职学校 | 10.7 | 9.3 | 1.1 | 3.4 | 13.9 | 24.6 |
| 家庭地理位置 | 城市中心区 | 24.4 | 10.5 | 3.6 | 7.3 | 21.5 | 45.9 |
| | 城乡接合部 | 16.0 | 6.7 | 1.4 | 1.1 | 9.1 | 25.1 |
| | 乡镇 | 7.3 | 5.6 | 1.2 | 2.6 | 9.3 | 16.6 |
| | 农村 | 4.1 | 4.4 | 1.6 | 2.3 | 8.3 | 12.4 |
| 合计 | | 51.8 | 27.1 | 7.8 | 13.3 | 48.2 | 100.0 |

2. 大学生群体。本次调查采用问卷星的方式在广东共选取中山大学、华南理工大学、华南师范大学、华南农业大学、广东外语外贸大学、广东财经大学、广东技术师范大学、广东第二师范学院、广州松田职业学院、广东理工学院、广东建设职业技术学院、广东省外语艺术职业学院、广州番禺职业技术学院等近20所普通高校和高职高专，请在校大学生在线填写调查问卷，共2 057名大学生参加了在线问卷调查。对问卷数据进行筛选，剔除答卷时间不足3分钟、答题逻辑不通的问卷，有效作答问卷为1 874份，有效率91%。由表3可知，本次填答大学生问卷的对象以广东籍的学生为主（约占87.8%），所在家庭的生活区域分布较为均衡，且问卷中男生与女生的比例约3∶7，能够反映广东高校大学生数字素养的平均状况。

**表3 大学生主要人口统计学变量的描述性统计**

单位：%

| 项目 | | 城市中心区 | 城乡接合部 | 乡镇 | 农村 | 合计 |
|---|---|---|---|---|---|---|
| 性别 | 男 | 8.3 | 4.8 | 7.9 | 9.0 | 29.9 |
| | 女 | 19.1 | 11.7 | 17.8 | 21.5 | 70.1 |
| 类型 | 高职高专 | 9.3 | 7.5 | 13.0 | 16.9 | 46.7 |
| | 普通高校 | 18.1 | 9.0 | 12.7 | 13.6 | 53.3 |
| 家乡 | 广东 | 23.2 | 14.2 | 23.2 | 27.2 | 87.8 |
| | 广东以外 | 4.2 | 2.2 | 2.5 | 3.3 | 12.2 |
| 合计 | | 27.4 | 16.5 | 25.7 | 30.5 | 100.0 |

3. 社会公众群体。采用问卷星在线填写的方式，发动珠三角、粤东、粤西、粤北的成年人作答问卷，共1 114名社会公众参加了在线问卷调查。对问卷数据进行筛选，剔除答卷时间不足3分钟、答题逻辑不通的问卷，有效作答问卷为1 079份，有效率约为97%。由表4、表5知，本次填答社会公众问卷的对象中，男女比例约4∶6，30～49岁的占比高达72.1%，且以接受过大学教育的社会人员为主（大专以上学历约占87.7%），所从事的职业以专业技术人员（约占42.8%）、其他人员（约占27.5%）、党政机关人员（约占10.8%）这三大类为主，因此，本次社会公众问卷数据主要反映的是广东社会精英阶层的数字素养基本情况。

**表 4　社会公众主要人口统计学变量的描述性统计**

单位:%

| 项目 | | 珠三角 | 粤东西北 | | | | 合计 |
|---|---|---|---|---|---|---|---|
| | | | 粤东 | 粤西 | 粤北 | 小计 | |
| 性别 | 男 | 16.4 | 4.4 | 3.2 | 15.1 | 22.7 | 39.1 |
| | 女 | 31.7 | 9.5 | 4.7 | 14.9 | 29.2 | 60.9 |
| 年龄 | 29 岁及以下 | 6.3 | 1.8 | 0.7 | 2.7 | 5.2 | 11.5 |
| | 30 ~ 39 岁 | 17.1 | 6.2 | 2.4 | 9.4 | 18.0 | 35.0 |
| | 40 ~ 49 岁 | 16.1 | 4.2 | 3.1 | 13.7 | 20.9 | 37.1 |
| | 50 ~ 59 岁 | 7.2 | 1.9 | 1.5 | 3.9 | 7.2 | 14.5 |
| | 60 岁及以上 | 1.4 | 0.0 | 0.2 | 0.4 | 0.6 | 1.9 |
| 家庭地理位置 | 城市中心区 | 32.9 | 9.3 | 4.8 | 20.3 | 34.4 | 67.3 |
| | 城乡接合部 | 6.3 | 2.1 | 1.5 | 5.1 | 8.7 | 15.0 |
| | 乡镇 | 7.7 | 1.7 | 1.2 | 3.8 | 6.7 | 14.4 |
| | 农村 | 1.2 | 0.9 | 0.4 | 0.8 | 2.1 | 3.3 |
| 最高学历 | 高中及以下 | 6.4 | 1.4 | 0.8 | 3.7 | 5.9 | 12.3 |
| | 大专 | 8.3 | 2.9 | 1.5 | 5.2 | 9.5 | 17.9 |
| | 大学本科 | 28.5 | 7.5 | 5.1 | 17.4 | 30.0 | 58.5 |
| | 研究生及以上 | 4.9 | 2.2 | 0.5 | 3.7 | 6.4 | 11.3 |
| 合计 | | 48.1 | 13.9 | 7.9 | 30.0 | 51.8 | 100.0 |

**表 5　社会公众职业类别的描述性统计**

单位:%

| 职业类别 | 党政机关 | 专业技术人员 | 办事人员和有关人员 | 社会生产服务和生活服务人员 | 农、林、牧、渔业生产及辅助人员 | 生产制造及有关人员 | 失业 | 退休 | 其他 | 合计 |
|---|---|---|---|---|---|---|---|---|---|---|
| 所占比例 | 10.8 | 42.8 | 6.4 | 3.9 | 0.6 | 4.4 | 1.1 | 2.4 | 27.5 | 100.0 |

## 三、问卷调查的描述性分析

### （一）对数字媒体和电子设备的使用情况

1. 智能手机、网络、电脑的拥有率和使用率在各类群体中均居前三位。问及“家中是否有如下设备可供您使用”时，91.1%的中学生、92.4%的大学生、96.1%的社会公众回答家中有网络连接，92.6%的中学生、99%的大学生、95.5%的社会公众回答自己有智能手机，80.4%的中学生、96.8%的大学生、95.8%的社会公众回答家中有电脑，且大学生和社会公众的网络、智能手机、电脑使用率均超过90%（至于中学生，可能源于面临特殊的家校约束）。

各个群体中，使用电子阅读器（例如Kindle等）、便携式音乐播放器（如MP3/MP4播放器等）的比例都偏少，相对而言，大学生仅12.5%使用电子阅读器、18.0%使用便携式音乐播放器，占比最低。这可能与智能手机的功能已经覆盖了电子阅读器、便携式音乐播放器的功能有关，大学生群体的智能手机使用率最高。

2. 手机月话费的支出金额与使用群体的身份较为一致。随着数字技术的快速更新迭代，智能手机功能日益强大、使用愈加便捷，在各个群体里均已成为使用频率最高的电子设备。中学生因有家校约束，故约72%的中学生手机月话费或者由家人付钱或不超过30元；大学生经济压力较大，故约67.9%的手机月话费在30~100元之间，27.1%的手机月话费低于30元；而对于社会公众，手机月话费的分布主要在以下三个区间：30~100元的约占45.6%，100~200元的约占36.1%，超过200元的约占12.0%。广东公民手机月话费的整体开支较为理性。

3. 周末上网所花费的时间以大学生群体最多，其次是社会公众，中学生相对较少。随着数字技术的发展，网络世界真正进化为人类社会的新天地，已经成为人类新的生存空间。约95.7%的大学生周末每日平均上网时间在1小时以上，其中近40%的在6小时以上，网络实质上已融入大学生的生活；约80.0%的社会公众周末每日平均上网时间在1小时以上，其中上网时间在1~2小时、2~4小时各在23%左右，在1小时以内、4~6小时、6小时以上的各在17%左右，分布较为均衡；约61.3%的中学生周末每日平均上网时间在1小时以上，其中仅11.1%的在6小时以上，说明大多数中学生的周末活动兼顾网上与网下多种形式。

## （二）用数字技术进行工作学习娱乐情况

新冠病毒肺炎疫情已蔓延至全球，疫情危机对社会各界，无论是政府、企业、机构，还是个人，都造成了巨大影响。在这场史无前例的危机中，数字技术、数字经济、数字文化凸显巨大优势和潜力，数字信息与互联网正在成为像水和电一样的生态要素渗透到各行各业，渗透到经济文化教育娱乐的各个环节。

1. 绝大部分社会公众和大学生已经习惯于通过网络和数据技术开展学习与工作上的交流合作。一是社交网络工具使用频率高。调查数据显示，2020 年上半年，高达 78.1% 的社会公众和 72.5% 的大学生，每天/几乎每天都要用社交网络工具（如微信、QQ、办公系统等）、电子邮件，与领导同事同行客户交流工作、与老师同学交流学习情况；但只有约 23.4% 的中学生，每天/几乎每天使用社交网络工具和电子邮件与老师同学交流学习情况，这可能源于中学生与老师同学见面相对容易，更可能是中学生受到限制，不能随意上网。二是手机与电脑间数字信息传输频繁。调查数据显示，2020 年上半年，高达 79.8% 的大学生和 70.8% 的社会公众，每天/几乎每天都要在电脑和手机上下载、打开、保存、发送文件/图片/视频等资料，将电脑与手机里的文件/图片/视频等资料进行相互传输，他们已经掌握常见数字技术，可以熟练地管理和使用常见数字信息。有趣的是，新冠病毒肺炎疫情期间，高达 74% 的中学生，每天/几乎每天/每周 1 ~2 次也会进行电脑与手机之间的数字信息传输，手机与电脑的使用在中学生中也很普遍。三是已习惯于上网查询资料，搜索、过滤、评价各种数据信息。数据显示，2020 年上半年，约 64.5% 的大学生和 61.3% 的社会公众，每天/几乎每天都会为了完成学习任务、解决研究问题、解答工作疑难而上网浏览各种数据信息，这已经成为他们学习与工作的一部分。另外，约 65.7% 的中学生，每天/几乎每天/每周 1 ~2 次也会上网去查询与学习相关的资料，网上资源成为他们学习的重要参考。四是在线学习模式得以广泛采用。受新冠病毒肺炎疫情影响，2020 年上半年，学校采用远程视频方式开展教学，极大地促进了数字技术的广泛运用。数据显示，2020 年上半年，约 65.3% 的大学生每天/几乎每天都会用视频会议 APP（如钉钉、腾讯会议等）在线上网课或在网上平台（如中国大学 MOOC 等）学习录播课程；约 45.4% 的中学生每天/几乎每天都会在电脑或手机上用软件在线上课，在城乡接合部或农村地区，教育部门有统一录制的电视课堂提供给学生居家学习。社会公众每天/几乎每天采用视频会议 APP 进行远程办公的比例约占12.1%。

2. 绝大部分社会公众和大学生已经习惯于通过网络和数字技术来满足闲暇时间的消费、社交与娱乐需求。一是在线看新闻、购物、浏览娱乐节目成为常态。数据显示，2020年上半年，高达87%的社会公众和82.2%的大学生，每天/几乎每天都会上网看新闻，或在淘宝、京东、拼多多、网易严选、微店等网上平台进行购物，或在爱奇艺、优酷、哔哩哔哩、抖音等视频网站浏览娱乐节目。另外，有46.2%的中学生也是每天/几乎每天都会上网看新闻或浏览娱乐节目或购物。二是网络社交与聊天活动成为生活方式。数据显示，2020年上半年，高达92.4%的大学生和85.6%的社会公众，每天/几乎每天都会通过QQ、微信、微博等多种方式参与网络社交、网上聊天，这已经成为人们的一种生活方式。另外，也有60.8%的中学生每天/几乎每天都会有网络社交与聊天活动。三是人们对下载游戏软件、玩电子游戏的兴趣一般。数据显示，人们对从网上下载音乐、电影、游戏等软件的兴趣一般。2020年上半年，约30.9%的大学生、24.5%的中学生、15.1%的社会公众，每天/几乎每天都会在网上下载一些音乐、电影、游戏类的软件；一方面这可能与个体的特定兴趣爱好有一定关系，另一方面可能是网上的音乐、电影、游戏可以很容易在线浏览。另外，人们对玩电子游戏的兴趣也比较一般。最近半年，约27.2%的大学生、24.1%的中学生、10.9%的社会公众，每天/几乎每天都会玩一下电子游戏（单机游戏或多人在线联机游戏），一方面这可能与个体的特定兴趣爱好有一定关系，另一方面可能是网上娱乐项目太多，可供选择对象太多。

### （三）对网络安全保护与信息评价的情况

无论是数字原住民还是数字移民，在数字时代的日常生活与学习中，都需要合理使用数字设备和系统，自觉遵守数字生活的道德准则和法律法规，负责任地发布、使用与传播信息，并知道网络系统中存在的各种风险，熟悉常用的安全防范技术方法，养成规范的操作习惯，树立信息安全意识。

1. 绝大多数社会公众、大学生和中学生具有良好的网络安全意识，会定期对电子设备进行防毒、杀毒，也会对重要文件进行备份或加密处理，但对于使用免费Wi-Fi的安全警惕性有待提升。数据显示，高达85.4%的社会公众、77.4%的中学生、74.4%的大学生都非常同意/同意，2020年上半年对手机或电脑等设备进行了定期的防毒、杀毒，说明他们掌握了电子设备维护的基本技术方法，可以确保常见电子设备的使用安全性能。特别是，有 30.2% 的中学生选择了“非常同意”选项，大幅高于大学生和社会公众群体，说明中学信息技术课程教学产生了明显效益。

另外，高达 83.5% 的大学生、78.4% 的社会公众都非常不同意/不同意，最近半年从未对任何文件进行过备份或加密处理，这说明绝大部分大学生和社会公众具备个人数据和隐私信息的保护意识，对重要的电子文件进行了备份或加密处理。然而，只有 34% 的中学生选择了“非常不同意/不同意”选项，远远低于大学生和社会公众群体，一方面可能是很多中学生没有值得备份或加密处理的重要电子文件，另一方面也可能是很多中学生尚无机会或未养成使用电子文件学习交流的习惯。

再者，约 41.6% 的大学生、48.7% 的社会公众、58.5% 的中学生都非常同意/同意，最近半年在商场、餐厅、车站等公共场所，习惯于找出免费 Wi-Fi 并使用，一方面这说明免费 Wi-Fi 在公共场所随处可见、便捷好用，另一方面也说明免费 Wi-Fi 的很多使用者未遇到网络安全问题，因此他们很容易养成使用免费 Wi-Fi 的习惯。若使用免费 Wi-Fi 只处理日常事务，也是个很好的节俭习惯。

2. 绝大多数社会公众、大学生和中学生会自觉遵守网络礼仪和言行规范，在网络社交的各种场合会慎重地辨析、表达、分享各种信息，对政府官方在网上发布的信息认可度较高；但社会公众与大学生需要进一步规范网络资源的引用行为。数据显示，高达 91.3% 的大学生、89% 的中学生、81% 的社会公众都非常不同意/不同意，2020 年上半年在朋友圈自由转发各种信息、在 QQ 上自由发布个人信息、在微博上畅所欲言地进行评论，这说明绝大部分大中学生和社会公众高度认可网络虚拟空间的真实性，能够依据个人价值观和道德原则对自己的网络言行进行自我约束，对网络信息具备基本的理性判断力。

在问及“回想您最近半年的生活，您在多大程度上同意或不同意以下说法？在引用网络资源（如图片、视频、文字、故事等）时，没有想到要注明出处”时，约 29.8% 的大学生、38.4% 的社会公众选择“非常同意/同意”，这说明大部分大学生和社会公众具备良好的数字社会责任感，在引用网络资源时遵守规范，有效维护他人合法权益；但是高达 79.2% 的中学生选择了“非常同意/同意”，这说明大部分中学生可能尚未意识到保护网络资源合法权益的重要性，需要加强引导。

当问及“关于网上的各种信息，您认为它们的真假如何？”时，社会公众、大学生、中学生这三类群体对网上信息的七类来源渠道给出了相似意见，合计而言，高达74.3%的受调查者认为官方网站的资讯是“完全真实/大部分真实”的，认为门户网站资讯、公众号文章、朋友圈消息、社交网站资讯、免费邮件内容、网页广告的信息“完全真实/大部分真实”的比例依次是39.1%、31.1%、23.4%、14.0%、7.1%、5.6%，说明绝大部分受调查者能够敏锐地感觉到信息渠道直接影响到信息的可靠性、内容的准确性和指向的目的，能够主动辨析、做出合理判断。

**（四）运用数字技术解决问题的情况**

数字时代，只有适应数字化学习环境、养成数字化学习习惯、掌握数字化学习技能，才能运用数字技术解决现实空间和虚拟空间中的各种问题，更好地应对网络风险与挑战。

1. 绝大多数大学生、社会公众和中学生喜欢使用电子设备，大部分人都习惯于享受配有网络的生活。当问及“回想最近半年的生活，您在多大程度上同意或不同意以下说法?”时，约94.9%的大学生、92.5%的社会公众、86.4%的中学生选择“非常同意/同意喜欢使用电子设备”；约86%的大学生、78.5%的社会公众、60.7%的中学生选择“非常同意/同意如果没有网络，我会很难受”。

2. 大部分社会公众、大学生和中学生习惯于在网上学习、社交、购物，已经适应了数字化的学习、工作和生活环境。当问及“最近半年涉及，您在多大程度上同意或不同意以下说法?”时，约86.4%的社会公众、73.8%的大学生、61.2%的中学生选择“非常同意/同意我已经习惯于在网上开展学习与工作”；约78%的社会公众、76.3%的大学生、59.4%的中学生选择“非常同意/同意我已经习惯于在网上开展各项社交活动”；约89.8%的大学生、81.7%的社会公众、61.1%的中学生选择“非常同意/同意我已经习惯于在网上开展各项购物活动”。

3. 绝大多数大学生、社会公众和中学生乐意主动开展数字化学习，也愿意与他人分享、交流自己学习研究的数字化技能与经验。当问及“最近半年涉及，您在多大程度上同意或不同意以下说法?”时，高达92.7%的大学生、88.5%的社会公众、85%的中学生选择“非常同意/同意如果需要新软件或新应用程序，我会自己挑选并安装”；约71.5%的中学生、68.3%的社会公众、67.3%的大学生选择“非常同意/同意亲朋好友想买新的电子设备或应用程序，我可以给他们提供建议”。

4. 在新冠病毒肺炎疫情期间，大部分大学生、社会公众、中学生都可以主动掌握数字化工具的操作技能，解决学习与工作中的顺利出行问题。当问及“您在使用健康类小程序提交个人健康信息、获取个人健康码时，属于以下哪种情况?”时，能够顺利或轻松下载小程序、并按照要求提交相关信息获取个人健康码的大学生约占 84.6%、社会公众约占 83.7%、中学生约占 65.8%；若加上在相关人员帮助下完成相关信息提交并获取个人健康码的这部分，则可以解决该问题的各类群体比例依次增加至：大学生约占 95.8%、社会公众约占 94.6%、中学生约占 77.4%。

5. 大部分人还没有进入数字化创新创造性的学习、研究和分享活动中，人们这类数字化的问题解决意识和能力有待挖掘。当问及“最近半年，您在网上进行以下活动的频率是多少?”时，社会公众、大学生、中学生三类群体对题目中列出的四种创造性学习互动分享活动给出了近似意见，合计而言，受调查者有从事“上传并分享您创作的作品（如随笔、小说、音乐、诗歌、绘画、视频等）”这类活动的比例最高，至少每月 1 ~ 2 次及以上进行该活动的人员比例约占 43.3%；其次，有从事“在知乎平台上回答问题”这类活动的比例排在第二位，至少每月 1 ~ 2 次及以上进行该活动的人员比例约占 34.1%；再次，有从事“设计网页或者编写代码”这类活动的比例排在第三位，至少每月 1 ~ 2 次及以上进行该活动的人员比例约占 17.9%；有从事“上传并分享您编的计算机小程序”这类活动的人数最少，至少每月 1 ~ 2 次及以上进行该活动的人员比例约占 15.4%。

### （五）广东公民对数字素养教育的认知与需求

1. 广东大学生对自我数字设备使用能力评价最高，且觉得需要接受数字素养培育的重要性也最大；随后依次是社会公众、中学生。问卷要求受调查者对个人数字素养水平及相关教育重要性的进行自评，从“1”到“5”来衡量，“1”表示最低等级，“5”表示最高等级。有 52.6%、25.6%、4.6% 的大学生（合计 82.8%）自评运用数字媒体和电子设备的整体水平分别处于 3、4、5 等级，有 38.9%、34.1%、15.2% 的大学生（合计 88.2%）自评需要接受数字素养教育的重要性分别处于 3、4、5 等级；有 50.3%、20.9%、5.1% 的社会公众（合计 76.4%）自评运用数字媒体和电子设备的整体水平分别处于 3、4、5 等级，有 47.3%、24.7%、10.3% 的社会公众（合计 82.3%）自评需要接受数字素养教育的重要性分别处于 3、4、5 等级；有 43.7%、16.0%、8.1% 的中学生（合计 67.8%）自评运用数字媒体和电子设备的整体水平分别处于 3、4、5 等级，有 36.8%、25.3%、17.8% 的中学生（合计 79.9%）自评需要接受数字素养教育的重要性分别处于3、4、5等级。

2. 人们认为最能有效地帮助自己用好电子设备和数码媒体的三要方法依次是：自己摸索学习和使用，请教专业技术人员，通过网程。问卷要求受调查者选择三种最能有效地帮助自己用好电子设备媒体的方式方法。数据显示，虽然社会公众、大学生、中学生三出的三种最有效的学习方法是一致的，但顺序和比例略有差异下：大学生的三种学习方法依次是自己摸索学习和使用（81. 网络课程（72.7%）、请教专业技术人员（46.9%）；中学生的法依次是自己摸索学习和使用（72.5%）、通过网络课程（62 专业技术人员（48.2%）；社会公众的三种学习方法依次是自己和使用（65.9%）、请教专业技术人员（59.4%）、通过网络（52.5%）。

3. 人们认为目前最需要加强数字化工具的使用、隐私保护与数据安全、数据管理与分析这三种数字技术的学习。问卷要求受调查者选择三种目前最需要加强学习的数字技术。数据显示，大学生选择的三种数字技术依次是隐私保护与数据安全（53.9%）、数字化工具的使用（46.4%）、数据管理与分析（44.9%）；中学生选择的三种数字技术依次是隐私保护与数据安全（46.9%）、数字化工具的使用（45.5%）、数据管理与分析（36.3%）；社会公众选择的三种数字技术依次是数字化工具的使用（50.5%）、隐私保护与数据安全（47.5%）、数据管理与分析（42.2%）。

4. 超过一半的人们认为通过加强数字基础设施建设、完善数字信息与网络安全监管、民生领域积极推进数字化普及服务、实施从业者的数字素养入门培训，可以快速提升我国公民的数字素养。问卷要求受调查者选出可以快速提升我国公民的数字素养的所有途径，还可以再列出其他途径。数据显示，社会公众、大学生、中学生三种群体的意见虽然有差异，但差异不是很大；题目给出的八种途径，每种的选择比例均超过了45%，说明这些途径都得到了受调查者的认同。

## 四、实地访谈与函调资料的归纳性分析

党中央、国务院高度重视发展数字经济，党的十九大对建设数字中国、智慧社会做出战略部署。广东省委、省政府认真贯彻落实党中央、国务院的有关决策部署，高度重视数字经济与实体经济深度融合，把它作为提升广东工业化水平、建立现代化产业体系、促进经济高质量发展、促进

大力扶持，加快建设网络强省、数字经济强

## 的基本情况①

5—2020 年连续两轮推动实施信息
广东数字基础设施水平快速提
省累计建成 5G 基站 7.84 万
现 5G 网络连续覆盖，珠
于数据中心。截至 2019
投产使用的数据中心约 160 个，已投产机架约 11.6 万个（折
架 21.8 万个）。三是关于光纤网络。至 2020 年 6 月，光纤接入用
3 539.8 万户，光纤入户率提升至 107%；农村光纤接入用户
1.49 万户，农村光纤入户率达 55.56%。四是关于移动物联网。至 2020 年 6 月，全省 NB－IoT 基站累计达 65 472 座，移动物联网连接数达到 13 845.3 万个。五是关于工业互联网络。在全国率先开通工业互联网标识解析国家顶级节点（广州），建成 20 多个行业/区域标识解析二级节点，顶级节点标识接入量累计超 11 亿。2020 年 9 月，赛迪顾问发布《2020 中国数字政府建设白皮书》②，广东以总指数 75.2 居全国榜首，其中基础设施建设指数 86、应用指数 75.4 均居全国第一，服务指数 63.5、安全与保障指数 69.4 均居第二（第一方阵），数据指数 71.9 则居第八位（第二方阵）。

2. 数字产业化稳步发展。据中国信通院测算，广东数字产业化规模 1.7 万亿元，电子信息制造业、软件和信息技术服务业、电信业、互联网相关行业等产业规模全国领先。广东电子信息制造业销售产值连续 29 年位居全国首位③。2019 年，广东全省电子信息制造业营业收入 4.3 万亿元，软件业务收入 1.18 万亿元，电信业务收入 1 673.4 亿元；其中，5G 产业迅猛发展，2019 年 5G 基站出货量、5G 手机出货量均居全国第一。此外，近年来广东先后获批建设“珠三角国家大数据综合试验区”“超高清视频

① 本节内容主要由广东省工业和信息化厅提供。

② 赛迪顾问. 2020 中国数字政府建设白皮书［EB/OL］.（2020－09－03）［2020－09－08］. http://www.199it.com/archives/1112008.html

③ 广东电子信息制造业销售产值连续多年居全国首位［EB/OL］.（2020－06－21）［2020－09－08］. http://gd.people.com.cn/n2/2020/0621/c123932－34102266.html.

产业发展试验区”“国家数字经济创新发展试验区”等国家级平台，在5G、超高清视频、智能终端、大数据、人工智能等细分领域走在全国前列。

3. 产业数字化深入推进。据中国信通院测算，广东产业数字化规模超过3.18万亿元，成为数字经济发展的主导引擎。一是依托工业互联网促进传统产业上线上云。在全国率先以工业互联网创新应用推动制造业数字化转型，首创工业互联网产业生态供给资源池，汇聚了超过370家优秀服务商，华为FusionPlant平台、富士康BEACON平台、树根互联根云平台3家入选工业和信息化部“跨行业、跨领域工业互联网平台”，出台工业企业“上云上平台”服务券奖补办法，推动6 000多家工业企业数字化升级。二是以智能制造为主攻方向，推行基于互联网的制造业新模式。组织实施《广东省智能制造发展规划（2015—2025年）》，建设10个省级智能制造示范基地、36家省级智能制造公共技术服务平台、290个省级智能制造试点示范项目，25个项目入选国家试点示范，34个项目获得智能制造新模式与综合标准化项目支持，形成了一批可复制、可推广的智能制造经验和模式。组织试点示范项目新模式、新技术推广应用对接活动50多场，对接企业近3 000家。

**（二）广东数字经济发展中培育数字化人才的主要举措①**

1. 支持省内高水平大学增设数字经济相关专业。一是将数字经济急需发展的云计算、大数据、人工智能、智能制造等相关专业列为社会紧缺专业，引导有条件的高校积极增设。截至2019年底，全省有22所本科高校开设数据科学与大数据技术专业。2020年2月，又新增10所高校获批新开设数据科学与大数据技术专业，新增4所高校获批新开设大数据管理与应用专业。二是实施“广东技工”工程，建设10所高水平技师学院，建设133个省级重点专业和30个特色专业，其中包含数字经济领域先进制造业相关专业占比超过一半。

2. 探索推进跨界人才联合培养，加快培养技术技能型人才。一是鼓励高校与行业龙头企业、产业园区共建产业学院，搭建成长成才平台。比如，暨南大学、五邑大学等高校与企业设立大数据相关专业实践教学基地等。二是推动技工院校与国内外知名企业、行业协会开展实训基地共建等形式校企合作，增设智能制造应用与维护等26个特色专业。三是全面推行企业新型学徒制，目前全省共建成高技能人才培训基地66个、高技能人才

① 本节内容主要由广东省人力资源和社会保障厅、广东省教育厅提供。

公共实训基地 57 个、技能大师工作室 61 家，其中国家级高技能人才培训基地和技能大师工作室各 34 个。在 2019 年第 45 届世界技能大赛上，广东选手共获得 8 金 3 银 1 铜和 8 个优胜奖，参赛项目和选手全部获奖，金牌数占全国一半。

3. 开展众创活动，启发大中小学生和社会大众的数字技能应用智慧。一是以省中小学电脑制作活动、人工智能学习共同体、省“双融双创”社区等活动为抓手，为中小学生提供学习数字知识、体验数字奥妙、运用数字技术发现及解决问题的众创环境。二是通过举办“数字化创新创业竞赛”，强化大学生服务“数字化”的创新创业意识和能力。三是连续多年举办广东“众创杯”创业创新大赛，结合创业大讲堂、创业沙龙等活动，广泛宣传创业政策和创业典型；专设大众创业创富赛和农村电商赛等，把返乡创业、精准扶贫作为其中重点鼓励的方向。

4. 开展数字技能宣传教育和职业培训，提升城乡居民的数字素养。一是推动高等学校开展数字素养相关课程资源建设，作为高等学历继续教育的必修课程，培养成年人数字素养。二是开发网络金融知识进社区系列大讲堂等优质课程资源，依托覆盖全省城乡的开放大学体系和“南方 +”“腾讯课堂”等线上平台，深入城乡社区开展网络金融消费、网络金融防诈骗等宣传教育活动，提升城乡社区居民适应互联网生活的数字素养。三是支持鼓励职业院校面向重点人群、重点领域，大力开展包括以提升公民数字素养为主题的各类职业培训；组织职业院校积极参与数字化应用相关的 1 + X 证书试点，全省共 53 所职业院校参与了数字化管理会计、数字创意建模、数字媒体交互设计、财务数字化应用等职业技能等级证书试点，试点规模超过 1 万人。

## 五、广东数字经济发展中培育公民数字素养面临的主要问题

当前，广东经济已由高速增长阶段转向高质量发展阶段，但在培育公民数字素养方面尚未形成清晰思路，仍面临一些问题。

### （一）对公民数字素养的概念较为陌生

实地调研发现，虽然数字经济、数字时代的提法已流行多年，但公民数字素养的表述尚未得到广泛普及，人们对于公民数字素养的含义及其结构也就更陌生。但若换成咨询如何培育公民的信息素养、媒介素养、计算机素养等表述，人们就能说出一系列的习惯性做法，与公民数字素养的培育有相通之处。

**（二）缺少公民数字素养培育的战略谋划和统筹推进**

自2015年以来，广东虽然出台了《广东省促进大数据发展行动计划(2016—2020年)》《广东省新一代人工智能发展规划》《广东省数字经济发展规划（2018—2025年)》《广东数字农业农村发展行动计划（2020—2025年)》《广东省5G基站和数据中心总体布局规划（2021—2025年)》等发展数字经济的系列重大规划和政策文件，但其中甚少涉及公民数字素养的全面培育。如何凝聚各方力量推动公民数字素养培育工作的开展，缺少政策指引和扶持。

**（三）公民数字素养的培育严重滞后于数字经济的发展**

广东在发展数字经济方面比较注重发挥市场作用，各地市政府层面的主动谋划和引导推动不足，缺乏强有力的统筹部门和协调机制，数字经济相关的政策、标准、人才、机制互动发展的生态环境尚未形成，公民数字素养的全面培育也严重滞后于全省数字经济的发展步伐。

**（四）因产业数字化发展水平不均衡，导致不同领域群体的数字素养差异显著**

例如，广东服务业、消费电子、金融、服装、家具等产业数字化程度较高，相应从业人员的数字素养较高；但工业企业、农村农业的数字化积极性不高，相应从业人员的数字素养较低。又如在农村，集合了计算机技术、微电子技术、通信技术、光电技术、遥感技术等多项数字技术的农业生产装备造价较高，而农业仍然以小规模农户生产为主要生产方式，难以支撑现代数字装备的使用，也非常缺乏会熟练使用这些装备的数字化人才。

**（五）广东现行政策较难吸引数字化人才，跨界融合型数字人才尤其短缺**

广东对高端人才的学历、职称认定门槛较高，政策灵活性不够，对数字化人才的吸引力不足。如当前全国人工智能核心技术职位主要分布在北京、浙江和上海，三地所招职位占比合计近90%，而广东仅占4%。又如北京、上海数字经济集聚就业人才占比接近全国1/3，而广州、深圳、东莞就业人才占比尚不足12%。

## 六、加强公民数字素养培育的相关建议

面对“万物互联”的数字经济时代，一方面应聚焦数字产业化和产业数字化，全力推动互联网、大数据和人工智能与实体经济深度融合，推动实体经济高质量发展；另一方面，全面提升公民的数字素养，才能更好地应对数字经济时代挑战，享受时代发展红利，提升全体公民的人生幸福感。

### （一）加强对公民数字素养培育的顶层设计、统筹规划

建议各地成立由政府主要领导任组长的数字经济发展领导小组，在统筹谋划和推动数字经济重大战略布局、重大政策规划和重大项目建设，协调解决重大问题的同时，加强对公民数字素养培育的整体规划和政策指引，积极倡导社会各方力量献策献力，共同推动公民数字素养培育工作的全面开展。

### （二）出台各行从业人员数字素养入门标准

随着数字技术向社会、经济、文化等各个领域渗透，现代公民越来越需要具有双重技能——数字技能和专业技能。出台各行从业人员数字素养入门标准，有利于指引各行各业提高对数字素养的学习与认识水平。现阶段，建议重点做好人民群众最迫切希望掌握的数字化工具使用、隐私保护与数据安全、数据管理等三种数字技术的入门培训。

### （三）依据国家标准，各行业推行数字素养认证制度

为了尽快全面提升公民的数字素养，建议在国家出台从业人员数字素养入门标准后，各行各业依据国家标准，逐步推行并完善数字素养认证制度，并与行业技能挂钩，并推出相关的数字素养认证学习的网络课程，供社会公众自主选择。

### （四）创设多种渠道与平台，加快培育数字经济高尖端人才与复合型人才

一是瞄准世界科技前沿和产业发展实际需求，汇聚国内外数字经济顶尖人才，建设全球数字人才栖息地。二是实施数字经济骨干企业、独角兽企业培育计划和重大项目引进计划，加大重点企业和相关重大项目的资金支持，形成“大企业顶天立地、中小企业铺天盖地”的产业生态，在发展企业的同时培育数字化复合型人才。三是利用互联网智慧技术连通农业产业各个环节，加强智慧农业技术人才的培养，加强农民电子商务意识、农

村互联网营销人才的培养。四是加强高校重点学科建设，加快和大规模培养数字经济发展急需的各专业高端人才和复合型人才。五是鼓励高校、科研院所与相关方共建产业学院，建立以市场需求、行业标准、职业需要为导向的人才培养体系。

**（五）进一步完善数字基础设施建设，引导全民用好数字技术，享受幸福人生**

建议进一步完善网络与信息安全技术手段，处理好数据开发应用和安全保障的关系，全面提升关键信息基础设施、网络数据、个人信息等安全保障能力，同时，建议以优化提升民生服务、激发社会活力为重点，发展智慧教育、智慧医疗、智慧养老、智慧交通、智慧社保、智慧水利等数字化民生服务，并通过开放大学、老年大学、图书馆、公立医院与社区医院、社区活动中心、农村便民中心、夜校等多种渠道和场所提供数字技术使用的免费讲解与指导，在图书馆、地铁站、公立医院与社区医院、社区活动中心、农村便民中心、夜校等地设立免费上网站点，帮助老年人、农村居民、中下收入群体、边远弱势群体跟上数字时代的技术进步，让全体人民群众在数字经济发展中有更多获得感、幸福感。

**（六）凝练中国公民数字素养结构模型，与世界共享数字素养的中国研究成果**

2020 年新冠疫情导致的“禁足”，客观上让全世界感受到在线教育与消费、远程医疗、协同办公等数字化生活的便利，极大促进了数字技术的加速升级和迭代。借力这一历史机遇和数字经济的发展潮流，以 UNESCO - UIS 的数字素养全球框架（含七大能力域、26 个对应技能）和中国高中生信息（含四大核心要素、13 个对应技能）为基础，凝练中国公民数字素养结构模型，并每年开展中国公民数字素养系列评估，以评促培、以评促升，引导整个社会高度重视公民数字素养的培育和提升，在此基础上与世界共享公民数字素养的中国研究成果。

（执笔人：许世红；审稿人：詹斌）

# 2019 年广东教育教学成果奖（职业教育）获奖情况分析*

○广东省教育研究院职业教育研究室、民办教育研究室

**摘　要：**根据2019年广东教育教学成果奖（职业教育）获奖项目名单，从奖项数、获奖成果分布、成果主题内容、成果主持人（单位）情况等方面进行具体分析，提炼职业教育教学成果奖培育的广东经验，并针对有关问题提出教学成果培育有关工作的参考建议。

**关键词：**职业教育　省教学成果奖　广东

根据《广东省教育厅关于开展2019年广东教育教学成果奖评审工作的通知》，2019年3月，2019年广东教育教学成果奖申报工作正式启动，涵盖基础教育、职业教育、高等教育共3个大类。2020年3月《广东省教育厅关于公布2019年广东省教育教学成果奖获奖项目的通知》发布，2019年广东教育教学成果奖（职业教育）共评出特等奖5项、一等奖99项、二等奖120项，奖项数达到历年新高。现就2019年广东教育教学成果奖（职业教育）获奖情况分析如下。

## 一、2019年广东教育教学成果奖（职业教育）获奖情况总体分析

### （一）奖项总数及各等次奖项数均高于往届

2017年，广东职业教育教学成果开始脱离原有的普通教育、高等教育

* 基金项目：本文系广东省教育科学“十三五”规划2017年重点课题“省级基础教育（含中职）教学成果提炼、培育和推广策略研究”（课题编号：2017ZQJK042）研究成果。

申报序列，成为一个独立的省级教学成果奖颁发类别，这表明，广东充分认识到作为一个类型教育的职业教育教学成果奖的专有特点，开始推进职业教育教学成果奖的专门认定。如图1所示，2014年、2017年、2019年近三轮广东教育教学成果奖（职业教育）奖项不论在总数还是在各等次数量方面都持续走高。比较2017年、2019年广东教育教学成果奖（职业教育）获奖奖项发现，2019年广东教育教学成果奖（职业教育）获奖总数较2017年增加了109项，增长95%。其中特等奖增加2项，增长66%；一等奖增加47项，增长90%；二等奖增加60项，增长100%。这表明广东正不断加大职业教育领域内的教学成果认定范围，这有利于不断挖掘广东优秀的职业教育教学成果。

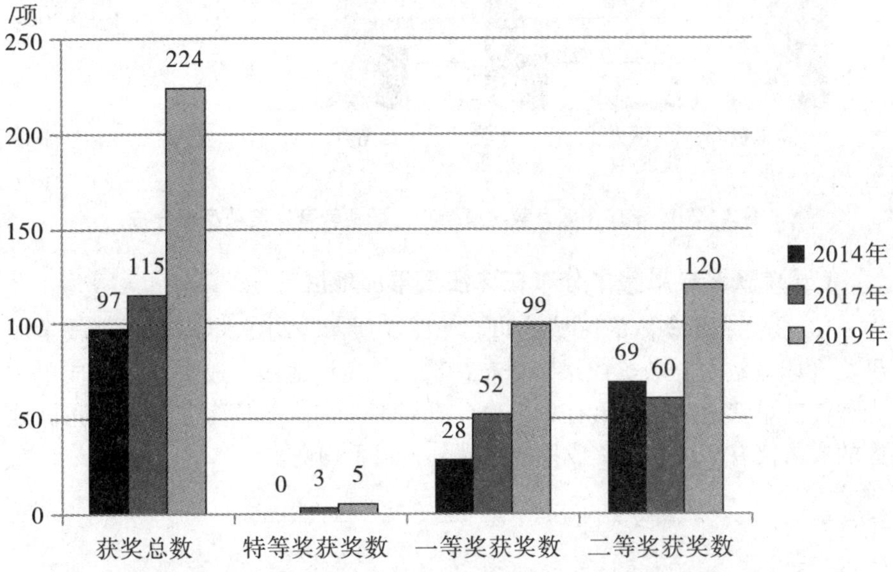


**图1　近三轮广东教育教学成果奖（职业教育）获奖数比较**

### （二）获奖成果覆盖职业教育中、高职学段，并首次涉及社区教育和老年教育

和历年一样，2019年广东教育教学成果奖（职业教育）获奖成果覆盖职业教育中职、高职学段，其中，中等职业教育类别特等奖2项、一等奖24项、二等奖28项；高等职业（专科）教育类别特等奖3项、一等奖71项、二等奖84项；社区教育和老年教育类别一等奖4项、二等奖8项（见图2）。特别需要指出的是，在原有中等职业教育、高等职业（专科）教育分类的基础上，本轮广东教育教学成果奖（职业教育）首次将社区教育

和老年教育作为第三类申报类别包含在内，体现了终身教育理念下的现代职业教育体系构建方向。

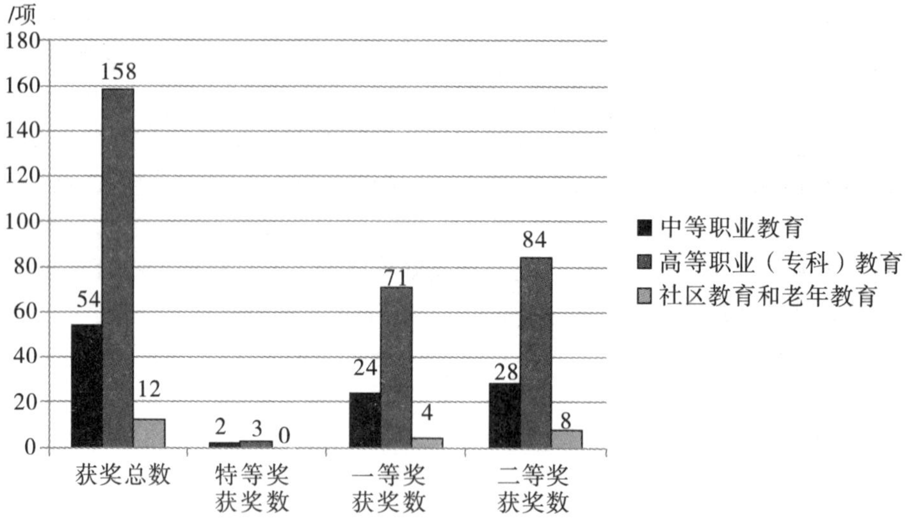


图 2　2019 年广东教育教学成果奖（职业教育）奖项类别分布

## （三）获奖成果集中分布在珠江三角洲地区

1. 获奖成果整体的区域分布。如图 3 所示，2019 年广东教育教学成果奖（职业教育）获奖成果多分布在珠江三角洲地区。成果第一完成单位为珠江三角洲地区的成果有 215 项，成果第一完成单位为非珠江三角洲地区的成果仅有 9 项，获奖成果的区域分布很不均衡。

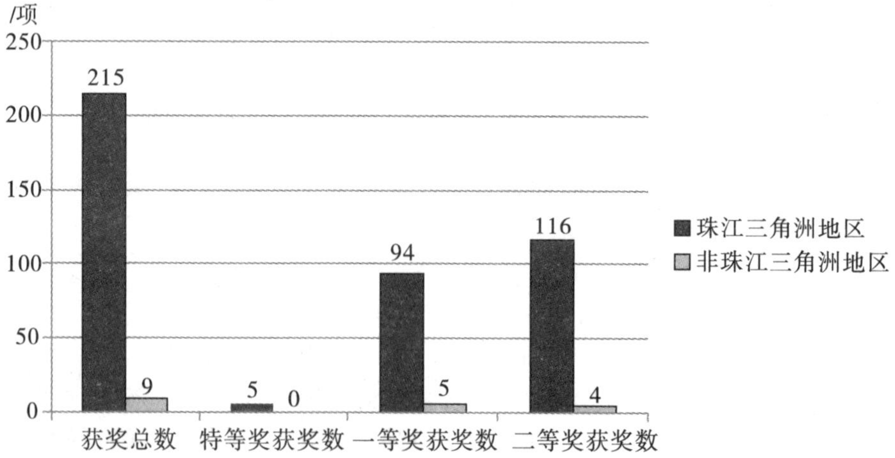


图 3　2019 年广东教育教学成果奖（职业教育）奖项区域分布

2. 获奖成果（中等职业教育类别）的区域分布。近年来，广东不断建立健全以地市统筹为主的中等职业教育管理体制，地市担负起了发展本地中等职业教育的主体责任。在由各地市培育、遴选及组织申报的中等职业教育类别教学成果奖上，不同地市获奖数存在的不均衡现象，反映着各地市中等职业教育的改革力度与治理能力。如图4所示，在中等职业教育类别共54项教学成果奖中，广州市推荐的成果项目有16项获奖①，其中1项获特等奖；佛山市推荐的成果项目有10项获奖，广州、佛山中等职业教育类别的教学成果奖数量分别位列全省前2位，这与广州、佛山中等职业教育改革发展排头兵的地位是吻合的。此外，21个地市中，有13个地市未获得中等职业教育的成果奖项，中等职业教育成果的地市间分布很不均衡。

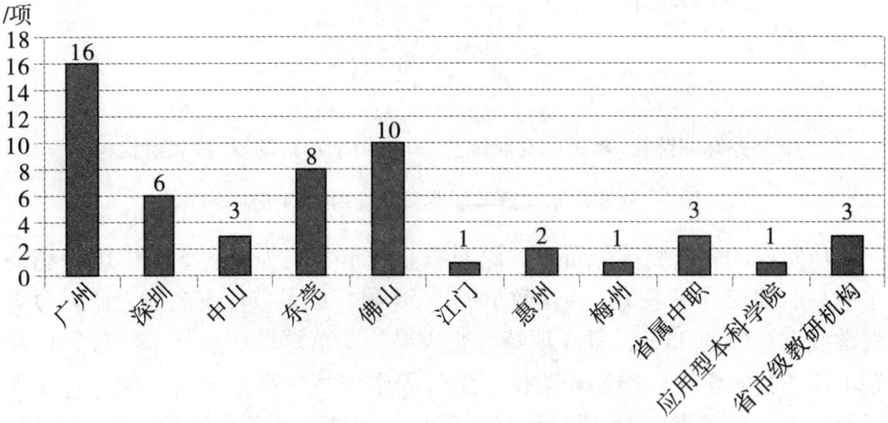


图4 获奖成果（中等职业教育类别）的区域分布

3. 获奖成果（高等职业教育类别）的主体分布。省内高职院校仍是本轮高等职业教育类别教学成果奖的获奖主力军。据统计，44所高职院校以成果第一完成单位的方式获得共154项教学成果，获奖院校占省内全部88所高职院校的50%，获奖数量占高等职业教育类教学成果总数的97.5%。另有2所应用型本科院校、1个省级教研机构以成果第一完成单位的方式共获得成果4项，成果数量占高等职业教育类教学成果总数的2.5%。

从院校的办学性质看，44所高职院校中，8所民办高职院校共获教学成果10项，成果数量占高等职业教育类教学成果的6.3%；36所公办高职

① 这里均以成果第一完成单位所在的地市计，下同。

院校共获教学成果 144 项，成果数量占高等职业教育类教学成果的 91.2%（见图 5）。

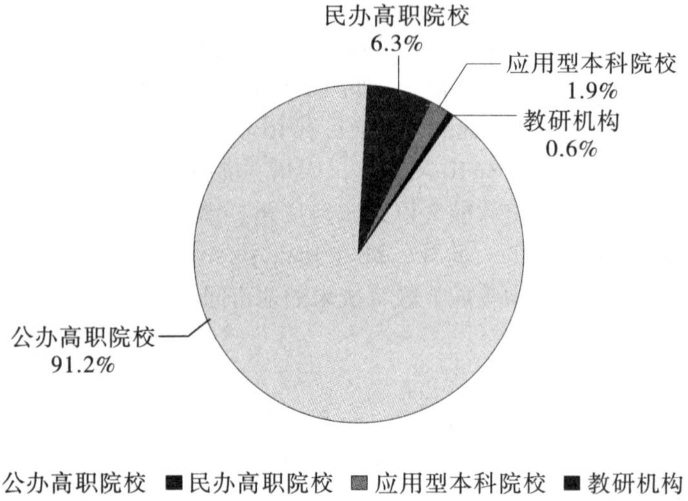


**图 5　获奖成果（高等职业教育类别）的主体分布**

从院校的获奖整体分布看，深圳职业技术学院等省内 5 所中国特色高水平高职院校（见表 1）共获教学成果 56 项，成果数量占高等职业教育类教学成果总数的 35%，且 3 项特等奖成果均花落深圳职业技术学院、广东轻工职业技术学院、顺德职业技术学院等中国特色高水平高职院校；深圳职业技术学院等省内 18 所一流高职院校（见表 1）共获教学成果 113 项，成果数量占高等职业教育类教学成果总数的 71.5%，省内高职院校教学成果间的竞争呈现鲜明的马太效应，强者恒强。

从院校获奖的个体分布看，深圳职业技术学院仍是当仁不让的老大哥，共获成果 18 项，广东轻工职业技术学院、顺德职业技术学院、广州番禺职业技术学院、广东科学技术职业学院分别以 12 项、11 项、9 项、8 项位列第 2、3、4、5 位（见表 1）。

**表 1　获奖成果（高等职业教育类别）的单位分布**

| 院校性质 | 院校名称 | 获奖数量/项 |
|---|---|---|
| 中国特色高水平高职院校（省一流高职院校） | 深圳职业技术学院 | 18 |

续上表

| 院校性质 | 院校名称 | 获奖数量/项 |
|---|---|---|
| 中国特色高水平高职院校（省一流高职院校） | 广东轻工职业技术学院 | 12 |
| 中国特色高水平高职院校（省一流高职院校） | 顺德职业技术学院 | 11 |
| 中国特色高水平高职院校（省一流高职院校） | 广州番禺职业技术学院 | 9 |
| 中国特色高水平高职院校（省一流高职院校） | 深圳信息职业技术学院 | 6 |
| 省一流高职院校 | 广州民航职业技术学院 | 2 |
| 省一流高职院校 | 东莞职业技术学院 | 3 |
| 省一流高职院校 | 广东工贸职业技术学院 | 6 |
| 省一流高职院校 | 广东机电职业技术学院 | 7 |
| 省一流高职院校 | 广东交通职业技术学院 | 7 |
| 省一流高职院校 | 广东科学技术职业学院 | 8 |
| 省一流高职院校 | 广东农工商职业技术学院 | 5 |
| 省一流高职院校 | 广东水利电力职业学院 | 3 |
| 省一流高职院校 | 广州铁路职业技术学院 | 6 |
| 省一流高职院校 | 中山火炬职业技术学院 | 3 |
| 省一流高职院校 | 中山职业技术学院 | 4 |
| 省一流高职院校 | 佛山职业技术学院 | 1 |
| 省一流高职院校 | 广东食品药品职业学院 | 2 |
| 公办高职院校 | 肇庆医学高等专科学校 | 2 |
| 公办高职院校 | 珠海城市职业学院 | 1 |
| 公办高职院校 | 广东工程职业技术学院 | 2 |
| 公办高职院校 | 广东建设职业技术学院 | 2 |
| 公办高职院校 | 广东女子职业技术学院 | 1 |

续上表

| 院校性质 | 院校名称 | 获奖数量/项 |
| --- | --- | --- |
| 公办高职院校 | 广东舞蹈戏剧职业学院 | 1 |
| 公办高职院校 | 江门职业技术学院 | 1 |
| 公办高职院校 | 广州工程技术职业学院 | 2 |
| 公办高职院校 | 广东职业技术学院 | 2 |
| 公办高职院校 | 广东邮电职业技术学院 | 1 |
| 公办高职院校 | 广州城市职业学院 | 3 |
| 公办高职院校 | 广东文艺职业学院 | 1 |
| 公办高职院校 | 广东省外语艺术职业学院 | 1 |
| 公办高职院校 | 广东科贸职业学院 | 3 |
| 公办高职院校 | 广东环境保护工程职业学院 | 1 |
| 公办高职院校 | 河源职业技术学院 | 2 |
| 公办高职院校 | 茂名职业技术学院 | 2 |
| 公办高职院校 | 清远职业技术学院 | 3 |
| 民办高职院校 | 广州城建职业学院 | 2 |
| 民办高职院校 | 广州科技职业技术学院 | 1 |
| 民办高职院校 | 广州南洋理工职业学院 | 1 |
| 民办高职院校 | 广州涉外经济职业技术学院 | 1 |
| 民办高职院校 | 广东碧桂园职业学院 | 1 |
| 民办高职院校 | 广东工商职业学院 | 1 |
| 民办高职院校 | 广东岭南职业技术学院 | 2 |
| 民办高职院校 | 广东新安职业技术学院 | 1 |
| 应用型本科院校 | 韶关学院 | 1 |
| 应用型本科院校 | 广东技术师范大学 | 2 |
| 省级教研机构 | 广东省教育研究院 | 1 |

4. 获奖成果（社区教育和老年教育类别）的学校分布。作为首次将社区教育和老年教育单列的设奖改革，本轮成果奖（社区教育和老年教育类别）的获奖主体主要是省、市开放大学及省、市、区三级广播电视大学，此外，部分高职院校内设的社区学院也有申报并获奖。

### （四）成果普遍采用校企、中高职院校、高职本科院校联合申报的方式

作为一种中职、高职、应用本科、研究生教育贯通的教育体系及跨界的教育类型，职业教育教学改革的推进既需要不同层次职业教育的协同，又需要学校、政府、行业、企业开展育人合作，这种特点在本轮广东教育教学成果奖（职业教育）中就体现得十分明显。2019 年广东教育教学成果奖（职业教育）的 224 项成果中，校企合作完成的有 144 项，占全部成果的 64.28%，校校合作完成的有 14 项，占全部成果的 6.25%；政校合作完成的有 2 项，占全部成果的 0.9%；学校独立完成的有 64 项，占全部成果的 28.57%。

### （五）获奖成果主题多样、时代性强

广东省获奖的 224 项职业教育教学成果主题内容涉及面广，涵盖专业人才培养、课程开发、教学模式创新、学生测评、专业群建设、师资队伍建设、中高本协同培养、专业教学标准建设、校企合作模式等多个领域。各项成果紧紧围绕立德树人的根本任务，遵循经济社会发展规律、职业教育和继续教育发展规律、技术技能人才成长培养规律，体现职业教育和继续教育类型特点和层次特点，能够针对目前职业教育和继续教育教学改革与实践中存在的问题，提出有效解决方法。

如特等奖获奖成果中，广东省教育研究院李海东教授主持的“‘行业主导　以岗定标　比对量才’的中职学生职业能力评测研究与实践”，成果聚焦广东经济发展和产业升级对职业院校精准育人需求，针对中职学生评价中存在的能力难评难测、企业认可的证书缺乏、教学改革目标不明动力不足等问题，提出了“以岗定标、比对量才”的综合评价思想，创新了“曹冲称象、能力比对”的评价方法，建立了“政府委托、行业主导、学校参与”的职业能力评测机制，研制了“职业能力标准—能力综合评价标准—人才评价等级标准”的证书标准体系，探索了“立体考、通关制”的实施路径，形成了行业主导的中职学生职业能力评测系统解决方案。成果推动了顺德在全省率先建立职业能力评测机制，解决了职校毕业生能力难量、薪酬难定、市场难认等问题，实现了技能人才的精准度量。经过评测的学生就业质量、起薪显著提高，且证书级别与薪酬成正比。

## 二、职业教育教学成果奖培育的广东经验

2019 年广东教育教学成果奖（职业教育）中涌现出的丰硕成果，离不开近年来广东培育职业教育教学成果奖的种种经验，包括：

### （一）听取建议、修订条例，创造成果孕育的良好制度环境

《广东省教学成果奖励办法》（以下简称“奖励办法”）于 1995 年 1 月 1 日颁布施行，该文件是为了奖励取得教学成果的集体和个人，调动广大教育工作者从事教育教学研究，提高教学水平和教育质量的积极性而颁布的，是省教学成果培育及奖励工作的基本依据。但该条例从颁布至今已有 25 年，部分条款已跟不上当前广东职业教育改革发展的新形势、新需求，亟须加以修订完善，部分成果奖励细节也需通过条例进一步明确。例如，“奖励办法”中未明确规定省教学成果奖每几年评选一次，但历次均依照国家级教学成果奖每 4 年评审一次的方法评选，随着广东职业教育领域改革进程的不断加快，4 年一周期的评审已不适应广东职业教育教学成果的总结与推广力度，亟须缩短评审周期以加大对职业教育领域成果的培育力度。为此，省教育厅专门组织厅人事处、省编办、地市教育局人事部门、省教育研究院相关同志于 2018 年 6 月 25 日—28 日赴山西、内蒙古开展调研，专门学习两省区在省教学成果奖励办法修订方面的经验，同时认真学习北京、山西、江苏等兄弟省市的成果奖励条例修订文本，为《广东省教学成果奖励办法》及相关细则的修订打下了基础。

### （二）项目引导、精心培育，做好成果孕育的前期准备

教学成果奖的形成需要长时间的前期培育与实践检验，根据《广东省教育厅关于做好广东教育教学成果奖（高等教育）培育项目建设工作的通知》的安排，早在 2014 年，省教育厅便组织开展广东教育教学成果奖（高等教育）培育项目建设工作①，为申报推荐国家和广东教育教学成果奖（高等教育）项目奠定基础。根据《广东省教育厅关于公布 2014 年度广东教育教学成果奖（高等教育）培育项目的通知》，2015 年广东共立项广东教育教学成果奖（高等教育）培育项目 1 775 项，其中高职教育类项目 290 项。通过将教学成果评奖与成果培育项目适当挂钩，有利于鼓励高校

① 彼时，高等职业教育类教学成果的评审仍放在高等教育类别中。

加强教学改革规划和教学成果培育，改变教学成果奖申报过程中临时拼凑材料、组织队伍等现象，大大提高了教学成果奖申报质量。

**（三）聚焦重点、精准发力，展现广东职业教育新成果**

各地推荐参评的2019年广东教育教学成果奖（职业教育）项目大多是经校级教学成果鉴定且前期基础好、预期成果多、实践效果优、推广应用强的项目，在省级教学成果奖推荐过程中，各地市均注重发掘近年来职业教育领域有影响力和代表性、聚焦教育改革发展重点、难点、热点的新成果。此次获奖的省级教学成果奖项目也都充分代表了广东省近年来在职业教育教学质量水平提升和教师专业发展上取得的新成绩，充分展现了广东省职业教育改革发展的新风貌。

## 三、职业教育教学成果培育有关工作的参考建议

**（一）进一步完善培育工作机制**

职业教育教学成果的培育、提炼和打造是一个持续的过程，目前广东省职业教育成果培育工作已初步探索出一些好的经验，但还未形成完善的省、市两级工作机制和职责分工。为进一步提升广东职业教育教学成果水平质量，应在学习借鉴先进省市（特别是江苏、山东）的有关做法经验的基础上，全面梳理现有的省级和地方培育工作，形成省市联动的培育工作机制。对于高等职业教育类教学成果，应组建相关培育专家团队，设专职工作人员跟踪落实成果培育工作；对于中等职业教育类成果，应通过省级项目引导、地市统筹实施的方式，省市形成合力共同打造高水平高质量优秀成果。

**（二）着力提升一线教师教研水平**

总体上看，广东省职业教育教师（尤其是中职教师）具有较强的一线教育教学经验，但较缺乏将这种经验转化为教学成果的能力。为此，应着力加大对一线职教教师尤其是欠发达地区职教教师的业务培训和专业指导，鼓励他们积极参与教研项目。与此同时，省市在教研课题申报立项等方面也应向欠发达地区职教教师倾斜，为一线教师专业发展、教研能力提升创造丰富的学习交流机会，从而打造一支专业基础扎实、职业素质全面、教学业务过硬、教研能力出色的职业教育教师队伍。

### （三）加快成果宣传推广

成果的宣传推广不仅有益于成果影响力的提升，外界对成果的认同更是对成果的价值和意义进行充分验证。为此，一是建议通过“互联网+教育”的方式加大成果推广力度。在当前“互联网+教育”环境下，应积极探索以互联网为载体的高传播力度的交流推广渠道，搭建有操作性、针对性、实践性的成果宣传应用推广平台。二是引导省级、各地级市教育媒体重视对获奖成果的宣传报道，以媒体的广泛辐射面带动社会对职业教育成果的关注。三是建议推进“职教成果粤东西北行”的工作安排，将一批批好的职业教育教学成果宣传到省内欠发达地区，同时提升粤东西北职业教育教学成果的孕育热情与能力。

（执笔人：黄文伟，万达，邵博；审稿人：杜怡萍）

# 在职业院校、应用型本科高校试行1+X证书制度研究报告*

○“在职业院校、应用型本科高校试行1+X证书制度研究”项目组

**摘　要**：1+X证书制度是完善职业教育和培训体系，深化产教融合、校企合作的一项重要制度设计。实施1+X制度试点工作要深刻理解其实施路径、实施关键、保障机制和监管措施等内容。研究发现，在前期的工作部署、中期的试行实践以及后期的成果应用中认识及执行层面存在诸多亟待解决的问题。为此，该文对这些问题进行了细致分析，并提出了相应的政策建议。

**关键词**：1+X　职业技能等级证书　试点　职业教育

为高质量推进1+X证书制度试点工作，受教育部职成司委托，广东省教育研究院由李海东教授负责，成立了由研究机构、职业院校、应用型本科高校以及行业企业人员组成的“1+X证书制度试点”研究组。分两批立项了22个研究子课题，首批子课题由8所职业院校、2所本科层次职业院校申报，第二批由11所职业院校和广东开放大学申报。经过近一年的试点工作和研究交流，形成本研究报告。

* 基金项目：教育部职业教育与成人教育司委托项目“在职业院校、应用型本科高校试行1+X证书制度研究”；国家社会科学基金“十三五”规划2019年度一般课题“基于粤港澳大湾区资历框架对接的1+X证书制度实施研究”（课题批准号：BJA190100）；广东省教育科研“十三五”规划2019年度教育科研重点项目“资历框架视阈下的粤港澳大湾区中职教育资历互通互认研究”（2019ZQJK067）；广东省教育科技协同创新中心（项目编号：2019B110210001）

## 一、政策依据及实践基础

### （一）政策依据

党的十九大报告指出：完善职业教育和培训体系，深化产教融合、校企合作。《国家职业教育改革实施方案》提出：从 2019 年开始，在职业院校、应用型本科高校启动“学历证书 + 若干职业技能等级证书”制度试点（以下简称 1 + X 证书制度试点）工作。2019 年政府工作报告要求：加快学历证书和职业技能等级证书互通衔接。1 + X 证书制度试点对于完善职业教育和培训体系，深化产教融合、校企合作具有重要意义。

### （二）实践基础

一是国外关于职业教育与培训的做法，为 1 + X 证书制度提供了实践基础，比如英国学徒资格制度“元治理”和德国“职业教育 + 附加职业资格”等。二是我国职业教育的“双证书”制度以及广东试点职业教育等级证书制度、北京职业教育分级制试点、深圳职业技术学院与华为“课证共生共长”育人模式等实践探索形式。三是一些行业、企业的证书及国际认证，也成为衡量职业院校学生的重要补充。

## 二、1 + X 证书制度试行的经验与做法

### （一）全国 1 + X 证书制度试点情况

截至 2019 年 12 月，教育部分三批共发布 92 个职业技能等级证书（首批 6 个证书，第二批 10 个证书，第三批 76 个证书）。鉴于第三批 12 月份才启动，现主要对前两批 16 个证书在全国各省院校参与试点情况进行统计。按照全国 31 个省、自治区、直辖市及新疆生产建设兵团统计，参加试点的学生总规模达到534 017 人（首批 233 883 人，第二批 300 134 人）。其中，中职 134 933 人（首批 56 090 人，第二批 78 843 人），高职 362 859 人（首批 163 711 人，第二批 199 148 人），应用型本科 36 225 人（首批 14 082人，第二批 22 143 人）。如图 1 所示，高职试点人数占总人数的 68%，是 1 + X 证书制度试点的主力军。

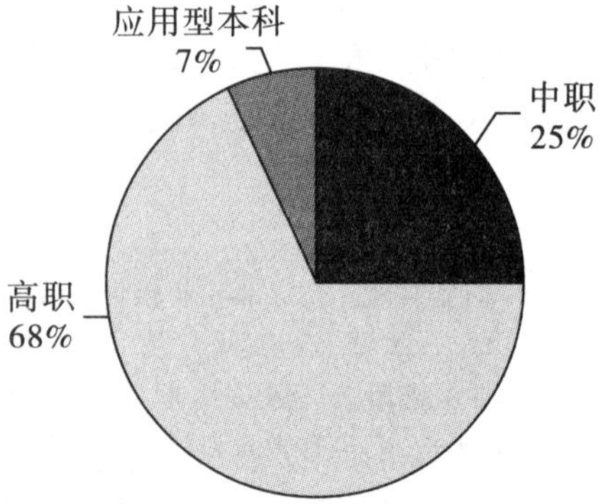


图 1　中高本职业院校参与试点统计

参与试点人数最多的是江苏省，为66 360人，其次是山东省、河南省、浙江省和广东省，均超40 000人（见图2）。由此可见，1+X证书制度试点与职业教育规模及经济发展程度密切相关。

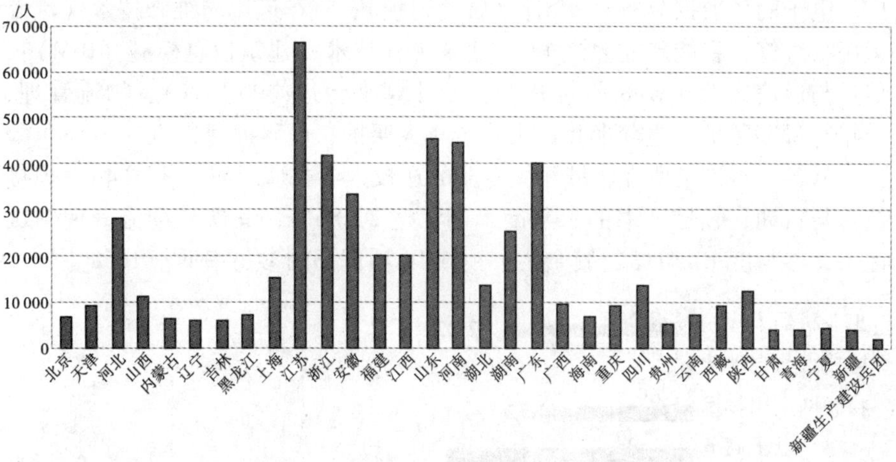


图2　首批和第二批X证书各省试点总人数统计

从16个证书参与试点院校情况（见图3）来看，网店运营推广证书参与院校最多（570所），其次是智能财税（469所）、汽车运用与维护（464所）。

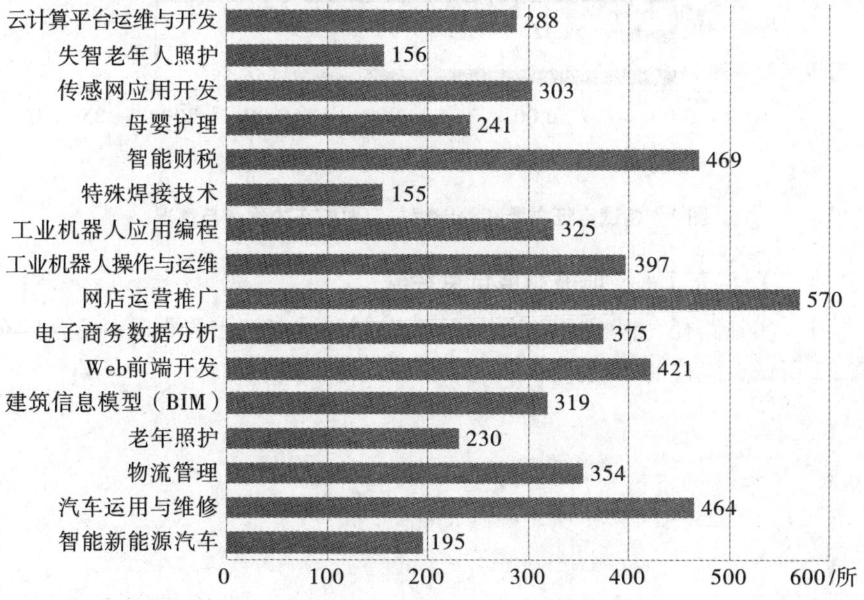


图3　首批和第二批X证书参与院校情况统计

16 个试点证书可划分为 10 个领域，分别为：工业机器人应用（工业机器人应用编程、工业机器人操作与运维）、焊接技术与自动化（特殊焊接技术）、物联网应用技术（传感网应用开发）、电子商务（网店运营推广、电子商务数据分析）、会计（智能财税）、汽车运用与维修技术（汽车运用与维修、智能新能源汽车）、建筑工程技术［建筑信息模型（BIM）］、信息与通信技术（Web 前端开发、云计算平台运维与开发）、物流管理、老年与母婴照护（老年照护、失智老年人照护、母婴护理）。

从各试点证书所在领域相关专业的在校生参与情况看（见图 4），焊接技术与自动化领域证书的参与度最高，达 20.86%，其次是物流管理领域证书，参与度 13.41%，其余 8 个领域 14 项证书的参与率低于 10%。

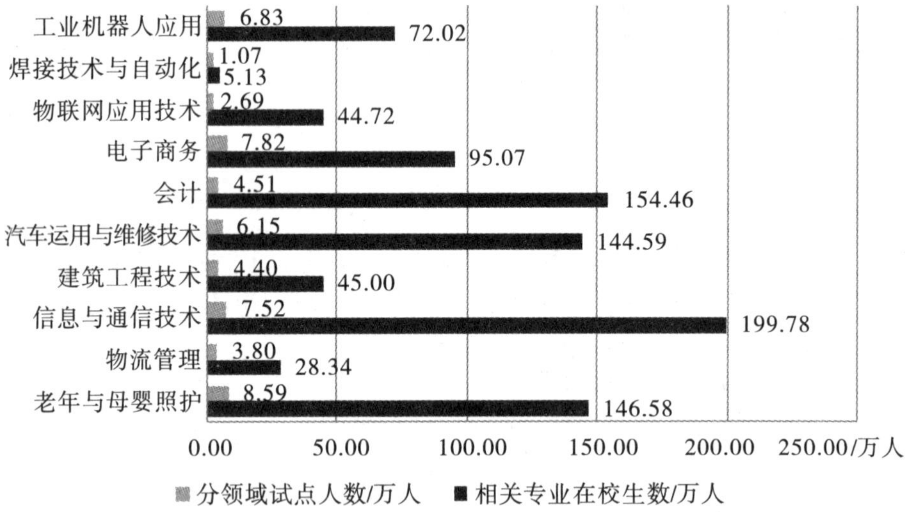


图 4　各试点证书所在领域相关专业的在校生参与情况

## （二）广东 1 + X 证书制度试点经验

1. 实施路径。根据国家对 1 + X 证书制度试点工作的要求，结合广东省 22 所试点院校的实践，归纳出实施路径如图 5 所示。

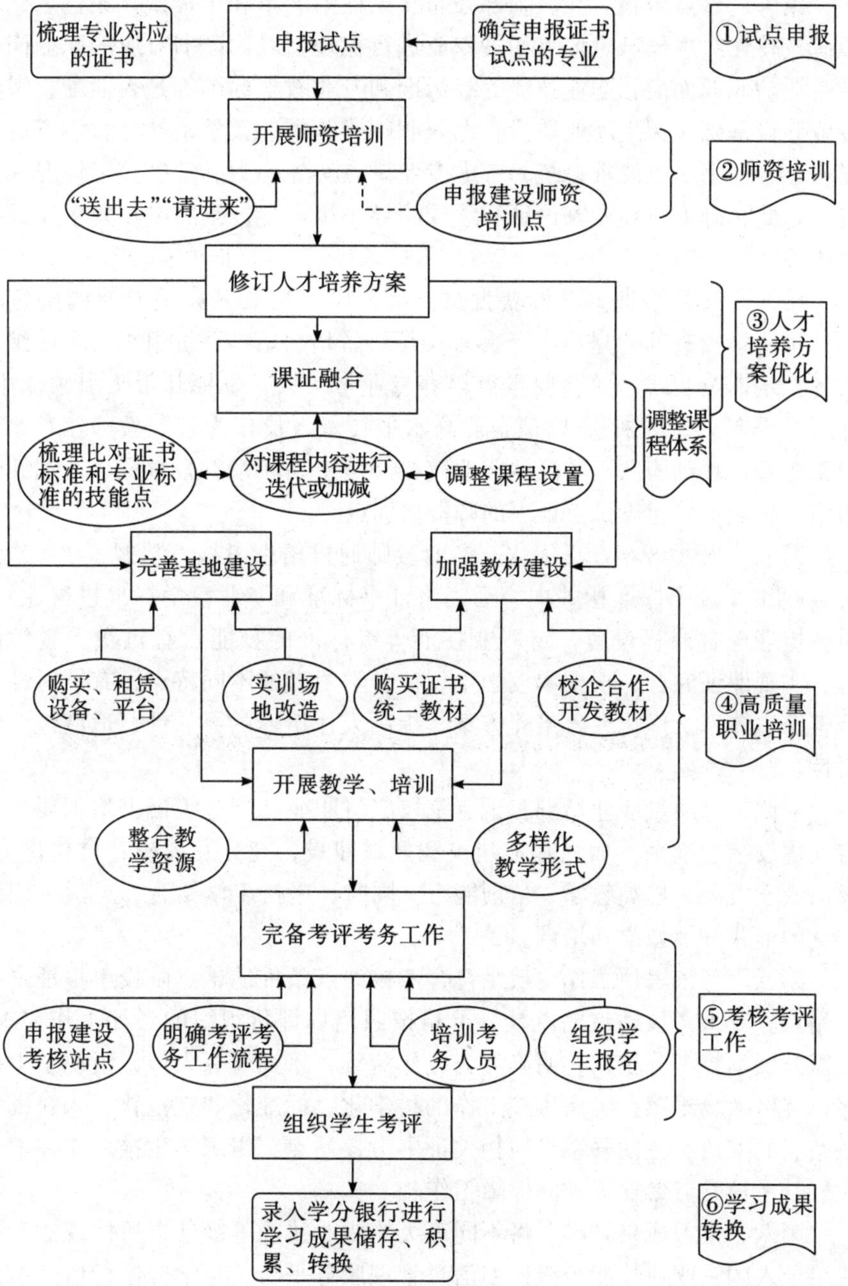
梳理专业对应的证书
申报试点
确定申报证书试点的专业
①试点申报
开展师资培训
“送出去”“请进来”
申报建设师资培训点
②师资培训
修订人才培养方案
③人才培养方案优化
课证融合
调整课程体系
梳理比对证书标准和专业标准的技能点
对课程内容进行迭代或加减
调整课程设置
完善基地建设
加强教材建设
购买、租赁设备、平台
实训场地改造
购买证书统一教材
校企合作开发教材
④高质量职业培训
开展教学、培训
整合教学资源
多样化教学形式
完备考评考务工作
申报建设考核站点
明确考评考务工作流程
培训考务人员
组织学生报名
⑤考核考评工作
组织学生考评
录入学分银行进行学习成果储存、积累、转换
⑥学习成果转换

**图5　试点实施路径图**

第一，试点申报。在教育部公布试点证书名单和申报试点条件后，试点院校首先对本校试点证书相关专业进行梳理，对比证书对应的职业岗位和专业的职业面向、职业技能等级标准和专业教学标准等是否匹配，考量专业建设基础、招生就业质量、专兼职师资队伍、教学条件与教学资源等是否符合证书试点要求，统筹考虑专业试点实施能力、学生实际情况和人数。在此基础上，经专家论证和学校领导小组审定，按照申报要求完成试点申报。

第二，师资培训。学校获批试点后，应尽快展开相关专业的师资培训，可将学校教师“送出去”参加国培、省培、培训评价组织、企业组织的各类培训及实践，尤其要重点培养专业带头人，发挥其带头引领作用；亦可多渠道“请进来”，聘请企业高水平技术人员作为兼职教师。专业建设基础好、教师团队素质高的职业院校，可主动联系省教育厅、培训评价组织，积极申报建设试点证书的师资培训点。

第三，人才培养方案优化。专业教师通过培训考核，掌握了 1 + X 证书制度和 X 证书标准相关内容后，将证书标准和专业教学标准进行比对，重新梳理现有课程设置，将职业技能等级标准的技能点有机融入教学内容，实现课证融合。根据本校学生、社会学习者的不同特点，有针对性地调整课程体系、优化人才培养方案，提高人才培养的灵活性、适应性、针对性。

第四，高质量职业培训。试点院校应将职业技能等级证书培训要求与专业建设结合起来，加强基地建设和教材建设，充分发挥校企合作优势，盘活教学资源，提高教学、培训能力。同时，坚持工学结合，灵活采用多样化的形式开展教学和培训。

第五，考核考评工作。鼓励符合考核站点条件的试点院校申报证书考核站点。获批考核站点的院校，严格按照培训评价组织的考评工作要求，组织开展本校考务工作，明确考务工作流程，培训考务人员，组织学生报名，严格考场纪律，确保考核工作的科学化、标准化和规范化。未获批考核站点的院校，主动联系当地相关证书考核站点，组织学生报名，并配合做好赴考核站点参加考评的保障工作。

第六，学习成果转换。将不同等级的职业技能等级证书所体现的学习成果录入国家职业技能等级证书信息管理服务平台，与学分银行信息平台个人学习账户系统对接，对学生的学习成果进行认定、积累与转换。

2. 实施关键。关键一：做好“课证融合”，实现“书证融通”。“X”

并非独立于“1”之外，而是“1”的补充、强化和拓展。职业技能等级标准应动态更新，及时体现行业的新技术、新工艺和新规范，在与学历教育有机融合时，应动态更新人才培养方案及课程体系。只有在专业教学标准与证书标准“互融互通”、课程体系与证书标准“共生共长”的情况下，1+X证书制度才能真正发挥效能，推动人才培养供给侧与产业需求侧结构要素全方位融合。

关键二：有序推进“三教”改革。1+X证书制度试点贯穿人才培养全过程，为此，应将1+X证书制度试点与专业建设、课程建设、教师队伍建设等紧密结合。一是打造专兼结合教师团队。二是更新教材内容和形式。利用好职业技能等级标准，开发能体现新技术、新工艺、新规范、新要求的新型活页式、工作手册式教材。

关键三：深化校企合作。职业技能等级证书强调引入社会力量参与培训，这需要学校与企业有更加紧密的合作。试点院校依托与企业共建的职业教育集团和特色产业学院，统筹用好学校和企业人力、技术、知识、资本、场地、设备等多要素资源，让企业在人才培养过程中有“话语权”，校企共同促进师资队伍建设、课程教材开发、课堂教学创新、人才培养质量提升。

3. 保障机制。第一，健全工作协同推进机制。一是发挥广东省教育厅统筹、地市教育局及试点院校协同作用。省教育厅建立指导统筹机构，主要负责全省试点院校遴选、试点规模统筹、师资培训组织、资金投入保障及与各级相关行政管理部门、培训评价组织、试点院校的协调与指导等工作；地市级教育局主要负责所属中职学校试点工作统筹；省内多个试点院校建立了由主要负责人牵头的领导小组，负责选择适合本校试点的证书，确定参与试点的专业，做好试点专业师资队伍建设，修订人才培养方案，调整课程设置，创新教学方法，拓宽考核评价途径，制订学习成果认定和转换办法等落地实施工作。二是发挥教学指导委员会的指导作用。根据试点证书领域，广东省要求相关专业类教学指导委员会及早介入，参加国家和省有关培训工作，组织专家团队参与证书制度业务研究，组织试点院校开展专题研讨并做好业务指导。三是建立多方直线联系制度。广东省教育厅与试点学校建立试点工作QQ群，省教育厅相关处室及各试点院校的工作负责人统一入群，收集试点工作困难与建议，实时反馈有关情况，上传下达，确保任务到校，责任到人；与培训评价组织建立微信工作群，第一时间了解证书最新动态，收集试点工作意见建议，共同商定教师培训、考点设置等问题，积极探索建立工作协调沟通机制，努力形成工作合力。四是建立试点情况周报制度。要求试点院校试点工作动态每周一报，及时、准确报送工作进展、总结经验，形成典型案例；反映困难与问题，提出针对性政策建议。

第二，完善工作制度保障。根据《关于在院校实施“学历证书＋若干职业技能等级证书”制度试点方案》，鼓励各地区及职业院校根据本地（校）实际制定工作细则，完善工作制度保障。

第三，建立健全投入机制。广东省教育厅会同省财政厅，明确中央通过转移支付至广东省的“第二批 2019 年现代职业教育质量提升计划专项资金（高职部分）”34 310 万元使用范围包含 1＋X 证书试点启动资金。2020 年 1 月，广东省教育厅、省发展改革委员会、广东省财政厅联合发文，要求试点院校将中央财政和省财政奖补资金用于 1＋X 试点工作的经费支出，如师资培训、设备采购、证书考核等，试点院校均可据实列支。此外，文件要求省内试点院校积极探索资源共享机制，鼓励支持试点院校抱团组建培训联合体，共享培训、考评师资与设施，形成院校合力，为试点工作做好资源保障。

4. 监管措施。第一，建立“退出机制”，强化制度约束。广东省逐步完善 1＋X 证书制度试点工作相关的各级各类管理文件，要求各试点院校严格按照文件规范推进试点工作。对推进试点工作不力、进展缓慢、不按时填报周报、试点工作经费使用不规范、管理工作不严、强制或变相强制学生参加培训或考核的试点院校，记入试点工作不良记录，视情节严重程度，予以提醒、警告和撤销试点资格处理。试点院校对试点专业同样进行制度约束，将试点专业推进工作情况作为学校及以上专业建设及推荐立项的重要依据。

第二，建立监督机制，畅通投诉建议渠道。广东省教育厅和各试点院校积极承担监督义务，对培训评价组织进行虚假宣传、夸大宣传、胡乱收费、谋取不当利益、推进试点工作不力等违纪违规情况予以上报与核实，及时将核实情况和处理情况进行反馈。此外，畅通投诉举报渠道，向社会广泛宣传国家 1＋X 证书信息管理服务平台，在省教育厅官网设置信息公开、投诉建议专栏，通过与试点院校、培训评价组织的 QQ 群和微信群及时收集意见建议，主动接受其他行政管理部门、培训评价组织、学校、企业、家长、学生等多方监督评价。

## 三、1+X证书制度试点的问题与对策

### （一）亟待解决的问题

1. 培训评价组织准备不够充分。培训评价组织是职业技能等级证书及标准的建设主体，对证书质量、证书声誉负总责。当前，我国培训评价组织主要从“制订过国家职业标准，并完成标准教材编写，拥有专家、师资团队，资金实力较强，具有五年以上优秀培训业绩的机构”中遴选出来。虽然遴选出来的培训评价组织具有一定的证书开发及标准建设能力，但试点工作中也暴露了一些问题，具体表现：一是证书和标准开发不够科学。部分X证书目标不够明确，与专业方向结合不够紧密，对综合职业能力内涵理解不到位，甚至出现“考试指挥棒”倾向。部分X证书的理论考核和实践考核标准、条件不清晰，学校操作难度较大。二是部分培训评价组织开发出的证书社会认可度不确定。企业、学生、家长、社会对部分证书持观望态度。三是试点工作路径不够清晰。部分培训评价组织尚未制订完整的试点工作推进路径、考核时间、学校与评价组织工作机制等，操作细节问题有待进一步明确。四是培训考核的教学资源建设进程滞后。教师培训的案例库、学生练习的习题库、模拟考试平台、相关在线课程等教学资源未开发完善，不利于认证考试顺利实施。五是考证指引不明。证书的报考流程、报考平台、考试流程等都还未确定，考评人员也还没有遴选培训，试点院校无法安排辅导及考证等工作。六是师资培训质量有待提高。因培训时间短，参培教师无法全面掌握、精准理解培训要求，教师的培训能力亟待提高，离合格的培训师还有较大差距。七是缺乏证书考核指导文件。学生在不同专业学段的可考证书有哪些？哪些专业学段可直接考证？哪些专业需要通过培训才能考证？诸如此类的疑问影响了报考积极性和规模，实践中没有指导性文件进行权威解惑。八是教材建设有待加强。1+X证书的认证教材需要理实一体，目前的教材理论偏多，缺乏企业实际案例，需要参与培训评价组织牵头学校和企业共同开发与证书要求相适应的教材。由此可见，培训评价组织治理能力和治理水平急需提升。

2. 职业院校对1+X证书制度认识参差不齐。1+X证书制度是新生事物，职业院校在表现出高涨积极性的同时，也存在实施中的担忧和忙乱。一是试点规模还不能满足职业院校的需要，一些未参与试点的院校参与愿望亦非常强烈。二是部分试点院校存在对政策理解不到位，未能把握X证书的实质等问题。三是职业技能等级证书的社会认可度尚不确定，学

生担心考证无用。四是受绩效工资制度限制，教师参与培训的报酬有限，在高职院校教学任务已趋饱和的情况下，教师参与培训教学的动力就不足。

3. 书证融通的现实与制度设计存在距离。实现书证融通至少需要五个条件：一是标准对应，职业技能等级标准与各个层次职业教育的专业教学标准相互对应。二是内容融合，X 证书培训内容与专业人才培养方案的课程内容相互融合。三是教学统筹，X 证书培训过程与学历教育的教学过程统筹组织与实施。四是评价同步，职业技能考核与学历教育专业课程考试统筹安排，同步考试与评价。五是成果互换，学历证书与职业技能等级证书体现的学习成果相互转换。由于试点工作推进快，以上环节在实践层面的对接滞后于制度设计。

4. 试点院校对 X 证书的投入存在风险和隐忧。X 证书的经费问题在较大程度上影响着试点推广进度和成效。目前培训评价组织提供的教材和学习资源、考核站点建设、师资培训等均为付费服务，而对试点院校的经费投入和保障机制未建立健全，表现在：一是师资培训、教材及其信息化资源的质量标准、定价标准尚未完善；二是试点院校在考点建设或实训设备引进方面存在重复建设、成本增加等现实问题；三是 X 证书因专业而异，增加了成本核算的复杂程度；四是由于有关奖补资金政策尚不清晰，试点院校无法完全动用奖补资金开展试点工作。因此，X 证书经费的投入，对于试点院校一方面存在制度风险，另一方面存在因成本过高而难以承受的困难。

**（二）政策建议**

1. 采取“自上而下”与“自下而上”结合的策略。试点工作是一项创新性的工作，既需要在宏观层面确定政策边界、明确改革方向，又需要在中观和微观层面确定实施方案、寻找实施路径。为此，既要发挥国家教育行政部门统揽全局、整体部署推进的作用，更要充分调动各省级教育行政部门以及职业院校和行业协会、培训评价组织的积极主动性，发挥基层的首创精神，加大试点力度，将一些关键问题从认识上和体制机制层面予以突破和解决。因此，在策略上应当支持和鼓励各省级教育行政部门解放思想、创新举措，在辖内结合区域产业转型升级和职业院校的发展水平大胆探索，加快试点 1 + X 证书制度。在试点一段时间后，由教育部遴选出一批社会认可度高、操作规范性强的典型案例进行推广。

2. 进一步完善试点工作机制。充分解读职业技能等级标准及证书，出台1+X证书的配套与激励文件，提高证书的社会认可度。建立健全X证书的质量保障机制和监督管理机制，保障和提高X证书质量和声誉。国家相关部委出台支持取得职业技能等级证书人员在岗位晋升、待遇提高等方面的相关政策。将试点证书纳入相关行业职业准入的优先考虑条件，政策引导企业录用获得职业等级证书的毕业生。鼓励更多应用型本科院校参与X证书试点，推进证书在专升本录取、积分落户、职称评聘、自学考试、就业创业中发挥作用。

3. 加强对培训评价组织的遴选、监管和引导。一是严遴选。严格按照在标准开发、教材建设、学习资源建设、师资培训、证书考核发放等方面确实具有前期基础和实力的条件，遴选培训评价组织。按照在已成熟的品牌中遴选一批，在成长的品牌中培育一批，在证书缺失的领域规划一批的原则，将工作重点从“规划”转为“遴选”和“培育”，引导在行业具有公信力和影响力的证书机构进入培训评价组织，发挥国外培训机构的优势，吸收国外具备行业先进性的证书进入目录。二是强监管。教育行政部门应发挥全国行业职业教育教学指导委员会等专家组织的职能作用，秉承“双随机、一公开”的抽查和监督机制，定期对职业技能等级证书相关工作进行抽查，对培训组织培训质量进行评价。坚持宽进严出的原则，对于出现“乱培训”“滥发证”“乱收费”等问题的培训评价组织，“一票否决”取消其资格，退出目录清单。三是重引导。职业技能等级标准、考核评价标准等系列标准是X证书的重要内涵，要针对各种证书标准不一的情况，制定统一规范，指引培训评价组织将行业最新要求转化为职业技能等级标准，反映综合职业能力，避免重知识、重技能、轻素养。此外，X证书的初级、中级、高级的分级标准，亟须统一，否则难以与“1”有机匹配。四是信息透明。建立统一的官方信息发布平台，将政策发布、过程监管、证书查询、监督评价等功能纳入其中，提高公告通知的权威性。

4. 加快建设国家资历框架和学分银行。在1+X证书制度试点过程中，试点院校已通过学分银行，促进“1”与“X”的课程互认互通，实质上，推进1+X证书制度试点还需要资历框架的等级和标准的支撑。1+X证书制度、学分银行、资历框架三者紧密联系，相互促进。《中国教育现代化2035》提出构建更加开放畅通的人才成长通道，完善招生入学、弹性学习及继续教育制度，畅通转换渠道。必须搭建国家终身教育资历框架，实现各级各类教育、培训的衔接、贯通和协调发展，进而开展学分银行建设以推进学习成果的认定、积累和转换，为全体公民构建一个机会公平、自由流动、认证无障碍、成果可携带的终身学习体系。因此，1+X证书制度试点更应立足于全民终身学习体系构建，率先在职业教育领域推动国家资历框架和学分银行建设。

5. 建立和完善试点工作协调推进机制。省级教育行政部门应加强1+X证书试点制度统筹协调，出台相关配套政策，明确对试点院校的奖补资金分配方案，减轻学生考证负担。应在省级层面出台1+X证书制度试点专项经费管理办法，指导学校用好专项经费，降低审计风险。在试点工作的初期，适当放宽试点专业报考要求，投放少量名额给非试点专业的学生，通过非试点专业学生依个人兴趣和能力进行报考来扩大1+X证书制度的影响力。应充分发挥省级专业教学指导委员会的作用。通过专业教学指导委员会，加强与培训评价组织的沟通协调，加强书证融通的教学交流，加强1+X证书制度试点中重点、难点问题的研究。

6. 加强培训评价组织能力建设。培训评价组织作为职业技能等级证书及标准建设主体，应高度重视基础能力建设。一是要组织行业龙头企业、职业院校专家，对企业岗位（岗位群）技能标准进行分析，开发行业企业认可度高的证书。要严格考核纪律，加强过程管理，包括培训大纲及教材开发、考试题库建设、培训站点建设、考核站点建设、信息化平台建设、相关管理体制机制建设以及培训、考核、颁证、信息查询服务等具体工作，此外还涉及规范、流程、技术、标准制订等问题研究和相关基础制度建设，推进考核工作科学化、标准化、规范化；建立健全考核安全、保密制度，强化保障条件，加强保密标准化建设。二是要加强与省级教育行政部门或省级试点工作指导协调机构的联系，加强与试点院校及试点专业的沟通，加强与学分银行的沟通与联系，发挥职业院校的积极作用，吸收职业院校的意见和建议；在证书的试点中，保持与试点院校的沟通，及时解决试点中的问题；在证书考核后，协助试点院校将学生的成绩上传学分银行。

7. 加大试点院校资源统筹调配力度。一是组织专业带头人和教师团队，支持、配合、参与培训评价组织对有关X证书和标准的开发建设工作，提出X证书开发需求建议，为实施试点工作奠定基础。二是创造条件成为X证书授权培训或考核站点，做好培训师资等各项条件准备，选定试点班级，协调安排教学计划，完善人才培养方案，在培训评价组织的指导和省级教育行政部门监督下开展X证书的培训或评价工作。三是积极参与职业教育学分银行建设，有序开展学历证书和职业技能等级证书所体现的学习成果的认定、积累和转换。四是按照要求做好1+X证书制度试点工作的宣传、推广、总结工作，并重视加强1+X证书制度试点研究，为丰富和发展中国特色职业教育理论贡献力量。五是大力开展职业培训，充分发挥职业技能等级证书的培训主体作用，面向社会开展多种形式的职业培训，补齐职业培训不足的短板，完善职业教育和培训体系。

**参考文献**

[1] 国务院关于印发国家职业教育改革实施方案的通知.（国发〔2019〕4号）[Z]. 2019-01-24.

[2] 蒋代波. 职业教育1+X证书制度：时代背景、制度功能与落地策略 [J]. 职业技术教育，2019（12）：13-17.

[3] 孙善学. 对1+X证书制度的几点认识 [J]. 中国职业技术教育，2019（7）：72-76.

[4] 杜怡萍，李海东，詹斌. 从“课证共生共长”谈1+X证书制度设计 [J]. 中国职业技术教育，2019（4）：9-14.

[5] 王兴，王丹霞. 1+X证书制度的若干关键问题研究 [J]. 职业技术教育，2019（12）：7-12.

[6] 程舒通. 1+X证书制度试点工作：诉求、解析与误区的防范 [J]. 教育与职业，2019（15）：19-24.

[7] 唐以志. 1+X证书制度：新时代职业教育制度设计的创新 [J]. 中国职业技术教育，2019（16）：5-11.

[8] 教育部等四部门印发关于在院校实施“学历证书+若干职业技能等级证书”制度试点方案的通知 [Z]. 2019-04-10.

[9] 刘育锋. 英国学徒资格“元治理”及对我国1+X试点的借鉴意义 [J]. 中国职业技术教育，2019（22）：12-20.

[10] 鄂甜. 德国职业教育附加职业资格的内涵、功能及对我国1+X制度的启示 [J]. 职业技术教育，2019（22）：66-73.

[11] 许冰冰. 德国额外资格（技能）教育特色及对“1+X”证书制度的启示 [J]. 成人教育，2019（10）：85-89.

[12] 李静，周世兵. 1+X证书角色与功能定位研究 [J]. 职教论坛，2019（7）：152-155.

[13] 孔帅. 高职院校“双证书”教育的问题及对策 [J]. 教育与职业，2016（3）：38-40.

[14] 张培，夏海鹰. 职业教育1+X证书制度的逻辑特征与实施策略 [J]. 中国职业技术教育，2019（28）：35-41.

[15] 王雪琴. 职业教育 1+X 证书制度的缘起、逻辑及其实施 [J]. 职教论坛, 2019 (7): 148-151.

[16] 闫智勇, 姜大源, 吴全全. 1+X 证书制度的治理意蕴及误区规避 [J]. 教育与职业, 2019 (8): 5-12.

[17] 戴勇, 张铮, 郭琼. 职业院校实施 1+X 证书制度的思路与举措 [J]. 中国职业技术教育, 2019 (10): 29-32.

[18] 高扬. 基于国际标准构建 1+X 证书制度的价值与关键 [J]. 中国职业技术教育, 2019 (16): 22-26.

[19] 赵坚, 罗尧成. 推进 1+X 证书制度试点工作的若干思考与初步实践 [J]. 中国职业技术教育, 2019 (27): 5-8.

[20] 杨堆元. 职业教育"1+X 证书"制度实施的探讨 [J]. 职业技术教育, 2019 (29): 14-16.

[21] 张伟, 李玲俐. 职业院校"1+X"证书制度实施策略研究 [J]. 职业技术教育, 2019 (20): 16-19.

[22] 吴南中, 夏海鹰. "资历框架"的制度功能及其运行体系 [J]. 高教探索, 2017 (11): 29-35.

[23] 吴南中, 夏海鹰. 以资历框架推进职业教育 1+X 证书制度的系统构建 [J]. 中国职业技术教育, 2019 (16): 12-18.

[24] 杜沙沙, 蒲梅. 学分银行理念下"1+X"证书制度: 内涵阐释、价值诉求与路径选择 [J]. 中国职业技术教育, 2019 (19): 44-49.

[25] 李海东, 漆军. 广东职业教育等级证书制度理论与实践研究 [J]. 职业教育, 2014 (5): 9-14.

[26] 徐国庆. 我国二元经济政策与职业教育发展的二元困境: 经济社会学的视角 [J]. 教育研究, 2019 (1): 102-110.

[27] 教育部办公厅、国家发展改革委办公厅、财政部办公厅关于推进 1+X 证书制度试点工作的指导意见 (教职成厅函〔2019〕19 号) [Z]. 2019-11-09.

[28] 李虔, 卢威, 尹兴敬. 1+X 证书制度: 进展、问题与对策 [J]. 国家教育行政学院学报, 2019 (12): 18-25.

[29] 程舒通. 1+X 证书制度工作的理念、思路、难点及对策 [J]. 教育与职业, 2019 (22): 26-28.

[30] 季欣. 基于资历框架与学分银行理念的 1+X 证书制度建设探究 [J]. 创新创业理论研究与实践, 2019 (13): 24-27.

[31] 唐以志. 1+X 证书制度: 新时代职业教育制度设计的创新 [J]. 中国职业技术教育, 2019 (16): 7-11.

[32] 徐国庆, 伏梦瑶. "1+X"是智能化时代职业教育人才培养模式的重要创新 [J]. 教育发展研究, 2019 (7): 21-24.

[33] 王宇航，王斌，王宇红．“优秀职业教育培训评价组织”培育借鉴及路径研究［J］．职教论坛，2019（9）：158－159.
[34] 李志宏．围绕技能素养，改革职教人才评价模式［N］．光明日报，2019－05－14（13）.
[35] 国务院办公厅关于深化产教融合的若干意见（国办发〔2017〕95号）［Z］．2017－12－05.
[36] 教育部关于职业院校专业人才培养方案制订与实施工作的指导意见（教职成〔2019〕13号）［Z］．2019－06－05.
[37] 孙善学．职业教育分级制度基本问题［J］．教育与职业，2011（22）：41－44.

（撰稿人：李海东，杜怡萍，邓文辉，黄文伟，万达，关怀庆，黄荣，陈虹，吴三美；审稿人：李海东）

# 广东中等职业教育教研状况的调研报告*

○广东省教育研究院职业教育研究室

**摘　要：** 中等职业教育教研工作处于缺机构少人员，散、小、弱及不平衡的状态，必须加强顶层设计和政策引领，建立省、市、校三级“立体化”教研体系和机制，必须分层分级推进，强化地市教研和校本教研的主体作用。必须明确中职教研员标准，加强教研员培训，大力提升中职教研员队伍水平。必须不断改革创新教研的内容和形式，广泛开展面向基层、扎根实践、问题导向的教研活动，推动广大中职学校教师教学水平和教学质量的提高。

**关键词：** 中等职业教育　教研工作　教研员

2020 年 9 月，教育部等九部门印发《职业教育提质培优行动计划(2020—2023 年)》提出，推动职业学校“课堂革命”，适应生源多样化特点，将课程教学改革推向纵深。教研是教育科学研究的重要组成部分，也是推动课程教学改革的重要抓手。2019 年，《教育部关于加强新时代教育科学研究工作的意见》指出，要立足中国大地，面向基层一线，坚持问题导向，突出教育科研的实践性。职业教育作为一种教育类型，迫切需要加强教育科学研究工作。普通教育中小学教研已摆在教育高质量发展的重要位置，作为高中阶段教育的中等职业教育的教研状况同样应当引起关注。本报告通过对中等职业教育教研员队伍及教研状况的调查分析，探寻破解中职教研散、小、弱及不平衡问题的策略。

* 基金项目：广东省教育科技协同创新中心（项目编号：2019B110210001）。

## 一、广东各地市中职教研基本情况调查

为更加准确地掌握广东中职教研员及教研开展情况，2020 年 10 月由广东省教育研究院组织开展了中等职业教育教研调查，向 21 个地市发放了“广东中等职业教育教研员队伍调查表”“广东中等职业教育专职教研员名单登记表”。

### （一）调查表回收情况

21 个地市中有 15 个提交了调查结果，占 71.4%。6 个没有提交调查表的地市，经了解，主要原因是大都不知调查表由哪个部门填报，可见，调查表回收本身就说明了中职教研员缺乏及教研工作未得到应有的重视。

### （二）中职教研机构及教研员数量、结构

1. 专设机构及专兼职教研员情况。专设教研机构多在地市教研室（院）或教师发展中心下设中职教研室、职业与成人教育教学研究室、高等教育与职成教育研究中心等，共有 9 个地市设有专设机构，中职教研员编制总数为 31 人，这些地市包括：广州、深圳、佛山、东莞、珠海、肇庆、清远、中山、湛江；实际在编专职中职教研员不超过 26 人，例如，湛江市教育局教学研究室有中职教研员编制 5 人，但没有教研员。有 7 个地市聘有兼职的中职教研员，一共 17 人，其中佛山、珠海、清远既有专职教研员又有兼职教研员，而河源、汕头、潮州、汕尾只有兼职教研员。

2. 社团组织及专兼职教研员情况。有 7 个地市以社团组织的方式设有职业教育教研机构，包括深圳、珠海、东莞、江门、中山、清远、揭阳，名称为职业（与成人）教育教学研究学会、协会、中心组。只有珠海、揭阳、清远配有专职教研员 7 人，东莞、珠海、江门、清远、中山配有兼职教研员，其中江门从学会到中心组共配备兼职教研员 37 人。

### （三）教研活动开展情况

1. 教研规模情况。在专设机构配有专职教研员和兼职教研员的 14 个地市，均能开展教研活动，但活动的次数、规模差距较大。最多的是广州，年均举办教研活动 160 场次，参加教研活动规模 30 000 人次，每年为本市教师提供 8 次教研活动；最少的地市一年的教研活动仅 1 次且只有 56 人的规模，平均到每位教师几乎为零。除此之外，一般都能为本市教师提供人均 2 次左右的教研活动。7 个地市的社团组织开展教研活动规模不一，有的甚至没有开展教研活动，一般能为本市教师提供人均 1 次左右的教研活动。

2. 教研活动内容及形式。全省教研活动的形式以观摩交流、比赛评比、课题研究和专题培训为主，例如，市级公开课及教学研讨会、专业剖析、说课展示、教学沙龙、征集优秀教学教育案例、送教下基层、线上教学指导、线上线下有效教学研讨、外出参观学习、职教政策文件学习、微信群或 QQ 群研讨，等等。形式较为多样，内容较为丰富。

3. 教研存在的问题及建议。共收到各地市指出的中职教研存在问题 44 条，共收到各地市提出的加强中职教研建议 41 条。详细内容将结合后续有关内容介绍。

## 二、职业教育教研的内涵特征

### （一）职教教研内涵

职教教研是职教教研工作的简称。《教育部关于加强和改进新时代基础教育教研工作的意见》（教基〔2019〕14 号）指出，教研工作在推进课程改革、指导教学实践、促进教师发展、服务教育决策等方面，发挥了十分重要的作用。这既是对教研功能的明确，也是对教研内涵的界定。纵观关于教研的研究，对于教研没有完全一致的定义，但大都聚焦于教学实践研究。因此可以认为，职业教育教研旨在促进职业院校教师专业化发展，进而提高教育教学质量，以一线教师为主要参与对象，以贯彻落实规范要求、解决教学问题、改进教学方法、提炼教学规律为主要内容而开展的活动。

### （二）职教教研的基本特征

1. 一线教师既是教研的参与者更是研究者。教研的目的是促进教师专业化发展，首先，一线教师是教研的参与主体。教研服务的对象是职业院校任教的一线教师，重点在于围绕这些教师的教学需求，解决教学问题。其次，一线教师本身又是研究者。教研只不过为教师们解决教学问题提供帮助，需要教师结合自身的情况而实践，例如，通过同行的案例或课例学习交流，从而解决自身遇到的类似问题。教研倡导一线教师基于实践问题开展研究，例如，如何调动学生的学习兴趣？不同生源如何施教？教学内容如何与职业工作有机结合？等等，需要教研给予切实的帮助，同时又需要教师身体力行，即“教中研”，一线教师通过教研实现从教学型教师向研究型教师的发展。

2. 组织活动是教研的主要方式。教研是以具体项目活动为主要载体和实现方式，重在打造一线教师教学共同体，以团队协作的方式攻坚克难。因此，教研常常以参与教研活动的规模或举办教研活动的次数来衡量。教研活动的主题源自于职业教育教师专业化发展的需要以及教学实践遇到的问题。现将职业教育教研活动类型及主题分为五大类，如表1所示，重点围绕专业、课程和课堂，提高教师的教学能力和专业实践能力。

**表1　职教教研活动类型及主题分类**

| 活动类型 | 活动主题 |
| --- | --- |
| 1. 教学设计与实施类 | 公开课、说课交流、教学设计、课型课例、教学方法、教学模式等 |
| 2. 教学评价类 | 考纲辅导、考试分析、学生竞赛组织、发展性教学评价等 |
| 3. 专业及课程改革类 | 标准宣贯、校企合作、课程开发、教材编写等 |
| 4. 教师竞赛类 | 说课比赛、教学能力竞赛、创新教具大赛、论文评比等 |
| 5. 实践研究类 | 专题培训（政策、理论、专业）、企业交流、教改项目、叙事研究、年会等 |

教研活动的形式一般包括：观摩交流、比赛评比、课题研究、专题培训等。例如，公开课观摩交流是最受教师们欢迎的教研活动，其与教学最接近，具有非常强的示范性。再如，举行比赛评比是最有号召力的教研活动，以赛促研、以研促教，可以扩大教研影响力。

3. 工学结合是教研的重要路径。职业教育必须坚持产教融合、校企合作的路径，具体落实在教师们的日常教学中，表现为工学结合施教，使学生达到知行合一的效果。如何引导教师们做到工学结合呢？首先，要提高教师们对实际工作的理解。一是组织教师到企业参观或请行业企业专家举办专题讲座，增强教师们的感性认识。二是鼓励教师与企业合作开发课程，强化对实践的认知及其与课堂教学的深度融合。例如，通过校企合作开发的“企业经营认知实训”和“企业经营综合实训”两门沙盘课程，为财经商贸类等专业学生认识企业、模拟经营以及综合运用会计、营销、管理等知识技能奠定重要基础。其次，要提高教师们的专业实践能力。例如，15年前，中职学校的财会教师不会做账、不会电算化、不会点钞等问题较为普遍，教师专业实践能力严重缺乏，针对这一严峻的现实，通过教研开展手工记账规范、会计电算、点钞指法交流等训练，包括专题学习、研讨以及教师比赛，教师们的实践能力迅速提升。最后，要提高教师们整合教学内容的能力，即对教材进行二次开发，教师们在组织教学内容时，必须将职业活动与教材内容紧密结合，一是将职业活动的过程转化为教学过程，增强学生对工作的感性认识，并在工作中建构知识、技能乃至职业素养；二是将职业的新知识、新技术、新规范、新标准注入教学内容中，避免教学内容与实际需要脱节。通过增强实践认知、提高操作技能、整合教学内容等教研活动，帮助教师提高专业实践能力和教学能力，切实做到工学结合，不仅可以促进教师专业化发展，而且可以提高教学质量。

## 三、职业教育教研的时代使命

### （一）教研是职业院校教师专业化发展的重要途径

教师是第一资源，教师的教学水平对育人质量有重要的决定作用，除教师自身努力外，教研是帮助其自我反思、同伴互助和专业发展的重要途径。首先，必须提高教师的专业教学能力。大部分职业院校的教师没有接受过师范教育及规范的教学训练，如何上课，如何上好课，是职业教育教师面临的普遍问题也是重要问题。深耕课堂教学是教研的重要内容，例如，江苏开展的“五课”教研，包括备课、说课、上课、听课和评课五个环节，围绕课堂教学各环节开展教研活动；原广州市教育局教研室开展的每周一次到学校的听课调研活动，帮助教师开展教学反思以及同行互助，对教师提高教学能力起到了重要的促进作用。其次，促进教学交流。由于职业教育的专业及课程门类繁多，同一个学校多个教师讲授同一门课程的情况甚少，往往一门课程就一个人教，尤其是中等职业学校受学校规模的影响，教师们常常是“单打独斗”，地市及以上机构的教研正是为教师们建立教研共同体，打造同行交流的平台。再次，与时俱进，更新教学内容。职业教育教学内容必须跟随经济社会发展尤其是技术进步而动态调整，仅依靠教师个体，是难以准确、完整地开展课程改革，而工学结合的教研路径，为教师专业发展和教学提供了重要指引。因此，新时期职教教研成为教师专业化发展的内生诉求。

### （二）教研是教学改革通向成功的“最后一公里”

没有落实在教师具体教学行为之中的职业教育改革是不成功的，没有基于教师教学实际的职业教育改革也是不会成功的。首先，教研可以将政策要求转化为教师能接受的话语体系。国家和省市关于职业教育改革发展的指导思想、政策要求、标准体系、课程方案等必须要被一线教师接受，并贯彻落实在具体教学行为中去，才能直接影响人才培养，才能产生成效。可以通过教学研究和交流，让广大教师理解其蕴含的专业建设和课程改革思想，并与其任教的课程有机地结合起来。同样，职业教育的理论思想，也需要教研转化为能够帮助教师们解决教学实际问题的方法，否则就会出现理论研究“空转”，现实与理论“两张皮”的问题。其次，教研是可以将教育教学实践上升为教育决策和理论研究的重要支撑。通过教研可以反映教育教学面临的实际情况，为教育决策提供依据；通过教研可以总结提炼实践经验，上升为教学规律。缺乏教研的帮助，教师们的实践经验往往难以总结提炼为教学规律或上升为决策依据，教师们长期的教学实践只能成为简单的重复劳动，难以得到提升和发展。因此，教研是理论与实践、政策与实践紧密联系的“桥梁”，是职业教育教学改革成功的最后关键环节。

### （三）教研是职业教育“三教”改革的“助推器”

“三教”是指教师、教材、教法，教研就是围绕教材、教法的改革，促进教师的专业化发展，“三教”改革是教研的中心工作。首先，教研的对象和主体均指向教师，教研为教师专业化发展构建共同体。教研活动是同行交流的平台，只要活动主题选择恰当，就能吸引教师们自觉参与，尤其校际间的区域教研，教师们教研的目的更加纯粹，常常表现为发自内心的渴求。教研对教师发展起到润物无声的效果，许多教师尤其是青年教师通过教研迅速成长。其次，教材、教法是教研活动的核心内容。如表 1 所示，五类教研活动的主题都是从专业、课程、课堂等不同角度围绕教材、教法开展，重在解决教学问题，凝练实践经验，目的是帮助教师提高教学尤其是课堂教学效率、效果乃至效益，可见，教研是典型的行动研究。因此，教研对“三教”改革起着重要的推动作用。

## 四、中职教研的缺失性分析

### （一）机构缺失：教研是职业教育科研体系的短板

1. 全国的基本情况。《2019 中国职业教育科研发展报告》显示，我国已初步建立国家、省、市三级科研体系，国家层面有教育部职业技术教育中心研究所等。全国 31 个省（自治区、直辖市）有 29 个省（自治区、直辖市）均设有省级职业教育科研机构。南京市职业教育教学研究室是目前全国独立设置的最大规模的市级职业教育教研机构。然而地方中职教研机构不健全是非常严峻的问题。以重庆市的调研为例，高达 54.05% 的区县没有设置独立的中职教研机构。在单独设立了教研机构的区县中，有 75.68% 的区/县没有单独的中职教研经费保障，27.03% 区县没有专职的职教教研员，由普教教研员代管的情况较普遍。

2. 广东中职教研机构情况。调查显示，全省没有独立设置中职教研机构，全省有 9 个地市配有中等职业教育教研员编制，占 43%，但有的地市并未配置中职教研员或占用中职教研编制配置的不是中职教研员，实际全省只有不到 30% 的地市配有中职教研员。广东全省地市层面的中等职业教育教研员人数实为 29 人（其中广州市有 9 位，东莞市有 5 位），约占教师总数的 0.5‰，是职业教育发达省份——江苏省占比的 1/4，是广东基础教育普通高中教研员的 1/15。机构缺失必定带来人员的缺位、制度的空白、经费难保证等问题，缺乏专门的中职教研机构和专职人员队伍，正常开展教研活动的压力较大，且难以统筹和开展全市中职教研活动。总之，中职教研机制没有建立，处于散、小、弱、不平衡的状态。

3. 中职教研机构缺失的原因分析。一是中职教研的重视程度不足。各级教育行政部门对中职教研认知不足，对中职教研缺乏顶层设计。职教教科研意识淡薄，中职教研氛围不够浓厚。二是中职教研员配置有难度。中职学校专业门类多，教研员难配全，如何配置教研员缺乏指引。三是教研管理水平偏低，制度和激励机制不全，教研团队力量薄弱，地市级组织有针对性的教研活动较少。四是缺少常态化教研活动平台的支撑，受到诸多因素的限制，教师参加教研活动的参与度非常有限，优秀的经验与做法难以广泛交流、学习推广。

### （二）功能缺失：教师不能常态性地参加教研活动

1. 教师参与教研活动情况调查。教研机构缺失必然影响教研功能的发挥，主要表现在教师不能常态性地参加教研活动（常态性：暂以一个月左右一次、一年 8 ~ 10 次为标准）。本次调查显示，只有广州市每年能为全市教师提供人均 8 次教研活动，其他地市有的为 0，一般只有 1 ~ 2 次。2018 年，对广东省中等职业学校教师参加教研活动的问卷调查显示（见图 1），一是省市级教研对教师影响很小。76.64% 的教师没有参加过省级以上教研活动，仅近一半的教师参加过市级以上教研活动，而且 30.5% 的教师只参加 1 ~ 2 次市级教研活动。由于参与的量少，所以省市级的教研对教师专业化发展不可能产生大的促进作用。二是校本教研难以常态化。如

图 2 所示，能够保证常态化参加校本教研活动即 6 ~ 10 次及 10 次以上（相当于每月 1 次）的教师占 48. 55%，居然还有近 10% 的教师一次都没有参加过校本教研活动。

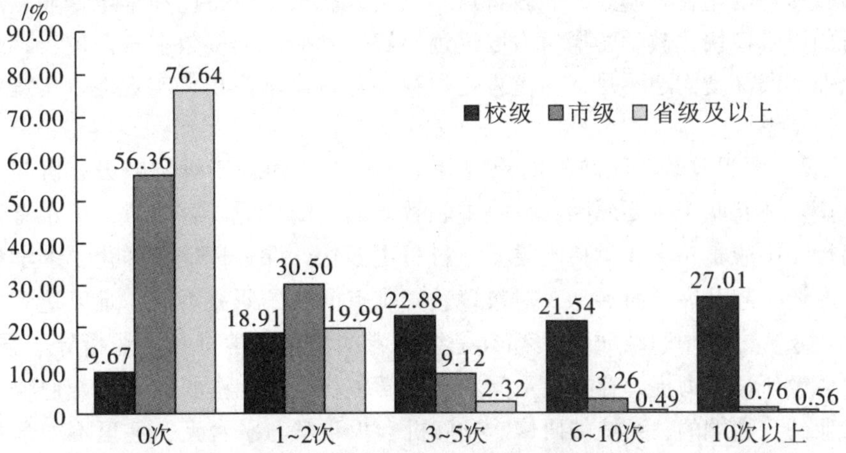


**图 1　2018 年广东省中职教师参加教研活动情况**

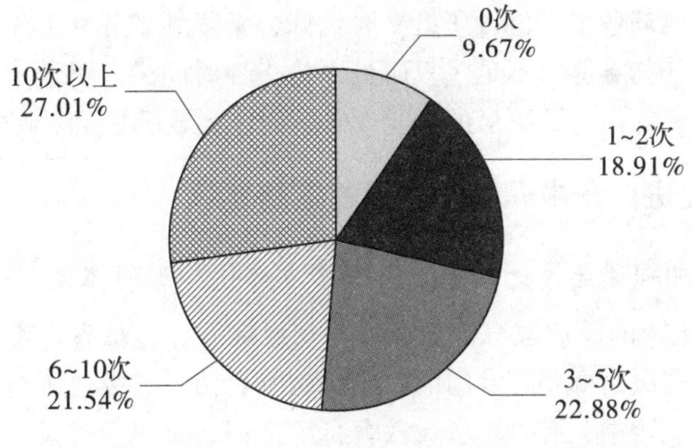


**图 2　2018 年广东省中职教师参加校本教研活动情况**

综上所述，最基本的常态性教研活动都保证不了的话，促进教师专业化发展的功能也就无法充分发挥。

2. 教研的水平和质量整体不高。从各地市反馈的情况看，一是教研的针对性不强和深入度不够。中职教研活动主要以当前工作需要而开展的临时性培训活动为主。例如，部分教研集中在竞赛上，内容单一。尽管中职教师教学能力大赛是教研工作的一个重要内容，为教师成长提供了平台和阶梯，但由于竞赛类别、层次、次数较多，学校教师产生倦怠情绪。中职教研员大部分时间和精力花在竞赛组织工作方面，导致中职教研整体针对性、计划性、系统性不强，效果不显著。二是职教特色不鲜明。中职教研较多地沿用普教模式，职教特点不突出，职教专业特色和学生专业发展方向以及模块化教学的探讨力度远远不够，教研工作多数在校内进行，与企业实践深度沟通不足，注重理论研究，忽视实际应用，实效性、实践指导性不够。

3. 中职教研功能缺失的原因分析。根本原因在于机构缺失，机制未建全。还有两个重要原因，一是中职教研面向的专业内容太广，很难有针对性。中职学校专业学科门类多，科目更新快，课程标准多样化，多学科多专业一起开展教研活动，对教育教学难点问题的研究不深，难以达到预期效果。二是中职教研员大都只是组织者的角色，学科和专业指导不强。中职教研员能力提升存在以下问题：①学习机会少。中职教研员普遍缺少专业的、高端的、系统的研修。进修机会少，学习平台无，甚至不如学校一线教师，这一点基础教育教研做得很好，为中职教研员学习提升提供了很好的借鉴。②研究能力不足。职教政策文件多、涉及理论多技术多，需要深入研究的问题多，但教研员平时忙碌，常规性事务性工作太多，难以静心研究。③指导能力不足。教研员下校指导时间少，对学校存在的问题缺乏深入分析和研究，更多的是凭教研员职位指导而非凭专业能力指导。

## 五、促进广东中职教研发展的策略建议

### （一）加强顶层设计，建立三级“立体化”教研体系

“立体化”的职业教育教研体系，从纵向看，包括省、市、校三级教研机构，各层级最好要有专门的教研机构。目前，省级教研与教科研功能合并在科研机构中，有直属省级教育行政部门、隶属于省级教科院、挂靠于大学三种形式。地市级和校级至少要设立中职教研的专门机构。若难以设立独立的教研机构，也可以采取隶属、挂靠的方式设立专门机构承担教研职能。从横向看，应以群众性学术组织为重要补充。由于职业教育涉及的专业门类和课程门类众多，配齐所有门类的教研员是不现实的，必须继续发挥群众性学术组织的作用，例如，按专业大类、重点工作、主要课程等设立指委会、教研会、中心组等，打造专业性强的教研共同体。值得注意的是，这些教研共同体要吸收行业企业人员参与，为工学结合开展教研

活动奠定基础，同时，还必须与外部的教研团体、学术机构紧密联系，开拓教研资源。由此，建立起纵横交错、内外协同的“立体化”教研体系。

**（二）分层分级推进，强化地市教研和校本教研的主体作用**

基于职业教育高职以省、中职以市为主统筹的特点，在“立体化”的教研体系中，省级层面突出顶层设计，以指导和引领为主，地市和学校是中职教研的主体。即省级职业教育教研机构联合各地市中职教研机构，以地市教研平台为重要节点，逐步延伸、辐射到各中职学校，逐步形成一体化的职业教育教研大格局。地方职教教研和校本教研肩负着推动教师专业化发展和提升职业教育教学质量的重要使命，要为职业学校教师专业发展提供平台，为职业学校与社会行业企业沟通搭建桥梁。对于地市教研，既要为地方教育行政部门制定职业教育教学改革政策提供咨询和建议，又要将宏观教育政策与教学工作联系起来，转化为具体的可操作的教学指导意见，贯彻到课堂教学的具体环节中。对于校本教研，要着眼于教师理论学习和理论水平的提高，以骨干教师引领和同伴互助为主要形式，促进教师的自我反思；基于问题导向，促进教师开展行动研究，以研促教。在地市教研和校本教研中，要积极发挥高等职业院校对中职学校教研的带动作用，以中高衔接、中本衔接为契机，利用高等职业院校的资源优势，包括师资、设备、校企合作等，丰富中职教研的内容，促进中职教师专业化发展。

**（三）突出政策引领，指导中职教研机制的系统构建**

破解中职教研散、小、弱、不平衡的问题，首先必须依靠教育行政部门的重视和指导。建议自省级至地市级教育行政部门出台推动中职教研机制的政策文件，加强指导力度，配套相关措施，加快推进中职教研机制的构建。一是提出设立中职教研机构基本要求。各地市至少要在教研院（或教研室）设立中职教研机构或部门，明确其职能定位，统筹全市中职教研工作。发挥各中职学校的优势，按中职专业大类和文化基础课程类别，设立若干市级中职教研“指委会”或“中心组”，才能集群众力量开展专业性教研工作。二是提出专兼结合的中职教研员配置比率，例如江苏省已提出参照地市普通高中教研员与学生的比率，配置中职教研员。鉴于目前编制紧缺，可采取专兼结合的方式配置教研员。由于目前县级层面的中职学校数少，可不单独配置教研员，直接由学校的骨干教师为兼职教研员。三是支持与职业教育协会以及行业协会协同开展中职教研。突出产教融合、校企合作，突出职业教育特色，形成合力开展教研活动。四是指导教研管理办法的制定。加快打造常态化市级教研活动平台，例如，广州市规定每月的第四周周五下午为全市性常规的活动时间，在时间上保证了全市性教研活动的开展。建立教研激励机制，将教师参加教研活动列入教师继续教育学分管理、教师职称评定条件等。五是提出中职教研的保障机制。例如，设立中职教研活动专项经费，以便能够更有效开展教学教研活动。又如，建立教研员实践制度，例如要求教研员工作五年必须到学校一线授课，甚至与一线优秀教师轮换，让学校更多的优秀教师有机会成为教研员，让教研机构永葆生机活力。

**（四）明标准强培训，提升中职教研员队伍水平**

教研员是教研共同体打造、教研活动组织、教研功能发挥的核心力量，教研员的能力水平是教研活动质量的重要决定因素，打造一支高素质的教研员队伍，是职业教育教研发展的根本保证。一是制定中职教研员标准，打造具有奉献精神、组织能力强、综合素质高的教研员队伍。首先，教研员必须具有奉献精神。教研工作就是服务，为一线教师服务是根本。在教研工作中，教研员不仅要有热情开展工作，而且要有甘为人梯的精神，例如，教研员常常要解答一线教师的很多专业问题，甚至帮教师们修改教学设计、论文，等等，这种“为人作嫁衣”的事务是常态，因此，教研员必须有服务奉献精神，否则，共同体难以维系。其次，教研员的组织能力要强。教研的效果取决于教研员对活动的组织谋划以及资源调配能力。教研员必须“上接天线，下接地气”，教研活动需要教研员敏锐地捕捉信息，转化为具有吸引力的活动主题；需要教研员善于利用资源，推动活动的开展；需要教研员把握工作细节，保证活动的开展；更需要教研员谋篇布局，系统规划教研活动，打造特色形成系列，持续性推动教师能力提升。最后，教研员的专业功底要深。教研员懂专业、会教学、能研究，才能树立起教研威信，提高教研活动的吸引力和影响力。尤其要具有专业实践能力，要了解职业发展要求，能够从事相关的职业活动，才能令教师们信服，所以，教研员应从有经验的教师成长而来的。

二是建立教研员培训体系。省级层面建立中职教研员培训机制，不仅提升已有中职教研员的能力水平，而且帮助各地市从优秀教师中迅速培养中职教研员，为中职教研员队伍储备人才。“十四五”期间，由省教研院实施“教研培育”工程，每年组织中职教研员培训。省级职业教育师资培训基地组织的专业培训，面向中职教研员开放，提升中职教研员的专业水平。中职教研员的培训必须坚持系统设计、分层分类、分合并举、研训结合、形式多样等原则，拓展教研人员的视野，提高教研员的业务能力和组织水平。

**（五）不断改革创新，丰富中职教研的内容和形式**

在教研活动内容组织方面，中职教研员不仅要把握职业教育发展方向和基本理论思想，而且要找准教学存在的问题和教师的迫切需要，才能扎根一线，为教师提供切实的服务。专业建设和课堂教学是中职教研活动的主阵地。一是围绕专业建设内容，开展系列教研活动。包括专业人才培养方案制定与实施、人才培养模式改革、课程标准制定和教材等资源建设、实习实训基地建设、1+X证书制度实施，等等。二是围绕课堂教学，推动职业学校“课堂革命”。包括教学实施的方式方法及手段创新、教学模式的实践探索创新、教学评价创新等。

在教研形式和手段方面，把握线上线下相结合的教研发展新趋势。信息技术进步加剧了教育变革，教育信息化建设日益加速，微课、慕课等线上教育形式越来越丰富，尤其是2020年新冠病毒肺炎疫情期间，大规模的线上教育为“停课不停学”发挥了重要作用，线上教研不断涌现，线上线下相结合不仅是教学也是教研的新常态。线上教研优势是突破了时空限制，例如，2019年广东省中职青年教师教学能力大赛总决赛采取直播的方式，收看的人员突破50万人次。通过网络传播，教研覆盖面和影响力也迅速扩大。在教研活动形式上，要逐步加大线上教研的量，并开拓适合线上教研的活动形式，例如，远程观摩、研讨。教研员不仅要掌握各种线上教研的工具，而且要善于利用各种信息化、智能化的设备和软件，甚至将帮助教师们使用这些现代化的工具作为教研的重要内容。充分发挥线上教研的辐射作用，突破时空的限制，更广泛深入地促进教师的信息化素养提升，快速适应新时代教学要求，提高教学效果。

在广东职业教育高质量发展之际，必须加快构建省、市、校三级“立体化”教研体系，强化地市教研和校本教研的主体作用，建立和完善中职教研机制，大力提升中职教研员队伍水平，广泛开展面向基层、扎根实践、问题导向的中职教研活动，推动广大中职学校教师教学水平和教学质量的提高，为高素质劳动者和技术技能人才培养提供基础保障和优质师资支撑。

**参考文献**


[1] 杜怡萍. 职业教育教研的时代境遇及发展策略 [J]. 中国职业技术教育, 2020 (24): 36 - 40, 59.

[2] 王扬南. 全面提升职教科研服务高质量发展整体贡献力: 基于《2019 中国职业教育科研发展报告》[J]. 中国职业技术教育, 2020 (12): 5 - 15.

[3] 丁蕾. "五课"教研后, 职业教育应聚焦教师课程实施能力 [J]. 江苏教育研究, 2015 (4): 56 - 59.

[4] 王屹, 方绪军. 职业教育"四教一体"教研模式的逻辑建构 [J]. 中国职业技术教育, 2018 (5): 12 - 18.

[5] 杨梅, 杨琼霞. 重庆市中等职业教育区域教研现状及发展需求调查报告 [J]. 文化创新比较研究, 2019 (35): 159 - 162.

[6] 冯志军. 加强地方职业教育教研机构建设的政策研究 [J]. 教育与职业, 2009 (6): 10 - 12.

[7] 姜宇, 张晓宇, 张翠萍. 中等职业教育校本教研的意义和基本实施路径 [J]. 黑龙江教育学院学报, 2018 (8): 70 - 72.


(执笔人: 杜怡萍; 审稿人: 李海东)

# 广东省中等职业学校办学能力评估报告（2020）

○广东省中学职业学校办学能力评估报告撰写组

**摘　要：**本报告在深入分析2017—2019年广东省中等职业学校基本情况、师生情况、专业情况的基础上，从发展概况、办学基础能力、师资队伍建设、课程与教学、校企合作、学生发展、办学效益、机遇与挑战等八个方面评述了广东省中等职业教育发展状况，列举了全省在健全办学体制、完善育人机制、提升内涵质量、增强服务能力、提高人才培养质量等方面取得的可喜成绩，也分析了珠三角地区与粤东西北地区的职业教育办学条件与基础能力发展不平衡、校企合作难以深度推进、学校内涵建设不高等问题。

**关键词：**中等职业教育　办学能力　评估

为贯彻落实习近平总书记关于职业教育工作重要指示和全国教育大会精神，客观评价广东省中等职业学校办学能力，推动中等职业教育高质量发展，根据国务院教育督导委员会办公室《中等职业学校办学能力评估暂行评估办法》（国教督办〔2016〕2号）、《关于开展2020年全国职业院校评估工作的通知》（国教督办函〔2020〕25号）文件要求，全省组织开展了对中等职业学校办学能力的评估，评估范围是全省全日制中等职业学校，包括普通中等专业学校和职业高中。本次评估通过网络方式，采集了2019学年（年度）全省316所中等职业学校提交的评估数据，收集了21个地级市的自评报告，最终形成广东省中等职业学校办学能力评估报告。

## 一、发展概况

2019 年，广东省中等职业教育战线全面贯彻党的教育方针，始终以习近平新时代中国特色社会主义思想统领工作，坚持中国特色社会主义教育发展道路，面对全省改革开放新形势、社会经济发展新要求，通过进一步增加经费投入、优化布局结构、深化产教融合等途径，全力推动职业教育规范管理、质量提升、事业发展，办学能力有了新提高。

### （一）明确发展定位，做大中职规模

2019 年 2 月，中共中央、国务院印发《粤港澳大湾区发展规划纲要》。2019 年 7 月，广东省委、省政府印发《中共广东省委　广东省人民政府关于贯彻落实〈粤港澳大湾区发展规划纲要〉的实施意见》《关于构建“一核一带一区”区域发展新格局促进全省区域协调发展的意见》，提出全省要优化区域产业布局，构建形成由珠三角地区①、沿海经济带、北部生态发展区构成的“一核一带一区”区域发展新格局。全省中等职业教育战线，围绕“一带一路”、粤港澳大湾区、“一核一带一区”、深圳中国特色社会主义先行示范区各项发展战略，主动适应产业发展需求，以提供高素质技术技能人才支撑和智力支持为己任，事业取得了长足进步。

近年来，在广东省委、省政府的正确领导下，广东省已建成全国规模最大的职业教育体系，为全省经济社会发展做出了重大贡献。2019 年 2 月，国务院发布《国家职业教育改革实施方案》（即“职教 20 条”），吹响了国家新一轮职业教育改革发展的冲锋号。同月，广东省政府办公厅印发《广东省职业教育“扩容、提质、强服务”三年行动计划（2019—2021 年)》（以下简称《三年行动计划》），给出了落实国家“职教 20 条”的“广东方案”，绘出了未来 3 年全省职业教育改革发展的宏伟蓝图。2019 年，全省共有独立设置的中等职业学校 426 所，其中 316 所参与了本次“中等职业学校办学能力评估”，占 74.17%；全省中职学校在校生总数 739 236 人（其中招生 276 963 人，毕业生 236 425 人），教职工 52 724 人，专任教师 41 199 人，广东中等职业教育规模已经名列前茅。全省通过大力调整产业结构，推动职业教育“扩容、提质、强服务”，启动实施“1 + X”证书制度试点，培育建设产教融合型企业，做强中等职业教育，实现

---

① 珠三角地区包括广州市、深圳市、佛山市、东莞市、惠州市、中山市、珠海市、江门市、肇庆市等 9 个市。

职业教育与产业发展同频共振。未来广东职业教育以推进校企精准对接、精准育人作为工作重点，为经济社会发展提供更多高素质劳动者和技术技能人才。

### （二）优化布局调整，对接区域需求

《三年行动计划》明确规定，改革中等职业学校管理方式，健全以地市统筹为主的中等职业教育管理体制，根据高质量普及高中阶段教育要求，结合区域人口规模，围绕区域产业需求，优化中职学校布局和专业结构，做强中等职业教育。《广东省教育厅关于进一步优化中等职业学校布局结构的意见》（粤教职〔2019〕29 号）提出，到 2021 年，全省中等职业学校数量从 2018 年的 444 所整合到 350 所左右，校均全日制在校生达到 3 000 人左右；除体育、艺术和特殊教育学校外，基本消除全日制办学规模在 1 200 人以下的中职学校，所有中职学校达到国家设置标准。本次全省参与评估的中等职业学校为 316 所，其中公办学校（含非教育部门主管）245 所，民办学校 71 所。与 2017 年相比，学校数减少 65 所，其中公办学校减少了 43 所，民办学校减少了 22 所，布局结构调整的效果已初步显现。

围绕加快推进制造强省、培育新兴产业、绿色低碳循环发展以及乡村振兴战略的工作布局，全省中等职业学校持续推进专业动态优化调整，一方面削减不适应区域经济社会发展需求的相关专业，另一方面新增适应广东产业转型升级、产业链延伸交叉、新兴职业与技术进步需要的新兴专业。2018 年，立项建设 108 个中职学校“双精准”示范专业，带动中职学校的专业建设，提升中职学校的人才培养质量。2019 年，全省中职专业布点总数 3 646 个，涵盖教育部专业目录的 19 个专业大类，较 2018 年减少 204 个，优化专业布局，为经济发展量身定制人才。

2019 年全省稳步推进中等职业教育的各项改革试点。一是“三二分段”改革试点规模创新高。2019 年组织 68 所高职学校与 312 所中职学校在 904 个专业点开展中高职衔接。二是创建现代职业教育综合改革示范市项目，全省分三批共确立 12 个地市为改革示范市，第一批试点地市已进行项目验收。三是积极参与国家职业教育改革试点工作。四是中职诊改试点持续推进。通过整合资源，优化布局，创新举措，提高办学水平，满足区域内技术技能人才培养的数量、结构、质量需求，促进广东经济高质量发展。

### （三）深化产教融合，形成区域模式

结合广东全面实施创新驱动发展、乡村振兴、“一核一带一区”、粤港澳大湾区、中国特色社会主义先行示范区等战略部署，广东省高度重视职业教育产教融合、校企合作。2018 年，在创建现代职业教育综合改革试点省的基础上，广东省人民政府办公厅出台了《关于深化产教融合的实施意见》（粤府办〔2018〕40 号），促进教育链、人才链与产业链、创新链的有机衔接，打破职业教育与产业、学校与企业、学生与工人之间存在的跨界壁垒，扶持和鼓励社会力量参与举办职业教育，支持企业深度参与职业教育人才培养全过程，促进企业需求融入人才培养各环节。

围绕产业转型升级对高素质技术技能人才的需求，全省中等职业学校根据地域特点和专业领域实际，进一步深化产教融合，不断探索创新校企合作育人模式，形成“广东特色”。一是强化产教融合的顶层设计，充分发挥企业产教协同育人的主体作用。2019 年，广东省发展和改革委员会、广东省教育厅、广东省工业和信息化厅、广东省人力资源和社会保障厅、国家开发银行广东省分行联合出台了《广东省建设培育产教融合型企业工作方案》，提出力争到 2020 年，建设培育 100 家以上的产教融合型企业。二是拓宽校企合作育人渠道。通过校企共建产业学院、开展订单培养、实施现代学徒制等途径，实现校企双元主体协同育人，提高职业教育人才培养质量。三是通过与企业共建“校中厂”“厂中校”“教学工厂”等实体育人平台，不断引入企业资源，有效推进教学与生产的一体化进程。随着产教融合、校企合作的深化，企业资本、技术、知识、设施、设备和管理等要素充分利用并参与到职业教育人才培养全过程，有力推动了全省职业教育的提升发展。

### （四）坚持立德树人，提高育人质量

全省中等职业学校认真贯彻党的教育方针，贯彻落实《教育部办公厅关于加强和改进新时代中等职业学校德育工作的意见》《广东省学校思想政治理论课建设行动计划（2019—2021 年）》，坚持立德树人，五育并举，紧密围绕新时代思政课程和课程思政的总体要求，通过“校长思政第一课”“向国旗敬礼”“社团活动”“南粤工匠进校园”和“特色课程”，创新德育课堂教学和专业实践教学，把社会主义核心价值观的基本要求融入教育教学全过程，注重学生文化素质、科学素养、综合职业能力和可持续发展能力培养，形成“三全育人”工作机制。

全省中等职业学校以智育为引领，注重对学生文化知识与职业技能的培养，并以各级各类技能竞赛为抓手，以赛促教，以赛促学，人才培养质量显著提升。2019 年，中等职业学校学生文化课合格率为 93. 37%，比 2018 年提高 0. 61 个百分点；专业技能合格率为 92. 70%，保持较高水平。在全国职业院校技能大赛中，广东中等职业学校学生获奖 192 项（其中一等奖 33 项）。在第 44 届、第 45 届世界技能大赛中，广东中职学生蝉联“砌筑”项目金牌，向世界展示了中国砌筑的最高水平。

全省中等职业学校体育美育协同发展。2019 年，学生体质测评合格率为 90. 48%，健康水平稳定在高位。中等职业学校以提高学生审美和人文素养为主题，不断推动新时代学校美育工作再上新台阶。同时，加强劳动教育，全方位推动劳动教育体系建设，多渠道建立和拓展劳动教育实践场所，引导学生尊重劳动、崇尚劳动，弘扬劳动精神、工匠精神，为学生健康生活和学习打下坚实基础。

## 二、办学基础能力

办学基础能力是职业教育发展的保障。近年来，各级政府根据国家职业院校办学标准，多渠道筹集建设资金，加大投入，不断优化学校布局结构，逐步改善办学条件，提升职业学校办学实力，努力提高教学质量，使职业教育有了长足的发展。

### （一）财政投入不断加大，生均经费稳步增长

2017—2019 年，全省中职学校的财政经费总收入分别为 1 302 394. 73 万元、1 453 960. 12 万元、1 597 977. 51 万元，每年有较大幅度的增长。从地区分布来看，珠三角地区 180 所中职学校财政经费总收入分别为 1 016 363. 86万元、1 158 848. 71 万元、1 239 975. 9 万元，粤东西北地区 136 所中职学校财政经费总收入分别为 284 013. 87 万元、295 111. 41 万元、358 001. 61 万元；从学校性质来看，全省 245 所公办学校财政经费总收入分别为 1 257 117. 95 万元、1 411 634. 79 万元、1 551 204. 28 万元，全省 71 所民办学校财政经费总收入分别为 43 259. 78 万元、42 325. 33 万元、46 773. 23万元。从数据中可以看出，珠三角地区与粤东西北地区中职学校财政经费总收入差距明显，公办及民办中职学校经费总收入差距悬殊；珠三角地区以及公办中职学校的财政经费总收入呈现为逐年增长的趋势，增幅较大；粤东西北地区及民办中职学校 2017 年财政经费总收入的增长趋势较小，其中民办中职学校甚至出现 2018 年财政收入比上一年有所减少的现象。

2019 年统计数据显示，全省中职学校校均财政经费达到 5 056.89 万元，财政收入达到平均数以上的学校有 113 所，均为公办学校，占全省中职学校的 35.76%。其中属于珠三角地区的 90 所，粤东西北地区 23 所。从地区分布来看，珠三角地区 180 所中职学校校均财政经费为 5 646.47 万元，粤东西北地区 136 所中职学校校均财政经费为 2 088.34 万元；从学校性质来看，245 所公办学校校均财政经费为 5 131.09 万元，71 所民办学校校均财政经费为 609.29 万元。可以看出，珠三角地区与粤东西北地区、全省公办与民办中职学校的校均财政经费差距明显，与 2017 年的统计结果相比，差距有所收窄。

2017—2019 年全省中职学校生均财政拨款分别为 1.73 万元、1.99 万元、2.16 万元，增势明显，与 2017 年评估数据相比增幅超过 30%。

### （二）办学条件持续改善，办学实力显著提升

1. 教学仪器设备总值逐年增长。2017—2019 年全省中职学校教学实习仪器设备资产总值分别为 745 160.10 万元、815 618.90 万元、885 518.12万元，呈逐年增长趋势，增势明显。

从地区分布来看，2017—2019 年珠三角地区 180 所中职学校教学实习仪器设备资产总值分别为 492 461.07 万元、528 979.87 万元、581 229.19 万元，粤东西北地区 136 所中职学校教学实习仪器设备资产总值分别为 252 699.03 万元、286 639.03 万元、304 288.93 万元；从学校性质来看，全省 245 所公办学校教学实习仪器设备资产总值分别为 681 914.73 万元、745 742.14 万元、809 699.66 万元，全省 71 所民办学校教学实习仪器设备资产总值分别为 63 245.37 万元、69 876.76 万元、75 818.46 万元。从数据中可以看出，各地区各类型中职学校的教学实习仪器设备资产总值均呈逐年上升趋势，全省公办与民办、珠三角地区与粤东西北地区学校教学实习仪器设备资产总值有差距。

2019 年统计数据显示，全省中职学校校均教学仪器设备值 2 802.27 万元，教学仪器设备值在平均数以上的学校有 113 所，占全省中职学校的 35.76%，其中公办学校 108 所，民办学校 5 所；属于珠三角地区的学校 82 所，粤东西北地区 31 所。从地区分布来看，珠三角地区 180 所中职学校校均教学仪器设备值达到 3 229.05 万元，粤东西北地区 136 所中职学校校均教学仪器设备值为 2 237.42 万元；从学校性质来看，全省 245 所公办学校校均教学仪器设备值达到 3 304.90 万元，全省 71 所民办学校校均教学仪器设备值为 1 067.87 万元。从数据中可以看出，粤东西北地区中职学

校与珠三角地区中职学校差距与2017年的统计结果相比有所缩小；公办与民办中职学校的校均教学仪器设备值的差距没有太大变化。

2. 生均教学仪器设备值有较大幅度提升。2017—2019年全省中职学校生均教学仪器设备值分别为0.99万元、1.12万元、1.20万元，呈逐年增长之势，与2017年相比增幅超过20%。

2019年全省中职学校校舍面积（含教学及辅助、行政办公用房面积）共计9 589 324.55平方米，生均教学及辅助、行政办公用房面积为12.97平方米，与2017年相比增长了0.37平方米。整体看与教育部《中等职业学校设置标准》规定的中等职业学校"生均校舍建筑面积指标不少于20平方米"的标准，仍有7.03平方米的差距。目前全省中职学校中，能达到教育部标准的学校仅有77所，其中公办学校55所，民办学校22所；珠三角地区的学校34所，粤东西北地区的学校43所。

从地区分布来看，珠三角地区180所中职学校生均校舍建筑面积为12.86平方米，粤东西北地区136所中职学校生均校舍建筑为13.15平方米；从学校性质来看，全省245所公办学校生均校舍建筑面积为13.02平方米，全省71所民办学校生均校舍建筑面积为12.78平方米。从数据中可以看出，粤东西北地区中职学校的生均校舍建筑面积高于珠三角地区，反映了珠三角地区用地紧张的现状；全省公办中职学校的生均校舍建筑面积则高于民办中职学校。

**（三）硬件建设高度重视，网课资源增势喜人**

2019年，全省中职学校生均教学用计算机0.36台。校均互联网出口带宽为675.92 Mbps，与2017年相比增长了78.42%，生均为0.29 Mbps。其中接入互联网出口带宽100 Mbps以下的学校有12所，100～500 Mbps的学校有130所，500 Mbps以上的有174所。从地区分布来看，珠三角地区180所中职学校生均互联网出口带宽为0.33 Mbps，粤东西北地区136所中职学校生均互联网出口带宽为0.27 Mbps；从学校性质来看，全省245所公办学校生均互联网出口带宽为0.30 Mbps，71所民办学校生均互联网出口带宽为0.24 Mbps。

2019年，全省中职学校共有网络多媒体教室17 521间，校均55.45间，比2017年增加5.18间，其中154所学校拥有的网络多媒体教室数量多于50间，占学校总数的48.73%。从地区分布来看，珠三角地区180所中职学校校均网络多媒体教室61.83间，粤东西北地区136所中职学校校均网络多媒体教室47间；从学校性质来看，全省245所公办学校校均网络多媒体教室62.47间，全省71所民办学校校均网络多媒体教室31.21间。

2019 年，全省中职学校拥有计算机 265 787 台，校均 841.10 台，生均 0.36 台。从地区分布来看，珠三角地区 180 所中职学校拥有计算机 184 931 台，校均 1 027.39 台，生均 0.40 台，粤东西北地区 136 所中职学校拥有计算机 80 856 台，校均 594.53 台，生均 0.29 台；从学校性质来看，全省 245 所公办学校拥有计算机 234 368 台，校均 956.6 台，生均 0.39 台，全省 71 所民办学校拥有计算机 31 419 台，校均 442.52 台，生均 0.23 台。

2019 年，全省中职学校开设上网课程 8 458 门，校均 26.77 门，与 2017 年相比增长了 114.85%。从地区分布来看，珠三角地区 180 所中职学校开设上网课程 7 247 门，校均 40.26 门，粤东西北地区 136 所中职学校开设上网课程 1 211 门，校均 8.90 门；从学校性质来看，全省 245 所公办学校开设上网课程 5 473 门，校均 22.34 门，全省 71 所民办学校开设上网课程 2 985 门，校均 42.04 门。

从以上数据中可以看出，珠三角地区中职学校的信息化教学条件优于粤东西北地区，全省公办中职学校则大部分高于民办中职学校。值得注意的是，民办学校的生均网络课程大幅度攀升，已大幅度超过公办学校的生均数。

## 三、师资队伍建设

2018 年 8 月广东省印发了《中共广东省委　广东省人民政府关于全面深化新时代教师队伍建设改革的实施意见》，强调要“全面提高职业院校教师质量，建设一支高素质‘双师型’教师队伍”，《三年行动计划》也提出通过推进实施职业院校教师能力提升计划，提升职业院校教师队伍素质、能力和结构，着力打造一支专业化的师资队伍。全省中职学校师资队伍无论是规模还是结构上都有了新的变化。

### （一）数量足够，比例合理

1. 总体规模满足需求。2019 年全省中职学校教职工总数为 52 724 人，校均 166.85 人，校均教职工人数比 2017 年增加 17.85 人；专任教师 41 199 人，占教职工总数的 78.14%，校均 130.38 人，比 2017 年增加 17.38 人；专业教师 27 444 人，占专任教师总数的 66.61%，较 2017 年降低了 3.26%；教职工额定编制数为 42 278 人，超出定额 10 446 人。有 75 所学校的专任教师数量在 59 人以下，未达到 60 人①的要求。

---

① 教育部《中等职业学校设置标准》（教职成〔2010〕12 号）第七条：中等职业学校“专任教师一般不少于 60 人”。

2. 生师比优于国家标准。2019 年全省中职学校学历教育在校生为 739 236 人，学历教育在校生与专任教师之比为 18.72∶1，与 2017 年基本持平，每位专任教师平均所教学生数量比国家标准（20 人）少了 1.28 人。

各个学校生师比上差异较大。在全省 316 所中职学校中，有 111 所学校生师比未达到国家标准（20∶1①），占比为 35.13%，有 205 所学校的生师比超过了国家标准，占比为 64.87%。生师比最大的学校其生师比高达 156.48∶1，生师比最小的学校其生师比低至 1∶1。从总量上来看，18.72∶1 的生师比已超过了国家标准，但是具体到每一个学校，存在不均衡现象。从地区分布来看，珠三角地区 180 所中职学校生师比为 18.46∶1，粤东西北地区 136 所中职学校生师比为 19.16∶1，均超过了国家标准；从学校性质来看，全省 245 所公办学校生师比为 17.90∶1，全省 71 所民办学校生师比为 23.73∶1。与 2017 年的统计结果相比，粤东西北地区生师比不达标的情况已经解决，民办学校的中职学校生师比高于国家标准。

3. 教师教学能力提升。全省中等职业学校认真贯彻《广东省教师队伍建设“十三五”规划》和《广东省“强师工程”实施方案（2017—2020 年）》，通过指导教师参加教学能力大赛、开展科研课题研究、参加教学成果评选及优秀论文评选等多种活动，促进教师专业教学能力和科研水平快速提升。

### （二）结构优化，专兼结合

1. “双师型”教师占比进一步提升。2019 年全省中职学校有“双师型”教师 19 641 人，“双师型”教师占专任教师和专业教师总数的比例分别为 47.67%、71.57%，较 2017 年分别增加 1.06%、4.87%，“双师型”教师占比进一步提升，高于国家标准②，提前达到《职业教育提质培优行动计划（2020—2023 年）》提出的“到 2023 年，专业教师中‘双师型’教师占比超过 50%”的目标。

全省各地“双师型”教师比例差距缩小。从“双师型”教师占专业教师的比例看，2019 年，全省仅有 16.46% 的学校低于国家标准（30%），有 83.54% 的学校高于国家标准，较 2017 年提升了 1.13%。从地区分布来

---

① 教育部《中等职业学校设置标准》（教职成〔2010〕12 号）第七条：中等职业学校“师生比达到 1∶20”。

② 教育部《中等职业学校设置标准》（教职成〔2010〕12 号）第七条：中等职业学校“双师型”教师不低于 30%”。

看，珠三角地区 180 所中职学校“双师型”教师占比为 72.47%，与 2017 年几乎持平，粤东西北地区 136 所中职学校“双师型”教师占比为 70.05%，与 2017 年相比提高了近 10%，缩短了与珠三角地区学校的差距；从学校性质来看，全省 245 所公办学校“双师型”教师占比为 77.13%，较 2017 年增长了 5.96%，全省 71 所民办学校“双师型”教师占比为 42.01%，较 2017 年减少了 0.67%。从数据中可以看出，各地区中职学校的“双师型”教师占比均超国家标准（30%），呈现占比差距缩小的态势，公办学校与民办学校之间的“双师型”教师占比差距仍然较大，民办学校的“双师型”教师占比偏低。

2. 教师积极参与职业培训。2019 年，广东省中职学校承担职业培训授课的校内教师总数为 5 564 人，校均 17.60 人，企业兼职教师总数为 1 436 人，校均 4.54 人。从地区分布来看，珠三角地区 180 所中职学校承担职业培训授课的校内教师总数为 3 643 人，校均 20.24 人，企业兼职教师总数为 976 人，校均 5.42 人；粤东西北地区 136 所中职学校承担职业培训授课的校内教师总数为 1 912 人，校均 14.12 人；企业兼职教师总数为 460 人，校均 3.38 人。从学校性质来看，全省 245 所公办学校承担职业培训授课的校内教师总数为 4 429 人，校均 18.08 人；企业兼职教师总数为 1 184 人，校均 4.83 人。全省 71 所民办学校承担职业培训授课的校内教师总数为 1 135 人，校均 15.99 人；企业兼职教师总数为 252 人，校均 3.55 人。从数据中可以看出，珠三角地区的教师参与职业培训授课的情况要略好于粤东西北地区的学校，公办学校的教师参与职业培训授课的情况略好于民办学校。

3. 企业兼职教师稳中有增。2017—2019 年，广东省中职学校支付企业兼职教师的课酬总额分别为 4 659.61 万元、4 855.90 万元、5 372.53 万元，校均支付企业兼职教师课酬分别为 14.75 万元、15.37 万元、17.00 万元，与 2017 年相比略有增加，但增幅较小。2019 年广东省中职学校企业兼职教师数为 3 216 人，校均为 10.17 人，较 2017 年增长了 0.60 人。从地区分布来看，珠三角地区 180 所中职学校校均企业兼职教师数为 13.33 人，粤东西北地区 136 所中职学校校均企业兼职教师数为 6 人，差距较大；从学校性质来看，全省 245 所公办学校校均企业兼职教师数为 10.35 人，全省 71 所民办学校校均企业兼职教师数为 9.58 人，较 2017 年增加 2.83 人，增长明显，逐步接近公办学校。

各地区各类型企业兼职教师授课课时量差距缩小。企业兼职教师授课课时量为 343 135.50 课时，人均为 106.70 课时，较 2017 年减少了 13.30 课时。从地区分布来看，珠三角地区 180 所中职学校校均企业兼职教师授课课时量为 1 160 课时，较 2017 年减少 329.18 课时，粤东西北地区 136 所中职学校校均企业兼职教师授课课时量为 987.80 课时，较 2017 年增加 93.16 课时，差距缩小；从学校性质来看，全省 245 所公办学校校均企业兼职教师授课课时量为 1 120.10 课时，较 2017 年减少 192.18 课时，全省 71 所民办学校校均企业兼职教师授课课时量为 967.75 课时，较 2017 年增加了 286.06 课时，民办学校与公办学校的校均企业兼职教师授课课时差距同样明显缩小。

在参与评估的 316 所学校中，仅有 51 所中职学校的兼职教师占比达到国家标准（20%）以上①，仍然有 109 所中职学校兼职教师数为零。

## 四、课程与教学

各中等职业学校以“提质”为核心，认真落实人才培养方案和中职课程标准，开足开齐文化基础课程，开好选修课程，增加实践课比例，突出地域专业特色，形成了广东特色适应社会发展需求的课程体系，为培养适应区域产业经济发展的高素质产业生力军、助力粤东西北地区提速发展做出了突出贡献。重视实践教学条件，不断增加财政投入，为优质课程与教学的实施奠定基础。2019 年，广东省教育厅联合广东省发展和改革委员会等印发《广东省建设培育产教融合型企业工作方案》，推动了校内外实践基地建设，全省实践教学条件明显改善。

### （一）教学设备投入加大，实训条件明显改善

1. 全省校内外实践教学条件有明显提升。2019 年全省有校外实习基地 7 717 个，校均 24.42 个；校内实践基地 4 029 个，校均 12.75 个；校内实践教学工位数 487 454 个，校均 1 542.58 个。与 2017 年相比，校外实习基地校均增加 3.58 个，增长 17.20%；校内实践基地校均增加 1.40 个，增长 12.29%；校内实践教学工位数校均增加 227.20 个，增长 17.27%。2019 年生均校内实践教学工位数 0.63 个，比 2017 年增长 3.86%。

2. 公办和民办学校校内外实践教学条件差异较小。2019 年，公办学校校外实习基地校均 25.38 个；校内实践基地校均 13.03 个；校内实践教

① 教育部《中等职业学校设置标准》（教职成〔2010〕12 号）第七条：中等职业学校应当“聘请有实践经验的兼职教师应占本校专任教师总数的 20% 左右”。

学工位数校均 1 654. 12 个，生均校内实践教学工位数 0. 63 个。全省民办学校校外实习基地校均 22. 21 个；校内实践基地校均 12. 08 个；校内实践教学工位数校均 1 271. 46 个，生均校内实践教学工位数 0. 67 个。生均校内实践教学工位数是职业学校教学保障最重要的指标，从数据看，全省公办、民办学校的条件差异缩小。

2019 年，珠三角地区学校校外实习基地校均 36. 27 个；校内实践基地校均 13. 023 个；生均校内实践教学工位数 0. 68 个。粤东西北地区学校校外实习基地校均 15. 96 个；校内实践基地校均 12. 60 个；生均校内实践教学工位数 0. 62 个。珠三角地区学校校外实习基地、校内实践基地个数和生均校内实践教学工位数均明显高于粤东西北地区学校。

### （二）课程设置符合规范，特色鲜明重视实践

1. 总体情况。2019 年全省学校各专业平均专业总学时为 3 037. 76，公共基础课时数 959. 88，占总学时 31. 60%；选修课时数 171. 51，占总学时 5. 65%；实践性课时数 1 010. 10，占总学时 33. 25%。

2. 学校课程设置情况良好。2019 年公布的《教育部关于职业院校专业人才培养方案制订与实施工作的指导意见》（教职成〔2019〕13 号）（以下简称《意见》），要求中等职业学校三年总学时不低于 3 000，公共基础课程学时一般占总学时的 1/3，选修课教学学时占总学时不应少于 10%，实践性教学学时原则上占总学时数 50% 以上。本次统计的数据为 2017 级、2018 级、2019 级在校生课程设置情况，基本情况良好。对比新要求，平均总课程学时和公共基础课占比已达到意见标准，选修课时数、实践性课时数尚未达到新公布的意见标准（实践性课时数未达标的主要原因是多数学校未将顶岗实习学时计入实践性课时数）。粤东西北地区学校和民办学校的选修课教学学时数和实践性教学学时数离标准差距更大。

## 五、校企合作

深化产教融合、校企合作，凸显职业教育作为类型教育的本质。全省通过强化产教融合的顶层设计，不断深化校企合作体制机制和平台建设，实现校企教育教学资源共建共享，充分发挥企业在产教融合协同育人的重要主体作用，校企合作的成效显著。

### （一）强化顶层设计，完善合作机制

1. 深化校企合作体制机制建设。2019 年，广东省继续强化产教融合

的顶层设计，充分发挥企业在产教融合协同育人的重要主体作用。广东省发展和改革委员会、广东省教育厅、广东省工业和信息化厅、广东省人力资源和社会保障厅、国家开发银行广东省分行联合出台了《广东省建设培育产教融合型企业工作方案》，提出力争到2020年，建设培育100家以上的产教融合型企业，并从培训补贴、企业创新平台建设、教育费附加抵免等方面对产教融合型企业给予支持。各地也通过地方性的制度平台建设，不断加大力度推进产教融合、校企合作。

2. 大力推进职业教育集团化办学。广东省大力推进职业教育集团的建设，加快职业教育办学机制改革、促进优质资源开放共享的重要模式。到2019年，全省中职学校加入各类职业教育集团522家，校均1.56家，其中公办学校467家，民办学校55家；珠三角地区学校385家，粤东西北地区学校26家。全省共有160所学校至少参与1家以上的各种职业教育集团，中职学校牵头成立的职业教育集团79家，其中公办学校牵头的有55家，民办学校牵头的有12家；从区域上看，珠三角地区学校牵头的有53家，粤东西北地区牵头的有26家。从统计数据看，全省中职学校以参加职业教育集团为主，以学校牵头成立职业教育集团为辅。

3. 校企合作以当地企业为主。2019年全省中职学校正在开展校企合作的企业有9 862家，校均31.21家，其中公办学校33.19家、民办学校24.38家，珠三角地区学校34.85家、粤东西北地区学校26.13家。正在开展校企合作的当地企业数为7 103家，校均22.48家，占72.03%。公办学校、珠三角地区学校的合作企业明显多于民办学校和粤东西北地区学校，当地企业是中职学校开展校企合作主要对象。全省中职学校建设校外实习实训基地数共7 776个，校均24.61个。

4. 企业提供的教学设备增速明显。企业提供的校内实践教学设备是校企合作的重要内容，设备价值多少，反映出校企合作的深入程度。从2017年至2019年，企业为全省中职学校提供的校内实践教学设备累计值分别为8 440.00万元、9 477.00万元、12 581.00万元，年增长率为12.29%、32.75%，增速明显，说明企业越来越重视对中职学校提供相关校内实践教学设备。2017—2019年企业为学校提供的校内实践教学设备值为校均40万元，占学校校内教学设备总值的0.87%。其中，公办学校校均38.2万元，略少于民办学校的校均45.37万元；珠三角地区学校为校均49.1万元，明显多于粤东西北地区学校的校均26.87万元。

从统计结果看，全省316所中职学校中，只75所学校有企业提供的校内实践教学设备，与学校现有的设备相比，明显偏少。不同区域也有差距，珠三角地区学校明显高于粤东西北地区学校，其中东莞市 2019 年企业提供的校内实践教学设备值达到 3 089.61 万元，校均 154.48 万元。

**（二）依托合作企业，协同培育人才**

1. 企业订单培养规模稳中微升。面向企业开展订单培养技术技能人才，是落实产教融合、校企合作的又一重要形式，企业订单学生所占比例在一定程度上反映着中职学校校企合作的深度与水平。2019 年，全省企业订单学生规模为 48 845 人，占在校生总数的 6.71%，比 2017 年增加了 0.11%。民办学校达到 11.44%，粤东西北地区民办学校的企业订单学生规模比珠三角地区学校高 2.89%。

2. 校企合作企业是接收毕业生就业的重要渠道。校企合作企业接收毕业生就业比例，在一定程度上反映着中职学校落实“三对接”和实施就业导向的深入程度。2019 年，全省校企合作单位接收毕业生就业数 76 996 人，占毕业生总人数的 32.57%，其中公办学校 29.08%，民办学校达到 50.61%，粤东西北地区学校高于珠三角地区学校 14.49%。

3. 教师企业实践状况有改善。2019 年全省中职学校以专业统计，共有专任专业教师 31 850 人，比 2017 年 30 010 人增加了 6.13%。有 8 985 位专任教师到企业实践，占专业专任教师总人数的 28.21%，实践总时间 245 724 天，比 2016 年的 316 820 天减少 22.44%；人均 27.35 天，比 2017 年的 10.55 天增加了 16.8 天，公办学校和珠三角地区学校略高于全省水平。有 53 所学校有 50% 以上的专任教师参加企业实践，另有 56 所学校参加企业实践的专任教师为 0 人。

按照教师 5 年期间 6 个月到企业实践的要求来衡量，全省各类型的中职学校还有相当大的差距。

**（三）整合教学资源，创新育人途径**

1. 搭建校企育人新平台。到 2019 年，全省中职学校加入职业教育集团数 522 家，其中牵头成立的职业教育集团数 79 家，正在开展校企合作的企业数 9 862 家，其中当地企业数达 7 103 家。全省中等职业学校通过与企业共建“校中厂”“厂中校”“教学工厂”等实体育人平台，不断引入企业资源，实现技术技能人才培养与企业真实生产环境融合，打破职业教育与产业、学校与企业、学生与工人之间存在的跨界壁垒，有效推进了教学与生产的一体化进程，在校企共建产业学院、开展订单培养、实施现代学徒制等途径上取得新突破，实现校企双元主体协同育人。

2. 探索学生实习新方式。广东省教育厅依据教育部等五部门颁发的《职业学校学生实习管理规定》，制定了印发了《关于加强中等职业学校学生实习管理工作的通知》等文件，明确各地规范实习管理，确保实习质量。一是严格执行“六个不得”的有关规定；二是与实习单位共同制订实习计划，明确实习目标、实习任务；三是确保学生顶岗实习报酬基本合理、安全防护到位，顶岗实习专业基本对口；四是学生参加跟岗实习前，学校、实习单位、学生均按有关规定签订了实习协议。

3. 构建集团化办学新模式。广东省按照《教育部关于深入推进职业教育集团化办学的意见》工作要求，不断加快职业教育集团建设，实现资源优化整合。各职业教育集团加强内涵建设，探索实践新模式，通过在人才培养与专业发展等各环节中的开拓创新，促进实践与服务能力的稳步提升，发挥集团的辐射引领作用，逐步打造集团化办学品牌。

4. 拓展中职教育服务社会新功能。广州市全国首创在中等职业学校开设启能班，面向全市招收轻度智力障碍和自闭症学生入读中等职业教育，切实补齐民生短板，落实弱有所扶的政策要求。2018 年 13 所中职学校共计 7 个专业，包括面点烘焙、工艺美术品设计与制作、园林、文秘（餐饮服务方向）、电子商务等专业，招收新生 57 人，在校生累计达到 169 人。

## 六、学生发展

全省职业教育通过“扩容、提质、强服务”，中等职业教育吸引力明显提升，全省招生数止跌回升，在校生巩固率显著提高，学生专业能力发展得到保障。中等职业学校为区域产业发展提供了高素质技术技能人才的支撑，为高职院校提供了优质生源。

### （一）学生规模稳中有增，在校巩固整体稳定

1. 在校生规模回升。316 所参评学校的在校生规模在 2018 年减少情况下，2019 年略有增长。

2. 2019 年招生数增加。316 所参与评估的中职学校，2017 年毕业班人数为 248 122 人，2018 年毕业班人数为 241 146 人，2019 年毕业班人数为230 180 人，毕业班人数逐年减少，反映了 2015 年、2016 年、2017 年的招生数逐年下降；而 2017 年招生数为 257 956 人，2018 年招生数为 258 368人，2019 年招生数为 276 963 人，2019 年招生数有了明显增长。

总体来说，中职学校在校生规模在 2019 年略有增长，近 3 年招生数有

所增加。特别是珠三角地区中职学校在 2018 年招生数开始有了增长，而 2019 年珠三角地区和粤东西北地区的招生数都有了明显的增长。其中的主要因素是中职学校的办学能力有了一定的提升，社会（家长）对中职教育的认识、观念有了一定的变化。

3. 在校生巩固率较高。2017 年全省招生 257 956 人，升到二年级时人数变为 231 857 人，第一年巩固率为 89. 88%；进入三年级（毕业班）时人数变为 230 180 人，与二年级人数比较，第二年巩固率为 99. 27%；与招生人数比较，巩固率为 89. 23%。

2018 年全省招生 258 368 人，二年级时人数变为 232 093 人，一年级巩固率为 89. 83%。

4. 发达地区中职学校对学生吸引力更大。2017 年珠三角地区招生 161 787 人，二年级时人数变为 144 869 人，第一年的巩固率为 89. 54%；进入三年级（毕业班）时人数变为 147 267 人，与二年级人数比较，第二年巩固率为 101. 66%，反映出有从不同地区或类型学校转入职业学校学习；与招生人数（一年级）比较，巩固率为 91. 03%。2018 年珠三角地区招生人数 163 973 人，二年级时人数变为 147 529 人，第一年的巩固率为 89. 97%。

2017 年粤东西北地区招生 96 169 人，二年级时人数变为 86 988 人，第一年的巩固率为 90. 45%；三年级（毕业班）时人数变为 82 913 人，与二年级人数比较，第二年巩固率为 95. 35%；与招生人数（一年级）比较，巩固率为 86. 22%。2018 年粤东西北地区招生人数 94 395 人，二年级时人数变为 84 564 人，第一年的巩固率为 89. 59%。

粤东西北地区中职学校学生巩固率与珠三角地区比较，一年级时的巩固率基本相当，进入二年级时两者的差距有 6%。其中原因之一是中职学校二年级开设的课程更多的是专业技能课，珠三角地区属于发达地区，拥有更好的职教资源，对学生吸引力相对更大。

### （二）技能证书广获认可，计算机应用能力提升

1. 毕业生获取职业资格证书情况。2019 年全省共有 148 443 名毕业生获得与专业相关的初、中级职业技能等级证书及职业资格证书，占当年毕业生的 62. 79%；39 566 名毕业生获得社会认可度高的其他证书，占当年毕业生的 16. 74%。2017—2019 年，广东省中职学校毕业生获得与专业相关的初、中级职业技能等级证书及职业资格证书的比例均超过 60%，获得社会认可度高的其他证书的比例也逐年增加，反映出社会认可度高的其他证书逐渐受到学生的青睐。

珠三角地区中职学校毕业生获得初、中级专业相关职业技能等级证书及职业资格证书、社会认可度高的其他证书的比例明显高于粤东西北地区的学校，这与粤东西北地区属于欠发达地区，其人才培养质量总体上与珠三角地区有差距的情况相吻合。

2. 学生计算机应用能力。2019 年全省每百名中职生拥有终端（计算机）约 36 台，为学生学习计算机知识、提高计算机应用能力提供了物质保障。全省中职学校基本按教育部《关于职业院校专业人才培养方案制订与实施工作指导意见》（教职成〔2019〕13 号）、《中职学校公共基础课程方案》（教职成厅〔2019〕6 号）等文件精神，开设“信息技术”（计算机应用基础）课程，并且把获得计算机类的证书纳入专业人才培养方案，对中职生计算机应用能力提出了明确的目标要求和培养的方式方法，保证了学生计算机应用能力的培养水平。

全省实行“3 + 专业技能证书”考试、“三二分段”中高职衔接等多种形式的高职招生改革，为中职生进入高职院校继续学习提供了多种途径，其中对报读高职院校的中职生要求必须具有相应的专业技能证书。“专业技能证书”包括广东省教育考试院颁发的“广东省中等职业技术教育专业技能课程证书”及教育部考试中心颁发的全国计算机等级考试、全国公共英语等级证书，多数高职院校对“三二分段”中高职衔接的学生也要求在中职学段必须考取全国计算机等级证书。全国计算机等级证书的获取已经成为大部分中职生升学的必然选择，进一步促进了全省中职生计算机应用能力的提高。

### （三）毕业去向多种选择，直接升学比例提高

1. 毕业生合计就业率保持稳定。

2. 直接升学比例逐年增长。2017—2019 年，广东省中职学校共为社会输送了 730 203 名毕业生，每年毕业生直接就业率和直接升学率之和保持在 98% 以上。选择直接就业的比例逐年下降，而选择直接升学的比例逐年上升。

3. 地区差别直接影响毕业生去向。珠三角地区中职毕业生选择直接升学比例明显高于粤东西北地区中职毕业生，而粤东西北地区中职毕业生直接就业比例明显高于珠三角地区毕业生。一方面粤东西北地区大多为欠发达地区，中职毕业生需要通过直接就业获取生活来源，减少家庭的负担；另一方面也反映了珠三角地区经济社会发展、产业的转型升级对技术技能型人才提出了更高要求。

## 七、办学效益

职业学校办学效益，不仅是反映在学校产出与投入的对比关系上，更重要的是，学校的产出必须符合社会、经济发展的需要，即人才及其他成果要具有社会的适应性。而专业设置的好坏直接影响到中等职业学校的办学效益，关系到学校的生存和发展。2017—2019 年，全省进一步加强专业设置管理，指导各学校根据自身优势和产业需求调整专业。

### （一）专业设置动态调整，新增专业适应需求

1. 大类专业设置齐全。教育部《中等职业学校专业目录》经过几次修订，目前分为 18 大类，368 个专业。2019 年广东省参加评估的 316 所中等职业学校中，设置专业涵盖了所有大类。其中在校生规模较大的专业门类是：财经商贸，占 22.44%；信息技术，占 18.24%；加工制造，占 10.58%。这三个门类的在校生人数占了全省在校生总数的一半。

2. 各类别开设专业数总体平稳。2019 年，全省 18 个大类专业共设置专业 196 个（含国家专业目录之外的专业），从专业个数看与 2017 年相比变化不大。

3. 热门专业相对集中。从在校生规模的变化也可以看到专业设置趋势的变化。按照在校学生规模排名，2019 年排在前十的专业分别是电子商务、学前教育、汽车运用与维修、计算机应用、会计、护理、计算机平面设计、中餐烹饪、数控技术应用、计算机网络技术。这 10 个专业的在校学生占了在校学生总数的 53.56%。

与 2017 年相比，前六位没有变化，会计电算化专业退出前十，计算机网络技术代替。计算机平面设计、中餐烹饪专业位次有所提升。

2019 年，全省有 34 个专业在校生规模在 100 人以下，其中一些是新设专业，如“移动应用技术与服务”仅有 51 名在校生，“民族风味食品加工制作”仅有 77 名在校生。这些新设专业是否适应当地经济、社会发展需要，有待实践验证。有些专业不足一个教学班，比如农村环境监测、现代农艺技术、石油炼制等，未来将面临调整压力。

4. 新增专业对应产业需求。《广东省人民政府办公厅关于深化产教融合的实施意见》（粤府办〔2018〕40 号）提出，“根据广东产业集群式发展的规律特点，制定重点专业集群建设规划”；“积极支持家政、健康、护理、养老、文化、旅游等社会领域紧缺专业建设。适应新技术、新产业、新业态、新模式的发展需求，加快建设机器人、大数据、人工智能等一批新

工科专业”。从经济结构调整看，2019 年全省“大力发展先进制造业。着力提升制造业能级和水平，培育新一代信息技术、绿色石化、智能家电、汽车制造等一批世界级先进制造业集群，推动产业迈向全球价值链中高端”①。

全省 2019 年新增专业情况反映了经济、社会的变化对中等职业教育需求的影响。与 2017 年数据相比，有 9 个大类专业设置数量发生变化，其中新增专业 18 个，具体情况如下。

（1）交通运输类增加最多，达到 5 个，分别是汽车车身修复、汽车美容与装潢、汽车整车与配件营销、无人机操控与维护、新能源汽车维修。

（2）资源环境、土木水利、信息技术、加工制造、旅游服务类各新增专业 2 个，分别是：

资源环境类：地图制图与地理信息系统、宝玉石鉴定与检测；

土木水利类：建筑表现、城市燃气输配与应用；

信息技术类：移动应用技术与服务、服务机器人装调与维护；

加工制造类：工业机器人技术应用、电梯安装与维修保养；

旅游服务类：中西面点、茶艺与茶营销。

（3）轻纺食品、能源与新能源、教育类各新增专业 1 个，分别是：

轻纺食品类：民族风味食品加工制作；

能源与新能源类：石油与天然气贮运；

教育类：幼儿保育。

**（二）主干专业稳中有升，热门专业热度不减**

1. 主干专业规模稳中有升。按照在校生规模统计，全省在万人以上的专业有 17 个，分别是（按照在校生人数从大到小排列）：电子商务、学前教育、汽车运用与维修、会计、护理、计算机平面设计、中餐烹饪、数控技术应用、计算机网络技术、机电技术应用、会计电算化、工艺美术、药剂、商务英语、电子技术应用、物流管理与服务、模具制造技术。2017 年全省万人以上规模的专业有 14 个，与 2017 年对比，增加了工艺美术、电子技术应用、物流管理与服务、模具制造技术 4 个专业。这说明，全省主干专业保持稳中有增的局面。电子商务、学前教育两个专业保持绝对优势，计算机应用平稳发展，汽车运用与维修增加迅速，两年增加了 51.88%。会计专业明显下降，两年下降了 47.48%。

---

① 2020 年 1 月 14 日广东省省长马兴瑞在广东省第十三届人民代表大会第三次会议上作政府工作报告［EB/OL］.（2020－01－19）［2021－04－10］. http://www.gd.gov.cn/gkmlpt/content/2/2875/post_2875129.html#45.

2. 电子商务专业仍是热门。电子商务专业是举办学校最多的专业，316 所学校中，211 所办有此专业，占学校总数的 66.77%，相对集中。此外有一半学校举办了计算机应用专业。

3. 主干专业设置地区差别不大。按照在校生规模，选取排在前十位的专业进行对比，可以发现，在珠三角地区，电子商务专业在校生规模最大；粤东西北部地区，学前教育专业在校生规模最大；从排名前四位的专业看，两区域完全相同，说明区域专业设置有趋同性。

**（三）专业结构匹配产业，兼顾民生社会发展**

1. 专业大类比例与产业结构比例趋于匹配。2019 年，全省第一、二、三产业比重调整为 4.0∶40.5∶55.5①，中等职业学校专业设置按照对应产业划分三类产业比例是 8.6∶21.9∶69.5，第一、二、三产业依次提高。与全省产业结构相比，第一产业、第三产业略有提高；第二产业比例严重不足。

与 2017 年数据相比，2019 年第一产业大类专业设置 17 个，占 8.67%，较 2017 年下降 0.85 个百分点；第二产业专业设置 43 个，占 21.9%，较 2017 年增加 8.7 个百分点；面向第三产业的专业设置 135 个，占 69.43%，较 2017 年基本没有变化。

《三年行动计划》提出，“优化中等职业教育结构布局”，各地要“围绕区域产业需求，优化中职学校布局和专业结构”，“建设一批校企深度合作、示范引领的省级高水平中职学校和‘校企精准对接、精准育人’示范专业，服务区域重点产业发展”。

从实际情况看，2019 年，全省 196 个专业中，有 105 个专业填报为支柱产业，占开设专业总数的 53.57%；111 个专业填报为当地紧缺专业，占开设专业总数的 56.63%。从专业增加情况看，交通运输类增加的 5 个专业以及其他新增专业，紧跟市场需求，比如无人机操控与维护、新能源汽车维修、城市燃气输配与应用、工业机器人技术应用、电梯安装与维修保养，移动应用技术与服务、服务机器人装调与维护等。这些专业迎合了工业自动化、智能制造、信息化、城市化的需要。

2. 专业设置兼顾产业发展和民生需求。全省中职学校按照所开设专业的产业属性看，热门专业多属于第三产业。在珠三角地区，排名靠前的专业，按类别划分分别是财经商贸类（4 个）、信息技术类（3 个）、加工

① 2020 年 1 月 14 日广东省省长马兴瑞在广东省第十三届人民代表大会第三次会议上作政府工作报告［EB/OL］.（2020 - 01 - 19）［2021 - 04 - 10］. http://www.gd.gov.cn/gkmlpt/content/2/2875/post_2875129.html#45.

制造类（2个）、教育服务类（1个）四大类；而粤东西北地区，主要也集中在财经商贸（3个）、信息技术（3个）、加工制造（3个）、教育（1个）四大类。

珠三角地区有60多所学校开设了计算机平面设计专业，50多所学校开设了物流服务与管理专业；而粤东西北地区广泛开设了机电技术应用、中餐烹饪专业，这些专业设置在区域人力资源开发和民生服务中发挥了积极作用。

## 八、机遇与挑战

广东省积极贯彻落实《国家职业教育改革实施方案》，通过本次办学能力评估，显示广东省在健全办学体制、完善育人机制、提升内涵质量、增强服务能力、提高人才培养质量等方面取得了可喜成绩，但是也存在珠三角地区与粤东西北地区的职业教育办学条件与基础能力发展不平衡、校企合作难以深度推进、学校内涵建设及培养质量不高等问题。随着国家“一带一路”倡议和粤港澳大湾区战略的实施，在大力推进粤港澳大湾区建设的新形势下，广东省职业教育在如何主动适应大湾区产业结构调整的新布局、新趋势，优化专业群建设，不断深化大湾区职业教育交流合作，实现资源共享、优势互补，为粤港澳大湾区建设与发展服务等方面，都面临着机遇和挑战。

### （一）发展机遇

1. 中国职业教育大改革大发展搭建了中等职业教育高质量发展新舞台。随着我国产业升级和经济结构调整不断加快，各行各业对技术技能人才的需求越来越紧迫，国家对职业教育的重视程度之高前所未有，推动职业教育改革发展的力度之大也是前所未有。近年来，相继出台了《国家职业教育改革实施方案》《加快推进教育现代化实施方案（2018—2022年）》《职业教育提质培优行动计划（2020—2023年）》；广东省也出台了《广东省职业教育条例》《广东省人民政府办公厅关于深化产教融合的实施意见》《广东省职业教育“扩容、提质、强服务”三年行动计划（2019—2021年）》和《广东省教育厅关于实施广东省高水平中职学校建设计划的通知》等一系列鼓励支持职业教育大改革大发展的政策，力求最大限度凝聚各方共识，形成共同推动职业教育发展的合力，实现职业教育与产业发展同频共振。中国职业教育迎来了前所未有的重大机遇，助推中等职业学校各项事业改革发展驶入“快车道”。

2. “一带一路”倡议、粤港澳大湾区国家战略开辟了中等职业教育引领发展新空间。粤港澳大湾区是我国开放程度最高、经济活力最强的区域之一，产业基础扎实，国际化水平领先，在“一带一路”建设中地位突出。作为我国改革开放的排头兵，广东先进制造业基础雄厚、产业链完善，是“一带一路”建设的枢纽和重要引擎，在粤港澳大湾区中发挥着不可或缺的作用，为我省中等职业教育自身发展和走出去带来了巨大空间。2019 年初《粤港澳大湾区发展规划纲要》出台，高端的发展定位、强有力的政策支持，为广东省特别是大湾区城市群发展聚集各种优质资源和要素，实现更高水平的发展注入了新动力。广东省产业已初步显现集群化发展态势，形成了新一代电子信息、绿色石化等十大战略性支柱产业集群。广东省将在半导体与集成电路、高端装备制造等十大战略性新兴产业集群发力。新产业、新业态、新模式为广东省职业教育发展提供了雄厚的产业支撑、充分的社会支持和大量的市场需求，为职业教育改革创新提供新引擎和高质量发展的广阔平台。

3.“互联网 +”国家战略和信息技术应用提供了中等职业教育创新发展新动能。2015 年，两会把“互联网 +”作为国家战略，极大地放大了优质教育资源的作用和价值。在“互联网 +”的冲击下，对校本课程、精品课程的开发与应用带来了机遇，课程资源被广泛地分享和传播，以慕课、微课为代表的基于互联网的教学模式得到学生的认可并且推行。新一代信息技术发展对教育教学资源建设以及普及应用提供了技术支持，教育资源的合理配置及内涵建设成果通过信息技术、“互联网 +”进行推广应用为中等职业学校发展带来新的机遇。

### （二）面临挑战

1. 中等职业教育的新定位对中等职业学校人才培养模式创新提出新挑战。《国家职业教育改革实施方案》提出，中等职业教育是普及高中阶段教育和建设中国特色职业教育体系的重要基础。这意味着中等职业学校的定位将发生改变：成为职业教育的基础地位。目前，企业对人才培养的质量和学历层次要求越来越高，中等职业学校学生升学渠道逐步打通，职业生涯取向日益多元化，而深度开展校企合作、为企业订单或定向培养技术技能人才是学校主要的办学特色。从广东的情况看，在中等职业学校办学定位发生变化、学生和企业的需求不断提升的背景下，学校要继续保持对企业的吸引力，进一步发挥办学特色，一方面要为学生的就业继续深化产教融合、校企合作，另一方面要为学生的升学发展奠定专业基础，需要继续改革人才培养模式，协调好就业、升学教育资源，为学生实现可持续发展不断进行探索和实践。

2. 职业教育改革国家战略对中等职业学校技术技能人才培养和社会服务提出新挑战。中央把职业教育放到事关国家战略、经济社会转型升级和人民对美好生活向往的重要高度，指出了深化职业教育改革、提高职业教育发展水平和服务贡献度的紧迫性。目前对广东省中等职业学校来说，面临的政策挑战主要为落实职业院校实施学历教育与培训并举的法定职责、启动“1+X”证书制度试点工作、落实中等职业学校公共基础课程方案和贯彻面向中小学开展劳动和职业启蒙教育等。开展职业培训，特别是面向社会人员的培训，中等职业学校存在校企合作不够紧密、培训收入分配的政策障碍等问题，教师则存在企业实践少、企业培训参与度低、科研与社会服务能力不足等困难。“1+X”证书制度的启动，对中职学校的专业课程体系和实训教学带来了一定的冲击。落实中等职业学校公共基础课程方案，中等职业学校面临课程调整、师资配套、教学安排的变化及调整，要适时提出解决方案。此外，中等职业学校面向中小学的职普沟通还处在探索阶段，目前职普双方参与的积极性不高。

3. 粤港澳大湾区产业转型升级对中等职业学校优质人力资源供给提出新挑战。粤港澳大湾区传统产业的转型升级、新兴产业的创新发展需要依靠技术的不断革新来推动，而技术的革新主要由人才要素来实现，尤其是高端技术技能型人才。从广东的情况看，为粤港澳大湾区建设提供具有工匠精神的高素质技术技能人才是职业教育的重要任务。职业院校专业建设要顺应时代的技术变化和地区的产业布局。中等职业学校既在人才培养方面取得了令人瞩目的办学成绩，也在人才培养模式方面逐步走出了一条适合自身的发展道路，但部分专业群建设与大湾区战略性支柱产业和新兴产业的对接不够紧密。新专业的开发力度不足，需要积极对接地区产业发展及行业变化，适时调整、新增和改造专业，顺应技术产业革新对专业技术人才的新要求。另外，与企业深入合作的体制机制还不够完善，师资队伍整体水平与学校高水平发展的需要还不相适应，这使人才培养规格和质量、技术创新能力和水平还不能很好地满足大湾区产业转型升级的需要。这与职业教育为广东在全面建设社会主义现代化国家新征程中，走在全国前列创造新的辉煌提供人才支撑、贡献科技力量尚有一定距离。

（执笔人：詹斌，管春平，柳洁，巫兴宏，张岩，郑耀涛，刘君科，严启荣；审稿人：耿景海）

# 广东省高职院校适应社会需求能力评估报告（2020）

○广东省高职院校适应社会需求能力评估报告撰写组

**摘　要：**本报告在深入分析2017—2019年广东省各高等职业院校办学情况的基础上，从发展概况、办学基础能力、师资队伍建设、专业人才培养、学生专业能力发展、社会服务、问题与挑战等七个方面评述了全省高等职业教育发展状况，全面总结了近几年来广东省以“一流高职院校建设项目”“创新强校工程”等大项目为牵引，逐步提高办学基础能力，扩大高素质技术技能人才供给，增强服务经济社会发展能力的做法和取得的成效，也分析了突出存在的问题。

**关键词：**高等职业教育　适应社会需求　能力评估

## 一、发展概况

近两年来，广东高职教育战线深入学习贯彻习近平总书记视察广东重要讲话精神，全面贯彻落实全国教育大会精神和《国家职业教育改革实施方案》要求，以《广东省人民政府办公厅关于印发广东省职业教育“扩容、提质、强服务”三年行动计划（2019—2021年）的通知》（粤府办〔2019〕4号）为主线，以“广东省一流高职院校建设项目”“创新强校工程”等大项目为牵引，逐步提高办学基础能力，扩大高素质技术技能人才供给，增强服务经济社会发展能力，为广东实现“四个走在全国前列”、当好“两个重要窗口”提供人才支撑和智力支持。

### （一）以“扩容”为重点，筑牢技术技能人才供给主阵地

为扩大人才供给，2019年广东省高职扩招13.3万人，是国家下达扩

招任务的1.6倍，学生规模和增幅与广东省经济发展基本同步。广东省职业教育城（清远）首期工程已完工，二期工程先行项目已交付使用，目前进驻10所院校，在校生8万人，力争打造成为“教、科、产、城”融合发展示范区。

**（二）以“提质”为核心，大力培养高素质产业生力军**

广东省全面推行“校企精准对接、精准育人”模式，79%高职院校开展现代学徒制试点，38家单位入选国家试点。建设187个国家高职骨干专业、346个省高职品牌专业，开发19个国家级和31个省级教学资源库，建设229门国家和1 055门省精品课程，师生参加技能大赛和教学能力比赛获奖数名列前茅。2019年高职毕业生初次就业率96%，47%毕业生三年后职位晋升。

**（三）以“强服务”为宗旨，提高高职院校社会服务能力**

广东省高职院校专业覆盖全省现代产业体系，62%专业对接重点产业开设。成立了66家职教集团，立项建设24家省级示范集团，9家立项为国家示范集团培育单位。每年开展企业职工培训和成人学历教育130万人以上。2019年，高职院校技术服务到款额3.5亿元、纵向科研经费到款额3.25亿元，分别同比增长25.9%、52.58%；非学历培训服务618.5万人日、非学历培训到款额6.3亿元，分别增长20.4%、31%。承担“东西协作计划”，支援新疆等8省区，直接招收贫困家庭学生0.5万人，组织帮扶外省近百所高职院校。稳步推进“粤菜师傅”“南粤家政”工程，助力“精准扶贫”“乡村振兴”等国家战略。

2019年广东14所高职院校入选国家“双高计划”，入选高水平学校、高水平专业群建设单位分别为5所、9所，高水平学校入选数全国第三，A、B档高水平学校入选数并列全国第一。2019年5月7日，孙春兰副总理赞许深圳职业技术学院“课证共生共长”培养模式“一点都不输德国”，指出“深职院就是中国职业教育的‘清华’”。在《国务院办公厅关于对2018年落实有关重大政策措施真抓实干成效明显地方予以督查激励的通报》（国办发〔2019〕20号）中，广东省19项获督查激励，数量居全国首位，创历年最好成绩。“校企合作推进力度大、职业教育发展环境好、推进职业教育改革成效明显”是其中一项，也是2018年职业教育改革成效明显国务院予以激励支持的6个省之一。

## 二、办学基础能力

为了积极响应国家“百万扩招”政策，广东出台《广东省人民政府办公厅关于印发广东省职业教育“扩容、提质、强服务”三年行动计划（2019—2021 年）的通知》（粤府办〔2019〕4 号）指导文件，加强高职院校办学基础能力建设，扩大优质高等职业教育资源，提高高等教育毛入学率。调整省属职业院校管理体制，加快推进省直部门所属职业院校成建制划转工作。实施省属职业院校集团办学，组织部分省属高职院校和中职学校联合组建若干教育集团，增加高等职业学位，扩大高等职业招生规模。加快推进省级职业技术教育示范基地（清远）建设，鼓励有关高职院校通过校园土地置换、争取行业企业投入等方式，多渠道筹措建设资金，增强办学基础能力建设。到 2021 年，新增高等职业教育学位 12 万个以上，省属职业院校集团办学方案全面实施，省级职业技术教育示范基地（清远）基本建成。

### （一）学校办学经费情况

随着生均定额拨款制度的逐步建立和完善，广东省高职院校所获得的国家财政性教育经费、公共财政预算教育经费近年增幅较大，2019 年的国家财政性教育经费、公共财政预算教育经费分别为 140. 51 亿元、132. 73 亿元，较 2018 年分别增长了 20. 86% 和 20. 16% 。

### （二）学校基本办学条件

2019 年广东省参与评估的 82 所高职院校基本办学条件如下：总占地面积 4 492. 15 万平方米，其中教学科研及辅助用房 1 128. 5 万平方米、行政办公用房面积 113. 69 万平方米，生均教学科研及辅助、行政办公用房面积 14. 64 平方米；校内实践教学工位数 548 766 个，生均校内工位数 0. 65 个；教学、科研仪器设备资产总值 978 624. 1 万元，生均教学、科研仪器设备资产 11 533. 38 元。

学校教学、科研仪器设备资产总值逐年增长，2019 年学校教学、科研仪器设备资产总值较 2018 年增长了 9. 77% ；2018 年学校教学、科研仪器设备资产总值较 2017 年增长了 15. 32% 。

按全日制学历教育学生数计算，有 6 所院校的生均教学、科研仪器设备值在 2 万元以上；生均教学、科研仪器设备值最高的学校为 6. 78 万元，最低的为 0. 27 万元（民办院校）；有 50 所院校的生均教学、科研仪器设备值在 0. 50 万 ~1. 5 万元之间，院校之间的生均教学、科研仪器设备值有较大的差异。

### （三）学校信息化建设状态

伴随现代信息技术的发展及国家教育信息化建设进程的推进，学校加强了校园网基础设施和各类业务信息系统及教学资源的建设，普遍接入了国际互联网，使用了信息化管理系统，校园信息化建设已经成为服务高职院校教学与管理发展、提升人才培养质量水平的重要保障。

1．信息化基础条件。2019 年广东省参与评估的 82 所高职院校信息化基本状态如下：全省高职院校全部接入国际互联网，接入互联网出口带宽绝大多数超过 1 000 Mbps，最高达 119 000 Mbps；教学用终端（计算机）303 095 台，较 2017 年增加 36 807 台。百名学生配教学用计算机数 36 台；网络信息点数平均 10 853 个，最高多达 49 580 个；数字资源总量平均为 40 388 GB，最高达 598 862. 4 GB。校园一卡通普遍用于校园就餐、图书借阅等，少部分院校已经扩展到实训、学籍等管理领域。38 所院校实现了校园内无线网络全覆盖，较 2017 年增加 11 所，39 所院校实现了校园无线网部分覆盖，5 所院校没有实现校园无线网覆盖。

2．信息化管理系统应用。广东省高职院校的信息化管理系统，普遍应用于学校的教务教学管理、学生招生就业管理、行政办公管理等方面。参加适应社会需求能力评估的 82 所高职院校全部建有教务教学管理系统和校园门户系统；74 所院校建有行政办公管理系统，占比 90. 24%；62 所院校建有学生管理系统，占比 75. 61%；57 所院校建有顶岗实习管理系统，占比 69. 51%；64 所院校建有招生就业管理系统，占比 78. 05%；74 所院校建有网络及信息安全系统，占比 90. 24%；68 所院校建有网络课程及教学系统，占比 82. 93%；48 所院校建有教学质量管理系统，占比 58. 54%。基于现代信息技术的各种专业信息化教育教学应用系统已在各高职院校得到广泛应用。

3．信息化技术的教学应用。2019 年，全省共建有上网课程 26 672 门，较 2017 年的 11 641 门增加 15 031 门，增长率 129. 12%，校均 325 门。上网课程数最多的学校建有网络课程 3 478 门，有 7 个学校上网课程数为 0；近 72. 81% 的网络课程集中于前 20 所院校，网络课程建设情况院校差异较大。

## 三、师资队伍建设

广东省贯彻落实了《国家职业教育改革实施方案》《深化新时代职业教育“双师型”教师队伍建设改革实施方案》《国家中长期教育改革和发

展规划纲要（2010—2020 年）》等政策文件精神，依据《中共广东省委 广东省人民政府关于全面深化新时代教师队伍建设改革的实施意见》，制定了《广东省新时代教师发展体系建设实施方案》，实施了高职院校教师能力提升工程，完善了高层次人才引进管理体制、培养评价体系、保障激励机制，加强了高职院校专业带头人培养和“双师型”教师队伍建设，建立了高职院校与行业企业人才流动通道，实施了“奖补工程”，推动了广东高职院校高素质专业化教师队伍建设。在 2018 年全国职业院校技能大赛职业院校教学能力比赛中，广东省有 16 件作品获奖，其中一等奖 5 项，二等奖 7 项，三等奖 4 项；2019 年广东省高职院校共有 8 件作品获奖，其中一等奖 3 项，二等奖 4 项，三等奖 1 项。

### （一）师资队伍规模稳步增长

教师队伍规模基本满足当前阶段教育教学要求。根据“广东省高等职业院校适应社会需求能力评估数据表”数据（以下简称“数据表”），截至 2019 年 9 月，广东省高职院校教职工总数 51 642 人，比 2017 年增长 4.77%；其中专任教师 37 783 人，比 2017 年增长 7.32%。全省 2019 年高职院校生师比为 20.04①，比 2017 年生师比 16.52 高，生师比指标升高可能主要是受到高职扩招的影响。

### （二）师资队伍结构趋于合理

1. 总体情况。2019 年广东省高职院校“双师型”专任教师 23 831 人，与 2017 年“双师型”专任教师 20 232 人相比，增长 17.8%。“双师型”专任教师的占比由 2017 年的 57.5% 提升到 2019 年的 63.1%。

2. 按院校不同类型分析师资队伍结构。广东省高职院校按院校不同类型划分，可分为国家“双高”院校、省一流高职院校、普通高职院校，其中国家“双高”院校 14 所（全部为省一流高职院校），省一流高职院校 18 所，普通高职院校 62 所。不同类型院校的师资队伍结构具有明显层级差异，国家“双高”院校、省一流院校生师比分别为 18.85、18.29，普通高职院校的生师比为 21.02；国家“双高”院校、省一流高职院校的“双师型”专任教师的比例分别为 76.01%、75.83%，普通高职院校“双师

① 2019 年企业兼职教师授课课时量达 1 930 700 课时，按教高〔2008〕5 号文规定折算，兼职、兼课教师每学年授课 160 课时为 1 名教师，折算为教师数 12 067 人，折算后教师总数为 49 850 人，折合在校生人数 999 094 人，生师比 = 999 094/49 850 = 20.04。

型”专任教师的比例为 56.70%。

2018 学年，国家“双高”院校、省一流高职院校共 18 所院校的企业兼职教师授课总量为 835 544 课时，占全省 82 所高职院校兼职教师总授课量的 53%。按每学年授课 160 课时折算为 1 名教师，国家“双高”高职院校、省一流高职院校折算教师数为 17 810 人，普通高职院校折算教师数为 32 340 人。

3. 按院校不同区域分析师资队伍结构。广东省高职院校按院校不同区域划分，可分为珠三角地区、粤东西北地区。不同区域院校的师资队伍结构具有明显的地域差异，珠三角地区高职院校师资水平优于粤东西北地区。其中，广东省高职院校主要集中在珠三角地区，共 67 所，占全省高职院校总数的 81.71%，表明区域间高职院校发展不均衡，且与高职院校服务区域经济发展相关联。

具体而言，珠三角地区高职院校的生师比为 19.74，粤东西北地区高职院校的生师比为 21.78；珠三角地区高职院校的“双师型”专任教师的比例为 61.30%，粤东西北地区高职院校的“双师型”专任教师的比例为 51.30%。

随着广东省“强师工程”的全面实施，进一步加大了对粤东、粤西、粤北等区域高职教育的政策扶持力度，实施了地方奖补工程，对教师队伍建设规划清晰、措施到位、推进得力、成效显著的地市，分地区、分档次进行了资金奖补，使优质师资在区域分布上逐渐趋于合理。

## 四、专业人才培养

广东省高职院校紧扣“双精准”，深化产教融合，校企合作。调优专业结构，优先设置与我省重点发展产业相关专业，加强内涵建设，深化教育教学改革，提高精准育人水平，逐步将“校企精准对接、精准育人”落实到高职院校人才培养的全过程。

### （一）对接产业需求，优化专业结构布局

2019 年广东省 82 所接受评估的高职院校共开设 19 个专业大类，100 个专业类 421 个专业，覆盖《普通高等学校高等职业教育（专科）专业目录》专业大类的 100%，占列举专业类总数 80%，占列举专业总数的 54.96%。其中 67.93% 的专业（286 个）对应地方支柱产业，覆盖在校生数达到 39.41 万人，占全省在校生规模的 47%。2019 年共有 146 个专业开展 1 + X 证书制度试点，占开设专业总数的 35%。

2019 年专业布点总数达到 3 334 个，主要集中在财经商贸大类、电子信息大类和装备制造大类。其中布点规模最大的为财经商贸大类，布点 617 个；布点率最高专业为会计，布点 86 个；专业平均布点数为 7.92 个，院校平均专业布点数为 40.66 个。布点规模最小的为水利大类，仅布点 4 个；共有 144 个专业布点率仅为 1 个。

广东省未来重点发展高技术制造业、信息技术产业、文化创意等产业①，与之对应的专业布点电子信息技术大类、装备制造大类、文化艺术大类、电子商务类布点分别是 561 个、426 个、336 个和 81 个，由此可见专业布点与广东省以现代服务业、先进制造业和电子信息产业为主导的产业结构相吻合。会计、电子商务、计算机应用技术等 11 个专业布点数均超过 50 个。为实现专业对接产业，各高职院校积极应对产业转型升级和可持续发展对技能型人才培养的新要求，持续对专业结构进行优化，推动人才培养内涵建设，基本形成了紧密配合珠三角产业需要的专业结构。2019 年与 2017 年相比专业布点数增加了 578 个，其中原有专业布点增加 531 个，新增无人机应用技术、工业网络技术、智能终端技术与应用等对接省重点规划发展产业的专业 31 个，新增专业布点 42 个；减少电厂热能动力装置、焊接技术与自动化、服装表演等专业 17 个，减少专业布点 19 个，专业结构与广东省产业结构吻合度有所提升。

**（二）扩大招生规模，助力经济社会发展**

2019 年 82 所参与评估的高职院校在校生总数为 84.85 万人，约占全国规模的 6.63%，居全国前列。2013 年至 2019 年 7 年内全省高职院校全日制在校生增加 20 万人，年均增幅为 3.9%，随着 2019 年百万扩招的超额落实，规模增幅持续上升；同年广东省的 GDP 总量为 107 671 亿元，比上年同比增长 6.2%，是我国唯一一个 GDP 总量超过 10 万亿元的省级行政区。由此可见，学生规模和增幅与广东省经济发展基本同步。

广东各高职院校根据“专业基础相通、技术领域相近、职业岗位相关、教学资源共享”的原则，推动专业的交叉融合，探索跨院系、跨学科、跨专业交叉培养创新创业人才，聚焦战略新兴产业、先进制造业、现代服务业和广东省支柱产业，组建优势专业群，紧密对接粤港澳大湾区和广东经济社会发展需要。截至 2019 年，3 334 个专业布点数中有 2 531 个

① 采用《广东省国民经济与社会发展“十三五”规划纲要》中重点发展的十大行业。

专业点形成了228个专业集群，助力产业转型升级，与广东区域产业的经济发展形成了良好的匹配性。

特别是与广东省高端装备与新材料产业、信息技术产业、云计算产业、电子商务产业、文化创意和设计服务产业等部分重点规划产业对应的机械制造与自动化、物联网应用技术、大数据技术与应用、电子商务、建筑室内设计等战略性产业和新兴产业相关专业初步呈现集群化发展，在校生规模基本呈现指数化增长趋势，与上述重点产业所处生命周期的成长期高度契合，为广东省产业转型、消费升级和大湾区经济体系建立提供了人力和技术支撑。

**（三）改革培养模式，培育产业需要人才**

广东省高等职业院校按照终身教育的理念，立足区域经济发展，进行符合现代职业教育理念的人才培养模式改革，精心制订科学合理的专业人才培养方案，并在教学工作中认真组织，贯彻落实。各个学校立足当地支柱产业和战略性新兴产业，以校企合作为平台，与众多企业开展校企深度合作，不断创新人才培养模式，提升人才培养质量和服务地方经济发展能力。通过实施“三教”改革，积极推进1+X证书制度试点工作，结合职业岗位要求和学生身心发展规律，培养行业转型升级急需的复合型、创新型高素质技术技能人才，促进广东区域社会的和谐发展和产业结构的转型升级。

**（四）丰富教学资源，拓宽学生学习渠道**

广东省高职院校强化“复合型发展型创新型高素质高技能人才”的培养目标，课程设置突出对专业核心能力、专业拓展能力、创新创业能力和综合素质的培养。人才培养方案基本控制在2 500学时左右，为满足学生多样化成才需求，鼓励学生自主学习，严格按照国家规定开齐开足公共基础课程，当前，公共基础课学时超过总学时的26%，选修课教学时数占总学时的比例超过12%。

同时，广东省高职院校一贯十分重视实践性教学，课程设置突出对专业核心能力、专业拓展能力、创新创业能力和综合素质的培养，加强校内外实习实训基地建设，广泛开展各类实践活动，实践性教学学时占总学时数的56%以上。

为适应经济和社会数字化转型和高职院校新时代学生个性化、自主化和泛在化学习行为需要，各高职院校大力推进教育教学资源和信息技术的深度融合，2019 年各高职院校的上网课程门数达到 26 672 门，比 2017 年增加 15 031 门，增幅 129%，平均每所院校增加上网课程 183 门。数字资源总量达 3 307 795 GB，比 2017 年增加 1 620 608 GB，增幅 96%。

### （五）产教深度融合，发挥校企主体作用

广东省高职院校不断深化产教融合，校企合作，推动校企精准对接，精准育人。省内 47 所院校积极牵头成立了 64 个职业教育集团，通过“政行企校”四方联动共育产业人才。

2019 年广东省高职院校的校企共建校外实习实训基地数达 18 751 个，比 2017 年增加 2 457 个；82 所院校年生均校外实习实训基地实训时间超过 53 天，比 2017 年增加 22 天；开展企业订单班的专业为 233 个，订单培养专业占比超过 55%，覆盖学生数 39 685 人，比 2017 年增加 17 203 人，增幅 77%；其中 44 所院校企业订单学生超过在校生总数的 10%，企业育人主体作用初步发挥。

近年来，行业企业参与办学的积极性逐年大幅提升，2019 年广东省高职院校校内实践基地数 3 583 个，平均每个专业点 1～2 个，比 2017 年增加 508 个；企业提供的校内实践教学设备值总额达 6.35 亿元，比 2017 年增加 3.63 亿元，校均达到 774.24 万元。2018—2019 学年各院校共聘用企业兼职教师数达到 16 888 人，与专任教师（32 282 人）之比为 1∶1.9，企业兼职教师授课达到 1 930 700 课时。随着越来越多高职院校加大对兼职教师引进力度，企业兼职教师增加，课时增加，2017—2019 年支付企业兼职教师课酬也逐步提高，2017 年学校支付企业兼职教师课酬为 12 008.74 万元，2019 年为 12 665.45万元，充分显示出企业一线专业技术人员与能工巧匠更加深入地参与到教学过程中，有助于行业、企业全程参与技术技能人才培养。

### （六）服务一带一路，扩大国际交流影响

2019 年广东省与“一带一路”密切相关的语言类、经济贸易类、电子商务类、物流类、旅游类、交通运输类和土建类等十大专业类专业布点数为 580 个，与 2017 年相比增加 83 个，在校生规模达到 159 332 人，规模占比达到 19.04%，同比增长 8.9%。“一带一路”急需的十大类专业在我省专业布点和在校生规模这两方面均适应广东省开放型经济对高素质技术技能型人才的需求。各高职院校通过参与国际产能合作、组建国外教学基地、吸引海外留学生等多种形式服务“一带一路”倡议，广东高职教育的国际影响力持续增强。

## 五、学生专业能力发展

“进出两旺”是一个学校办学和人才培养最希望达成的状态，反映了学校对报读学生的吸引力和社会用人单位对学生的招聘意愿。某种程度上，招生、职业资格证书获得和毕业生创业就业等三方面的总体情况，基本反映了一省高职院校学生专业能力发展的质量状况。

### （一）学校招生情况

招生规模稳中有升，招生形式更加多样。

2017—2019 年，广东省各高职院校普通高考招生规模稳中有升，参与评估的 82 所高职院校，2017 年普通高考统招计划 285 811 人，实际招生 255 211 人，招生计划完成率 89. 29%；2018 年普通高考统招计划 311 094 人，实际招生 260 891 人，招生计划完成率 83. 86%；2019 年普通高考统招计划 357 891 人，实际招生 281 533 人，招生计划完成率 78. 66%。2019 年学校计划招生总数和实际招生数均有较大幅度提高，这与高职扩招的大背景密切相关。三年中，招生计划完成率逐年下降，在一定程度上反映了报考需求与招生承载规模之间的矛盾。

2017—2019 年，参与评估的 82 所高职院校，共有 49 所开展了自主招生工作，实际完成招生分别为 32 818 人、35 490 人、85 089 人，招生计划完成率分别为 90. 13%、91. 03%、90. 89%，历年实际招生数和招生计划差别不大，招生完成情况没有较大波动。从绝对值来看，2019 年 49 所高职院校自主招生在计划招生数和实际招生数上都创出新高，其中计划数较 2018 年增加 54 634 人，是 2018 年的 2. 4 倍；实际招生数较 2018 年增加 49 599 人，是 2018 年的 2. 4 倍。总体来说，2019 年广东省高职院校自主招生实际招生数已经达到普通高考实际招生数的 30%，成为高职院校招生的一种重要形式，并且日益被学生及学生家长接受，体现出了学生较高的学习就读意愿。

另外，2019 年是高职扩招元年，国家提出了总体扩招 100 万人的目标，并对各省提出了非常明确的目标。2019 年，广东省参与评估的 82 所高职院校中有 75 所参与了扩招，实际招生 91 399 人，计划完成率 94. 51%，退伍军人、下岗失业人员、农民工、新型职业农民均占有一定比例，其中，以退伍军人最多，达到 12 772 人，占到总招生人数的 13. 97%。

### （二）毕业生职业资格获取情况

“双证书”制度基本固化，证书来源发生变化。

职业资格证书在某种程度上体现了学生技术技能的基本水平。在此基础上，“双证书”已经几乎成为所有高职院校对学生毕业的基本要求，将获取“双证书”纳入各专业人才培养方案。本次数据统计较往年在口径表述上发生了变化，分别用职业技能等级证书及职业资格证书获得数（中、高级）和社会认可度高的其他证书，代替了国家颁发的与专业相关的中、高级职业资格证书和行业企业颁发的与专业相关的中、高级职业资格证书。

2017 年全省共有 114 769 名全日制毕业生获得中、高级职业技能等级证书及职业资格证书，68 696 名全日制毕业生获得社会认可度高的其他证书。2017—2019 年，广东省高职院校毕业生获得与专业相关的证书的比例分别为 79.52%、74.31%、79.15%，反映出高职院校的人才培养具有较高的质量。同时，随着升学人数的增加，证书比例的获取较往年略有下降。值得注意的是，2019 年，全日制高职院校毕业生获得社会认可度高的其他证书的数量较往年有大幅度提高，比 2018 年多出 14 230 人，增加近 28%；相反获得职业技能等级证书及职业资格证书的数量则略有下降。

### （三）毕业生就业情况

1. 直接就业率保持高位，升学人数逐年增加。2017—2019 年，广东省高职院校为社会输送了 699 622 名毕业生，较之 2015—2017 年增加 7 382 人。广东省高职院校毕业生绝大多数选择直接就业，2017 年在全省 229 728 名毕业生中，有 217 828 人选择直接就业，直接就业率达 94.82%；2019 年 231 791 名毕业生有 217 792 人选择直接就业，直接就业率达 93.96%；总之，2017—2019 年的毕业生直接就业率均在 94% 左右，广东省高职院校的毕业生是企业技术技能型人才供给的重要生力军。如前所述，由于学位供给量的提高，2019 年毕业生升学数有了较大的提高，较 2018 年增加 2 830 人，增幅达 40.57%。

但是，三年内参与评估 82 所高职院校，全日制学生自主创业数一直在 2 500 人以内，占比在 1% 附近。而据 2015—2017 年统计，高职院校全日制学生自主创业比例也在 4.5% 左右；据其他口径统计，因为广东省经济发展情况，高职院校学生自主创业率在全国都处于较高水平。

2. 就业去向主体不变，就业定位更加精准。广东省高职院校毕业生主要选择在学校所在地市就业，就业的企业类型主要是中小微企业。2017—2019 年，广东省高职院校培养的近 70 万名毕业生中有 520 293 人在中小微型企业就业，30 553 人在 500 强企业就业。随着高职院校毕业生总人数的逐年增加，毕业生在中小微企业就业人数呈上升趋势，高职院校毕业生成为中小微型企业技术技能型人才的重要供给主体，主要服务地方经济与产业发展；反而近三年毕业生选择在500强企业就业总数进一步下降，一定程度上反映了高职院校毕业生有了更为精准的就业定位。较之2015—2017年数据统计，本次统计在院校口径中没有列入毕业生在当地就业的指标，而是放在具体专业中体现了该指标。

2017—2019年毕业生中小微企业就业比例、500强企业就业比例、自主创业比例等基本稳定；毕业生自主创业、500强企业就业的比例在2019年均有一定幅度提升，反映出学生自主创业的意识与能力在逐步提高，以及高职院校毕业生的在就业竞争力和质量上的进步。升学比例在2019年有较大幅度提高，除了上述学位供给数量增加以外，学生在经济社会变化和产业转型升级的情况下，对于更高层次学历教育的需求提高，也是一个重要的因素。

3. 就业岗位弥散性加剧，就业热点岗位略有变化。学生在专业相关岗位就业是反映毕业生就业质量的一个重要指标。总体上，广东省2019年参与评估的82所高职院校有约78.47%的毕业生在专业相关岗位直接就业，较以往有小幅度的下降。从2019年毕业生人数最多的前30个专业的毕业生相关岗位就业情况看，其中相比于2017年，学前教育、人力资源管理、药学、物联网应用技术、动漫制作技术、建筑室内设计、工业机器人技术等7个专业取代国际经济与贸易、建设工程管理、模具设计与制作、数控技术、艺术设计、应用电子技术、应用英语等7个专业，进入前30位，尤其学前教育专业升幅较大，为第7位，这基本反映了高职院校基本已经形成了随着社会发展和产业转型升级动态调整专业布局的良好态势。从毕业生专业相关岗位就业情况可见，学校人才培养适应区域经济发展需要，社会认可度较高；专业相关岗位直接就业比例较2017年略有下降，在一定程度上反映了近年来高职院校对文化素质教育日益重视后，学生综合素质能力提升导致就业口径变宽的情况。

## 六、社会服务

### （一）服务收入连年增长，服务能力大幅提升

2017—2019年，全省高院校社会服务能力明显增强，社会服务总到款额逐年增长，政府购买服务到款额增长明显。这三年，全省高职院校社会服务总到款额分别为10.86亿元、13.91亿元、15.11亿元，年均增长

19.5%。其中政府购买服务总到款额分别为4.63亿元、6.28亿元、6.96亿元，年均增长25%；技术服务到款额分别为6.24亿元、7.632亿元、8.14亿元，年均增长15%。2019年校均社会服务到款额1 842.99万元，师均社会服务到款额4.00万元，2019年与2017年相比共有65所高职院校实现了社会服务到款额实现正增长，全省高职院校社会服务能力大幅提升。

社会服务能力差异明显。一是珠三角地区高职院校的社会服务能力明显强于粤东西北地区高职院校，二是民办高职院校的服务能力与公办高职院校差距较大。总到款额和师均到款额前20位的学校全部位于珠三角地区，且都是公办院校，粤东西北地区高职院校和民办高职院校的社会服务能力急需增强。

值得关注的是在政府购买服务大项中的社区服务、技术交易、其他服务三个子项占比较低，在技术服务大项中的技术交易子项占比偏低，有到款额的学校数不到学校总数一半，说明高职院校在社区服务、其他服务和技术交易方面的服务能力急需提升，服务社区和成果交易转化方面还有较大的发展空间。

政府服务到款额结构比例更趋合理。与2017年对比，2019年扶贫专项到款额占比下降，而社会人员培训和其他服务到款额占比明显提高，但技术交易和社区服务到款额占比仍然偏低，技术交易和社区服务能力偏弱，技术交易服务和社区服务有较大的增长空间，全省各高职院校应加大技术交易和社区服务力度。

1. 扶贫专项。2017—2019年全省高职院校扶贫专项到款额分别为31 251.4万元、37 334.25万元、39 106.34万元，年均增长12.6%。2019年扶贫专项政府购买服务到款项目中占比最高，全省82所高职院校中有81所有扶贫专项到款，与2017年相比有60所扶贫专项到款额实现正增长。

2. 社会人员培训。全省高职院校社会培训服务能力明显增强。2017—2019年社会人员培训到款额分别为8 236.81万元、13 376.87万元、17 974.85万元，实现三年翻番，增长迅速，年均增长达到59.1%，是所有服务项目增长最快的。社会人员培训占政府购买服务到款额比例由2017年17.8%增长到2019年的25.8%，社会人员培训成为政府购买服务收入的第二大项，有37所高职院校社会人员培训到款额实现了正增长。但是，社会人员培训服务极不均衡，校际差别大，收入最高的广东邮电职业技术学院2019年政府购买社会人员培训收入达到了3 138.31万元，直至2019

年，仍然有接近一半。高达40所高职院校社会人员培训到款额为0，社会人员培训到款额为0的学校以民办高职院校为主，说明民办高职院校社会人员培训服务急需加强。

3. 社区服务。全省高职院校社区服务能力总体偏弱。2017—2019年社区服务到款额分别为1 573.79万元、1 542.62万元、2 001.51万元，在政府购买服务五个项目中社区服务到款额占比最低，2019年社区服务到款额占政府购买服务总到款额的2.9%，且增长速度偏低。高职院校对社区服务重视不够，82所高职院校中仅有17所学校有社区服务收入，65所高职院校社区服务到款额为0，全省高职院校的社区服务能力急需提高。

4. 技术交易。本项目是指政府购买院校的专利、技术转让、委托技术研发等费用，2017—2019年技术交易到款额分别为1 647.6万元、2 664.24万元、3 019.61万元，虽然近三年增长速度较快，年均增长达41.6%，但在政府购买服务五个项目中技术交易到款额占比仍然偏低，2019年仅占4.3%，各高职院校应增强承接政府技术研发的能力建设。各高职院校技术交易能力极不均衡，技术交易到款额最高的是广东农工商职业技术学院，2019年到款额超过千万元，达到1 050万元，占全省的35%，而有技术交易到款的学校只有15所，还有67所高职院校技术交易到款额为0，各高职院校需要加强政府购买专利、技术转让、委托技术研发等能力建设。

5. 其他服务。全省高职院校政府购买其他服务到款额由2017年的3 547.74万元猛增至2018年的7 874.76万元，年增幅达到了122%，2019年比2018年小幅减少至7 648.38万元。各高职院校政府购买其他服务到款额极不均衡，政府购买其他服务到款额最高的是广东环境保护工程职业学院，其2019年到款额达到了3 792.15万元，接近全省的一半，占全省49.6%，而有政府购买其他服务到款的学校只有28所，虽然比2017年增加了6所，但还有54所政府购买其他服务到款额为0。

**（三）研发能力稳步提高，成果转化有待加强**

技术服务包括纵向科研、横向技术服务、培训服务和技术交易四项。2017—2019年，全省高职院校技术服务到款额横向技术服务、培训服务、技术交易等逐年增长，其中横向技术服务到款额增长明显，年均增长率达到26.68%，技术服务能力增强。

技术服务各子项到款额占比更趋均衡，横向技术服务到款额占比提高了近4个百分点，培训服务到款额占比最大，比例略有下降。技术交易到款额占比最低维持在6%的水平，说明全省高职院校技术成果转让水平不高，技术交易服务能力有待增强。

1. 纵向科研。全省高职院校 2017—2019 年纵向科研到款额分别为 18 940.45 万元、23 462.72 万元、22 997.69 万元，2018 年较 2017 年有较大幅度增长，2019 年较 2018 年小幅下降。纵向科研到款额在技术服务四个子项目占比居第二位，2019 年纵向科研到款额占技术服务总到款额的 28.3%。

数据表明，高职院校纵向科研项目获得能力差异明显，深圳职业技术学院纵向科研到款额一家独大，其 2019 年纵向科研到款额达到 8 088.44 万元，占全省的 35.2%，是第二名的 3.3 倍，大部分高职院校获得纵向科研项目能力不强，2019 年有 50 所高职院校纵向科研到款额不足 100 万元，有 18 所高职院校纵向科研到款额为 0，其中民办高职院校 15 所，民办高职院校的情况普遍不理想，绝大多数民办高职院校纵向科研到款额偏低，表明民办高职院校在获取政府部门科研项目中处于不利地位。

2. 横向技术服务。全省高职院校横向技术服务能力提升明显，2017—2019 年横向技术服务到款额分别为 12 771.67 万元、17 790.71 万元、19 586.05 万元，呈逐年增长态势，其在技术服务四个子项中增速最快，年均增长达到 26.68%，到款额占比也在逐年上升，横向技术服务到款额占技术服务总到款额比例由 2017 年的 20.5% 提升至 2019 年的 24.1%。

数据表明，全省高职院校横向技术服务能力存在差异，但差异比纵向科研小，到款额最多的是深圳职业技术学院，其 2019 年横向技术服务到款额达到 4 350.92 万元，占全省的 22.2%，2019 年有 54 所高职院校横向技术服务到款额不足 100 万元，有 21 所高职院校横向技术服务到款额为 0。值得一提的是在横向技术服务到款额前 10 强中，广州城建职业学院和广州南洋理工职业学院两所民办高职院校分列第 5、6 位，民办高职院校横向技术服务能力正在增强。

3. 培训服务。培训服务是全省高职院校对外技术服务最主要的形式，2017—2019 年培训服务到款额分别为 26 556.35 万元、30 249.65 万元、33 799.24 万元，逐年平稳增长，在技术服务四个子项中占比最高，近三年培训服务到款额占技术服务总到款的比例额均超过 40%。

数据表明，全省培训服务到款额最多的是广东邮电职业技术学院，其 2019 年培训服务到款额接近 1 亿元，占全省的 29.6%，是排名第二的深圳信息职业技术学院的 5.3 倍，但是 2019 年仍有 37 所高职院校培训服务到款额不足 100 万元，其中 17 所高职院校培训服务到款额为 0，部分高职院校的培训业务需拓展。

4. 技术交易。本项目指专利、技术转让，委托技术研发，技术成果购买费等，是高职院校技术研发成果转化的重要指标。2017—2019 年全省高职院校技术交易到款额分别为 4 097.76 万元、4 780.63 万元、4 991.51 万元，逐年增长，但在技术服务各子项中占比最低，三年技术交易到款额占技术服务总到款额的比例在 6% ~7% 之间。2019 年全省 82 所高职院校中有 52 所高职院校技术交易额为 0，只有 30 所高职院校有技术交易到款，技术交易到款额过百万的只有 11 所，技术交易到款额最多的是深圳信息职业技术学院，其 2019 年技术交易到款额为 1 230.68 万元，是全省唯一到款额过千万的学校。数据表明全省高职院校的技术转让整体水平不高，成果转让率偏低，发展空间很大。

## 七、问题与挑战

2018 年 10 月，习近平总书记视察广东时发表了重要讲话，对广东的新发展提出了“推动高质量发展”等明确要求。这对广东经济发展方式转变和产业转型升级提出了具体的要求。与之相适应，高等职业教育也必须增强高素质技术技能人才的供给能力，在规模、结构、质量、效益、特色等方面进一步提升服务和支撑广东经济高质量发展能力。

### （一）发展不平衡不充分问题仍然存在，需加强分类指导

广东省虽然是我国第一经济大省，但也是经济发展不均衡的省份，珠三角地区以近三成的面积、近一半的人口，创造出八成的 GDP。职业教育资源分布与产业的分布趋势一致，珠三角地区集中了绝大多数的优质高职教育资源，全省各区域高职院校发展的不均衡问题较为突出。因此要持续推进“创新强校工程”，加强统筹，分类指导特色发展。一是把职业院校发展与服务区域支柱产业、地方特色优势产业的要求有机结合。实施省级高水平职业院校和专业建设计划，推动每个地市办好至少 1 所高职院校。加强分类指导，引导不同地区、不同行业、不同水平的高职院校发挥自身特色和优势，主动适应区域和产业需求，形成差异化、特色化发展的格局。二是引导鼓励高职院校根据自身的办学特色和区域产业发展的需要，办好特色优势专业。完善支持高职院校开展社会服务政策，充分调动高职院校教师创新能力，支持职业院校教师开展社会培训、技术开发等，切实增强职业教育服务、支撑区域经济社会发展能力，更好地满足区域产业发展要求。

**（二）高职扩招带来的规模压力依然存在，需加强质量保障**

高职扩招后，相当部分学校生均办学条件和标准都有所下降，而且二期高职扩招专项行动招生对象主要为社会人员，将成为当前高职院校面临的重要问题。因此要狠抓扩招后高职教育质量保证工作，组织高职院校将高职扩招学生教育教学管理作为学校“一把手”工程，采取有力措施，加强教育教学管理，确保质量型扩招。一是加强监督管理。组织制定针对不同类型生源的人才培养方案，因材施教，对学校人才培养方案制定和实施情况开展抽查和质量评价，规范教学管理。二是加强专题研究。设立省级教改项目，支持学校研究探索适合社会人员的培养模式；开展教学比赛、教研活动等，促进经验交流。三是加强条件保障。全面落实生均拨款，加大财政投入，简化基建项目审批程序，支持学校加快重点项目建设，改善办学条件。强化教师队伍建设，加快引进专任教师、聘请兼职教师，全面落实教师到企业实践和轮训制度，促进教师专业发展。

**（三）服务经济社会发展的能力仍然不足，需加强改革创新**

《国家职业教育改革实施方案》颁布实施以来，职业教育作为一种教育类型的重要地位得以确立，各项改革建设进入快车道，对高等职业教育的格局产生了重大的影响，对高职院校的全面改革创新提出了新的要求。因此，要坚定不移地提升人才培养质量和服务能力，实现高职教育高质量发展。一是服务“双区驱动”战略，促进教育链、人才链与产业链、创新链有机衔接，适应粤港澳大湾区建设和深圳建设中国特色社会主义先行示范区的需要，培养适应经济全球化和具有国际视野的高端技术技能人才。二是推进校企精准对接、精准育人，进一步深化产教融合、校企合作，充分发挥企业办学主体作用，创新校企一体技术技能人才培养模式，提高人才培养的针对性和适应性；发挥职业院校资源优势，大力开展社会培训、技术服务等，不断增强职业院校服务经济社会发展和产业转型升级能力。

（执笔人：詹斌，陈粟宋，欧阳育良，何静，肖冰，王文涛，王涛涛，李江林；审稿人：耿景海）

# 提升粤东地区职业教育发展水平调研报告*

○广东省教育研究院职业教育研究室

**摘　要：** 本文通过文献、数据梳理分析，结合对汕头、揭阳两地职业教育的实地调研，点面结合研判粤东地区职业教育的总体发展现状及态势，分析发展中面临的困难，提出要把职业教育规划放在振兴粤东战略当中，健全以市级统筹为主的中等职业教育管理体制，建立多元投入机制支持职业教育发展，引导职业院校紧密对接产业服务地方，加强师资队伍建设提升整体素质以及启动新一轮职业院校对口帮扶工作等对策建议。

**关键词：** 粤东地区　职业教育　发展水平

振兴粤东地区发展是广东省委、广东省政府的重要战略部署，职业教育在推动粤东高质量发展、创造高品质生活中作用凸显，担负着传承技术技能、培养多样化人才的重任，可以为新发展阶段推进粤东地区培养更多应用型、技能型人才，可以为助推粤东区域产业转型升级和加大增长新动能提供重要人才支撑。为了解和掌握粤东地区职业教育发展概况、面临困难，破解粤东职业教育发展瓶颈，借助文献数据资料和现场调研，在整理分析粤东地区职业教育整体数据基础上，通过典型案例剖析，对提升粤东地区职业教育高质量发展提出改革策略和发展建议。

* 基金项目：广东省教育科技协同创新中心（项目编号：2019B110210001）。本论文是“广东省属中等职业教育发展战略研究”（课题编号：2012ZJK016）研究成果。

## 一、粤东地区职业教育发展总体情况简析

### （一）中等职业教育情况

1. 学校数量。2019 年，粤东地区共有中职学校（不含技工学校，下同）60 所，占全省中职学校总数（426 所）的 14.08%。从发展趋势上看，2015—2019 年，粤东地区中职学校数量虽逐年略有下降，但总体保持稳定（见图 1）。

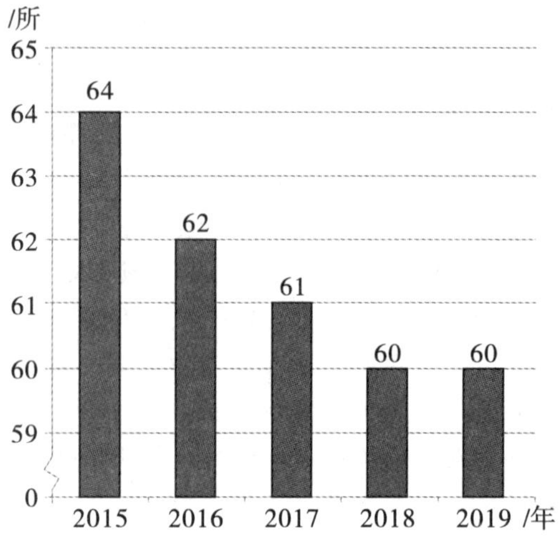


图 1　粤东地区中职学校数量发展趋势图

2. 招生规模。从招生情况上看，粤东地区中职招生规模呈逐年下降趋势。虽然全省中职招生规模也呈逐年下降趋势，但相比珠三角及粤西、粤北地区，粤东地区招生规模下滑尤其明显（特别是 2017 年、2018 年后）（见表 1），2015 年到 2019 年，粤东地区中职招生数占全省比例从 22.14%下降到 9.19%，下降了 12.95 个百分点（见图 2），表明粤东地区中职招生情况不容乐观，需要大力宣传和弘扬劳动精神、劳模精神和工匠精神，紧密对接区域产业需求，重视技术技能人才培养，提高人才培养质量，保持中职招生规模相对稳定。

表1　2015—2019 年粤东地区中职招生规模一览表

| 招生数及占比 | 年份 | | | | |
|---|---|---|---|---|---|
| | 2015 年 | 2016 年 | 2017 年 | 2018 年 | 2019 年 |
| 粤东地区中职招生数/人 | 87 529 | 72 989 | 46 076 | 29 210 | 28 935 |
| 全省中职招生数/人 | 395 377 | 351 909 | 322 267 | 297 190 | 314 820 |
| 粤东地区中职招生数占全省比例/% | 22. 14 | 20. 74 | 14. 30 | 9. 83 | 9. 19 |

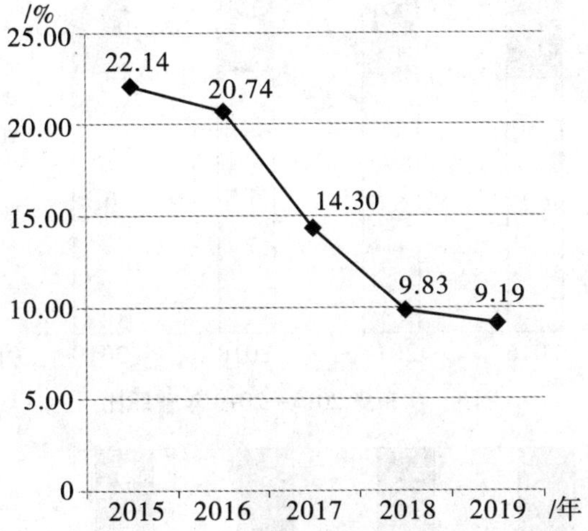


图2　2015—2019 年粤东地区中职招生数占全省比例

3. 普职比情况。从普职比情况分析，2015—2019 年粤东地区普职比（不含技工学校）逐年提高，到 2019 年，普职比提高到 8. 2：1. 8，远远超过同期全省 6. 7：3. 3 的水平（见表 2）。全省普职比大体稳定，粤东地区普职比连年攀升（见图 3、图 4）。尤其是 2019 年全省中职招生回暖的情况下，粤东地区中职招生规模持续下降，普职比持续攀升，职业教育的社会认可度和吸引力明显走弱，问题凸显，需引起地方政府和教育行政部门重视，要把中职教育摆在普及高中阶段教育的突出位置，多措并举，巩固提高区域中等职业教育发展水平，实现普通高中与中等职业教育协调发展，确保普职大体相当，结构更加优化更加合理。

**表 2　2015—2019 年粤东、全省普职比发展一览表**

| 普职比 | 年份 | | | | |
|---|---|---|---|---|---|
| | 2015年 | 2016年 | 2017年 | 2018年 | 2019年 |
| 粤东地区普职比 | 6.2∶3.8 | 6.5∶3.5 | 7.3∶2.7 | 8∶2 | 8.2∶1.8 |
| 全省普职比 | 6.2∶3.8 | 6.5∶3.5 | 6.6∶3.4 | 6.7∶3.3 | 6.7∶3.3 |

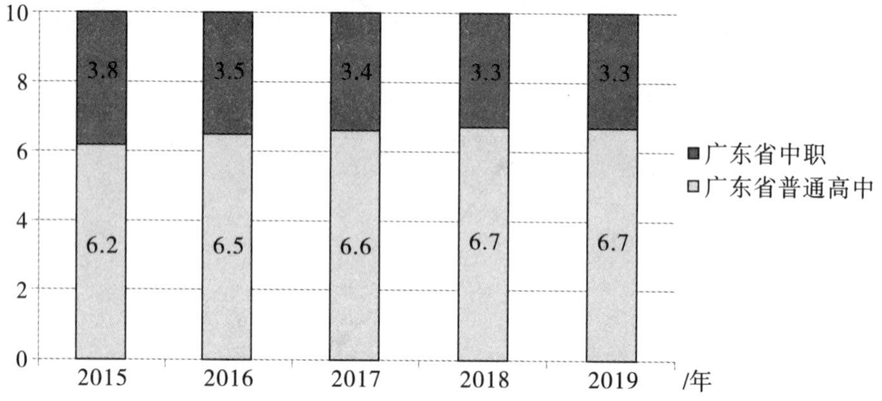


**图 3　广东省 2015—2019 年普职比**

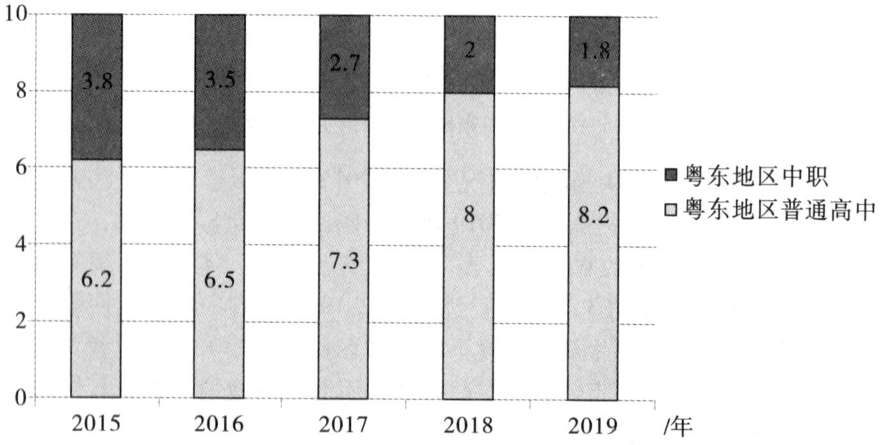


**图 4　粤东地区 2015—2019 年普职比**

4. 在校生规模。从在校生规模上看，粤东地区中职在校生规模与全省在校生规模呈同步下降趋势，但粤东地区下滑曲线更加明显。2015—2019 年，粤东地区中职在校生数从 249 266 人下降到 79 484 人，在校生数占全省比例从 21.27% 下降到 9.25%，下降了 12.02 个百分点（见表 3、

图5），表明粤东地区中职在校生规模太小，需要努力扩大粤东地区中职在校生规模，保持粤东地区中职在校生规模占全省比例相对稳定。

**表3　2015—2019年粤东、全省中职在校生数一览表**

| 在校生数及占比 | 年份 | | | | |
|---|---|---|---|---|---|
| | 2015年 | 2016年 | 2017年 | 2018年 | 2019年 |
| 粤东地区中职在校生数/人 | 249 266 | 205 869 | 179 559 | 86 789 | 79 484 |
| 全省中职在校生数/人 | 1 172 119 | 1 065 745 | 993 850 | 867 254 | 859 668 |
| 粤东地区中职在校生数占全省比例/% | 21. 27 | 19. 31 | 18. 06 | 10. 00 | 9. 25 |

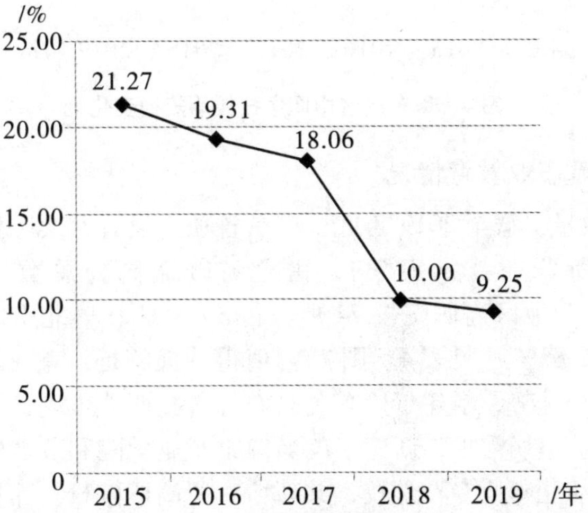


**图5　2015—2019年粤东地区中职在校生数占全省比例**

自2015年以来，粤东地区中职学校校均规模连年下降，且部分中职学校规模较小，办学基础较差，人才培养质量与当地产业需求切合度低，办学水平“小、散、弱”现象和发展不充分不均衡现象较为明显。地方政府应重视中等职业教育的基础地位，落实《广东省职业教育“扩容、提质、强服务”三年行动计划（2019—2021年）》，优化中等职业教育布局和专业结构，整合区域资源，实现所有中职学校达到国家设置标准，适度整合中职学校数量，着力打造特色鲜明、优势突出的区域高水平中职学校和“双精准”示范专业，提高中职学校办学效益，提升人才培养质量，为区域产业发展提供高素质技能人才支撑，为高职院校提供优质生源。2015—2019年粤东地区中职学校校均规模变化趋势见图6。

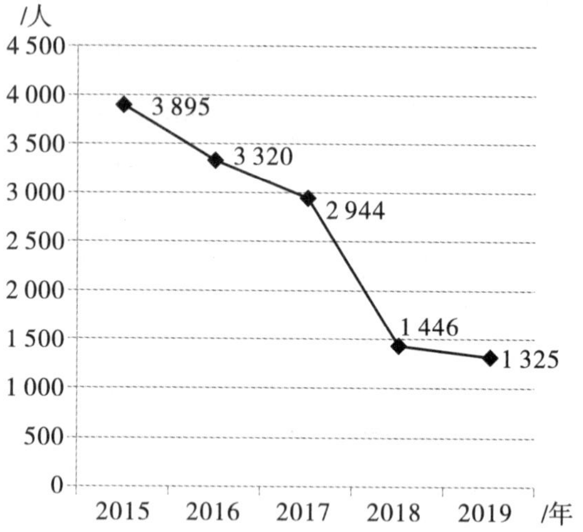


图 6　粤东地区中职学校校均规模变化

## （二）高等职业教育情况

1．学校数量。截至 2019 年底，广东省独立设置并实际招生高职院校 89 所（含 2 所职业技术大学），占全省普通高校总数（153 所）的 58.17%；珠三角地区高职院校 74 所，占 83.15%；粤北山区及东西两翼 15 所，仅占 16.85%（见表 4、图 7）。值得一提的是，粤西地区结合当地农林产业特色和优势，新建了广东茂名农林科技职业学院；为满足社会养老和幼儿教育的迫切需求，新建了茂名健康职业学院和茂名幼儿师范专科学校以及湛江幼儿师范专科学校，共新增 4 所高职院校。而粤东、粤北高职院校没有增加，且 2018 年以前校均规模略微下降，更有甚者，潮州市和梅州市至今还没有独立设置高职院校。因此，粤东地区高职资源相对更为紧缺，高职教育发展较为缓慢。

表 4　全省高等职业教育区域分布统计表

单位：所

| 时间 | 区域 | | | |
|---|---|---|---|---|
| | 珠三角地区 | 粤东地区 | 粤西地区 | 粤北地区 |
| 2012 年 | 69 | 4 | 3 | 4 |
| 2018 年 | 72 | 4 | 7 | 4 |
| 2019 年 | 74 | 4 | 7 | 4 |

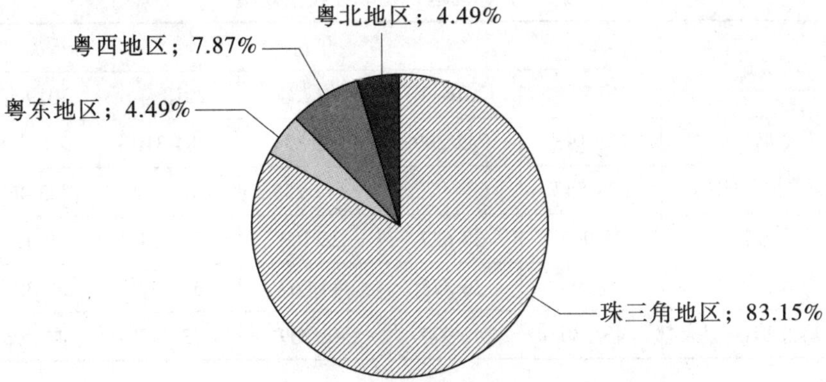


**图 7　2019 年广东高职院校区域分布**

在粤东四个地市中，潮州市还没有一所高职院校，更缺乏高水平高职院校引领示范。一是全省有 11 所高职院校列入国家示范性及骨干院校建设计划，占全省高职院校总数的 12.36%，且全部为珠三角地区的高职院校。二是 2019 年广东有 14 所高职院校列入教育部“双高计划”建设单位，其中 5 所高水平学校建设单位分布在深圳、广州、佛山三市，9 所高水平专业群建设单位分布在广州、珠海、东莞、中山四市。粤东西北地区均没有高职院校进入国家层面高水平建设单位行列。三是 2020 年第一批广东省高职院校高水平专业群立项 185 个，粤东地区仅有 4 个，分别为汕头职业技术学院机电一体化专业、汕尾职业技术学院计算机应用技术专业、潮汕职业技术学院电子商务专业和揭阳职业技术学院学前教育专业。高水平高职院校缺乏，且已立项的省级高水平专业群与区域产业契合度偏低，不利于区域高职教育持续健康高质量发展。

因此，目前广东地区区域呈现“东西两翼、北部山区与珠三角地区高职教育发展的不平衡”，主要是由经济发展不平衡造成的，但教育的不平衡反过来拉大经济、社会的差距。

2. 在校生规模。珠三角地区 2019 年全日制高职院校在校生 723 467 人（见表 5），占全省高职院校在校生的 84.47%；但东西两翼、北部山区因地方财政困难，常住人口虽然约占全省的一半，但高职院校偏少，只有 15 所；全日制在校生规模不大，只有 132 971 人，仅占全省高职院校普通在校生的 15.53%。

**表 5　广东各区域高职在校生规模**

| 区域 | 年份 | | | | |
|---|---|---|---|---|---|
| | 2015 年 | 2016 年 | 2017 年 | 2018 年 | 2019 年 |
| 全省/人 | 731 193 | 742 899 | 762 334 | 784 310 | 856 438 |
| 珠三角地区/人 | 628 552 | 634 972 | 647 255 | 660 512 | 723 467 |
| 粤东地区/人 | 28 963 | 28 627 | 28 103 | 27 914 | 29 490 |
| 粤西地区/人 | 30 298 | 36 325 | 44 767 | 53 537 | 59 383 |
| 粤北地区/人 | 43 380 | 42 975 | 42 209 | 42 347 | 44 098 |

对于粤东西北地区，粤西地区的高职在校生规模显著高于粤东、粤北地区，粤北地区的高职在校生规模又远高于粤东地区（见图 8、图 9）。广东省统计局发布数据显示，2019 年末，广东全省常住人口 11 520.59 万人，比上年末增加 175 万人，新增人口中，自然增长人口 92.38 万人，自然增长率 8.08%。全年出生人口 143.38 万人，出生率 12.54%，广东人生育率位居前列。广东省常住人口中珠三角地区 6 446.89 万人、粤东地区 1 744.46万人、粤北地区 1 695.00 万人、粤西地区 1 634.24 万人，分别占全省总量的 55.96%、15.14%、14.71%、14.19%，且各区域常住人口较上年末均有所增加，保持普涨态势。

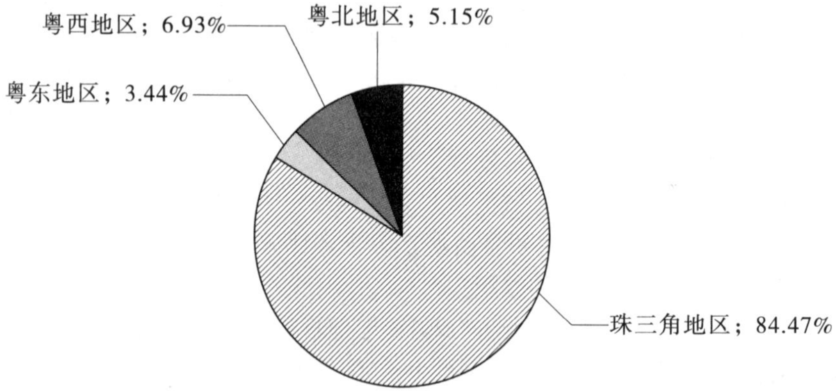


**图 8　2019 年广东高职院校在校生规模分布结构**

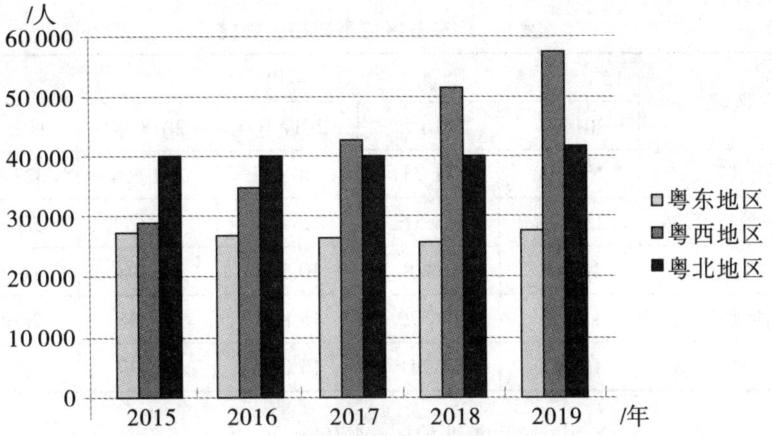


**图 9　2015—2019 年粤东西北地区高职院校在校生规模比较**

粤东地区的常住人口总量高于粤北和粤西地区，但其高职在校生规模反低于粤北和粤西地区。2015 年至 2019 年，粤西地区的高职在校生规模呈上升趋势，粤东、粤北地区呈略下降趋势（见图 10），这种发展趋势值得警示。2019 年高职扩招百万名额，整体上各个区域在校生规模较 2018 年均有所提高。

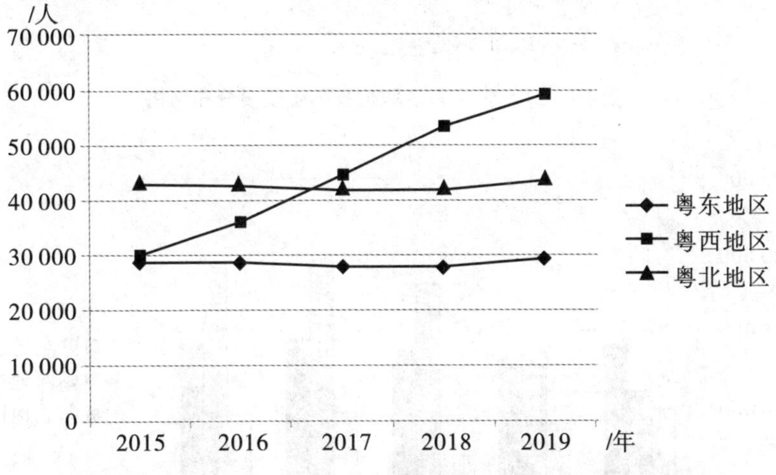


**图 10　2015—2019 年粤东西北地区高职院校在校生规模发展趋势**

3．招生规模。从招生情况，广东各区域高职招生规模（见表 6）。2019 年粤东西北地区高职院校招生规模粤西最大，粤北又要高于粤东（见图 11）。粤西粤北地区呈逐年增长态势，而粤东地区基本比较平稳（见图 12、图 13）。

表 6　广东各区域高职招生规模

| 区域 | 年份 | | | | |
|---|---|---|---|---|---|
| | 2015 年 | 2016 年 | 2017 年 | 2018 年 | 2019 年 |
| 全省/人 | 260 196 | 251 761 | 270 045 | 281 604 | 323 928 |
| 珠三角地区/人 | 222 781 | 213 512 | 226 026 | 235 071 | 277 918 |
| 粤东地区/人 | 10 508 | 9 438 | 10 154 | 10 408 | 10 292 |
| 粤西地区/人 | 11 655 | 14 570 | 18 826 | 20 646 | 20 291 |
| 粤北地区/人 | 15 252 | 14 241 | 15 039 | 15 479 | 15 427 |

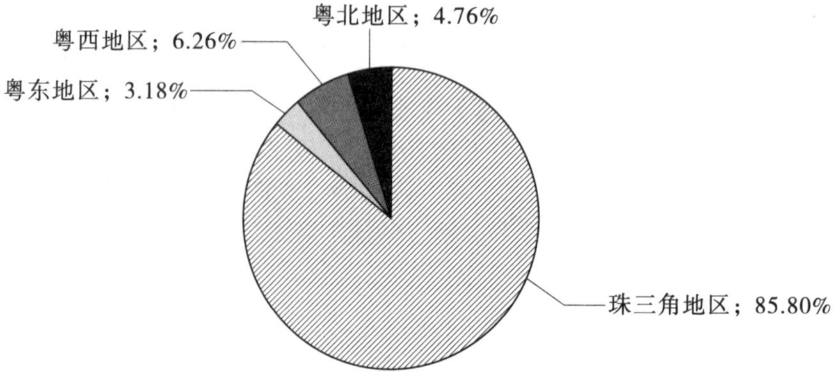


图 11　2019 年广东高职院校招生规模分布结构

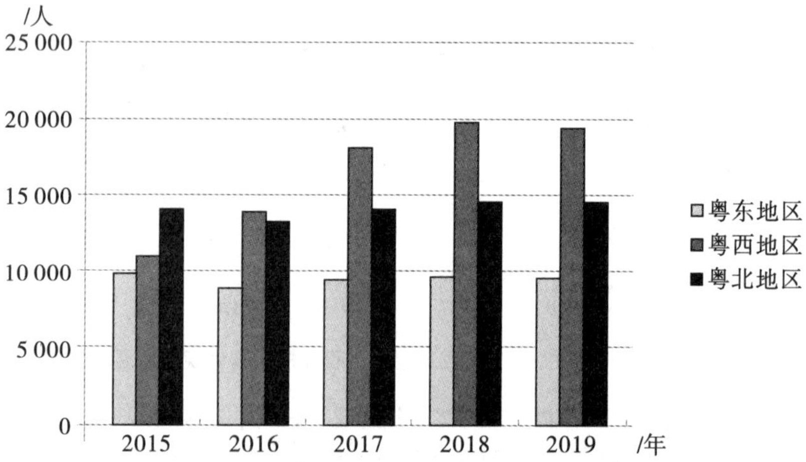


图 12　2015—2019 年粤东西北地区高职院校招生规模比较

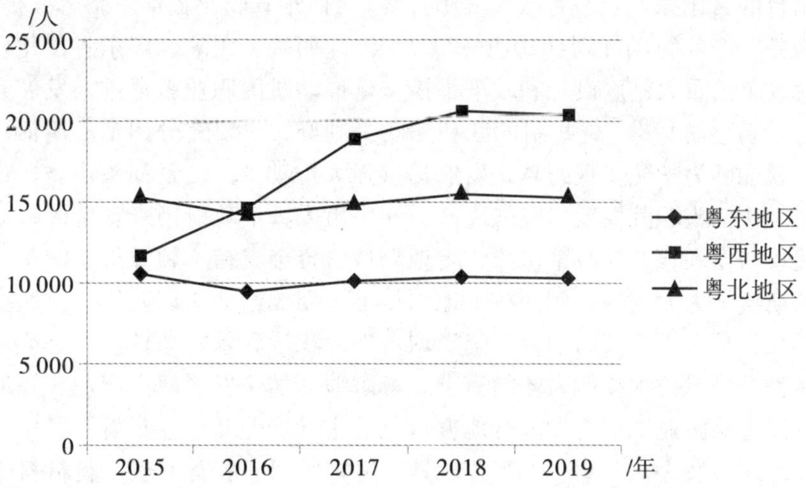


图 13　2015—2019 年粤东西北地区高职院校招生规模发展趋势

## 二、典型案例分析

### （一）汕头职业技术学院主要情况

汕头职业技术学院（以下简称“汕头职院”）由原汕头教育学院等 6 所学校合并而成，办学历史可以追溯至 20 世纪粤东行政区、汕头专区和汕头地区所办的几所名校，其中汕头市幼儿师范学校创建于 1956 年、汕头市教师进修学校创建于 1960 年、汕头商业学校创建于 1964 年、汕头供销学校创建于 1976 年、汕头机电学校创建于 1976 年、广东省汕头教育学院创建于 1982 年。

通过多校合并，2002 年 3 月经广东省人民政府批准设立为公立全日制普通高等职业学校，集文、理、工、经管和师范教育为一体，设计算机系、机电工程系、经济管理系、外语系、艺术体育系、人文社科系、自然科学系、学前教育系 8 个系 52 个大专专业（含方向）和若干个中职类专业。2020 年 7 月全日制在校生 11 880 人，其中大专学生 10 784 人，中职学生 1 096 人；另有 2019 年第二批扩招生 1 630 人、成人教育学生 500 多人。汕头职院在如今的惠州市、梅州市、潮州市、揭阳市、汕尾市、汕头市有一定的影响力。其发展特点、存在问题具有粤东地区高等职业教育的典型性。因此，调研组选取其作为解剖的“麻雀”，进行深入调研和分析。

1. 汕头职院的发展机遇。一是职业教育迎来发展的“黄金时代”。近期出台的《国家职业教育改革实施方案》《广东省职业教育“扩容、提质、强服务”三年行动计划（2019—2021 年）》明确了国家、广东省深化职业教育改革的重大制度设计和政策举措，也推动我国职业教育进入发展和改革的“黄金时代”。这些制度红利和政策利好，只要充分用足、用活、用透，就能够为学院实现跨越式发展提供强大推动力。二是汕头市委、市政府对加快汕头职院发展的坚强决心。汕头市委、市政府历来支持汕头职院的建设与发展，并在政策保障、土地划拨、资金支持、领导班子配备等方面长期给予大力支持。例如在土地划拨上，划拨给汕头职院 450 亩增扩用地，大大扩大了校园面积，学院生均占地面积达到基本条件。三是区域产业转型升级对技术技能人才的需求。粤东地区加快发展海洋产业、临港工业、滨海旅游业，培育发展有地方特色的主导产业和产业集群。其中，汕头在纺织服装、化工塑料、工艺玩具、生物医药、装备制造、新材料等优势产业和区域产业集群的基础上，未来将基本形成传统产业创新升级和新兴产业培育壮大同步提升、先进制造业和现代服务业双轮驱动、互联网与三次产业深度融合的现代产业新体系。此外，随着广东省“一带一核一区”及汕头市“打造粤东教育高地”战略实施，职业教育迎来了重要的外部发展机遇。

2. 汕头职院存在的问题。一是学院管理运行机制不畅。汕头职院由院本部、金园校区、新津校区和东墩校区四个校区组成，多校区办学给行政管理带来了巨大的压力，也形成了管理上的天然困难。行政服务水平及激励机制有待健全，服务型行政管理体制仍未建立，部分行政部门办事流程多，周期冗长、办事效率较低，无法实现高效率运转。校企合作还没有形成学院整体层面的制度化，校企合作只是零散地分布在各系自发开展，合作力度与持续性都不足。二是教师队伍规模、结构和水平均难以满足学院发展的需要。汕头职院专业带头人和骨干教师数量不足，尤其缺乏高水平的教学名师和教学团队。职称结构、学历结构、专兼结构等教师队伍结构不合理，特别是相对稳定、独立承担实践课程教学的行业企业兼职教师队伍尚未形成。教师队伍整体能力不足，与粤东西北地区兄弟高职院校相比，汕头职院教师教学科研和社会服务产出不足。三是学院与社会的合作领域还有待拓展，学院教师的科学研究与社会服务能力相对不足。如 2017—2018 年汕头职院在高职人才培养数据平台上的“创新技术转移与成果转化”均为零，科学研究、社会服务与学院“十三五”规划目标存在较大距离，按时完成有困难。社会培训主动性不足、拓展不足，没有争取人社局的项目等。为此，亟须加强引导研究方向、改革现行的科研成果奖励制度，进一步发挥科研为教学服务、为社会服务的作用。四是实验实训、信息化等基础条件欠账太多。汕头职院现有的实验实训基础设施不能满足专业建设的需要，部分已立项建设的校内实验实训室项目进度缓慢或停滞，未能为专业调整、改造、优化乃至推动专业（群）建设等提供有力保障。五是学院信息化建设相对滞后，严重制约了ISO9001国际质量标准管理体系和专业质量认证体系的运行，以及专业（群）建设、课程建设和教学改革的发展。

### （二）揭阳市职业教育主要情况

揭阳市陆地面积5 240.5平方公里，户籍人口700多万人，居粤东地区第一位。截至2019年，全市共有各级各类学校（含幼儿园）2 817所，在校学生119万人，其中初中在校生23.7万人，高中阶段在校生15.69万人（其中，普通高中12.60万人，中职学校2.63万人，技工0.46万人）。揭阳市拥有庞大的人口规模和充足的初中、高中阶段生源，有利于扩大职业院校招生规模。

1. 中等职业教育情况。2019年，揭阳市有中等职业学校16所（公办学校12所，民办学校4所），其中国家级重点中等职业学校2所（其中1所同时为国家级中等职业改革发展示范校），省级重点中等职业学校2所，在校学生27 277人，2018—2019学年招生9 748人（不含技工和输送生源）。揭阳市中等职业学校开设了11个大类60多个专业，其中3个专业为国家级示范专业，11个专业为省级重点建设专业。省级职业教育实训中心2个，就业率平均达98%以上。

2. 高等职业教育情况。揭阳市有高等职业技术学院2所，即揭阳职业技术学院（公办）和潮汕职业技术学院（民办）。2019年，揭阳职业技术学院在校生5 855人，拥有省级实训基地5个、公共实训中心1个、校外实践教学基地3个，省级教学团队1个，省级重点建设专业1个，省级教育教学成果奖1项，省级科研教研项目35个。潮汕职业技术学院在校生4 938人，建有校内实验（训）室9个，校外实训基地15个。两所学院毕业生就业率均超过95%。

3. 产业需求情况。揭阳市制造业基础扎实，民营经济活跃，拥有金属、纺织服装、制鞋、食品、医药、玉石等优势传统产业，同时还是中德中小企业合作区、中国电子商务示范城市、中国快递示范城市。2018年，《揭阳滨海新区总体规划》获省政府批准印发实施，形成粤东新城、大南海石化工业区、惠来临港产业园“一中心两基地”产城融合发展新格局，并通过汕汕高铁与粤港澳大湾区及沿海经济带城市群、产业链实现串珠成链。其次，中委广东石化炼油项目调整优化为“年产 2 000 万吨炼油 +260 万吨芳烃 +120 万吨乙烯”炼化一体化，并纳入国家石化产业规划布局，正式启动建设，同步引进建设吉林石化年产 60 万吨 ABS、昆仑能源 LNG 等产业链配套项目，项目总投资 830 亿元，龙头效应显现。随着揭阳市经济的发展、城市的扩容提质和产业的转型升级，中高级专业技术技能人才缺口非常大，对职业教育的需求十分旺盛，就业发展前景也十分宽广。

4. 存在的主要问题。但从总体上看，揭阳市职业教育的主要问题是散、弱、小，多而不集中，多而不强；专业同质化、同类化现象突出，竞争力、吸引力弱，各校基本是“麻雀虽小，五脏俱全”，越来越雷同，形不成拳头专业、品牌专业，形不成实用性和有竞争力的专业。具体而言，一是学校布局不合理，与人口迁移和产业聚集的趋势吻合度不高。二是中等职业学校（含技工学校）校均在校生不足两千人，管理成本高、效益低。三是学校专业设置雷同度高，办学特色不鲜明，专业设置与产业匹配度不高，服务区域经济发展能力不足。四是师资数量不足，素质能力不高，结构不尽合理，专业课教师尤其是“双师型”教师比例低等。

## 三、推动粤东地区职业教育质量水平提升的若干建议

### （一）要把职业教育规划放在振兴粤东战略当中

在产业园建设和中心城市扩容提质上，要充分发挥职业教育的支撑作用，要在新城（区）建设时充分考虑职业教育资源的配置。根据粤东西北产业振兴发展工作安排，粤东地区要突出区域优势和特色，加快发展海洋产业、临港工业、滨海旅游业，培育发展有地方特色的主导产业和产业集群。在职业教育的规划当中，各地市要根据在粤东地区发展的定位和支柱产业发展需要，增加技术技能人才供给，紧密对接紧缺技术技能人才专业和需求量大的专业，重点开设石油化工类、资源环境类、能源与新能源类、轻纺食品类、交通运输、医药类、水产养殖类和旅游服务类等专业，为产业布局提供技术技能人才支撑。

### （二）健全以市级统筹为主的中等职业教育管理体制

根据《广东省教育厅关于进一步优化中等职业学校布局结构的意见》（粤教职〔2019〕29 号），粤东各地市要加强统筹规划，根据高质量普及

高中阶段教育要求，结合区域人口规模，围绕区域产业需求，优化中等职业学校布局，整合市属和县（市、区）属公办中职学校，集中力量办好一批在当地起示范引领作用的中职学校；要加强对县（市、区）属公办中职学校的规划和引导，对不具备办学条件的要坚决撤并，对规划保留的要切实加强指导和支持；对辖区内“小、散、弱”公办中职学校，应采取合并、合作、托管、集团办学、校园土地置换等措施做大做优。要统一规划、调整辖区内学校各专业的数量和布点数，按照“一校一特色”原则，以项目为抓手对同类专业进行调整撤并，提高学校之间主干专业的差异性。

**（三）建立多元投入机制支持职业教育发展**

虽然各地财政对职业教育的投入不断加大，但总体来看，与职业教育的迅速发展不完全适应，财政投入仍然不足，多元投入机制尚未完全建立。特别是高等职业教育的投入尤其不足。各地市要坚持教育附加费用于职业教育比例不低于30%，用于改善职业院校办学条件。根据实际需要，做好职业教育资金保障，依法制定落实财政生均经费拨款标准，纳入本级公共财政预算予以保障。建立公办中职学校财政生均经费拨款制度，公办中职学校生均拨款足额不低于省的要求。设立扶持高职教育专项资金，根据发展需要，逐步加大对公办高职院校的投入。同时，积极建立高职院校多元投入机制。一是鼓励和支持高职院校通过产教融合、校企合作解决办学经费短缺的问题，从地方政府的层面出台办法细则支持开展校企合作。二是支持高职院校大力拓展服务功能，主动面向行业企业开展技术研发、成果转化、新技术推广等。鼓励结合本校实际，围绕现代农业、先进制造业、现代服务业、战略性新兴产业，面向在校学生和全体社会成员广泛开展职业技能培训，增加办学收入。三是鼓励混合所有制、股份制等多种形式办学，支持社会力量捐资、出资举办高等职业教育。

**（四）引导职业院校紧密对接产业服务地方**

粤东各地市要通过“双精准”示范专业建设等项目，引导和支持辖区内中职学校打造各自的优势专业。每所中职学校要重点建设3～5个与区域支柱产业、特色产业发展相适应的主干专业（群），并逐步扩大主干专业（群）招生规模，建设一批产教深度融合、社会认可度高的“双精准”专业；鼓励有条件的县（市、区）新设与高职院校合作共建1～2个紧紧围绕区域经济社会发展和产业发展急需的产业学院，提高高职院校服务地方能力。加强职业院校与区域行业、企业、工业园区等的合作，校企共同研究专业设置、共同设计人才培养方案、共同开发课程、共同开发教材、共同组建教学团队、共同建设实训实习平台、共同制定人才培养质量标准和共同开展考核评价。

### （五）加强师资队伍建设提升整体素质

加大职业院校“双师型”教师招聘引进力度，职业院校要面向理工类、应用型技能技术类本科院校招收“双师型”教师。要深化人事制度改革，把企业能工巧匠吸引到职业院校任教。落实中职教师到企业工作时间和轮训制度。鼓励教师参与课题研究和企业实践，依托职业院校和知名企业高标准建设职业教育师资培训基地，定期举办职业院校校长和管理人员领导力研修班。采取有效措施培养培训名师和学科带头人。

### （六）启动新一轮职业院校对口帮扶工作

充分发挥职业教育示范校的帮扶作用，推动欠发达地区职业教育为地方经济社会发展做贡献。把帮扶作为一流高职院校建设项目，推动珠三角地区优质高职院校积极主动与欠发达地区尤其是粤东地区高职院校结对子，真正把帮扶的着力点放在推动欠发达地区尤其是粤东地区高职院校的专业建设、课程资源、师资队伍等方面。粤东地区各地市政府要切实发挥好主体作用，坚决摈弃“等、靠、要”思想，主动出击引进珠三角地区优质高职院校开展帮扶工作，对帮扶项目要开辟“绿色通道”，做好行政配套服务工作。推动帮扶方和被帮扶方充分发挥各自优势，形成工作合力，促进各区域职业教育协调发展，取得更大成效。

**参考文献**

[1] 省委省政府印发意见　构建“一核一带一区”区域发展新格局　促进全省区域协调发展［EB/OL］.（2019－07－19）［2020－09－08］. http://www.gd.gov.cn/gdywdt/gdyw/content/post_2540205.html.

[2] 朱坚真. 以“一核一带一区”框架为引领，推动广东沿海经济带发展［EB/OL］.（2020－09－03）［2020－09－08］. https://m.21jingji.com/article/20200903/herald/cbed5660880a01bbec8c64824ce46f3e.html.

[3] 教育部等四部门关于印发《深化新时代职业教育“双师型”教师队伍建设改革实施方案》的通知.［EB/OL］.（2019－09－03）［2020－09－08］. http://www.moe.gov.cn/srcsite/A10/s7034/201910/t20191016_403867.html.

（执笔人：关怀庆，邓文辉；审稿人：杜怡萍）

# 广东新师范建设专项调研报告

○广东省教育研究院高等教育研究室

**摘　要：**自2018年《广东“新师范”建设实施方案》颁布以来，各相关高校对标对表，狠抓落实，在办学定位、组织架构、人才培养、服务基础教育等方面均取得较好成绩。但同样存在师范教育资源布局不均衡、校地协同机制不畅、师范实践能力培养环节薄弱、教师教育类课程师资队伍边缘化、招生制度过于刚性等瓶颈。未来须将新师范建设继续纳入省教育事业发展“十四五”规划，继续深化供给侧改革，加强研究与顶层设计，增强政策针对性，在突破瓶颈中取得更大发展。

**关键词：**新师范　人才培养　教师教育　供给侧改革

为贯彻落实中共中央、国务院印发《关于全面深化新时代教师队伍建设改革的意见》（中发〔2018〕4号）和教育部等五部门印发《教师教育振兴行动计划（2018—2022年）》（教师〔2018〕2号）等文件精神，广东省教育研究院联合广东省教育厅师资管理处、高等教育处等部门开展广东省“新师范”建设专项调研，分别赴肇庆学院、广东第二师范学院、韶关学院、韩山师范学院、华南师范大学、广东省外语艺术职业学院等六所学校（以下简称“六校”）及部分教师教育创新实验区进行实地考察，目的在于总结广东“新师范”建设基本经验，提炼教师教育的广东模式，摸清现实困难，提出破解与优化举措。

## 一、教师教育的广东新模式基本形成

自2018年《广东“新师范”建设实施方案》颁布实施以来，各相关高校对标对表，狠抓落实，在办学定位、组织架构、人才培养、服务基础教育等新师范建设的供给侧改革方面均取得较好成绩。振兴广东教师教育的典型经验、举措受到教育部、兄弟省市以及《中国教育报》《中国教师报》《南方日报》等新闻媒体的高度关注、赞誉与推介。在实地调研以及座谈会中，师范生在精神面貌、言语表达以及自身角色定位上，均有较大改观。普通师范生和公费定向师范生均表达了对教育事业的热爱，未来职业意向明确，并不后悔自身选择，教育情怀较浓厚。

### （一）师范教育办学定位明确

六校在综合化过程中均坚守师范教育办学定位，传承教师教育办学传统。

一是在办学定位上凸显教师教育特色。肇庆学院明确提出将师范教育作为立校之本；韩山师范学院在办学史上始终坚持“师范的办学属性不变，立足粤东的服务定位不变”；华南师范大学将“新师范”作为学校三大建设之一，致力于培养卓越教师、推动区域教育发展、引领中国南方教师教育，建设国内一流、世界知名的综合性师范大学。

二是六校在校师范生占比均在1/3以上。广东第二师范学院师范类专业18个，覆盖除地理学科之外的基础教育全部学科，师范生有8 000余人，占在校生总数的近六成。肇庆学院69个本科专业中有15个传统师范专业，在校生中师范生占比达65.2%。

三是师范教育规章制度体系已初步形成。韶关学校出台了创建国家教师教育创新实验区建设方案、师范类专业认证工作实施方案、教师教育实践教学工作管理办法、教师教育课程教师职称评定办法等。韩山师范学院于2017年出台了广东省中小学教师发展中心建设管理办法、教师专业发展学校建设及管理制度、粤东基础教育学科群建设及管理制度、广东省中小学教师发展中心兼职教师管理规定、韩山师范学院“新师范”建设实施方案，确立了学校教师教育改革的新思路、新机制，进一步对新师范建设进行了顶层设计。

### （二）在组织架构上探索出教师教育新体制

各高校在教师教育组织架构上进行了制度设计与实践探索，主要有三种模式。

一是成立实体化的教师教育学院统筹全校教师教育工作。以肇庆学院为代表。2013 年，肇庆学院整合全校教师教育资源，建立实体化的教师教育学院，同时加挂教师专业能力发展中心、教师教学发展中心、广东省中小学教师发展中心、肇庆市中小学教师发展中心四块牌子，是一个集教学、科研、教师培训、教育实习管理为一体的教学单位，主要负责全校师范生的教师技能教学、师范生实习及实习基地建设工作，以及负责组织落实教育类专业人员的非学历培训和包括本校教师在内的高校教师培训。

二是建立“决策—管理—执行”三级组织管理体系。以韩山师范学院为代表。韩山师范学院没有设立专门的教师教育学院，而是构建了包括学校教师教育工作指导委员会、通识教育与师能实训中心、二级学院教师教育教研室在内的组织管理体系。

三是校级层面负责顶层设计，职能部门分工协作。采这一模式的学校较多，有华南师范大学、广东第二师范学院、广东省外语艺术职业学院等。华南师范大学成立“新师范”建设领导小组，负责“新师范”建设的顶层设计、政策制订、资源配置等决策工作以及跨学院跨部门的协调工作；成立“新师范”发展委员会，统筹全校“新师范”建设工作，实现教师教育研究、教学、培训、评估一体化建构，负责“新师范”建设项目论证、绩效评估等工作；成立教师教育学部（全国首家），统筹教师教育课程建设、教师教育职前培养及职后培训一体化工作，协同教务处、各专业学院、学生工作部（处）、研究生院等开展相关的业务工作。

### （三）在人才培养模式上错位创新

六校对新师范人才培养模式进行积极探索，错位创新，主要有以下几种模式。

一是新传统模式。主要采用的是“中师 + 高师”模式，这类学校地处粤东西北地区，如肇庆学院、韩山师范学院、韶关学院，其教师教育以为乡村基础教育培养师资为目标，在应对庞大的乡村教师队伍建设需求中发挥主力军作用，对准新时代乡村教育发展的实际需要进行教师教育改革。吸收改革开放至 20 世纪末中师、高师办学时期积累的人才培养优秀基因，如注重职业道德、人文素养、师范生基本功、强化实践等，同时吸收新理念、新技术，如开门办学、信息技术运用等。此种模式并非完全的回归传统，故称之为新传统模式。如肇庆学院依据三个“标准”（教师教育课程标准、教师资格考试标准、教师专业标准），形成“强化师德修养，注重专业知识，突出师范技能，提升职业精神”的人才培养指导思想。韩山师范学院在人才培养方案上的内涵建设路径首先体现在课程建设上，重视师范生人文教育、师德养成和全人、整体思维理念的培育。

二是聚焦“小儿科”做大文章模式。以广东第二师范学院、广东省外语艺术职业学院为代表，这类学校根据自身办学条件与办学历史，以学前、小学师资为主要培养目标，在师范院校的人才培养体系中实行错位发展策略。两所学校虽地处广州，却提出为山区基础教育一线培养师资。广东第二师范学院与华南师范大学实行错位发展，提出“以引领广东省基础教育改革发展为己任”，其新师范建设思路为：以“分层化”实现学校错位发展，以“异质化”强化人才培养特色，以“专业化”统领师资课程建设，以“全程化”贯穿实践教学环节，以“信息化”深化教育教学改革，以“终身化”融通职前职后培养。广东省外语艺术职业学院将人才培养方案视为“育人宪法”，对教师教育的人才培养方案单独设置，因在中师办学时期积累了丰厚的学前与小学全科教师培养经验、师范生基本功培养经验以及相关师资储备，注重师范技能、全科教师的培养。

三是攻坚创新模式。以华南师范大学为代表，该校是世界一流学科建设高校，自身定位是华南地区师范教育的排头兵。与回归传统的理念不同，该校认为“新师范”是师范教育的创新，在师范生培养中注重系统性、整体性的工作，涉及教务处、学工处、团委等多个校内部门，涵盖很多工作内容；积极开辟新领域，如探索“旅游 + 教育”“人工智能 + 教育”“大数据 + 教育”等领域人才的培养。为此，该校在人才培养方案中呈现“双优人才”培养目标、六大核心素养、多元立体化师德养成机制、层次性师范生课程。

### （四）卓越教师培养计划特色鲜明

2014 年底，教育部开始实施卓越教师培养计划。广东省部分高校大力开展理论研究与实践探索。从 2013 年起，肇庆学院在全校范围内积极探索“大类招生，二次选拔”模式，创立“未来卓越教师”砚园班，已历经 8 届，形成了“选拔制、小学期制、多学科制、双导师制、研修制、游学制”卓越教师培养模式。韩山师范学院以二级学院为单位进行探索实践，既有行政班制也有走班制。目前化学、汉语言文学、小学教育等三个专业的卓越人才培养试点工作通过了省级验收。华南师范大学探索本硕一体化培养机制创新，做法包括“一贯两制三合作”的培养方式。其中，“一贯”指本科和研究生阶段整体培养；“两制”指双导师制和双实践制，每位学生均配备大学、中学导师，本科阶段和研究生阶段两段实习；“三合作”是指大学、中学、“4 +2”硕士生合作攻关。

### （五）服务基础教育上有新举措

新师范建设以来，以国家教师教育创新实验区创建为契机，肇庆学院、韩山师范学院在服务基础教育上均有着丰富的探索。肇庆学院基于县域情境的“肇庆学院—怀集县教育局—怀集县教育科研中心—乡村学校”合作机制，探索基于导师制和基地学校的骨干教师培养模式，即组建由导师团队、基地学校种子教师和顶岗实习生组成的教师专业学习共同体。项目成果不断辐射至封开、广宁等区域，从而提升粤西乡村教师质量，促进粤西地区的基础教育均衡发展。韩山师范学院通过教师专业发展学校建设，满足了一线学校和教师专业发展的需求，实现了精准服务；组建粤东基础教育学科群，建设教师发展共同体；依托“粤东教育发展研究中心”，协同地方教育局开展粤东教育教学改革研究；以推广“微课”为突破口，着力提升粤东教师的教育信息化水平；精心组织实施各级各类教师培训项目，分层分类推进教师专业发展。

## 二、新师范建设与发展中的主要瓶颈

### （一）师范教育资源布局不均衡

与广东省基础教育发展状况类似，师范教育资源的分布也不均衡，主要体现在地域、层次与专业类别，以及制度供给方面。

一是师范院校地域布局不均衡。广东省全省只有2所师范大学（华南师范大学、广东技术师范大学），且均分布在广州，导致新教师资源主要集中在珠三角，尤其是广州地区。河源、阳江、清远、汕尾、云浮等地市不仅没有独立设置的师范本科院校，甚至连独立设置的本科院校也没有。乡村教师补充渠道缺乏，教师规模和质量更难以得到较好保障。例如韶关市始兴县近年所招的新教师不少是非师范专业、高职层次毕业生，教师人才质量难以保障。

二是师范院校层次结构不够合理。广东作为改革开放的前沿和粤港澳大湾区的重要组成部分，还没有堪称一流的师范院校，以致缺乏具有全国影响力的教师教育品牌和平台。同时师范教育的体系不够完整，职业教育类型化直通车难打通，专科层次缺乏升格为本科的空间和机会，办学学历层次瓶颈矛盾依然突出，教师焦虑心态严重。

三是师范专业科类结构不合理。音乐、体育、美术以及科学教育等学科布点较少，培养规模较小。特别是艺术教育、科学教育师资的培养只局限于华南师范大学、岭南师范学院、星海音乐学院、湛江幼儿师范专科学校等 4 所高校；学前教育在校生规模不足 1 万人，远远无法满足广东省近 2 万所幼儿园的师资需求。

四是制度供给方面。高水平大学参与教师教育的动力机制与准入机制亟待探索与建立。师范类专业认证方面，整体来说，学校的积极性很高，但名额少，进度比较慢，很难按时完成学校的专业认证计划。2019 年，广东省仅有 25 个专业参加认证，2020 年仅有 11 个专业通过二级认证。

### （二）校地协同机制亟待优化

近年来，广东省在教师教育改革创新实验区、建立 U－G－S（大学—政府—学校）协同培养新机制方面做了有益尝试。但因大学、地方政府、中小学分属不同的组织类型，享有不同特质的文化，大学呈现的是理论型文化，注重理论的探索与研究；政府呈现的是行政型文化，关注自身政策法规的规范性和可执行性；中小学呈现的是实践型文化，注重实用性。各组织内部与组织之间均存在着组织惯性。U－G－S 培养机制受到文化惯性、认知惯性、结构惯性、资源惯性等组织惯性的制约，其形成与发展面临着文化的冲突、理念的缺失、合作的形式化与积极性的匮乏等多重挑战。

在实施过程中，U－G－S 协同培养机制仍存在着合作主体责任不明确的问题，师范院校、地方政府、中小学校缺乏协调配合机制。地方政府政策性支持和制度化保障亟待完善，有高校反映地方政府的合作积极性最难激发。部分师范院校与地方政府的合作，无论从实验区建设还是合作研究层面，都处于自发和松散阶段，合作流于虚化和形式化。

教育实习实践环节上，高校与中小学合作双方往往注重合作方的工具性价值，相对忽视合作方的人文性需求，双向服务理念欠缺，师范院校对于实习管理困难。中小学校对师范生实习指导碎片化、不深入，指导教师教育积极性和指导能力不足，实习效果受到影响。

在师范生就业问题上，地方政府对于师范专业设置的特殊性考虑不足而显得过于刚性，对于学历要求过高，且中小学校用人自主权不足，在一定程度上阻碍师范生回乡就业，导致师范生就业结构失衡。

### （三）师范实践能力培养仍有待加强

师范生的道德规范和教育情怀培养方面，仍显薄弱。师德教育途径、方法单一，单纯依托课程、课堂，忽视与社会实践、社会调查结合。即使课堂教学中也不注重采用如智慧课堂、翻转课堂、情景体验课堂、智能实训课堂等以体验、感悟、反思、探讨交流为主的创新性教学方法。一些师范生的观念中“重技能重知识轻师德”，对于教师职业缺乏情感，对相关的法律法规、师德理想、师德原则、师德规则理解比较浅表零碎。

实践教学是师范生人才培养中最核心的环节，也是目前相对薄弱的部分。师范生实践能力的培养方面当前主要存在以下问题：学校虽出台了实践教学方面的规章制度和实践教学管理办法，但并不完善，访谈发现，大部分学生对于师范生包括公费定向师范生的校外实践实习实施方案并不了解；实践教学保障机制不健全，公费定向师范生专项经费使用范围过窄，结余经费难以满足开支；师范生基本技能方面的师资存在较大差异；实践类课程不足、见习时间不够、校外内教师指导动力与能力不足；实践教学评价不够全面；等等。

**（四）师范生招生制度设计具有一定的局限性**

从招生程序看，师范专业招生与其他专业招生并无二致，目前还没有关于师范生招生的专门制度规范，师范专业特殊性没有得到充分重视。良好的师德源于教师的心理健康，因此心理健康也是师范生招生选拔时需要予以考虑的重要因素。针对教师这一职业特殊性，在师范生招生中关于必要的面试环节和心理测试等的制度还没有完全建立。虽然公费定向师范生招生中设有面试环节，但面试的形式意义大于实质意义。从招生方式看，还不能充分保证优质生源报考师范专业。一是目前师范专业不是高考提前批录取专业，不利于保障生源质量，对考生吸引力产生一定影响。二是师范招生方式较为单一。目前师范生招生以高考录取为主，辅之以五年一贯制（中职 + 高职）和专升本（高职 + 本科）等形式。中高职衔接和专升本的培养规模还不大，2019 年二者的在校生分别为 5 790 人和 4 141 人，其中专升本的学生中与中小学师资需求高度相关的还不到 50%。

**（五）教师教育类课程教师队伍建设亟待加强**

从调研的情况来看，广东省教师教育类课程教师队伍尚存在如下问题。

一是数量不足，结构失衡，面临断层的危险。以华南师范大学为例，不少学科教学法教师数量是很少的，比如地理就只有一位教学法教师，且全校各学科教授级的教学法教师年纪都比较大了，副教授也很少，多数教学法教师都是讲师，未来 3 ~5 年很可能会出现教学法教师断层的现象。

二是来源较为单一。部分师范院校的教学法教师，是本学科教育专业（如物理教育、英语教育）毕业后留校任教，缺乏一线中小学教学的经历。有的学校则招收学科与教学论专业的博士毕业生担任教学法教师，这些年轻博士一般缺乏中小学任教经历。虽然他们在当前的职称评审竞争中有优势，但是对中小学熟悉度不够。具备学科教育、中小学教师和班主任工作、硕博研究生教育等经历的教学法教师非常少。

三是地位边缘化。由于职称评审难，在学校受重视程度不高，学科教学法教师教学工作在系部或二级学院展开，职称评审却跟教育学院的教师一起进行。虽然有的学校单列“教学与课程论”一组，但评审条件等硬性指标还是论文、课题为主，因学术研究方面不占优势，进而职称晋升难度很大。

同时，教学法教师还承担了比较多的公共事务。师范认证、实习、各类课程建设、指导师范生竞赛等公共事务性工作，教学法教师就成为主力，但这些事务性工作，对职称评聘是用不上的。但目前可能多数只能通过这些公共事务性工作，体现出在学院的价值。

## 三、突破瓶颈的政策建议

师范教育正处于转型期，如何面对新时代的形势与任务，仍有诸多问题需要探索与研究。新师范建设须继续深化供给侧改革，增强政策针对性，在突破瓶颈中取得更大发展。

### （一）将“新师范”建设纳入“十四五”规划，推动纵深发展，加强教师教育研究与成果推广

广东省“新师范”建设也取得了一定的成绩，但距离实现师范教育的相关系列重要要求，时间上有一定仓促。建议将“新师范”建设继续纳入“十四五”规划和实施的要求。加强教师教育研究，既是理论的需要，也是来自肇庆学院、广东省外语艺术职业学院、华南师范大学等办学一线的呼声。建议从教师培训中划拨经费用于研发，建立教科研系统、教育考试系统、师范院校、地方教育局以及中小学校协同的教研合力攻关平台，整合北京师范大学教师教育研究中心华南分中心、全国乡村教师论坛等学术平台，对教师教育领域的研究进行框架设计、资源整合、资源开拓。

**（二）优化师范院校布局，建立高水平大学参与机制，找准定位，分层发展**

一是优化师范院校区域布局。打造若干所高水平、示范性师范大学，成为师范教育高质量发展排头兵。支持深圳高起点新建深圳师范大学，鼓励北京师范大学珠海校区积极面向区域需求培养高水平师范生。支持粤东西北地区的肇庆学院、韶关学院、韩山师范学院等地方本科院校积极发展师范教育，建设高水平大学，经过 5 ~ 10 年的优化调整，基本形成以国家教师教育基地为引领、师范院校为主体、高水平综合大学参与的广东现代师范教育体系。二是支持华南师范大学、广东技术师范大学和广东第二师范学院等瞄准国内一流进行人才培养模式改革，建设高质量师范教育体系。扩大研究生招生人数，大幅度增加教育硕士、教育博士人数。三是扩充公费师范生专业试点，增加音乐、体育、美术、科学、早期教育等学科专业布点，扩大师范生尤其是紧缺学科专业培养规模。四是提升中山大学、华南理工大学、深圳大学等综合性大学参与师范生培养和教师职后培训的积极性，并建立相应的准入机制。

**（三）完善校地协同机制**

师范院校承担并发挥主体身份与作用，主动积极谋划地方教育事业发展和主动配合地方政府的教育管理与发展工作，建构“合作、服务与引领”三位一体的合作发展机制，重构服务与引领地方基础教育发展的路径。具体而言，包括明确服务对象与任务，构建大中小学教师教育一体化培养的专业服务体系；打造应用型教学研究特色，形成中小学教育事业发展的学术服务机制；服务地方政府履行教育职责，协调政府统筹构建大中小学教师教育一体化体系。

同时，应提升地方政府在校地协同中的地位和作用。提升地方政府的统筹协调积极性，将新师范建设方案纳入督学督政范围。大学、中小学的财政资源主要来自政府，外部的资源提供者会对组织的战略选择形成约束。政府通过健全拨款机制，建立专项经费（教师互聘、师范生教育实践、在职教师专业发展、教育课题合作研究、教育信息资源平台建设等），促使大学、中小学形成“教育创新实验区”，在平等协商的基础上选择新的战略，共用专项资金，明确各方责任，完善社会问责制与评价机制，助力利益共同体的形成。

在共同体建设过程中，大学、地方政府、中小学不同群体文化冲突的解决途径应是加强跨文化理解，加强对话与渐进性变革，改变固化认知。建议搭建交流合作平台，构建地方政府、企业家协会/行会、高校、中小学校多方参与的广东省教师教育联盟。

### （四）强化师范生实践能力培养

加快推进广东省第三方师范专业认证资格的申报工作，提前谋划完善第三方专业认证工作机制，将认证结果与教师资格考试认定挂钩，加强教师教育学科专业和课程建设，打造广东省师范院校的学科品牌。

师德教育体系还需完善，模式及载体还需创新，加强相关课程与实训项目，可开展系列化的实践体验活动项目（包括见习、实习也应设置相关的“道德规范和教育情怀”学习项目）。在师范院校将师德的培养与专业课程有机结合，贯穿教师培养的全过程，并建立相关的评价机制。

把基础教育国家课程方案、标准和教材引入师范类专业教学，引导师范生开展基础教育教学研究。保障职前培养质量，丰富实践教育内容，在课程体系中增加教育改革热点问题研究和中小学课程研读内容，完善“三字一话”、识谱视唱等师范生技能考核，合理安排各类课程的结构比例。充分利用多媒体技术实现教学资源跨区域、跨学校、跨年级共享，实现教学远程观摩学习。

构建包括教学观摩、学校体验、案例教学、主题研讨、探究反思等环节的全程实践教学体系。健全见习实习的保障机制，保障生均教育实践经费支出不低于学校平均水平，扩大公费师范生专项结余经费的使用范围。例如，部分经费用于开支师范生所在专业的实验室建设，落实每 20 个实习生不少于 1 个教育实践基地，因地因时出台文件明确地方教育局、中小学校承担接收师范生实习的责任，推进实习基地建设。建议尽快出台广东省师范生实习管理办法，强化实践教学管理、完善实践教学评价体系。

### （五）优化教师教育类课程教师队伍

探索实施高校和中小学师资互聘、交流互通制度。补充一线中小学教师参与师范生的指导，而不仅仅组织学生听一线教师的讲座，更应该是实实在在参与培养和指导。鼓励学科教学法教师到部分中小学代课或挂职，并探索相应的教师人事制度、待遇等配套改革。

改革教学法教师成果评价体系，特别是职称评审制度方面，需要给予教学法教师施展的空间和平台，如设立专门的各级各类研究项目，予以开展教研工作。建立成果导向的评价体制，以对教学质量提高的贡献率而非科研论文水平来评判教学法教师。

实施教师教育教学资源库建设，提升教师信息化素养和能力。在人工智能背景下，教师信息化素养已经成为教师必备能力之一，希望能连接教育主管部门、师范院校和中小学的教师教育平台，实现资源共享。利用新科技成果，实施“互联网+教育”创新行动，建立健全远程教研体系、远程听课体系。

**（六）创新优化招生选拔机制**

高度重视就业市场的反馈功能，建立“招生—培养—就业”的联动机制。一是根据市场需求和就业状况，适时调整招生结构，确保师范专业与中小学课程、学前教师、中职有关课程等相符合或具有较高的相关度。二是稳步扩大音、体、美师范专业招生规模，鼓励有条件的高校开设有关艺术教育、科学教育等师范专业。三是适应小学教育本科化趋势，增加小学教育本科专业布点，逐步缩减高职高专层次小学教育类专业的布点与招生规模。四是加强幼儿师范专科学校在学前教育专业建设中的主体地位。

创新招生选拔机制。在师范生录取前增加面试环节，主要测试考生的教师职业能力倾向和人格特质。推进师范生招生方式多元化改革，借鉴当前卓越教师培养经验，于师范类本科院校试点在大一和大二非师范生中选拔有从教意愿并具有良好综合素质的学生；小学教育类专业，试点从优质初中毕业生中选拔开展“3+4”师范本科生人才培养；学前教育类专业，试点从优质初中毕业生中选拔开展“3+3+2”开展师范专科生人才培养。完善公费定向师范生招生制度，建议以本科层次为主，可根据有关地市需求定制个性化招生培养方案。

（执笔人：戚务念，孙丽昕，田锋，王志强，贾秀险，钟珂，刘霞；审稿人：孙丽昕）

# 粤港澳大湾区国际高等教育示范区的内涵、功能与实践重点*

○广东省教育研究院高等教育研究室

**摘　要：** 粤港澳大湾区国际高等教育示范区是以高等教育国际化为内核和标识的先行地及实验田。在大湾区建设具有国际影响力、带动性和辐射力的国际高等教育示范区具有重要的政治、经济、文化和教育功能。大湾区国际高等教育示范区的内涵要求在实践层面需要将国际化的规划、理念、目标、教师、学生、课程和合作办学等贯穿其中，在引进世界知名大学和特色学院，推进区域内世界一流大学和一流学科建设的同时，为中国高等教育对外开放提供可复制、可推广的样板和行动范式。

**关键词：** 粤港澳大湾区　国际高等教育示范区　内涵　实践重点

中共中央、国务院印发的《粤港澳大湾区发展规划纲要》（以下简称《纲要》）提出“支持大湾区建设国际教育示范区”，国际高等教育示范区是其中的组成部分和关键内容。厘清粤港澳大湾区（以下简称“大湾区”）国际高等教育示范区的内涵，明确功能和未来路径有助于深入解答“是什么”“为什么”和“怎么做”三个核心问题。

## 一、大湾区国际高等教育示范区的内涵解析

大湾区国际高等教育示范区是一个内涵丰富且颇具特色的教育发展区域。从文本语义分析来看，“国际高等教育示范区”包括两层内涵：一是

* 本报告系国家社会科学基金教育学一般课题“粤港澳大湾区国际高等教育示范区政策支持体系研究”（批准号：BIA200192）的研究成果。

国际高等教育的示范区，主要强调构成要素的国际化，意指国际优质教育资源的高度集聚区，包括凝练国际化办学理念，汇聚着国际一流学者，建设有国际化科研平台，形成了顺畅的国际资源交流渠道，形成了与国际接轨的教育教学方法、手段、内容，拥有一批优质国际联合办学机构和项目，培养面向国际竞争的国内外人才，等等。二是国际的高等教育示范区，是基于发展体系和程度的优劣而言的，是区域内具有世界一流的高等教育体系，发展模式得到国际公认并被广泛学习效仿，高等教育规模普及、特色明显、水平较高、结构协调、效益凸显，在国际对比中处于领先地位并在世界高等教育体系中具有较高知名度和较强竞争力。从本质逻辑看，这两层内涵具有内在联系，前者是国际高等教育示范区建设的基本手段和显性特质，后者为终极目标和落脚点。①

厘清内涵有助于未来建设进程中制定更加清晰的路线图和时间表。为了使当前和今后一段时间的实践更具有可操作性，在以上两种内涵的取舍上，本研究认为在目前阶段应该更倾向并突出第一种概念内涵，即“国际高等教育的示范区”。一方面从政策文本分析来看，《纲要》的基本表述是：“推动教育合作发展。支持粤港澳高校合作办学，鼓励联合共建优势学科、实验室和研究中心。充分发挥粤港澳高校联盟的作用，鼓励三地高校探索开展相互承认特定课程学分、实施更灵活的交换生安排、科研成果分享转化等方面的合作交流。支持大湾区建设国际教育示范区，引进世界知名大学和特色学院，推进世界一流大学和一流学科建设。”因此加强内部合作建设共同体和提升对外合作打造国际教育示范区构成“推动教育合作发展”这一政策目标的两大抓手。另一方面从现实来看，大湾区高等教育合作办学全国领先、外向型经济联系特点鲜明以及地处改革开放前沿地带，因此在探讨大湾区国际高等教育示范区时更应该突出其国际化特征，以便使区域高等教育更具标识性并为中国高等教育国际化提供可复制、可推广的样板和范式。同时大湾区高等教育发展水平已经有一定的基础，国际高等教育示范区建设过程中，无论是资源的引进还是输出必须突出高质量并为建设世界一流高等教育体系服务。

大湾区国际高等教育示范区是以高等教育国际化为内核和标识的先行地及试验田，高等教育国际化是基于经济全球化和知识普遍性等的生发而

---

① 王志强．粤港澳大湾区国际高等教育示范区内涵、定位、困境与实现路径［J］．高教探索，2019（8）：62－67.

出现的发展现象，关于其内涵的探讨可在理论层面和学术基础上阐释大湾区国际教育示范区的核心要素架构和价值判别。在早先具有奠基性意义的研究中，多位学者先后从不同视角提出各有侧重、互相交叉补充的概念界定，包括“高等教育国际化”是要素跨界流动的过程①、是对外交流与合作的活动②、是高等学校的新职能③、是大学的精神气质④、是衡量国家办学水平的标准⑤、是面向未来的发展趋势⑥六种代表性观点，而影响较大并广受引用的是加拿大学者简·耐特（Jane Knight）的观点，她认为“高等教育国际化是在院校与国家层面，把国际的、跨文化的、全球的维度整合进高等教育的目的、功能或传递的过程”。虽然这些研究文本表述和重点内容有异，但是基本上都强调了高等教育国际化推进主体的多样性、涉及要素的广泛性、未来发展的重要性和整体趋势的不可逆性，说明高等教育国际化是颇具包容性的多层次、多维度概念，因此笔者曾将其具体述解为以高等教育发展理论为指导，政府和高校坚持创新教育对外开放机制，围绕区位特点和优势不断丰富充实对外交流合作形式和内容，推动机构、教师、学生、课程、手段和方法等教学要素全域开放，通过构建一流高端教育资源要素集聚平台而全面提升教育国际影响力和贡献力的过程。⑦ 从国内外相关研究以及政府、各类组织出台的指引性文件来看，高等教育国际化主要包括理念与制度、学生、教师、教学与课程、科研、合作办学、经费与资源、组织与管理、校园与设施、国际化宣传等十个方面，这实际上构成未来大湾区国际高等教育示范区建设的重点。

---

① YANG R. University internationalisation: Its meanings, rationales and implications [J]. Intercultural Education, 2002 (1): 81 –95.

② 王留栓. 高等教育的国际化及其中国特色之路［J］. 上海高教研究，1998 (3): 20 –25.

③ 陈昌贵. 国际合作：高等学校的第四职能——兼论中国高等教育的国际化［J］. 高等教育研究，1998 (5): 11 –15.

④ 陈学飞. 高等教育国际化：从历史到理论到策略［J］. 上海高教研究，1997 (11): 57 –61.

⑤ 龚放，赵署明. 大学国际化：高等教育发展趋势［J］. 高等教育研究，1988 (4): 23 –29.

⑥ 刘海峰. 高等教育的国际化与本土化［J］. 中国高等教育，2001 (2): 22 –23, 29.

⑦ 王志强. 中国特色高等教育现代化发展理论、趋势与路径研究［M］. 广州：广东高等教育出版社，2018: 212.

## 二、大湾区国际高等教育示范区的基本价值

国际高等教育示范区是以国际化为标识、以争创国际一流为旨归的发展区域。高等教育国际化具有重要的政治、经济、文化和教育价值，这决定了坚持对外开放政策，在大湾区建设具有国际影响力、带动性和辐射力的国际教育示范区具有重要的现实意义。

### （一）政治价值：推进国家对外开放战略

在国际层面上，高等教育国际化是推进世界各国政治互信的重要形式。“政治上，高等教育国际化对促进世界和平与发展具有重要价值，通过促进国家间的交流与合作，树立各国人民的全球意识，进而促进世界和平与发展，解决全球性问题，实现人类的共同价值。”① 第二次世界大战结束以来，世界各国纷纷认识到战争和冲突对各国人民造成的灾难与痛苦，并意识到沟通、交流与合作是消除误解、分歧、矛盾和纷争的重要手段。高等教育作为具有包容性和开放性的文化载体，无疑是实现交流与合作的最优方式之一，也是传递国家价值文化与展示综合实力的组织载体。因此有学者认为，教育国际化具有对外交流合作的功能，是“外交政策的第四层面”。高等教育是现代各级各类人才培养的主要场所，也是培养各国政治精英和领袖的主要场所，也是实现意识形态和文化价值传播的重要手段，因此“择天下英才而教育之”，必然可以有效提升本国的国际认同度。长期以来，美国、英国等西方国家凭借一流的高等教育，吸引了不少国外优秀人才到这些国家留学，也培养了众多认同西方价值文化的世界和国家领袖。在大湾区建设国际教育示范区的应有之义是积极吸引和培养各国人才，通过聚拢国际人才提升大湾区影响力和辐射力，这必将有助于为我国对外开放事业培养积极的推动力量。此外，从现实来看，我国在国际各类组织中的工作人员规模还比较小，原因之一就是高校对具有国际参与意识和能力的人才培养还比较缺乏，因此积极对大湾区高校进行国际化能力提升和系统涵养，着力培养学生参与国际政治、经济等事务的意识和能力，必将有助于我国在国际事务中发出更多声音，做出更大贡献并展示更多发展成果。

---

① 李盛兵，刘冬莲．高等教育国际化动因理论的演变与新构想［J］．高等教育研究，2013，34（12）：29－34.

### （二）经济价值：实现高等教育的效益提升

根据 WTO（世界贸易组织）统计和信息系统局按服务的部门（行业）划分，全世界的服务贸易分为 12 大类，教育属于服务内容里面的第五大类，在项目上又分为初等教育服务、中等教育服务、高等教育服务、成人教育服务及其他教育服务五类。WTO 服务贸易总协定第十三条规定，除了由各国政府彻底资助的教学活动之外（核定例外领域），凡收取学费、带有商业性质的教学活动均属于教育贸易服务范畴。高等教育国际化是以机构、教师、学生、课程和方法等教学要素流动为基础的，而这些要素的流动本身就包含了经济消费和价值在不同国家与地区的流动，大批留学生不但为这些国家高校带来直接的学费收入，而且还提升了当地消费需求，有效带动了其他相关产业的发展，这也是当前美国、英国、澳大利亚和加拿大等国家政府和高校积极布局留学生市场的重要原因之一。当前欧美国家纷纷将推动境外办学作为本国重要产业来源和对外交流重要形式，1975—2019 年美国留学生总量从 154 580 人增长至 1 095 299 人，增长 6 倍多，占美国学生总数的 5.5%，仅学费收入已达 424 亿美元；2018 年，澳大利亚国际生总数达到 87.64 万人，学费收入 320 亿澳元，排在所有产业收入第 3 位，仅次于铁矿石和煤炭，这些无疑增强了普及化时代学生多样性以及高等教育整体影响力、竞争力和可持续发展能力。在大湾区建设国际教育示范区，积极推进中外合作办学，并在条件允许的基础上发展境外办学，一方面可以通过中外合作办学这种在地教育的形式减少人才和资金流失，另一方面可以为通过多种形式的境外办学、联合研究等形式为高校发展提供额外的资金来源。

### （三）文化价值：构建面向世界的开放文化

系统发展理论认为，在一个具有信息和能量交换的开放系统中，通过内部不断的量变，当达到某一阈值时，通过一些微小的“涨落”（事件），就可以实现系统向更高级的质变。基于这一理论，无论是国家的发展、高等教育的进步抑或是文化的创新，都必须保持开放性，而高等教育国际化无疑是高等教育领域开放的具体体现与生动实践。文化是某一特定社会群体在长期历史发展中积淀的具有潜在和直接约束力的共同价值观念和行为准则，因此文化对国家和民族形成凝聚力、向心力至关重要，是国家实现繁荣富强的基石。文化性是高等教育的本质属性，高等教育的重要功能是传递、保存、传播和创新文化。“主动的高等教育国际化过程是有目的的文化造势与蓄能过程，被动的高等教育国际化过程只能称作是一种无意识行为，而抵制和拒绝高等教育国际化可能是一种文化失信的表现，也可能是一种文化锁国行为。”① 因此，在大湾区建设国际教育示范区，能够促进中华文化与外界文化的沟通和交流，在助力广东建设好“向世界展示我国改革开放成就的重要窗口”和“国际社会观察我国改革开放的重要窗口”的同时，提升我国传统文化的活力并保持其先进性。

**（四）教育价值：提升高等教育的国际影响力**

高等教育国际化是当前世界高等教育发展的重要趋势，是高校提高自身影响力和综合实力的重要手段，是指“政府、学术系统和高等学校，甚至个别学系所实施的具体的政策和计划，以支持学生和教师流动，鼓励海外合作研究，在其他国家建立联合培养计划，以及各种创新活动”②。高等教育国际化是知识普遍性和学术开放性的必然产物，也是衡量高等教育综合实力的重要指标，这在一系列政府规划和大学排行榜中都有充分的体现，例如在欧美的一流大学留学生比例通常在10%以上，这既有利于从全球招揽优质生源，也是其强大国际吸附力的重要表现。2015 年 11 月国务院发布的《统筹推进世界一流大学和一流学科建设总体方案的通知》提出：“加强与世界一流大学和学术机构的实质性合作，将国外优质教育资源有效融合到教学科研全过程，开展高水平人才联合培养和科学联合攻关。”将高等教育国际化作为提升科技研发能力的重要手段，可见推动高等教育国际化发展是提升科技创新能力、增加重大科研成果的重要举措。江苏省曾提出了高等教育全面对外开放的“六大战略计划”，包括实施“江苏海外校园计划”“建设中外合作一流大学和项目计划”“江苏学生海外学习计划”“海外高层次人才引进计划”“留学江苏计划”和“教师海外培训计划”。在大湾区建设国际教育示范区，重点在高校普及国际化理念并建设相关机构，促进教师和学生的国际双向交流，提升课程的国际化水平，加快引进世界知名大学和特色学院到大湾区办学，这些都将有助于提升大湾区高等教育优质化水平和综合实力。

---

① 李枭鹰，牛军明．高等教育国际化的本质与内涵：文化流的视角［J］．高教探索，2015（11）：36－41．

② 阿特巴赫，彼得森．新世纪高等教育全球化挑战与创新理念［M］．陈艺波，别敦荣，译．青岛：中国海洋大学出版社，2009：103．

## 三、大湾区国际教育示范区的实践重点

大湾区国际教育示范区是我国改革开放再出发战略的重要组成部分，是以国际化进行系统涵养和关键标识的教育增长极，这要求必须将国际化规划、理念、目标、教师、学生、课程和合作办学等贯穿其中，为中国高等教育对外开放提供可复制、可推广的样板和行动范式。

### （一）确立引领大湾区高等教育国际化的发展规划

建设规划是教育理念转化为理想图景及现实实践的具体指引。明晰建设依据和方向是提升建设系统性、有序性和科学化的前提，这需要谋判国际高等教育发展的大局大势，立足大湾区教育发展实际需求，建设具有引领性和可操作性的发展规划。由于发展基础、体制机制、外围环境的不同，粤港澳三地在高等教育发展方面的优劣势也明显有异，建设大湾区国际教育示范区既需要发挥港澳高等教育实力较强、国际联系紧密、体制机制灵活等优势以形成国际合作纽带，也需要发挥大湾区内地产业基础雄厚、科技发展迅猛和土地资源丰富等优势以提供合作空间和载体；既需要粤港澳三地加强合作以形成具有世界影响力的发展共同体，也需要共同面向国际实现资源的引进与输出，形成人才、知识、信息等各类创新要素富集区，这些都需要建设理念先进、目标明确、原则清晰、任务具体、保障有力的政策规划作为支撑。科学并富有实施效力的政策规划的形成前提是吸收相关利益者共同参与，围绕教师、学生和合作办学等关键性问题形成广泛性共识，这有赖于国家层面的宏观指导和有力统筹，吸收粤港澳三地政府、国内外高校、科技及产业等各领域相关利益者意见建议，按照政策规划形成的“充分讨论—确立愿景—调查研究—制订文本—征求意见—发布实施—广泛宣传—督促落实”的科学程序形成建设规划并充分落实。

### （二）加快推进粤港澳高等教育共同体建设

建设互联互通、优质创新的内部共同体是凝聚合力，共同面向国际人才竞争和科研合作的基础。大湾区高等教育共同体是指在国家统一谋划和政策引导下，以合力打造世界性教育高地为终极目标，大湾区内各区域、各层类、各利益主体协同组成的旨在追求创新发展、共同提升及命运互系

的发展集群。① 建设大湾区高等教育共同体，需要积极配合大湾区战略布局，创新教育交流与合作机制，构建世界一流的高端教育资源要素集聚平台。建立高等教育发展统筹协调机制，共同制定粤港澳三地教育发展政策，推动教育合作常态化、制度化。进一步推进粤港澳教育服务贸易自由化工作，巩固和深化粤港澳在高等教育方面的交流与合作。探索建立粤港澳各具特色的高校联盟，建设一批教育交流与合作品牌。充分发挥香港中文大学(深圳)、北京师范大学－香港浸会大学联合国际学院、澳门大学横琴校区等合作办学的示范效应和带动作用，推动区域若干大学建立学分互认试点。创新粤港澳合作培养人才模式，鼓励香港大学、香港科技大学等世界一流高校在粤布局实验室、研究中心等，支持粤港澳高校、科研院所合作设立实验室，开展科研合作及成果转化工作，不断丰富充实合作内容和形式。

**（三）促进教师队伍的国际双向交流与合作**

教师是教育教学的核心要素，是建立国际化教学模式的关键。在提升教师国际化素养方面，一是持之以恒推进“走出去”战略，加大服务和支持力度，将教师的国外培训与学习制度化、常态化。建立政府、社会、企业、学校和个人资金支持体系，不断拓宽教师国际化资金的数量和来源，为教师国际交流与合作提供充足的经费保证。创新教师对外交流合作形式，鼓励教师参与各类国际教育交流活动，在学历教育、短期培训、访问学者、国际会议、科研合作等各个方面为教师国际化提供支持。推进教师的国际双向交流，应该更加强调实际效果，在高校外派教师上更加重视教师爱国、敬业等基本素质的要求，签订细化的可评价、可操作的任务书，建立奖优罚劣激励机制，确保教师国际交流取得实际效益。二是着力引进高素质国际化人才，从国外经验来看，世界一流的高等教育需要集聚全球范围内的杰出人才尤其是教师。因此，一方面需要出台相应鼓励措施，鼓励和吸引国外知名大学毕业生到大湾区进行创新创业；另一方面着力破解外籍教师来华教学的政策难题，着力破解外籍教师在签证、住房、医疗、子女教育、工资福利等方面的问题，如采用降低安家费税率、完善购房补贴、人才绿卡、子女入学、配偶就业等措施打造高层次人才集聚强磁场和新高地，尤其是建立一批诺贝尔奖、菲尔茨奖、图灵奖等科学家实验室、工作站，发挥高端人才的引领和示范效应。

---

① 王志强．中国特色高等教育现代化发展理论、趋势与路径研究［M］．广州：广东高等教育出版社，2018：212.

### （四）实现留学生的双向有序发展

在吸引学生到大湾区高校进行留学方面，一是需要努力提升大湾区尤其是内地高校的整体水平，通过凝聚先进教育理念，汇集一流教育资源，促进高等教育内涵式发展，建设面向全球的国际一流留学中心。二是充分利用三地的高水平大学尤其是港澳大学外向联系紧密的优势，以一流大学和一流学科为中心，加大与世界发达国家和地区的合作，吸引国际尤其是发达国家优秀学生来华留学。三是加大政府支持力度，争取社会资源，创新选拔办法和资助方式，实施好来大湾区留学生奖学金工作，尤其是提高到大湾区内地留学的吸引力，积极扩大来粤留学生规模。四是需要政府积极转变管理观念，提升服务意识和水平，优化程序和办事效率，为留学生到大湾区留学和工作提供良好的体制机制和环境。五是重视优化留学生国别，逐渐加大发达国家学生来华交流学习的机会和比例。优化专业结构，逐渐增加理工科、农业、经济和管理等方面的学生比例。不断提高学历生比例，提升来大湾区的留学生质量。

在出国留学方面，需要加强统筹规划和有序推进。一是政府应该做好服务和管理工作，积极加大宣传力度，引导大湾区内学生和家长理性选择留学国家、学校和专业，制定合理的留学规划，真正使出国留学有利于学生个人成才和区域经济社会发展，防止出现学生盲目到过度产业化国家留学而造成得不偿失的现象。二是应系统性地规划公派留学工作。设立大湾区公派留学出国留学专项基金，推动学生到国外高校深造，开拓国际视野，学习先进知识和技术，为大湾区经济社会发展服务。出台大湾区公派留学重点资助专业指南，重点资助海洋、新能源、新材料、医药、智能制造、信息技术、国际法、交通航运等大湾区亟须的学科专业学生出国学习。三是积极引导学生到大湾区就业、创业，建立服务机制，为海外留学尤其是一流大学人才到大湾区发展提供充足的机会。

### （五）实现中外合作办学和境外办学同频共振

按照《粤港澳大湾区发展规划纲要》提出的“引进世界知名大学和特色学院，推进世界一流大学和一流学科建设”的要求，进一步加大引进国外优质教育资源的力度，提升大湾区内中外合作办学水平。在合作国家方面，根据国家各方面发展需要促进中外合作办学的优质化和多样化，优化与美国、英国、澳大利亚等传统的高等教育产业发达国家的合作，不断开拓与德国、法国、荷兰等欧洲其他国家合作，加强深化与新加坡、以色列等国家和地区合作，满足不同群体教育需求，推动文化交流和国际理解。在合作高校方面，继续深化与世界一流大学尤其是排名前200名高校合作办学，加强与富有特色的世界知名单科性大学合作，培养具有世界竞争力的科技创新人才；高等职业学校深化与德国、英国等职业教育发达国家合作办学，为现代服务业和先进制造业持续提供具有高级技能的应用型人才。在合作专业方面，优化合作学科专业结构，重点发展国际法、航天、海洋、新能源、医药、材料等国家急需专业。在办学形式方面，继续以学历教育为主，重点引进国外高水平大学和研究机构到大湾区建立具有独立法人资格的中外合作大学。

系统设计大湾区境外合作办学工作，鼓励大湾区高校、科研机构、产业集团面向全球开展合作办学，支持粤港澳三地高校合作开展境外办学试点并有效防范风险。积极利用区位优势，加强与东亚、东南亚等国家和地区交流，建立长效的合作机制。鼓励不同层次、不同类型高校以多种方式面向国际尤其是“一带一路”沿线国家和地区中高等教育资源相对匮乏的区域进行境外办学。统筹考虑不同国家教育水平和发展需要，建立若干高等教育境外办学试点，加大境外办学相关人才的选拔、培养和储备工作，建立境外办学风险防控机制，引导高校探索设计境外教育模式，系统输出大湾区教育服务。循序渐进扩大境外办学规模，改善学科专业结构，鼓励大湾区一流大学和一流学科到发达国家高校开展办学，支持高水平应用型大学和职业院校到发展中国家开展办学，结合当地需求培养工程技术人才，助力应用技术类教育走出国门，打造辐射东南亚的世界知名的国际高等教育发展中心。

（执笔人：王志强；审稿人：孙丽昕）

# 现代产业学院建设的理论框架与实践路向

○广东省教育研究院高等教育研究室*

**摘　要：** 产业学院是产教融合的重要依托组织。现代产业学院是由政府、高校、企业、行业协会、社会团体等多方力量参与，依托产业集群和学科专业群资源，集聚人才、技术和智力等创新要素，并开展集人才培养、科学研究、社会服务、文化传承等多功能为一体的创业型组织。本研究从组织视角，运用三螺旋理论分析产业学院理论框架，阐释产业学院概念和理论基础，分析产业学院的主要特征和运行模式，进而提出产业学院建设的实践路向。

**关键词：** 现代产业学院　产教融合　组织

创建产业学院是深化产教融合的重要依托，是开展人才培养模式创新的组织载体，是提升高校创新创业能力的有效途径。探究现代产业学院建设的理论框架和实践路向，为广东本科高校产业学院建设提供一定的理论指引，对构建产学研一体化体系具有一定的现实价值。

* 基金项目：全国教育科学“十三五”规划 2018 年课题（课题编号：EIA180494）；广东省社会发展科技协同创新体系建设项目——广东省教育科技协同创新中心（项目编号：2019B110210001）。

## 一、研究背景

近年来，产教融合上升为国家和广东省教育改革发展的重要制度安排。2017 年 12 月，国务院办公厅印发《关于深化产教融合的若干意见》，提出深化产教融合，促进人才培养供给侧与产业需求侧结构要素全方位融合，为增强产业核心竞争力、汇聚发展新动能提供有力支撑。2020 年 12 月，广东省印发《广东省产教融合建设试点实施方案》，促进教育链、人才链与产业链、创新链有机衔接，加快构建现代化经济体系。产业学院作为产教融合的重要依托组织，已逐步开展了政策和实践探索。2020 年 8 月，教育部办公厅、工业和信息化部办公厅联合公布《现代产业学院建设指南（试行)》，将建设若干高校与地方政府、行业企业等多主体共建共管共享的现代产业学院，培养大批产业需要的高素质应用型、复合型、创新型人才。在国家层面颁布产业学院政策以前，广东于 2018 年就已启动产业学院建设工作。2018 年 7 月，广东省教育厅出台《广东省教育厅关于推进本科高校产业学院建设的若干意见》，鼓励高校与地方政府、行业企业、工业园区共建产业学院，建立以市场需求、行业标准、职业需要为导向的人才培养体系。2019 年 7 月，广东省教育厅遴选东莞理工学院的粤港机器人学院等 10 个项目为广东省首批示范性产业学院；2020 年 7 月，广东省教育厅新增华南理工大学自动化科学与工程学院等 16 个项目为广东省第二批示范性产业学院。这些本科高校与地方政府、行业协会、产业园区、企业及科研院所协同建设产业学院，通过调动产学两个方面的积极性，提高学生实践创新能力，培养造就经济社会发展亟须的高素质创新型人才。

开展产业学院建设的理论与实践研究，一是由于广东产业学院建设政策与实践先于全国，是省级探索产业学院的先行者之一，在全国具有示范性；二是由于本科层次高校产业学院建设尚处于起步和探索阶段，具有开创性。虽然高职院校产业学院建设已初显成效，但是在本科院校层面，产业学院的理论研究与实践探索均存在较大拓展空间。厘清现代产业学院发展的理论框架和未来实践路向，总结梳理产业学院运行机理和内在规律，对推动新工科建设落地见效、促进产教融合有较强的理论与现实意义。

## 二、“现代产业学院” 概念界定

“产业学院” 一词最早可以追溯到英国所倡导的并于 2000 年正式运营的产业大学。为提升企业竞争力与帮助个人获得就业能力，21 世纪初英国由公共部门和私人部门共同创造，借助于现代网络信息技术，建立了一种为社会提供优质教育服务的开放式远程学习组织（学习者和学习产品之间的中介机构）——“产业大学”①。借鉴这一做法，2005 年左右，我国高职院校为实现工学交替的人才培养方式，与规模型企业进行理念、机制与模式等方面的对接与融合，而建立一种产学研深度合作的校企联合体，称之为“产业学院”②。我国产业学院实践起源于广东省中山市，其典型代表是中山职业技术学院与当地镇政府合作创办的南区电梯学院等四个产业学院。之后，“产业学院”成为高校多元协同组建的创新发展共同体，也是高校深度融入具体产业链、创新链，由理论型向应用型转变的重要标志③。可以说，高校的产业学院集服务性、合作性与职业性于一体，是产学利益契合基础之上合作培养高技能人才的有益探索④，并成为地方高校深度转型的创新点与增长点。推动大学组织创新，探索建设一批与行业企业等共建共管的产业化学院，建设一批集教育、培训及研究于一体的区域共享型人才培养实践平台，深入推进产学研合作办学、合作育人、合作就业、合作发展，成为普通本科高校向应用型转变的组织依托和有效途径。

我国的“产业学院”与英国的“产业大学”具有不同的内涵，但究竟何谓“产业学院”，学界并未达成统一认识。产业学院越来越受到学界关注，开始涌现出一些探索性研究。由于“产业学院”的内涵缺乏清晰的界定，学者在使用“产业学院”概念时也是各执一词。大部分学者观点主要集中于将产业学院定义为职业技术学院的二级学院。随着大学产业学院的涌现，也有学者从广泛意义上将产业学院研究范围进一步拓展，未区分产业学院所在高校的层次，统一界定为二级学院或以二级学院机制运作的办学机构。另有学者认为产业学院是一种新型办学机构，可以是实体组织，也可以是虚拟组织。当前产业学院研究范畴主要集中在高等职业教育领域。

---

① 郑琦. 产业学院：一种利益相关者共同治理的高职办学模式［J］. 成人教育，2014（3）：62－64.

② 宣葵葵，王洪才. 高校产业学院核心竞争力的基本要素与提升路径［J］. 江苏高教，2018（9）：21－25.

③ 孙柏璋，龚森. 产业学院：从形态到灵魂重塑的转型发展［J］. 教育评论，2016（12）：14－17.

④ 励效杰. 产业学院的制度逻辑及其政策意义［J］. 职业技术教育，2015，36（31）：49－52.

近年来，本科高校逐渐开展产业学院实践探索，同时出现少部分本科高校产业学院建设的理论和政策分析，但仍较为薄弱。在内涵要素上，本科高校产业学院和高职产业学院有较多交叉和相似之处，即都具有明确产业服务对象以及产学紧密合作的关系，但在组织特性上，本科高校产业学院仍具有自身特殊性。结合学界对产业学院的定义，本研究从本科层次视角着手，为与高职院校产业学院有所区分，将本科层次产业学院称为“现代产业学院”，并对“现代产业学院”进行内涵界定和概念分析。现代产业学院是由政府、高校、企业、行业协会、社会团体等多方力量参与，依托产业集群和学科专业群资源，集聚人才、技术和智力等创新要素，并开展集人才培养、科学研究、社会服务、文化传承等多功能为一体的创业型组织。

## 三、现代产业学院建设的理论框架

### （一）理论基础研究概述

当前，针对产业学院的研究文献并不多且不够系统，研究重点主要集中于案例研究，产业学院的理论分析还较为欠缺和薄弱。通过文献资料分析，较有代表性的理论分析主要有创新链、教育链、产业链三链融合说。① 该研究从创新链、教育链和产业链融合的视角，剖析产业学院组织制度创新的内在机理和逻辑，厘清产业学院与其他类型产学研组织形态与协同育人组织平台的差异。三链融合呈现的组织形态为网络状协同创新体系，三方既保持自身组织独立性，又会在功能上相互渗透，职责上重叠和交叉。在两边或者三边的合作交叉区域内会出现混合组织，以打破高校和产业之间的边界，实现知识领域、教育领域和产业领域的有机结合。三链融合是三边互动渗透后出现的高级组织形态，超越了大学—产业、产业—教育、科研—教学之间的双链关系。三链融合典型的组织载体即为产业学院。此区域实现知识流、信息流、资源流的高度集成，把人才培养、科技发明和产业发展等功能有效地综合起来，是集聚多方优势资源的组织载体：企业植入产业资源、政策资质、行业经验、业务标准、实习岗位、人事招聘、内部培训、生产工艺、研发技术、经营管理等发展要素；高校注入人才、人力、技术以及社会资源，并支撑和引领企业战略转型和区域化发展规

① 胡文龙．论产业学院组织制度创新的逻辑：三链融合的视角［J］．高等工程教育研究，2018（3）：13－17．

划；高校在产业学院中负责提供日常管理、专业培养、区域交流、专项研究以及人力资源等服务。由此，产业学院成为一个全新的产学研合作模式。三链融合的基础是知识互补。位于三链融合处的产业学院，承担着促进互补性知识流动、共享、整合、创新、应用和传播的功能，通过优势互补实现互利共赢，这是其产生和发展的深层次机理和逻辑；因位于三链边界重叠处，产业学院的产权结构、组织性质、价值取向和运行机制具有混合性。

### （二）三重螺旋创业型组织理论

三重螺旋创新模型理论超越了以往的大学—产业、大学—政府、产业—政府的双螺旋关系模型，形成了大学—产业—政府三者的交互关系，突破了双螺旋模式中学术与知识市场分开的局面。埃兹科维茨和劳德斯多夫认为，围绕知识生产和转化这一核心任务，大学—产业—政府三螺旋关系的形成要经历四个环节。这四个环节确保三螺旋的良性发展：第一个环节是每条螺旋线内部的进化；第二个环节是各螺旋线间的相互影响，最终导致系统内创新机构和三边网络的产生；第三个环节是三条螺旋的相互作用产生新的重叠的组织机构和网络，以刺激组织的创造性；第四个环节是存在于学术界、产业界和政府之间的递归影响，既作用于各自的螺旋体系，也作用于广泛的社会。①

产业学院是在三重螺旋或多重螺旋机制作用下产生的创业型组织。创业型组织是指以创业者（大学及二级学院、系、教授、学生等）为核心形成的动态组织网络结构。它不仅包括嵌于大学和二级学院的人、财、物等组织要素，还包括与组织有关的人或机构，如政府、企业等。它集学术研究与知识市场功能（创新创业）于一体。从静态方面看，创业型组织结构，主要是创新创业团队中人员及职位、任务以及它们之间的特定关系构成的网络。这一网络的特点主要取决于组织的创新创业目的，任务分工的范围、程度、环境的稳定性，以及组织各要素相互之间的协调配合关系。从动态方面看，指维持与变革组织机构以完成组织目标的过程。通过组织机制，调配组织资源，尤其是产学研之间的合作和资源配置，实现动态性平衡，共同构成一个完整的组织。

---

① 徐辉，王正青．大学—产业—政府的三重螺旋：内涵、层次与大学的变革［J］．西南大学学报（社会科学版），2007，33（5）：115－119.

### （三）动力机制分析

产业学院的动力因素，一是来自于多方利益契合和推动。作为一种诱发式的正式制度安排，其成立需要得到利益相关者的认同。也就是说，大学、政府、行业企业利益相关方获益水平的改进是产业学院产生发展的前提条件。二是来自于政府推动，政府正式制度安排与创新而产生制度变迁，推动了产业学院的孕育和发展。大学、政府、行业企业构成创新三重螺旋结构，每条螺线内部的进化、各螺旋间的相互影响等，其内在动力来自于三重螺旋中知识转移。由于大学、政府、企业三者在产业创新过程中扮演不同的角色和功能，是区域创新系统中知识的主要生产者，来自各方对大学知识生产的需求推动了产业学院的产生和运行。

1. 在三螺旋创新空间中，无论是显性还是隐性知识，他们中既有静态的知识结点和知识集群，也具有动态的知识流动和知识网络。当知识网络间产生落差和失衡时，静态知识开始流动，并形成动态知识集群。动态的知识群又催生知识进化，从而不断扩散和演生新的知识增长点。

2. 资金、技术、知识、信息、人才、政策等多种要素在三重螺旋多组织间流动。在知识的流动和转移中，大学、产业界、政府之间均存在异质信息沟通，大学作为其中创新主体，可以产生新的产业组织的组建，也可以获得政府竞争性资助和政策支持。三边网络的螺旋式发展，整合了大学以知识和技术为特征的创新资源和创业型人才，政府支持创新创业的政策资源，以及企业的创新创业资金等资源。随着三重螺旋系统进一步构建不同的复合结构，资源进一步整合，知识在不同组织之间扩散，知识流动和交易的成本降低，创新的速度和质量不断提高。

3. 整个三重螺旋系统处于长期动态演化中，大学、政府、行业企业等创新主体也会根据经济社会环境变化，进而整合创新创业策略。各个创新组织之间结合点和接触面会发生新的变化，即通过三条螺旋的相互作用产生新的重叠的组织机构和网络，以此刺激组织的创造性和区域的内聚性，从而产生大学、政府、行业企业共建的产业学院组织。

## 四、现代产业学院的主要特征

产业学院作为学校和行业企业参与的多主体组织，具有跨界特征。产业学院像企业，却不是追求营利的企业；产业学院像科研机构，却不是“象牙塔”式的科研机构；产业学院像办学机构，但又不是只靠政府和学校投入资源的办学机构。[①] 产业学院是基于中国国情和高职办学规律提出的一种办学模式，并具有特定的产业服务对象、综合的服务功能和产学之间形成紧密互动机制等特点。[②]

从系统论角度看，产业学院是由相互联系、相互作用的若干要素和子系统，按照管理的整体功能和目标需要结合而成的有机整体。必须从系统的观念出发，整体地、联系地观察和分析产业学院。产业学院作为创业型组织，依循创业型组织共性，在与其他组织进行物质、能量、信息交换的过程中，社会性极为突出。创业型组织具有动态性、组织边界模糊和清晰对立统一以及跨文化等主要特征。结合创业型组织特性，并在吸收学界主要观点基础上，本研究认为现代产业学院具有以下特征。

1. 多主体多组织交融共生。产业学院是由政府、高校、行业企业、社会团体等多元主体和多组织参与办学，因此多元投资体制是产业学院区别于传统校企合作最显著的特征。“多组织综合体”将相互联系的横向部门结构和彼此独立的纵向层级结构有效集聚在同一治理空间，构建了跨部门和跨层级的权威性合作联动机制，促使多元主体建立合作伙伴关系，在合作共生系统内促进权力和资源在不同职能部门之间实现跨界互动和自由分享。[③] 从目前已经建成的产业学院来看，投资主体主要是涉及高校、行业企业等多主体组织，共同参与人才培养等主要任务。这一特征和德国的双元制大学类似。同时有一些产业学院、政府和其他社会团体也参与其中，甚至进行投资，成为合作的主体之一。政府、高校、行业企业、社会团体等多元主体和多组织边界趋向模糊化，产业学院与多主体之间产生融合效应，以形成“命运共同体”，并达到抱团创新的目标。

2. 开放协调整合的治理结构。产业学院多主体多组织参与特性决定了产业学院治理结构的开放性、协调性和整合性。互联互通和开放共享是产业学院治理的价值取向和根本特征。在实际运行中，产业学院治理涉及跨领域、跨学科、跨部门和跨行业，涉及多元主体、多向度的治理主体，治理关系异质性导致了治理过程的复杂性，唯有消除各组织边界和壁垒，

---

① 胡文龙. 论产业学院组织制度创新的逻辑：三链融合的视角 [J]. 高等工程教育研究，2018 (3)：13－17.

② 邵庆祥. 具有中国特色的产业学院办学模式理论及实践研究 [J]. 职业技术教育，2009，30 (4)：44－47.

③ 许文静. 整体性视域下产业学院内部结构的治理逻辑研究 [J]. 中国职业技术教育，2018 (29)：12－16.

才能实现各自利益价值追求。多数产业学院也确实建立了理事会领导、院长负责的复合型管理治理机制，同时也存在参与主体权力结构的差异，从而导致的多元主体权力难以平等参与治理和共享办学的制度缺陷。高校根据区域经济发展的特点和合作企业的要求，选择合适的学科专业与相关企业共建产业学院，使不同区域和部门行业之间的信息、资源、资金、人才和技术等要素在治理环境中流通，形成开放共享的共同体。

3. 教学、科研与创业多重功能融合。随着知识生产模式变革，在三螺旋结构中，大学领导性作用正在凸显。大学承担着促进国家和区域经济社会发展使命，作为三边网络形成的组织——产业学院，必然要完成教学、科研和创业等多重功能建设。大学的基本职能是人才培养，这决定了产业学院首要任务是完成人才培养。大学的教学功能无法从它的“第三个使命”——经济发展中分离出来。① 但同时，产业学院要及时调整教学、科研职能和自身治理结构，并催生创新创业精神和文化。产业学院实际是在知识生产、传播和创新创业之间实现三大使命的竞争和合作，保持一定的动态张力，并不断产生知识创新。产业学院创业职能实际是对原有职能的拓展和延伸，在与异质资源的互动中，可以获得更好的办学效益。

4. 多主体协同育人模式。产业学院为高校、行业企业、政府等多元主体参与办学提供了重要对话平台，通过调动行业企业参与办学积极性，共同制定和形成专业人才培养目标，构建符合市场需求的培养课程体系，形成协同育人新模式。其实质是三螺旋组织价值观和方法论进行融合和碰撞的过程，促进资金、技术、知识、信息、人才、政策等多种要素流动，实现知识进化和知识创造，最终以知识为载体，促进知识创新的输出和升级。多元协同的核心是遵循学科专业发展逻辑，分析产业链和创新链之间的对应关系，有机整合产业学院内外多方主体，畅通校企、校地等合作的渠道，使高校深度融入区域重大战略实施和产业转型升级。

5. 创业文化生态系统。文化是一所大学和机构思想观念的集中体现，是“软实力”的象征，对机构发展起到凝聚办学力量、规范办学行为和激励办学意志的作用。创业文化是指敢于开创事业的思想意识和相应的价值观念以及鼓励创业的精神。产业学院作为创业型组织，其创业文化强调“自主、自治、创新”，弘扬敢于创新的精神，调动师生创新创业动力。

---

① 埃兹科维茨. 麻省理工学院与创业科学的兴起［M］. 王孙禺，袁本涛，等译. 北京：清华大学出版社，2007：9.

## 五、现代产业学院的运行模式

根据产业学院制度和实际运行的差异，也产生了不同的运行模式。主要集中在以下类型。

1. 根据空间区域集聚度，产业学院可分为集成式、连锁式和新常态式三种产业学院。一是集成式产业学院。该类型产业学院在一个办学点即可保证产学研一体化的有效实现。二是连锁式产业学院。此类型产业学院要通过互联网来链接多点分布的产学研功能。三是新常态式产业学院。该类型学院指的是仍位于大学校园内，但全程融入行业和企业元素的二级学院。本研究所针对的“产业学院”大部分为第三种模式。

2. 从合作对象看，又可以分为校企订单型、校企综合型、校地合作型、校行合作型、校会联合型和多位一体型等。①

3. 从功能考察，产业学院可以分为资源共享型、共同发展型和产业引领型三种类型。资源共享型是低层次的合作模式，主要着眼于资源共享，如人才、平台等的共享；共同发展型就是在资源共享的基础上，还能够促进各方的合作与共同发展，能够提升各方的实力或竞争力；产业引领型就是合作各方从引领产业发展的高度进行战略层面的深度合作，在行业标准、关键技术等高层次上进行合作。资源共享型、共同发展型和产业引领型是产业学院由低级向高级发展的不同发展阶段，反映出产业学院建立时不同的发展定位。②

本研究主要是从合作的对象及功能需求研究产业学院的运行模式。一是校企合作型，即学校和企业合作，实现人才培养、科技开发、文化传承创新等功能。校企合作型又分为校企综合型和校企订单型。校企综合型往往双方合作面较为广泛。而校企订单合作型，主要是学校按照企业要求制定人才培养方案，将实践教学地点放在企业，学校聘请企业人员在学院工作，与学校派出专任管理团队共同参与学院管理，学生定向订单就业。二是校行合作型，即为学校与行业协会等组织合作，重点在校企共建专业、共享平台、共育人才、企业员工培训及科技开发等方面开展深度合作。三

---

① 李宝银，汤凤莲，郑细鸣. 产业学院的功能设计与运行模式［J］. 教育评论，2015（11）：3－6.

② 朱为鸿，彭云飞. 新工科背景下地方本科院校产业学院建设研究［J］. 高校教育管理，2018，12（2）：30－37.

是校地合作型，即为学校与政府组织合作，重点在文化育人与产业发展、文化研究与创新、文化弘扬和传播、技术突破和创新等方面开展合作。

## 六、现代产业学院建设的实践路向

目前，现代产业学院发展仍存在缺乏操作规范、产权界定不清晰、现代治理结构未健全、市场运营机制不完善等问题。现代产业学院并非二级学院或机构的升级、叠加，而是内部组织形态的更迭创新。本研究在产业学院理论框架分析基础上，提出现代产业学院建设的实践路向。

### （一）依托产业集群，优化产业学院发展体系

以粤港澳大湾区合作发展、支持深圳建设中国特色社会主义先行示范区、支持广州“四个出新出彩”实现老城市新活力、加快构建全省“一核一带一区”区域发展新格局作为布局产业学院的重要依据，以产业集群发展为牵引，构建广东乃至大湾区特色的产业学院发展体系。粤港澳大湾区有“世界工厂”美誉，产业规模庞大，形成了产业集聚发展的优势和特点，对专业技术人才、综合人才、创新人才的需求持续增长。大湾区在产业集聚上，拥有世界一流的制造业、服务业、物流和终端产品，新一代人工智能独具优势特色。应充分发挥大湾区产业集聚优势，以具体产业链、创新链的布局结构、功能分区、发展趋势、实际需求为参照，关联谋划和精准分组相关学科专业，分层分类建设产业学院。在产业布局和产业学院学科特色设置上，大湾区西岸主要布局以技术密集型学科为特色的产业学院，东岸主要布局以现代服务业、战略性新兴产业为特色的产业学院，沿海城市主要布局以现代服务业和高科技产业为特色的产业学院。通过建立学科特色产业学院动态调整机制，避免资源同质化配置，形成错位发展、优势互补、长期持续的合作模式。

### （二）完善政策体系，突破产业学院建设体制机制障碍

加强省级政府统筹，从组织、政策、法律、税收和规章制度方面加强机制保障。由省级教育行政部门牵头，成立区域性、省级产业学院协同组织，建立以政府为主导、高校产业学院为主体，行业协会指导、企业和社会团体广泛参与的产业学院联盟，为产业学院交流合作提供平台，共同谋划全省产业学院的发展战略和路径，推动各个产业学院分类发展、彰显特色。引导高校、行业企业多主体发起成立产业技术创新中心，围绕粤港澳大湾区和广东产业发展亟须的创新技术需求，开展联合攻关，在关键性技

术领域取得重大突破。创新资源配置方式，对积极参与产业学院建设的高校和企业给予一定的激励补偿机制；出台实施有利于应用型人才培养、实习和科研创新、技术发明的导向性政策。向产业学院下放专业调整、人才引进、职称评聘、教学科研奖励方面的管理权和自主权。实施教师分类评价，改变在教师职称（职务）评聘、收入分配中过度依赖和不合理使用论文、专利、项目和经费等方面的量化评价指标的做法，适当增加完成项目与成果转化在职称（职务）评聘中的比重。

**（三）加强多主体协同育人，促进产业学院组织模式创新**

整合多方资源，丰富合作内涵和合作形式，推动高校与区域行业企业、科研院所、地方政府多方协同育人，共担投资风险、共享校企发展资源，构建资源共建、成果共创、利益共享的人才培养共同体。创新学科专业组织模式，探索建设由校内外多主体参与建设的产业学院新兴组织模式，不断衍生新兴、复合、交叉学科专业。围绕人才培养中心和服务具体产业链、创新链重心，全面推动体制机制改革、培养模式创新、课程体系重构、实践教学资源建设、师资队伍转型、应用科研转变、校企合作产教融合渠道畅通，加快建设产教融合、校企融合、师资融合、课程融合、文化融合模式的政行校企共建产业学院。根据产业发展的现状和趋势，成立专业建设委员会等教学组织，由理事会成员和产业学院聘请的专家组成，指导产业学院的专业建设和与之相适应的课程设置。加强产业学院企业导师配备，选派兼职担任实践课程的教师，为学校的教师提供实践的机会，对理论教师进行实践教学能力的培训，形成高校和工业界精英协同育人模式。

以培养学生自主学习能力、实践能力和创新就业能力为核心，加强专业教育与创新创业教育融合。充分利用“大众创业、万众创新”政策红利，把产业学院建成创新人才储备中心和高科技成果的孵化基地。加强创新创业基地建设，以创新创业孵化器为依托，加快“众创空间”、创业孵化中心等平台建设，孵化培育一批创新型企业，培育一批创新创业人才。鼓励有条件的地区探索推进混合所有制产业学院，允许企业以资本、技术、管理等要素依法参与办学并享有相应权利。

**（四）完善法人治理结构，推进治理体系变革**

推进产业学院治理体系变革，是产业学院建设的核心内容。突破政府管高校、高校管院系、院系管学科专业的单一垂直式科层制治理结构，在政策引导、资源投入、责任落实等创新机制，进一步扩大产业学院办学自主权，引导教育资源向潜力好、质量优、特色强、效益高的产业学院倾斜。完善法人治理结构，吸纳政府、行业企业和社会力量参与产业学院建设发展和人才培养全过程，强化“多元共治”“共生共长”“互利共赢”导向，明确政府、高校、行业企业成员的职能属性、权责范围和履权程序，构建权责清晰的运行机制和利益协调机制。实行理事会（董事会、管委会）治理模式，建立健全理事会领导下的院长负责制。理事会由产业学院投资方、企业、学校所遴选的代表组成，是产业学院最高决策机构，统领谋划产业学院的人才培养、科研创新、社会服务、经费预算、评价体系等重大事项，行使决策、审议、监督等权力。理事会遴选出的产业学院院长，负责落实理事会的重大决定，代表理事会负责产业学院的日常管理工作。建设“改革特区”，在内设机构、人员聘用、团队管理、专业设置等方面赋予更多自主权，办学资源优先聚集。赋予教师学生更高自主权、参与权、决策权和执行权，充分调动产业学院教师学生积极性，使产业学院运行更符合市场需求和人才培养规律。培育产业学院创业文化，营造“自主、自治、创新”创业文化，增强产业学院创新动力。

**参考文献**

[1] 宋作忠，刘兴丽，洪亮. 地方应用型本科院校校企合作机制研究［M］. 徐州：中国矿业大学出版社，2017.

[2] 赵东明，赵景晖. 高职校企混合所有制二级产业学院建设研究［J］. 教育探索，2016（6）：42－46.

[3] 杨善江. “产教融合”的院校、企业、政府角色新探：基于“三重螺旋”理论框架［J］. 高等农业教育，2014（12）：117－119.

[4] 杨华勇，张炜，吴蓝迪. 面向中国制造2025的校企合作教育模式与改革策略研究［J］. 高等工程教育研究，2017（3）：60－65.

[5] 卢美圆. 基于耗散结构理论的高等职业教育产教融合动力机制研究［J］. 教育与职业，2016（20）：11－14.

[6] 刘国买，何谐，李宁，等. 基于“三元融合”培养应用型人才：新型产业学院的建设路径［J］. 高等工程教育研究，2019（1）：62－66，98.

[7] 蔡瑞林，徐伟. 培养产权：校企共同体产业学院建设的关键［J］. 现代教育管理，2018，（2）：89－93.

[8] 顾永安. 应用本科专业集群：地方高校转型发展的重要突破口［J］. 中国高等教育，2016（22）：35－38.

[9] 陈锋. 实施“大舰战略”加快建设学科专业集群超级平台 [J]. 中国高等教育, 2016 (23): 27－30.
[10] 陈国龙, 林清泉, 孙柏璋. 高校产业学院改革试点的探索 [J]. 中国高校科技, 2017 (12): 44－46.

(撰稿人: 贾秀险; 审稿人: 孙丽昕)

# 广东省本科高校产业学院建设情况调研报告

○广东省教育研究院高等教育研究室

**摘　要：**产业学院作为促进产教融合的重要形式之一，是我国本科高校培养应用型人才的重要载体。近年来，广东省高校把产业学院建设作为推进“新工科”建设、大力推进本科教育高质量发展的重要抓手，进行了许多有益的探索，取得了较多可供借鉴的重要经验，部分高校更是走在前列。以下将对我省首批省级产业学院建设情况进行研究，分析它们在建设方面所采取的举措、取得的成绩，剖析其存在的主要问题，从加强产业学院建设理论、战略、政策与实践研究、健全和优化产业学院建设政策支持体系、深化产业学院人才培养供给侧改革等方面提出加强建设我省本科高校产业学院建设的策略，为其他高校产业学院建设发展提供参考。

**关键词：**本科高校　产业学院　政策　人才培养

为贯彻落实《国务院办公厅关于深化产教融合的若干意见》（国办发〔2017〕95号）和《广东省教育厅关于推进本科高校产业学院建设的若干意见》（粤教高函〔2018〕102号），全面了解广东省本科高校产业学院建设情况，广东省教育研究院高等教育研究室依托“广东省教育科技协同创新中心”项目子课题“大数据服务产业学院科技成果转化的研究与推广”，于2019年11—12月组织对广东省首批示范性产业学院开展调研，深入分析各产业学院建设的现状、问题并提出建议，形成调研报告。本文为该报告部分摘要内容。

## 一、本科高校产业学院建设的主要经验做法

各高校根据《国务院办公厅关于深化产教融合的若干意见》《广东省教育厅关于推进本科高校产业学院建设的若干意见》提出的战略目标和要求，紧紧围绕“提高本科高校人才培养质量和服务广东经济社会发展的能力”核心任务，以“推动地方本科高校向应用型转型，全面提升我省本科高校产教融合、校企合作水平”为主题，以深化改革开放为动力，不断推进产业学院建设，在主要领域取得了较好成绩。

### （一）坚持结合自身功能定位，创新高素质人才培养模式

产业学院落实培养高素质人才根本任务，关键在于全面分析自身类型层次，通过机制创新破解传统学科专业组织壁垒，实行学科专业交叉融合，建立与产业协同的专业共建、人才共育、师资共培、实习就业共担育人机制，培养学生创新创业与跨界能力。

1. 坚持产学研结合，培养高素质创新型人才。华南理工大学软件产业学院紧跟战略性新兴产业发展趋势，参照 IEEE - CS IEEE 计算机协会和 ACM 2005 学科教程知识体系（ESWBOK），引进 CDIO 国际工程教育改革模式实施人才培养。积极与广东省 IT 龙头企业如腾讯、华为、中兴、金山、金蝶等合作建立高水平联合实验室平台，争取共同承担国家级高水平研究课题。加强与知名 IT 企业的研究机构如微软研究院、百度研究院等，以及国内知名科研院所如中科院软件所、自动所等合作，建立实习基地，通过项目合作促进创新型人才培养和学术交流，打造软件工程优势专业。华南理工大学微电子产业学院以打造国际顶级的微电子人才培养基地为目标，落实“双院同岗”（学科学院 + 产业学院，两个学院同一岗位，资源共享）组织管理体制，探索“企业教师”队伍建设机制，与企业共同实施“3 +1”“4 +3”（本硕贯通）教学模式，提升产业教学环节比重，以培养微电子领域“产业精英”“行业领袖”“企业骨干”等高端人才为目标，把学院建设成为我省乃至全国产学融合育人示范区、综合改革试验田、高素质人才培育摇篮。

华南农业大学温氏集团产业学院以畜禽养殖产业向自动化、信息化、智能化和全产业链发展模式为导向，以农业龙头企业实践基地为依托，构建新的动物学科专业课程体系和实践模块，整合校企优质教学资源，组建“双师型”教学团队，打造产教融合培养基地，协同实施理论与实践教学，实现全过程、全方位、全产业链协同育人，着力提升学生的专业能力、养

殖小区管理能力和职业发展能力，培养动物学科专业新型高素质复合型人才。

2. 推进产教深度融合，培养高素质应用型人才。东莞理工学院直面东莞市制造业结构调整和转型升级对人才的新需求，建设7个现代产业学院，与企业共建67门项目化课程、53部教材、105个工程案例，初步构建起“新工科”人才培养新型载体。其中西门子智能制造学院面向产业构建专业，在学院内部打破传统的专业壁垒，通过二次选拔机械设计制造及其自动化、电子信息工程、自动化、软件工程等专业学生，初步构建起跨学科跨专业的企校协同创新人才培养模式；粤港机器人学院鼓励多样化的人才培养改革与探索，创新“校政企协”多方协同育人新模式，依托“校园+工业园”办学场地，形成“教育+培训+就业+创业”完整教育服务链，形成高素质应用型人才协同培养长效机制，实现多方共赢与良性发展；积极打造产业特色项目化课程体系及工程案例，基于OBE理念（成果导向理念）制定与产业紧密结合的人才培养方案。

华南理工大学广州学院智能制造产业学院整合华南理工大学的科技资源，联合行业龙头企业、产业联盟及行业协会和其他科研院所，以花都汽车、电子、皮革等产业为中心，深入实施校企协同育人，推进校企产学研对接，提升技术成果转换能力。该产业学院现已发展成为集技术研发、协同创新、成果转化、技术推广、实践育人为一体的科技创新平台。

广东白云学院曙光大数据学院积极创新应用型人才培养理念，为就读学生提供“学历教育+企业实践+职业证书”教育，为企业量身定制人才；采用以职业化为导向的教学模式，利用企业的实际项目，定制工程专题课程对学生进行实训，将企业的大数据软硬件平台产品融入教学和创新创业实践当中，让学生全面融会贯通所学专业知识；着力构建项目驱动式实践教学，企业开发产品为学生提供由点到面、由浅入深、由单元到系统的知识学习模式和“多元结合、分层递进、项目驱动”实践教学模式。

**（二）积极创新科研成果转化方式，服务地方经济社会发展**

各产业学院把服务地方经济社会发展作为自身建设的重要任务之一，积极转化科研创新成果。华南理工大学软件学院近3年来承担一大批国家级和省部级重大、重点、面上项目，以及企业委托项目，科研经费9 600多万元，解决了一系列重要软件工程相关问题。同时，采取技术转让、技术合作、建立工程技术中心等方式促进科研成果转化和产业化。如该院科研团队研发的项目解决了语音撰写功能中语音到文字的转换问题，语音准确率高于 95%，语音转写结果准确率高于 90%，这一成果于 2019 年通过企业在智慧城市平台得到推广应用，已为企业带来经济效益累计近千万元。东莞理工学院近 3 年专利授权累计 882 项，年均新增 294 项，全面夯实应用研究型大学发展基础。佛山科学技术学院建成 28 个产业学院，申请专利 5 179 件，其中发明专利 2 787 件，2017 年学校专利申请量和授权量分别位居广东省高校第 3 位和第 4 位；培育并通过高新技术认定的企业共 132 家，入库 35 家；与佛山市国星光电股份有限公司等光电龙头企业创立半导体光学工程产业学院，共建 LED 外延生长、LED 封装、LED 健康照明、LED 植物照明等覆盖全产业链实验室，按照“崇尚实践、追求卓越、致力创新”的理念，培养卓越工程师，近 5 年毕业生就业率达 100%，备受国星光电、佛山照明、欧司朗等企业欢迎。惠州学院旭日广东服装学院与企业共同设立 T 恤协同创新中心，学生在该创新中心研发的产品每年能为企业带来 5 万 ~10 万件订单，相当于 500 万 ~1 000 万元产值。

### （三）育人成效显著，获得各界广泛认可

全省首批示范性产业学院建设时间各有长短，育人成效都相当显著，不仅确保毕业生达到国家培养规格并获得相应学历学位，而且确保毕业生的职业发展能力获得提升。华南理工大学微电子学院学生近 2 年来获国家级奖项 56 项、省级一等奖 50 项，其中包括全国大学生集成电路创新创业大赛特等奖 2 项（2018 年、2019 年）、一等奖 2 项、二等奖 5 项、三等奖 16 项，中国“互联网 +”大学生创新创业大赛银奖 1 项（2015 年），全国大学生电子设计竞赛二等奖以上奖项 20 项、省级一等奖 40 余项。毕业生就业率 100%，在世界 500 强企业就业人数超过 30%。华南农业大学温氏集团产业学院学生在近三届全国大学生动物科学专业技能大赛获团体特等奖和一等奖各 1 次，并荣获单项特等奖 3 项、一等奖 2 项；在全国农林类高校“牛精英挑战赛”获一等奖 1 项、二等奖 4 项；在中国“互联网 +”大学生创新创业大赛获全国三等奖、省级一等奖和二等奖各 1 项；在全省本科高校动物生产类大学生创新与设计大赛获特等奖 2 项。首届毕业班研究生升学率高达 82.8%，就业率 100%；班集体获得广东省“五四红旗团支部”等荣誉称号。东莞理工学院“多模式特色产业学院推进产教协同育人的改革与实践”获 2018 年国家级教学成果二等奖，“‘六强化六着力’推进产学深度合作培养新工科人才的改革与实践”“地方理工科大学‘三融三进三全’文化育人体系的探索与实践”“赛教融合应用引领的自动化类专业人才培养模式改革与实践”3 项成果获 2019 年广东省教学成果一等

奖。佛山科学技术学院教学实践成果“地方本科高校‘双学院制’工科人才共育模式的构建与实践”获得2018年国家级教学成果二等奖，其毕业生培养质量优秀，部分学生到清华大学、北京大学等国内外知名高校继续深造。

## 二、本科高校产业学院建设遇到的主要困难问题

调研所获得的资料显示，近年来，各产业学院建设取得较大进展，但离建设高水平产业学院的要求相比，还存在明显差距，面临一些困难问题。这主要表现在以下六个方面。

### （一）对产业学院发展路径的探索不充分

调研表明，国家于2017年提出建设“新工科”“产业学院”等要求，包括广东省本科高校在内的全国高校对此的认识还处于逐渐加深的阶段，无论是“新工科”还是“产业学院”建设，均处于刚起步状态，尚未形成可普遍推广的成熟模式与路径。目前广东省产业学院建设参差不齐，对产业学院认识较深且对产教融合已有较长时间探索的高校，其产业学院发展状况比较好；认识不到位的高校，其产业学院建设还主要停留在企业师资引入和校内师资培训，部分产业课程替代现有理论专业课程，“3+1”“2+2”教学模式改革等传统校企合作模式上。因此，走广东特色产业学院发展路子，需要各相关方面树立使命感、责任感，共同充分探索。

### （二）产业学院发展政策支持体系不完善

从政府层面看，产业学院仅在国务院、教育部及部分省市有关新工科建设、产教融合、校企合作等政策文本中有所涉及，但尚未出台关于产业学院建设的专门政策文件。已有关于产业学院建设的相关政策相当零散，只是较为宏观地提出支持产业学院建设的议题，但对如何建设、如何支持等着墨较少，未成体系。从学校层面看，虽然探索建设产业学院的本科高校大多制定了促进和规范产业学院建设的文件，但主要以产业学院建设管理办法、评估办法等较为宏观的顶层设计制度为主，尚未涉及课程建设、教师队伍建设、经费安排等与产业学院建设密切相关的内容，与高职院校产业学院建设有较大的同质性，尚未完全体现本科高校产业学院建设的实际和特色。

### （三）产业学院现代化治理体系不健全

各产业学院内部治理机制大多采用董事会或者理事会机制，但都存在

过多依靠签订合作协议、依靠契约精神实现协同育人和共同发展的问题，由于冲突解决机制和合理的法人治理结构先天缺失，校企之间目标稍有差异，就会产生利益冲突且难以解决，导致学院各目标难以充分实现。另外，部分产业学院制度建设相对滞后，如运行经费管理制度、师资人员管理制度、教学场所管理制度、学生学习方式和学习成果转换认定制度等存在不同程度的缺失，制约了更好更快发展。

### （四）产业学院条件配备不充裕

部分产业学院运行机构欠缺，没有落实专门机构、人员、场地，特别是学生校内外管理人员均由学院及企业现有管理人员兼任，精力和时间难以保障；运行经费没有得到增拨，以自筹为主，难以形成长效机制，学生活动、实训、创新创业大赛、论文发表、专利，以及教师到企业实践、企业人员到学院讲课等深受制约。

### （五）产业学院师资力量不够强

建设产业学院是一项全新的探索，意味着原有的资源配置需要调整优化，需要凝聚各部门力量参与。然而，调研发现，多数高校往往仅由编制为二三十人的二级学院承担产业学院建设任务，而这些学院专业课教师大多缺乏较长时间的企业实践锻炼；管理人员既要做好日常管理工作，又要耗费大量时间与精力承担日常数据录入工作，负担过重；学生班级缺乏专职管理人员。

### （六）产业学院毕业生直接就业率不够高

各产业学院学生读完本科后，相当一部分不愿意直接就业而是选择继续深造，尤其是到外省“985”“211”或“双一流”高校深造。有的产业学院本科毕业生考研率超过 80%，剔除一部分转行业的，实际到对口用人单位就业的就更少。长此以往，企业协同办学、协同育人的积极性、主动性和创造性将会受挫。

## 三、本科高校建设高水平产业学院的对策建议

我们认为，推动产业学院建设作为本科高校转型改革的升级版，遇到各种新的困难问题在所难免，需要以创新驱动为引领，以提高自主发展能力为关键，全面推进体制机制创新，大力破除体制机制壁垒，加快提升产业学院建设水平。

**（一）加强产业学院建设理论、战略、政策与实践研究**

一是政府职能部门和本科高校应加强对产业学院建设研究的支持。在政府各级各类课题资助中设立“产业学院建设研究专项”，加大与产业学院建设相关的项目研究资助力度；有关本科高校的校级教研、教改项目要向产业学院建设研究倾斜。二是通过课题立项、平台搭建等多种途径，鼓励高等教育类智库、经济社会发展智库、高校二级学院、行业企业等多元主体投身到产业学院建设研究中，加强协同创新，更好更快产出高水平的理论、战略、政策与实践成果。三是及时总结和推广本科高校产业学院建设经验，宣传推广产业学院建设典型范例。

**（二）健全和优化产业学院建设政策支持体系**

一是政府制定加快推进产业学院建设的专项政策，包括出台广东省本科高校产业学院基本建设标准、广东省本科高校产业学院建设评估指标体系等，定期组织考核评估。在宏观管理、专项经费支持、资源配置、考核评估等方面加快产业学院建设政策支持体系构建，如充分放权赋能给高校，减少或尽量避免对产业学院建设具体事务的干预；在有条件的产业学院设立本硕连读项目，让优秀本科生可以安心学习、专心深造，一次性获得本专业硕士学位；实施大学生志愿服务山区与重点行业计划，鼓励和引导大学生成为服务区域和行业发展的“新工科”骨干；推行大数据服务产业学院科技成果转化。二是有关高校调整优化资源配置，在产业学院组织架构、人力配备、经费安排、场地建设、学科专业课程设置、培养模式创新、治理结构等方面构建一整套科学高效的政策支持体系，为打造人才共育、过程共管、成果共享、责任共担的合作共治新局面提供坚强保障。

**（三）深化产业学院人才培养供给侧改革**

一是打造产教合作育人共同体，大胆突破传统办学体制，坚持开放合作办学，坚持共建共治共享，把产业学院打造成为行业企业与高校合作的新载体和新平台。二是打造高素质人才培养体系，全面推进教育教学创新，构建紧密对接产业集群发展需求的学科专业集群，坚持“引育”并重，建设一支教学水平高、实践能力强的师资队伍，瞄准产业发展需求，构建更新型、更科学、更人文的课程教学体系。三是深化以人才培养为核心的体制机制改革，对接区域产业发展需求，建立科学动态的学科专业设置调整机制；强化和运用市场机制，引入产业界优质育人资源；建立与产业学院发展相适应的教师职称评审和考核评价制度，重视产业学院教师对区域产业转型升级的服务度、贡献度、支撑度，提高教师的产业学院工作业绩在职称（职务）评聘中的比重。

（执笔人：田锋，孙丽昕，王志强，姚宇华，贾秀险，戚务念，刘霞；审稿人：孙丽昕）

# 广东省本科高校高等教育研究机构分析报告

○广东省教育研究院高等教育研究室

**摘　要：**教育科研承担着探索规律、破解难题、引领发展的使命。新时代实现教育强国和高校自身改革发展都亟须高等教育研究为其提供理论和实践支撑。广东省67所本科院校有25所设有高等教育研究机构。本研究全面梳理此类机构，从设置情况、学校的地域和类别整体把握它们的发展现状，就功能定位及5所典型研究机构进行了分析；发现此类机构有在高校设立不够、重视不足、发展不均衡等问题，提出加强重视、建立协同交流机制、找准定位、分层分类发展等建议。

**关键词：**广东　本科高校　高等教育研究机构

## 一、研究背景

### （一）推进教育现代化，实现教育强国，需要教育科研更好地发挥作用

改革开放以来，特别是党的十八大后，我国教育科研工作取得长足发展和显著成就，学科体系日益完善，研究水平不断提升，服务能力明显增强，为推动教育改革发展发挥了不可替代的重要作用。高等教育研究伴随着我国高等教育发展改革的进程，贡献了专业智慧并发挥着积极的推动作用。随着我国高等教育改革进入深水区，高教研究的“智库”功能越来越凸显。

### （二）高等教育研究是应新时代高等教育自身发展的需要

党的十九大报告指出“加快一流大学和一流学科建设，实现高等教育

内涵式发展”，广东省提出建设高水平大学、“双一流”建设，“冲一流、补短板、强特色”等行动计划。2019 年 10 月，教育部印发了《教育部关于加强新时代教育科学研究工作的意见》（以下简称《意见》），这是中华人民共和国成立以来教育部印发的首个教育科研规范性文件，为做好新时代教育科研工作提供了强大的政策支持和制度保障。《意见》指出：教育科学研究是教育事业的重要组成部分。对教育改革发展具有重要的支撑、驱动和引领作用。健全教育科研机构体系——各级教育科研专门机构要重点加强教育理论研究、政策研究和实践研究，提高服务决策能力和指导实践水平。高等学校要重点加强基础理论研究、决策服务研究，优化教育学及其相关学科规划建设和人才培养。

面对新时代提出的新要求，高等教育研究担负着更大的使命。对广东省高校高等教育研究机构建设现状的分析，显得尤为迫切和重要。

## 二、本科院校中高等教育研究机构发展现状

### （一）整体情况

梳理全省 67 所本科院校［不含哈尔滨工业大学（深圳校区）］的公开资料，对名称中含“高等教育研究所（中心）”的机构或主要承担高等教育研究职能的机构进行信息搜集，截至 2020 年底共找到 25 家，占比 37.3%。（根据 2014 年我国高校普查情况，全国普通高校中设有高教研究机构的占比为 59%。①）此类机构性质的设置情况见表 1。

表 1　广东省本科高校高等教育研究机构的设置情况

| 序号 | 机构名称 | 学校 | 隶属情况 | 性质 |
|---|---|---|---|---|
| 1 | 中山大学高等教育研究院 | 中山大学 | — | — |
| 2 | 华南理工大学高等教育研究所 | 华南理工大学 | 校直属 | 校直属正处级 |
| 3 | 暨南大学高教研究与评估中心 | 暨南大学 | 挂靠于学校发展规划处 | 独立设置，行政部门 |

① 尹雅丽. 我国本科院校高等教育研究机构发展现状与功能定位［D］. 武汉：华中科技大学，2016：21.

续上表

| 序号 | 机构名称 | 学校 | 隶属情况 | 性质 |
|---|---|---|---|---|
| 4 | 华南农业大学高等教育研究所 | 华南农业大学 | 挂靠于学校发展规划处 | — |
| 5 | 南方医科大学教学发展中心 | 南方医科大学 | 校直属 | 校直属教辅机构 |
| 6 | 广州中医药大学 | 广州中医药大学 | 校直属 | 与中医药发展研究中心合署 |
| 7 | 华南师范大学高等教育研究所 | 华南师范大学 | 隶属于二级学院 | 无实体性学术机构 |
| 8 | 广东工业大学高等教育研究所 | 广东工业大学 | 挂靠于学校发展规划处 | 学术机构，无行政级别 |
| 9 | 广东外语外贸大学高等教育研究中心 | 广东外语外贸大学 | — | 正处级 |
| 10 | 汕头大学高等教育科学研究所 | 汕头大学 | 校直属 | 校直属教育科研单位 |
| 11 | 仲恺农业工程学院高等教育研究所 | 仲恺农业工程学院 | 挂靠于学校发展规划处 | — |
| 12 | 岭南师范学院教育研究院高等教育研究所 | 岭南师范学院 | 隶属于教育研究院 | 处级科研机构 |
| 13 | 广东石油化工学院高等教育研究所 | 广东石油化工学院 | 校直属 | 校直属科研机构 |
| 14 | 广州大学高等教育研究所 | 广州大学 | 教育学院下属机构 | 教学科研机构 |
| 15 | 广州医科大学高等教育研究所 | 广州医科大学 | 校直属 | 校级非实体性研究机构 |
| 16 | 深圳大学高等教育研究所 | 深圳大学 | 校直属 | 教学科研机构 |

续上表

| 序号 | 机构名称 | 学校 | 隶属情况 | 性质 |
|---|---|---|---|---|
| 17 | 南方科技大学高等教育研究中心 | 南方科技大学 | 隶属于人文社会科学学院 | 教学科研机构 |
| 18 | 韶关学院教育研究院（下设高等教育研究所） | 韶关学院 | 校直属 | 校级非实体性研究机构 |
| 19 | 嘉应学院发展规划与教育科学研究所 | 嘉应学院 | 校直属 | — |
| 20 | 东莞理工学院高等教育研究所 | 东莞理工学院 | 校直属 | 校直属，独立设置 |
| 21 | 五邑大学教育教学评估中心 | 五邑大学 | 高教所与该中心合署 | 高教所与评估中心合署 |
| 22 | 佛山科学技术学院高等教育研究所 | 佛山科学技术学院 | 挂靠于学校发展规划处 | — |
| 23 | 肇庆教育发展研究院高等教育研究所 | 肇庆学院 | 校市共建机构的内设机构 | 校市合建 |
| 24 | 广东东软学院高等教育研究所 | 广东东软学院 | 和评估与建设办公室合署办公 | — |
| 25 | 广州工商学院高等教育研究所 | 广州工商学院 | 校直属，非实体 | — |

注：1. 以上信息主要来源于相关高校公开资料，主要是官方网站和 2018 年 12 月出版的《改革开放 40 年广东教育科研发展》以及相关高校教科研工作研讨交流材料。

2. 南方医科大学高等教育研究中心是南方医科大学教学发展中心内设机构之一，从其历史沿革来看具有高等教育研究的实质属性，故列入统计。

对以上 25 所高校的地域分布及学校类别进行统计，结果见图 1、图 2。可以发现此类机构大部分位于珠三角地区，以综合性高校居多。其他没有设立此类机构的高校，则由发展规划处、学科建设办公室或教务处等部门兼顾高等教育研究的部分职能。

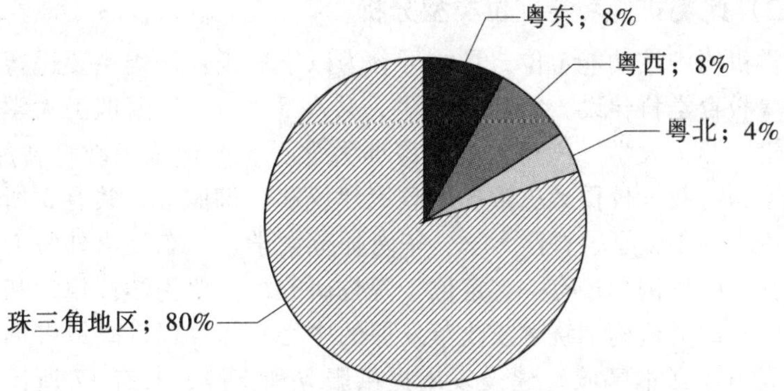


**图 1　广东省本科高校设有高等教育研究机构的高校地域分布情况**

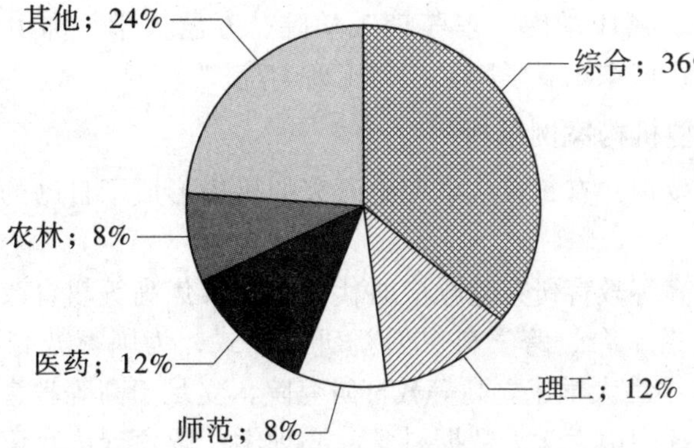


**图 2　广东省本科高校设有高等教育研究机构的高校类别分布情况**

总体而言，此类机构中既有承担学科建设、从事学术研究的专门机构，为高等教育学扩大知识再生产提供专业人才，又有面向高等教育改革与发展开展理论与实践探究的机构，还有立足高校自身开展院校研究的应用性、实践性探索的机构。这也体现了高校内部的高教所职责的多重性，即既应该有立足于为本校教职工高教科研服务的活动，也有立足于解决教学过程实际问题的应用型研究和为本校整体性发展服务的对策性研究，还有立足于促进整个高教事业发展的高教基本理论研究。①

① 王长乐. 对“有为才能有位”观念的另类思考［J］. 煤炭高等教育，2001(6)：12.

### （二）此类机构功能定位类型分析

此类机构中按功能定位，具体可分为以下三类：一类主要进行理论研究和高等教育学科建设，培养研究生，共有 5 所①：华南理工大学、华南师范大学、汕头大学、广州大学、深圳大学。一类定位于教育智库职能，围绕国家、省及学校重大决策提供政策建议和咨询服务，共有 5 所：中山大学、华南理工大学、暨南大学、华南师范大学、广东外语外贸大学。除了以上高校的机构，还有一类定位于院校研究，主要为学校规划和发展服务的机构。此类机构围绕学校改革发展的中心工作，提供政策咨询和决策服务，为本校（本区域）建设发展提供服务和支撑，共有 17 所：华南农业大学、南方医科大学、广州中医药大学、广东工业大学、仲恺农业工程学院、岭南师范学院、广东石油化工学院、广州医科大学、南方科技大学、韶关学院、嘉应学院、东莞理工学院、五邑大学、佛山科学技术学院、肇庆学院、广东东软学院、广州工商学院。

### （三）典型机构案例解析

通过梳理发现，有 5 家从事理论研究的机构形成了自己的研究特色或研究领域。

中山大学高等教育研究院顺应时代变革，聚焦高等教育改革热点，主动转型，通过搭平台、跨学科、创新研究方式，为国家教育改革决策服务。2017 年，中山大学成立高等教育研究院，立足于高等教育大数据实证研究，充分发挥中山大学大数据科学、心理学、教育理论政策研究等学科优势，将高等教育研究顶层设计和数据研究充分结合，构建基于教育大数据分析研究的专业质量分析、学科质量分析、教师课堂教学评价的高等教育研究矩阵，旨在建成队伍精、水平高、国际化的新型教育决策智库，助力学校、地方乃至国家教育机制改革。其本着“多学科协同合作，对教育数据进行多角度挖掘，寻找学习、教学、管理过程中的教育规律并反作用于教育过程，促进教育改革，成为现代教育研究的发展趋势”的理念，主要承担三个方面的职能：中山大学教育教学质量分析；高等教育质量监测国家数据平台建设；持续推进高等教育质量研究项目，比如 2018 年工作计

---

① 2015 年，中山大学撤销教育学院，停止招收高等教育学研究生。2016 年，受教育部高等教育教学评估中心委托，中山大学承担“高等教育质量监测国家数据平台”建设任务，面向全国高校采集教育教学数据。2017 年，中山大学成立高等教育研究院，依托平台开展教育质量实证研究。

划之一“国家高等教育质量标准研究”。中山大学高等教育研究院设立“高等教育质量研究项目”，每年面向全国征集基于数据实证研究的高等教育质量研究项目 30 项。

暨南大学高教研究与评估中心，扎实开展院校研究，以深厚的理论功底和紧密联系实际的务实态度，在助推学校综合改革和管理决策方面发挥了重要影响。此机构由原暨南大学高等教育研究中心和原暨南大学评估中心合并而成。高等教育研究中心（前身是高等教育研究室）于 1995 年成立，主要从事高等教育跨学科研究，领域涉及教育经济学、教育管理学、教育社会学和教育史等。同时，在深入研究学校改革发展问题的基础上，积极探索华侨高等教育与港澳台高等教育的规律，以期为学校发展提供参考。服务国家和地方教育决策，推动学校综合改革和高水平大学建设，为学校管理决策提供支撑和服务。所办刊物有《暨南高教研究》《暨南高教参考》《暨南大学高水平大学建设辑刊》《暨南大学高水平建设月报》。

南方医科大学教学发展中心，以医学教育研究、教师教学发展为主线，在医学教育领域建立教育教学研究联盟，具有领头羊的地位。主要职能包括：研究教育教学理论和实践，推动和促进教育教学改革；搭建医学教育教学研究与交流平台；整理教育政策信息，开展教育决策咨询，推广现代教育理念，发展教学学术；整合教师教学资源，提供在线数据库支持；构建教师培训体系，开展教师培训项目；承接国家课题，提交研究报告，凝练办学理念和特色等。所办刊物有《南方医学教育》《高校领导参考》。

广东外语外贸大学高等教育研究中心，面向世界高等教育，打造新型教育智库，是广东省本科院校高教研究机构的新秀。该机构于 2013 年成立，由高等教育研究所 2002 年改制而成，其前身是 1992 年成立的广州外语学院高等教育研究室。高等教育研究中心以全面提高高等教育质量为使命，主要从事高等教育发展及管理、政策及咨询的研究，兼顾广东外语外贸大学发展规划、学科建设、教育教学的研究；坚持“教育研究中心、信息交流中心、情报分析中心”的功能定外，围绕国家战略和广东外语外贸大学工作重点，打造高等教育研究智库。正在打造两个学术交流平台：《世界高等教育》（2020 年创刊）集刊、《高等教育蓝皮书》。前者立足中国，面向世界，既关注发达国家，也聚焦中国内地区域及港澳台，同时面向“一带一路”沿线地区，力争走出一条国际化特色创新办刊之路；后者深入分析中国高等教育及其相关领域的发展状况和问题，并进行趋势预判和提出对策，实现理论研究和政策研究的创新与突破。

南方科技大学高等教育研究中心，突破传统高等教育研究机构职能定位的常规，是典型的创新型高教机构。主要职能有承担通识课教学工作，开发及建设各类课程以及科学研究领域的校本研究、通识教育研究、本科生学期监测分析、“大中”对接研究、排名研究，承担纵向和横向课题研究，系统总结和研究南方科技大学创新实践经验，为南方科技大学“扎根中国大地，办世界一流大学”提供研究支撑。2018 年该校高等教育研究中心、人文科学中心和社会科学中心共同组建成南方科技大学人文社会科学学院。

## 三、广东省本科高校高等教育研究机构存在的主要问题与不足

### （一）高等教育研究机构还没有得到普遍设立

如前所述，截至 2020 年底全省 67 所本科院校［不含哈尔滨工业大学（深圳校区）］中共有 25 所设立了高等教育研究机构，占比 37%，远低于 2014 年的全国平均水平 59%。没有设立此类机构的原因有多种，有的高校依托发展规划处、教务处或校长办公室承担相似的服务决策、咨询建议功能，有的则是早期设立了高等教育研究室，在学校机构改革发展历程中，高教室的职能逐渐被弱化，地位逐渐边缘化最终被撤销。如韩山师范学院教育发展研究院原本职能包括高等教育研究、教育发展规划、规章制度建设论证等，2016 年底设立发展规划处，后两项职能移交到规划处。目前该校教育发展研究院内设机构之一高校教师发展中心，更多是执行学校教师教学能力提升的职能，教育研究明显削弱。

### （二）高教研究机构受重视程度不够，建设力度较小

一是机构设置方面建制不全。在以院校研究为主的 17 所机构中，挂靠或合署形式存在的有 7 所，校直属（视为独立设置）的有 7 所，在独立设置的此类机构中有 2 所是非实体性的，见表 2、表 3。由于这样的机构属性，导致在高校的地位处被边缘化，在院校机构改革中容易被分化、合并甚至撤销。

二是机构职能方面作用不凸显。在挂靠或合署的机构中，教育研究的职能被弱化，规划管理的职能被加强，与教育科学研究的宗旨有所背离，高等教育“研究”名存实亡。

三是研究队伍方面人少事杂。专职研究人员少，承担工作多样化，业务量大，不能聚焦主要精力进行专业研究。25 所高校高教研究机构中，有

8所承担办刊任务，其中大多数为内部资料（内刊或高教改革信息的形式）。还有牵头开展校史研究、撰写发展规划或报告、承担科研组织管理、替领导写讲话稿等行政事务。

**表2　以院校研究功能定位的17所机构行政隶属情况**

| 序号 | 机构名称 | 高校名称 | 隶属情况 |
|---|---|---|---|
| 1 | 华南农业大学高等教育研究所 | 华南农业大学 | 挂靠于学校发展规划处 |
| 2 | 南方医科大学教学发展中心 | 南方医科大学 | 校直属 |
| 3 | 广州中医药大学 | 广州中医药大学 | 校直属 |
| 4 | 广东工业大学高等教育研究所 | 广东工业大学 | 挂靠于学校发展规划处 |
| 5 | 仲恺农业工程学院高等教育研究所 | 仲恺农业工程学院 | 挂靠于学校发展规划处 |
| 6 | 岭南师范学院教育研究院高等教育研究所 | 岭南师范学院 | 隶属于教育研究院 |
| 7 | 广东石油化工学院高等教育研究所 | 广东石油化工学院 | 校直属 |
| 8 | 广州医科大学高等教育研究所 | 广州医科大学 | 与发展规划处合署办公 |
| 9 | 南方科技大学高等教育研究中心 | 南方科技大学 | 隶属于人文社会科学学院 |
| 10 | 韶关学院教育研究院（下设高等教育研究所） | 韶关学院 | 校直属，非实体 |
| 11 | 嘉应学院发展规划与教育科学研究所 | 嘉应学院 | 校直属 |
| 12 | 东莞理工学院高等教育研究所 | 东莞理工学院 | 校直属 |
| 13 | 五邑大学教育教学评估中心 | 五邑大学 | 高教所与该中心合署 |
| 14 | 佛山科学技术学院高等教育研究所 | 佛山科学技术学院 | 挂靠于学校发展规划处 |
| 15 | 肇庆教育发展研究院高等教育研究所 | 肇庆学院 | 校市共建机构的内设机构 |

续上表

| 序号 | 机构名称 | 高校名称 | 隶属情况 |
| --- | --- | --- | --- |
| 16 | 广东东软学院高等教育研究所 | 广东东软学院 | 和评估与建设办公室合署办公 |
| 17 | 广州工商学院高等教育研究所 | 广州工商学院 | 校直属，非实体 |

**表 3　以院校研究功能定位的 17 所机构行政隶属情况统计**

| 行政隶属情况 | 数量/所 | 所占比例/% | 合计/% |
| --- | --- | --- | --- |
| 独立设置 | 7 | 41 | 41 |
| 挂靠或合署行政部门 | 7 | 41 | 59 |
| 隶属于二级学院 | 2 | 12 | |
| 隶属于其他 | 1 | 6 | |
| 合计 | 17 | 100 | 100 |

## （三）高教研究机构的功能和作用有待进一步增强

一是高校内部交流不足，院校研究作用未能充分发挥。广东省本科高校教育研究机构中，多数是进行院校研究。院校研究是利用管理学、经济学、社会学、政治学、教育学等多学科的理论，为改进大学所进行的研究。院校研究强调为学校决策提供全面服务，具有极强的实用性和跨学科性。院校研究的根本任务是基于院校信息系统，通过数据的收集、分析解释，为院校决策服务，进而推动大学改进。① 高校的高等教育研究机构由于其地位的边缘化，与校内其他部门如教务处、校长办公室等协同交流不足，不能有效、全面掌握学校管理运行的相关数据，关门搞研究缺乏针对性和有效性。

二是高校之间协同不够，交流不足，未形成成果交流平台。目前，省内高校有广州大学、深圳大学、汕头大学自发设立院校研究联盟。这三所高校以培养研究生为导向，具有较高理论研究水平。在其他类型的高校之间，尚未建立此类平台，研究成果多限于为学校的规划及发展建言，存在低水平重复现象。

---

① 张德祥，别敦荣，周光礼，等．加强新时代教育科学研究工作（笔谈）［J］．中国高教研究，2019（12）：5．

三是各类高校的此类机构发展不均衡。已有高等教育研究生培养的高校、成立高教研究机构较早且成果产出较多的高校，处于较高水平，步入稳定发展、提升质量的快车道。而多数本科院校高教机构建设力量薄弱，尚未打下扎实的发展基础，处于彷徨观望，甚至止步不前状态，呈现发展不均衡的现状。特别是新建地方院校或通过升格等形式建立的学校，正处于战略转型期，更是迫切需要科学的教育研究来指引学校改革发展。但往往是这类学校由于专职、专业研究人员缺乏，或研究队伍力量薄弱，导致研究成果水平不高，重数量轻质量，不能很好地满足学校建设与发展的需要。

## 四、优化建议及改进方向

### （一）校领导应重视高教研究机构，加强队伍建设

高校应加强对高校教育科研工作重要性与紧迫性的认识。有条件的高校要高设置专门的研究机构，从制度上明确其功能定位和服务面向，建立由校领导直接负责的管理体制，重视人才队伍建设等。

### （二）建立协同攻关、整合资源的合作机制

树立协同创新，建立研究同盟等平台，发挥资源共享、信息交流的积极作用。在高校内部，建立高等教育研究机构、教务处、发展规划处、教学评估中心等部门的长效沟通机制，联合攻关，使得服务教育决策的咨询建议更具针对性和有效性。同时可以聚集专业和人才优势，开展跨学科多维度的深入研究。在高校之间，可以建立不同类型高校的协同联盟，以联合申请项目、合作成立研究团队等形式，扩大各高校之间的交流。同类型的学校有着相似的办学定位和类似的发展困境，建立协同联盟，可以弥补研究队伍薄弱、人员不足的状况，避免了各机构各自为政，造成信息孤岛及由此带来的低水平重复现象。

### （三）找准功能定位，凸显研究特色，分类、分层建立协同机制

根据研究领域、服务面向、研究优势的不同，结合院校自身的实际情况，因地制宜、因时而动，在学科建设、院校研究和行动研究中找准发展路径和定位。省级层面建立不同类型高校、不同层次研究机构的协同研究平台，形成合力，助推高等教育研究成果的科学性，提高理论与实践的契合度。

**参考文献**

[1] 尹雅丽. 我国本科院校高等教育研究机构发展现状与功能定位 [D]. 武汉：华中科技大学，2016.

[2] 赵向华. 地方院校高等教育研究机构发展策略刍议：以仲恺农业工程学院为例 [J]. 大学教育，2013（7）：15－27.

[3] 王燕敏，宋士顺. 省域高校高等教育研究机构的现状与出路：基于河北省属“双一流”建设高校高等教育研究机构的分析 [J]. 华北理工大学学报（社会科学版），2019（6）：108－114.

[4] 容敏华. 地方高校高等教育研究机构建设的审视与思考 [J]. 辽宁教育行政学院学报，2014（1）：29－32.

[5] 李明忠，李盼盼，李静. 河北省高等教育研究的现状分析与提升策略 [J]. 保定学院学报，2019（3）：95－102.

（执笔人：钟珂；审核：孙丽昕）

# 广东省第五届高校（本科）青年教师教学大赛分析报告

○广东省教育研究院高等教育研究室

**摘　要：**广东省高校青年教师教学大赛发展近十年，辐射示范作用越来越明显。从教师特征、高校类型、区域和学科分布等角度统计、分析2020年广东省第五届高校（本科）青年教师教学大赛的网络评选、现场决赛和总决赛三环节的参赛、晋级及获奖情况，提出进一步推动和扩大本科高校青年教师教学大赛影响力的思考，以期赋予青年教师教学大赛新动能，助力青年教师教学能力提升。

**关键词：**广东　青年教师　教学大赛

广东省高校青年教师教学大赛（以下简称“本科大赛”）是由广东省总工会、广东省教育厅联合举办的一项重要教学赛事。本科大赛从2012年举办第一届以来，已举办五届，经过近十年的发展，它在促进青年教师教学能力提升、推动青年教师发展方面发挥了积极作用。

广东省第五届高校（本科）青年教师教学大赛（以下简称“第五届本科大赛”）由广东省教育研究院和广东省教科文卫工会共同承办，历时5个月，圆满落幕。本报告通过对第五届本科大赛的参赛及获奖情况进行统计梳理，提出分析思考，以期赋予青年教师教学大赛新动能，“以赛促学、以赛促教、以赛促提高”。

## 一、本科大赛组织总体情况

### （一）竞赛分组细化，工科组、文科三组竞争激烈

第五届本科大赛共分文科、理科、工科、医科和思想政治理论课专项五个竞赛组，同时细分为 7 个小组。由于文科组包括 8 个学科，且学科间差异较大，为便于比赛组织和评选，将文科组分为三个小组。第五届本科大赛参赛教师共 404 名，参赛教师最多的是工科组，共 84 人，占总参赛人数的 20.79%，其次是文科三组，83 人参赛，占 20.54%，两组组内竞争激烈。参赛人数最少的是文科一组，共 38 人参赛，占 9.41%（见表 1）。

表 1　各组参赛人数一览表

| 竞赛组 | 小组 | | 范围 | 参赛人数/人 | 占比/% |
|---|---|---|---|---|---|
| 文科 | 1 | 文科一组 | 01 哲学、03 法学、04 教育学、06 历史学 | 38 | 9.41 |
| | 2 | 文科二组 | 02 经济学、12 管理学 | 64 | 15.84 |
| | 3 | 文科三组 | 05 文学、13 艺术学 | 83 | 20.54 |
| 理科 | 4 | 理科组 | 07 理学 | 53 | 13.12 |
| 工科 | 5 | 工科组 | 08 工学、09 农学 | 84 | 20.79 |
| 医科 | 6 | 医科组 | 10 医学 | 40 | 9.90 |
| 思想政治理论课专项 | 7 | 思想政治理论课 | 思想政治理论课 | 42 | 10.40 |

### （二）启动新赛制，三环节逐步晋级

近年来，本科大赛主要通过三至四所高校分学科组决赛，一次性完成教学设计、课堂教学和教学反思比赛内容的方式进行，第五届本科大赛则采取网络评选、现场决赛和总决赛三个环节逐步晋级的方式。网络评选环节是对参赛教师的教学大纲、教学设计及课件等参赛材料进行网络评审，七个小组各选拔前 15 名教师参加现场决赛。现场决赛包括课堂教学设计、课堂教学和教学反思三个评分项，选拔文科竞赛组每小组（文科一组、文科二组、文科三组）现场决赛第一名教师、其余四小组前两名教师进入总决赛。总决赛包括主题演讲、课堂教学和现场答辩三个项目，五个竞赛组第一名教师晋级第五届全国高校青年教师教学竞赛（以下简称“国赛”）。

整个赛程赛项的组织采用了全新方案，既契合国赛要求，又拓宽了比赛内涵，凸显本科教学比赛特色。

### （三）公办本科高校全部参赛，参赛人数约占七成

广东省普通本科高校共67所，38所公办本科高校全部参赛，广州科技职业技术大学和广东工商职业技术大学因刚升格为本科层次职业大学不参加本科大赛，北京师范大学－香港浸会大学联合国际学院、香港中文大学（深圳）、深圳北理莫斯科大学、广东以色列理工学院和广东工业大学华立学院5所高校未报名参赛。从参赛的数量上看，大部分高校对比赛非常重视。成人高校仅深圳广播电视大学报名参赛，实际参赛高校61所。参赛教师总共404人，公办本科高校参赛教师276人，占总参赛人数的68.32%；民办本科高校参赛教师126人，占31.19%；成人高校参赛教师2人，占0.50%。

### （四）53所高校获奖，5所高校获奖率100%

参加第五届本科大赛的61所高校中，共有53所高校获奖，占比86.89%，获奖教师共203人，其中一等奖35人，二等奖70人，三等奖98人。获奖高校中暨南大学、广州大学、东莞理工学院、广东白云学院、广东科技学院等5所高校参赛教师均获奖，19所高校教师获奖率超66.67%，31所高校参赛教师获奖人数超半数。广东外语外贸大学、广州体育学院、深圳大学、深圳技术大学、中山大学南方学院、广东技术师范大学天河学院、广州大学华软软件学院、深圳广播电视大学等8所高校未获奖。

## 二、网络评选环节赛情分析

### （一）性别结构上女教师占比达2/3

404名参赛教师中，男教师133人，女教师271人，分别占32.92%、67.08%（见图1）。公办高校（以下含深圳广播电视大学）男教师103人，女教师175人，分别占37.05%、62.95%；民办高校男教师30人，女教师96人，分别占23.81%、76.19%。整体来看，参赛的女教师是男教师的两倍；对比公办高校，民办高校参赛女教师占比更大，达到男教师的三倍，这间接反映了目前我省本科高校青年教师的性别结构状况。

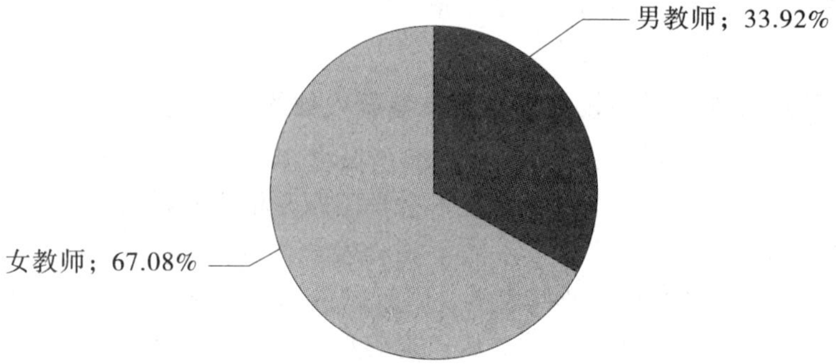


图 1　网络评选环节参赛教师性别结构

### （二）年龄结构上 31 ~ 40 岁（含）年龄段教师超过 4/5

从年龄上看，参赛教师平均年龄为 32.5 岁，其中最小年龄 25 岁（1994 年出生），共 2 人，最大年龄 40 岁（1979 年出生），共 4 人。25 ~ 30 岁（含）的参赛教师共有 66 人，占 16.34%；31 ~ 35 岁（含）的参赛教师共有 153 人，占 37.87%；36 ~ 40 岁（含）的参赛教师共有 185 人，占 45.79%（见图 2）。31 ~ 40 岁（含）年龄段教师占 83.66%，他们积累了一定的教学经验，具备较为成型的教学风格和创新、挑战的动力，是大赛的中坚力量。公办本科高校 25 ~ 30 岁（含）、31 ~ 35 岁（含）和 36 ~ 40 岁（含）三个年龄段的占比情况分别是 15.11%、38.13%、46.76%，民办本科高校占比情况分别为 19.05%、37.3%、43.65%，与整体年龄比例结构吻合。

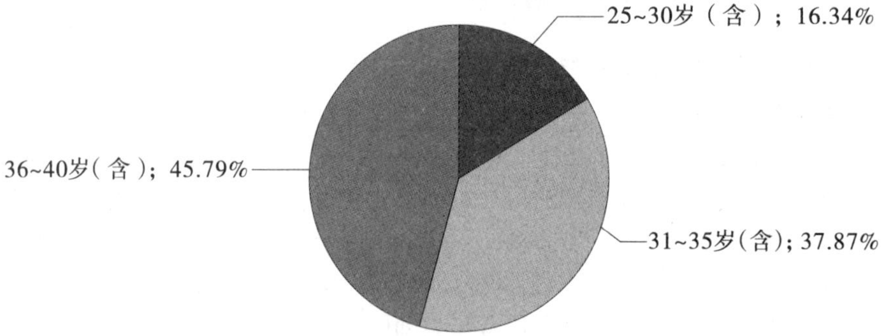


图 2　网络评选环节参赛教师年龄结构

### （三）职称结构上中级职称教师为参赛主力军

从职称上看，参赛教师中职称未定级的有4人，初级35人，中级270人，副高88人，正高7人。中级职称参赛教师最多，占66.83%，超过参赛总人数的2/3，是参赛的主力军；其次是副高职称，占21.78%，超过参赛总人数的1/5；正高职称和职称未定级的比例较低，分别为1.73%和0.99%（见图3）。公办高校未定级、初级、中级、副高和正高职称占比情况分别是1.08%、8.99%、61.87%、25.54%、2.52%，民办高校占比情况分别是0.79%、7.94%、77.78%、13.49%、0，与职称整体分布情况一致。数据统计还发现，公办高校正高和副高职称合占参赛总人数的19.06%，民办高校合占4.21%，高级职称参赛教师绝大部分来自公办高校，正高职称教师全部来自公办高校。

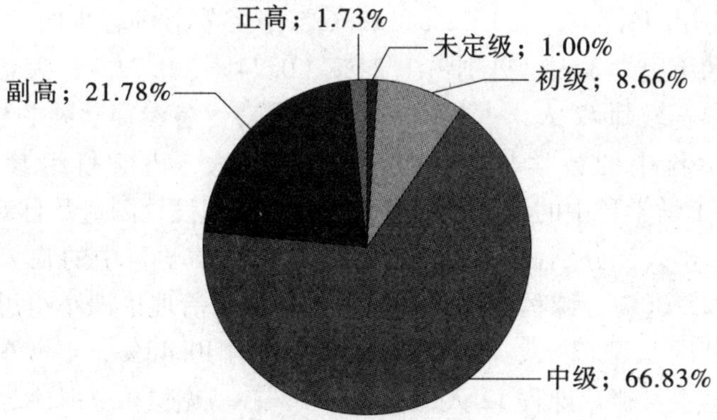


图3　网络评选环节参赛教师职称结构

### （四）区域结构上粤西、粤北高校参赛率100%

从高校区域分布看，85.25%的参赛高校来自珠三角地区，83.66%的参赛教师来自珠三角地区高校，粤东3所高校有2所参赛，参赛率为66.67%，粤西5所高校、粤北2所高校全部参赛。粤西高校参赛教师35人，参赛人数比粤北（16人）、粤东（15人）多一倍以上，占总人数的8.67%（见图4）。

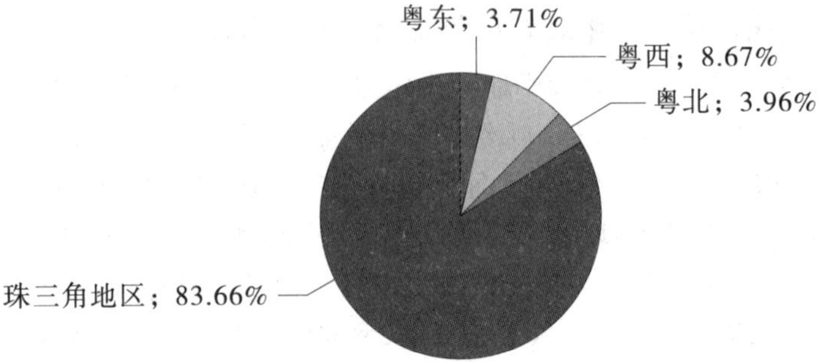


图 4　网络评选环节参赛教师区域结构

### （五）学科结构上以工学、理学、文学居多，合计占 45.3%

参赛的 12 个学科中，参赛教师较多的是工学 79 人、理学 53 人和文学 51 人，分别占 19.55%、13.12%、12.62%，参赛教师较少的是农学 5 人、哲学 3 人和历史学 3 人，分别占 1.24%、0.74%、0.74%；思想政治理论课单列，参赛教师 42 人，占 10.40%（见图 5）。各参赛学科中专业较多的是：理学学科中的数学与应用数学专业 19 人，占学科组参赛人数的 35.85%；工学学科中的计算机科学与技术、机械设计制造及自动化专业分别为 9 人、8 人，分别占 10.71%、9.52%；医学学科中的临床医学专业 10 人，占 25.00%。课程人数较多的是：思想政治理论课小组思想道德修养与法律基础课程 17 人，占小组总参赛人数的 40.48%；毛泽东思想和中国特色社会主义概论课程 12 人，占 28.57%；马克思主义基本原理概论课程 8 人，占 19.05%。其他专业和课程分布相对零散。

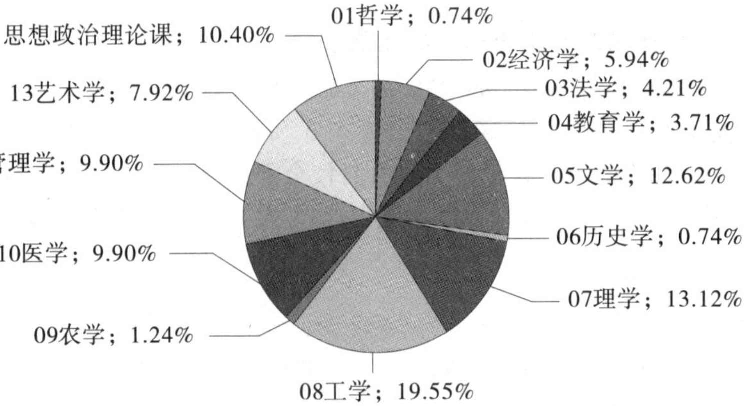


图 5　网络评选环节参赛教师学科结构

## 三、现场决赛环节赛情分析

### （一）105 名教师晋级，12 所高校晋级率超 50%

经过网络评选环节专家评审，共有 41 所高校的 105 名教师晋级现场决赛，12 所高校晋级现场决赛人数超半数，暨南大学、华南农业大学、华南师范大学和广州中医药大学 4 所高校现场决赛晋级率超 66. 67%，其中暨南大学参赛教师 12 人，11 人晋级，晋级率为 91. 67%（见图 6）。公办高校晋级教师 87 人，晋级率 31. 29%，民办高校晋级教师 18 人，晋级率 14. 29%，公办高校晋级率是民办高校的逾两倍。粤东、西、北，珠三角高校晋级率分别为 50. 00%、60. 00%、100. 00%、67. 31%，粤北高校全部晋级；教师晋级率分别为 26. 67%、14. 29%、37. 5%、26. 63%，粤北高校 16 名参赛教师中有 6 人晋级现场决赛，晋级率最高，珠三角高校晋级教师 90 人，占晋级现场决赛总人数的 85. 71%，但晋级率低于粤北和粤东。

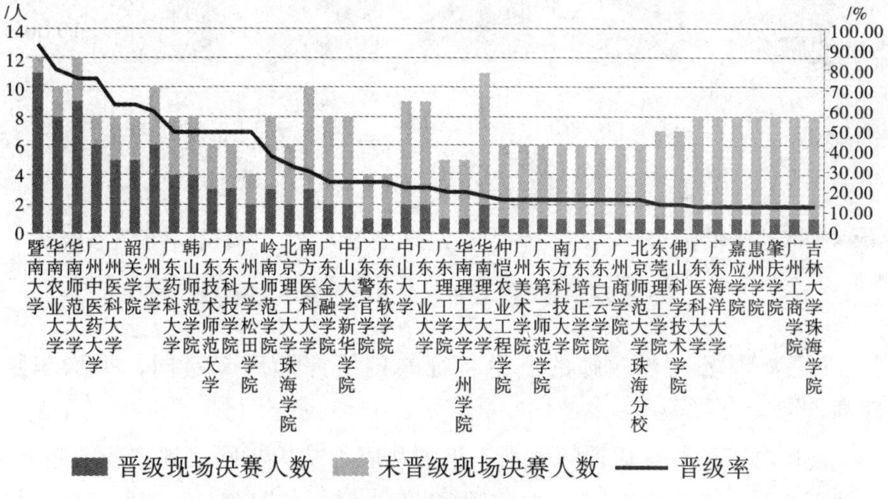


**图 6　晋级现场决赛情况统计**

### （二）排名前五晋级高校覆盖“双一流”建设高校，1 所来自粤西

七个竞赛小组排名前五晋级现场决赛的 35 名教师来自 11 所公办本科高校，覆盖一流大学建设高校（中山大学 2 人、华南理工大学 2 人）和一流学科建设高校（华南师范大学 5 人、暨南大学 11 人、广州中医药大学 2 人），共计 22 人，占比 62. 86%。“双一流”建设高校排名前五晋级率从高到低依次是暨南大学（91. 67%）、华南师范大学（41. 67%）、广州中医药

大学（25.00%）、中山大学（22.22%）、华南理工大学（18.18%）（见图7），其中暨南大学晋级现场决赛的教师在各组排名均在前五。除了以上5所高校，另外5所地处珠三角（华南农业大学、广州美术学院、南方医科大学、广东工业大学、广东药科大学），1所来自粤西（广东海洋大学）；华南农业大学排名前五晋级的有8人，晋级率80.00%，其他高校均为1人。

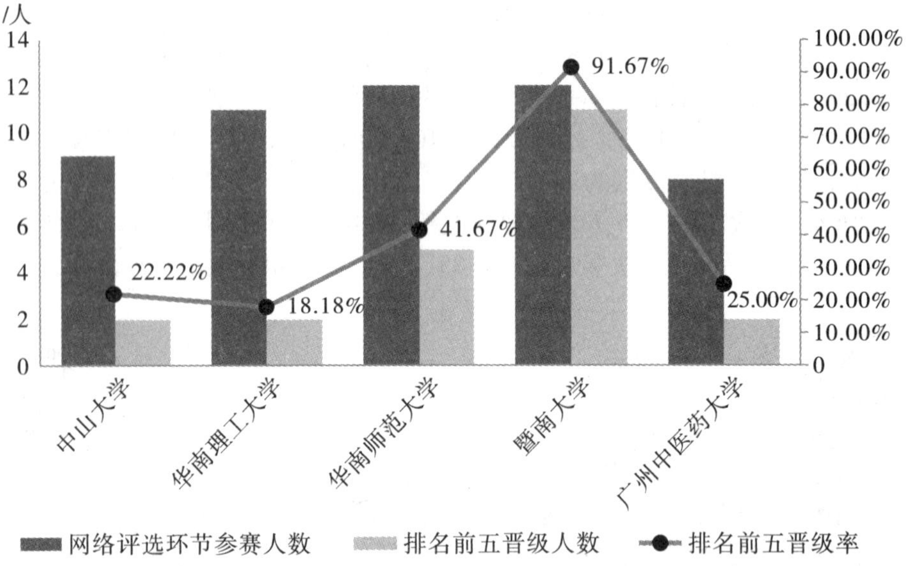


图7 “双一流”建设高校排名前五晋级现场决赛情况统计

## （三）现场决赛教师的身份特征与网络评选环节趋同，平均年龄略高

现场决赛环节参赛教师性别、年龄和职称结构与网络评选环节趋同。从性别上看，男教师33人，女教师72人，分别占31.43%、68.57%，男教师参赛人数只占3成，女教师人数是男教师的两倍多。从年龄上看，平均年龄34.95岁，最小年龄26岁（1993年出生），均略高于网络评选环节，最大年龄40岁（1979年出生）仅1人。30岁以下（含）教师11人，占10.47%；31～35岁（含）教师41人，占39.05%；36～40岁（含）教师仍最多，有53人，占50.48%。从职称上看，正高职称教师2人，未定级1人，人数均较少；中级职称72人，占68.57%，人数仍最多（见表2）。

表2　现场决赛环节参赛教师身份特征信息

| 项目 | 性别 | | 年龄 | | | 职称 | | | | |
|---|---|---|---|---|---|---|---|---|---|---|
| | 男 | 女 | 25～30岁（含） | 31～35岁（含） | 36～40岁（含） | 未定级 | 初级 | 中级 | 副高 | 正高 |
| 数量/人 | 33 | 72 | 11 | 41 | 53 | 1 | 3 | 72 | 27 | 2 |
| 比例/% | 31.43 | 68.57 | 10.47 | 39.05 | 50.48 | 0.95 | 2.86 | 68.57 | 25.71 | 1.91 |

**（四）哲学、历史学学科晋级率100%，数学与应用数学专业参赛率最高**

参赛学科除理科、医科和思想政治理论课均有15人晋级外，工科、文学和管理学分别有14人、9人、9人晋级，晋级人数较多；晋级人数最少的是农学，仅有1人。晋级率最高的是哲学和历史学，均为100.00%，均有3人晋级；晋级率最低的是文学（17.65%）和工学（17.72%），主要是受网络评选环节参赛总人数的影响（见图8）。现场决赛各参赛学科中专业较多的是理学学科的数学与应用数学专业（6人），占学科组参赛人数的40%；医学学科的临床医学专业5人，占33.33%；文学学科的英语（英语语言文学）专业4人，占26.67%；教育学学科的心理学专业、经济学学科的经济学专业、管理学学科的会计学专业、工学学科的机械制造自动化专业，均为3人，占20.00%。课程人数较多的是思想政治理论课小组思想道德修养与法律基础课程（5人），占小组参赛人数的33.33%；毛泽东思想和中国特色社会主义概论课程、马克思主义基本原理概论课程均为4人，占26.67%。

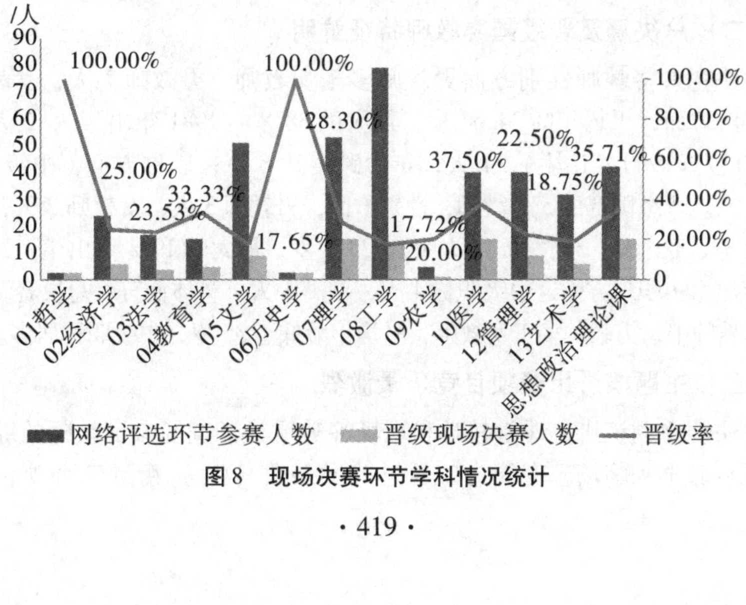


图8　现场决赛环节学科情况统计

## 四、总决赛环节赛情分析

### （一）4所高校11名教师晋级总决赛

经过现场决赛环节比拼，共有4所高校11名教师晋级总决赛，暨南大学4人，华南农业大学4人，华南师范大学2人，南方医科大学1人，华南农业大学参赛教师半数获得晋级（见图9）。晋级总决赛的高校中，暨南大学、华南农业大学均承办过四届广东省高校（本科）青年教师教学大赛学科组赛事，华南师范大学承办过两届。总决赛文科、理科、工科、医科和思想政治理论课专项五个竞赛组第一名教师推荐参加国赛，华南农业大学2人，华南师范大学2人，南方医科大学1人。

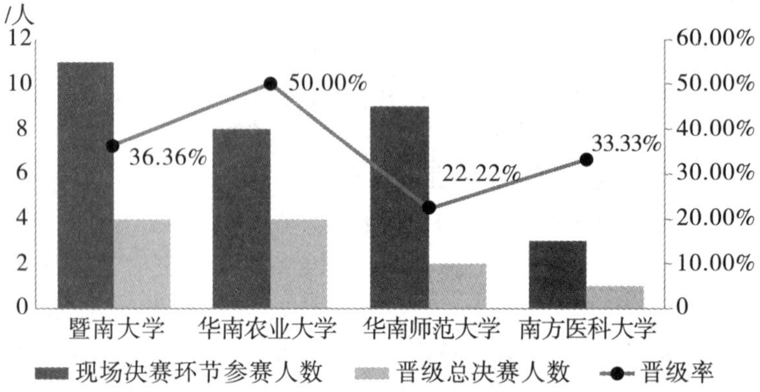


图9　晋级总决赛情况统计

### （二）总决赛及晋级国赛教师特征鲜明

总决赛参赛教师性别方面男教师多于女教师，男教师7人，女教师4人；年龄方面，平均年龄34.64岁，最大的38岁（1981年出生），2人，最小的30岁（1990年出生），1人，年龄跨度达8岁；职称方面，中级8人，副高3人。晋级国赛的5名教师，性别方面，男教师3人，女教师2人；年龄分别为37、37、32、31、30，平均年龄33.4岁，最大的1982年出生，最小的1990年出生；职称方面，中级职称4人，副高1人。整体而言，总决赛及晋级国赛的教师中，男教师多于女教师，平均年龄低于35岁，中级职称居多。

### （三）主题演讲比赛项目竞争最激烈

总决赛主题演讲、课堂教学和现场答辩项目考查了参赛教师的综合素质、现场教学和临场应变能力，通过差异系数（CV）衡量三个项目间的竞争激烈程度，差异系数越小，说明竞争激烈程度越大。统计总决赛11名参赛教师三个比赛项目分数发现，主题演讲项目的竞争最激烈，同是分数占比20%的现场答辩项目竞争激烈程度低于主题演讲项目（见表3）。

表3　总决赛环节各比赛项目竞争激烈程度分析

| 项目 | 最小值 | 最大值 | 平均值 | 标准差 | 差异系数 | 竞争程度 | 占比/% |
|---|---|---|---|---|---|---|---|
| 主题演讲 | 16.86 | 18.68 | 17.88 | 0.51 | 0.028 | 1 | 20.00 |
| 课堂教学 | 50.86 | 56.66 | 54.55 | 1.80 | 0.033 | 2 | 60.00 |
| 现场答辩 | 16.51 | 18.82 | 17.60 | 0.65 | 0.037 | 3 | 20.00 |

## 五、大赛获奖情况分析

第五届本科大赛获奖情况在性别、职称、高校类型、高校区域和学科分布方面存在结构性倾斜。从奖项等级分布来看，一、二、三等奖作品数量呈金字塔状（见表4）。

表4　高校获奖情况统计

| 序号 | 获奖高校 | 参赛人数/人 | 一等奖/人 | 二等奖/人 | 三等奖/人 | 获奖总数/人 | 获奖总数占比/% |
|---|---|---|---|---|---|---|---|
| 1 | 中山大学 | 9 | 0 | 2 | 1 | 3 | 33.33 |
| 2 | 华南理工大学 | 11 | 1 | 1 | 3 | 5 | 45.45 |
| 3 | 暨南大学 | 12 | 8 | 3 | 1 | 12 | 100.00 |
| 4 | 华南农业大学 | 10 | 6 | 2 | 1 | 9 | 90.00 |
| 5 | 南方医科大学 | 10 | 2 | 1 | 3 | 6 | 60.00 |
| 6 | 广州中医药大学 | 8 | 1 | 5 | 0 | 6 | 75.00 |
| 7 | 华南师范大学 | 12 | 6 | 3 | 2 | 11 | 91.67 |
| 8 | 广东工业大学 | 9 | 1 | 1 | 3 | 5 | 55.56 |
| 9 | 汕头大学 | 6 | 0 | 0 | 3 | 3 | 50.00 |
| 10 | 广东财经大学 | 6 | 0 | 0 | 4 | 4 | 66.67 |
| 11 | 广东医科大学 | 8 | 0 | 1 | 1 | 2 | 25.00 |
| 12 | 广东海洋大学 | 8 | 0 | 1 | 1 | 2 | 25.00 |
| 13 | 仲恺农业工程学院 | 6 | 0 | 1 | 2 | 3 | 50.00 |

续上表

| 序号 | 获奖高校 | 参赛人数/人 | 一等奖/人 | 二等奖/人 | 三等奖/人 | 获奖总数/人 | 获奖总数占比/% |
|---|---|---|---|---|---|---|---|
| 14 | 广东药科大学 | 8 | 0 | 4 | 2 | 6 | 75. 00 |
| 15 | 星海音乐学院 | 3 | 0 | 0 | 1 | 1 | 33. 33 |
| 16 | 广州美术学院 | 6 | 0 | 1 | 0 | 1 | 16. 67 |
| 17 | 广东技术师范大学 | 6 | 1 | 2 | 1 | 4 | 66. 67 |
| 18 | 岭南师范学院 | 8 | 0 | 3 | 2 | 5 | 62. 50 |
| 19 | 韩山师范学院 | 8 | 0 | 4 | 0 | 4 | 50. 00 |
| 20 | 广东石油化工学院 | 6 | 0 | 0 | 1 | 1 | 16. 67 |
| 21 | 广东金融学院 | 8 | 1 | 1 | 3 | 5 | 62. 50 |
| 22 | 广东警官学院 | 4 | 1 | 0 | 2 | 3 | 75. 00 |
| 23 | 广东第二师范学院 | 6 | 0 | 1 | 4 | 5 | 83. 33 |
| 24 | 广州航海学院 | 5 | 0 | 0 | 2 | 2 | 40. 00 |
| 25 | 广州大学 | 10 | 3 | 3 | 4 | 10 | 100. 00 |
| 26 | 广州医科大学 | 8 | 0 | 5 | 0 | 5 | 62. 50 |
| 27 | 南方科技大学 | 6 | 0 | 1 | 0 | 1 | 16. 67 |
| 28 | 韶关学院 | 8 | 0 | 5 | 2 | 7 | 87. 50 |
| 29 | 嘉应学院 | 8 | 1 | 0 | 0 | 1 | 12. 50 |
| 30 | 惠州学院 | 8 | 0 | 1 | 2 | 3 | 37. 50 |
| 31 | 东莞理工学院 | 7 | 0 | 1 | 6 | 7 | 100. 00 |
| 32 | 五邑大学 | 3 | 0 | 0 | 1 | 1 | 33. 33 |
| 33 | 佛山科学技术学院 | 7 | 0 | 1 | 4 | 5 | 71. 43 |
| 34 | 肇庆学院 | 8 | 0 | 1 | 1 | 2 | 25. 00 |
| 35 | 广东培正学院 | 6 | 0 | 1 | 0 | 1 | 16. 67 |
| 36 | 广东白云学院 | 6 | 0 | 1 | 5 | 6 | 100. 00 |
| 37 | 广东科技学院 | 6 | 1 | 2 | 3 | 6 | 100. 00 |
| 38 | 广州商学院 | 6 | 1 | 0 | 1 | 2 | 33. 33 |

续上表

| 序号 | 获奖高校 | 参赛人数/人 | 一等奖/人 | 二等奖/人 | 三等奖/人 | 获奖总数/人 | 获奖总数占比/% |
|---|---|---|---|---|---|---|---|
| 39 | 广东东软学院 | 4 | 0 | 1 | 1 | 2 | 50.00 |
| 40 | 广州工商学院 | 8 | 1 | 0 | 1 | 2 | 25.00 |
| 41 | 广东理工学院 | 5 | 0 | 1 | 2 | 3 | 60.00 |
| 42 | 北京师范大学珠海分校 | 6 | 0 | 1 | 3 | 4 | 66.67 |
| 43 | 电子科技大学中山学院 | 6 | 0 | 0 | 3 | 3 | 50.00 |
| 44 | 北京理工大学珠海学院 | 6 | 0 | 2 | 3 | 5 | 83.33 |
| 45 | 吉林大学珠海学院 | 8 | 0 | 1 | 0 | 1 | 12.50 |
| 46 | 广州大学松田学院 | 4 | 0 | 2 | 1 | 3 | 75.00 |
| 47 | 东莞理工学院城市学院 | 6 | 0 | 0 | 1 | 1 | 16.67 |
| 48 | 中山大学新华学院 | 8 | 0 | 2 | 2 | 4 | 50.00 |
| 49 | 华南理工大学广州学院 | 5 | 0 | 1 | 3 | 4 | 80.00 |
| 50 | 华南农业大学珠江学院 | 5 | 0 | 0 | 2 | 2 | 40.00 |
| 51 | 广东外语外贸大学南国商学院 | 4 | 0 | 0 | 1 | 1 | 25.00 |
| 52 | 广东财经大学华商学院 | 6 | 0 | 0 | 1 | 1 | 16.67 |
| 53 | 广东海洋大学寸金学院 | 5 | 0 | 0 | 2 | 2 | 40.00 |

### （一）获奖情况存在结构性倾斜

从性别看，男教师60人获奖，获奖率45.11%，女教师143人获奖，获奖率52.77%，女教师获奖率高于男教师。

从职称看，职称未定级、初级、中级、副高、正高教师获奖人数分别为2人、8人、137人、52人、4人，获奖率分别为50.00%、22.86%、50.74%、59.09%、57.14%。除初级职称外，其他职称获奖率达50.00%或以上，副高职称获奖率最高，其次是正高职称。

从高校类型看，公办高校教师150人获奖，获奖率52.82%，民办高校教师53人获奖，获奖率44.17%，公办高校教师获奖率高于民办高校。一流大学建设高校中山大学、华南理工大学教师获奖人数分别为3人、5人，获奖率分别为33.33%、45.45%；一流学科建设高校华南师范大学、暨南大学、广州中医药大学获奖人数分别为 11 人、12 人、6 人，获奖率分别为 91.67%、100.00%、75.00%，“双一流”建设高校中暨南大学 12 人参赛，12 人均获奖。

从高校区域分布来看，粤东、粤西、粤北参赛高校均获奖，52 所地处珠三角的参赛高校中 44 所获奖；粤东、粤西、粤北、珠三角高校教师获奖人数分别为 7 人、12 人、8 人、176 人，教师获奖率分别为 46.67%、34.29%、50.00%、52.07%，珠三角高校参赛教师获奖人数最多，获奖率最高。

从学科分布来看，获奖率最高的学科是哲学，参赛教师 3 人，获奖 3 人，其次是历史学和农学，获奖人数分别为 2 人、3 人，获奖率分别为 66.67%、60.00%，这三个学科参赛人数较少；参赛人数最多的工学、理学和文学三个学科，获奖人数分别为 39 人、28 人、25 人，获奖率分别为 49.37%、52.83%、49.02%，工学获奖人数最多；获奖率最低的是法学，参赛教师 17 人，获奖 7 人，获奖率 41.18%（见图 10）。

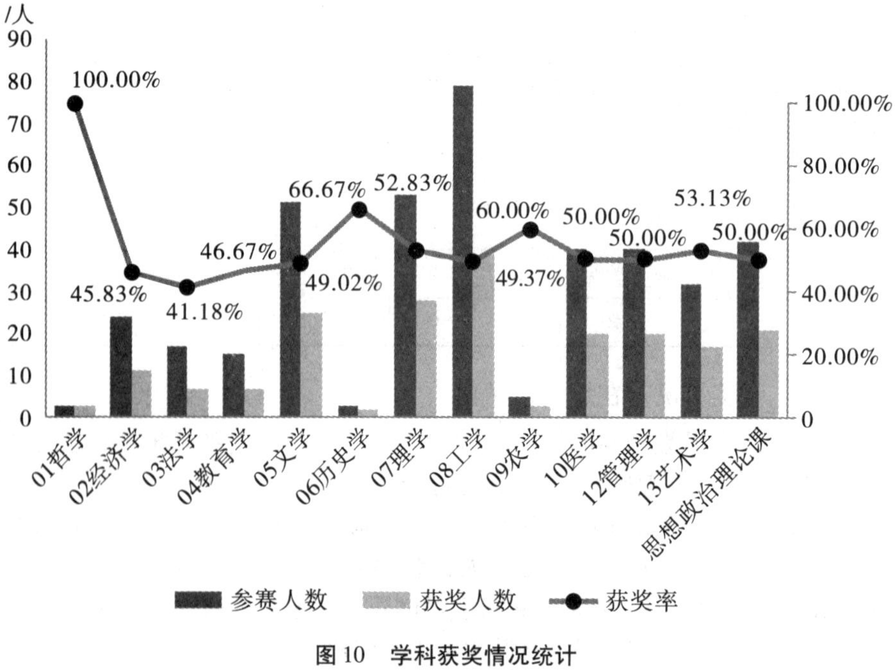


图 10　学科获奖情况统计

## （二）15 所高校获一等奖，3 所高校成绩突出

获一等奖的有 15 所高校，共 35 人，公办和民办高校获奖人数分别为 32 人、3 人，占比分别为 91.43%、8.57%，获奖率分别为 29.63%、

15.00%，公办高校一等奖获奖率差不多是民办高校的两倍。暨南大学、华南农业大学、华南师范大学3所高校成绩比较突出，一等奖获奖人数合占一等奖获奖总人数的57.14%，其中暨南大学一等奖获奖教师最多。广东科技学院、广州商学院和广州工商学院3所民办高校各有1名参赛教师获一等奖（见图11）。一等奖获奖男、女教师人数分别为15人、20人，获奖率分别为14.56%、11.43%，男教师一等奖获奖率高于女教师。

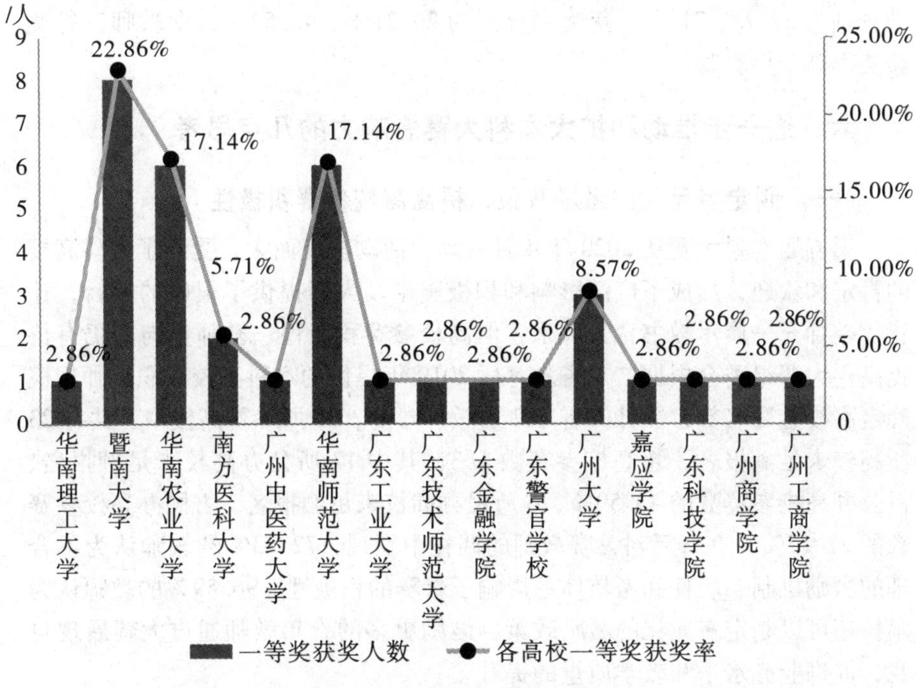


**图11　高校获一等奖情况统计**

## （三）37所高校获二等奖，6所高校获奖教师比例达50%或以上

二等奖获奖教师共70人，来自37所高校，公办和民办高校获奖人数分别为55人、15人，占比分别为78.57%、21.43%，获奖率分别为25.58%、23.44%，公办高校二等奖获奖率略高于民办高校。广州中医药大学、广州医科大学、韶关学院、广东药科大学、韩山师范学院、广州大学松田学院6所高校获二等奖人数超参赛人数半数。二等奖获奖男、女教师人数分别为18人、52人，获奖率分别为17.48%、29.71%，男教师二等奖获奖率低于女教师。

### （四）45 所高校获三等奖，12 所高校获奖教师超参赛人数 1/2

三等奖获奖教师 98 人，来自 45 所高校，公办和民办高校获奖人数分别为 63 人、35 人，占比分别为 64.29%、35.71%，获奖率分别为 29.72%、36.46%，民办高校三等奖获奖率高于公办高校。东莞理工学院、广东白云学院、广东财经大学、广东第二师范学院和华南理工大学广州学院等 12 所高校三等奖获奖教师超参赛人数 1/2。三等奖获奖男、女教师人数分别为 27 人、71 人，获奖率分别为 26.21%、40.57%，女教师三等奖获奖率高于男教师。

## 六、进一步推动和扩大本科大赛影响力的几点思考

### （一）制定多元化的激励政策，提高高校参赛积极性

第五届本科大赛从 2020 年 4 月启动，活动覆盖面大，受到了本科高校的肯定和欢迎，形成了广泛影响和积极舆论。大赛提供了很好的舞台，让青年教师充分展示教书育人风采，但高校参赛积极性、教师参与度仍有待提高。大赛组委会根据广东省教育厅 2019 年提供的本科高校在职教师规模确定高校参赛名额，预计共有 482 名教师参赛。61 所参赛高校中，共有 23 所高校未足额报名，超高校参赛数 1/3，其中 17 所公办高校未足额报名、占公办高校参赛数的 43.59%，6 所民办高校未足额报名，占民办高校参赛数的 27.27%。在赛后对参赛教师的调查中发现，72.73% 的教师认为不合理的激励机制、聘任和考核体系影响了参赛的积极性，96.59% 的教师认为学校还可以制定多元化的激励政策，鼓励更多的青年教师通过大赛展现自我，促进业务水平和教学质量的提升。

### （二）完善教学资源的共享机制，实现大赛跨区域辐射

广东省本科高校区域发展不均衡，珠三角高校的参赛教师数和获奖数远高于粤东、粤西和粤北地区。不同院校之间发展也不平衡，高校办学基础、教学条件、教师队伍建设等方面存在较大差距，对大赛的支持力度也存在较大差别。赛后问卷分析发现，94.81% 的高校教师希望通过更多的途径获得参赛及教学经验，有更多的观摩和学习的机会来提高教学技能。建议除了政策上加大对粤东、粤西和粤北高校青年教师培养的投入力度，还可以借助信息技术手段，创新大赛宣传方式，完善大赛成果、优秀教学资源的共享机制，实现跨区域的交流帮扶。通过打造一批教学名师，出版系列经典学科案例集，创建专业教学资源库，开展系列送教到校、研讨和培

训活动等方式，实现大赛成果跨学校、跨校区共享，使本科大赛发挥更大的辐射作用。

**（三）进一步优化比赛机制，打造青年教师教学大赛品牌**

本科大赛需进一步激发广大高校青年教师更新教育理念和掌握现代教学方法的热情，精心打磨分组设计、赛程安排、赛项组织、评委评分、奖项设置等内容，公平公正地选拔出教学态度认真、专业知识扎实、教学设计创新、教学信息化技术手段熟练、教学能力突出的优秀青年教师。还需要从客观展示教师教学水平的角度，对比赛项目的设置，例如总决赛主题演讲、课堂教学、现场答辩评分比例设置，通过多方研讨、专家论证等方式进行优化。赛后问卷调查发现，90.91%的参赛教师认为比赛过程中做到公平公正公开最为重要，81.82%的教师注重评委专家的评审权威，80.68%的教师希望赛程更清晰、流程更顺畅，建议在优化赛项设置、创新比赛环节的同时，不断完善大赛组织工作，做到服务到位、流程清晰、评委权威、结果透明，打造本科高校青年教师教学大赛品牌。

（执笔人：刘霞；审核人：孙丽昕）

广东教育改革发展研究报告 2021

# 个案研究

# 区域教育智库运用新媒体引导教育舆论策略研究

## ——以广东部分教科研机构微信公众号为例*

○广东省教育研究院办公室

**摘　要：** 新媒体作为教育智库舆论传播重要平台和工具之一，发挥着越来越重要和广泛的作用。理论上，借助微信公众号，教育智库可剖析教育事件、解读教育政策、澄清教育问题，能够有效地推动教育舆论健康发展；而在实践中如何充分运用微信公众号，发挥新媒体阵地优势，彰显教育智库的教育舆论引导职能作用，亟待区域教育研究机构深入探索、实践。本文以广东省教育研究院和广州、深圳、清远的教育研究机构微信公众号为例，深入探寻区域教育智库运用新媒体引导教育舆论路径及破解存在问题，以期促进教育智库正面引领舆论健康发展。

**关键词：** 教育智库　教育舆论　微信公众号

引导教育舆论是区域教育智库的重要职能之一。在信息时代，如何充分运用微信公众号，发挥新媒体阵地优势，剖析教育事件、解读教育政策、澄清教育问题，彰显教育智库教育舆论引导职能作用，有效推动教育舆论健康有序发展，亟待区域教育研究机构深入探索、实践。

---

* 本文系广东省教育科研“十三五”规划 2017 年教育科研重点课题“区域教育智库建设路径研究——基于大数据背景下广东教育研究机构实践探索”（项目编号：2017ZQJK041）、广东省教育科研“十三五”规划 2018 年教育科研一般课题“新媒体环境下广东教育智库舆论引导策略研究”（项目编号：2018YQJK364）、广东省教育科学“十三五”规划 2020 年粤港澳大湾区国际教育示范区建设研究项目“粤港澳大湾区教育智库协同引导舆论策略研究”（项目编号：2020WQYB047）阶段性研究成果。

省级和各地级以上市的教育局教研室（教科院、教研中心）是区域教育智库的重要组成力量，也是本级区域教育舆论的重要引导者。本报告立足广东，以省级和地级以上市教育局教研室（教科院、教研中心）作为研究对象，对其运用以微信公众号为主的新媒体开展舆论宣传与引导的情况进行分析，探讨研究区域教育智库运用新媒体引导教育舆论的科学路径。

## 一、部分地级以上市教育（科学）研究院微信公众号基本情况分析

微信公众号这一传播方式日益受到政府部门、企事业单位的重视。实际上，开通微信公众号的教研院为数不多，我们以广东21个地级以上市教育局教研室（教科院、教研中心）名称的关键词检索，截至2021年1月，仅能收集到3个地级以上市的教育（科学）研究院（所）的微信公众号，分别为“广州市教育研究院”“深圳市教育科学研究院”“清远市教研院”。本报告以这三个微信公众号2019年和2020年的数据内容为研究样本，通过梳理分析，探讨教育研究院微信公众号的发展现状与存在问题。具体采用活跃度和可读性来对比分析三市教育（科学）研究院的微信公众号（见表1），主要依据为收集到样本的文章数、阅读数、在看数、点赞数、最大阅读数、最大在看数等微信公众号基本维度，再比较WCI（微信传播指数）发文内容和可读性。

### （一）发文内容

1.“广州市教育研究院”微信公众号发文的内容包括教育政策法规、招聘公告、课题研究、师生活动、研究院动态新闻等，内容呈现较为丰富，基本是与广州教育动态或是政策密切相关的内容。

2.“深圳市教育科学研究院”微信公众号2019年的发文内容主要是招聘公告，2020年开始发布与教育政策相关的资讯，包括但不限于2020年普通高中新课程新教材实施、教师培训、教育论坛等活动报道。

3.“清远市教研院”微信公众号发文内容集中在各类教师教学基本功比赛、教学技能大赛等各类赛事资讯，以及各种教研活动报道，内容板块分布比较平均，涵盖的内容基本是清远市教科研、教育信息化资讯，提示注意事项。

### （二）阅读量

1. “广州市教育研究院”微信公众号2019—2020年总阅读量为

24 117 人次，平均每篇推文的阅读量为 335 人次，平均在看数为 2.2 个，平均点赞数为 1 个。阅读量最高的一篇推文是《“广州市教育研究院”2019 年选调事业编制人员公告》，阅读量为 2 902 人次。

2. “深圳市教育科学研究院”微信公众号 2019—2020 年总阅读量为 21 698 人次，每篇推文平均阅读量为 834.5 人次，平均在看数为 1.3 个，平均点赞数为 1.3 个。其中阅读量最高的一篇文章是《“深圳市教育科学研究院”实验小学（光明）2019 年 7 月面向全国公开招聘校长公告》，阅读量为 4 416 人次。

3. “清远市教研院”微信公众号 2019—2020 年总阅读量为 35 725 人次，每篇推文平均阅读量为 305.3 人次，平均在看数为 2 个，平均点赞数为 1.7 个。阅读量最高的一篇推文是《清远市第四届农村小学教师信息化教学能力大赛》，总阅读量为 4 456 人次。这是一篇附带活动直播链接的推文，因此对增加阅读量有较大帮助。

**表 1　三市教育（科学）研究院微信公众号数据对比表**

| 项目 | “广州市教育研究院”微信公众号 | “深圳市教育科学研究院”微信公众号 | “清远市教研院”微信公众号 |
|---|---|---|---|
| 总阅读量/人次 | 24 117 | 21 698 | 35 725 |
| 平均阅读量/人次 | 335 | 834.5 | 305.5 |
| 平均在看数/个 | 2.2 | 1.3 | 2 |
| 平均点赞数/个 | 1 | 1.3 | 1.7 |

从微信公众号发文内容方面，纵观 2019—2020 年，三市教育（科学）研究院微信公众号推文中，招聘公告是阅读量相对较高的内容。随着国家对科研人员创新激励系列政策的出台，以及广东不断完善科研人才创新激励措施，吸引创新型人才在广东聚集、有力带动全省创新发展，科研岗位受到越来越多高层次人才的青睐。教育科研工作作为深化教育改革、提高教育质量、推进教育现代化的重要保障，在教育改革发展和现代化大局中具有日益重要的地位，发挥着不可替代的作用，教育科研岗位成了高层次人才求职的“香饽饽”。

总体来看，三个微信公众号的阅读量、点赞数和在看数，与其他政务微信公众号相比均偏低。分析三个微信公众号发布的内容，均十分注重信息传播内容的针对性，以用户中占比居高的教育领域工作者为主要传播对象，但形式上多为图文类的新闻报道，缺乏如短视频、条漫画、一图读懂等更符合新媒体传播特点的呈现方式，因此提高发文内容的可读性是需要关注和改进的一大重点。

**（三）发文次数和活跃度**

"活跃度"即公众号在统计年内推送的文章数量，是评价微信公众号的另一项指标。数据表明，从2019年到2020年两年的时间，"广州市教育研究院"微信公众号共发文72篇，"深圳市教育科学研究院"微信公众号共发文26篇，"清远市教研院"微信公众号共发文117篇。

统计显示，在发文篇数上，"清远市教研院"微信公众号的发文量显著高于广州和深圳，其次为"广州市教育研究院"微信公众号，"深圳市教育科学研究院"微信公众号发文量相对最少。

每篇推文为一个推送次数，即可视发文篇数。分析微信公众号在统计年内总共推送的次数，"广州市教育研究院"微信公众号70次，"深圳市教育科学研究院"微信公众号26次，"清远市教研院"微信公众号98次。因此，相比之下，"清远市教研院"微信公众号的发文频率较高，活跃度也较高。

从发文时间看，"广州市教育研究院"微信公众号2020年较2019年发文更频繁，2020年保持着每个月都推送的频率。"深圳市教育科学研究院"微信公众号在2019年一共发了6篇推文，2020年疫情期间几乎停发了所有的内容，直到下半年后开始陆续推出院相关活动报道。"清远市教研院"微信公众号则在2019年和2020年保持较为相近的发文频率，除了2019年2月、7月、8月及2020年1月和2月未发文，其余时间保持着每个月都发文的情况。

整体而言，这三市教育（科学）研究院的微信公众号都在2020年保持着稳定的发文频率，总体活跃度都较2019年高。

**（四）微信传播指数WCI**

微信传播指数WCI是通过微信公众号推送文章的传播度、覆盖度、账号成熟度和影响力来反映微信公众号整体热度和发展走势。

基于采用的几项基本数据：总阅读数$R$、总点赞数$Z$、发布文章数$N$、该账号当期最高阅读数 $R_{max}$、该账号最高点赞数 $Z_{max}$，采用指标：总阅读 $R$、平均阅读数 $R/N$、最高阅读数 $R_{max}$、总点赞数 $Z$、平均阅读数 $Z/N$、最高点赞 $Z_{max}$、点赞率 $Z/R$，得出 WCI 指数。

表 2　三市教育（科学）研究院微信公众号传播指数对比表

| 排名 | 微信名 | 文章数/篇 | 阅读数/人次 | 在看数/个 | 发布次数/次 | 点赞数/个 | WCI |
|---|---|---|---|---|---|---|---|
| 1 | 清远市教研院 | 117 | 35 725 | 236 | 98 | 202 | 221.89 |
| 2 | 深圳市教育科学研究院 | 26 | 21 698 | 33 | 26 | 35 | 194.43 |
| 3 | 广州市教育研究院 | 72 | 24 117 | 156 | 70 | 75 | 192.92 |

综合各项数据所得的 WCI，“清远市教研院”微信公众号排名第一（见表 2）。就微信传播指数而言，“清远市教研院”微信公众号在区域范围内更具传播力。

## 二、“广东教育研究”微信公众号

近年来，广东省教育研究院在运用新媒体履行教育舆论引导职能上积极探索，打造以“广东教育研究”微信公众号为主力，以南方号、网易号为辅助的新媒体宣传矩阵。“广东教育研究”作为广东省教育研究院官方微信公众号，是对外发布教育研究重要信息、播报教育同行新鲜动态、解读教育政策、展示教育教学研究成果、开展教育学术和教育实践经验交流的重要平台，自 2015 年 5 月开通上线以来，一直得到各级教育行政部门、各级各类教育研究机构、各级各类学校和其他有关方面密切关注与大力支持，读者群体不断壮大，宣传影响力度不断提高，为广东教育改革发展及其研究营造良好舆论氛围。

### （一）“广东教育研究”微信公众号基本情况分析

微信公众号后台具有数据统计的功能，部分数据可作实时监控和累计对比分析。本文主要从用户分析、内容分析、菜单分析、消息分析等方面对“广东教育研究”微信公众号平台近年的运营情况作数据统计和分析。

1. 用户分析。“用户分析”主要从用户人数和用户属性来分析。

（1）用户人数主要指每日增加人数、取消人数、净增长人数、人数增长趋势等。如何增加用户人数是大部分微信公众号的关注重点之一。“广东教育研究”微信公众号原名“南方教育研究”，于2015年5月开通，初期用户以广东省教育厅、广东省教育研究院内部人员为主。随着各级各类教育教研活动的举办以及借助活动开展的自身宣传，“广东教育研究”的关注度逐渐提升，公众号不断成长。截至2020年12月，用户总数超50 000人。在大号林立的微信公众号群体中，“广东教育研究”的用户数量不算突出，但由于专注于教育教研这一垂直领域，主要服务的群体是教育领域内相关人员，属精准优质的用户群，用户活跃度较高，没有所谓的“僵尸粉”。本报告以2015年7月、2016年7月、2017年7月、2018年7月、2019年7月和2020年12月为时间统计节点，“广东教育研究”的用户数量分别为1 836人、4 492人、7 529人、20 846人、32 626人和57 327人（见图1）。从各年的用户增长情况来看，“广东教育研究”微信公众号在开展舆论引导活动的过程中，经历了摸索期、进展期和跃升期。在最初的2015—2017年间，用户数量增长较为平缓；2017—2019年间，用户增长速率有了较大提升；2019—2020年的1年左右时间，用户数量又有了大幅度增长。

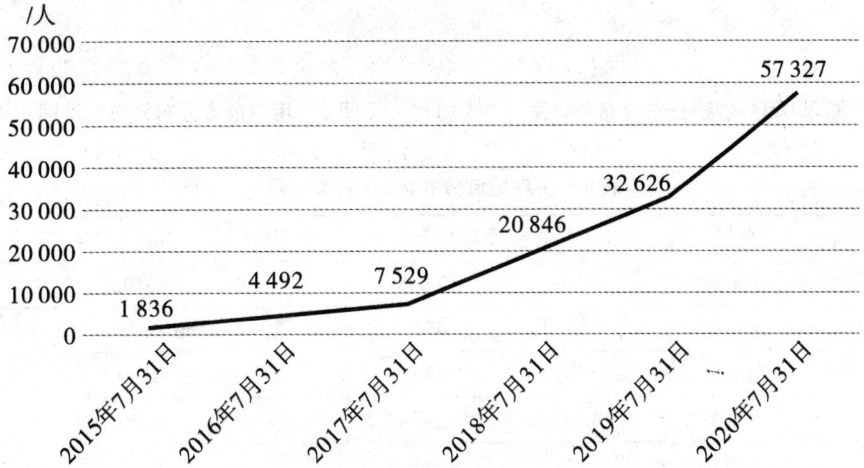


**图1　用户增长情况统计图**

（2）从用户的人口特征、地域归属等方面对“广东教育研究”用户属性作分析（以下统计数据截至2021年5月10日）。第一，人口特征。从“广东教育研究”用户的性别分布和语言分布数据看，女性有40 033人，比例约占总用户数的64.44%，高于男性比例（见图2）。“广东教育研究”的主要受众是各级各类教育教研工作者，其用户性别比例与目前教师、教职工性别比例对应。从用户使用的语言看，有 60 953 人使用简体中文，此外还有部分使用英文、繁体中文（见图 3）。大部分用户来自中国大陆，同时也受到了港澳台地区和国外用户关注。第二，地域归属。从省级分布来看，因立足广东、服务广东，“广东教育研究”发布的大部分文章以广东省内教育教研主题，故大部分用户群体来自广东省，有 55 895 人，占总用户数 89.96%。同时也得到以北京市为首的多个地域的用户关注（见表 3）。

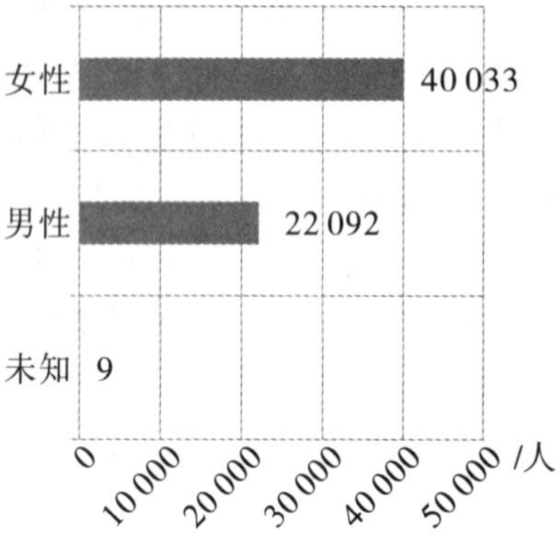


图 2　用户性别分布分布统计图

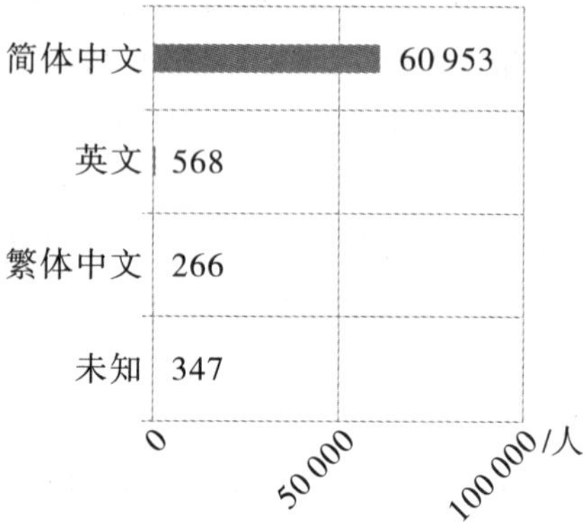


图 3　用户语言分布分布统计图

**表 3　用户地域分布前 10 名统计表**

| 地域 | 用户数/人 | 占比/% |
|---|---|---|
| 广东省 | 55 895 | 89.96 |
| 北京市 | 454 | 0.73 |
| 湖南省 | 429 | 0.69 |
| 山东省 | 385 | 0.62 |
| 广西壮族自治区 | 354 | 0.57 |
| 湖北省 | 323 | 0.52 |
| 江苏省 | 322 | 0.52 |
| 河南省 | 316 | 0.51 |
| 浙江省 | 292 | 0.47 |
| 福建省 | 273 | 0.44 |

从广东省内地级市的用户分布来看，珠三角地区用户最活跃。其中，来自广州的用户有 16 316 人，约占广东省总用户数 29. 19%（见图 4）。

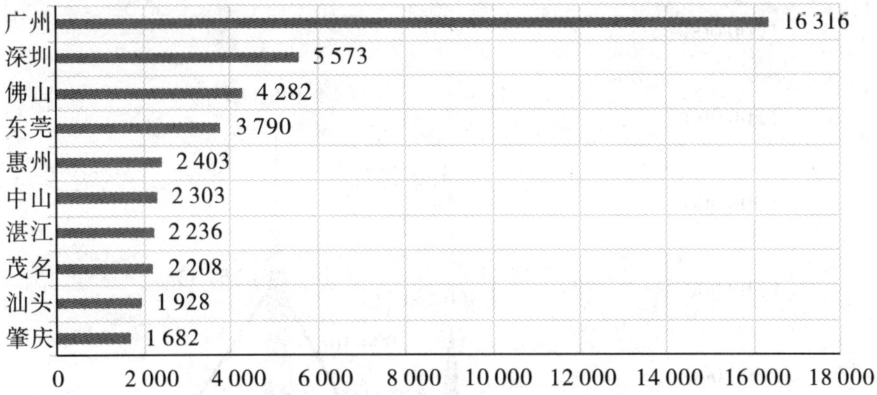


**图 4　广东省内用户地级市分布前 10 名统计图**

2. 图文分析。(1) 随着广东省教育研究院各级各类教育教研活动的广泛铺开，文章数量逐渐增多，“广东教育研究”推送的原创新闻资讯和学术论文的数量与比重稳步提高。为更好地传播教育好声音、讲好教育好故事、展示教研新成果、传递教育正能量，“广东教育研究”积极配合广东省教育厅新闻宣传工作，设立“家庭教育”“荐读”“成果推广”等视点视角，共 59 个栏目 6 个话题标签。针对广大教师和家长用户群体推送热门教育话题、教育观点的文章，发文次数和发文量逐年增长（见图 5）。

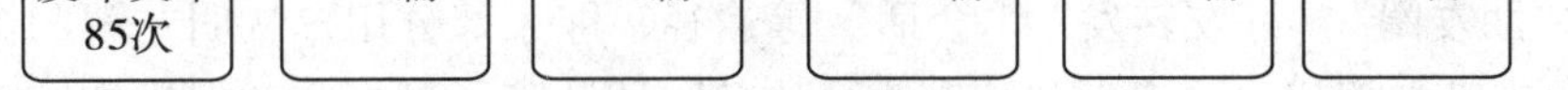


**图 5　发文数量统计图**

(2) 传播情况。第一，阅读量。随着发文量和用户数量的增长，“广东教育研究”年阅读总量也逐年上升，在 2017 年有了爆发式增长。主要原因是广东省教育研究院承办了首届广东省中小学青年教师教学能力大赛，大赛持续了 4 个多月，受到全省各地教育部门和各学段各学科教师的广泛关注。大赛期间“广东教育研究”一直维持高热度。2020 年，因为疫情原因，教学、教研工作未能完全正常开展，发文数量、阅读人数、阅读次数均比 2019 年有所下降（见图 5、图 6）。

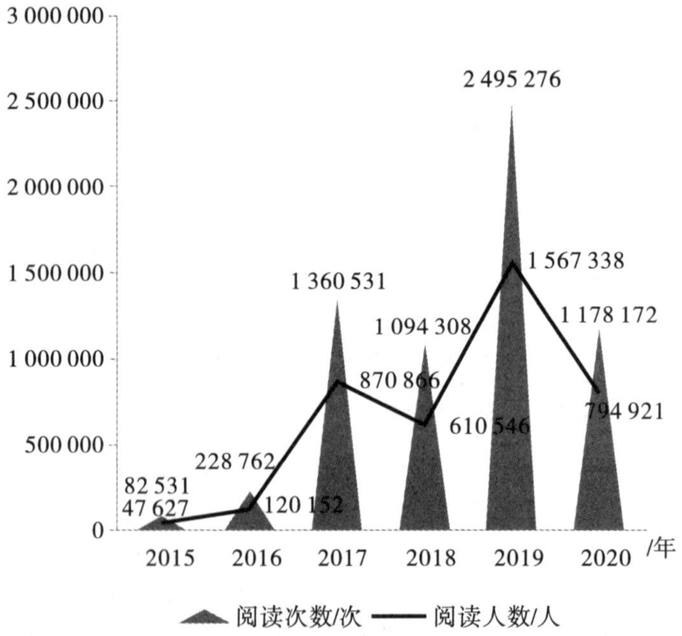


**图 6　阅读量统计图**

第二，阅读来源。阅读量还可以从阅读来源分析，本报告通过对“广东教育研究”用户 2018—2020 年的阅读来源进行分析，推测研究读者的阅读场景，即阅读途径。

微信图文阅读来源主要有会话、好友转发、朋友圈、历史消息页和其他等途径（2018 年 3 月微信将看一看、搜一搜拆分统计，此前计入“其他”来源）。从已知途径来看，“广东教育研究”近三年文章阅读来源主要是“朋友圈”“好友转发”“会话”等途径，即大部分用户从朋友圈和微信好友获取资讯，这启发“广东教育研究”团队除了做好文章编辑加工工作，也要做好主动推送工作，才能不断增强“广东教育研究”的影响力，提升教育宣传舆论工作成效。

第三，热文排行。通过对 2020 年“广东教育研究”所推送文章的后台阅读量和手机端阅读量进行梳理，得出 2020 年度阅读量前十的热文（见表 4）。其中，前十中有六篇推文是关于评比、竞赛类的。通过对“广东教育研究”自开通至2020年11月19日推送文章的后台阅读量和手机端阅读量进行梳理，得出自开通以来阅读量前十的热文（见表5）。其中，有八篇推文是关于评比、竞赛类的。可见满足受众好奇心和刺激性的信息关注度最高，符合传播学的一般规律。尤其“投票”类互动性强的推文，更能吸引用户阅读、传播。

**表4　2020年度热文前十**

| 序号 | 热文盘点（2020. 1. 1—2020. 12. 31） | 后台阅读量/人次 | 手机端阅读量/人次 |
|---|---|---|---|
| 1 | 【热点】@全体师生、家长你有一封来自省教育厅的倡议书 | 32 454 | 3. 2万 |
| 2 | 【通知公告】关于开展“疫情防控期有效开展义务教育英语在线教学”专题线上研讨活动的函 | 15 726 | 1. 5万 |
| 3 | 【关注】广东省教育厅：中小学幼儿园要这样做好开学前准备、开学后防控！ | 20 479 | 2. 0万 |
| 4 | 【荐读】教育部推荐的中小学海量课程、家庭教育资源和教师培训资源包，老师家长快收藏！ | 9 161 | 9 161 |
| 5 | 【通知公告】2020年广东省义务教育英语教学资源征集活动评审结果公示 | 10121 | 1. 0万 |
| 6 | 【通知公告】广东省第五届高校（高职）青年教师教学大赛现场决赛结果公示 | 7 694 | 7 694 |
| 7 | 【资讯】广东省第五届高校（本科）青年教师教学大赛总决赛暨颁奖大会举行总冠军诞生 | 9 434 | 9 334 |
| 8 | 【通知公告】关于公布第二届广东省中小学青年教师教学能力大赛获奖名单的通知 | 12 288 | 1. 2万 |
| 9 | 【通知公告】广东省第五届高校（本科）青年教师教学大赛网络评选结果公示 | 8 727 | 8 727 |
| 10 | 【通知公告】广东省第五届高校（高职）青年教师教学大赛网络评选结果公示 | 6 535 | 6 535 |

表 5 “广东教育研究”微信公众号自开通至 2020 年 12 月 31 日热文前十

| 序号 | 热文盘点（2015. 05. 11—2020. 12. 31） | 后台<br>阅读量/人次 | 手机端<br>阅读量/人次 |
|---|---|---|---|
| 1 | 【投票】猜一猜 五一劳动奖章花落谁家？（初中教育组） | 114 651 | 10 万 + |
| 2 | 【投票】猜一猜 五一劳动奖章花落谁家？（高中教育组） | 112 147 | 10 万 + |
| 3 | 【投票】猜一猜 五一劳动奖章花落谁家？（小学组） | 60 620 | 6. 0 万 |
| 4 | 【投票】猜一猜 五一劳动奖章花落谁家？（学前教育组） | 56 511 | 5. 6 万 |
| 5 | 【通知公告】广东省教育厅关于广东省普通高中 2018 级、2019 级学生课程开设的通知 | 53 224 | 5. 3 万 |
| 6 | 【投票】高职教师 巅峰对决 | 38 474 | 3. 8 万 |
| 7 | 【预告】第二届广东省中小学青年教师教学能力大赛总决赛小学教育组即将开播 | 37 811 | 3. 7 万 |
| 8 | 【投票】猜一猜 五一劳动奖章花落谁家？（中职组） | 37 221 | 3. 7 万 |
| 9 | 【热点】@全体师生、家长 你有一封来自省教育厅的倡议书 | 32 454 | 3. 2 万 |
| 10 | 【通知公告】首届广东省中小学青年教师教学能力大赛 中小学决赛获奖名单公示（第三批） | 28 936 | 2. 8 万 |

3. 专题报道。除日常推送发文，“广东教育研究”根据广东省教育研究院的工作安排特设专题报道，集中报道相关情况。专题报道设立在微信公众号菜单栏，细分多个维度，方便用户快速找到需要的信息，如关于 2020 年中国南方教育高峰年会的专题报道下分“图文播报”“精彩实录”“精彩花絮”“媒体聚焦”等维度。目前，“广东教育研究”设立的专题主要有：中国南方教育高峰年会系列、广东省中小学青年教师教学能力大赛系列、同一堂课网络教研活动系列、中等职业教育质量年度报告系列、高

等职业教育质量年度报告系列、PISA 研究等。因菜单栏可设置的专题数量有限，“广东教育研究”根据时间和热度等因素及时更新或调整相关专题内容。

### （二）其他媒体

为打造教育宣传多维立体矩阵，为全省教育改革发展和现代化营造良好的舆论氛围，除了微信公众号外，广东省教育研究院还积极运用其他新媒体平台如南方号和网易号，扩大宣传和舆论引导范围。其中“广东教育研究”南方号于 2018 年 11 月开通，在同年 12 月和 2019 年 1 月、2 月、3 月的教育矩阵影响力排行榜中分别排名第 5（指数 669. 24）、第 14（指数 566. 87）、第 8（指数 634. 19）。

## 三、区域教育智库运用新媒体引导教育舆论的策略建议

综合以上对“广东教育研究”微信公众号和“广州市教育研究院”“深圳市教育科学研究院”“清远市教研院”微信公众号的分析，整体上，在新媒体已成为重要传播平台的舆论环境下，广东各级教育研究机构运用新媒体传播平台进行教育舆论引导和宣传的意识与能力还有待提高。对此破解策略建议如下。

### （一）明确区域教育智库定位，发挥正面引导教育舆论职能作用

教育涉及广大公众的根本利益。真实的信息、正确的解读对公众全面理解教育政策，合理获取教育资源，理性表达教育诉求尤为重要。教育智库作为政府部门和社会大众之间的重要桥梁，有专业的教育科学文化素养和知识储备，在教育舆论引导工作中具有“先天”优势和责任。

第一，教育智库应转变原来“埋头做研究”的工作方式，“走出象牙塔”，借助新媒体传播优势，基于自身区域定位，积极专业发声，宣传先进的教育思想理念和重要研究成果，充分发挥正面引导教育舆论职能。

第二，教育智库应聚焦重大教育政策法规，积极开展前瞻性解读引导。随着各级教育行政部门的教育政策法规宣传和舆论引导意识逐步提高，为了教育政策法规能更好地得到公众的理解和支持，避免因对政策法规内涵意义认识不清或曲解误读而产生负面舆论，教育智库应积极以专业性和前瞻性的视角，深入浅出地开展相关解读和引导工作。

第三，教育智库提高教育舆情敏感度，提高即时反馈能力。面对教育热点问题，新媒体的“爆发式”交互传播会使教育事件迅速成为舆论焦

点。由于信息渠道复杂无序，内容的真假虚实可能出现传播失控而误导公众，发挥新媒体的优势，教育智库要快速直接地介入，即时反馈，积极开展舆论引导工作。

**（二）发挥新媒体平台优势，打造教育智库融媒体传播矩阵**

一是积极建立官方自媒体发声渠道，例如门户网站、微信公众号、南方号、微博、网易号、抖音号等。二是充分运用智库专家学者的专业优势，发挥自身的教育引领职能作用。鼓励教育智库专家学者积极发声，传播科学的教育思想理念，逐步提高“粉丝”关注度和访问量，正确有效引导教育舆论。三是借助主流媒体，打造教育智库融媒体传播矩阵。充分运用主流媒体平台，积极参与到报刊、广播、电视等传统媒体与微博、微信、APP、网站等新兴媒体相互融合的“融媒体”潮流之中，适应当下媒介格局、舆论环境、话语主体、传播方式等领域的新趋势，积极参与构建线上线下一体、内宣外宣联动的主流教育舆论格局，在媒介资源功能、技术、方式、价值全面提升的过程中构建强大的教育智库融媒体矩阵，以提升教育智库舆论引导的传播力、公信力、影响力与引导力，实现教育智库引导教育舆论的职能价值。

**（三）注重复盘和反思，提升教育智库新媒体引导的丰富性和时效性**

区域教育智库的新媒体工作团队应建立复盘机制，定期或不定期对所运营平台的宣传和舆论引导工作进行反思和小结，找出可改善的环节和方面。对内，可不断强化执行力和创新工作机制；对外，可积极开拓联动渠道，与同类单位开展业务交流和经验分享。通过复盘和反思，进一步结合实际工作，策划教育专题，开展系列报道，形成持续影响力；进一步增加富有针对性的图片、视频、动画等生动素材和设计元素，丰富文稿内容，提高可读性；进一步结合实际工作，有效建立保障推文时效性的机制，对本区域教育智库承担的各级各类教育科学研究和教研工作，形成除了“埋头行路”之外的及时推广和传播，提高更新率，提升对教育舆论的正面引导力，让公众有更多机会了解教育智库，为营造健康的教育舆论环境作出更大贡献。

**（四）加强与新闻媒体等专业机构合作，为运用新媒体引导教育舆论奠定坚实的基础**

区域教育智库应注重加强与新闻媒体等专业机构合作，充分利用传统媒体和新媒体各自的传播优势。广东省教育研究院一直以来重视借助各大媒体平台力量，开展教育舆论引导工作。如配合新华社报道，探讨开展网络教育的科学路径与未来趋势；与南方日报合作，对自有品牌活动中国南方教育高峰年会进行整版专题策划报道。抗击新冠肺炎疫情期间，广东省教育研究院通过与主流媒体的融媒体平台合作的方式，有针对性地开展疫情防控知识普及、心理疏导指导等工作。一是联合广东广播电视台“触电新闻”推出“学生防疫小课堂”系列，吸引近100万人次点击观看；二是通过网络小视频的形式，请专家为广大网友介绍简单易做的体能健康操，涵盖单人锻炼、亲子锻炼模式，倡导积极开展室内体育运动，增强体质和免疫力；三是请专家在线讲解家庭如何做好学龄前幼儿疫情防控知识普及和心理疏导，受到公众关注和肯定。

（执笔人：刘慧婵，张辛，耿丹青，冯洁莹，陈燕华；审稿人：李清刚）

广东音像教材出版社、广州粤政网络信息科技有限公司为本报告提供数据和技术支持。

# 广州市越秀区整体推进劳动教育实践探究

○广州市越秀区教育局

**摘　要**：2018 年 9 月，习近平总书记在全国教育大会上强调，要全面贯彻党的教育方针，培养德智体美劳全面发展的社会主义建设者和接班人，将劳动教育与其他四育放在同等重要地位。在此背景下，广州市越秀区教育局进行了深入探索实践，文章从建立健全区域推动机制、课程体系建设、打造家校社三方共育、构建校外劳动教育实践平台等角度阐述了广州市越秀区教育局的劳动教育发展策略。

**关键词**：新时代劳动教育　广州市越秀区　区域推动机制　课程体系　家校社　校外劳动

长期以来，教育存在着“重智、轻德、弱体、少美、缺劳”的困境。就“教育”而言，“教”知识有余，“育”人内化不足；就“学习”而言，分数文凭的“学”有余，生活本领的“习”不足。劳动教育往往在学校中被弱化，在家庭中被软化，在社会中被淡化，在研究中被虚化。

2018 年 9 月，习近平总书记在全国教育大会上强调，要全面贯彻党的教育方针，培养德智体美劳全面发展的社会主义建设者和接班人，将劳动教育与其他四育放在同等重要地位，形成五育并举、全面贯通、协同育人的人才培养模式。2019 年 11 月，中央全面深化改革委员会第十一次会议召开，审议通过了《关于全面加强新时代大中小学劳动教育的意见》。这两次会议，分别从立德树人的高度和深化改革的角度强调了劳动教育的极端重要性，规格之高、力度之大、举措之实是前所未有的，集中体现了国家的意志和未来发展的方向。

近年来，广州市越秀区教育局坚决贯彻落实习近平总书记关于教育的重要论述，秉持“大劳动”教育观，紧紧围绕立德树人根本任务，积极探索具有中国特色、区域特征、学校特点的劳动教育模式，有序、有力、有效整体推进越秀区劳动教育工作。本文从区域整体角度，谈论越秀区教育局对推进劳动教育的实践探索。

## 一、深刻理解新时代劳动教育内涵，找准发力点和实现路径

劳动教育是全面贯彻党的教育方针的基本要求，是实施素质教育的重要内容和组成部分。只有深刻理解新时代劳动教育的内涵，明确劳动教育的主要目标，抓好劳动教育的关键环节，才能开展好劳动教育。

### （一）广州市越秀区教育局对劳动教育培养什么人的理解

劳动教育是以培养学生形成正确劳动观念、养成良好劳动习惯、培养真挚劳动情感、掌握必备劳动技能、训练创造性劳动思维，使学生具备崇尚劳动、尊重劳动、乐于劳动、解决问题、激发创造等方面的意识和能力为目的的教育活动。相较德育、智育、体育、美育而言，我们认为新时代劳动教育应具备其特有的、阶梯式的不同学段目标，即培养学生生活自理的能力、服务他人的能力、服务社会的能力，这是培养德智体美劳全面发展的社会主义建设者和接班人的必然要求。

### （二）广州市越秀区劳动教育的区域推动机制及实践

1. 建立健全组织领导机制。越秀区教育局对全系统各单位劳动教育工作的有力领导是推动区域整体劳动教育持续改革发展的根本保证。越秀区教育局还坚持把健全“五育并举”的教育体系作为实现越秀教育“高质量发展”的基本路径。在领导分工安排上，由1名党组成员（副局长）直接分管德智体美劳五育，居中统筹、协调各方，确保“五育并举”，在强化顶层设计、把控发展方向、优化资源配置、实现协同育人方面发挥了关键领导作用。在科室职能设置上，有对应科室负责劳动教育一应工作业务，并直接对接区少年宫、中小学生综合实践活动教育基地（以下简称“实践基地”）及学校，科室成员选齐配强，具备高效灵活的行政能力，在全区劳动教育工作中发挥制定政策、组织管理、传达落实、收集反馈、督导评价的重要作用，确保全区劳动教育工作开展有条不紊、持续发展。

2. 建立研究平台。越秀区教育局于2019年9月成立了越秀区劳动教育研究会，研究会成员由区内学校劳动教育专家、中小学校校级领导以及

骨干教师组成，各成员在新时代劳动教育方面有着深厚的理论研究基础和实践探究经验。

越秀区劳动教育研究会是关于越秀区学校劳动教育的研究性组织，主要任务是就如何做好越秀区学校劳动教育工作进行理论研究，为越秀区教育局制定劳动教育相关政策、规划劳动教育工作方向提供理论依据；协助越秀区教育局开展好全区劳动教育工作；为解决越秀区劳动教育面临的困难和问题参谋制定解决思路和办法。自成立以来，该研究会定期开展专项工作会议，在建立健全全区新时代劳动教育体系方面出谋划策，引领全区学校劳动教育发展，协助越秀区教育局成功举办了全区学校参与、全市各区首次、面向广东全省的广州市越秀区首届劳动教育现场会，协助研究制定《越秀区新时代中小学劳动教育实施方案》，并承办首届越秀区学校劳动作业案例评比活动，参与制定《越秀区学校劳动作业质量评价体系》，充分发挥了帮手作用。

3. 构建贯通、融合和评价三类机制。一直以来，越秀教育遵循学生身心发展规律和教育自身规律，抓住劳动教育的关键环节，以学校教育为主体，以少年宫和实践基地的校外教育为辅助，通过贯通、融合和评价三类机制，“一体两翼”有机推动劳动教育的持续改革发展。

一是构建中小幼劳动教育贯通机制。根据不同学段劳动教育目标，越秀教育立足“基础、拓展、实践”这三大板块，建立“国家课程、校本选修课程、社团活动课程、服务课程、基地课程、假期课程、场馆课程、展能课程”八大自主选择的多元课程，逐步形成立体化的劳动教育课程体系。各学校结合不同学段实际，按照“拼盘式”思维设置劳动教育必修课程，把劳动教育纳入人才培养全过程。

二是构建中小学劳动教育资源融合机制。STEAM 课程融合、区域特色劳动教育文化资源挖掘、开展馆校结合区域共建、打破劳动教育的家校边界，越秀区建立起劳动教育资源融合机制，上接“天线”，外借“东风”，让家校社三体合一，丰富劳动教育的内涵和体验，让学生劳动教育走出校门，走进社区，走进企业，回归家庭。越秀的大教育观让劳动教育落得更细、更小、更实。

三是构建中小学劳动教育评价督导机制。为保障劳动教育的开展，在学生评价方面，广州市将劳动教育纳入《广州市初中学生综合素质评价实施办法（试行）》，对学生劳动意识、劳动习惯、劳动技能形成及参与劳动实践情况进行考察评价；越秀区教育局将学生在校外实践基地的表现情况及职业体验的佐证材料纳入学生综合素质评价档案中，使学生劳动实践情况成为毕业升学的重要参考。在督导评估方面，越秀区将学校劳动教育成效列入单位绩效考核实施方案和教育督导体系的内容，保障五育并举。

4. 构筑教科培三位一体教学体系。越秀区教育局依托教师进修学校，从队伍建设、教研和培训三个方面构筑三位一体教学体系，形成师资队伍建设保障。在队伍建设方面，越秀区教育局配备了劳动教育专职教研员 1 名，兼职教研员 1 名，全区中小学 100% 建立专兼职结合劳动教育教师队伍。在教研方面，越秀区教育局每学期对 8 间学校进行下校视导和学科蹲点调研，了解一线教师劳动教育教学中的问题和困难；每学期开展 4 次区域集中教研活动，提高教师有效实施《大中小学劳动教育指导纲要（试行)》的能力和水平；充分发挥广州市越秀区名师、广州市“十佳”教师和高级教师骨干教师队伍的示范引领作用，每两周开展 1 次学区劳动教育互助教研和联动教研活动，促进教师专业成长和区域均衡发展。在培训方面，开设了区继续教育课程——《大中小学劳动教育指导纲要（试行)》解读研讨班，并组织越秀区劳动教育教师参加省、市部门相关培训。

5. 扎实推进，全面提高区域影响力。2019 年 12 月，越秀区教育局积极对接协办了“广东省中小学生校外教育协会年会”，并于同期举办了越秀区首届劳动教育现场会，总结交流当年越秀区中小学幼儿园劳动教育成果，越秀区教育局、各学校与广东省各中小学校外教育基地坐而论道，围绕“新时代劳动教育”进行充分探讨，为越秀区制定劳动教育有效实施策略提供了思路。

2020 年 7—8 月，越秀区教育局研制并发放了《越秀区义务教育阶段学校“五育并举”工作情况调研问卷（学生问卷)》。以八年级学生问卷为例，问卷涵盖 5 个领域共 77 题，其中“劳动教育”领域又细分了劳动意识与价值观、日常生活劳动技能和知识、生产劳动技能和知识、服务性劳动技能和知识等 4 个板块，共 12 道题，占全部整张问卷问题总数的 15. 6%。此次调研共发出调查问卷 18 530 张，回收 16 829 张，回收率 90. 82%，为下一步筹备研制越秀区“十四五”提升劳动教育水平的实施方案提供精准施策的参考依据。2020 年 11 月—2021 年 4 月，举办越秀区首届劳动作业案例评比活动，坚持劳动素养导向，坚持人人可为，全区 78 所中小学校全部积极参与，收集案例 338 个，评选优秀案例 156 个。

2020 年，越秀区教育局分管副局长陈晓、越秀区劳动教育研究会会长黄丽芳受邀到惠州向惠州市全体中小幼校长园长作劳动教育专题报告。越秀区劳动教育研究会副会长李文峰受聘为仲恺农业工程学院农业与生物学院校外指导老师。

越秀区劳动教育研究会及各中小学校也进行了区域与学校间的劳动教育实践和理论研究。截至 2020 年 12 月 31 日，越秀区共有 31 所中小学及校外教育基地（占全区中小学及校外教育基地的 38.3%）成功申报国家、省、市各级教育部门研究课题或劳动教育试点学校、教材试验学校，积极探索新时代劳动教育模式。2019 年 12 月，广州市越秀区中小学生综合实践活动教育基地校长李文峰编著出版了《劳动实践活动课程的开发与运作》。2020 年 3 月，越秀区教育局在中国教师杂志第 322 期发表文章《广州市越秀区整体推进劳动教育实践探究》，推广越秀方案；在学校品牌管理杂志第 152 期发表文章《如何培育专兼职劳育师资队伍》，推广越秀经验。

### （三）广州市越秀区劳动教育的区域特征

广州市越秀区劳动教育具备 5 个区域特征：课程化、生活化、实践化、本土化、协同化。下文将通过一些案例详细叙述。

## 二、以学校教育为主体，创设劳动教育立体化课程体系

学校是实施劳动教育的主阵地，劳动教育的常态化实施需要课程系统推进。越秀区教育局根据不同学段劳动教育目标，立足“基础、拓展、实践”三大板块，从学生的真实生活和发展需要出发，从生活情境中发现问题，转化为活动主题，建立立体化的劳动教育课程体系。

广州市第一幼儿园在“自然、自主、自立”三自一体的课程理念指导下，打造出幼儿园的劳动特色课程。在“一日生活”活动中，孩子们化身劳动小能手，体验自主擦桌椅，整理床铺、衣物等劳动的快乐，初步认识劳动最光荣、热爱劳动，培养“自己的事情自己做”的好习惯；在青苗圃种植活动中，孩子们化身小种植工，在播种、除草、浇水、施肥、采摘等劳动中感受植物的生命力与劳动丰收的喜悦，初步树立劳动技能意识，掌握简单的劳动知识；在学习雷锋日，孩子们在老师的带领下化身为小志愿者，走进至灵学校（特殊学校）奉献自己的爱心，尝试参与简单的服务活动，学习服务他人。

广州市越秀区珠光路小学，是一所身处老城闹市的小学校，学校生均面积严重不足，极大限制了学校各类教育教学活动的开展。珠光路小学认为，劳动教育应该要有普众化的温度、生活化的广度、融合化的深度，学

校扬长避短，寻找到了最适合学校的劳动教育最优路径：以劳促全，让孩子走向“四自”（生活自理、学习自觉、岗位自治、服务自愿）人生。一是从情感、认知入手，通过体验一周“劳动菜单与劳动实践”、绘制劳动手抄报、手工制作礼品感恩身边的劳动者等教育活动，使学生树立正确的劳动观点和劳动态度，尊重劳动人民、热爱劳动；二是从劳动技能入手，通过校园劳动责任田、班级岗位劳动、家务劳动、社区公益劳动等方式，使学生养成日常生活劳动习惯，掌握必备的生存技能和生活能力；三是探索五育融合、家校社一体化，促进不同课程横向融合，开展主题劳动教育系列活动、主题研学等项目或课程，实现以劳树德、以劳增智、以劳强体、以劳育美、以劳创新。

广州市第三中学（以下简称三中），是一间践行“三爱教育”的国家级示范性高中，倡导爱学习是成长之路，爱劳动是立身之本，爱祖国是发展之根。在劳动教育方面，三中从“扫一屋”开始，以“扫天下”为目标，建立起劳动教育多元课程体系，形成具有学校特色的“课程超市”。校园劳动包干，是三中每一个学生每一天都需要进行的最基本任务。学校最具特色和影响力的劳动教育项目是志愿服务和STEAM创客。参与志愿服务是增强学生社会责任感，形成服务他人、服务社会的情怀的重要方式。三中学生走进地铁参加志愿服务，走进红色史迹成为志愿讲解员，走进社区铲除小广告、整理共享单车，关注社区和社会劳动存在的问题，热心参与公益活动。STEAM创客活动能激发学生强烈的学习兴趣，是培养学生动手能力、掌握一定劳动技术及知识原理，培养学生创新意识的有效途径，学校融合多门课程元素，开设生活化学实验课程、水火箭制作课程及赛事等多个劳动教育STEAM课程，实现“以劳促全”。

## 三、以回归家庭、进入社区为目标路径，融合家校社三方力量

就目前而言，学校是劳动教育的主阵地。学生在学校或实践基地接受劳动教育，更多的是一种体验性质的、符号性质的、学习性质的劳动，而家庭劳动、社会劳动是可以持续坚持的、长期重复的、具有真实意义的、追求效能的劳动，是实施全面劳动教育的有效补充。越秀区教育局认为，好的教育是开放的教育，好的课堂更是开放的课堂。在提倡教育创新的今天，无论是新课程的要求，还是学生核心素养和关键能力的发展，都要求学生的学习走出教室，从校内走向校外，从封闭走向开放，从城市走向乡村，家庭、社会同样应该成为劳动教育的主战场。让孩子参与家庭和社会

的劳动实践，与生活、与世界充分接触，用身体去丈量物理和心灵的世界，是培养学生生活自理能力、服务他人能力、服务社会能力的重要路径，是越秀区劳动教育实施路径发展的方向。

2019 年，全国妇联、教育部等九部门发布《全国家庭教育指导大纲（修订）》（以下简称《大纲》），强调要培养 7 ~ 12 岁儿童的劳动习惯，指导家长正确认识劳动对儿童成长的价值，并要求创造劳动的机会，教授儿童一定的劳动技能。在这一点上，学校与家庭目标一致，应形成合力，发挥家校劳动共育的优势。在家庭劳动方面，越秀区教育局鼓励学生进行家务劳动，一是通过主题活动等形式，密切家校联系，大力营造崇尚劳动的氛围，逐渐转变家长对孩子参与劳动的观念；二是针对学生不同年龄特点和个性差异，布置学生力所能及的日常家务劳动，使学生养成家务劳动的习惯，学习掌握基本的生活技能、生活经验、生活知识，培养生活自理能力。在社会劳动方面，越秀区教育局鼓励学生主动关注身边的生活环境，围绕社区需要进行自主性劳动，如参加志愿服务等。同时，学校充分利用区域共建、馆校结合、实践基地等社会资源，通过学农学工、研学旅行、团队活动、职业体验、社区服务等形式提供劳动教育实践机会，使学生掌握一定生产、社会服务的基本知识和技能，培养学生生涯规划意识和能力，为步入社会打下一定基础。如越秀区雅荷塘小学与广州农民运动讲习所旧址建立馆校共建关系，共同研发“农讲所红色传承之旅”研学课程，丰富了学校的劳动教育资源，使学校劳动教育课堂更加广阔。该项目获广州市教育局批准，成为“基地 + 学校”的馆校研学系列的首批重点课题。

## 四、以实践基地和少年宫为辅助，搭建区域性劳动教育支撑平台

越秀区中小学生综合实践活动教育基地是越秀区专门提供实践类课程的学习场所，具备资源、人力、时间三大优势，开展劳动教育具有系统性和专业性，能训练学生良好的劳动技能，是对学生开展劳动教育的重要阵地。越秀区早在 1999 年就建立了多功能、综合性、全公益的中小学生综合实践活动教育基地，全区五年级、八年级、高二年级学生每年要到基地进行集中式综合实践，是越秀区学校劳动教育的补充、拓展和延续，是综合实践学科实践活动的专门课堂。20 年来，基地大力弘扬劳动精神，教育引导学生崇尚劳动、尊重劳动，让劳动最光荣、劳动最崇高、劳动最伟大、劳动最美丽的理念深入人心，对培养越秀区中小学生劳动意识和劳动实践能力，提高越秀区学生综合素质，发挥了不可替代的作用。2019 年，该基

地作为全国八个单位之一，被教育部学校规划发展中心作为第一批青少年实践与劳动教育重点课题立项。基地总占地面积230亩，建筑面积12 500平方米，能一次同时接待1 000位学生和100位带队教师，每年接待师生超过3万人次。基地开辟了专门的劳动实践区，包括一栋三层的知用科普楼、占地约700平方米的温室大棚、16 650平方米的水塘和养殖场、23 000平方米的菜地和果园、能同时容纳300多人的烧烤野炊场。基地立足真实世界，真实情境，开设包含农事活动、应急救护、国防军事训练、禁毒、消防、科学艺术等6大类共17门课程的特色综合性劳动实践课程体系，通过动手实践、体验探究、思考创新的方式，让学生的知、情、意、行随着劳动过程的展开得到充分的锻炼和拓展。

越秀区少年宫是越秀区教育局直属事业单位，有两个教学区。全宫占地总面积8 159平方米，建筑面积20 057平方米，配套布局合理，软硬件设施完善，是国家一级甲等校外教育机构。越秀区少年宫以文化艺术、科技体育等丰富多彩的群体性活动为载体，充分发挥校外劳动教育的特有功能，调动启迪智趣和愉悦身心的各种手段，培养越秀区少年儿童的广泛兴趣和课余爱好，着力提升综合素质及创新能力，在越秀区全面推进素质教育的进程中，做出了突出贡献。多年来，越秀区少年宫不断探索创新劳动教育课程，在培养学生劳动素养上下功夫，强调理论与实践相结合，兼顾年龄特征与个体差异，实施开展多元评价方式，构建了涵盖科技、美术、拓展、志愿服务4大类共26门劳动教育课程，实现劳动教育常态化。在科技类劳动课程方面，越秀区少年宫作为首批“全国科学教育实验基地”，“四模一电”是其传统的龙头品牌。该项目除了举办相关赛事活动，更是培养学生动脑、动手的科学实践类劳动项目。近年来，越秀区少年宫传统科技劳动教育重点项目逐渐从竞赛转向科普，通过“科技大篷车”走进全区99所中小学和幼儿园，越来越多的越秀区学子能接触到高质量的科技类劳动教育课程。在美术类劳动教育课程方面，越秀区少年宫进行了11年通草画非遗项目研究，一位负责老师甚至成为通草画非遗项目传承人，经过不懈努力，全区有70余所学校、幼儿园参与通草画普及活动，形成了成熟的劳动教育课程。学生制作的一些通草画优秀作品，会在每年广府庙会上进行义卖，义卖所得全部捐赠给“越秀学子爱心基金”，用于帮扶越秀区内学校困难学生。其他类型课程也有典型案例，篇幅有限，不再赘述。

## 五、反思

北京师范大学班建武教授认为，劳动教育是全面发展教育的重要组成部分。但当前经济的持续高速增长、社会财富的空前丰富，深刻地改变着人们的劳动观念和劳动意识，使劳动教育面临新的挑战，突出表现为劳动形态的变化、社会劳动价值观的改变以及青少年学生劳动实践的缺乏。对学校而言，目前劳动教育教材尚未完备，课程建设仍不够成熟，只能摸着石头过河。对校外基地而言，固化的“综合实践课程”替代着“新劳动教育课程”，新劳动教育的内涵仍未充分挖掘，不能适应当前劳动形态的变化。对家庭而言，唯分数论、唯成绩论大有市场，家长宁愿孩子“劳心”也不“劳力”，劳动价值观难以转变，家庭劳动教育缺失仍然严重。

习近平总书记在全国教育大会上指出，“要在学生中弘扬劳动精神，教育引导学生崇尚劳动、尊重劳动，懂得劳动最光荣、劳动最崇高、劳动最伟大、劳动最美丽的道理，长大后能够辛勤劳动、诚实劳动、创造性劳动”。在新时代背景下推动劳动教育的区域整体发展，我们还任重道远，需要不断地探索、总结，需要常态化、长期化、有创造性地有力推进，真正从“五育并举”的高度，把劳动教育落到实处。

（执笔人：翁旭广；审稿人：陈晓）

# 教育信息化“一核两翼”推进广州市越秀区教育优质均衡发展的创新实践

○广州市越秀区教育信息中心

**摘　要：**广州市越秀区针对技术如何赋能区域教育更高水平发展、资源建设如何高效匹配应用需求、教学应用如何兼顾普惠优质等问题，以教育信息化“一核两翼”策略，依托网络学习空间，开展基于智慧课堂的新型教育教学模式实践，构建了具有“高—精—新”特点的区域教育信息化生态体系，构建了具备“个性化资源供给、精准化教学分析、网络空间高效应用”的区域教育公共服务应用格局，构建了兼顾普惠优质需求的“1+N”智慧教学新形态，推动了教育高位、优质、均衡发展，实现区域教育高位再出发，在较大范围内发挥了示范辐射作用。

**关键词：**教育信息化　“一核两翼”　越秀区　教育　优质均衡

越秀历史悠久，文化底蕴深厚，“学在越秀”是广州市城区最闪亮的名片。全区现有区属公办中小学、幼儿园共95所。在区属公办学校幼儿园中，百年老校（园）13所，区属中学国家级示范性高中5所，广州市示范性高中2所，广东省标准化学校达100%。越秀区在国家、省、市、区委、区政府的指导下，以教育信息化推动教育现代化，坚持教育问题导向，融合应用，模式创新，有力支撑了区域教育均衡优质发展。越秀区先后被认定为教育部《教育管理信息化标准》应用示范区、以教育信息化为特色的全国区域教育发展特色示范区、广东省推进教育现代化先进区、广东省首批以信息化促进义务教育均衡发展试点区、广东省第一批“粤教云”示范应用试验区。为适应教育发展新常态，越秀区通过教育信息化“一核两翼”策略，积极探索推进教育优质均衡发展新途径，积极打造高品位、现代化的越秀教育。

## 一、基本情况与存在问题

### （一）教育信息化建设和应用情况

1. 高标准实现信息化基础设施均衡配置。越秀区采取区域统筹方式，较早实现了区域教育信息化硬件基础设施均衡配置，100% 学校建设数字校园，100% 班级实现班班通，100% 学校配备交互式多媒体教学环境，100% 中小学、幼儿园以 10 000M 宽带高速接入互联网；开展师生网络学习空间应用工作，全区教师建立起个人实名制网络学习研修空间，积极开展师生网络学习空间“人人通”应用，完成“三通两平台”建设任务。建成现代化、智能化的区教育城域网数据中心，实现服务器和存储资源综合云服务，为区域教育管理、教学应用系统全面融合、数据充分共享、教学方式创新提供了有力的硬件支撑。

2. 区域化推进教育管理服务应用。越秀区紧密结合教育管理业务需求，采取“私有云 + 应用”部署方式，建设区教育公共服务平台，借助云计算和大数据技术，将分散的业务整合到一起，形成区域大数据平台，为教育管理人员、学校、教师、学生和家长按需提供立体学区管理、教师干部管理、教学质量分析、教育科研管理、公办幼儿园招生报名、小升初电脑派位管理、优质数字资源等 20 多项区域特色的教育信息化应用服务，通过云端的数据交换平台和数据仓库自动实现应用数据的互通共享，极大地提升了区域教育治理现代化水平。

3. 规模化开展网络教育创新应用研究。建设了越秀区师生慕课平台，为师生提供免费网络课程学习。基于网络学习空间，开展广州市高中网络教研活动，校际、区际的网络互动教学、网上教研、专递课堂等创新应用研究。组织学校参加粤港两地“一课两讲”教学研讨、广佛同城教育活动、广清学校互动交流。鼓励学校开展基于智慧课堂的面向高效教学的信息化“授—导”模式、面向能力提升的问题解决式模式、面向综合能力培养的项目式学习、面向多学科知识融合的 STEAM 学习模式、面向智慧培养的生成性教学模式的“1 + N”智慧教学实践创新应用研究，有效推动了学校多样化、特色化发展，成就“学在越秀”品质。

### （二）存在问题

进入 2011 年，伴随着《教育信息化十年发展规划（2011—2020 年）》

的颁布，越秀区教育信息化发展进入“高原筑高峰”的瓶颈期，存在着技术如何赋能教育更高水平发展、资源建设如何高效匹配应用需求、教学应用如何兼顾普惠优质等疑难复杂性问题。

## 二、教育信息化“一核两翼”解决方案

### （一）核心价值与整体设计

教育信息化的基本目标是推进信息技术与教育教学的融合创新，其核心价值就是创新和变革学习方式、教学方式、管理方式和教育研究方式。

越秀区采取教育信息化“一核两翼”策略（见图1），围绕“三全两高一大”发展目标，以“信息技术与教育教学融合创新”为核心目标，以“大数据支撑教育公共服务体系、信息技术支持教学模式创新”为两翼，教育公共服务应用支撑新型教学模式实践，新型教学模式实践促进教育公共数据服务，构建信息化支撑的政府教育供给方式和基于开放共享数据的现代教育治理体系，创建信息时代的教育教学环境、教学组织方式和课程形态，促进教师信息素养的提升，建构以学为中心的教学模式，整体推动区域教育优质均衡发展，有效提升教学质量，实现越秀教育发展高位再出发。

**图1　教育信息化“一核两翼”**

### （二）组织机制保障

越秀区教育局编制了《越秀区“十三五”教育信息化发展规划》，健全了高效管理、协同工作、应用激励三大机制，有效保障教育信息化“一核两翼”策略的有序实施；建立了由分管教育的区领导为组长的区教育信息化建设领导小组，统筹领导区域教育信息化工作，还建立了教育信息化联席会议制度，并常态化开展工作；组织制定了区教育信息化建设管理制度汇编，保障全区教育信息化建设的快速健康发展；建立了学校特色应用支持机制，开展融合创新应用成果培育。越秀区教育局业务部门和技术部门有机结合，协同推进，技术有效融入教育业务，深入推动教育信息化2.0，实现跨越式发展。

## 三、路径与措施

越秀区教育局针对教育信息化“一核两翼”策略制定了两翼并进的具体实施路径，由越秀区教育信息中心和区教师进修学校协同推进，从技术与教研两方面同步开展大数据支撑教育公共服务体系和信息技术支持教学模式创新的实施。

### （一）大数据支撑精准、共享的教育公共服务应用

教育公共服务平台采用“平台＋教育”服务模式，整合本地教育资源服务和教育教学支持系统，构建一体化的“互联网＋教育”大平台，有效实现教育数据、数字资源、优秀师资、信息红利的共享，为区域、学校、教师、学生、群众提供精准化、个性化、开放式的教育公共服务，助力区域教育服务供给模式升级和教育治理水平提升，促进区域教育均衡发展。

1．大数据助力区域教育均衡发展。教育公共服务平台构建起“一平台、两主题、三基础库、四空间”的教育大数据应用格局，实现区、校教育教学应用集成、数据梳理和抽取，共享教育发展数据，消除信息孤岛；通过数据的关联及处理，实现教育数据的结构分析、对比分析、发展分析，借助可视化呈现，提供20多项师生发展大数据统计视图（见图2），对学区办学、教师“区管校聘”、教师结构性缺编、义务教育资源均衡配置、高中走班排课、学生学业质量监测、教师专业发展等问题进行研究，挖掘影响校际及教师专业发展差异的因素，及时诊断、预警、改进跟踪，为教育教学发展决策提供精准数据支持和协同服务，促进区域教育资源均衡配置。

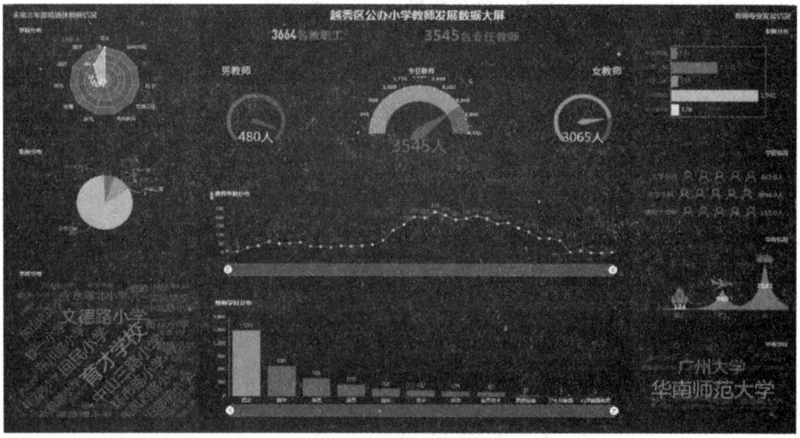


图2　大数据可视化支撑区域教育资源均衡配置

越秀区教育局人事科科长打开教育公共服务平台的大数据可视化大屏，清楚掌握各学校教师学科、年龄结构情况以及高中选课、适龄入学儿童等数据，通过数据分析，优化2019年越秀区教育系统公开招聘教职员计划，为学校补充中学物理和小学语文、数学等紧缺学科教师。依据大数据精准分析，2019年上半年越秀区实施中小学幼儿园教师交流轮岗28人，充分激发学校和教师个体活力，有效推进区管校聘改革实施，促进学校师资配置均衡发展。

教育公共服务平台提供教学质量监测服务（见图3），通过对学生成长过程数据的伴随性采集、智能化分析，形成区域、学校、班级监测分析评价报告，为学生提供精准、个性化的学习分析和分层教学。广州市第七中学高三年级级长李典初打开办公室电脑登录教育公共服务平台，学校高三年级学生学业情况监测数据分析即展示在他面前，基于知识点的小题分析、基于全数据的学情分布、基于学生错题的纵横对比跃然屏幕，他感觉到对全年级各学科教学底气更足了。通过学生学业大数据分析，级组教师精准制定优秀生、临界生等个性化辅导的“一生一案”，有效增强了高三年级教学的针对性和实效性，促进了学校教学质量的提升。

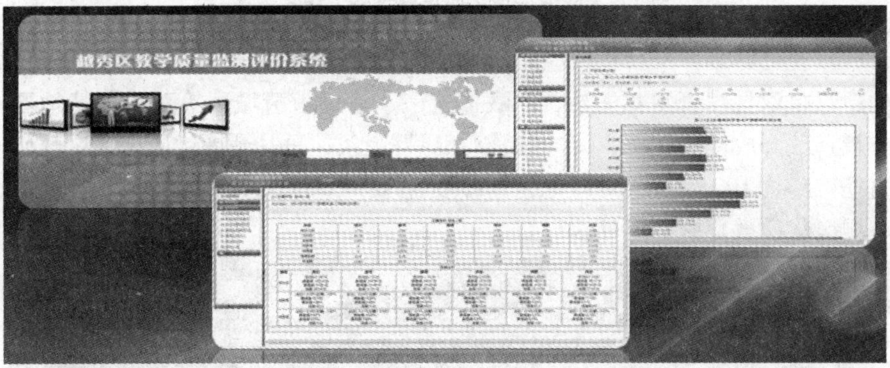


**图3　教学质量监测服务提升教学质量**

教育公共服务平台与广东省民生服务办事“粤省事”微信小程序共享数据应用，多项教育民生服务事项上线“粤省事”，为群众提供“互联网+教育”便民数据服务，落实为基层服务减负。

2. 大数据促进数字资源均衡服务。教育公共服务平台整合数字资源云服务，将第三方特色资源及教师生成性资源进行智能采集与统一编目，52万份素材资源、5 000多个微课视频资源、3万多个教育视频动画资源、

1 653 万篇教育教学论文、78 万册电子书、12 门慕课课程不断动态更新，同时与国家教育资源公共服务平台、广东省教育资源公共服务平台对接，为全区师生提供个性资源订阅；平台根据用户特性、资源内容为师生网络学习空间提供个性化的优质资源推送，实现优质教育资源共享，促进资源应用与教学教研业务的深度融合（见图 4）。

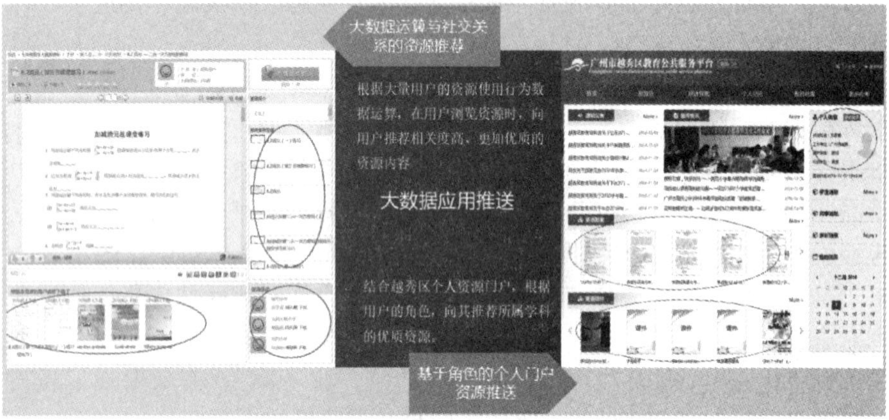


**图 4　大数据实现优质资源智能个性化推送**

教育公共服务平台积极应用于“互联网 + 教育帮扶”实践（见图 5），向新疆疏附县、贵州罗甸县、西藏林芝市、清远市清城区等对口帮扶地区学校远程开放优质课例、课件和资源 10 万余条，每月开展优质课实况教研直播，年均 100 余节，对口地区每年受惠教师 8 000 多人次，有效实现中心城区优质教育资源对外辐射。

**图 5　新疆疏附县、清远市清城区教师在线观看优质课同步直播**

3. 大数据支撑教师网络空间应用。教育公共服务平台为全区教师提供实名制网络学习空间，教师可以在个人空间定制热门资源、学科资源、学生发展数据、教师发展数据、教育快讯、教研资讯等服务，参与学区、学科研训和互动学习活动。教师网络空间根据教师空间应用情况对教师进行画像，向其智能推送个性化资讯、学科资源、进修课程和应用服务，支撑教师教育教学和专业提升，支持师生交流互动和教学管理，促进教师专业发展。

广州市第十六中学列晓东老师制作了全系列高中物理力学微课资源，放在个人网络空间开展“高中物理力学网络空间”教研教学应用（见图6）。学生在列老师的个人网络空间中灵活选择微课资源及公共服务平台智能推送的力学学习资源，及时回顾课堂知识，参与线上互动交流。列老师通过数据智能分析，快速知道学生感兴趣的热点问题，与学生、其他物理老师开展力学互动研讨，让备课更精准，课堂更高效。“高中物理力学网络空间”的应用，既促进了列老师等青年教师专业成长，也满足了学生个性化学习要求，拓宽学生眼界和增加学科趣味性。

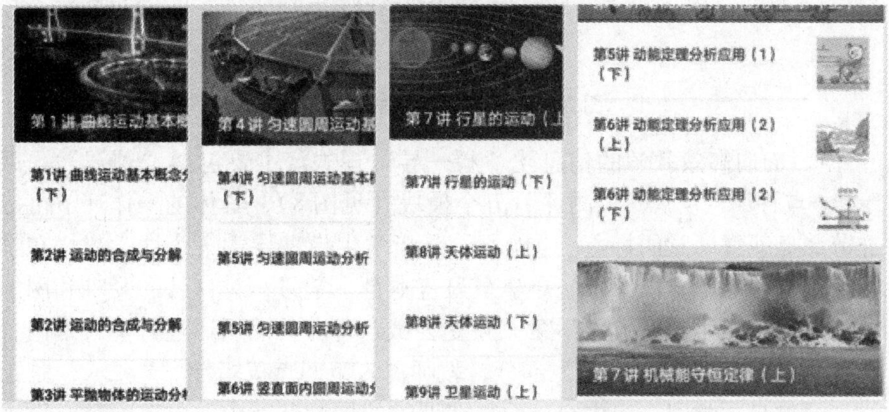


图6　教师“高中物理力学网络空间”应用

### （二）信息技术支撑的新型教学模式创新实践

越秀区2015年获批准承担广东省深化教育领域综合改革试点项目“‘智慧教学’促进区域教学方式变革与发展”的研究，2019年开展广州市“智慧教育示范区”智慧教学示范。越秀区鼓励不同层次学校开展基于智慧课堂的教学模式研究与实践，依托网络学习空间开展教学实践创新，目前越秀区内220间智慧教室，17 620名学生和910名教师参与智慧课堂应用试验，形成以“智慧课堂”为1种核心信息化教学模式的，包括面向高效教学的信息化“授—导”模式、面向能力提升的问题解决式模式、面向综合能力培养的项目式学习模式、面向多学科知识融合的 STEAM 学习模式、面向智慧培养的生成性教学模式等多种衍生模式的智慧教学新形态（见图 7），汇聚形成技术赋能教学的课堂变革形态，提高了教师信息化教学应用水平，有效促进了学生的个性化全面发展。

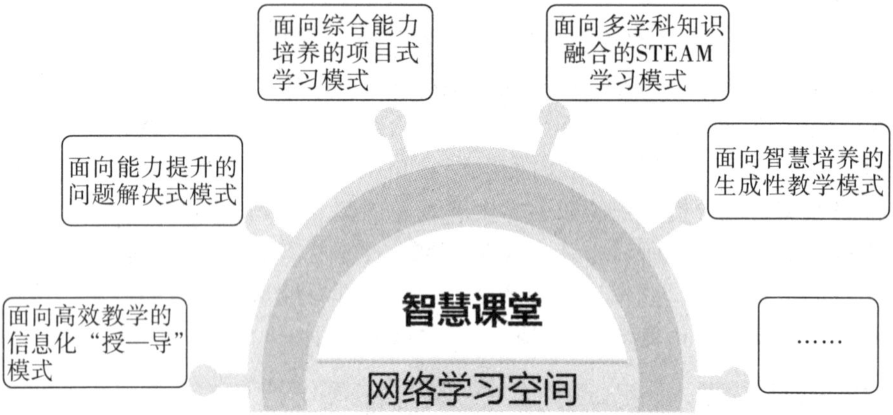


**图 7 “1 + N”智慧教学新形态**

1. 面向高效教学的信息化“授—导”模式。主要包括“预习”“展示”“点评”“反思”“测评”五个模块（见图 8），具体的操作环节可以充分彰显智慧课堂的特点。“预习”是指学生借助导学案个性学习，在学习目标的引导下，以课本、导学案为蓝本自主学习，对自己的疑难和困惑进行标注。学生先完成导学案“独立尝试”部分，然后通过云平台组内合作探讨导学案“交流解惑”部分，教师深入组间点拨指导。“展示”是指学生通过自主学习、组内交流后，在课堂的展示环节中，由教师精心设置问题以引导学生向全班同学汇报展示自己对知识的理解感悟，其他同学有异议的，可以针对性地追问、质疑，让学生在争论辨析中获取新知。“点评”是指当学生的理解出现偏离时，教师及时进行精讲点拨，穿插媒体辅助教学，让学生在直观中感受真知，在学习中享受快乐。“反思”是指学生在教师的引导下借助认知反思工具对课前预习和课中展示的学习过程进行反思。“测评”是指学生经过了一个自主学习、合作探讨、师生互动的学习过程，教师从学生的检测总结中了解和分析学生的学习效果。

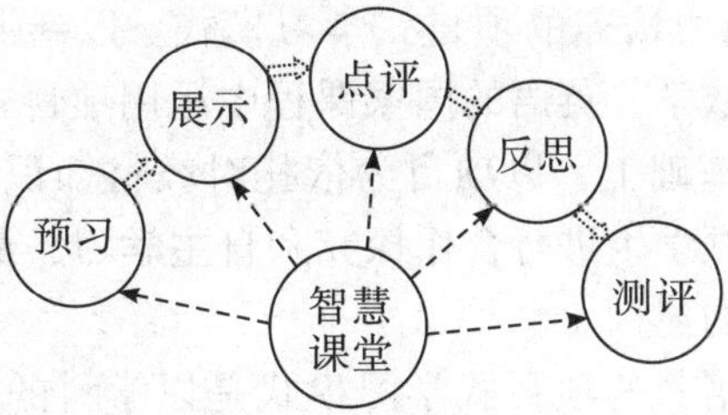


**图8　面向高效教学的信息化"授—导"模式**

2. 面向能力提升的问题解决式学习模式。基于智慧课堂的问题解决式学习模式以提升学生的能力为核心，包括问题提出、问题分析、问题解决三个方面，以及观察、提问、探究、实践、分析、总结六个环节，在不同的学科形成不同的模式变式（见图9）。智慧学习环境能够为学生的学习提供立体化学习资源、虚拟学具、个人学习空间、互动讨论空间与教学实时监控功能。面向能力提升的问题解决式学习主要包括发现问题、分析问题、解决问题等环节。教师在教学的过程中，依托智慧化学习环境，按照新课标相关要求，为学生提供丰富的教学资源和及时、个性化的学习反馈以及针对性的方法指导等。

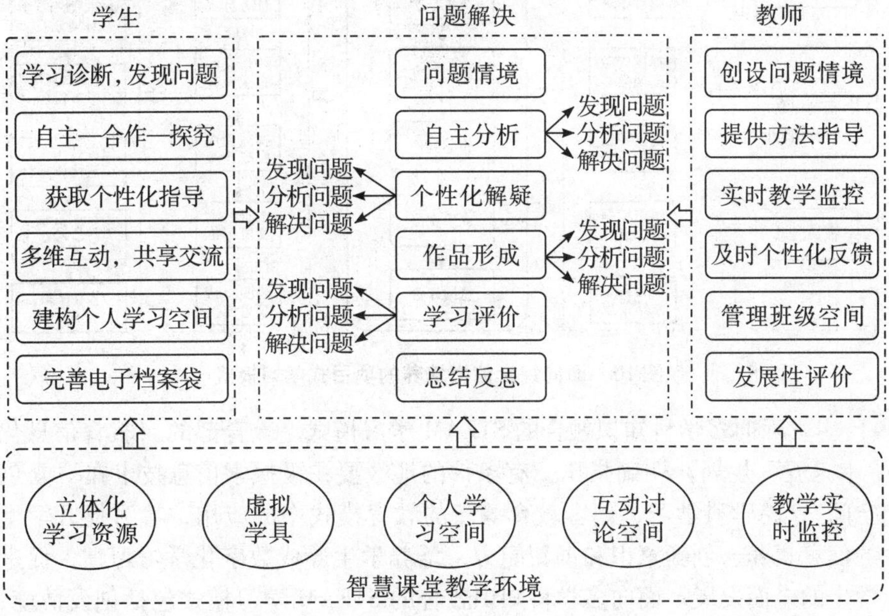


**图9　面向能力提升的问题解决式学习模式**

3. 面向综合能力培养的项目式学习模式。以新课程标准为依据，在现有的小学语文、数学、英语的国家课程中运用项目式学习的方法，在原来单元知识进度的基础上，以项目为依托对教材知识进行重整和再设计，以问题驱动方式引领学生进行合作探究和自主学习，最终通过解决生活中的问题来完成知识的建构。

面向综合能力培养的项目式学习模式是以学科的概念和原理为中心，以完成项目作品为目的，在真实世界中借助多种资源开展探究活动，并在一定时间内解决一系列相互关联着的问题的一种新型的探究性学习模式，以培养学生的基本学习技能、沟通交流能力、高阶思维能力、信息素养（信息与媒体技术技能）为目标导向，以物理环境、技术支持环境、人际环境相融合的智慧课堂环境为支撑（包括课程资源工具、情境探究与发现工具、知识建构和创作工具、协作交流工具等），由项目启动、活动探究、成果展示三个核心阶段构成（见图 10）。

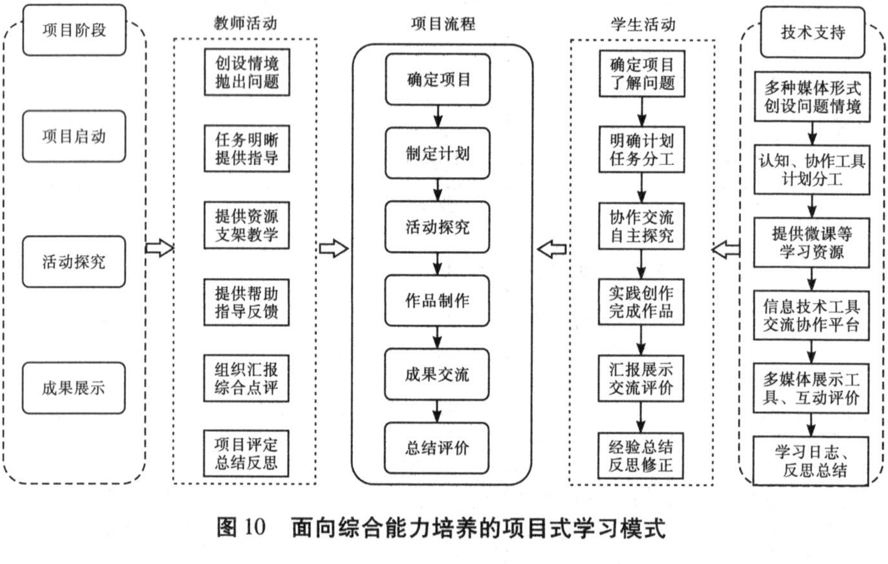


**图 10　面向综合能力培养的项目式学习模式**

4. 面向多学科知识融合的 STEAM 学习模式。教育部的《教育信息化“十三五”规划》明确指出，有条件的地区要积极探索信息技术在“众创空间”、跨学科学习、创客教育等新的教育模式中的应用，着力提升学生的信息素养、创新意识和创新能力，培养学生养成数字化学习习惯，促进学生的全面发展。面向多学科知识融合的 STEAM 学习模式包括创设情境、项目确定、设计方案、开发产品和展示评价五个环节（见图 11），并通过智慧技术支撑多学科知识融合应用，为STEAM学习提供便捷的个人学习空间，实时检测学生学习情况，智能诊断分析学生学习困惑点，以此为依据进行智能化的干预、优化与管理。

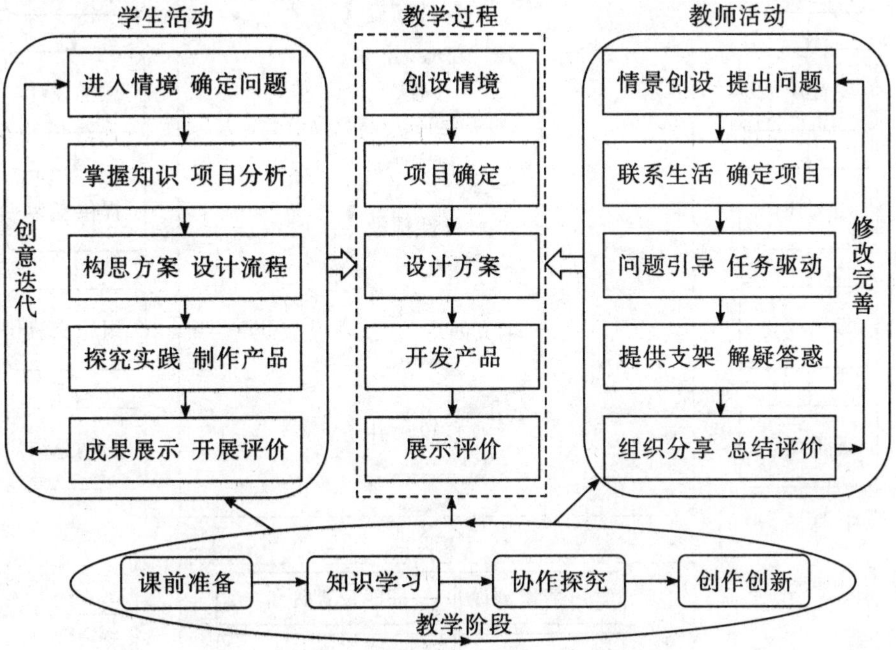


**图11 面向多学科知识融合的STEAM学习模式**

5．面向智慧培养的生成性教学模式。面向智慧培养的生成性教学模式，结合智慧课堂和生成性教学的特点，综合考虑教师、学生、教学过程和信息化教学环境等多因素，以建构主义学习理论、生成性学习理论和多元智能理论为基础，提出了课前：提供预设性学习资源，进行学情分析，预设教学目标。智慧课堂中的信息化平台为教师备课和学生预习提供支持。课中：创设生成性学习情境，组织互动学习，生成创造知识。智慧课堂中的信息化平台为生成性教学创设学习情境；同时平台收集数据，并对教学过程中学生的学习过程进行记录、分析，为教师即时调整教学提供依据。课后：拓展思维练习，个性化辅导。智慧课堂中信息化平台的互评、小组合作功能，在探究、协作学习中为师生互动、生生互动、资源共享提供支持（见图12）。

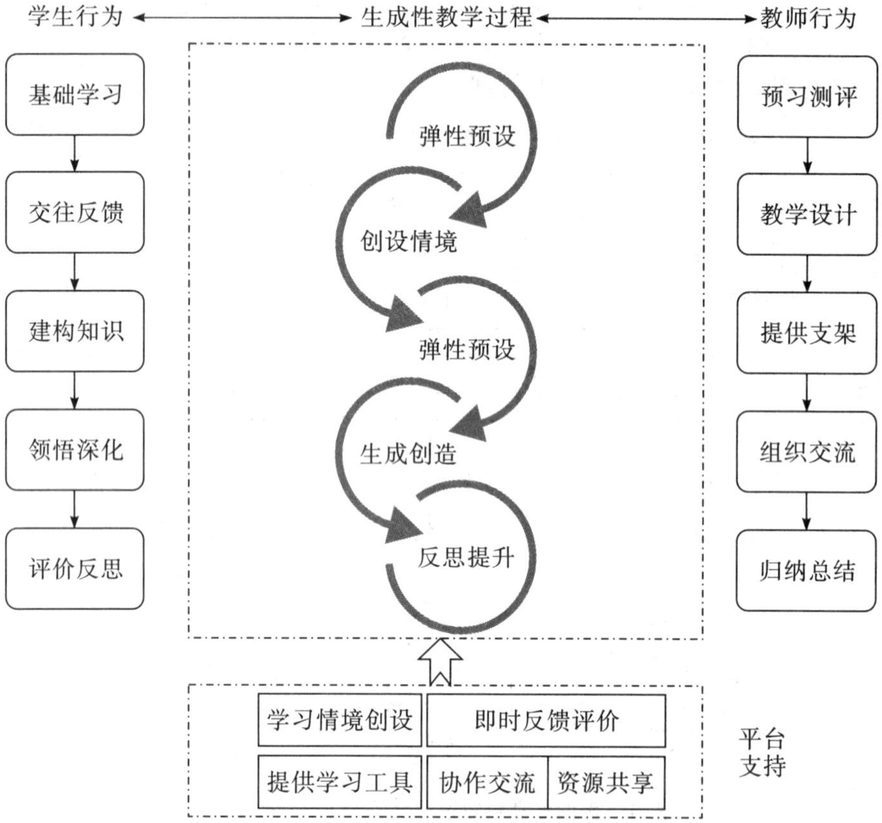


图 12　面向智慧培养的生成性教学模式

## 四、成果与创新

### （一）"一核两翼"整体设计与应用，成为国家级信息化示范案例

越秀区研究和编制了《越秀区教育信息化发展"十三五"规划》，以"一核两翼"有效引领、推进 2016—2020 年越秀区教育信息化建设与应用，构建起具有"高—精—新"（"高位教育发展""精准化服务""教学模式创新"）特色、全省领先、全国有影响的区域教育信息化生态体系（见图 13）。"一核两翼"案例荣获 2018—2019 年度全国基础教育信息化应用典型案例（见图 14）。

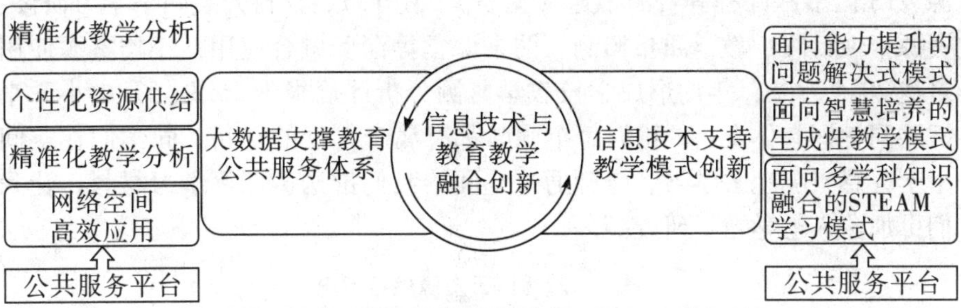


图 13 “一核两翼”区域教育信息化生态体系

证书

广东省广州市越秀区教育局：

你单位报送的《教育信息化“一核两翼”推进区域教育优质均衡发展的创新实践》被推选为2018-2019年度全国基础教育信息化应用典型案例。

特颁此证，以资鼓励。

教育部基础教育司
二〇一九年十二月

中央电化教育馆
二〇一九年十二月

图 14 全国基础教育信息化应用典型案例证书

近五年来，教育部、广东省教育厅领导、专家莅临越秀区调研教育信息化应用 9 次，接待各地智慧教育考察团 10 多次。越秀区教育信息中心获邀在 2016 年全国教育网络与信息安全工作研讨会上作题为《构建基于安全的区域教育公共服务新生态》专题报告。“一核两翼”和“网络学习空间”应用案例分别制作成为 2 门广东省“双融双创”行动计划教师信息技术能力提升线上课程。成果推广到广东省内外 170 余所学校（含越秀区内、广东省内、新疆、西藏和贵州），惠及教师 1 万多人。

### （二）数据驱动的教育公共服务应用，成为网络学习空间优秀区域

以越秀区教育公共服务和资源云平台为基础，越秀区全部中小学（72 所）师生开通网络学习空间账号，开展全面、多样且高效的网络学习空间应用实践。空间提供 20 多项师生发展可视化视图、55 万份素材及视频资

源、13 门慕课课程等资源推送（见表 1、图 15），支持开展网络学习研修、资源个性订阅、教学质量监测、网络课堂等深度融合应用，年均资源使用量达 28.5 万条，年均形成学校教学监测分析评价报告 56 份。云山小学李妮霖同学深有体会："我们每个同学都有属于自己的空间。同学们在空间里十分感兴趣地去学习，老师通过空间给我们推送微课等学习材料，让我们更加深入地学习、研究。"

**表 1　越秀区云资源供给情况**

| 资源云资源供给类型 | 数量 |
|---|---|
| 素材 | 52 万份 |
| 微课视频 | 5 000 多个 |
| 教育视频动画 | 3 万多个 |
| 教育教学论文 | 1 653 万篇 |
| 电子书 | 78 万册 |

基础教育文献资源

- 检索论文2 371 406次
- 浏览论文66 366篇
- 下载论文61 383篇

电子阅读资源

- 电子图书检索1 140 244次
- 工具书在线访问289 463次
- 年鉴在线访问169 553次
- 精品图片浏览913 478次

中学学科资源

- 学科资源下载126 786次
- 试题试卷下载11 549次

**图 15　2019 年越秀区资源云部分资源使用量统计**

越秀区和广州市第十六中学、越秀区云山小学荣获教育部 2019 年度网络学习空间应用普及活动优秀区域和优秀学校，越秀区教育局成功承办 2020 年广州市网络学习空间普及活动示范交流会、2020 年教育部中小学骨干教师"网络学习空间人人通"专项培训，进行空间应用推广专题汇报和课例展示，线上线下观摩达 5 万人次。越秀区云山小学被授予"全国网络学习空间人人通专项培训基地学校"，承办 4 次"教育部网络学习空间人人通专项培训"，培训全国教师 780 人次。

越秀区将 10 万余条优质资源远程向新疆、西藏、贵州、清远等地学校开放，每年捐赠上千套获奖作品、课例及微课光盘，每年平均将 100 多节优质课推广到上述地区的 60 多所学校，有效增强优质资源覆盖推广程度，助力新疆喀什疏附县 10 所学校汉语教学普及，教育公平帮扶成效明显。

越秀区师生在各级信息技术作品竞赛中获奖数均位广州前列（见图 16）。在广东省区县政府公共服务满意度测评中，越秀区公共教育指标满意度连续三年位居全省第一。主流媒体参考联合国开发计划署人类发展指数排名方式，细化评价广州市各区人类发展指数，越秀区教育指数连续三年列全市第一，优质教育资源指数也位列全市第一（见图 17）。

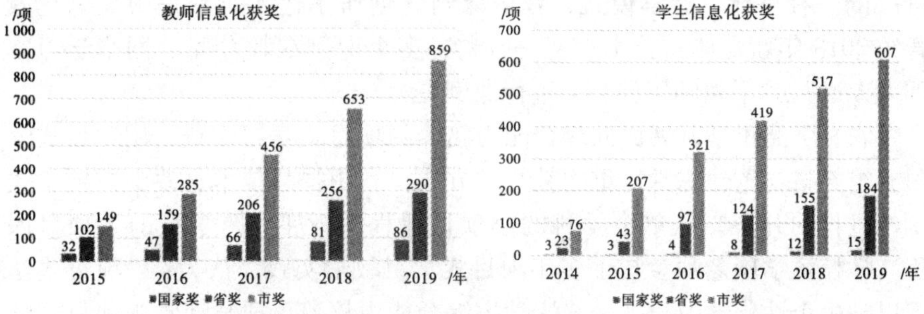


图 16　越秀区师生信息技术作品竞赛获奖数位居广州市前列

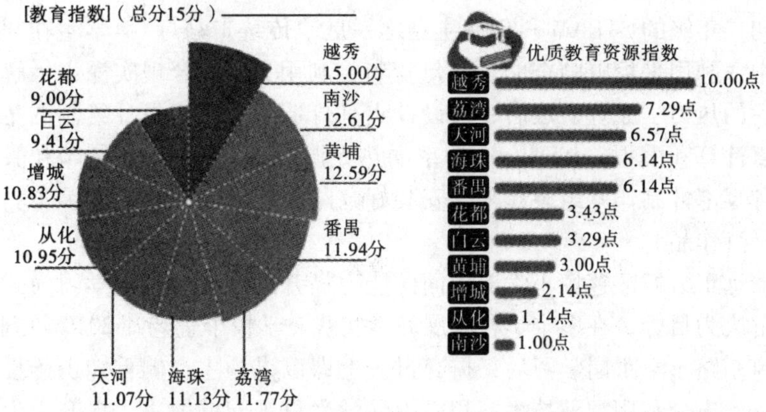


图 17　越秀区教育指数和优质教育资源指数位列广州市第一

## （三）"1 + N"智慧教学应用，打造国家级信息化教学实验区

越秀区获批准承担广东省深化教育领域综合改革试点项目"'智慧教学'促进区域教学方式变革与发展"的研究，35 所越秀区中小学和 3 所清远市清城区学校参与"1 + N"智慧教学实践，学科覆盖率 100%，形成兼顾普惠优质的智慧教学新形态。越秀区成为广州市唯一、广东省四个之一的国家级信息化教学实验区。其承担的广东省教育科学"十二五"规划课题"基于智慧课堂的生成性教学"，构建并验证了面向生成的智慧课堂评价指标体系，构建了面向智慧培养的生成性教学模式，并通过广东省教育

厅的结项鉴定，等级为优秀。

云山小学开展面向高效教学的信息化“授—导”模式实践，着重基于美术和音乐等艺术学科，进一步形成“自鉴赏—自体验—自创作—自评价”的“授—导”教学模式，音乐课例《创作小达人》获得中央电化教育馆 2018 年新媒体新技术大赛一等奖，多个课例在教育部“网络学习空间人人通”骨干教师培训会上进行课例展示。

农林下路小学开展面向综合能力培养的项目式学习实践，用项目式学习重组教材、重建课堂、重构教与学方式，利用智慧技术有效支撑项目式学习过程的开展，从单个学科的小项目课程，拓展到跨学科的大项目课程。学校黄学珍老师参与了多年项目式学习教学实践，认为：“项目式学习以学生个性化学习为主，关注学生综合能力培养。智慧课堂为项目式学习有效赋能，促进了学生新时代信息技能和素养的提升。”

广州市第十六中学开展面向多学科知识融合的 STEAM 学习实践。其中，初二年级的 STEAM 科创课主题之一是“传统走马灯”。学生在智慧科创室中，利用平板电脑查阅走马灯资料，利用 MR 混合现实深入了解走马灯背后的热力学原理；然后一边设计走马灯造型架构，设计绘制图案，一边反复计算和模拟，找到合适功率的热光源；最后利用 3D 打印和激光切割把各零部件制作并组装起来，安装好电路和灯泡，完成一盏盏各具创意的走马灯作品。

清远市清城区莲塘小学应用面向能力提升的问题解决式学习模式，以问题解决为目标，在多个学科开展教学实践。学校李莹老师 2019 年到越秀区东风东路小学跟岗学习后，摒弃过去上课以讲为主、侧重知识传授的做法，开始充分利用智慧技术，积极引导学生重视问题解决，提升学生小组合作和独立思考能力，教学质量显著提高。

近年来，越秀区教育信息中心举办智慧课堂观摩活动 110 多场，惠及区内教师 5 800 多人次；承办教育厅局长教育信息化专题培训教学观摩两次，接待厅局级领导观摩 220 人次；承办省、市智慧课堂观摩培训 7 次，现场观摩 1 600 多人次，全国线上观摩 100 万人次；承办首届中小学人工智能教育课程实验项目联席会的人工智能“一课两讲”教学研讨活动示范课直播 1 节，向北京、武汉、广州、西安、深圳等地直播，获得好评；在“第八届中小学 STEAM 教育大会”广州分会场交流展示活动中作题为《一核两翼赋能区域 STEAM 教育的创新实践》主题报告；智慧课堂课例获部级优课 49 节，省级优课 89 节。

## （四）线上个性化教育，抗疫应急与保质提优

“停课不停学”期间，“一核两翼”引领技术赋能越秀线上教育。越秀区教育信息中心组织和提供技术支撑的894节名师空中课堂覆盖13个学科，通过越秀区空中课堂、越秀区教育公共服务与资源云平台、粤课堂、珠江数码、“花城+”等惠及越秀和省内外师生8 317万人次（见图18）；技术支撑“越秀少年云学习、齐心抗疫做先锋”主题线上升旗仪式，全国累计观看直播人次达6 557.65万次，高峰时间348万人同时收看，活动在全国范围取得较大、较好反响。越秀线上教育在“一核两翼”引领下，实现了“五育并举”与“个性学习”“战疫应急”“保质提优”的协调统一，做到“教育公平托底，优质服务为标”，让每位孩子都学有所获，得到广大教育同行、家长、学生、社会人士的好评。

**图18　越秀区课程在广东省“粤课堂”播出**

越秀区教育信息中心线上教育案例入选"'停课不停学'在线教学实践推进研究"基础教育类优秀成果。广州市人民政府王东副市长于2020年4月9日调研广州市线上教育，现场连线广州市第十六中学师生，实时了解学校线上教育互动情况。王东副市长高度肯定了越秀区和学校线上教育工作，师生互动性好，成效十分明显。

**（五）其他成果丰硕，媒体广泛报道**

越秀区在实践过程中取得了丰硕的成果，发表论文22篇和专著1本，获市级以上奖项50余个，被中国教育报、中国科学报等主流媒体广泛报道，在全市、全省、全国产生较大的辐射影响作用。

## 五、下一阶段设想

**（一）深化大数据在智慧教育深度发展的应用**

越秀区将继续探索智慧教育应用新模式，开展智慧课堂个性化教学模式实践，利用大数据支撑深度学习的课堂，深化教育公共服务平台的大数据协同应用，提升信息化服务教育教学与管理的创新能力，形成现代化的教育管理与监测体系，推进中小学智慧教育向深度发展。

**（二）推进大数据在未来创新人才培养的应用**

越秀区将利用大数据和人工智能推动创新人才培养模式改革，精准实现规模化教育与个性化培养的有机结合，培养和发展教师、学生的创新、协作、分析能力，引领师生主动适应教育信息化2.0时代新技术变革，助力区域内教育创新人才成长，促进基础教育高位均衡发展。

**参考文献**

[1] 教育部发布《教育信息化2.0行动计划》[J]. 小学教学（数学版），2018（Z1）：91.

[2] 中共中央、国务院印发《中国教育现代化2035》[J]. 大视野，2019（2）：5-6.

[3] 中共中央办公厅、国务院办公厅印发《加快推进教育现代化实施方案（2018—2022年）》[J]. 大视野，2019（2）：5.

[4] 黄荣怀. 基础教育信息化的核心价值：创新与变革 [J]. 中国教育信息化，2008（20）：22.

[5] 祝智庭，彭红超. 技术赋能智慧教育之实践路径 [J]. 中国教育学刊，2020（10）：1-8.

（执笔人：刘小莲；审稿人：廖东）

# 深度学习理念下劳动教育地方课程资源体系设计研究

## ——产业链视角

○珠海市教育研究院

**摘　要：**课程资源是劳动教育实施的基础，新时代劳动教育需要聚焦劳动教育课程资源的设计。受“深度学习”教学改进项目的启发，本文将深度学习理念确定为劳动教育地方课程资源设计的教育哲学，认为让学生经历、体验人类社会劳动生产的发生与发展过程有助于劳动价值观的培养。同时，在劳动教育地方课程资源体系设计中创造性地引入产业链视角，实现了深度学习理念的操作化。产业链视角的劳动教育地方课程资源体系设计需要宏观层面分析单元主题中的产业链条、中观层面精选产业链条中的劳动链条、微观层面分解劳动链条中的活动链条，基于劳动复杂度由学段活动链条组合成课程链，实现课程体系的构建。在此基础上，本文提出了劳动教育地方课程资源体系设计模型，结合思维导图和双向细目表工具，给出了劳动教育地方课程体系设计的路径方法。

**关键词：**劳动教育　深度学习　资源体系　产业链

## 一、引言

开设独立的劳动教育课程以及在学科课程中融入劳动教育是劳动教育课程化的主要路径，而课程资源是劳动教育有效实施的重要保障。《大中小学劳动教育指导纲要（试行）》（以下简称《指导纲要》）指出，要加强劳动教育专业研究和指导，组织开展劳动教育课程资源研发。学校是劳动教育的责任主体，同时也是劳动教育课程资源开发和使用的主体。然而，劳动教育长期虚化、弱化、边缘化等问题导致学校可利用的劳动教育课程资源比较匮乏，劳动教育校本课程建设乏力，往往依托于综合实践活动课程（76.51%）或德育课程（41.9%）①。劳动教育地方课程资源的开发能够为劳动教育的校本化实施打开新的局面，地方课程往往兼具地方经济发展服务、地方文化品位提升、地方优良传统传承的功能②，地方课程天然具有的地方资源禀赋可以丰富劳动教育课程内容，为学校劳动教育的实施提供多样化选择，有助于劳动教育必修课程的落地。劳动教育地方课程资源是连接学生与地方的桥梁，可以为地方经济社会发展培养潜在优秀劳动者。课程理念是地方劳动教育课程资源设计的灵魂，劳动教育地方课程资源体系设计应坚持立德树人以及人的全面发展，而深度学习是落实立德树人的智慧之旅③，能够为核心素养的获得提供支撑，因此，劳动教育地方课程资源开发应秉承深度学习理念。如何基于深度学习理念设计劳动教育地方课程资源？本文创造性地提出从产业链视角把握劳动教育中深度学习的本质，让学生在经历人类产业劳动过程中体验劳动创造价值的全过程，实现提高学生劳动素养的目的。

## 二、理论基础

### （一）深度学习理念

深度学习最早源于机器学习，是机器人学习的一个重要研究方向，属于技术范畴。深度学习的目的在于实现人工智能。随后，深度学习的概念被引入教育领域。首次从教育视野阐释深度学习概念的是瑞典哥德堡大学的学者马飞龙（Ference Marton）和罗杰·赛里欧（Roger Saljo）④，深度学习被认为是浅层学习的对立，学者往往从深度学习和浅层学习的比较中揭示深度学习的本质。后经学者约翰·比格斯（John Biggs）、迈克尔·富兰（Michael Fullan）等人的发展，深度学习被赋予信息技术广泛渗入的内涵。国内深度学习方面最具影响力的要数教育部基础教育课程教材发展中心开

① 方凌雁．劳动教育的现状、问题和建议：2019 年浙江省中小学劳动教育调研报告［J］．人民教育，2020（1）：15－19．

② 辜伟节．略论地方课程开发的基本思路［J］．教育发展研究，2002（11）：50－53．

③ 刘月霞，郭华．深度学习：走向核心素养［M］．北京：教育科学出版社，2018：7－8．

④ MARTON B F，SALJD R．On qualitative differences in learning：i-outcome and process*［J］．British journal of educational psychology，1976（46）：4－11．

发的“深度学习”教学改进项目，围绕立德树人的根本任务以及落实学生核心素养的基本诉求，我国学者郭华等人将深度学习定位为一种凸显教师引导作用的教学理念，深度学习被认为是历史上优秀教育理论成果及优秀教学实践经验的汇聚与提炼①。所谓深度学习，就是指在教师引领下，学生围绕着具有挑战性的学习主题，全身心积极参与、体验成功、获得发展的有意义的学习过程。在这个过程中，学生掌握学科的核心知识，理解学习的过程，把握学科的本质及思想方法，形成积极的内在学习动机、高级的社会性情感、积极的态度、正确的价值观；成为既具独立性、批判性、创造性又有合作精神、基础扎实的优秀的学习者，成为未来社会历史实践的主人②。中国化的深度学习以立德树人为根本目的，重视学生核心素养的培养与发展，强调学习者在教师引导下的个体建构与社会建构，鼓励学习者作为实践主体经历知识形成和发展的过程。基于问题的学习、基于设计的学习以及基于项目的学习等具有实践性、探索性和创造性的学习方式可以促进深度学习，深度学习倡导单元学习。深度学习理念与劳动教育价值取向不谋而合，两者均指向立德树人的根本任务和学生核心素养的培养。深度学习所主张的主体观、经历观和体验观表明学生劳动观念、精神、能力及习惯与品质的培养与塑造应根植于广泛的社会劳动参与，学生只有投身到人类伟大的劳动创造价值的社会实践中，经历因劳动分工所导致的产业生产环节，体验不同劳动的价值创造，才能培养正确的劳动价值观，这正是新时代劳动教育的核心③。

### （二）产业链理论

产业链是产业经济学中的概念，被广泛用于解释现代社会的经济发展现象。作为生产力和社会分工进一步发展的产物，产业链是基于一定的技术经济关联的各个产业（企业）部门之间，并依据特定的逻辑关系和时空布局关系客观形成的具有价值增值功能的链条式关联关系形态④。产业链

---

① 刘月霞，郭华．深度学习：走向核心素养［M］．北京：教育科学出版社，2018：7－8.

② 郭华．如何理解“深度学习”［J］．四川师范大学学报（社会科学版），2020，47（1）：89－95.

③ 何蕊．劳动教育的核心是培养劳动价值观：访北京师范大学公民与道德教育研究中心主任檀传宝教授［J］．中国德育，2017（9）：24－29.

④ 戴孝悌．产业链视域中的中国农业产业发展研究［D］．南京：南京林业大学，2015.

理论最早可追溯到古典经济学家亚当·斯密关于劳动分工的论述。在其所著的《富国论》中，他认为劳动生产力上最大的改进，以及劳动时所表现的更多的娴熟程度、技巧和判断力，似乎都是分工的结果①。对提高生产力无止境的追求，倒逼劳动分工越来越细分和复杂，而交易的成本也随生产环节的衔接不断升高。为了降低生产和交易成本，迫切需要建立企业间的联系和协同关系，以最佳的企业组织形式降低交易损耗。产业链便在提高生产效率、降低交易成本的过程中形成了。产业链理论真正意义上的形成是在现代，"产业链"概念由美国经济学家艾伯特·赫希曼在《经济发展战略》一书中首次提出。在我国，学者傅国华②最早在研究海南热带农业发展中引入产业链概念，随后产业链理论广泛应用于工农业产业分析。产业链中包括供应链、产品链、价值链等，这些是产业链的内涵链③。本文认为产业链还蕴含了劳动链。以苹果手机为例，一般包括产品设计、硬件生产、手机销售、顾客反馈等环节。从供应链层面看，每个企业或产业从上游企业获取阶段性产品和服务，同时向下游企业提供新的产品和服务。从产品链层面上看，手机从原材料开始在不同产业或企业的加工组织下形成中间产品，譬如芯片、手机系统、液晶屏幕等，最终销售成为消费者手中的成品手机。从价值链层面上看，产业链以价值为纽带，产品的价值在各产业节点完成分割，同时以价值互换为动力机制，通过在产业环节追加劳动力、技术、资本等方式完成产品价值增值的过程。苹果手机虽然在中国完成了组装，但大陆普通工人工资仅占链条利润的 1.8%，以富士康为代表的大陆代工公司获得的不过是 2% 的利润，而负责品牌运营和产品设计等核心业务的苹果公司占据了高达 58.5% 的利润④。从劳动链层面看，生产劳动与服务劳动、简单劳动与复杂劳动、单一劳动与复合劳动、重复性劳动与创造性劳动等劳动类型广泛分布在各产业节点。一般原材料获取、组装、运输、销售等环节简单劳动、单一劳动、重复性劳动居多，劳动创造的价值偏低；设计、开发、精加工、深加工等环节的复杂劳动、

---

① 彭亮. 基于劳动分工理论视角下的管理会计发展路径研究［J］. 湖北经济学院学报（人文社会科学版），2018，15（5）：60－63.

② 傅国华. 巩固和发展我国天然橡胶业［J］. 热带作物研究，1995（1）：13－17.

③ 张延坤. 产业链理论研究［D］. 天津：河北工业大学，2012.

④ 刘震，孔仕强. 基于产业链和劳资关系角度的分配问题研究［J］. 高校马克思主义理论研究，2016（3）：50－57.

复合劳动、创造性劳动更多，劳动创造的价值更高。不同类型劳动的接力造就了人类智慧的结晶，诞生了无数伟大产品，如手机、电脑、机器人等。产业链理论揭示了劳动教育不仅要让学生体会到劳动创造价值，更要让学生感受到劳动分工创造价值的差异性，中国产业转型升级需要在劳动教育中给学生埋下创造性劳动的种子。产业链理论为深度学习理念在劳动教育领域的融入提供了可操作化的思路，以某领域为主题，将该领域的产业链整合成劳动教育的单元，通过单元劳动让学生投入到劳动改造自然、创造世界的实践中，简约经历人类产业劳动的全过程，体验不同劳动创造的价值，在不同价值的感受与碰撞中形成对劳动创造价值的正确观念。

## 三、产业链视角下劳动教育地方课程资源体系设计的思路分析

劳动教育地方课程资源体系设计遵循一般的课程设计原理，同时又凸显产业链的自身特点。它以劳动教育课程资源特点为基点，通过宏观、中观、微观的层层剖析，推动产业链向活动链转变，实现劳动教育课程链的形成以及课程体系的构建。

### （一）劳动教育课程资源特点

1. 课程资源应覆盖人类劳动的全领域。《指导纲要》将青少年需要参与的劳动分为生活劳动、生产劳动以及服务性劳动，三类劳动覆盖了人类劳动的全领域，每一类劳动在树立劳动观念、提升劳动能力、培育劳动精神以及形成良好的劳动习惯与品质方面都具有不可替代的作用。劳动教育地方课程资源应该涵盖生活劳动、生产劳动以及服务性劳动，根据劳动教育课程的进阶特点以及社会产业发展的新变化，合理设置不同劳动活动的比重。新时代，社会的主要矛盾已经发生了变化，劳动教育不能简单照搬过去的经验，必须与新型产业形态结合①，应更侧重于服务性劳动。

2. 课程资源应观照社会生活的全方面。劳动创造了生活，诚实、合法的劳动让人类社会生活更美好。就人类而言，衣食住行是社会生活的全部，人类的大部分劳动都是围绕衣食住行来开展的。从人出生的那一刻到离开这个世界，人每时每刻都要面临穿的问题、吃的问题、住的问题以及行的问题，从过去关注穿得暖、吃得饱、住得适、行得便，到今天讲究穿得漂亮、吃得健康、住得气派、行得舒适。与此同时，衣食住行也是青少年直接经验的重要组成部分，以“衣食住行”作为劳动教育的主题开展的

① 乔锦忠. 劳动教育知与行 [N]. 中国教师报，2020-05-27（12）.

劳动活动可以很好地连接学生的经验基础与劳动任务。

3. 课程资源应考虑劳动教育的融合性。劳动教育以其强大的融合性发挥着独特的综合育人功能[①]，劳动教育客观上要求通过跨界融合的方式来实施。劳动教育融合有五个逻辑层次：课程内部的融合、与学科课程的融合、与学科领域的融合、与社会文化的融合、与人的融合[②]。劳动教育通过主题单元劳动活动的设计，形式上以产业链条的方式将生活劳动、生产劳动以及服务性劳动进行有机融合，深层意义上实现劳动价值、观念、能力、习惯以及品质间的融合，避免劳动教育“技术化”或“思政化”。另外，劳动教育地方课程资源要凸显本土特色，坚持本土特色与国际视野、优秀传统与时代特征的融合。

4. 课程资源学段衔接的劳动复杂度逻辑。现代体系化学科课程一般按照“阶梯形”的结构编排，充分考虑学习者阶段发展层次以及知识难度的螺旋上升。劳动教育作为实践活动类课程与学科课程有较大的差异，劳动教育不是劳动知识教育，劳动教育地方课程资源的设计不应遵循劳动知识或技术逻辑，而是以劳动复杂度作为设计的逻辑主线。所谓劳动复杂度是指劳动任务对某一学段学生的难易程度。小学生以简单劳动为主，随着学生知识水平与劳动能力的提高，劳动复杂度逐渐加强，到了高中阶段，劳动的复杂度适当接近人类社会生产劳动的水平。

### （二）产业链视角探讨劳动教育地方课程资源体系设计的思路

1. 宏观层面分析单元主题中的产业链条。以农业产业链为例，农业产业链一般包括原材料生产、加工、储运、运输、销售等活动过程[③]。事实上，任何产业的生产都包含了原材料的生产、加工、存储、运输和销售等主要环节，在这五个生产环节中因产品复杂度的不同又会细分为其他节点，且各产品的环节前后顺序也不尽相同。在原材料的生产环节，稻子的生产还包含了松土、灌溉、育苗、施肥、杀虫、收割等节点。手机的产业链并不以原材料的生产作为首节点，而是将“设计”前置，通过设计、生

---

① 檀传宝. 劳动教育的概念理解：如何认识劳动教育概念的基本内涵与基本特征［J］. 中国教育学刊，2019（2）：82－84.

② 林克松，熊晴. 走向跨界融合：新时代劳动教育课程建设的价值、认识与实践［J］. 湖南师范大学教育科学学报，2020，19（2）：57－63.

③ MIGHELL R L，JONES L A. Vertical coordination in agriculture［J］. Agricultural economic report，1963（19）.

产、销售、需求反馈等接续环节完成产品从概念形态向量产形态蜕变。因此，主题产业链条的分析可以采用如下策略：一是首要考虑产业链的一般环节，即生产、加工、存储、运输以及销售（一级产业链）；二是查找与主题相关的资料，根据主题的实际特点进一步细分环节（二级产业链），同时调整节点的相对位置。

2. 中观层面精选产业链条中的劳动链条。劳动链条是指产业链条中适合开展劳动教育的环节构成的链条。劳动链条与产业链条的关系可以追溯到教育内容与人类文化的关系，纳入劳动教育的链条必定是适合学生的，能够反映产业概貌的。通过宏观层面的产业链条分析，我们已经比较清楚掌握了与主题相关的组织环节。毫无疑问，由上述分析的产业链条比较长，而每一个主题学习单元原则上以 4 ~ 10 课时为宜①，部分环节不适合中小学生或在现有的环境中实施受限，因此需要从产业链条中精选有限的适合劳动教育开展的环节构成劳动链条。

3. 微观层面分解劳动链条中的活动链条。劳动活动是真正进入到劳动教育课程中的内容，劳动活动的设计要紧紧围绕劳动链条的环节。一般而言，每个链条环节可设计的劳动活动比较多，可以从生活劳动、生产劳动、服务性劳动的分类来设计，可以按照传统与现代的分类来设计，也可以按照社会生活的基本面，譬如技术、经济、家政、文化、职业等来设计。以农业灌溉为例，生产劳动方向可以设计灌溉技术研发、灌溉工具制作的劳动活动。按照传统和现代划分，灌溉工具制造活动又可分为传统灌溉工具制造活动（龙骨水车等）、现代灌溉工具制造活动（水泵等）。服务性劳动方向可以设计灌溉咨询服务活动，学生根据生产劳动需求为农民设计低成本、高效益的灌溉方案。

### （三）产业链视角与其他视角的比较

2001 年教育部颁布的《基础教育课程改革纲要》指出中小学校要开设综合实践活动课程，劳动与技术教育纳入综合实践活动课程范畴。受此影响，技术视角成为劳动教育课程建设的主流视角，劳动教育课程被深深打上劳动技术课程的烙印。这类劳动教育课程往往以技术为线索，选取日常生活劳动、生产劳动、服务性劳动的技术，譬如以金工、木工、电工、编织、绳艺、电子、机械等为主题，以劳动制品作为劳动活动设计和评价的

---

① 刘月霞，郭华. 深度学习：走向核心素养［M］. 北京：教育科学出版社，2018：80.

依据。面对新时代的育人要求，技术视角的劳动教育课程存在诸多缺陷：一是劳动教育被窄化为劳动技术教育。然而劳动教育并不等同于劳动技术教育①，劳动教育还包括劳动观念、精神、习惯与品质的教育，以劳动价值观作为本质的培养目标。二是劳动教育的统摄性丧失。劳动教育具有树德、增智、强体、育美的综合育人价值②，这是新时代劳动教育的典型特征，德育、智育、体育、美育的价值体现在劳动价值创造，以劳动教育为中介，潜在的劳动力才能转化为现实的劳动力。三是劳动教育课程缺乏综合性。现代劳动以复合劳动和复杂劳动为主要特征，劳动者仅有某一方面的劳动知识与技能难以胜任，这必然要求劳动教育应具有综合性。技术取向的劳动教育课程内容仅限于通用技术和信息技术，对化工、生物医药、身体健康等领域关注较少。四是劳动教育被限定为技术教师的职责，削弱了劳动教育组织实施的力量。劳动教育的统摄性与综合性决定了劳动教育需要多学科交叉相结合③，有赖于多学科教师的广泛参与，非技术教师一人之功能够完成，每一门学科教师都是学生洞察世界的一个维度或视角④。

产业链视角的劳动教育地方课程资源集丰富性、多样性、跨界性以及综合性于一体，劳动技术教育渗透到主题单元劳动活动链条某一环节，主题单元劳动活动广泛融入劳动观念教育、劳动精神教育、劳动能力教育以及劳动习惯与品质教育，学生需要通过合法、诚实劳动，借助传统和现代技术力量创新劳动方式与方法，手脑并用，依赖团队力量完成主题单元系列劳动活动，简约经历和体验人类社会生产的主要过程。与此同时，产业链视角的劳动教育地方课程资源坚持跨学科领域整合，积极将反映人类现代文明的化工生产、生物制药、经济金融、环境保护、医疗健康等纳入劳动活动链条。产业链视角打开了人们认识劳动教育的一扇窗，拓宽了劳动

---

① 冯新瑞. 劳动教育与综合实践活动课程的关系［J］. 基础教育课程，2020(13)：4-9.

② 新华社. 中共中央 国务院关于全面加强新时代大中小学劳动教育的意见［EB/OL］.（2020-03-26）［2020-08-09］. http://www.gov.cn/zhengce/2020-03/26/content_5495977.htm.

③ 徐长发. 新时代劳动教育再发展的逻辑［J］. 教育研究，2018（11）：12-17.

④ 倪娟. 中小学劳动教育课程变革及其发展［J］. 基础教育课程，2018（23）：41-48.

教育实施的途径，让更多的家长、教师和社会资源参与其中，真正意义上构建起了家庭、学校、社会的整个实践网络①。

## 四、劳动教育地方课程资源体系设计路径

上述分析表明，单元主题是劳动教育地方课程资源体系设计的第一步，围绕单元主题，设计者将按照产业链条分析、劳动链条精选、活动链条分解的路径来设计课程资源。课程或课程资源设计是一个循环往复、迭代优化的过程，由概念模型设计到资源体系的建立还需要借助技术和工具。

### （一）资源体系设计路径模型

以主题为坐标原点，分别以产业链、劳动链、活动链为坐标轴，建立空间三维坐标系（见图1），该路径模型形象表达了劳动教育地方课程资源体系设计的主要过程。

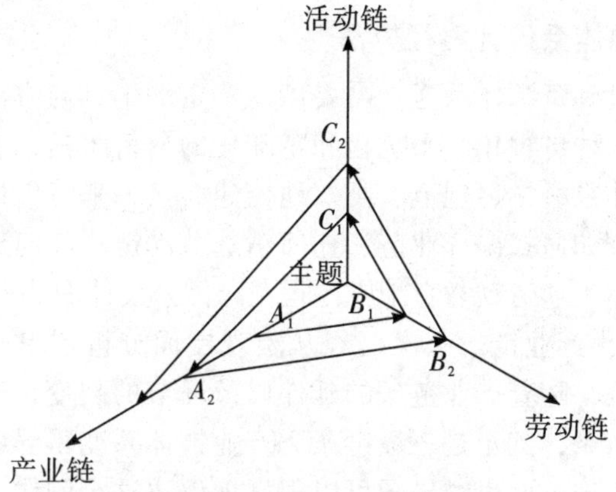


**图1　资源体系设计路径模型**

在整个劳动教育地方课程资源体系设计过程中，产业链、劳动链以及活动链始终指向单元劳动主题。从主题出发，沿着产业链方向到达 $A_1$，表示产业链的第一次成链。首次成链的产业链条往往比较庞杂，不一定都适合转化为劳动链或分解为活动链。紧接着，沿着劳动链的方向，设计者从产业链中精选适合开展劳动教育的环节组成劳动链，即 $B_1$，此时的劳动链

① 徐长发. 新时代劳动教育再发展的逻辑［J］. 教育研究，2018（11）：12－17.

是产业链的子集。围绕某单位主题，设计者需要精选 3 条劳动链，以反映小学、初中、高中不同学段劳动教育内容特点。根据《指导纲要》的要求，小学的劳动链以日常生活类劳动为主，兼顾服务类劳动，辅以少量生产类劳动；初中的劳动链以生产类劳动和服务类劳动为主，同时提高生活劳动类质量；高中的劳动链继续强化生产类劳动和服务类劳动，加强职业体验，生活类劳动逐渐退出。随后，由 $B_1$ 到 $C_1$，劳动链转化为活动链，设计者结合学段劳动者特点、劳动分类、实施主体的不同，分解为适合不同学段、不同实施主体，易于实施且同时能够反映产业概貌的活动链。活动链设计过程中，可能存在某一劳动链的环节无法分解出合适的劳动活动，此时需要设计者返回到产业链维度，增加产业链环节（$A_2$）或在原产业链的基础上重新遴选劳动链（$B_2$），再根据重新精选的劳动链分解活动链（$C_2$）。以此循环往复，每个学段的活动链自成系统，各学段的活动链按照劳动的复杂度组合成课程链，实现劳动教育地方课程资源体系的完整构建。

## （二）资源体系设计路径方法

从路径模型到资源体系建立需要借助一定的工具与方法，思路导图和双向细目表是两种可视化、系统化和精准化的分析工具，有助于劳动教育地方课程资源体系科学、规范、高效地构建。接下来将借助思维导图和双向细目表，围绕如何找出产业链、如何精选劳动链、如何形成活动链三个核心问题，具体论述劳动教育地方课程资源体系设计的路径方法。

1. 如何找出产业链。上文已经从宏观层面分析了单元主题中的产业链条。我们发现，随着产业链条的延伸以及环节的裂变，产业链由一级链条衍生为二级链条，甚至是三级链条，产业链体系变得异常复杂，不利于后续劳动链的精选。而思维导图可以很好地解决这个问题。思维导图是一种促进思维激发和思维整理的可视化、非线性思维工具①。绘制思维导图的过程有助于大脑中关于主题产业链条环节的碎片化整理，通过分层级的线条连接各产业链环节，并不断优化产业链条的层级结构，形成清晰的产业链结构图。以“食”为单元主题的产业链为例（见图 2），该图呈现了产业链的三级结构：一级产业链是食材—加工—餐饮—健康—废料，能够基本反映“食”的产业概貌；二级产业链是（农业、牧业、渔业）—

---

① 赵国庆. 概念图、思维导图教学应用若干重要问题的探讨［J］. 电化教育研究，2012（5）：78－84.

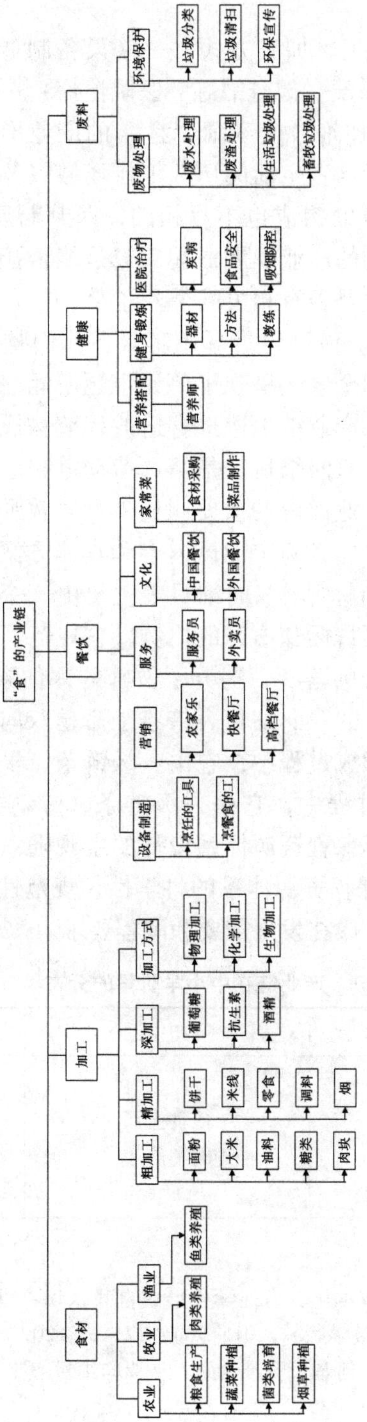


图2 以"食"为单元主题的产业链为例

（粗加工、精加工、深加工、加工方式）—（设备制造、营销、服务、文化、家常菜）—（营养搭配、健身锻炼、医院治疗）—（废物处理、环境保护），比一级产业链更加细粒度刻画“食”的产业形态；三级产业链因篇幅所限不再赘述。因设计者生活阅历、工作场域以及资料收集的广度的不同，同一主题下产业链的构成也不尽相同，而判断质量的依据有三点：一是能否反映该单元主题的产业发展概貌；二是能否让学生经历该产业的主要生产过程；三是学生是否有相关的个人经验。

2. 如何精选劳动链。借助思维导图工具，我们整理出了比较详尽的产业链结构图，该结构图全景式呈现了单元主题所涵盖的产业构成。根据上述分析，接下来需要从产业链中遴选合适的环节构成劳动链，以满足不同学段劳动教育的需要。双向细目表是精选劳动链、形成活动链有力的工具。命题双向细目表是学业评价的重要测量工具。教师命题时，根据课程标准、教学要求和考试目标，确定测试内容和具体方案，以图表形式，详细列出各项内容的量化指标①。双向细目表主要由三个部分构成——考察目标、考察内容以及考察目标和内容的比例，它规范了教师基于标准的命题，促进了基于标准评价的落实，提升了教师的评估素养②。面向劳动教育地方课程资源体系设计的双向细目表借鉴了命题双向细目表的理念、规范与格式，在劳动链的形成过程中，它由一级链条、学段和三级链条节点构成；在活动链的形成过程中，它由一级链条、劳动类型和劳动活动构成。该双向细目表克服了课程资源体系设计的主观随意性，提高了设计者依据《指导纲要》设计课程资源体系的科学性、规范性，使劳动活动更加聚焦主题，更加符合学生内在发展需要和课程要求。

**表 1 产业链在中小学阶段的分布**

| 产业链 | 小学 | 初中 | 高中 |
|---|---|---|---|
| 食材 | 蔬菜种植 | 粮食生产<br>肉类养殖 | 粮食生产<br>肉类养殖<br>菌类培育 |

① 王辉. 双向细目表校本化，力促学生形成自我认识：以南京市宁海中学分校为例［J］. 江苏教育（中学教学版），2015（6）：17－18，20.

② 崔允漷，邵朝友. 如何基于标准命题：从双向细目表走向测验设计框架［J］. 上海教育科研，2007（8）：36－39.

**续上表**

| 产业链 | 小学 | 初中 | 高中 |
| --- | --- | --- | --- |
| 加工 | 饼干制作<br>面包制作 | 面粉加工<br>大米加工<br>糖类加工<br>米线制作<br>零食制作<br>调料制作 | 面粉加工<br>大米加工<br>糖类加工<br>葡萄糖生产<br>酒精生产<br>调料生产 |
| 餐饮 | 服务员<br>食材采购<br>菜品制作 | 农家乐营销<br>快餐厅营销<br>高档餐厅营销<br>服务员<br>中国餐饮文化<br>外国餐饮文化<br>菜品制作 | 烹饪工具制造<br>餐食工具制造<br>农家乐营销<br>快餐厅营销<br>高档餐厅营销<br>服务员<br>外卖员<br>中国餐饮文化<br>外国餐饮文化<br>菜品制作 |
| 健康 | 吸烟防控<br>疾病预防<br>食品安全 | 营养师<br>健身器材制作<br>疾病预防<br>食品安全<br>吸烟防控 | 营养师<br>健身器材制作<br>健身指导<br>疾病预防<br>食品安全<br>吸烟防控 |
| 废料 | 废水处理<br>生活垃圾分类<br>垃圾清扫<br>环保宣传 | 废水处理<br>废渣处理<br>生活垃圾分类<br>垃圾清扫<br>环保宣传 | 废水处理<br>废渣处理<br>生活垃圾分类<br>垃圾清扫<br>环保宣传 |

根据《指导纲要》对劳动进阶的要求，同时结合劳动复杂度、学生劳动知识与技能储备，产业链第三级节点按照一级链条的结构被置于小学、初中和高中（见表1）。从小学到高中，可以组织劳动教育的劳动素材越来越丰富，劳动也越来越综合化和复杂化，需要更多与现代科技相结合的创造性劳动。对于在各学段重复出现的内容，一般按照“简单到复杂”的思

路来处理，确保进入课程资源体系的劳动资源按照复杂度逻辑阶梯式上升。表 1 可以为劳动链提供多样化的组合，以一个主题单元 5 个课时计算，覆盖全产业链条，小学有 72 种（$C_1^1 \times C_2^1 \times C_3^1 \times C_4^1 = 72$）。类似的，初中有 2 100 种，高中有 5 400 种。若因课时有限仅能覆盖部分产业链条，则选择的范围更广。以小学高年级为例，我们选择蔬菜种植—面包制作—菜品制作—疾病预防—生活垃圾分类作为小学阶段以“食”为单元主题的劳动链。

3. 如何形成活动链。通过对劳动链的筛选，主题单元所包含的劳动内容已现雏形，涵盖了产业链的全环节，能够让学生经历人类社会劳动生产的主要过程。但劳动链的环节粒度还比较大，所蕴含的劳动类型还不明确，因此需要依据日常生活劳动、生产劳动、服务性劳动的分类进一步分解劳动链，形成活动链。此处，以上述小学高年级劳动链为例（见表 2）。

**表 2　小学高年级劳动链分解**

| 产业链 | 小学 | 日常生活劳动 | 生产劳动 | 服务性劳动 |
|---|---|---|---|---|
| 食材 | 蔬菜种植 | 豆芽菜培植<br>西红柿栽培 | 大棚蔬菜种植<br>有机蔬菜种植 | 蔬菜种植<br>技术指导 |
| 加工 | 面包制作 | 家庭面包制作 | 面包店兼职 | 面包烘焙指导 |
| 餐饮 | 菜品制作 | 购买食材<br>荷包蛋<br>蛋炒饭<br>煮面条<br>洗碗筷 | 广东肠粉 | 算算账：在家吃还是出去吃划算？<br>烹饪指导 |
| 健康 | 疾病预防 | 当爸爸妈妈的贴心小医生 | | 常见疾病预防<br>小区宣传 |
| 废料 | 生活垃圾分类 | 生活垃圾分类 | 智能化垃圾桶制作（模型） | 生活垃圾分类、监督与检查 |

劳动链以日常生活劳动、生产劳动以及服务性劳动为框架，可以分解出更规范、更具体的活动链，以便在后续单元设计中均衡三类劳动在单元中的比例。将以“食”为主题的单元为例，第一节为蔬菜种植，设计者有三类劳动活动可以选择，具体选何种主要与劳动教育的条件保障有关。如果条件有限或认为家长应该承担更多劳动教育责任，可以将豆芽菜配置、西红柿栽培纳入课程；如果学校有自建基地或公共劳动教育基地，可以将大棚蔬菜种植、有机蔬菜种植纳入课程；若强调技术服务，可以将蔬菜种植技术指导纳

入课程。总而言之，需要结合实施条件关注劳动活动的适切性。为了便于确定主题单元所包含的劳动活动，需要将表 2 的内容以长链条的形式呈现（见表 3）。

表 3　小学高年级活动链

| 主题 | 序号 | 劳动活动 | 分类 | 实施主体 | 说明 |
|---|---|---|---|---|---|
| 食 | 1 | 食材 1—豆芽菜培植 | 日常生活劳动 | 家庭、学校 | |
| | 2 | 食材 2—西红柿栽培 | 日常生活劳动 | 家庭、学校 | |
| | 3 | 食材 3—大棚蔬菜种植 | 生产劳动 | 学校、基地 | |
| | 4 | 食材 4—有机蔬菜种植 | 生产劳动 | 学校、基地 | |
| | 5 | 食材 5—蔬菜种植技术指导 | 服务性劳动 | 学校、基地 | |
| | 6 | 加工 1—家庭面包制作 | 日常生活劳动 | 家庭 | |
| | 7 | 加工 2—面包店兼职 | 生产劳动 | 社会 | |
| | 8 | 加工 3—面包烘焙指导 | 服务性劳动 | 家庭、学校 | |
| | 9 | 餐饮 1—购买食材 | 日常生活劳动 | 家庭 | 财经 |
| | 10 | 餐饮 2—荷包蛋 | 日常生活劳动 | 家庭 | |
| | 11 | 餐饮 3—蛋炒饭 | 日常生活劳动 | 家庭 | |
| | 12 | 餐饮 4—煮面条 | 日常生活劳动 | 家庭 | |
| | 13 | 餐饮 5—洗碗筷 | 日常生活劳动 | 家庭 | |
| | 14 | 餐饮 6—广东肠粉 | 生产劳动 | 社会 | |
| | 15 | 餐饮 7—算算账：在家吃还是出去吃划算？ | 服务性劳动 | 家庭、学校 | 财经 |
| | 16 | 健康 1—当爸爸妈妈的贴心小医生 | 日常生活劳动 | 家庭 | 医疗 |
| | 17 | 健康 2—常见疾病（预防）小区宣传 | 服务性劳动 | 社会 | |
| | 18 | 废料 1—生活垃圾处理 | 日常生活劳动 | 家庭 | |
| | 19 | 废料 2—智能化垃圾桶制作（模型） | 生产劳动 | 家庭、学校 | |
| | 20 | 废料 3—生活垃圾分类、监督与检查 | 服务性劳动 | 社会 | |

由表 3 所示，设计者比较容易筛选出符合要求的劳动链。若设计者希望食材环节为日常生活劳动，则其可选择食材 1 或食材 2；若设计者希望

加工环节为社会生产，则可选择加工 2，以此类推。这样，设计者可以科学合理地将劳动教育的国家文件精神较好地贯彻到课程体系中，让学生经历、体验与主题相关的人类产业劳动发生和发展的全过程。每个主题单元的劳动活动都渗透着学生与自然、他人以及社会的关系，每个活动链条环节都是创造价值的过程。通过不同劳动活动创造价值多寡的比较，学生能够亲历感受到复杂劳动、复合劳动以及创造性劳动的独特魅力，它们有着创造更高价值、更美生活、更具前景未来的优势，进而实现有深度的劳动教育。

## 五、结语

开设劳动教育课程是劳动教育课程化的重要标志，课程化能够提高劳动教育的品质。劳动教育课程化遵循跨界融合的逻辑，一是在学科课程中融入劳动教育；二是开发地方或校本劳动教育课程资源，在课程资源中融入新时代劳动所需的正确观念、必备能力、积极精神以及良好的习惯与品质，树立劳动教育课程的专业地位。前者容易导致劳动教育在学校课程体系中处于“似有似无”的状态①，各学科都被认为“应然”为劳动教育实施提供途径，但各学科都不会“实然”将劳动教育融入学科教学；而后者则确立了劳动作为课程所需的学习目标、学习内容、课程资源、师资以及时间保障。课程资源是课程实施的基础，课程实施的范围和水平，一方面取决于课程资源的丰富程度，另一方面更取决于课程资源的开发和运用水平②。劳动教育的实施应着力于劳动教育课程资源的建设，而非劳动教育教材的编写。通过劳动教育课程资源的建设，尤其由地方教育部门主导的地方资源集约式开发，将地方产业发展对劳动人才的需求反映到课程资源，可以提高学校劳动教育课程的丰富性、针对性和服务性，为学校劳动教育提供多样化选择。毫无疑问，产业链视角在劳动教育中的引入是具有开创性的，它打开了人们认识劳动教育的一扇门，使劳动教育实施走向更加科学化、规范化、综合化、体系化的道路。

（撰稿人：赵枫；审稿人：袁长林）

---

① 檀传宝. 劳动教育的概念理解：如何认识劳动教育概念的基本内涵与基本特征 [J]. 中国教育学刊，2019 (2)：82－84.

② 吴刚平. 课程资源的理论构想 [J]. 教育研究，2001 (9)：60－64，72.

# 推进教育现代化实验区建设的策略研究

## ——以韶关市始兴县为例

○始兴县教育局教师发展中心

**摘　要：** 广东省教育研究院与始兴县共建教育现代化实验区，是贯彻全国、全省教育大会精神，探索深化教育改革、加快推进教育现代化的需要，是贯彻《粤港澳大湾区发展规划纲要》，助力建设世界一流教育体系、打造国际教育示范区的需要。在实验区的建设过程中，始兴县县委、县政府高度重视深化教育管理体制机制改革，把更多的资源投入校长队伍、教师队伍、教研队伍建设改革上来，双方共同调动各方面力量助推始兴教育质量和办学水平提高，助推始兴教育特色化、信息化、国际化水平提高。本文从建立教育现代化实验区的动因、途径与策略等方面阐述了实验区建设规划过程中的探索与研究。

**关键词：** 教育现代化　实验区　途径　策略

2014 年，广东省教育研究院在韶关市始兴县建立了省内第一个“教育科学发展实验区”，通过建立高端科研引领平台、架构科研运行体系、推进课堂教学改革、整体促进教育质量提升、助推特色学校建设等项目，为始兴县教育科学发展、优质发展和跨越发展提供了强大的动力支持。在广东省教育研究院的有序组织和精心安排下，每年平均派出约 90 人次的省内外教育专家、名师、名校长奔赴始兴县，开展送教、联合教研、专题讲座、队伍培训等教育精准帮扶活动。通过项目的推进，始兴县教育质量明显提升，教育生态明显改善，教育影响力明显增强，推动了区域教科研水平的整体提升。2017 年，始兴县被授予“广东省促进义务教育均衡发展先进集体”荣誉称号；2018 年广东省教育厅授予始兴县“广东省推进教育现代化先进县”称号；2018 年 6 月，中国教育报以《突破从抓实课改做起》为题报道了始兴县在广东省教育研究院的指导下，力推教学改革改变山区教育的成功经验；2019 年，广东卫视以城南中学为典型例子对始兴县教育教学改革进行了全面报道。在教育科学发展实验区取得成功经验的基础上，广东省教育研究院进一步深化指导实践职能，于 2019 年 4 月与始兴县人民政府签订共建“广东省教育研究院教育现代化实验区（始兴县）”合作协议，以习近平新时代中国特色社会主义思想为指导，围绕加快教育现代化这一主题，聚焦始兴县教育改革发展的战略性、紧迫性问题和人民群众关切的问题，全面贯彻党的教育方针，着力深化改革、激发活力，着力补齐短板、优化结构，更好发挥教育服务国计民生的作用。始兴县实验区在广东省教育研究院的指导和引领下，在全面实现教育现代化顶层设计、探索区域教育高水平发展路径、实现教师队伍建设现代化、改革教育生态、提升现代化治理能力、推进现代化学校建设等方面先行先试，努力建成布局合理、制度完善、师资优良、课程体系完备、设施设备先进、学生综合素质较高的基础教育体系，成为粤东西北地区推进教育现代化的排头兵。

## 一、建立教育现代化实验区的动因

### （一）坚持政策导向，加快推进教育现代化

党的十九大明确提出建设教育强国是中华民族伟大复兴的基础工程，必须把教育事业放在优先位置，深化教育改革，加快教育现代化，办好人民满意的教育。习近平总书记多次对教育工作作出指示批示，强调要发展具有中国特色、世界水平的现代教育，为建设教育强国指明了方向。2018 年 9 月 10 日，党中央召开全国教育大会，习近平总书记在大会上发表重要讲话，系统回答了关系教育现代化的重大理论和实践问题，对加快教育现代化、建设教育强国、办好人民满意的教育作出了全面部署，向全党全国全社会发出了加快教育现代化的动员令，为新时代教育提供了根本遵循。李克强总理在讲话中强调，要准确把握教育事业发展面临的新形势、新任务，全面落实教育优先发展战略，以教育现代化支撑国家现代化。2019 年，中共中央办公厅、国务院办公厅印发了《中国教育现代化 2035》和《加快推进教育现代化实施方案（2018—2022 年）》（以下简称《实施方案》）两个文件，共同构成了教育现代化的顶层设计和行动方案。其中《实施方案》强调，“各级党委和政府要把思想和行动统一到党中央、国务

院关于加快教育现代化、建设教育强国的重大部署上来，加强组织领导，结合地方实际制定本地区落实方案。各部门要主动履职尽责，确保实施方案确定的目标任务落到实处”。始兴县人民政府和广东省教育研究院共建教育现代化实验区，旨在通过推进教育现代化区域创新试验，创新体制机制，探索新时代区域教育改革发展的新模式，进一步加大区域内教育资源相互开放的力度，搭建各级各类教育协作发展与创新平台，实现资源优势有序流动。

**（二）坚持问题导向，破解当地基础教育存在的难题**

1. 基础教育存在的共性问题。我国基础教育还面临一些亟待解决的突出问题。基础教育的优质教育资源向城市特别是大城市聚焦，在一定程度上影响了教育公平和社会公平；受不科学的教育观和人才观影响，基础教育还存在过度追求升学率、追求名校的倾向；素质教育尚未有效落实，重知识灌输、轻能力培养的问题还比较突出；教育功利化架空“全面发展”，使得育人目标实际指向“单向度的人”，扰乱教育节奏，忽视教育规律，异化教育过程。

2. 始兴县中小学教育教学存在的主要问题。一是教学改革的深化问题。教师对新课程、核心素养的理念的真正内化还有差距，在课堂教学中还没有真正发挥学生的主体作用，课堂中缺乏师生平等、民主、开放的“思维层面”的对话，教学中仍有较多以灌输法为主的教学，对学生自主学习、探究式教学、研究性学习、合作交流等缺乏研究，缺乏学生视角，对学生学习实际、生活经验、实践体验缺乏了解，对学生学习的困难点缺乏系统研究。二是教育科研成果的推广应用问题。教科研力量缺乏有效组织和整合，还没有充分认识到教科研对教育教学改革的引导作用和对教学质量提升的支撑作用，因而采取的举措力度不够、采取的方法不多，尚未有效建立教科研激励机制；教师缺乏教科研方法的指导，教科研的气氛不浓、动力不足，在申报课题、发表成果、结题等方面缺乏经验；促进教师进行高质量科研成果产出的手段不够丰富，高质量、可推广的教科研成果较少，不重视对已有教科研成果的推广和应用。三是教师培训体系的构建问题。由于始兴县还尚未建立健全教师发展机构和专业培训者队伍，没有形成“研训一体”的培训体系，造成教师培训的实效性、针对性、多样性不足，缺乏对培训活动形式的深度思考和创新设计，没有完全落实全员培训目标和建立学科培训体系；培训内容与教师实际需求脱节，大多数采用灌输式培训，缺乏实操式培训，忽视教师已有的经验基础，一味地传授所谓先进的理念、理论和经验，很难被教师认同并落实到教育教学实践中去；缺乏一套科学、合理、有效的培训考核制度、管理制度和长期联动机制，在监督、管理等方面没有相应的要求，教师参加培训的主动性、积极性不高，缺乏外在压力和内在动力；校长培训只注重对校长认知方面能力的培养，缺乏对学校行动改进计划的培训，忽视了校长自身存在的问题和原有的实践背景。四是校本教研的落实问题。多数学校的校本教研活动还缺乏独立性、针对性和学科专业性，与学习共同体的要求还有一定距离，基于课堂教学问题的实践跟进式的研究比较欠缺，研究氛围不足，研究质量在低层次徘徊，缺乏发现问题、分析问题、解决问题的教研机制和途径方法，缺乏有效的专业引领。

综上可见，为充分满足经济社会发展对教育的多样性、多层次和个性化要求，始兴县教育仍需要全面筹划和重新定位。

## 二、推进教育现代化实验区建设的途径与策略

### （一）优化合作机制，探索高效运行模式

1. 以项目推动为基础，形成丰富合作模式。广东省教育研究院与始兴县共建教育现代化实验区坚持以发现和提出问题为导向，以研究和解决问题为驱动，共同研制出六大重点项目实施办法，高位谋划实验区改革发展相关政策（见图 1）。以项目合作为基本形式，共同策划与承担合作计划和具体合作内容，重点突出“四个结合”：一是系统指导与实地研究相结合；二是理论指导和案例研究相结合；三是集中培训与个别指导相结合；四是专项研究与区域联动相结合。

2. 分工合作，明确职责。具体来说，广东省教育研究院专家主要负责项目顶层设计、平台搭建，在思想方法、模式构建、重点培育上进行重点指导。除安排教学教材研究室与基础教育研究室等负责对口指导外，还整合全院优秀科研力量，以菜单式指导和资源服务平台共享的方式，为始兴县提供专家资源和智力支持。始兴县实验区则主要侧重实践探索，在组织、细化、执行力上下功夫。始兴县教育局持续加强考评激励，落实考核奖励。各项目组和学校根据教育发展需求，充分借助高端智库力量，确保每个项目工作目标任务落到实处。县区双方密切配合，探索高效运行模式，努力发挥“1 +1 >2”的作用。此外，始兴县教育局还出台了学校考评激励及推出机制，每学年评选出优秀项目学校并给予专项奖励，充分调动各项目学校的积极性。

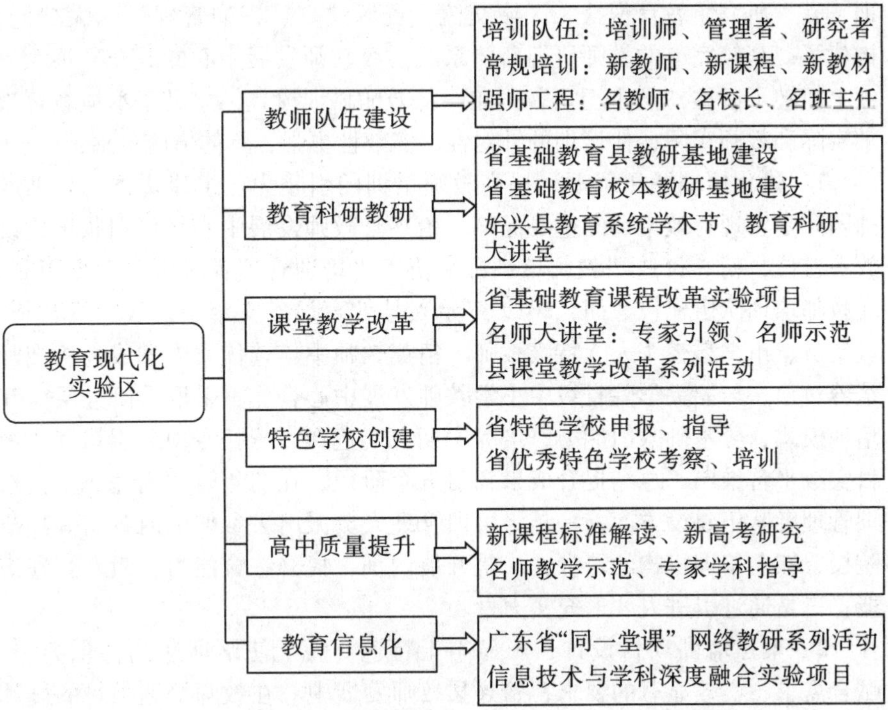


**图1　广东省教育研究院教育现代化实验区建设规划图**

## （二）加强师资培训，深化教师队伍建设

实验区深入落实《中共中央 国务院关于全面深化新时代教师队伍建设改革的意见》（以下简称《意见》），把建设一支政治素质过硬、业务能力精湛、育人水平高超的高素质教师队伍作为实现教育现代化的有力支撑。《意见》中提出要“开展中小学教师全员培训，促进教师终身学习和专业发展”，一要转变培训方式，推动信息技术与教师培训的有机融合，实行线上线下相结合的混合式研修；二要改进培训内容，紧密结合教育教学一线实际，组织高质量培训，使教师精心钻研教学，切实提升教学水平；三要加强中小学校长队伍建设，加大培训力度，提升校长办学治校能力，创新教育思想、教育模式、教育方法，打造高品质学校；四要大幅提升教师的综合素质、专业化水平和创新能力，培养造就一批骨干教师、卓越教师和教育家型教师。

2020年，始兴县教育局成立了教师发展中心，整合教研、电教、培训、科研部门，形成了“研训一体”的综合发展服务体，发挥“专业培训、教学研究、教育帮扶、区域交流、资源共享、咨询管理”六大功能，构建了一套较完整的教师研训新体系。县级教师发展中心的成立，很大程度上扭转了以往“从上至下”的单一低效的培训模式，立足于本地教育教学实际和教师实际，使培训的针对性、实效性更强，具体措施包括：

1. 优化培训队伍资源，提高教师培训的引领力。组建优秀的培训教师团队是实现有效培训的重要保障，始兴县教师发展中心将培训队伍建设放在首位，精心打造“教师培训师队伍”“培训管理者队伍”两支团队。在教师培训队伍建设方面，2019 年始兴县教育局发文牵头，从一线名师、教研员、市学科带头人、特级教师、精英教师中遴选优秀人才成为培训师培养对象，与韶关学院省级中小学教师发展中心合作，采取多阶分层交互培训模式，分基础入门能力、培养中期方向选择、依托专项分层培养、项目实战平台推广、总结提升成果辐射五个阶段，在三年时间内完成。在培训管理者队伍建设方面，一是将培训管理人员派出去参加国内各高等师范院校、知名培训机构的培训；二是开展内训，提升综合能力，激发管理潜能；三是通过引进人才，充实力量。

2. 聚焦培训项目设计，彰显本土特色。为了使培训达到特色突出、贴合需求、实效显著的要求，始兴县教师发展中心在教师培训项目的设计上采取“定主题、定产出、定模式、定形式、保长效”五个步骤：一是研究政策定主题，根据对国家政策形势的分析研究和对一线需求调查的结果，结合专家研讨论证，最终确立培训主题。这种做法很切合当前主题式培训的趋势。二是设定目标定产出，根据培训主题，确定出明确具体的培训目标。设定产出，即教师通过培训创作一批成果、作品，既可以锻炼学员的实操能力，也可以反馈学员在研修中出现的问题，及时纠正。三是切合对象定模式，根据培训对象，针对产出，制定出灵活多样的培训模式，基于成人学习的特点设计实践性培训课程，通过教师培训案例分享、组织教师培训论坛、现场活动考察和深入培训基地学校顶岗实习等形式，为参培教师提供交流展示和实践探索的平台，以丰富多样的实践性培训课程满足参培教师的发展需求，使参培教师切身体验到培训学习与工作实践的有机整合。四是匹配课程定形式，要发挥研修主体的参与作用，注重链接参培教师已有的实践经验和智慧，开发多样化活动形式，如组织“破冰之旅”、辩论会、培训案例研究、培训现场观察、虚拟研修室论坛等，增加参训教师的研修路径，拓宽参培教师的研修视野。五是动态调整保长效，及时更新课程的内容和形式，构建培训评价的体系和机制，不断更新完善培训模式。

3. 提升培训层次，打造名校长、名师队伍。从整体看，始兴县中小学教师队伍不强，优秀教育人才不多，在职省级特级教师 1 名，韶关市基础教育名校长 2 名，名教师 10 人，市级学科带头人 11 人。始兴县地处广东省粤北山区，属于经济欠发达地区，靠引入优质高等院校毕业生担任新教师、引入优秀教育人才来建设高素质专业化的教师队伍很不现实。优秀教育人才的缺失是制约当地教育朝现代化发展的最大障碍，增强自身“造血”功能迫在眉睫。实验区创新校长教师培训机制与模式，推进名校长、名教师、名班主任发展项目（见图 2）。主要的做法有：与广东省教育研究院合作健全项目专家团队工作机制，建立专家外聘制度，有计划地引进和介绍省名师、名校长参与本项目，形成相对固定的指导专家团队；精心遴选出一批培养对象，采取专家团队指导、量身打造等形式，力争培养出教育理念先进、教研教学成果显著、有一定影响力的名校长、名教师、名班主任；支持培养对象走出去访学进修，引进优质教育资源，提升教师的专业化水平；积极组织参加省内外展示交流活动，把收获转化为科学教育理念、有效教学方法和实际改革行动；注重跨校跨区域合作，由点到线，再由线到面地培育名师、学科、团队，提高教师参与研究力度。大力支持实验区开展多种形式的交流合作，提升始兴县名师、名班主任、名校长的品位与能力，扩大影响力与知名度。

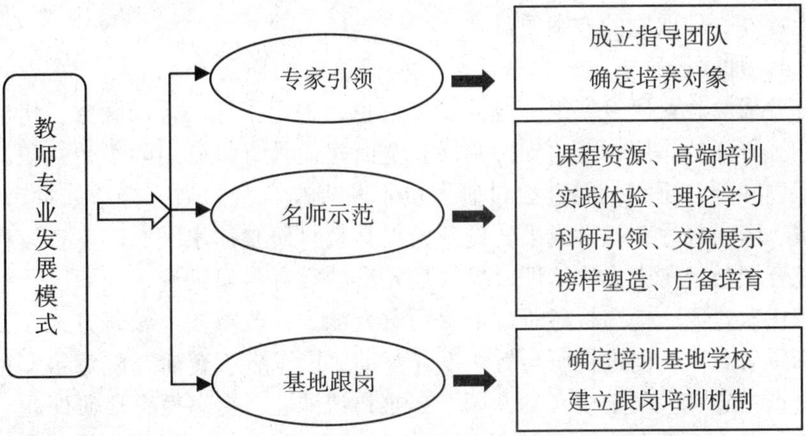


图 2　广东省教育研究院教育现代化实验区教师专业发展模式

### （三）坚持科研引领，推动教研机制创新

1. 依托课题研究，引领区域教育改革发展。一是以区域龙头课题引领发展方向。始兴县教育局在加快教育现代化建设的过程中，始终坚持科

研先导的理念，围绕区域教育改革过程中出现的热点和难点问题设计区域龙头课题并组织课题研究，围绕主题深入开展专题调研，组织举办系列专题研讨活动，对提升教育行政决策的科学性和教育改革的有效性，发挥了良好的示范作用。二是积极培育学校核心课题。要求校长在实验区建设周期内承担 1 个课题研究，推广 1 个课题成果，所研究和推广的课题要有引领性、针对性和实效性。

2. 创新科研实践，开展富有区域特色的教科研活动。每两年举办一次始兴县教育系统学术节，开展丰富多彩的主题活动，包括高层次的理论引领、精彩的课改课堂展示、名师论坛、优秀成果推介活动、教科研优秀单位和个人表彰等；引入广东省教育研究院专家、省名师开展教育科研大讲堂活动，活动形式有专家讲座、课堂展示、圆桌论坛、观点报告等；组建同类课题研究群，把正在研究的课题根据研究领域整合成若干课题群，有针对性地组织主题式课题指导活动。

3. 优化科研的管理，提高教育科研工作的规范性、有效性。近年来，始兴县教师发展中心逐步完善了科研成果评审机制，构建了科学合理的科研成果评审标准，有效遏制了学术不端行为，净化了学术风气。中心以区域重点课题为基础，延伸出众多子课题，同时列出各研究领域的热点问题，供教师研究；通过召开课题申报会议动员学校、教师参与课题研究，努力提高立项课题的方案质量。

4. 加强科研指导，提升区域教科研服务的质量和水平。广东省教育研究院成立教科研专家组，充分发挥信息、理论指导、咨询服务、培训师资四个方面的作用，全力支持始兴县全面建设教育科研引领平台，积极推动课题和项目研究，促进教科研人员不断提高自身素质，打造一批市级、省级、国家级教育教学成果，提升始兴县教科研整体水平。广东省教育研究院开展教育研究方法培训，提供最先进的教育科研理论、经验以及整合共享优质资源，提高教科研骨干课题研究能力；改革校本教研方式，提高教师科研意识，促进科研与教学良好互动；广东省教育研究院每年安排专家定点指导实验区学校（幼儿园）申报科研课题，提高教育科研课题立项数量、层次和质量；支持实验区有关优秀研究成果（学术专著、地方教材、校本教材、论文）在广东省教育研究院的院属杂志社、出版社发表。

**（四）创新教学模式，深化课堂教学改革**

《国务院办公厅关于新时代推进普通高中育人方式改革的指导意见》提出：深化课堂教学改革，积极探索基于情境、问题导向的互动式、启发式、探究式、体验式等课堂教学，注重加强课题研究、项目设计、研究性学习等跨学科综合性教学，认真开展验证式实验和探究性实验教学。

始兴县教师发展中心主要做好三方面的工作：一是加强考核管理，提升绩效。每年组织一次全县中小学课堂教学视导活动，完善各学段的课堂教学评价标准，从贯彻课程理念、改革课堂教学模式、突出学生主体地位等方面进行评估，对每所学校的视导要形成详尽的视导反馈报告。二是强化服务指导，引领实践。采取集中教研、公开课观摩和组织教学评比活动等方式来开展教学指导，每月定期安排教研员深入学校、走进课堂开展观课议课活动，参与校本教研，解决实际问题，传播教学经验。三是注重点面结合，提升效能。举办“课堂教学改革现场观摩活动”“课堂教学改革经验交流会”，开展优秀教学模式的推广应用活动，打造课堂教学改革榜样学校并发挥其引领辐射作用，带动全县整体推进。

广东省教育研究院指导实验区的基础教育课程教材改革，助力实验区打造一批品牌学科课程和教研组。主要途径有：一是支持始兴县实验区参与课程改革实验。每学年安排校长（园长）、骨干教师参加广东省教育研究院组织的课改专业培训，每学期派遣省内外专家和名教师进入实验区课堂指导教学改革，推动学科核心素养和课程标准的落实，形成具有区域特色的课堂教学改革理论与实践体系，推动打造高品质的课堂教学模式，力争在2024年建设一批在韶关市乃至全省有较大影响力的优秀课改实验学校。二是加强学校课程领导力以推动区域课程建设。启动“学校课程领导力建设项目”，树立正确的课程领导观，提高校长课程领导能力，构建多样化卓越课程，满足学生多元化发展需求。三是打造品牌学科。广东省教育研究院成立学科教学导师团，通过各种形式的学科展示、交流平台推动实验区中小学学科建设，打造一批省、市优秀教研组，在小学、初中、高中三个学段形成一批在市内外有影响力的品牌学科。

**（五）坚持“五育并举”，打造现代化特色学校**

中共中央、国务院印发的《深化新时代教育评价改革总体方案》中提出要改变中小学校评价，改革学生评价，促进德智体美劳全面发展，树立科学成才观念；强调要“坚持以德为先、能力为重、全面发展，坚持面向人人、因材施教、知行合一，坚决改变用分数给学生贴标签的做法，创新德智体美劳过程性评价方法，完善综合素质评价体系，切实引导学生坚定理想信念、厚植爱国主义情怀、加强品德修养、增长知识见识、培养奋斗目标、增强综合素质”。始兴县教育现代化实验区把坚持“五育”并举，全面发展素质教育，构建全面培养体系，视为打造学校品牌、创建特色学校的指导思想，通过“政策驱动、课题引领、学术推进、培训支撑、评价保障”整体推动策略，打破传统学校发展模式，提高校长学校特色办学意义的认识，明确特色学校发展定位，努力实现“一校一特色、一校一品牌”的创建目标。

实验区提出了创建特色学校的四个方向：一是学校要从整体办学的高度，对特色学校的创建理念、发展思路、发展模式等方面做好顶层设计，在办学理念、办学传统、学校文化、课程建设、教学管理、德育模式、师资建设等方面全面规划、协同发展，全方位、成体系打造学校特色；二是在办学理念的引领下，对已有的学校历史、文化传统、优势项目深入挖掘，有计划地围绕创建目标，采取有力措施，形成比较持久、稳定的学校文化特征；三是要把课程和教学作为中小学特色建设的重要指标，建设课程，形成校本特色课程体系；四要调动家长、校友和社会各界有效参与，汇集各方资源，形成政府、学校、家庭、社区等多方协同共治、开发共享的学校特色管理体系。

广东省教育研究院每年定期组织教育管理、教学教研专家团队开展全程、全方位指导，实验区制定出工作方案，从创建特色学校的重要性和必要性、申报与评审、工作要求、经费保障等方面总体部署，将特色学校建设工作常态化、制度化，每年组织一次申报与评审活动，并对已申报立项单位实施动态管理，以三年为一个周期。2019 年，始兴县在广东省第二届中小学特色学校建设成果征集活动评审中，获得了两个二等奖和两个三等奖的优异成绩，力争到2024 年，打造一批质量更高的广东省特色学校。

### （六）全面建设高中教学质量提升平台

全面实施高中教学质量提升工程，由广东省教育研究院派出专家团队具体指导实验区的两所普通高中，分别制定不同层次、类别，不同目标、任务，不同内涵、特点的发展计划和提升指标，形成特色化学校品牌建设方案，不断提升品牌知名度与影响力，力争建设成韶关市内认可的品牌高中。具体包括：指导高中分层教育、分类教育；开展新课程标准的解读与实施；加强新高考选课走班制研究与指导；重视教研团队建设指导，形成科学有效的校本教研方式；强化高中特色学校建设引领；形成人文、艺术、体育等学科优势，适应学生多样化发展和人才成长多元需求；深化教育教学改革，指导开展拔尖创新型学生培养；通过大数据分析，全面、精准把握学生学习发展情况，全面提升教育教学质量和水平。

### （七）全面建设教育信息化服务平台

《加快推进教育现代化实施方案（2018—2022年）》中提出要大力推进教育信息化，充分发挥信息技术对教育的革命性影响，实施教育信息化2.0行动，打造教育信息化升级版，探索“互联网+”条件下的人才培养模式，着力构建基于信息技术的新型教育模式、教育服务供给方式以及教育治理新模式。其中的主要任务有：促进信息技术与教育教学深度融合，创新信息时代教育治理新模式，加快推进智慧教育创新发展，构建“互联网+教育”支撑服务平台。

为了推进信息技术与教育教学、教学研究、教育管理深度融合，实验区根据实际情况提出了建设教育信息化服务平台的策略：一是实验区建立教育信息化服务平台，创新应用优质教育资源，探索信息化环境下的有效教学模式，促进教育信息常态化、普遍化和规模化应用，通过大数据分析，全面、精准把握学生学习发展情况，找出短板，提升教学的针对性和有效性；二是开展“同一堂课”网络教研系列活动，传播推广更多优质教学、教研资源；三是启动“信息技术与课堂教学深度融合”实验项目，成立研究团队跟踪指导，开展数字教材教学模式研究，提升中小学教师教育信息化应用水平和学生学习效率。

## 三、打造教育现代化实验区特色品牌，推动县域教育高质量发展

始兴县教育现代化实验区从经济社会和教育发展的现实出发，围绕加快推进教育现代化这一主线，统筹谋划，聚焦六大重点领域，整合资源，精准发力，分阶段实施，分步骤推进，在更高起点、更宽领域进一步推进教育综合改革，转变发展方式，创新发展模式，高质量、高标准、高规格完成建设教育现代化实验区的既定任务。为此，实验区要在培育亮点、树立典型方面狠下功夫，着力打造一批教育创新成果名片。重点做好四个方面：一是加大强师工程的执行力度，培育一批有影响力的名校长、名教师；二是通过项目带动，形成一批特色鲜明、教育成果显著的名校；三是通过创新教科研机制，打造一批可复制、可推广的优秀教研成果；四是注重总结提炼，加大宣传力度，全面、深入地呈现始兴县实验区的发展成效、发展成果，为提炼实验区发展模式奠定基础。

（执笔人：涂立龙，郑建斌；审稿人：吴有昌）

# 谋势·借势·蓄势·成势

## ——中山市南头镇教科研工作改革实践探索

○中山市南头镇教体文旅局

**摘　要：** 中山市南头镇与广东省教育研究院共建现代化学校实验区后，坚持以教研工作改革引领课堂改革，通过“三高扶智”“结对启智”“以智养智”，促进全镇基础教育高质量发展。

**关键词：** 教育综合改革　标本教研　教育评价

为推动落实《教育部关于加强新时代教育科研工作的意见》《教育部关于加强和改进新时代基础教育教研工作的意见》《中共广东省委 广东省人民政府关于推动基础教育深化改革高质量发展的意见》等文件精神，全面深化基础教育综合改革，全面提升教育质量，中山市南头镇以教科研工作改革为突破口，深入分析教育改革发展面临的新形势、新任务、新问题、新挑战，积极探索适应新时代背景下南头教育发展新理念、新思路、新策略、新做法，以教科研工作改革推动全镇教育综合改革，促进南头镇教育高质量发展。

## 一、谋势：布教育发展之局

### （一）南头镇经济发展超前之势

南头镇地处中山“北大门”，毗邻顺德容桂，是粤港澳大湾区 A 字形交通网络的交汇枢纽，未来南头将进一步成为中山北部的交通枢纽和对接广佛都市圈的门户城镇。目前，全镇区域面积 28 平方公里，常住人口约 20 万人，其中户籍人口 5 万人，辖 6 个社区居委会。南头是以家电产业为特色的新兴工业城镇，产业链条完善，实体经济基础殷实。镇内聚集各类企业4 500家，其中家电及相关配套企业3 000多家，已培育高新技术企业109家、规上工业企业268家、亿元以上企业70家，集聚了一批大型企业，成为中山市的经济重镇，先后被评为中国家电品牌基地、国家外贸转型升级基地、广东省家电产业知名品牌创建示范区、广东省家电品牌创新示范基地。2020年，南头镇实现国内生产总值增长8.7%；规上工业增加值113亿元，增长13.3%，增速排名全市第2。“十四五”期间，南头镇着力建设“河清岸绿、美丽南头”“整齐有序、畅通南头”“文明和谐、品质南头”“宜居宜业、活力南头”，以更高起点、更高层次、更高质量推进经济社会实现跨越式发展。

**（二）南头镇教育相对滞后之困**

与经济发展水平相比，南头镇教育发展相对滞后，难以满足人民群众对优质教育的需求，难以吸引优秀人才进驻并长期服务南头镇经济社会发展。为破解教育滞后之困，2016年，南头镇与广东省教育研究院签订了共建现代化学校实验区协议，对教育现状进行了深入分析研究并形成调研报告（以下简称《报告》）。《报告》全面分析了制约南头镇教育改革发展的关键问题。在教师发展方面，教师队伍建设有待加强，高级职称教师占比只有8.1%，研究生学历教师只有15人；名师队伍建设成效不明显，影响力、辐射力不强，尤其缺少高层次的名校长、名教师、学科带头人；部分教师职业倦怠感较为明显；教师课堂驾驭能力、现代教育信息技术运用能力、课题研究能力等都有待提升。在学生发展方面，学生学习的积极性、主动性缺乏，未养成良好的学习习惯，学生的整体学业水平还有待提高，学生实践能力、个性发展没有明显体现；处于困境的学生人数较多，部分家长不重视孩子教育或存在隔代教育问题，学校整体上缺乏有针对性的策略和方法。在学校管理方面，学校文化建设主题不够突出；课堂教学改革有待深入，教师对教学改革认可度不高；开放办学程度不高，学校还未能充分利用社区、社会资源积极开展交流合作办学等。

**（三）谋划南头镇教育发展之局**

一是树立科学的教育发展理念和目标。借助南头镇经济实力较为雄厚的优越条件，抓住南头镇教育规模较小的特征，树立“小城镇，大教育”发展理念，推动“教师儒雅、学生文雅、环境幽雅、文化典雅”的雅致校园建设，积极打造环境精品化、管理人文化、手段现代化、育人优质化的城镇“大教育”，把南头镇建设成“队伍精良有名人、均衡发展有潜力、质量领先有内涵、特色鲜明有品牌”的教育现代化示范镇区，实现南头镇教育在中山市内有名校、有名人、有特色、有品牌。二是选定教育发展突破口。以教科研工作改革引领课堂教学改革，撬动全镇教育综合改革，推动中小学校在课程与课堂建设、教学资源建设、教师队伍建设、学校文化建设、特色品牌建设等方面实现综合、协调、高质量发展。三是培育教育队伍“四梯队”，包括学科名师梯队、名班主任梯队、后备干部队伍梯队、名校长队伍梯队。四是搭好教育发展“五平台”，包括与广东省教育研究院合作共建的现代化学校实验区平台，与市内外名校结对的创新平台，省、市级“三名”人才工作室、工作坊平台，与市内兄弟学校结成的发展联盟平台，南头镇教科研管理“三级”平台（镇教育事务指导中心—镇学科中心教研组—学校学科组、备课组）。

## 二、借势：融教育发展之智

### （一）搭建与广东省教育研究院合作平台，实现“三高扶智”

一是构筑协同发展新愿景，高标准制定发展大目标。在合作之初，广东省教育研究院组建专家团队通过问卷、随机访谈、座谈、听课、查阅资料、实地察看等方式对南头镇教育现状进行了深入调研，形成了翔实的调研报告，为南头教育构建了通向未来的发展蓝图。二是积极参与广东省教育研究院主办的各类高端研讨活动，包括“南方教育高峰年会”“粤港澳大湾区校长论坛”等，参与的校长和骨干教师达 80 多人次，广泛涉猎前沿理论，学习先进理念，拓宽教育视野，丰富教育实践。三是承办高端活动促进自身提升。先后承办广东省义务教育监测专题培训、与广东省实验中学名师“同课异构”交流、基于“小组合作学习”的课改交流、广东省小学数学课程与教学专题研讨会暨名师交流等高层次活动，累计有 30 多名专家莅临指导，近 300 名省内骨干教师参与。

### （二）拓展学校融合发展平台，实现“结对启智”

借助名校、名师之力助推发展，全面启动与名校结对交流项目，全镇五所公办中小学校分别与中山市五所名校签订三年结对交流协议，制定结对交流三年行动计划，在结对中着眼“质量全面提升”目标，坚持“队伍专业化发展”主线，把握“高效课堂建设”“优化学校管理”两个重点，每学年组织 1 ~ 2 批次跟岗学习，开展 1 ~ 2 次“同课异构”活动，组织 1 ~ 2 次学校管理研讨交流活动，推进优队伍、优管理、优课堂交流，促进